Maximale Kundenorientierung

SCHÄFFER
POESCHEL

Christian Gündling

Maximale Kundenorientierung

Instrumente · individuelle Problemlösungen · Erfolgsstories

2., überarbeitete und aktualisierte Auflage

1997
Schäffer-Poeschel Verlag Stuttgart

Die Deutsche Bibliothek – CIP-Einheitsaufnahme

Gündling, Christian:
Maximale Kundenorientierung : Instrumente, individuelle Problemlösungen, Erfolgsstories / Christian Gündling.
– 2., überarb. und aktualisierte Aufl.
– Stuttgart : Schäffer-Poeschel, 1997
ISBN 3-7910-1191-X Pp.

Gedruckt auf chlorfrei gebleichtem, säurefreiem und alterungsbeständigem Papier

ISBN 3-7910-1191-X

Einbandgestaltung: Willy Löffelhardt
Satz: Typomedia Satztechnik GmbH, Ostfildern
Druck und Bindung: Franz Spiegel Buch GmbH, Ulm
Printed in Germany

Schäffer-Poeschel Verlag Stuttgart
Ein Tochterunternehmen der Verlagsgruppe Handelsblatt

Inhaltsverzeichnis

Statt eines Vorworts zur 2., überarbeiteten Auflage: eine kleine Leseanleitung

Ein Unternehmen erfolgreich zu führen und Kunden zufriedenzustellen ist schwierig. Genauso schwierig ist es, die Erwartungen seiner Leser zu erfüllen. Dies gilt insbesondere für ein Buch, das sich mit den topaktuellen Themen Kundenorientierung, Kundennähe, Kundenzufriedenheit sowie mit Marketing im allgemeinen auseinandersetzt und eine Erfolgsfibel für die Praxis sein will. Gleichzeitig zeigt der Verkaufserfolg der ersten Auflage dieses Buches den großen Wissensdurst in Praxis und Theorie. Letztendlich entscheidet aber der Leser, ob seine Erwartungen erfüllt worden sind. Deshalb habe ich vor der zweiten Auflage bei allen Lesern, die sich mit Hilfe der zahlreichen Dialoginstrumente in diesem Buch »identifiziert« haben, eine Zufriedenheitsumfrage in Bezug auf das erste Buch gemacht. Die zahlreichen Tips und Anregungen sind in diese Überarbeitung eingeflossen. Ich danke allen, die zu diesem Erfolg beigetragen haben. Ein besonderer Dank gebührt meinem Freund Hermann Sumser, der als Praktiker immer wieder die Frage nach der Umsetzbarkeit gestellt hat und zur zweiten Auflage zahlreiche Beispiele aus der Geschäftswelt beigetragen hat. Gleichfalls bedanken möchte ich mich bei Sabine Dengel, die mir nicht nur bei den notwendigen Korrekturen behilflich war, sondern durch ihre kritischen Anmerkungen auch entscheidende inhaltliche Verbesserungen bewirkt hat.

Für wen ist dieses Buch geschrieben?

Gleichermaßen für den Praktiker, den Unternehmer, den Manager, die Führungskraft der zweiten Reihe, den Marketing- und Vertriebsleiter wie auch für die in der Wissenschaft Tätigen. Zweifelsohne liegt der Schwerpunkt auf der Umsetzbarkeit in der Praxis. Hierdurch definiert sich auch die Zielsetzung dieses Buches.

Was können Sie erwarten?

Maximale Kundenorientierung behandelt nahezu das komplette aktuelle Marketing-Repertoire: von den Kundenbedürfnissen, der Kundenzufriedenheit, über die Produktpolitik, die Kundenservices, die verschiedenen Wege der Neukundengewinnung und die klassischen Kundenbindungsmaßnahmen bis hin zu den Instrumenten einer kundenorientierten Marktbearbeitung. Es soll Ihnen helfen, eigene Gedanken zu konkretisieren, neue wichtige Trends und Entwicklungen zu erkennen und, und das ist das wichtigste, Wege der Umsetzung zu mehr Kundenzufriedenheit und damit langfristig größerem wirtschaftlichen Erfolg zu finden, also konkrete eigene Lösungen zu entwickeln.

Wie ist das Buch aufgebaut?

Die einzelnen Kapitel sind in sich abgeschlossen. Der Vorteil für Sie: Falls Sie das Buch nicht von vorne bis zum Ende lesen möchten, können Sie immer an dem Punkt einsteigen, der Ihnen gerade wichtig erscheint – und Sie sind sofort im Thema. Dies bedingt für den konsequenten Leser von S. 1 bis S. 519 natürlich auch, daß zu Beginn jedes Kapitels die wichtigsten bisher behandelten Aspekte zusammengefaßt werden. Der Vorteil dieser Wiederholungen: die wichtigsten Facts werden gefestigt.

Wie kann Ihnen dieses Buch helfen?

Das Buch ist bewußt in einem lockeren, manchmal zynisch provozierenden Erzählstil geschrieben. Anhand von zahlreichen topaktuellen Beispielen aus der Praxis werden die einzelnen Aspekte und Erfolgsfaktoren der Maximalen Kundenorientierung dargestellt. Allein diese Beispiele helfen Ihnen, erste konkrete Schritte hin zu einer Maximalen Kundenorientierung in Ihrem Unternehmen zu gehen. Dem Anspruch dieses Buches folgend, dem Praktiker konkrete Hilfestellung in seinem Alltag zu geben, finden Sie zudem am Ende jedes Kapitels 10 konkrete Tips zur Umsetzung in Ihrem Unternehmen. Zusätzlich finden Sie am

Ende jedes Kapitels finden Sie einen ausführlichen Fragebogen, mit dem Sie Ihr persönliches Kundenorientierungsprofil erstellen können. Anhand Ihrer Antworten können Sie ganz speziell für Ihr Unternehmen analysieren, inwieweit Sie Ihre Kundenorientierung bereits maximiert haben und wo noch konkrete Chancen und Reserven liegen. Gleichzeitig haben Sie die Möglichkeit, Ihr zukünftiges Bild Ihres Unternehmens zu beschreiben. Sie werden feststellen, was Sie tun müssen, um die Kundenorientierung in Ihrem Unternehmen zu maximieren, um so einen größeren wirtschaftlichen Erfolg zu erzielen und zwar einen langfristigen. Falls Sie die Fragebögen nicht in Ihrem Buch ausfüllen möchten, können Sie diese selbstverständlich kostenlos noch einmal bei mir anfordern. Auf der letzten Seite dieses Buches haben wir hierzu ein entsprechendes Fax-Dialog-Instrument für Sie vorbereitet. Hiermit können Sie außerdem die Schaubilder bestellen. Gerne unterstützt Sie auch mein Unternehmen Gündling Direkt – Unternehmensberatung für Marketing und Vertrieb mit Maximaler Kundenorientierung – bei der Umsetzung in Ihrem Unternehmensalltag. Sie brauchen mir nur die folgende Leser-Dialogseite zuzusenden. Ich werde mich dann persönlich umgehend mit Ihnen in Verbindung setzen.

Leser-Dialog-Seite

Fragen, Hinweise, Tips

Mein Name und meine Anschrift:

Name	Vorname
Firma	Position
Straße	PLZ, Ort
Telefon (Durchwahl)	Fax

GÜNDLING DIREKT
Unternehmensberatung für Marketing und Vertrieb
mit MAXIMALER KUNDENORIENTIERUNG
Schloß Falkenhorst · D-66271 Kleinblittersdorf
Durchwahl: 06805/22888 · Fax 06805/22881
E-Mail: guendling.direkt@t-online.de

Den Gratis-Info-Scheck finden Sie auf Seite 519

Vorwort zur ersten Ausgabe

»Das Marketing verliert seine Selbstsicherheit. Es wurde noch nie so viel über Marketing kritisch wie auch aggressiv-verteidigend geschrieben wie in diesem Jahr« stellte Gerd Gerken Ende 1994 fest. Der Mann hat recht. Leider. Leider, weil viel über das Marketing geschrieben und diskutiert wurde und viel zu wenig über den Kunden. Über Erfolg oder Mißerfolg eines Unternehmens entscheidet jedoch nur einer: der Kunde. Aus diesem Grund steht der Kunde auch im Mittelpunkt dieses Buches. Alle unternehmerischen Aktivitäten, ob sie das Produkt, den Markt oder die Kommunikation betreffen, werden nur aus einer Sicht beleuchtet – aus der des Kunden. »Wir müssen uns weniger mit unseren eigenen Visionen und mehr mit denen unserer Kunden beschäftigen« – so hat Hans Olaf Henkel, Präsident des Bundesverbandes der Deutschen Industrie 1995 die Anforderung an die deutschen Unternehmen zusammengefaßt.

Nichts anderes tut dieses Buch – es beschäftigt sich mit dem Kunden.

Ein Buch wie dieses, das aus der Praxis für die Praxis in der Praxis geschrieben wurde, will kein Marketingfachbuch im wissenschaftlichen Sinne sein und erhebt daher auch nicht den Anspruch wissenschaftlichen Kriterien zu genügen. Es soll vielmehr ein Marketinglesebuch sein. Es will den Leser anregen, abseits vom Tagesgeschäft einmal darüber nachzudenken, welche Rolle der Kunde heute im Unternehmen spielt und welche ihm tatsächlich gebührt. Es will anregen einmal darüber nachzudenken, wie der wirtschaftliche Erfolg von heute auch noch der von morgen sein kann bzw. welche Voraussetzungen hierfür erfüllt sein müssen. Es will Anregungen zur Maximierung des unternehmerischen Erfolges geben – und das im Rahmen einer langfristigen Perspektive.

Es gibt einige Menschen, denen ich an dieser Stelle für ihre Hilfe danken möchte. Insbesondere meiner Frau. Sie hat mich nicht nur motiviert dieses Buch zu schreiben, sondern sie hat mir in zahlreichen Diskussionen auch immer wieder neue Anregungen gegeben und mich mit ihren Ideen und ihrem Fachwissen aus so mancher gedanklichen Sackgasse wieder herausgeführt. Ebenfalls danken möchte ich meinem Bruder Jörg für seine kritischen Anmerkungen und Natalie Minarzick, die entscheidend zur Fertigstellung des Buches beigetragen hat.

Ihnen, liebe Leserinnen und Leser, wünsche ich bei der Lektüre dieses Buches viel Spaß und viele neue Anregungen.

Privat:
Christian Gündling
Riegelsbergerstraße 34a
66292 Riegelsberg
Tel.: 06806-922161
Fax: 06806-3790

Geschäftlich:
Gündling Direkt
Schloß Falkenhorst
66271 Kleinblittersdorf
Durchwahl: 06805-22888
Fax: 06805-22881
E-mail: guendling.direkt@t-online.de

Kapitel 1: Warum dieses Buch? Warum Maximale Kundenorientierung?

Die Tatsachen, oder die Wirtschaft, in der wir heute leben

Unsere Wirtschaft hat in den letzten 10 Jahren eine radikale Wandlung vollzogen. Nicht zuletzt aufgrund der rasanten EDV-technischen Entwicklung sind hiervon fast alle Märkte und Branchen betroffen. Hierdurch stehen zur Jahrhundertwende die meisten Unternehmen vor folgenden großen Herausforderungen:

- ✗ weltweit sind ¾ aller Märkte gesättigt – die Nachfrage stagniert oder ist rückläufig
- ✗ Absatzsteigerungen lassen sich in solchen Märkten nur auf Kosten der Konkurrenten erzielen, mit der Konsequenz eines ruinösen Wettbewerbs
- ✗ viele Produkte sind austauschbar; als einzige wirksame Marktwaffe scheint der Preis zu bleiben
- ✗ der Markt, der Kunde, scheint unberechenbar zu sein
- ✗ die Marketing- und Vertriebskosten steigen jedes Jahr zweistellig
- ✗ sinkende Deckungsbeiträge führen zu radikalen Kostensenkungsprogrammen
- ✗ die heutige Komplexität der Geschäftswelt versperrt den Blick für die Grundlagen erfolgreichen Wirtschaftens.

Neben diesen wirtschaftlichen Herausforderungen ist eine weitere dramatische Entwicklung festzustellen, die sich unter anderem aus den Ergebnissen des Deutschen Kundenbarometers ableiten läßt: Einmal im Jahr führt das Bielefelder *Emnid-Institut* 32.000 Befragungen zur Kundenzufriedenheit bei über 700 Unternehmen aus 39 Branchen durch. Nach fünf Jahren zeigt das Deutsche Kundenbarometer jährlich folgendes erschütterndes Bild:[1]

- ✗ die Kundenzufriedenheit ist 1996 auf einem Tiefpunkt
- ✗ der Negativtrend läßt sich an fast allen wichtigen Faktoren fest-

machen, sei es an der Kompetenz in der Beratung, der Freundlichkeit, den Kundenservices bzw. sogenannten Kundendienstleistungen oder dem Beschwerde- und Reklamationsmanagement, so ein solches überhaupt existiert

- ✗ die Erwartungshaltung und das Anspruchsniveau der Verbraucher steigen – der Kunde weiß ganz genau, was er will – viele Unternehmen wissen dieses nicht oder ignorieren es einfach
- ✗ abwandernde, unzufriedene Kunden werden von den Unternehmen als naturgegeben betrachtet
- ✗ die Führungskräfte der Unternehmen schätzen ihre Kundenorientierung zu optimistisch ein
- ✗ die Kunden und Mitarbeiter sehen mehr Verbesserungsmöglichkeiten als die Chefs.

Beide Entwicklungen, die wirtschaftlichen Herausforderungen und die parallel wachsende Unzufriedenheit der Kunden mit der angebotenen und vertriebenen Unternehmensleistung, dokumentieren die (bis an die Existenz gehende) Notwendigkeit vieler Unternehmen, jetzt neue Wege gehen zu müssen, um langfristig wirtschaftlichen Erfolg zu haben – oder anders ausgedrückt, um morgen noch im Markt bestehen zu können. Wenn das deutsche Kundenbarometer über fünf Jahre hinweg eine schrumpfende Zufriedenheit der Kunden nachweist, so ist dies nicht unbedingt nur ein Zeichen der Ignoranz der Unternehmen und Manager gegenüber Ihren Kunden. Vielmehr kann dies als entscheidendes Indiz dafür betrachtet werden, daß entweder der konzeptionelle Rahmen fehlt oder den Unternehmen die Instrumente fehlen, dieses so zu managen, daß die erbrachte Unternehmensleistung auch zu einer maximalen Kundenzufriedenheit führt. Lutz Klimek, Geschäftsführer Marketing/Vertrieb bei *Hailo*, dem Unternehmen mit den Leitern und Bügelbrettern, formuliert es so: »Viele altbewährte Marketing-Konzepte verlieren an Schlagkraft. Um Wettbewerbsüberlegenheit zu erreichen oder zurückzugewinnen, brauchen wir dringend Innovationen im gesamten Marketing-Mix, vor allem neue Konzepte und Ideen für innovative Produkte, für das Beziehungsmanagement zwischen Industrie und Handel sowie für die Kommunikation mit dem Verbraucher.«[2] Das neue Konzept heißt Maximale Kundenorientierung: es ist der Weg vom ›Know-how‹, also dem konzeptionellen Rahmen, zum ›Do-how‹, also der praktischen Umsetzung im Unternehmensalltag. Maximale Kundenorientierung heißt:

- ✓ den Kunden nicht als Ziel, sondern als Auslöser der unternehmerischen Aktivitäten begreifen
- ✓ die Kenntnis über die Kunden und deren Bedürfnisse werden zum Grundbaustein des unternehmerischen Handelns
- ✓ mit zusätzlichen Services und Dienstleistungen, also einem echten Mehrwert, dem Käufer helfen, die Marke »x« und nicht etwa die genauso gute Marke »y« zu kaufen
- ✓ dauerhafte Neukundengewinnung und langfristige Kundenbindung mit interaktiven Kontaktprogrammen betreiben
- ✓ Umsatzsteigerung durch das Konzept Individuelles Partnerschaftsmarketing erzielen
- ✓ Entwicklung neuer Absatzwege und Absatzmärkte
- ✓ mit jedem einzelnen Kunden einen dauerhaften Dialog führen – auch mit denen, die es noch gar nicht wissen.

Für jedes Unternehmen egal ob Mittelstand, Konzern oder Existenzgründer liegt in der Maximalen Kundenorientierung die Chance, sich einen fast uneinholbaren Wettbewerbsvorsprung zu erarbeiten. Nach Prof. Dr. Armin Töpfer, Inhaber des Lehrstuhls für marktorientierte Unternehmensführung, hat Deutschland jedoch »was Kundenorientierung betrifft, ... gerade erst das Stadium des Entwicklungslandes überwunden.«[3] Während das klassische Marketing aus den 4 P's – Produkt, Preis, Promotion und Place – besteht, gewinnt die Maximale Kundenorientierung eine neue Dimension: einen dauerhaften Dialog mit dem Partner »Kunde«. Das gesamte Unternehmen entwickelt sich nach den Rückmeldungen aus dem Markt. Zielsetzung ist es, jedem einzelnen Kunden im Laufe seines Konsumentenlebens möglichst viel von den Produkten und Dienstleistungen zu verkaufen, die er von seinem Unternehmen, seinem Hersteller oder Lieferanten erwartet. Letztendlich werden die Unternehmen im Wettbewerb bestehen, die den Kunden durch eine direkte Ansprache gewinnen und ihn über einen kontinuierlichen Dialog an das Unternehmen binden. Der Aufbau langfristiger Partnerschaften zwischen Unternehmen und (potentiellem) Kunden wird damit zur Kür für eine marktorientierte und damit erfolgreiche Unternehmensführung. In der Realität sind wir hiervon heute noch in vielen Branchen und Märkten weit entfernt.

Ein Beispiel - Tatort Autohaus

Erster Tatort – November 1991: Ein junger Mann, erfolgreich im Beruf, wollte sich einen Jugendtraum erfüllen: Einen *Porsche* – entweder den alten Traum-Porsche 911 Carrera II oder, nicht zuletzt aufgrund der hervorragenden Testergebnisse, den neuen Porsche 968. Das Geld war da, die Finanzierung stand – Leasing war auch eine Möglichkeit. Also ist der junge Mann, damals wohl ein typischer Yuppie, an einem Samstag in das *Porsche*-Zentrum seiner Heimatstadt gefahren. Lässig in Jeans und Hemd gekleidet, begab er sich in den Show-Room. Show-Room, na ja, mehr eine bessere Werkstatt, in der man auch Nutzfahrzeuge hätte feilbieten können. Ein Verkäufer saß in seinem Büro und laß die *Westfalenpost*. Der junge Mann schlenderte durch den Show-Room und schaute sich die verschiedenen Modelle interessiert an. Eine Minute verging, dann zwei und drei, ... auf einmal sprang der Verkäufer auf. Er hatte den jungen Mann, den Interessenten, also doch noch bemerkt.

Denkste! Zwischenzeitlich kam ein *Ferrari* vorgefahren. Der junge Mann konnte dem Gespräch zwischen Verkäufer und Ferrari-Fahrer lauschen. Es ging um eine Sitzplatzkarte für das nächste Heimspiel von BVB Borussia Dortmund, die der Ferrari-Fahrer dem Verkäufer vorbeibrachte. Nach zehn Minuten schließlich kam der Verkäufer auch noch auf den jungen Mann zu – den Interessenten. Nachdem der Verkäufer dem jungen Mann ausführlich erklärt hatte, daß der Ferrari-Fahrer eine Berühmtheit in bestimmten Kreisen seiner Heimatstadt sei, ist ihm, dem jungen Mann, dem Interessenten, der Geduldsfaden gerissen und er ist gegangen. Mit DM 130.000.– in seiner Tasche.

Einige Tage später versuchte es der junge Mann, jetzt im seriösen Anzug, im *Porsche*-Zentrum einer anderen Stadt. Diesmal entsprach das Ambiente des Show-Rooms den Erwartungen des jungen Mannes, die man mit *Porsche* verbindet. Sogar drei Verkäufer standen zusammen – in einem angeregten Gespräch. Doch den jungen Mann, den bemerkten sie nicht – oder wollten Sie ihn nicht bemerken? Könnte er gar stören? Frustriert und mit 130.000 DM in der Tasche verließ der junge Mann auch diesen »Verkaufsraum«. Spätestens jetzt würde ein normaler Kunde oder Interessent zu einem anderen Lieferanten, einer anderen Marke wechseln. Aber *Porsche* ist nun einmal einmalig – noch –, und schließlich sollte ein Traum verwirklicht werden.

Wir kürzen diese Geschichte ein klein wenig ab und bringen sie zum Ende. Aufgrund einer Empfehlung fand der junge Mann schließlich doch noch ein *Porsche*-Zentrum in Dortmund mit einem Verkäufer, der sich um die Wünsche und Erwartungen seines Kunden bemühte und diese erfüllte. Ohne große Formalitäten wurde eine Probefahrt mit beiden Fahrzeugen organisiert, die Vor- und Nachteile beider Fahrzeuge für den jungen Mann gegenübergestellt und die verschiedenen Anschaffungsmöglichkeiten analysiert – mit einem Minicomputer, den der Verkäufer sich privat angeschafft hatte. Schließlich entschied sich der junge Mann zum Kauf eines neuen Carrera II, der schon vier Tage später übergeben werden konnte, da der Verkäufer das Wunschauto seines Kunden im Computer als lieferbar bei einem anderen *Porsche*-Zentrum im Ruhrgebiet entdeckt hatte.

Kompliment an den Verkäufer. Doch, warum Kompliment? Hat der Verkäufer denn eigentlich nicht nur das getan, was sein Job ist? Einen Kunden, der mit 130.000 DM seinen Verkaufsraum betritt, seinen Wünschen und Erwartungen entsprechend zu behandeln und zu beraten? Ja, er hat nur seinen Job gemacht, doch das Fehlen dieser Selbstverständlichkeit ist inzwischen auffällig in Deutschland. Deshalb dieses Buch. Ist es höchstens ein Zufall, daß *Der Spiegel* im Juni 1994 über ein ähnliches Erlebnis berichtete?[4] Übrigens, Sie vermuten es bestimmt schon – der junge Mann war ich. Das *Porsche*-Zentrum in meiner Heimatstadt ist neu errichtet worden, der Verkäufer geht, soweit ich weiß, inzwischen einer anderen Tätigkeit nach.

Zweiter Tatort – Vier Jahre später: Herbst 1995: Die erste Auflage dieses Buches erscheint. In einer anderen Stadt, bei einer anderen Porsche-Niederlassung, äußere ich meinen Wunsch, einen Jahreswagen des neuen 911-Modells kaufen zu wollen. Ein junger Verkäufer nimmt meinen Wunsch auf, und versichert mir, schnellstmöglich einige Angebote zu unterbreiten. Zwischenzeitlich – fast 1 Jahr später – erhalte ich ein Mailing eines Bekleidungshauses, welches mit dem hiesigen Händ-

Abb. 1.1

ler kooperiert, und mir anbietet, die neueste *Joop*-Kollektion zusammen mit dem neuen *Porsche* Boxter anzuschauen. Der Boxter interessiert mich gar nicht. Ein Angebot für einen 911 hingegen habe ich bis heute nicht erhalten. Doch das sollte diesmal mein Glück sein. Denn wie heißt es so schön, irgendwann schafft ein 911 jeden. Und 1996 brauchte ich ein bequemeres Auto mit vier Türen.

Dritter Tatort – Herbst 1996: Diesmal sollte es der neue *BMW* 535i oder 540i sein. Also habe ich eine *BMW*-Niederlassung aufgesucht. Wieder an einem Samstag. Diesmal mittags. Wieder waren zwei Verkäufer anwesend. Und wieder habe ich nach zehn Minuten ein Autohaus verlassen, ohne daß mich ein Verkäufer angesprochen hat. Wieder bin ich mit meinem Geld und total frustriert nach Hause gefahren. Diesmal habe ich mich per Fax bei dem Geschäftsführer beschwert – abends um 18:00 Uhr. Schon am nächsten morgen um 9:00 Uhr rief eine seiner Verkäuferinnen bei mir an: Entschuldigte sich und vereinbarte einen Termin in meiner Firma. Innerhalb von 30 Minuten waren die wichtigsten Fragen geklärt. An einem Wochenende konnte ich ein Fahrzeug probefahren, die verschiedenen Angebote wurden mir persönlich vorbeigebracht ... seit 1997 fahre ich nun *BMW*. Aber nur weil ich mich beschwert hatte und danach erstklassig betreut wurde.

Einzelfälle? Bei weitem nicht. Meine Frau kann eine ähnliche Geschichte über *VW*, meine ehemalige Sekretärin über *Nissan*, mein Vater über *Mercedes* berichten. Und Sie selbst über viele andere Marken. Noch immer scheinen viele Autohäuser und Autohersteller der Illusion zu unterliegen, ihre Produkte nur verteilen zu müssen – und trotz des Kunden wirtschaftlich erfolgreich arbeiten zu können. Doch dieser Illusion scheint nicht nur die Automobilbranche zu unterliegen, sondern Unternehmen in fast allen Märkten und Branchen, egal ob im Endverbraucher- oder im Business-to-business-Geschäft.

Verkehrte Welt in Deutschland – »Hilfe – Ich bin der Kunde«

Wie oft ist es jedem von uns passiert, daß wir das Gefühl hatten, als Kunde nur zu stören – egal ob im Privat- oder Berufsleben. Da sind sie: Der unfreundliche Kellner im Restaurant, den wir durch unseren Wunsch, eine Bestellung aufgeben zu wollen, aus dem Flirt mit der Bardame reißen. Der Kfz-Meister, der uns unser Auto nach der Inspektion verdreckt zurückgibt. Das Versandhaus, welches nach dem dritten Anlauf immer noch nicht in der Lage war, den Anzug in der Sondergröße 98 zuzustellen. Der Notebook-Produzent, der mit einer ganzseitigen Anzeige im Handelsblatt um sein Produkt mit einer 0130er Nummer wirbt und nach 14 Tagen immer noch keine Verkaufsunterlagen schickt. Der Büromöbellieferant, der das Oberflächenmuster aus Holz in schwarz, in Holznachbildung in grau liefert. Die Service-Hotline Kabelanschluß der Deutschen Telekom, die immer »besetzt« ist – *wählen Sie zum Beispiel einmal die Nummer 01174*. Der Vertriebsmitarbeiter eines Herstellers medizinischer Geräte, der weder über die neueste Medizingeräteverordnung, noch über das aktuelle Medizinpro-

Abb. 1.2

duktgesetz informiert ist, und, und, und. Diese Liste ließe sich problemlos fortsetzen – von jedem einzelnen von uns.

»Kunde droht mit Auftrag« soll in einigen Unternehmen schon zum geflügelten Wort geworden sein. In deutschen Kaufhäusern und Boutiquen, Elektrogeschäften und EDV-Stores, Autohäusern und Werkstätten, bei Versicherungen und Möbeltransporten, im Supermarkt und bei Versandhäusern, bei Lieferanten und Dienstleistern, überall das gleiche Bild: Wir, die Kunden, sind Bittsteller: »Bitte nehmen Sie mein Geld, bitte ich möchte ihr Produkt kaufen dürfen, bitte entschuldigen Sie, daß ich hiermit ihren Tagesalltag durcheinander bringe...«, aber ich möchte doch mit meinem Geld nur ihrem Unternehmenszweck dienen und ihre Arbeitsplätze sichern.

Das Schaubild 1.2 soll eigentlich selbstverständliche Auswirkungen verdeutlichen, die ein Kunde mit dem Kauf eines Produktes verursacht. Zum einen kann der Kunde hierdurch seine persönlichen Bedürfnisse befriedigen, zum anderen reduziert er aber auch gleichzeitig sein verfügbares Einkommen. Dies ist die kundenbezogene Wirkung. Für das Unternehmen, bei welchem der Kunde sein Produkt kauft, bedeutet dieser Kauf zwangsläufig, daß der Unternehmenszweck, z.B. die Interessen der Kapitalanleger gewahrt bleiben und zum weiteren natürlich auch die Arbeitsplätze dieses Unternehmens gesichert werden. Für jedes andere Unternehmen hat der Kaufakt selbstverständlich negative Auswirkungen, auch wenn diese für jeden einzelnen Kauf nur marginal meßbar sein mögen, aber in der Summe liegt die Konsequenz. Doch diese so einfachen Auswirkungen scheinen in vielen deutschen Unternehmen noch nicht verstanden zu werden.

Wie stellt sich das Bild eigentlich dar, wenn wir nicht in der Rolle des Kunden, des bittstellenden Konsumenten sind, sondern in der Rolle des Unternehmers, des Herstellers und Dienstleisters, des Managers, des Angestellten und Arbeiters, der doch letztendlich nur die Aufgabe hat, die Wünsche und Erwartungen des Kunden zufriedenzustellen? Dann sind wir die gleichen Menschen, die sich eben als Kunde noch in einer verkehrten Welt sahen, die es nicht glauben wollten, daß so etwas einem Kunden passieren kann, aber jetzt diese verkehrte Welt zu verantworten haben.

Als Unternehmensberater höre ich dann oft von meinen Kunden im ersten Gespräch: »Ja, das ist richtig, was Sie da sagen, Herr Gündling, das passiert mir als Kunde auch immer wieder«, ... und dann wird zumeist ein aktuelles Beispiel vom Vortag genannt ... »aber in meiner Firma ist der Kunde König«. »Woher wissen diese Unternehmer und Manager das?« – denke ich mir dann immer wieder.

»Ich bin der Meinung, daß es nicht die primäre Aufgabe eines Vorstandsmitglieds der *Deutschen Bank* ist, Kunden zu sehen. Dies gilt insbesondere für Dr. Schneider. Nicht er, sondern seine Objekte waren die Kreditteilnehmer«[5] wird Hilmar Kopper, bis 1997 Vorstandssprecher der *Deutschen Bank*, in der Wochenzeitung *Die Zeit* vom 29. April 1994, zitiert. Herr Kopper, damals Chef der größten deutschen Bank, die Milliardengeschäfte mit Geschäfts- und Privatkunden tätigt, die zahlreiche Aktienpakete von mittelständischen Unternehmen wie Konzernen hält, deren Manager und Vorstandsmitglieder in unzähligen Aufsichtsräten sitzen, über denjenigen, der erst die Geschäfte der *Deutschen Bank*, den Job des Hilmar Kopper und von tausenden anderen

Arbeitnehmern ermöglicht, über den, der das Einkommen des Hilmar Kopper zahlt, über den Kunden. In Amerika heißt es hierzu: »No client, no company!« – kein Kunde, kein Unternehmen. Doch Hilmar Kopper steht mit seiner Meinung nicht allein – da er prominent ist und den Mut hatte, das auszusprechen, was viele andere Manager und Unternehmer denken und tagtäglich auch tun und ihren Mitarbeitern vorleben, wird er hier exemplarisch für viele genannt. Der wichtigste Kunde in vielen deutschen Unternehmen scheint der Kapitalgeber zu sein – Shareholder Value heißt es so schön neudeutsch, seit Detlef Schrempf die neue Strategie des *Mercedes Benz* Konzerns ausgegeben hat – danach der Controller, dann der Vorgesetzte und ganz zum Schluß der wirkliche Kunde, der eigentlich alles bezahlt.

Wann waren Sie zuletzt Kunde in Ihrem eigenen Unternehmen? Wann hatten Sie zuletzt Kontakt mit einem Ihrer Kunden? Als Unternehmer und Manager beschäftigen wir uns Tag für Tag mit Zahlen, Gesetzen, Vorschriften, der EDV, dem Betriebsrat usw; aber wann steht der Kunde im Mittelpunkt unserer Überlegungen? Wieviel unseres Zeitbudgets stellen wir tagtäglich unserem Kunden zur Verfügung?

Wenn in allen Unternehmen der Kunde im Mittelpunkt der unternehmerischen Aktivitäten stehen würde, hätte ich dieses Buch nicht schreiben können. Ich müßte mir einen neuen Job suchen, und außerdem würden wir alle uns als Kunde nicht tagtäglich »mißverstanden« oder »mißhandelt« fühlen.

»Wo ist er geblieben?«: Der Kunde in deutschen Unternehmen?

> »Der wichtigste heute vernachlässigte Managementgrundsatz ist wohl die Nähe zum Kunden, seine Bedürfnisse zu erfüllen und seinen Wünschen zuvorzukommen. Für allzu viele Unternehmen ist der Kunde zum lästigen Störenfried geworden«[6].

So zitieren Thomas J. Peters und Robert H. Waterman in ihrem inzwischen zum Klassiker gewordenen Bestseller *Auf der Suche nach Spitzenleistungen* von 1982, Lew Young, Chefredakteur der *Business*

Week. Zwölf Jahre später stellt der Präsident der Deutschen Marketingvereinigung und persönlich haftende Gesellschafter der *Henkel KGaA* Dr. Uwe Specht fest: »Deutsche Kunden scheinen immer noch nicht im Fokus betrieblicher Anstrengungen zu stehen.«[7] Und noch einmal zwei Jahre später, anläßlich der Vorstellung der Ergebnisse des Deutschen Kundenbarometers 1996: »Die Kundenzufriedenheit hat einen Tiefstand erreicht.«[8] Wie konnte es zu so einer dramatischen Entwicklung kommen? Warum hat sich innerhalb von 14 Jahren nichts geändert?

Heute, im letzten Jahrzehnt des 20. Jahrhunderts, stehen viele Unternehmen, insbesondere der Vertrieb und das Marketing an einem bedeutenden Wendepunkt. Während die 60er und 70er Jahre geprägt wurden durch das Denken in Quantitäten (Stichwort Massenmarketing), wird spätestens seit den 80er Jahren in Zielgruppen und Segmenten gedacht und gearbeitet. Die 90er Jahre sind zudem geprägt von einer gerade endenden Rezession und einer allgemeinen Unsicherheit, die unter dem Druck neuer Schlagwörter wie Lean-Management, Lean-Organisation und Total Quality Management viele Unternehmen zu kurzfristig bedingten Kostensenkungsprogrammen und Radikalkuren veranlaßt hat.

Auch wenn gerade beim Total Quality Management einer der wichtigsten Grundsätze die »konsequente Kundenorientierung … bei der Definition der Qualitätsansprüche und -veränderungen«[9] ist, scheinen viele deutsche Unternehmen in der letzten Rezession TQM entweder mißverstanden zu haben, wofür spricht, daß 60% aller TQM-Projekte scheitern[10], oder sie haben TQM doch nur als Alibi mißbraucht, um kurzfristig erfolgreiche Interessen zu vertreten und durchzusetzen und um insbesondere das Heil in kurzfristig wirksamen Sparprogrammen – vor allem beim Personal – zu suchen, ohne hierbei den Kunden und seine Erwartungen und Wünsche in den Mittelpunkt der unternehmerischen Aktivitäten zu stellen. Die Quittung für diese kurzfristige und einseitige Unternehmensführung erhalten diese Unternehmen dann zumeist umgehend. Beispiel Einzelhandel: Viele Einzelhandelsgeschäfte, Fachgeschäfte, können heute immer schwerer mit ihrem Produktangebot gegenüber der scheinbar unschlagbaren Konkurrenz der Verbraucher- und Fachmärkte auf der grünen Wiese bestehen. Zwei Kundentypen entstehen: die eine ist preisbewußt und wenig serviceorientiert, die andere hingegen erwartet einen perfekten Dienst am und für den Kunden und ist dann auch bereit hierfür mehr zu bezahlen. Bei vergleichbarem Produktangebot ist der Kunde also nur dann gerne bereit, mehr zu bezahlen, wenn er auch einen entsprechenden Mehrwert erhält. Dieser Mehrwert kann in einer solchen Wettbewerbssituation ausschließlich in einer fachkundigen Beratung liegen, die die Erwartungen und Wünsche des Kunden in den Mittelpunkt stellt. Doch eine solche Beratung kann nur durch ein motiviertes, gut ausgebildetes Verkaufspersonal durchgeführt werden ... welches gerade wegrationalisiert wurde.

Ein anderes, ein neues Schlagwort – Reengineering – hält spätestens seit der Veröffentlichung des Buches »Reengineering the cooperation« von James Champy und Michael Hammer Einzug in die Führungs- und Vorstandsetagen deutscher Unternehmen. Reengineering hat seinen Ursprung Ende der 80er Jahre, als namhafte Unternehmen zusammen mit Beratern wagten, ihre herkömmlichen funktionalen Organisationen, wie sie seit Frederic W. Taylor und Henry Ford Gültigkeit hatten, grundlegend zu verändern. Reengineering bedeutet, die Geschäftsprozesse fundamental zu überdenken und radikal zu verändern, mit dem Ziel, eine gesteigerte Kundenzufriedenheit, höhere Gewinne, wachsende Marktanteile, bestmögliche Ressourcennutzung und Professionalität im Management zu erreichen. Die *absatzwirtschaft* hat diesem Thema im Oktober 1994 sogar eine Sondernummer gewidmet. Hier wird eine Studie der Unternehmensberatung *CSC Index* zitiert, die im Mai 1994 abgeschlossen wurde. Was die Ziele des Reengineering im Geschäftsprozeß Verkauf/Marketing/Kundenakquisition betrifft, kommt diese Studie zu einem erschreckenden, aber dennoch zu erwartenden Ergebnis über die Rolle des Kunden in europäischen, also auch deutschen Unternehmen im Vergleich zu nordamerikanischen.[11]

Wie das Schaubild 1.3 zeigt, verfolgen nordamerikanische Unternehmen mit dem Reengineering an erster Stelle das Ziel, die Kundenzufriedenheit zu erhöhen. Dies ist systemimmanent – bzw. sollte es sein –, da die Steigerung der Kundenzufriedenheit oberstes Ziel des Reengineering ist. Europäische und damit auch deutsche Unternehmen hingegen betreiben Reengineering an erster Stelle um Kosten zu reduzieren. In den fünf wichtigsten Reengineeringzielen spielt der Kunde in europäischen Unternehmen so gut wie keine Rolle. Auch wenn in dieser Untersuchung nordamerikanische mit europäischen Großunternehmen

GÜNDLING DIREKT

Reengineering-Ziele

nordamerikanischer und europäischer Unternehmen im Vergleich

Grad der Bedeutung	**Nordamerika**	**Europa**	Grad der Bedeutung
4,5	Kundenzufriedenheit erhöhen	Kostenreduzierung	4,0
4,1	Umsatzsteigerungen	Schnellere Markteinführung	4,0
4,1	Qualität verbessern	Umsatzsteigerungen	3,5
4,0	Produktivität steigern	Marktanteil steigern	3,5
3,9	Kostenreduzierung	Produktivität steigern	3,5

Quelle: absatzwirtschaft, 10/94

Abb. 1.3

mit einem Jahresumsatz von mehr als 500 Mio. US-Dollar verglichen werden, zeigt das Ergebnis doch ein erschreckendes Bild und ist durchaus auf die deutsche Wirtschaft im allgemeinen zu übertragen, wie noch weitere Studien, die in diesem Buch genannt werden, zeigen. Hier stellt sich die Grundsatzfrage: Der Kunde – welche Rolle spielt er in deutschen Unternehmen?

Eine Studie der Düsseldorfer Unternehmensberatung *Droege & Comp. GmbH* kommt zu einem ähnlichen Ergebnis: »Während hierzulande nur 14 Prozent der Unternehmen in den vergangenen fünf Jahren ihre Organisation an die Kundenwünsche anpaßten, waren es in Japan und den USA doppelt so viele. Insgesamt, so das alarmierende Fazit Droeges, haben bislang nur vier Prozent der deutschen Unternehmen ihre Abläufe auf Kundennähe getrimmt.«[12] Das heißt also, nur eines von acht deutschen Unternehmen hat in den letzten fünf Jahren die Kundenwünsche als zentralen unternehmerischen Erfolgsfaktor identifiziert und nur einem von zwanzig deutschen Unternehmen ist es gelungen, seine Abläufe auch tatsächlich auf diese Wünsche des Kunden abzustimmen.

Der neue Weg – Maximale Kundenorientierung, oder: Es begann alles mit dem Tausch

Viele Unternehmen scheinen heute noch einen Zielspagat zwischen dem linken Bein der Maximierung der Kundenorientierung und dem rechten Bein der kurzfristigen Optimierung der Ergebnisse zu sehen. Wenigen Unternehmen ist es bisher gelungen, die Maximale Kundenorientierung als den Erfolgsfaktor ihres unternehmerischen Handelns und Tuns zu identifizieren und in der Praxis zu leben. Dabei heißt der entscheidende Wettbewerbsvorteil heute nicht mehr Kosten- oder Differenzierungsstrategie, sondern schlicht und ergreifend Maximale Kundenorientierung, wie schon vor Tausenden von Jahren.

Maximale Kundenorientierung ist kein neuer wissenschaftlicher Ansatz und kein neu entdecktes Geheimnis erfolgreicher Unternehmensführung, sondern die Ursprungs- und Antriebskraft erfolgreichen Wirtschaftens schlechthin: dem Tauschhandel.

In grauer Vorzeit, als es noch keine Geld- oder Goldwirtschaft, also kein allgemein akzeptiertes Zahlungsmittel gab, wurden die verschiedenen Produkte, die der eine Mensch besaß und der andere Mensch haben wollte und umgekehrt, getauscht. Ein Beispiel: Jäger Erwin K. hat im Wald zwei Rehe mit seiner Keule erschlagen, während Sammler Heinz L. in dem gleichen Wald drei Kellen Preiselbeeren gesammelt hat. Wie jeder weiß, machen Preiselbeeren allein nicht satt, und ein Rehbraten ohne Preiselbeeren schmeckt nicht. Also haben sich Jäger Erwin K. und Sammler Heinz L. im Wald getroffen. Zwei Kellen Preiselbeeren wurden gegen ein Reh getauscht. Der Tausch war für beide Partner sinnvoll, da beide mit dem Wirtschaftsgut des anderen jeweils einen höheren individuellen Nutzen erreichten; beide, Jäger Erwin K. und Sammler Heinz L., hatten jetzt die Grundprodukte für einen Abendschmaus mit ihren Familien. Die Lieferung erfolgte just in time. Der Kundenservice war inklusive, da Jäger Erwin K. dem Sammler immer wieder eine andere Zubereitung des Rehbratens verriet, während der Sammler Heinz L. sich die tollsten Preiselbeerrezepte entlocken ließ. Und immer nur dann, wenn der Tausch für beide Tauschpartner mit einem höheren individuellen Nutzen verbunden war, also beide einen Mehrwert erzielen konnten, wurde auch tatsächlich getauscht; es sei denn Jäger Erwin K. hätte einmal seine große Keule eingesetzt oder Sammler Heinz L. hätte Giftbeeren getauscht. Doch dann hätten Sie beide nicht mehr miteinander getauscht, und der Benachteiligte hätte sich einen anderen Tauschpartner gesucht. So einfach funktioniert Maximale Kundenorientierung.

Während viele Unternehmen auch heute noch ihr Heil in kurzfristigen, zumeist nach innen gerichteten Optimierungen suchen, stellen einige wenige – langfristig erfolgreiche – Unternehmen den Kunden in den Mittelpunkt ihrer Aktivitäten. Ausgehend von dem oben zitierten Managementgrundsatz von Elf Jung soll deshalb in diesem Buch anhand von zahlreichen Beispielen untersucht werden, welche Muster exzellente Unternehmen zur Maximierung ihrer Kundenorientierung und damit zur Maximierung ihres wirtschaftlichen Erfolges einsetzen. Diese Muster werden in neun Managementgrundsätzen zur Maximierung der Kundenorientierung für jedes Unternehmen formuliert.

Die neun Managementgrundsätze der Maximalen Kundenorientierung

1. Der (potentielle) Kunde steht im Mittelpunkt

Ausgangspunkt aller wirtschaftlichen Erfolge oder Mißerfolge sind die Handlungen, die Kaufhandlungen des (potentiellen) Kunden. Er entscheidet tagtäglich darüber, ob ein angebotenes Produkt seinen Markt findet oder nicht. Er allein, der (potentielle) Kunde, entscheidet über den unternehmerischen Erfolg. Die Unternehmen müssen daher wieder lernen, den Kunden in den Mittelpunkt ihrer Handlungen zu stellen.

2. Die individuellen Bedürfnisse des (potentiellen) Kunden

Den (potentiellen) Kunden in den Mittelpunkt des Unternehmens zu stellen, ist der erste Schritt auf dem Weg zur Maximalen Kundenorientierung. Die Entscheidung pro oder contra die angebotene Unternehmensleistung trifft der (potentielle) Kunde aufgrund seiner individuellen Bedürfnisse, bzw. genauer aufgrund seiner Wahrnehmung der individuellen Bedürfnisse. Insofern müssen die individuellen Bedürfnisse der (potentiellen) Kunden zwangsläufig der Maßstab für jede unternehmerische Handlung sein. Inwieweit dies dem Unternehmen gelingt, drückt sich in der Kundenzufriedenheit aus: voting by feet.

3. Von einer eindimensionalen Produktpolitik zur individuellen Problemlösung

Jedes Produkt, jedes Massenprodukt dient aus der Sicht des (potentiellen) Kunden nur dazu, seine individuellen Bedürfnisse zu befriedigen. Ein Produkt ist damit aus der Sicht des (potentiellen) Kunden nichts anderes als eine individuelle Problemlösung. Die individuelle Problemlösung selbst ist – als Objekt betrachtet – im Optimum die Einzelanfertigung, die Maßanfertigung. Entscheidend sind jedoch nicht die objektiven Merkmale der individuellen Problemlösung, entscheidend ist vielmehr, inwieweit die angebotene Unternehmensleistung von den (potentiellen) Kunden als individuelle Problemlösung für die eigenen individuellen Bedürfnisse gesehen, akzeptiert und bewertet wird. Letztendlich sind es die weichen Faktoren, die Services und Dienstleistungen, die Vertriebs- und Distributionswege, die ein Produkt in eine individuelle Problemlösung verwandeln.

4. Weg vom Massenmarketing hin zum Individuellen Partnerschaftsmarketing

Heute noch denken und handeln viele Unternehmen in Massen. Das heißt, sie suchen mit Hilfe von einseitigen, meist breite Massen ansprechenden Kommunikationsmitteln, wie z.B. klassische TV-Spots, Anzeigen oder Beilagen, nach Käufern für ihre Produkte. Sie denken und agieren in verkauften Paletten und Tonnen, Margen und Deckungsbeiträgen, Auflagen und Produktivitäten, Verkäufern und Marktanteilen. Der Kunde wird höchstens als Ziel der unternehmerischen Aktivitäten betrachtet. Der Erfolgsfaktor von morgen liegt jedoch nicht im Denken und Handeln in Massen, sondern darin, den (potentiellen) Kunden als Menschen, als Individuum anzusprechen und zu akzeptieren. Der Weg der Zukunft kann deshalb nur Individuelles Partnerschaftsmarketing heißen. Grundlage hierfür ist eine unternehmenseigene Datenbank, die Segmentierung der Märkte, eine weitestgehend individuelle Ansprache und ein kontinuierlicher Dialog mit den (potentiellen) Kunden.

5. Der (potentielle) Kunde – ein Partner des Unternehmens

Tagtäglich finden in Deutschland Hunderttausende von Verkaufsprozessen statt, von denen die meisten anonym, das heißt für das Unternehmen im verborgenen bleiben. Das »Einmalgeschäft« scheint im Mittelpunkt zu stehen, denn ist ein neuer Kunde erst einmal gewonnen, steht er nicht mehr im Fokus vieler Unternehmen. Langfristig wird sich das jedoch kein Unternehmen mehr leisten können, da es hierdurch zwangsläufig in einen Teufelskreis gerät. In Zukunft gilt es daher für die Unternehmen eine Partnerschaft mit ihren (potentiellen) Kunden aufzubauen, und entsprechend dem individuellen Wert dieser Partnerschaft einen individuellen Dialog mit jedem einzelnen Partner zu führen. Aufgrund der heutigen EDV-technischen Entwicklung ist es für jedes Unternehmen möglich, in eine individuelle Partnerschaft mit seinen (potentiellen) Kunden bzw. dem Endverbraucher zu treten. Dies gilt für den Ein-Mann-Betrieb genauso wie für den Konzern.

6. Marktbearbeitung in bedürfnisgleichen Segmenten

Heute denken und arbeiten bereits viele Unternehmen in Zielgruppen oder Segmenten. Die Segmentierungskriterien, die hierbei benutzt werden, sind vielfältig. Sie reichen von soziodemographischen bis zu Kriterien des beobachtbaren Kaufverhaltens. Im Rahmen der Maximalen Kundenorientierung gibt es ebenfalls mehrere verschiedene Segmentierungskriterien, jedoch nur ein **einzig entscheidendes**: die ähnlichen, vergleichbaren, individuellen Bedürfnisse der (potentiellen) Kunden. Die Identifikation dieser Segmente führt letztendlich zu einer Fokussierung des Unternehmens auf die wirklich lukrativen Branchen und Märkte.

7. Die Datenbank – der Schlüssel zum Informationsmanagement

Maximale Kundenorientierung erfordert zweifelsohne auch ein neues Informationsmanagement. Individuelle Bedürfnisse wollen laufend analysiert werden, die richtigen Angebote, zum richtigen Zeitpunkt, dem richtigen Segment unterbreitet und verkauft werden, auch das sog. Cross-selling-Potential soll genutzt werden. Dies ist nur möglich, wenn alle relevanten Daten und Informationen kontinuierlich gesammelt, analysiert, aufbereitet, bewertet und wieder eingesetzt werden. Der Schlüssel hierzu ist eine unternehmenseigene Datenbank. Mit Hilfe der Datenbank kann das Unternehmen zudem die Zufriedenheit seiner (potentiellen) Kunden feststellen, seine Segmente definieren und weiterentwickeln, und aufbauend auf allen Daten und Informationen erst einen individuellen Dialog mit seinem Partner (potentieller) Kunde führen.

8. Das Muß aller Instrumente des Individuellen Partnerschaftsmarketing: Die Dialogfähigkeit

Die Instrumente, die geeignet sind, das unternehmensspezifische Marketingkonzept ›Individuelles Partnerschaftsmarketing‹ mit Leben zu füllen, müssen in sich nur eine einzige Anforderung erfüllen: Sie müssen dialogfähig sein. Das heißt, jedes einzelne Instrument muß dem (potentiellen) Kunden die Möglichkeit geben, mit dem Unternehmen einen Dialog aufzunehmen, und umgekehrt muß das Unternehmen jede Gelegenheit nutzen, einen Dialog mit dem (potentiellen) Kunden zu führen und Informationen über ihn zu gewinnen. Letztendlich bestimmt die Dialogfähigkeit des Unternehmens seine Kompetenz, eine Partnerschaft mit dem (potentiellen) Kunden aufzubauen.

9. *Maximale Kundenorientierung ist ein ganzheitliches unternehmensspezifisches Konzept*

Wenn man den Erfolgsschlüssel der Maximalen Kundenorientierung mit einem Wort beschreiben möchte, so kann dieses nur Individualität heißen: Es ist der einzelne (potentielle) Kunde, der im Mittelpunkt der unternehmerischen Aktivitäten stehen muß. Es sind seine individuellen Bedürfnisse, die befriedigt werden wollen, und die letztendlich in einer dauernden Einzelfallentscheidung über den Erfolg oder Mißerfolg des Unternehmens richten. Es sind die angebotenen individuellen Problemlösungen, die der (potentielle) Kunde bewertet, über die er richtet. Die individuelle Problemlösung selbst ist die Summe aller unternehmerischen Aktivitäten und wird vom (potentiellen) Kunden auch als solche empfunden. Insofern kann es keine einfache ›Wenn-dann-Verknüpfung‹ geben, zumindest nicht in einer Welt der Individualität mit ihren unzähligen Möglichkeiten. Jedes Unternehmen muß daher in Abhängigkeit seiner individuellen Rahmenbedingungen sein eigenes Konzept des Individuellen Partnerschaftsmarketings erarbeiten. Die erhofften praktischen Fortschritte werden sich nur dann einstellen, wenn die Unternehmen Maximale Kundenorientierung nicht als Stückwerk begreifen, sondern als einen Prozeß, der vielleicht nicht kurzfristig, auf jeden Fall aber langfristig, die Erreichung der finanzwirtschaftlichen Ziele des Unternehmens sicherstellt.

Maximale Kundenorientierung, dargestellt in diesen neun Managementgrundsätzen, ist keine neue Philosophie und keine neue Marketingtheorie. Vielmehr ist es die konsequente Weiterentwicklung des traditionellen Marketings. Das eingangs beschriebene Vakuum, in dem sich heute viele Unternehmen befinden, die wirtschaftlichen Herausforderungen auf der einen und die wachsende Unzufriedenheit der Kunden auf der anderen Seite, werden aufgelöst.

Im weiteren wird der konzeptionelle Rahmen dargestellt und anhand zahlreicher positiver wie negativer Beispiele der Weg zur Maximalen Kundenorientierung beschrieben. Mit Hilfe der Negativ-Beispiele wollen wir Schwachstellen und Fehler aufzeigen; die positiven Beispiele bieten Ihnen die Möglichkeit, die dargestellten Erfolgsfaktoren auf Ihre spezifische Unternehmenssituation zu übertragen. Maximale Kundenorientierung macht sich damit die Methode des Benchmarking zunutze. Alle Aspekte der eigenen unternehmerischen Leistungsfähigkeit können mit der des Besten verglichen und an den Erwartungen und Wünschen des einzelnen Kunden gemessen werden, um selbst der Beste zu werden. Maximale Kundenorientierung sprengt die herkömmlichen Grenzen. Erfolgsfaktoren eines Unternehmens, in einer anderen Branche, unabhängig von seiner Größe und seinen Produkten, gleichgültig ob Produkt oder Dienstleistung, unabhängig von den Vertriebswegen und unabhängig von den verschiedenen Zielgruppen und Segmenten, können auf die eigene unternehmerische Situation übertragen werden – vorausgesetzt, ich will, ich habe die notwendige Kreativität und, dies ist das Wichtigste, ich kann mich in die Gefühlswelt meiner Kunden versetzen und diese nachleben.

Ein wichtiger Hinweis: Maximale Kundenorientierung ist ein Prozeß, der Zeit braucht und im Grunde genommen nie zum Stillstand kommt. Die Basis bildet die vom Unternehmen bisher erbrachte Leistung. Die größte Schwierigkeit bei der Umsetzung ist das Umdenken in allen Köpfen. Hier sind viel Überzeugungsarbeit und auch Trainings zu leisten. Auch das braucht Zeit. Aber Maximale Kundenorientierung ist auch das Konzept der tausend Schritte und Möglichkeiten. Realisierungschancen gibt es an jeder Ecke. Man muß sie nur nutzen.

Sollten Sie irgendwelche Fragen, Hinweise, Tips oder Anregungen haben, seien es positive oder negative, würde ich mich freuen, wenn Sie den Dialog mit mir aufnehmen. Unsere Adresse finden Sie im Vorwort. Auf den Seiten XIV und 514 haben wir verschiedene Dialoginstrumente für Sie vorbereitet. Nutzen Sie Ihre Chance!

Anmerkungen

1 vgl. o.V.; in: absatzwirtschaft. Zeitschrift für Marketing; Nr. 11; 1996

2 Klimek, Lutz; in: absatzwirtschaft. Zeitschrift für Marketing; Nr. 9; 1996; S. 42

3 Töpfer, Armin; in: Sales Profi; 4. Jahrgang; Oktober 1995; S. 6

4 vgl. o.V.; in: Der Spiegel; 27.06.1994; Nr. 26; S. 68–77

5 vgl. Die Zeit; 29. April 1994; S. 13

6 Thomas J. Peters, Robert H. Waterman jun.; Auf der Suche nach Spitzenleistungen; 1991; S. 189

7 Telgheder, Maike; in: HORIZONT; 4. November 1994; Nr. 44/1994; S. 20
8 o. V.; in: HORIZONT; 25. Oktober 1996; Nr. 43/96; S. 17
9 Diller, Hermann (Hrsg.); Vahlens Großes Marketing Lexikon; 1994; S. 989
10 vgl. Homburg, Christian: Kundenorientiertes Qualitätsmanagement in den USA. Der Baldrige Award und die Botschaften der Sieger, WHU-Schriften, Vallendar o. J.; S. 17
11 vgl. o. V.; in: absatzwirtschaft; Sondernummer Oktober 1994; S. 11
Die Studie hatte zum Ziel, den Status des Business Reengineering in nordamerikanischen und europäischen Unternehmen mit einem Umsatz von mehr als 500 Mio. US-Dollar festzustellen. Von rund 6100 angeschriebenen Unternehmen, haben sich 497 nordamerikanische und 124 europäische Unternehmen aus 14 Branchen beteiligt.
12 Enzweiler, Tasso; in: Capital; Nr. 03/1995; S. 58

Kapitel 2: Der (potentielle) Kunde steht im Mittelpunkt

Das Gold des Goldgräbers

Ernest Dichter[1] vergleicht ein Unternehmen und seine Beziehung zu seinen Kunden mit einem Goldgräber. Für jedes Unternehmen ist der Kunde das Gold des Goldgräbers. Der Erfolg eines Goldgräbers hängt davon ab, inwieweit es ihm bei seiner Arbeit, dem Graben, der Absicherung des Tunnels usw. gelingt, die Goldader in den Mittelpunkt seines Denkens, Handelns und Tuns zu stellen. Und genauso hängt der wirtschaftliche Erfolg eines Unternehmens davon ab, inwieweit das Unternehmen seine Goldader, den Kunden, in den Mittelpunkt seines Denkens, Handelns und Tuns stellt. So wie der Goldgräber Spitzhacke und Schaufel dazu verwendet, die Ader freizulegen und das Gold zu schürfen, genauso muß das Unternehmen alle notwendigen Maßnahmen zur Optimierung der wirtschaftlichen Ergebnisse als Werkzeug zur Maximalen Kundenorientierung betrachten.

Wie schon dargestellt, ist es bisher wenigen Unternehmen gelungen, die Maximale Kundenorientierung als den Erfolgsfaktor ihres unternehmerischen Handelns und Tuns zu identifizieren und in der Praxis zu leben. Eines dieser Unternehmen ist die Walldorfer *SAP AG*: Seit Jahren an zweistellige Wachstumsraten gewöhnt, hat die *SAP* 1994 bei einem Umsatz von ca. 1,6 Milliarden DM eine Umsatzrendite von 25 Prozent erwirtschaftet. Der Erfolg der *SAP*, die betriebliche Anwendersoftware entwickelt und vertreibt, liegt in dem Bekenntnis des Vorstandes begründet, »daß gut zwei Drittel der eigenen Softwareprodukte auf Anregungen von Kunden beruhen. Sehr frühzeitig bereits und oft schon, bevor die nötigen Hardwaresysteme auf dem Markt etabliert waren, hat sich die Walldorfer Gruppe auf die Bedürfnisse und Anforderungen ihrer Abnehmer eingestellt«.[2] Der (potentielle) Kunde und seine Bedürfnisse stehen im Fokus der *SAP*.

Die Erfolgsunternehmen von Morgen müssen den Zielspagat verlassen und den scheinbaren Widerspruch zwischen Maximaler Kundenorientierung auf der einen Seite und Optimierung der Ergebnisse durch kurzfristige Aktivitäten auf der anderen Seite auflösen. Es gilt den Kunden in den Mittelpunkt der unternehmerischen Aktivitäten stellen:

1. Der (potentielle) Kunde steht im Mittelpunkt
Da über Erfolg und Mißerfolg unternehmerischer Aktivitäten im Markt von den (potentiellen) Kunden entschieden wird, steht der einzelne (potentielle) Kunde im Mittelpunkt aller Entscheidungen und Handlungen.

Heute noch leben viele Unternehmen vom Umsatz und nicht vom Kunden

Im Unterschied zur *SAP* stellen viele Unternehmen bei Veröffentlichungen, Bilanzpressekonferenzen oder in den Geschäftsberichten ihre Erfolge dar, die sie mit ihrem linken Bein der kurzfristigen Optimierung der Ergebnisse erzielt haben. *APPLE*-Konzernchef Michael Spindler berichtete im Oktober 1994[3], daß sich im vierten Geschäftsquartal von *APPLE Computer Co.* der Nettogewinn von 2,66 Millionen US-Dollar auf 114,67 Millionen US-Dollar bei einer 15%tigen Umsatzsteigerung auf 2,493 Milliarden US-Dollar verbessert habe. Er führt das gute Ergebnis auf das starke Umsatzwachstum, höhere Margen und geringere Betriebskosten aufgrund einer Umstrukturierung in den letzten zwölf Monaten zurück. Was *APPLE* unternommen oder geplant hat, um seinen langfristigen Markterfolg sicherzustellen, bleibt das Geheimnis von Spindler. Ob der Kunde im Mittelpunkt des Unternehmens steht, wissen wir ebenfalls nicht. Wir wollen es jedoch hoffen.

Diese Hoffnung brachte ich in der ersten Ausgabe dieses Buches zum Ausdruck. Doch es sollte eine Hoffnung bleiben. Inzwischen ist das eingetreten, was zu befürchten war: Michael Spindler ist nicht mehr in Amt und Würden. Sein Nachfolger Gilbert Amelio mußte im Sommer 1996 vermelden, daß *APPLE* im zweiten Quartal 1996 einen Verlust von 760 Millionen Dollar erwirtschaftet hat und 2.800 weitere Arbeitsplätze dem Rotstift zum Opfer fallen. Zudem werde das neue Betriebssystem *Copland*, die Antwort *APPLEs* auf *Windows95*, erst 1997 ausgeliefert werden können.[4] Die Entwicklung von *APPLE* ist um so bemerkenswerter, wenn man bedenkt, daß der kometenhafte Aufstieg *APPLEs* in den 80er Jahren doch mit einer Vision von Steve Jobs, dem Henry Ford der Computerindustrie, verbunden war: »One person, one computer«.[5] Gerade Jobs war es, der dem Menschen Otto Normal den Zugang zum Computer erst ermöglichte. Doch wie das Beispiel *APPLE* zeigt, genügt es nicht den (potentiellen) Kunden nur einmal in den Mittelpunkt des Unternehmens zu stellen. Dies muß dauerhaft geschehen; ansonsten fliegt das Unternehmen im schlimmsten Falle vom Markt.

Auch wenn bei *Microsoft* heute die betriebswirtschaftlichen Ergebnisse noch für einen guten wirtschaftlichen Erfolg sprechen, muß das Unternehmen des EDV-Gurus Bill Gates doch aufpassen, nicht in den nächsten Jahren in ein ähnliches Fahrwasser zu treiben wie *APPLE*. Die Hintergründe: Mit dem Hauptprodukt *Windows* hat das Unternehmen den PC-Markt weltweit erobert. Im Unterschied zu *APPLE*, welches sich seine Kernzielgruppen im Business-to-business-Markt, insbesondere bei den Kreativen gesucht hat, war *Windows* viele Jahre lang für viele Menschen die Eingangsvoraussetzung, um überhaupt mit einem Computer arbeiten zu können, ohne gleich EDV-Experte sein zu müssen. Windows trat einen unglaublichen Siegeszug in Unternehmen wie auch Privathaushalten an. *Windows* ist eine Benutzeroberfläche, wobei bereits der Wortbegriff »Benutzeroberfläche« ausdrückt, für wen dieses Produkt geschaffen wurde, eben für den Benutzer. *Windows* bringt das zum Ausdruck, was der Präsident der *Microsoft*-Cooperation, Bill Gates von einem Produkt erwartet: »Ein Produkt, beispielsweise ein Computer, muß so hergestellt werden, daß der Anwender leicht damit umgehen kann. Nur dann wird er es auch oft benutzen.«[6] Und der Direkt-Marketing-Manager von *Microsoft* in Deutschland ergänzt: »Wenn Sie in einen Raum wollen, dann öffnen Sie per Klinke die Tür. Fehlt jedoch die Klinke, dann können Sie den Raum nicht betreten, obwohl er über einen Zugang verfügt. Ebenso stehen Sie vor dem Computer, mit dem Sie arbeiten wollen. Sie benötigen eine Anwenderoberfläche, um an die Informationen in seinem Inneren zu gelangen. Je besser und angenehmer diese funktioniert, desto schneller und lieber operieren Sie mit dem Gerät.«[7] So das *Microsoft*-Management zu Beginn der 90er Jahre. Ende 1995 hieß es dann weltweit »Start me up«. *Windows95*, eine weiterentwickelte Benutzeroberfläche, die gleichzeitig das etwas angestaubte Betriebssystem *DOS* ablösen sollte, wurde in den Markt eingeführt. Plug & Play, frei übersetzt »einstecken und arbeiten oder spielen« heißt eine der wesentlichen Werbebotschaften. Während bei *Windows3.1* die Installation neuer Hardware wie zum Beispiel einem neuen Drucker, einem neuen Modem, einem neuen Bildschirm oder einem neuen Netzwerk richtige Probleme bereiten konnte, sollten diese Schwierigkeiten durch *Windows95* der Vergangenheit angehören. Doch wie sieht die Realität zumindest in Deutschland aus? Nicht »plug & play«, sondern »plug & pray«, also »einstecken und beten«, heißt das meist benutzte Wort unter den *Windows95*-Anwendern. Während von *T-online* zum Beispiel tatsächlich fast alle Modems ohne großen Aufwand nach Anschluß erkannt werden und damit auch benutzt werden können, vermeldet *Windows95* »Es wurde keine neue Hardware erkannt«. Will man gar eine *ISDN*-Karte unter *Windows95* betreiben, erlebt man meistens ein richtiges Desaster. Der Grund: In Amerika gibt es kein *ISDN*, deshalb wurde dies bei der Entwicklung von *Windows95* auch gar nicht berücksichtigt. Doch bei Fragen und Problemen kann man sich ja an den *Microsoft* Software Service in München wenden. 089–31761115 heißt die nicht gebührenfreie Servicenummer. Als Schweizer muß man übrigens ein Auslandsgespräch nach Deutschland oder Frankreich führen, und als Peruaner in der Karibik anrufen. Die Damen und Herren sind auch sehr hilfsbereit – kostenlos jedoch nur für drei Monate nach dem ersten Anruf. Das heißt, wenn ich mir nach 5 Monaten zum Beispiel ein neues Modem kaufen würde, welches *Windows95* nicht erkennt, dann bekomme ich zwar Unterstützung von Microsoft, aber jetzt muß ich sie bezahlen. Und das, weil in Deutschland ein Produkt vertrieben wird, welches zwar viel verspricht, aber in der Praxis wenig davon hält. Und die Chance diesen Fehler durch einen erstklassigen Service auszugleichen, wurde ebenfalls vertan. Ganz zu schweigen davon, daß *Microsoft* diese Produktmängel, die von den Anwendern tagtäglich erkannt werden, zwischenzeitlich hätte nachbessern und den bisher Geschädigten eine korrigierte Software zur Verfügung hätte stellen können. Nicht der Kunde stand hier im Mittelpunkt, sondern der Marketing-Gag, weltweit an einem Tag ein neues Produkt in den Markt einzuführen, mit der Konsequenz, daß in Deutschland ein halbfertiges Produkt auf den Markt geworfen wurde. Dies hätte zumindest *Microsoft*-Deutschland alleine dann vermeiden können, wenn das deutsche Management vor Markteinführung einmal in die Niederungen eines normalen Anwenders hinabgestiegen wäre, und selbst überprüft hätte, ob denn *Windows95* das hält, was es verspricht. Vielleicht wird die Geschichte sogar so enden, daß *Microsoft* durch diese den Markt ignorierende Unternehmensführung *APPLE* wieder auf die Beine hilft, denn eines ist bei *APPLE* Computern unbestritten: ihre Anwenderfreundlichkeit und die Funktion »plug & play«.

Die 150 g zwischen linkem und rechtem Ohr in die Niederungen des (potentiellen) Kunden führen

»Ich bin von Kopf bis Fuß auf meine Kunden eingestellt« so lautete die Devise von Hans Jürgen Knaur, ehemaliger Vorsitzender der *Stinnes AG* – mit 22 Milliarden Mark Umsatz der größte Handels- und Logistikkonzern Europas. Knaur tauchte zum Beispiel gerne überraschend in einer seiner 150 Baumarktfilialen auf, um sich persönlich ein Bild davon zu machen, wie seine Untergebenen König Kunde behandeln. Die Arbeit am Schreibtisch zählte wenig im Reich des Hans Jürgen Knaur: Mindestens ein Viertel seiner Arbeitszeit verbrachte er in Kraftwerken und Gießereien, bei Autoherstellern und Kosmetikfirmen, in Baumärkten und Reifenhandlungen – bei seinen Kunden eben.[8] Übrigens hatte die *Stinnes AG* bei konstanter Mitarbeiterzahl (33.100) in 1994 ihren Konzernüberschuß vor Steuern mit 315,3 Millionen Mark um 10 Prozent auf erstmals über die 300-Millionen-Grenze steigern können.[9] Wie gesagt: ohne Abbau der Mitarbeitermannschaft.

Noch einfacher als Knaur hatte es Besier – Präsident und CEO von *SAP Amerika Inc.*: »Ich war ja Kunde von Softwarefirmen und habe mit vielen Herstellern, die heute meine Konkurrenten sind, zusammengearbeitet.«[10] So kann es auch nicht verwundern, daß er seine Kunden in den Mittelpunkt seines Vertriebskonzepts stellte und genau an den Schwachpunkten der Konkurrenten ansetzte, die ihn als Kunde immer wieder gestört haben: Die Vertriebsbeauftragten seiner damaligen Lieferanten hatten sich in Abzocker-Mentalität amerikanischer Autohändler nach der Vertragsunterschrift und dem Erhalt der Kommission nicht mehr blicken lassen. »Unsere Kunden kaufen heute nicht nur bessere

Software und Technologie, sie schätzen auch Beratung und Ethik unserer Vertriebsleute«, sagt Besier. Während die US-Softwareindustrie in dem Ruf steht, viel zu versprechen und wenig zu halten, wird bei *SAP* bereits vor Vertragsabschluß mit dem Kunden eindeutig geklärt, welche Softwarelösung wann geliefert werden kann. In der Regel wird dann sogar vorzeitig geliefert. »Das unterscheidet uns von allen Mitbewerbern«, betont Besier, »und wird von unseren Kunden geschätzt.« Wie bei der *SAP* Deutschland steht auch bei der amerikanischen *SAP* der Kunde im Mittelpunkt. Der wirtschaftliche Erfolg ist nahezu unvermeidbar. Es dürfte selbstverständlich sein, daß Besier Großkunden persönlich besucht. Gleiches gilt übrigens auch für Frank Wössner, den Chef des Unternehmensbereiches Buch der *Bertelsmann AG*, immerhin verantwortlich für ca. sieben Milliarden Mark Umsatz und fast 7000 Mitarbeiter, der immer wieder unverhofft das eine oder andere Clubcenter auf seinen Dienstreisen besucht und sich ganz einfach in die Rolle der (potentiellen) Kunden seiner Clubcenter versetzt.

In vielen anderen Unternehmen ist die Situation jedoch eine andere. Hier besteht eine direkte Gefahr der Ghettoisierung des Top- und des mittleren Managements.[11] Die Manager haben meistens ein anderes soziales Umfeld als ihre (potentiellen) Kunden. Während sich erstere z.B. am Schreibtisch einen krummen Rücken holen, einige mit 45 Jahren ihren ersten Bandscheibenvorfall hinter sich haben werden und in der Regel versuchen, mit der 150g Masse zwischen linkem und rechten Ohr zu arbeiten, arbeitet der Handwerker zum Beispiel meistens mit seinen Händen, stehend im Freien oder an der Werkbank. Während die Manager die Freizeit auf dem Tennis- oder Golfplatz verbringen, brüllt der Geselle jeden Samstag auf dem Fußballplatz: »Schiri, Telefon«. Dies gilt insbesondere für Unternehmen, die im Endverbrauchermarkt tätig sind. Die Unternehmer und Manager stehen hier vor dem Problem etwas managen zu müssen, was ihnen selbst eigentlich fremd ist, und womit sie sich auch nicht identifizieren können. Der (potentielle) Kunde wird zudem oft als Zielgröße betrachtet und ist meist nur als Zahl aus der Marktforschung bekannt. Deshalb ist es unbedingt notwendig, daß sich die Manager in aller Regelmäßigkeit in die Niederungen der Welt des (potentiellen) Kunden begeben. Nur so haben sie überhaupt die Chance, das kennenzulernen, was sie mit dem Verkauf ihrer Produkte zu beeinflussen wünschen.

Letztendlich liegt in dem Gang in die Niederungen sogar das Erfolgsgeheimnis so mancher Showgröße. Von den Rolling Stones, einer der erfolgreichsten Rockbands überhaupt, die inzwischen zu leicht ergrauten Multimillionären mutiert sind, ist ja schon seit langem bekannt, daß Sie immer mal wieder unverhofft in Clubs im Londoner Soho oder in New York auftreten. Leno, der erfolgreichste Talkmaster in den USA 1996 und ebenfalls inzwischen mehrfacher Millionär tritt immer noch an den Wochenenden in kleinen Comedy-Clubs auf, wo ihm ein paar hundert Leute zuhören. In einem Interview antwortet Leno auf die Frage warum er das noch tue: »Weil ich dann weiß, wo ich stehe. Du glaubst, du bist ein großer Star, und dann schnarcht der Typ in der ersten Reihe weg. Berühmt zu sein rettet dich in diesem Geschäft höchstens über die ersten zehn Minuten. Deshalb mache ich die TV-Show ja auch im Studio. Wenn die nicht lachen, dann lacht das Publikum zu Hause erst recht nicht. Dann ist es eine miese Show.« Und weiter worin denn der Unterschied zwischen Clubauftritt und dem TV-Geschäft liege? »In der Fernbedienung. Fürs Fernsehen mußt du ein viel höheres Tempo vorlegen. In einem Club kannst du auch mal eine Geschichte erzählen, die sechs Minuten dauert. Als sie die Fernbedienung erfanden, war es aus damit.«[12] Eine solche Fernbedienung hat heute jeder (potentielle) Kunde. Wenn das Unternehmen nicht ihn, sondern seine Produkte in den Mittelpunkt stellt und er unzufrieden mit der erbrachten Unternehmensleistung ist, drückt der (potentielle) Kunde das Unternehmen weg und sucht sich einen neuen Partner. Die in den 60er und 70er Jahren gejagten Kunden werden zum Jäger. Und die jagenden Unternehmen zu den Gejagten. Bis zum Abschuß.

Dies hat auch der Vorstand der *ARAL AG* rechtzeitig erkannt. Obwohl Marktführer, der in den neuen Bundesländern als einziger westlicher Anbieter den selben Marktanteil wie in den alten Ländern hat und mit einem Bekanntheitsgrad ausgestattet ist, der dem von *Coca Cola* und *McDonalds* nahekommt, betreibt das Unternehmen seit Mitte der 90er Jahre aktive Zukunftssicherung. Zwei Gründe dürften hierbei ausschlaggebend sein: Zum einen beschert das Geschäft mit Super, Benzin und Diesel keine ewigen Zuwachsraten, zum anderen ist mit der *DEA* ein neuer wirklich ernstzunehmender Konkurrent im Markt gewachsen. Wie in dem Kapitel »Eine individuelle Problemlösung ist mehr als das bloße Produkt« ausführlich dargestellt wird, hat das

Management von *DEA* eine neue Dimension der Kundenbetreuung gewählt. *DEA* sollte die Marke werden, die sich durch kundenorientierte Dienstleistungen von allen anderen abhebt, sowohl durch materielle Leistungen wie durch persönlichen Service. Bemerkenswert ist, wie die *ARAL AG* ihren Prozeß der Zukunftssicherung begleitet hat: Im November 95 findet im feinen Hotel Maritim in Bonn eine Führungskräftetagung statt. Die 250 Frauen und Männer wollen über den Stand der Umstrukturierungsarbeiten diskutieren. Sie alle freuen sich zudem auf die groß vorangekündigte Verlosung aufregender Incentives und wunderschöner Reisen. Was die Führungskräfte nicht wußten, jeder würde gewinnen: »Als die Verlosung vorbei ist, betroffene Gesichter allerseits: Jeder, aber auch wirklich jeder der Führungskräfte hat einen dreitägigen Einsatz auf einer *ARAL*-Tankstelle gewonnen. Was bedeutet: Motorhauben öffnen, Ölstand kontrollieren, sich mit renitenten Kunden abmühen, lächeln, daß die Kaumuskeln schmerzen und hinterher auch noch einen Bericht darüber schreiben. Den Vorstandsvorsitzenden hat's nach Delmenhorst verschlagen. Dort hat er alles mitgemacht: auf der Fahrbahn gearbeitet, Autos gewaschen, an der Kasse geholfen und Öl verkauft. Er hat auch erlebt, wie das ist, wenn nach einer Preiserhöhung die Konkurrenz gegenüber das Benzin um satte fünf Pfennig billiger verkauft. Er hat auch mitgekriegt, was es bedeutet, wenn die Zentrale absenderorientiert Abrechnungen verschickt, die zu verstehen mehr Zeit beansprucht, als ein gehetzter Tankstellenpächter gerne investieren möchte. Er wurde auch mit einem praxisnahen Problem konfrontiert: An ›seiner‹ Tankstelle ging immer wieder die Waschstraße kaputt. Kann ja passieren. Nur: Niemand kümmerte sich so recht um die verzweifelten Hilferufe des Pächters. Jetzt ist ein für allemal Abhilfe geschaffen – per ordre du mufti«.[13] Diese Incentives sind nur ein Teil des Konzepts Zukunftssicherung »Kundenorientierung« der *ARAL AG*. Es war zunächst nur bei einer kleinen Arbeitsgruppe – nur für den Bereich Tankstellen – angesiedelt und ist seit 1994 in der Hierarchie kontinuierlich nach oben gestiegen – soweit, daß es heute vom Vorstand als Modell für die gesamte Organisation erhoben wurde. Es waren, wie im ersten Kapitel unter der Überschrift »Warum dieses Buch? Warum Maximale Kundenorientierung?« ausführlich beschrieben, zum einen die wirtschaftlichen Rahmenbedingungen und zum weiteren die Herausforderung Kundenorientierung, die *ARAL* zu dieser Entwicklung förmlich getrieben haben.

Wir sind auf Dich spezialisiert

Wenn der Kunde im Mittelpunkt steht, stellt sich auch der wirtschaftliche Erfolg ein, wie das Beispiel des spanischen Kaufhauskonzern *El Corte Ingles, ECI,* zeigt.[14] Trotz galoppierender Rezession konnte *ECI* im Geschäftsjahr 1993/1994 seinen Umsatz nahezu halten und den Gewinn sogar um drei Prozent gegenüber dem Vorjahr erhöhen. *ECI* wirbt mit dem Slogan: »Especialistas en tí«, was bedeutet: »Wir sind auf Dich spezialisiert«. Als einen der entscheidenden Erfolgsfaktoren von *ECI* führt der Konzernchef Isidoro Alvarez das Vertrauen seiner Gruppe im Verhältnis zu jedem einzelnen Kunden an. So gibt es bei *ECI* die ungeschriebene Dienstanweisung, wonach der Kunde immer recht hat. Dieser Erfolgsfaktor wird mit der Werbebotschaft: »Wenn Sie unzufrieden sind, bekommen Sie Ihr Geld von uns zurück« kommuniziert.

ECI hat zu seinem Partner Kunde Vertrauen und verfolgt eine nach außen gerichtete, langfristig orientierte Unternehmensstrategie. Nach innen gerichtete Strategien können kurzfristig den gewünschten unternehmerischen Erfolg herbeiführen, rufen aufgrund ihrer einseitigen Ausrichtung nach innen jedoch kontinuierliche Krisenmanagementsituationen hervor. Zu recht wurde *ECI* 1994 von der spanischen Wirtschaftszeitung *Ranking* zum Unternehmen des Jahres ernannt.

Die Außendienstmitarbeiter der *Dresdner Vermögensberatungsgesellschaft mbH,* eine Allfinanztochter der *Dresdner Bank,* haben ebenfalls ihren Rhythmus auf den ihrer (potentiellen) Kunden eingestellt. »80 Prozent der heute von der separaten Organisation betreuten Anlagekunden und -interessenten sind Neukunden, nur 20 Prozent sind angestammte Bankkunden.«[15] Bei der *Dresdner Vermögensberatungsgesellschaft mbH* sind die Vermögensberater auch nach Schalterschluß der Bank für ihre (potentiellen) Kunden erreichbar, was durchaus noch lange nicht üblich ist. Auch schickt das Unternehmen, Sie lesen richtig, ihren Außendienstler schon mal nach Einbruch der Dunkelheit los, wenn ein Apotheker die Mußestunde seines Nachtdienstes zum Anlagegespräch nutzen möchte. »...Wir möchten für den Kunden da sein, wann und wo er es will«[16], meint Wolfram Eckardt, Geschäftsführer der Dresdner Vermögensberatungsgesellschaft», zu der Ausrichtung seines Unternehmens auf die Bedürfnisse und den Rhythmus seiner (potentiellen) Kunden. Von den angepeilten rund zwei Millionen (potentiellen) Kunden hat das Unternehmen übrigens 90 Prozent in einer Datenbank erfaßt. Das anvisierte Segment umfaßt Besserverdienende mit einem jährlichen Einkommen von mindestens 100.000.- DM. Auf die strategische Bedeutung dieser Datenbank wollen wir jedoch erst später eingehen.[17]

Der Büro- und Praxiseinrichter *Lenz* bei Schwerin macht Pläne für die Kunden.[18] Die Gründe: 1. Die Firma *Lenz* setzt bei der Planung dreidimensionale Computerzeichenprogramme ein. Die Kunden erhalten so eine genaue Vorstellung der Möbel und Geräte für ihren Verwendungszweck, also eine bildhafte Darstellung ihrer individuellen Bedürfnisse innerhalb ihrer individuellen Rahmenbedingungen. 2. Das Unternehmen führt nur Produkte von Herstellern, die eine Mindestnachliefergarantie von zehn Jahren geben. Der Kunde erhält hierdurch die Sicherheit einer langen Lebensdauer seiner Büro- und Praxiseinrichtung. 3. Die Schweriner Firma hat zudem erkannt, daß der Umweltschutz bei vielen (potentiellen) Kunden zu einem zentralen individuellen Bedürfnis geworden ist und entsorgt daher alte Büroschränke und Schreibtische auf umweltverträgliche Weise. Der Erfolg spricht für sich. Das Unternehmen, 1989 gegründet, machte 1994 mit 15 Mitarbeitern einen Umsatz von sechs Millionen Mark, insbesondere mit Freiberuflern und Behörden als Kunden. Wieder steht nicht das Produkt im Mittelpunkt, sondern der (potentielle) Kunde selbst, seine individuellen Bedürfnisse, die mit individuellen Problemlösungen befriedigt werden.

Ganz anders sieht es aber in vielen anderen Unternehmen aus. Dies gilt insbesondere für Unternehmen, die zur Erklärung ihrer stagnierenden oder rückläufigen wirtschaftlichen Ergebnisse gerne die Rezession heranziehen, anstatt die Ursachen zunächst im eigenen Haus zu suchen. Der Handel ist eine solche immer klagende Branche. Dabei liegt die Hauptursache für diese Entwicklung doch meistens in den Unternehmen selbst, wenn sie nämlich den (potentiellen) Kunden nicht in den Mittelpunkt ihres Denkens, Handelns und Tuns stellen. Dies wird auch durch eine Untersuchung von *Mercuri Goldmann International*, München[19], die unter anderem die Kritikpunkte der Kunden an Verkäufern identifizieren wollte, bestätigt. Diese zeigt eindeutig, daß stagnierende oder gar sinkende Umsätze im Einzelhandel nicht nur ökonomische Gründe haben können.

Die Untersuchung wurde 1994 durchgeführt, also im ersten Jahr nach der großen Rezession. Der Aufschwung war zwar erkennbar, die Menschen lebten jedoch noch in einer großen allgemeinen wirtschaftlichen Unsicherheit. Angesichts dieser Situation würde man als Ergebnis einer solchen Untersuchung doch erwarten, daß die Unternehmen mit eher zu großem Druck versuchen, ihre Produkte an den Mann zu bringen. Das Gegenteil ist der Fall. Nur 10 Prozent aller Kunden kritisieren die Verkäufer, die mit Hochdruck verkaufen. 45 Prozent, also fast jeder zweite Kunde, kritisiert, daß der Verkäufer keine Anregung zum Kauf gegeben hat, und jeder vierte Kunde beklagte sich, daß der Verkäufer ihm zu wenig Zeit gewidmet hat. Einkaufen macht dem Kunden einfach keinen Spaß mehr, wenn er nicht im Mittelpunkt der Bemühungen steht. Wahrscheinlich waren die Verkäufer zu sehr mit Säuberungsaufgaben, dem Nachfüllen der Regale und ähnlichem, beschäftigt.

Wollen Sie auf jeden zehnten Flug in Zukunft verzichten? Oder: So ziehen alle an einem Strang

Der Kunde entscheidet nicht einmal, sondern ständig über den Erfolg oder Mißerfolg unternehmerischer Aktivitäten. Bei der Wahl des Produktes, dem Kauf, der Handhabung und Bedienung ... bewußt und unterbewußt, emotional und rational, alleine und zusammen mit Freunden und Bekannten, immer wieder trifft der einzelne Kunde eine Entscheidung pro oder contra, und jede dieser Entscheidungen muß positiv für das Unternehmen oder die Unternehmung ausfallen. Deshalb genügt es nicht, wenn das Unternehmen den Umsatz, die Entwicklung des Marktanteils ... in den Mittelpunkt stellt oder isoliert als Unternehmensziel definiert. Vielmehr gilt es, den Kunden in den Mittelpunkt zu stellen und davon auszugehen, daß das Unternehmen den Kunden sein Leben lang begleitet. Charles Handy hat hierzu einen schönen Vergleich angestellt: »Jeder Fehler rächt sich letzten Endes, also darf es keine Fehler geben. Wenn 90 Prozent der Produktion, des Verkaufs, der Beratung, des Versandes, der Auftragsannahme ... den Anforderungen des Kunden entsprechen, halten wir dies für akzeptabel? Würden wir denn auch mit einer Fluggesellschaft fliegen, die sich einer neunzigprozentigen Erfolgs- und Sicherheitsquote rühmt. Statistisch gesehen sollten wir dann auf jeden zehnten Flug verzichten.«[20] Würden wir es akzeptieren, wenn sich ein Krankenhaus bei Blinddarmoperationen einer neunzigprozentigen Erfolgsquote rühmen würde? Oder wenn unser Metzger uns zu 90 Prozent versichern würde, daß das gerade gekaufte Rindfleisch kein BSE enthält?

Den (potentiellen) Kunden in den Mittelpunkt zu stellen betrifft also alle Menschen, Faktoren und Aspekte eines Unternehmens. Der japanische Unternehmensberater Tominaga vergleicht ein Unternehmen mit einem Körper: »Alle Abteilungen eines Unternehmens sind Gliedmaßen desselben Körpers. Es käme niemand auf die Idee, zu sagen ›ich wollte ja kommen, aber meine Beine nicht‹ oder ›ich wollte sie anrufen, aber meine Hand wollte das Telefon nicht anfassen‹. Solche Sätze kommen uns albern vor. Wenn aber Manager sagen ›ich wollte es liefern, aber der Einkauf spielte nicht mit‹ klingt es ganz normal und wird akzeptiert. Auch ein Unternehmen muß sich als ein Organismus verstehen, der als Ganzes einem Ziel dient.«[21] Wenn der Verkäufer sein bestes gibt, den (potentiellen) Kunden also entsprechend dessen individuellen Bedürfnisse optimal berät und die normalerweise vollkommen problemlose Lieferung bis zum 22. Dezember zusagt, tatsächlich aber das gedachte Weihnachtsgeschenk aufgrund eines Fehlers im Lager erst zu Fasching ausgeliefert wird, dann war alles umsonst und der (potentielle) Kunde wird sich in Zukunft einen anderen Partner Unternehmen suchen. Letztendlich ist jedes Unternehmen also nur so gut wie das berühmte schwächste Glied in der Kette.

Hilfreich kann es sein, bestimmte Abläufe der Kundenorientierung geradezu zu institutionalisieren. Die mittelständische Spedition *Häring* im niederbayerischen Grafenau zum Beispiel lädt in regelmäßigen Abständen ihre Kunden zu Workshops in die Niederlassungen ein. Die *Häring* Mitarbeiter erarbeiten hier dann zusammen mit ihren Kunden individuelle Lösungen für deren Logistikprobleme. Neben den Führungskräften nehmen an diesen Workshops auch die Praktiker teil, also die Mitarbeiter, die die erarbeiteten Lösungen später umsetzen werden.[22] Eine andere Möglichkeit, den Prozeß der Maximalen Kundenorientierung im Unternehmen in Gang zu setzen, sind regelrechte Kundentage zu einem bestimmten Anlaß. Die *Postbank* zum Beispiel steht als ehemaliger Staatsbetrieb in Bezug auf Kundenorientierung und

Kundennähe vor einer weit größeren Herausforderung als viele andere Unternehmen. Die Niederlassungen Dortmund und München haben die Weltsparwoche genutzt, den Mitarbeitern der Verwaltung, die Möglichkeit zu geben, einmal den harten Duft der Wirtschaft zu schnuppern. Die Resonanz in Dortmund hat die Verantwortlichen mit meinem Bruder an der Spitze fast erschlagen. 110 von 500 Mitarbeitern wollten an der Aktion teilnehmen. Die Kapazität reichte für 73. Diese sind während der Weltsparwoche raus gefahren in die Postfilialen und haben Informationsmaterial und give-a-ways verteilt oder waren sogar beratend tätig. Sie haben direkt vor Ort die Sorgen und Nöte Ihrer (potentiellen) Kunden erfahren und erlebt. Und Sie haben erfahren, daß es ja gar nicht so schlimm ist und überhaupt nicht weh tut, einmal mit seinem (potentiellen) Kunden in direkten Kontakt zu treten. Mit all diesen Erfahrungen und Erlebnissen sind die Mitarbeiter dann am nächsten Tag an Ihren Arbeitsplatz zurückgekehrt und hatten dort viele spannende Geschichten zu erzählen, was draußen, beim (potentiellen) Kunden, so alles passiert, wenn der Kollege Schlendrian wieder einmal einen Fehler gemacht hat und somit die Partnerschaft ›Kunde – *Postbank*‹ zumindest einen Vertrauensverlust erleidet. Der Erfolg dieser Aktion war so groß, daß die Postbank 1997 gleich zwei solcher Veranstaltungen in allen 14 Niederlassungen in der Bundesrepublik durchführt.

Das Verhältnis in einer Partnerschaft wird von dem Grad des gegenseitigen Vertrauens bestimmt. Je größer das Vertrauen, desto intensiver die Partnerschaft. Vertrauen entwickelt sich in mehreren Stufen: Damit die (potentiellen) Kunden Vertrauen zu einem Unternehmen fassen, müssen beide zunächst einmal miteinander kommunizieren können, sie müssen die gleiche Sprache sprechen. Doch Vertrauen faßt der Mensch nur dann zu einem anderen, wenn ihm der andere auch zuhört. Also müssen die Unternehmen lernen besser hinzuhören, was ihre (potentiellen) Kunden ihnen erzählen. Die dritte Stufe ist das Denken – das Denken in der Sprache und der Gefühlswelt des (potentiellen) Kunden.

Doch auch mit dem Denken in der Welt des (potentiellen) Kunden ist es noch nicht getan. Jetzt gilt es die entscheidende Brücke vom »Knowhow« zum »Do-how« zu schlagen, also vom Denken zum Tun. Da Maximale Kundenorientierung ein dauerhafter Prozeß ist, ergibt sich

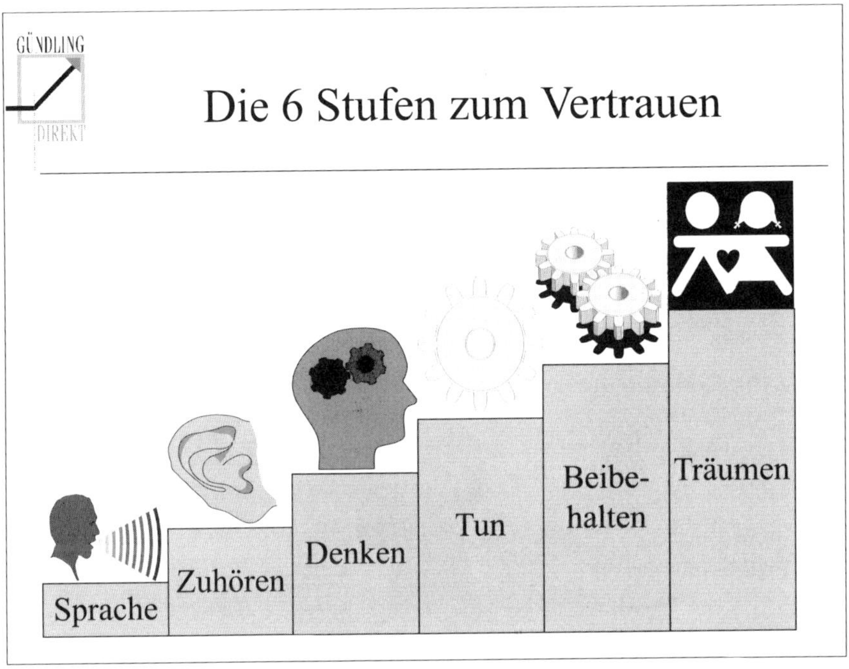

Abb. 2.1

die nächste Stufe zwangsläufig. Es gilt, das kundenorientierte Verhalten beizubehalten. Die höchste Stufe des Vertrauens ist zweifelsohne das gemeinsame Träumen.

Den (potentiellen) Kunden in den Mittelpunkt des Unternehmens zu stellen, ist für viele Unternehmen mit einer Kulturrevolution gleichrangig. Bisher konnten, zweifelsohne mit großem Erfolg und trotz des Kunden, Produkte in den Markt geschoben werden. Bestenfalls wurde der Markt in Segmente oder Zielgruppen unterteilt. Dieser Prozeß ist gekennzeichnet durch einen in der Regel eindimensionalen Strom, der nur in einer Richtung fließt – vom Unternehmen zum (potentiellen) Kunden. Als Mittelpunkt ist der (potentielle) Kunde jedoch gleichzeitig die Quelle und der Dreh- und Angelpunkt der unternehmerischen Aktivitäten, wie auch das Ziel. Maximale Kundenorientierung bedeutet damit nicht, Kunden für Produkte zu gewinnen, sondern die individuellen Bedürfnisse des (potentiellen) Kunden, die dieser an das Unter-

Abb. 2.2

nehmen »heranträgt« oder die vom Unternehmen entdeckt werden, mit individuellen Problemlösungen zu bedienen.

Unternehmen, die den Kunden in den Mittelpunkt ihres Denkens, Handelns und Tuns stellen, werden so ein Teil des Kunden – dies kann bis zum gemeinsamen Träumen reichen. Sie begreifen den Kunden als den Motor, ja als das Perpetuum Mobile, das die wirtschaftliche Daseinsberechtigung des Unternehmens heute und in der Zukunft sichert. Während bei einem Perpetuum Mobile jedoch die Energiequelle – zumindest für den Laien in der Physik – für immer ein Geheimnis bleiben wird, ist die Energiequelle eines Unternehmens bekannt – es sind die individuellen Bedürfnisse des einzelnen Kunden, und es ist die Kompetenz des Unternehmens, diese Bedürfnisse zu erkennen, sie ernst zu nehmen und individuelle Problemlösungen anzubieten – und das nicht nur einmal, also zeitpunktbezogen, sondern zeitraumbezogen und damit in einem kontinuierlichen Prozeß.

Zu guter Letzt: Was ist das – ein Kunde?

Zunächst: Kunden sind keine Tonnen oder Paletten, sind keine gefahrenen Kilometer oder beförderten Päckchen, keine Tomaten und Milchtüten. Kunden sind Menschen. Menschen denken, fühlen, erleben – individuell. Menschen handeln – individuell. Menschen wollen sich gut fühlen, Menschen wollen ernst genommen werden. Ein Kauf, der den Menschen unzufrieden macht, der den Menschen sich schlecht fühlen läßt, führt in der Regel nicht zu einem Wiederkauf. Wenn der Kauf jedoch zu einem guten Gefühl bei dem Menschen führt, dann erfolgt der Wiederkauf, die Empfehlung usw. Unter sonst gleichen Bedingungen findet selbst ein teureres Produkt seine Abnehmer, werden selbst objektiv gegebene Nachteile – wie z.B. längere Lieferzeiten, schlechtere Zahlungsbedingungen – gegenüber anderen vergleichbaren Produkten in Kauf genommen, weil bei einem ansonsten gleichartigen Angebot eben mit nur dem einen entscheidenden Unterschied das **eine**, entscheidende, individuelle Bedürfnis des Kunden und aus seiner Sicht mit der angebotenen Problemlösung am besten befriedigt werden kann. Nicht die Zahlen zählen, sondern die Gefühle, die Gedanken und die Verhaltensweisen der (potentiellen) Kunden – der Menschen.

Viele von Ihnen werden sich über eine ungewohnte Formulierung gewundert haben, über den **(potentiellen) Kunden** – vielleicht ist der eine oder andere dieser Formulierung sogar überdrüssig. Hinter diesen beiden Worten verbirgt sich im Grunde genommen die Einstellung, die die Unternehmen in Zukunft zu Ihren Partnern gewinnen müssen: Die Unternehmen müssen lernen, daß nur einer über ihren Erfolg entscheidet, nämlich der (potentielle) Kunde. Den Neukunden, Stammkunden und Interessenten gibt es nicht mehr. Auch um den einmal gewonnenen Kunden muß das Unternehmen so werben, als wäre er Nichtkunde. Ein Unternehmen kann es sich nicht leisten, sich wie zwei Menschen zu benehmen, die sich eben kennengelernt haben und sich nur von ihrer schönsten Seite präsentieren, jedoch nach der Eheschließung Ecken und Kanten zeigen. Deshalb unterscheiden wir in diesem Buch auch nicht zwischen Neukunde, Stammkunde oder Interessent, sondern sprechen immer nur von dem (potentiellen) Kunden – demjenigen Menschen, der über Erfolg oder Mißerfolg des Unternehmens entscheidet.

GÜNDLING DIREKT

Der Kunde: Was ist ein (potentieller) Kunde?

- ♥ Ein (potentieller) Kunde ist der wichtigste Mensch, der in der Firma auftaucht - egal ob persönlich, per Brief, Telefon, Fax oder online.
- ♥ Ein (potentieller) Kunde ist nicht von uns abhängig - wir sind von ihm abhängig.
- ♥ Ein (potentieller) Kunde ist kein Störfaktor bei der Arbeit - er ist der Zweck der Arbeit.
- ♥ Wir tun ihm keinen Gefallen, wenn wir ihn gut bedienen - er tut uns einen Gefallen, indem er uns Gelegenheit dazu gibt.
- ♥ Ein (potentieller) Kunde ist jemand, der mit seinen Bedürfnissen zu uns kommt - unsere Aufgabe ist es, diese Bedürfnisse auf möglichst profitable Weise für ihn und uns zu erfüllen.

Abb. 2.3

Die 10 Tips, mit denen es Ihnen gelingt, Ihren (potentiellen) Kunden in den Mittelpunkt des Denkens und Handelns Ihres Unternehmens zu stellen:

1. Seien Sie Vorbild: Besuchen Sie in regelmäßigen Abständen mit Ihrem Außendienst Ihre (potentiellen) Kunden. Verbringen Sie einen Tag am Telefon in Ihrer Kundenbetreuung. Bearbeiten Sie die Reklamationen selbst. Probieren Sie Ihre Produkte (aus) usw. Seien Sie einfach Kunde in Ihrem eigenen Unternehmen.
2. Fordern Sie alle Ihre Mitarbeiter auf, das gleiche zu tun. Zwingen Sie sie aber nicht. Geben Sie Ihnen nur die Möglichkeit dazu. Wenn Sie einen solchen Kundenerlebnistag allerdings mit einem Urlaubstag verrechnen wollen, haben Sie gleich verloren. Auch das gab es schon.

3. Schaffen Sie bei Ihren Mitarbeitern Bewußtsein für kundenorientiertes Verhalten. Nehmen Sie Ihren Mitarbeitern Ängste: Sie sollen nicht selbst verkaufen, sondern den Außendienst oder den Verkäufer »nur« begleiten. Sie sollen den (potentiellen) Kunden erleben! Lassen Sie Ihre Mitarbeiter bei Wettbewerbern einmal Kunde spielen.
4. Befähigen Sie Ihre Mitarbeiter zu kundenorientiertem Verhalten durch Trainings on the job.
5. Wenn Sie sich von »Muffeln« nicht trennen können, geben Sie ihnen eine Tätigkeit, die um Gotteswillen keine kundenbezogenen Wirkungen hat.
6. Überlegen Sie, welche Abläufe der Kundenorientierung Sie institutionalisieren können.
7. Lassen Sie bei jeder Vorstands-, Geschäftsleitungs-, Vertriebsleiter-, Innendiensttagung usw. folgenden Punkt auf die Agenda setzen: »Was hat jeder einzelne von uns seit der letzten Sitzung getan, um die Kundenorientierung unseres Unternehmens zu maximieren«. Doch denken Sie daran: Die erste Sitzung dazu ist die, die Sie leiten.
8. Zeigen Sie Ihren Mitarbeitern in aller Deutlichkeit auf, wo Ihr Unternehmen in Bezug auf die Kundenorientierung steht. Vergleichen Sie sich mit den Besten Ihrer Branche. Am besten lassen Sie diese Analyse durch einen kompetenten Dritten aus der eagle-view-Perspektive, also der Perspektive des kreisenden Adlers, erarbeiten.
9. Erarbeiten Sie gemeinsam mit Ihren Mitarbeitern ein Szenario. Da wollen wir hin (zur Maximalen Kundenorientierung), dies sind unsere Zwischenziele auf dem Weg.
10. Visualisieren Sie Ihre erkannten Mängel und aber auch Ihr Szenario und Ihre Zwischenziele.

1. Der (potentielle) Kunde steht im Mittelpunkt

Da der Erfolg und Mißerfolg unternehmerischer Aktivitäten im Markt von den (potentiellen) Kunden entschieden wird, muß dieser im Mittelpunkt aller Entscheidungen und Handlungen stehen.

1. Steht in Ihrem Unternehmen der (potentielle) Kunde im Mittelpunkt? ☐ Ja ☐ Nein Chance ____
2. Wären Sie in Ihrem Unternehmen gerne Kunde? ☐ Ja ☐ Nein Chance ____
3. Machen Sie oder eine Ihnen vertraute Person in aller Regelmäßigkeit Testeinkäufe in Ihrem Unternehmen? ☐ Ja ☐ Nein Chance ____
4. Versetzen Sie sich einmal im Monat oder im Quartal in die Lage Ihrer (potentiellen) Kunden und fragen sich: Was könnte ich tun, um das, was ich verkaufe, zufriedenstellender, unverwechselbarer, angenehmer, wichtiger und erlebnisorientierter zu gestalten, um die individuellen Bedürfnisse meiner (potentiellen) Kunden noch besser als bisher zu befriedigen? ☐ Ja ☐ Nein Chance ____
5. Gibt es eine schriftlich niedergelegte Philosophie, Leitlinien oder Grundsätze in Ihrem Unternehmen? ☐ Ja ☐ Nein Chance ____
6. Nimmt der (potentielle) Kunde hierin die Stellung ein, die ihm zusteht, nämlich im Mittelpunkt des Unternehmens zu stehen? ☐ Ja ☐ Nein Chance ____
7. Haben diese Leitlinien bindenden Charakter für Ihre Mitarbeiter und Sie selbst? ☐ Ja ☐ Nein Chance ____
8. Sind sie jedem Mitarbeiter zugänglich und bekannt? ☐ Ja ☐ Nein Chance ____
9. Stehen Sie, Ihre Kollegen, und Ihre Mitarbeiter in kontinuierlichem Kontakt mit Ihren (potentiellen) Kunden? ☐ Ja ☐ Nein Chance ____
10. Verbringen Sie regelmäßig einen bestimmten Teil Ihrer Arbeitszeit zusammen mit Ihren (potentiellen) Kunden? ☐ Ja ☐ Nein Chance ____
11. Nutzen Sie in regelmäßigen Abständen den direkten Kontakt zu Ihren (potentiellen) Kunden, indem Sie Ihre Kollegen und Mitarbeiter bei der Erfüllung ihrer kundenbezogenen Aufgaben unterstützen? ☐ Ja ☐ Nein Chance ____

12. Begleiten Sie in regelmäßigen Abständen Mitarbeiter Ihres Außendienstes? ☐ Ja ☐ Nein Chance ___
13. Haben Sie Ihre (potentiellen) Kunden schon einmal zuhause bzw. an deren Arbeitsplatz besucht und sie bei der Verwendung Ihrer Produkte beobachtet oder begleitet? ☐ Ja ☐ Nein Chance ___
14. Treffen Sie sich regelmäßig mit Ihren (potentiellen) Kunden auf von Ihrem Unternehmen organisierten Veranstaltungen? ☐ Ja ☐ Nein Chance ___
15. Laden Sie Ihre (potentiellen) Kunden regelmäßig zu Kunden- diskussionen oder Workshops ein? ☐ Ja ☐ Nein Chance ___
16. Haben Sie einen Kundenbeirat? ☐ Ja ☐ Nein Chance ___
17. Jeder Mensch hat seine eigenen Vorstellungen von der Zukunft? Haben Sie schon einmal Ihre (potentiellen) Kunden zu deren Vorstellungen über die Zukunft befragt? ☐ Ja ☐ Nein Chance ___
18. Kennen Sie den Namen und den Umsatz Ihrer besten Kunden? ☐ Ja ☐ Nein Chance ___
19. Begründen Sie bitte kurz Ihre Antworten auf die Fragen 1 und 2 Chance ___

____

____

____

____

____

20. Maximale Kundenorientierung erfordert, eine neue Sichtweise zu wählen und eine neue Standortbestimmung vorzunehmen. Das heißt, jeder Mitarbeiter des Unternehmens muß lernen, sein eigenes Unternehmen mit den Augen der Kunden zu sehen. Dies führt in der Regel zu folgenreichen Entdeckungen. Nehmen Sie Ihr Diktaphone und gehen Sie Chance ___

einmal durch Ihr Unternehmen. Was fällt Ihnen auf?

____

____

____

____

21. Was geschieht, wenn sich ein (potentieller) Kunde für die Ware oder Dienstleistung, die Sie anbieten, interessiert oder er sie kaufen möchte? Chance ____

____

____

____

____

22. Haben Sie jemals versucht, in Ihrem Unternehmen Kunde zu sein? Wenn ja, wie war Ihnen dabei zumute? Chance ____

____

____

____

____

23. Was könnten Sie tun, um Ihren (potentiellen) Kunden zukünftig noch mehr als heute ins Zentrum Ihrer unternehmerischen Aktivitäten zu stellen? Chance ____

____

____

____

____

24. Wer könnte Ihnen dabei behilflich sein? Chance ____

____

____

____

____

25. Skizzieren Sie bitte kurz, wie Sie den Prozeß der Maximalen Kundenorientierung in Ihrem Unternehmen in die Wege leiten wollen? Chance ___

___

___

___

___

26. Mit welcher ersten Maßnahme werden Sie beginnen? (Ein erster Schritt kann übrigens sein, jedem Ihrer leitenden Angestellten dieses Buch zur Verfügung zu stellen und anzukündigen, daß Sie in einem Monat mit Ihnen hierüber sprechen möchten) Chance ___

___

___

___

___

27. Wie werden Sie sicherstellen, daß der einmal eingeleitete Prozeß der Maximalen Kundenorientierung in Ihrem Unternehmen auch tatsächlich gelebt und weiter entwickelt wird? Chance ___

___

___

___

___

28. Wie können Sie Ihren (potentiellen) Kunden mitteilen, daß sie für Ihr Unternehmen wichtig sind? Chance ___

___

___

___

___

Sie haben jetzt den ersten Schritt getan, und den (potentiellen) Kunden als den Erfolgsfaktor Ihrer unternehmerischen Aktivitäten und Handlungen entdeckt.

Anmerkungen

1 vgl. Dichter, Ernest; Neues Denken bringt neue Märkte; 1991; S. 11
2 Hofmann, Siegfried; in: Handelsblatt; 24.10.1994; Nr. 205; S. 17
3 vgl. auch im folgenden o.V.; in: Handelsblatt; 19.10.1994; Nr. 202; S. 28
4 vgl. Amelio, Gilbert; in: Wirtschaftswoche; Nr. 18 / 25.04.96; S. 90
5 vgl. Jeffrey S. Young; Steve Jobs – Der Henry Ford der Computerindustrie; 1. Umschlagseite; 1988
6 Krause, Matthias; in: Jahrbuch Direktmarketing '93; S. 82
7 ebenda
8 Enzweiler, Tasso; in: Capital; Nr. 03/1995; S. 58
9 vgl. o.V.; in: Handelsblatt; 2.05.1995; Nr. 84; S. 13
10 auch im folgenden Conrad, Gala; in: Handelsblatt; Nr.10./11.03.1995; S. K 2
11 Dies haben für amerikanische Unternehmen schon Thomas J. Peters und Robert H. Waterman Jun. in ihrem Buch »Auf der Suche nach Spitzenleistungen« eindrucksvoll aufgezeigt.
12 Leno; in: Focus; Nr. 46/1996, S. 262
13 o.V.; in: absatzwirtschaft. Zeitschrift für Marketing, Sondernummer Oktober 1996; S. 45
14 vgl. Herkel, Günter; in: HORIZONT; Nr. 44/1994; S. 38
15 Hassmann, Volker; in: Sales Profi; Nr. 03/1995; 4. Jahrgang; S. 18
16 ebenda
17 s. Kapitel 8
18 vgl. auch im folgenden: Becker, Annegret; in: impulse; Nr. 03/1995; S. 74
19 dies.; S. 71–76
20 Handy, Charles: Im Bauch der Organisation; 1993; S. 182
21 Tominaga, Minoru; in: acquisa; Nr. 06/1995; S. 54
22 vgl. Obermeier, Birgit; Kundenbegeisterung. Ein Tutor für jeden Großkunden; in: Sales Profi; 5. Jahrgang; Nr. 11/96; S. 22f.

Kapitel 3: Der Erfolgsfaktor Nr. 1: Die individuellen Bedürfnisse der (potentiellen) Kunden

Aus einem Anbieter- und Produktmarkt wird ein Kundenmarkt

Die Märkte werden heutzutage von den Unternehmen vielfach nach den angebotenen Produkten beschrieben oder definiert. Da gibt es den Automarkt, den Markt für Werkzeuge oder den Lebensmittelmarkt, um nur einige Beispiele zu nennen. Um zu beschreiben, wer die größere Marktmacht besitzt, spricht man auch von einem Konsumenten- oder Käufermarkt oder, von der Angebotsseite her betrachtet, von einem monopolistischen oder auch oligopolistischen Markt. Wir wollen an dieser Stelle nicht all die verschiedenen Definitionen anführen. Entscheidend bleibt, daß der Markt für ein Unternehmen nicht wie in der Volkswirtschaftslehre als Zusammentreffen von Angebot und Nachfrage beschrieben werden kann und daß auch die vorher genannten Definitionen nicht geeignet scheinen, den Markt zu definieren, in dem das Unternehmen seine Kundenorientierung maximieren kann. In dem Markt der Maximalen Kundenorientierung hat nur einer Macht, nämlich der (potentielle) Kunde. Deshalb muß der Markt eines Unternehmens oder besser, in den meisten Fällen müssen die Märkte eines Unternehmens auch immer von der Seite des (potentiellen) Kunden her beschrieben werden.

Ein individuelles Bedürfnis ist ein Mangel, den der Mensch empfindet. Es fehlt etwas, um sich besser zu fühlen, um etwas Bestimmtes zu erreichen, um eine bestimmte physiologisch oder psychologisch bedingte Notwendigkeit zu erfüllen. Hat der Mensch diesen Mangel identifiziert, sucht er innerhalb seiner persönlichen Rahmenbedingungen nach einer Form der Befriedigung dieses Mangels. Er tritt mit seinem Mangel, seinem Problem, mit seinen Erwartungen in den Markt. Der erste Faktor, der den Markt definiert, betrifft also die individuellen Bedürfnisse des einzelnen. Im äußersten Fall wird der Markt durch nur ein Bedürfnis eines einzelnen Individuums definiert. Grundsätzlich ist der Faktor individuelles Bedürfnis jedoch die Summe der Individuen mit ähnlichen, vergleichbaren individuellen Bedürfnissen:

Bedürfnis1 Individuum1 + Bedürfnis1 Individum2 + Bedürfnis1 Individuum 3 + … + Bedürfnis1 Individuum n = Markt1

Die Grenze, die definiert, was ähnlich oder vergleichbar ist, kann in einem Modell nicht vorgegeben werden. Sie ergibt sich erst in der Wirtschaftswirklichkeit und muß von den Unternehmen entdeckt werden. Ein Unternehmen, welches zum Beispiel Bildungssysteme vertreibt, wird durchaus unterstellen können, daß bei Familien mit schulpflichtigen Kindern im Alter zwischen acht und vierzehn Jahren das individuelle Bedürfnis nach einer guten Ausbildung der Kinder zentral und gemeinsam vorhanden sein dürfte, während der Erwachsene sich vielleicht ein Lexikon anschaffen würde, um zum Beispiel bei der Lösung von Kreuzworträtseln sein Erfolgserlebnis zu finden. Die Summe der oben genannten Familien mit dem individuellen Bedürfnis, »den Kindern eine gute Ausbildung zu ermöglichen«, würde also die Anzahl der Teilnehmer in diesem Markt beschreiben, die Summe der Erwachsenen mit dem oben genannten Bedürfnis »Lexikon« die Anzahl der Teilnehmer in einem anderen Markt. In beiden Märkten kann sich durchaus das gleiche Produkt, die gleiche Dienstleistung, hier zum Beispiel der *Brockhaus*, als individuelle Problemlösung erweisen. *Brockhaus* arbeitet dann nicht in einem Markt, sondern in zwei Märkten.

Wenn der Mensch seinen Mangel identifiziert hat, hat er die Erwartung, eine Leistung zu erhalten, die seine individuellen Bedürfnisse befriedigt. Aus dem dem einzelnen Menschen bekannten – nicht dem objektiv vorhandenen – Angebot sucht er dann das aus, von dem er denkt, daß es sein Bedürfnis unter den gegebenen Rahmenbedingungen am besten befriedigt. Damit haben die Kundenbedürfnisse für sich keinen Inselcharakter. Sie bedingen und beeinflussen direkt oder indirekt weitere Aufgaben, Projekte und Bereiche, die ihren Ursprung letztendlich in Anbietern oder einzelnen Unternehmen haben. Als zweite Komponente wird der Markt daher von den unterschiedlichen Angeboten der Unternehmen her bestimmt.

Das Angebot des Unternehmens kann so nicht als Produkt im klassischen Sinne definiert werden. Das Angebot ist mehr als nur das Produkt. Das Angebot ist die Summe der Handlungen, der dem Kunden zur Verfügung gestellten Hard- und Softwarekomponenten, wie z. B. das originäre Produkt, in unserem Beispiel die 24 Bände des Brockhaus oder die originäre Dienstleistung zuzüglich all der Aktivitäten, die traditionell unter Kundenservices und Dienstleistungen subsumiert werden, die zur Befriedigung des individuellen Bedürfnisses beitragen **können**. Diese Summe stellt als Gesamtheit die Problemlösungskompetenz des einzelnen Unternehmens dar. Ob und inwiefern jede einzelne Komponente wirklich zur Bedürfnisbefriedigung beiträgt, entscheidet nur einer: der (potentielle) Kunde. Für die Familien mit schulpflichtigen Kindern könnte zum Beispiel eine Dienstleistung »Literaturquellensuche für Referate« zusammen mit der originären Hardware, also den 24 Bänden, die individuelle Problemlösung darstellen. Für den Erwachsenen, der Kreuzworträtsel mit Hilfe des Brockhaus lösen möchte, würde dies wiederum nicht zutreffen. Der als entscheidend erkannte Mangel, die Erwartung bzw. das individuelle Bedürfnis des Kunden, muß also nicht unbedingt mit dem Produkt, also der Hardware, zusammenhängen, sondern kann durchaus in den weichen Faktoren, wie z.B. in der Art des Vertriebsweges, der Kundenservices oder der Dienstleistungen liegen. Eine Untersuchung von *Gallup* in den USA hat z.B. ergeben, daß 61 Prozent der Versandkunden nicht wegen des Produktangebotes zu Katalog oder Telefon greifen, sondern aus purer Bequemlichkeit und aus Zeitmangel[1]; das individuelle Bedürfnis, welches es zu befriedigen gilt, liegt hier also im Bereich der Kundenservices, bzw. wird vom Vertriebsweg bestimmt. Ein Fachgeschäft, ein Kaufhaus, ein Direktvertrieb sowie auch ein Versandhandel sind so verstanden Bestandteile der individuellen Problemlösung aus Sicht des (potentiellen) Kunden.

Ein Beispiel: Wenn auf dem Münchener Marienplatz ab 18:30 bzw. 20:00 Uhr nur noch die Kassen der Wirtshäuser klingeln, klingeln diese auch bei sieben Münchener Einzelhändlern im Pasinger Triangel in München-Pasing.[2] Die *Shopping Box* hat nämlich trotz der Ladenschlußzeiten rund um die Uhr geöffnet und das 365 Tage im Jahr. Natürlich haben die sieben Einzelhändler auch nur während der gesetzlichen Ladenöffnungszeiten geöffnet. Doch können sie auf telefonische Bestellung die Ware für jeden Kunden in einem von 114 gekühlten Fächern der »Shopping Box« deponieren. Über eine Kundenkarte mit einer persönlichen Code-Nummer verschafft der Kunde sich dann Zutritt zum Depot, wann er will. Er holt sich am Computer die Auskunft, in welchem der Schließfächer seine Ware deponiert ist und nimmt diese in Empfang. Ohne an einer Kasse Schlange zu stehen und ohne Geld in der Tasche. Denn abgerechnet wird zwei Wochen später, dann buchen die Händler die bis zu diesem Zeitpunkt aufgelaufene Summe vom angegebenen Konto ab. 600 Kunden nutzten dieses Angebot schon Anfang 1995. Das Fleisch oder die Brötchen sind hier das Produkt, nicht aber die individuelle Problemlösung. Diese besteht vielmehr in der Möglichkeit, zum Beispiel für Berufstätige, ohne Streß in den Abendstunden ihren Einkauf zu erledigen (= Markt 1), oder für Langschläfer am Samstag aus den besten Fleischstücken und dem frischesten Obst und Gemüse auswählen zu können (= Markt 2), oder um einfach das Time-Management so manches Hausmannes oder so mancher Hausfrau nicht von äußeren Rahmenbedingungen bestimmen zu lassen (= Markt 3). Ganz unterschiedliche individuelle Bedürfnisse, die durch eine individuelle Problemlösung befriedigt werden können, die weit mehr ist als nur das Produkt, also mehr als nur die Hardware.

Die Leistung, die der Mensch im Markt erwirbt, vergleicht er mit seinen Erwartungen. Die Bewertung dieses Vergleiches ist immer eine individuelle, eine subjektive. Sie ist eine fortlaufende »Ja/Nein«-Entscheidung, die sich aus einer Mischung von Rationalität und Emotionalität zusammensetzt und einen kontinuierlichen Prozeß in Gang setzt. Unternehmerischer Erfolg hängt damit Tag für Tag, Sekunde für Sekunde davon ab, wie schnell die Kundenbedürfnisse identifiziert werden, wie effizient auf die Veränderung und Vervielfältigung der Kundenbedürfnisse eingegangen werden kann, wie intensiv es dem Unternehmen gelingt, sein Angebot als das optimale und das beste im Markt bei dem Individuum bekannt zu machen und wie kompetent und nachhaltig die Problemlösung das individuelle Bedürfnis befriedigt, also die Erwartungen des Kunden erfüllt – das Angebot kann dann nur eine individuelle Problemlösung sein!

Der Markt definiert sich demzufolge aus den drei Komponenten – individuelles Bedürfnis – individuelle Problemlösung – Befriedigung des Bedürfnisses (Kundenzufriedenheit) – und ist als ein kontinuierlicher »Ja/Nein«-Prozeß des (potentiellen) Kunden zu sehen. Alle drei Komponenten müssen gemeinsam betrachtet werden. Im folgenden soll zunächst erarbeitet werden, »in welchem Markt« nach der oben genannten Definition ein Unternehmen, eine Unternehmung, überhaupt tätig ist. Diese Frage ist zu trennen von der Frage »Wie bearbeite ich den

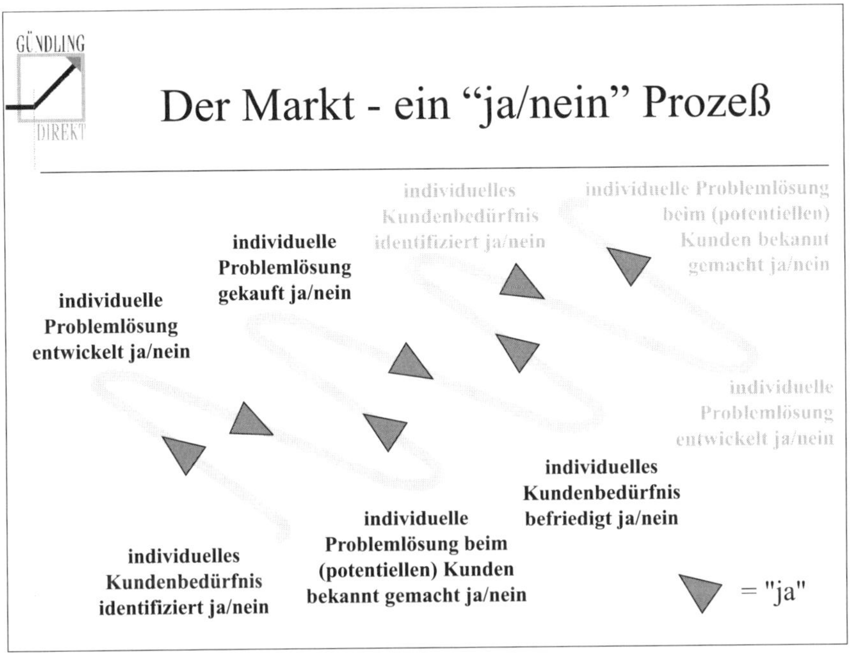

Abb. 3.1

Markt?«, also der Frage der Marktbearbeitung, die anschließend ab Kapitel 5 behandelt wird. Maximale Kundenorientierung bedeutet zunächst einmal, erstmalig und dann kontinuierlich, das »Was« , also den Markt zu identifizieren, um danach das »Wie«, die Marktbearbeitung, zu beschreiben.

Fazit: Der Erfolg eines Unternehmens hängt von den Variablen individuelles Bedürfnis, individuelle Problemlösung und der tatsächlich vom (potentiellen) Kunden empfundenen Bedürfnisbefriedigung ab.

Die ersten vier unverzichtbaren Schritte der Maximalen Kundenorientierung

Die kontinuierliche Identifikation des »Was«, also des Marktes, ist zum einen die Grundlage für die Maximale Kundenorientierung des einzelnen Unternehmens und damit das Fundament des langfristigen wirtschaftlichen Erfolges, zum anderen aber auch eine der größten Fehlerquellen für das Unternehmen. Der Markt, so verstanden, stellt nämlich folgende notwendige Bedingungen: Die ersten vier unverzichtbaren Schritte der Maximalen Kundenorientierung:

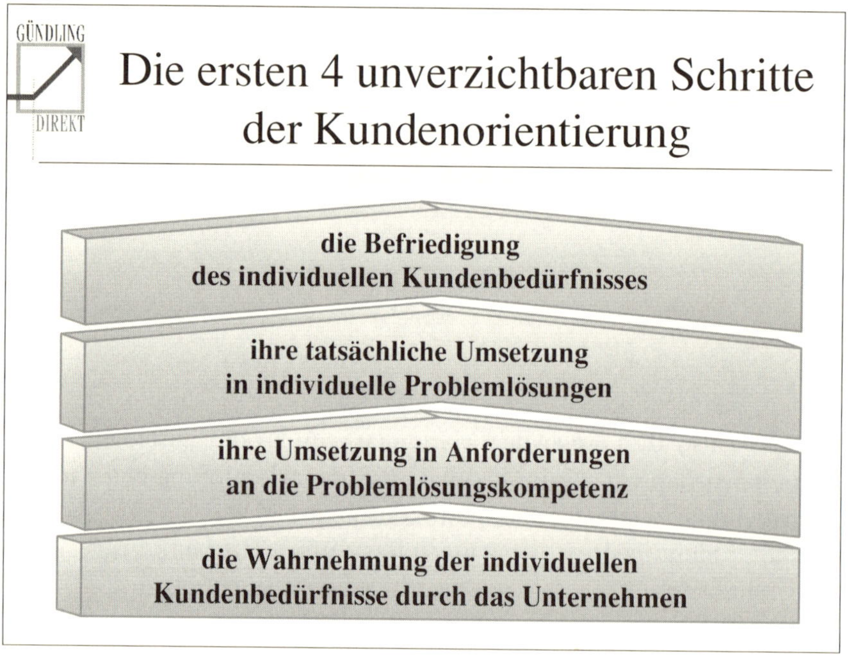

Abb. 3.2

Individuelle Bedürfnisse zu haben, das nehmen die Unternehmer und Manager für sich in Anspruch, und laut ihren eigenen Aussagen billigen sie dies auch den anderen Menschen zu. Diese individuellen Bedürfnisse müssen jedoch vom Unternehmen wahrgenommen werden. Das Unternehmen muß hierzu eine »Antenne« entwickeln, es muß eben lernen, wie der (potentielle) Kunde zu denken, zu fühlen und zu handeln. Es sei an dieser Stelle noch einmal betont, daß dies selbstverständlich ein dauerhafter Prozeß sein muß, an dem alle Menschen des unternehmerischen Netzwerkes beteiligt sein müssen.

Sind die individuellen Bedürfnisse einmal identifiziert, gilt es diese in konkrete Anforderungen an die Problemlösungskompetenz des Unternehmens umzusetzen. Jeder Beteiligte muß jetzt ganz genau wissen, was seine Aufgabe ist und, was besonders wichtig ist, wofür er es tut. Er muß noch nicht das Ziel, die Befriedigung des individuellen Bedürfnisses, als konkretes Bild vor Augen haben, aber das individuelle Bedürfnis selbst muß er kennen. Viele Unternehmen formulieren diese Anforderungen an die Problemlösungskompetenz, haben jedoch enorme Schwierigkeiten, sie auch in die Praxis umzusetzen. Die Gründe hierfür sind zahlreich und schon im einleitenden Kapitel hinreichend dargestellt worden. Der Hauptgrund scheint zu sein, daß nur einzelne Aspekte einer Maximalen Kundenorientierung umgesetzt werden, in der Hoffnung, daß diese kurzfristig in Form von Umsatz- und/oder Ergebnissteigerungen wirksam werden. Maximale Kundenorientierung ist jedoch ein ganzheitliches Konzept, das insbesondere auf die langfristige Sicherung der Daseinsberechtigung des Unternehmens ausgelegt ist. Die tatsächliche Umsetzung der Anforderungen aus den wahrgenommenen individuellen Bedürfnissen in individuelle Problemlösungen muß daher vom Unternehmen tatsächlich gewollt und auch laufend kontrolliert werden; kontrolliert, im Sinne eines Temperaturfühlers im Kühlschrank. Das, was das Unternehmen in den ersten drei Schritten der Maximalen Kundenorientierung geleistet hat, wird im vierten Schritt von den (potentiellen) Kunden im Markt bewertet.

Die Ergebnisse des Deutschen Kundenbarometers[3] zeigen, wie wichtig die ersten vier unverzichtbaren Schritte zur Maximalen Kundenorientierung sind: Was viele Unternehmer und Manager wie andere Menschen aus ihrem Wertesystem heraus, als Trivial- oder sogar Schmutzzeitschrift abqualifizieren, kommt im Markt an, entspricht den individuellen Erwartungen vieler Menschen – die *Praline*: Mit nackten Tatsachen, Berichten über das Sexleben von Hausfrauen, Empfehlungen zu einem erfüllten Sexleben, Witzen rund um den Sex. In einer einfachen Sprache mit vielen Nuditäten, werden die Erwartungen des Kunden durch das Produkt selbst, die Zeitschrift, erfüllt. Die individuellen Bedürfnisse der (potentiellen) Kunden werden von der Redaktion der *Praline* wahrgenommen, in Anforderungen an die Problemlösungskompetenz formuliert, in individuelle Problemlösungen umgesetzt und das so gut, daß die individuellen Kundenbedürfnisse auch tatsächlich befriedigt werden.

In den folgenden Kapiteln wollen wir uns ausschließlich mit den individuellen Bedürfnissen des Menschen beschäftigen. Anschließend gilt es, darauf aufbauend, den Aspekt der individuellen Problemlösung zu beleuchten.

Der Kunde – ein Mensch

Ein Unternehmen ist, wie der Nobelpreisträger der Wirtschaftswissenschaften Friedrich A. von Hayek es formulierte, eine natürliche Ordnung, deren Komplexität niemals durch ein abstraktes Modell erfaßt werden kann. Ein Unternehmen lebt von seinen Menschen (= potentielle Kunden) und durch seine Menschen (= Mitarbeiter). Menschen wiederum leben nicht isoliert auf einer einsamen Insel, sondern in einer Gemeinschaft, in einer Gesellschaft. Sie denken übereinander nach, fühlen einander, sprechen miteinander und übereinander, sie handeln miteinander und gegeneinander. Jede Handlung des einen verändert die eigenen Rahmenbedingungen und die Rahmenbedingungen des anderen.

Im Leben, insbesondere im Wirtschaftsleben, berücksichtigen wir Menschen oftmals die Auswirkungen unserer Handlungen auf einen anderen Menschen nicht – sei es bewußt oder unbewußt. Ausnahmen bilden Partnerschaften und Freundschaften. Hier versuchen wir uns – hoffentlich – in die Welt der Gedanken und Gefühle unserer Partner oder Freunde hineinzuversetzen. Wir bemühen uns, unsere Handlungen an ihren Gefühlen und Gedanken zu messen. Wenn wir Streit mit unserem Partner haben, räumen wir bewußt nicht das Wohnzimmer auf, weil wir wissen, dies bringt unseren Partner auf die Palme, und dies wollen wir erreichen. Umgekehrt: Wollen wir unserem Partner eine Freude machen, räumen wir das Wohnzimmer nicht nur auf, sondern wir saugen, wischen Staub und wienern den Boden. Die Freude oder den Schmerz, den wir unserem Partner zufügen wollen, können wir nur deshalb verursachen, weil wir die individuellen Bedürfnisse unseres Partners kennen.

Freundschaften werden dadurch gepflegt und getragen, daß man sich regelmäßig trifft, miteinander telefoniert, sich schreibt. Freundschaften sind geprägt von einem gegenseitigen Verständnis. Ein Freund kann zuhören, ein Freund versteht den anderen, versteht seine Bedürfnisse. Genauso wie beim einzelnen Menschen verhält es sich auch beim Unternehmen als natürliche Ordnung. Der Freund ist der Kunde. Nur müssen viele Unternehmen erst lernen, wie ihr Freund, wie der (potentielle) Kunde zu handeln, zu denken und zu fühlen. In erster Linie müssen sie lernen, für ihn, ihren Kunden, zu handeln. Doch um für seine Kunden zu handeln, muß das Unternehmen erst die individuellen Bedürfnisse seiner (potentiellen) Kunden kennenlernen.

2. Der Maßstab für das unternehmerische Handeln sind die individuellen Bedürfnisse der (potentiellen) Kunden

Das Unternehmen kennt und versteht seine (potentiellen) Kunden und deren Bedürfnisse so gut, daß die angebotene Problemlösung den Erwartungen des Kunden in seiner subjektiv empfundenen Wahrnehmung voll und ganz entspricht.

Bedürfnisse sind individuell und werden individuell von jedem einzelnen Menschen beurteilt. Und jeder Mensch bewertet seine individuellen Bedürfnisse entsprechend seiner persönlichen Rahmenbedingungen, wie z.B. dem frei verfügbaren Einkommen oder dem Alter. Stellen Sie sich nur einmal vor, ein Maler, der gerade gefrühstückt hat, und ein Soldat, der eine Nahkampfausbildung beim Militär macht und seit drei Tagen nichts mehr zu trinken und zu essen hatte, betreten zur gleichen Zeit eine grüne Oase in der Wüste. Während der Maler mit seinen Augen den wunderschönen blauen Bach und das Grün der Dattelpalmen und deren Blüten in sich aufsaugt, um dieses gottgegebene Geschenk für immer in einem Bild festhalten zu können, wird der Soldat wohl kaum Augen für die Naturschönheit haben, sondern statt dessen seinen Durst, also sein individuelles Bedürfnis, an dem Bach stillen. Das gleiche Ereignis wird von beiden Menschen zum gleichen Zeitpunkt unterschiedlich gesehen, gefühlt, gehört – erlebt und bewirkt so ganz unterschiedliche Handlungen beider Menschen. Und genauso wird eine Kaufhandlung durch die individuellen Bedürfnisse des Betroffenen ausgelöst und nicht durch die Vermutungen des Managements.

Fazit: Bedürfnisse sind individuell und werden von dem einzelnen (potentiellen) Kunden individuell empfunden. Maximale Kundenorientierung heißt, die individuellen Kundenbedürfnisse zu entdecken und zu akzeptieren lernen.

Was passiert, wenn Sie die wahren Bedürfnisse Ihrer (potentiellen) Kunden (nicht) kennen

Entscheidend sind nicht die scheinbar objektiv gegebenen Produktvorteile, die scheinbar vorhandene Bedürfnisse befriedigen können. Entscheidend sind die tatsächlichen Bedürfnisse des (potentiellen) Kunden. Dies mußte z.B. auch *Pampers* lernen: *Pampers* wollte den Müttern den Gebrauch von Fertigwindeln über die damit objektiv verbundene Arbeitserleichterung im Vergleich zu Stoffwindeln schmackhaft machen. Das Produkt konnte sich zunächst im Markt nicht durchsetzen, da sich die Mütter bei Verwendung von Papierwindeln wie Rabenmütter fühlten. Das typische Mutterbedürfnis, sich um das eigene Kind zu kümmern, dieses zu pflegen und zu schützen, wurde nicht nur nicht angesprochen, sondern torpediert. Erst als *Pampers* seine Kommunikation als Bestandteil einer individuellen Problemlösung daraufhin änderte und jetzt argumentierte, daß sich die Babys mit Papierwindeln wohler fühlen würden, da sie länger trocken blieben, der Wundpopo zurückginge usw., wurden die *Pamperswindeln* zu dem bekannten Markterfolg. Das in den 60er Jahren vorherrschende Kundenbedürfnis, eine liebevolle, sich für ihr Baby aufopfernde Mutter zu sein, wurde angesprochen und der Mama desweiteren aufgezeigt, daß sie dieses Bedürfnis mit *Pamperswindeln* besser befriedigen kann.[4]

Wenn ein Unternehmen die wahren Kundenbedürfnisse seiner Kunden nicht entdeckt bzw. vermeintliche, aber doch falsche Kundenbedürfnisse zu befriedigen versucht, kann dies dazu führen, daß das

Unternehmen ganze Absatzmärkte einbüßt. Ein Lied hiervon kann die *Telekom* singen. Nicht der Verlust der Monopolstellung beim Verkauf von Endgeräten und kleinen Anlagen, der durch die im Jahre 1989 durchgeführte Postreform I festgesetzt wurde, hat dazu geführt, daß asiatische Anbieter von Telefonapparaten einen solch grandiosen Absatzerfolg in Deutschland haben. Ausschlaggebend für den Niedergang des Telefonapparatemarktes für die *Telekom* war vielmehr die Befriedigung eines Bedürfnisses, welches bei den Kunden gar nicht vorhanden war. »Die *Telekom* erwartete von ihren Lieferanten Telefonapparate, die auch nach mehreren Stürzen aus großer Höhe noch einwandfrei funktionierten«. Wie oft haben Sie Ihren Telefonapparat schon durch Ihr Büro oder Wohnzimmer geschmissen? Diese Überqualität trieb den Preis eines Produktes in die Höhe, das die Bedürfnisse des Kunden nicht befriedigte. Es wurde ein Markt bedient, der gar keiner war, weil die (potentiellen) Kunden andere individuelle Bedürfnisse hatten als die *Telekom* ihnen verordnen wollte. Die asiatischen Anbieter hingegen (er)kannten – nicht zuletzt aus Erfahrungen in anderen Märkten – die individuellen Bedürfnisse des deutschen Verbrauchers und konnten deshalb den deutschen Telefonapparatemarkt von heute auf morgen erobern.[5]

Ähnliche Desaster wie die *Deutsche Telekom* haben auch schon andere weltbekannte Unternehmen erlebt, weil sie Produkte in den Markt bringen wollten, für die es keine individuellen Bedürfnisse gab. *Reynolds* z.B. mußte 325 Millionen Dollar Produktions- und Marketingkosten für die erste rauchlose Zigarette abschreiben. Die *Premier*, so hieß der Wunderlutscher, nahm den Rauchern einen Teil ihres Rituals: Asche und Qualm. Außerdem schmeckte sie ganz schlicht nicht und war zudem noch schwer entzündbar. *Mattel* glaubte 1993 den Zeitgeist erkannt zu haben und stattete Ken, den Freund der berühmten *Barbiepuppe* mit einem Ohrring aus. In einem kleinen Segment fand »Earring Magic Ken« auch die gewünschte Akzeptanz: in der amerikanischen Schwulenbewegung. Die normale amerikanische, konservative Mutter hingegen wollte ihren Töchtern keinen »Schwulen« kaufen. Und auch *Bic* hat mit seinem Billigparfum, das wie ein herkömmliches *Bic-Einweg-Feuerzeug* aussah, 11 Millionen Dollar in den Sand gesteckt. Kaum eine Frau wollte sich aus einer »Buttanflasche« einduften.[6]

Wie entscheidend die Kenntnis der wahren Bedürfnisse des potentiellen Kunden für ein Unternehmen sein kann, zeigt ein weiteres Beispiel: Die meisten Bausparkassen versuchen im Rahmen ihrer Kommunikationspolitik seit vielen Jahren, die Menschen zum Abschluß eines Bausparvertrages durch »steuerliche Vorteile, die man sich noch sichern kann« oder die »Unabhängigkeit von Mieterhöhungen« zu motivieren. »Am 31. ist Wüstenrottag« – wer kann das noch hören? In einer im Auftrag der *Landesbausparkasse, LBS* von *empirica* durchgeführten Marktuntersuchung[7] wurde ermittelt, daß »finanzielle Vorteile« von 49 Prozent und »keine Mieterhöhung« von 38 Prozent aller Befragten als Gründe für Wohneigentum genannt wurden. Mit 64 Prozent bzw. 61 Prozent liegen jedoch »die Bewegungsfreiheit für Kinder« und die »freie Entfaltung« bzw. »freie Gestaltung« an der Spitze der Kaufmotive für Immobilien (Mehrfachnennungen waren in dieser Untersuchung möglich). Nicht nur, daß der Slogan »Am 31. ist *Wüstenrottag*« inzwischen seine Bedeutung verloren haben dürfte (wann ist denn eigentlich kein *Wüstenrottag*, muß man sich so langsam fragen), trifft er auch nur ein weniger bedeutendes, wahres Bedürfnis des (potentiellen) Kunden. Die *Leonberger Bausparkasse* hingegen hat aus der LBS-Untersuchung gelernt. Seit Anfang 1995 werden über einen neuen Spot im Fernsehen als Kernzielgruppe die 20–40jährigen angesprochen. Eine Zielgruppe also, bei der man aufwachsende Kinder unterstellen kann. Entsprechend der Hauptmotivation dieser Altersgruppe, Wohneigentum für Kinder zu schaffen, steht im Mittelpunkt dieses Spots der junge Familienvater, der seiner kleinen Tochter das Modell des geplanten Hauses zeigt. Ein vergleichbares Produkt – der Bausparvertrag – wird entsprechend der wahren Bedürfnisse der Zielgruppe individuell verkauft; die *Leonberger Bausparkasse* kann sich von ihren Mitbewerbern differenzieren.

Ein letztes Beispiel dafür, daß nur die Befriedigung der individuellen, der wahren Bedürfnisse des Kunden eine Garantie für den Markterfolg eines Unternehmens oder einer Unternehmung sein kann, zeigt das Comeback der *Optima*, Schreibmaschinenhersteller aus den fünf neuen Bundesländern. Nachdem der östliche Absatzmarkt zusammengebrochen war und das Unternehmen in privater Hand neu organisiert und restrukturiert wurde, konnte sich *Optima* durch die bessere Befriedigung eines einzelnen Kundenbedürfnisses im harten Wettbewerb mit den asiatischen Herstellern behaupten: dem individuellen Bedürfnis nach optimaler Zeitnutzung, von dem in diesem Buch noch an anderer Stellen die Rede sein wird. Geschäftsführer Dieter Sturm erinnert sich an den Marsch durch die Hierarchien der Kaufhäuser. Erst bei den Lieferzeiten haben die Einkäufer richtig hingehört, denn Optima verspricht und hält sechs Wochen – üblich ist ein halbes Jahr. Ein neues, jedoch latent vorhandenes Bedürfnis bei den Kunden, hier den Einkäufern der Kaufhäuser, kann einmalig befriedigt werden.[8]

Fazit: Die objektiven Vorteile eines Produktes alleine können noch kein individuelles Bedürfnis des (potentiellen) Kunden ansprechen. Insofern sind nicht die theoretisch möglichen individuellen Bedürfnisse entscheidend, sondern nur die von den (potentiellen) Kunden auf den verschiedenen Märkten tatsächlich empfundenen. Und nur **diese** müssen durch individuelle Problemlösungen angesprochen und befriedigt werden.

Ein anderer Ansatz: Die Bedeutung der Bedeutung für das individuelle Bedürfnis

Wie zuvor dargestellt, sind die individuellen Bedürfnisse der (potentiellen) Kunden der Maßstab für jedes unternehmerische Handeln und Tun. Aufgrund der Wichtigkeit dieses Aspektes soll hier nun der Versuch unternommen werden, die Thematik aus einer ganz anderen Sicht zu beleuchten. Grundlage dieser neuen Sicht sind einige Erkenntnisse der Gehirnforschung und der daraus entwickelten Anwendung des Neurolinguistischen Programmierens NLP.[9] Viele Unternehmer und Manager haben in den letzten Jahren schon einmal auf Seminaren, durch Bücher oder Artikel etwas über die neue Superwaffe des Selbstmanagement NLP gehört. Wie so oft im Leben glaubt man daran oder auch nicht. Wissenschaftlich nachweisen kann man die Ergebnisse des NLP bis heute nicht. Insofern soll das folgende nicht als wissenschaftliche Abhandlung verstanden werden, wie überhaupt das ganze Buch keinen Anspruch auf eine wissenschaftliche Arbeit erhebt, sondern »nur« dem einen oder anderen Leser die Wichtigkeit der individuellen Bedürfnisse des (potentiellen) Kunden als Erfolgsfaktor aus einer anderen Sicht darstellen.

Das menschliche Gehirn arbeitet nach Alexander Christiani mit einem im Selbst- und Arterhaltungstrieb verankerten »Betriebsprogramm«, das unser Verhalten im Sinne von (Kauf-) Handlungen steuert. Dieses Betriebsprogramm, mit der Betriebssoftware[10] eines Computers vergleichbar, ist bei allen Menschen gleich und benutzt bipolare Antriebskräfte: zum einen das Bedürfnis, Schmerz zu vermeiden, zum anderen das Verlangen, Lust zu gewinnen. Jede (Kauf-)Handlung findet ihren Ursprung also einerseits in der Unlust, die der Mensch empfindet, wenn er untätig bleibt und andererseits in dem Spaß und den Vorteilen, die der Mensch hat, wenn er aktiv wird.

Bei Menschen ist das, was für sie Pein bzw. Lust bedeutet, sehr verschieden. Das menschliche Gehirn ist vergleichbar einer permanenten Lernmaschine. Wann immer es einen »signifikanten Input« bekommt, speichert es diese Informationen als Referenzerfahrung für die Zukunft, indem es nach Ursachen sucht, die Pein bzw. Lust auslösen, und stellt eine entsprechende Ursache-Wirkungs-Hypothese auf, um in Zukunft der erlebten Pein aus dem Wege gehen bzw. schneller zur

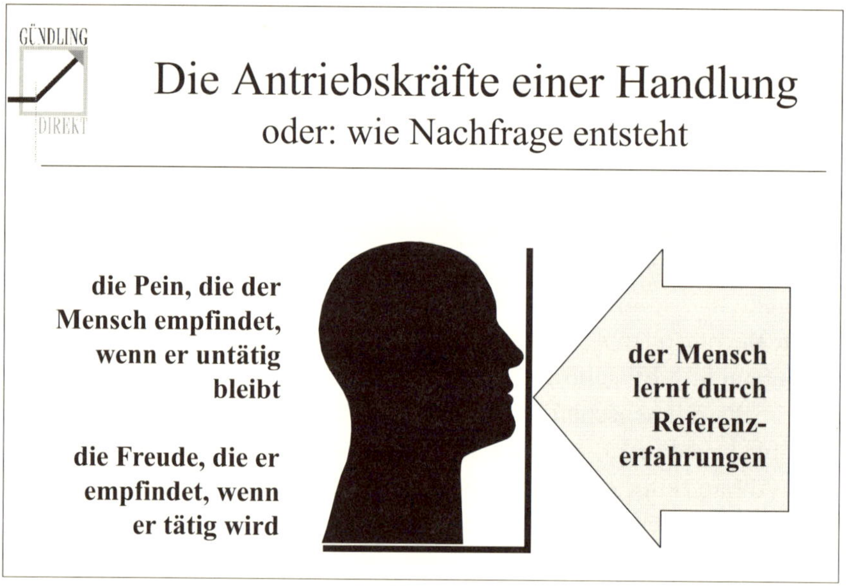

Abb. 3.3

Quelle des Vergnügens vorstoßen zu können. Unser Gehirn speichert diese Referenzerfahrungen nach der Formel

$$\text{Dauer} \cdot \text{Häufigkeit} \cdot \text{emotionale Intensität},$$

wobei die emotionale Intensität für unser Gehirn als eine Art »Lernturbo« funktioniert, d.h. je emotional bedeutungsvoller ein Erlebnis für den einzelnen Menschen ist, um so weniger Wiederholungen benötigt er, um eine Neuroassoziation aufzubauen.

Ein Beispiel: Stellen Sie sich vor, Sie mögen Hunde – egal ob klein oder groß, ob Dackel oder Bernadiner. Die Hunde erkennen, daß Sie keine Angst vor ihnen haben und daß Sie sich gerne mit ihnen beschäftigen. Sie sind zwar ab und zu gebissen worden, doch das war nur im Spiel, und Sie haben keine schweren Verletzungen davon getragen. Wenn Sie fremde Hunde sehen, müssen Sie diese sofort streicheln und die Hunde lassen sich auch gerne streicheln. Die Bedeutung, die Sie dem Hund geben, ist für Sie positiv. Bis gestern. Denn stellen Sie sich jetzt vor, gestern gingen Sie die Straße vor Ihrem Haus oder Ihrer Wohnung entlang. Ein prächtig gebauter und ausgesprochen gepflegter Boxer wird von seinem Herrchen an der Leine geführt und kommt Ihnen entgegen. Auf einmal reißt sich der Boxer von der Leine los und springt Sie an. Zunächst beißt er Ihnen in den linken Unterschenkel, dann verletzt er Sie am rechten Ohr und weil Sie sich verständlicherweise wehren, beißt er Sie jetzt auch noch in Ihr Gesäß. Endlich gelingt es dem Herrchen, den Boxer unter Kontrolle zu bringen. Stark blutend werden Sie in ein Krankenhaus gebracht und drei Stunden lang operiert. Jetzt liegen Sie im Krankenbett und wachen gerade aus der Narkose auf. Sie liegen, nein, hängen in einem Gestell, weil liegen können Sie ja nicht – Sie wissen schon, das Gesäß. Der Arzt teilt Ihnen gerade mit, daß Sie eine Woche in dieser Lage verharren müssen, ohne aufstehen zu können. Können Sie sich vorstellen, daß Sie einem Hund jetzt eine andere Bedeutung geben als noch gestern? Und das nur aufgrund einer einmaligen Referenzerfahrung, die alle Ihre bisher gemachten positiven Referenzerfahrungen mit dem Hund zunichte macht.

Wie das Beispiel der Phobie zeigt, kann schon eine einzige Erfahrung – wie z.B. die, von einem Hund gebissen zu werden oder in einem brennenden Aufzug zu sitzen – genügen, um neue Denk-, Gefühls- und Verhaltensgewohnheiten, hervorgerufen durch eine einzige neue und einzigartige Referenzerfahrung (bzw. Neuroassoziation), aufzubauen. Neuroassoziationen sind also alle diejenigen Gedankenverbindungen, die in unserem Gehirn stofflich so verankert sind, daß sie unser Denken, Fühlen und Handeln »per Autopilot« steuern – und sie sind individuell verschieden. Das, was im NLP die Neuroassoziationen sind, sind hier, im Ansatz der Maximalen Kundenorientierung, die individuellen, wahren Bedürfnisse des einzelnen Menschen. Und die Grundlage für den Menschen, eine Kaufhandlung zu tätigen oder auch nicht, ist der Grad der Befriedigung seiner Grundbedürfnisse und welche Bedeutung der einzelne Mensch ihnen beimißt. Auf keinen Fall sind es die Bedeutungen, die der Vorstand, der Marketingchef oder der Produktmanager diesen Grundbedürfnissen beimessen – und auch das kann nicht oft genug wiederholt werden.

So genügt es nicht, dem (potentiellen) Konsumenten mitzuteilen, wie sicher, schön und neu z.B. ein Auto ist. Das machen alle Autohersteller. Damit läßt sich der einfache Widerstand »Ich brauche kein neues Auto« nicht überwinden. Und wenn dieser potentielle Kunde später einmal wirklich ein neues Auto braucht, hat er diese Botschaft schon wieder vergessen und läßt sich von der Botschaft eines Konkurrenten beeinflussen, der gerade wirklich ein neues Auto auf den Markt gebracht hat. Die Kernbotschaft in der Werbung von Autoherstellern muß tiefer gehen. Sie muß die Freude des potentiellen Kunden, die er empfindet, wenn er **jetzt** ein neues Auto kauft, aktivieren oder aber die Pein, die der potentielle Kunde empfindet, wenn er **jetzt** eben kein neues Auto kauft. Er muß die individuellen, die verborgenen, die wahren Bedürfnisse des Menschen ansprechen.

> Fazit: Neuroassoziationen sind in jedem Gehirn individuell verankerte Gedankenverbindungen und haben eine bestimmte individuelle Bedeutung. Sie steuern das Denken, Fühlen und Handeln jedes Menschen. Diese Neuroassoziationen gilt es aufzubauen und zur Auslösung einer Kaufhandlung zu nutzen.

Die mögliche Bedeutung der Neuroassoziationen anhand eines Beispiels

Anhand eines konkreten, jedoch fiktiven Beispiels soll dargestellt werden, welche Konsequenzen für die Marktbearbeitung sich aus der Bedeutung der Bedeutung für den einzelnen ergeben können. Wir wollen uns hierzu mit der Automobilbranche und im besonderen mit *Porsche*, bzw. dem *Porsche 911* beschäftigen. Da der *Porsche 911* nunmehr schon seit mehr als 30 Jahren im Markt eingeführt ist, ist er im Unterschied zu vielen anderen ein Produkt, mit dem viele Menschen ihre individuellen Neuroassoziationen verbinden. Diese können durch ganz unterschiedliche Ereignisse, manchmal sogar in Form von Phobien aufgebaut worden sein:

- Rekordsieger des 24 Stunden Rennens von Le Mans
- James Dean, der in einem Porsche ums Leben kam
- Janis Joplin, die ihren ›lord‹ bittet, ihr einen Mercedes Benz zu kaufen, weil all ihre Freunde einen Porsche fahren
- der Mythos Porsche
- der Vater, Bekannte oder andere Referenzen im weiteren persönlichen Umfeld
- der Sunnyboy, der immer wieder die schönsten Frauen abschleppt
- die heißesten Blondinen, die einen Porsche fahren.

Diese Sachverhalte gewinnen selbstverständlich erst ihren Wert aus den individuellen und persönlichen Neuroassoziationen, die der einzelne damit verbindet. In diesem Zusammenhang ist auch das sogenannte Gesetz der doppelten Quantifizierung aus den Sexualwissenschaften zu sehen: Eine Triebhandlung erfolgt, wenn die Triebstärke hoch ist – dann genügt auch ein niedriger Reiz – oder, wenn der Reiz hoch ist, dann genügt auch eine niedrige Triebstärke. Auf den Akt einer Kaufhandlung bezogen, bedeutet dieses Gesetz der doppelten Quantifizierung: Eine Kaufentscheidung fällt um so eher, je mehr es gelingt einen potentiellen Käufer in eine emotionale Instabilität zu versetzen; das heißt, je eher es gelingt eine vorhandene Neuroassoziation zu aktivieren. Mit anderen Worten bedeutet dies, daß eine Kaufhandlung um so eher ausgelöst wird, wenn das anbietende Unternehmen mit seiner individuellen Problemlösung und seiner Kommunikationspolitik, also einem individuellen Partnerschaftsmarketing, das individuelle Bedürfnis des (potentiellen) Kunden anspricht.

Oft genug sind diese Neuroassoziationen bei vielen Menschen mit dem Traum bzw. Wunsch verbunden, einmal im Leben einen 911 zu besitzen oder diesen zumindest einmal zu fahren. Insofern stellt sich die Frage, warum diese Menschen nicht einen *Porsche 911* fahren. Es kommen nur drei Gründe in Frage:

1. Aufgrund der hohen Anschaffungs- und Unterhaltskosten, bedeutet die Pein, keinen *Porsche 911* zu erwerben, weniger als die Freude, einen zu kaufen, oder
2. die (positive) Neuroassoziation, einen 911 zu fahren, wird durch keine entsprechenden Referenzerfahrungen ausgelöst, oder
3. eine Kombination aus beidem.

Aufgrund der relativ hohen Anschaffungs- und Unterhaltskosten für einen *Porsche 911* können die finanziellen Möglichkeiten des einzelnen, trotz einer noch so starken positiven Neuroassoziation, eine hinreichende Restriktion sein, sich einen *Porsche 911* anzuschaffen. Der Bogen der finanziellen Möglichkeiten reicht hier von unbegrenzt, auf andere Kaufwünsche muß nicht verzichtet werden (keine Substitutionsgefahr), über Mittel begrenzt, d.h. der eine oder andere Kaufwunsch muß aufgrund der hohen Anschaffungskosten zunächst zurückgestellt werden, kann aber in einem überschaubaren Rahmen (1–2 Jahre) wieder realisiert werden (mittlere Substitutionsgefahr), bis hin zu einer dauernden und tatsächlichen Verhinderung anderer Käufe (hohe Substitutionsgefahr).

Wie das Beispiel der Phobie, ausgelöst durch ein einziges Erlebnis mit einem bissigen Hund, oder die Fahrt in einem brennenden Fahrstuhl zeigt, sind beide Ereignisse für sich getrennt ohne Auswirkung. Erst wenn der Mensch, der mit einer Fahrt im Fahrstuhl bestimmte – hier negative – Neuroassoziationen verbindet, wieder Fahrstuhl fahren muß, wird diese Phobie ausgelöst. Insofern bedeutet Punkt 2, daß eine positive Neuroassoziation für sich nicht unbedingt eine Handlung auslösen muß; erst der tiefe eigene Wunsch etwas zu tun, oder aber ein Reiz von außen, geben der Neuroassoziation – hier für *Porsche* – ihren Wert. Insofern ist es notwendig, Menschen mit einer positiv belegten *Porsche*

911-Neuroassoziation in eine Situation der emotionalen Instabilität zu versetzen, bzw. in einen »Aufzug« zu bewegen.

Neuroassoziation/finanzielle Umsetzungsmöglichkeiten	führt zu emotionaler Instabilität	vorhanden
keine Substitutionsgefahr	911 Fahrer	A-Interessent
mittlere Substitutionsgefahr	A-Interessent	B-Interessent
starke Substitutionsgefahr	B-Interessent	C-Interessent

Wie diese Matrix aufzeigt, hängt eine Kaufentscheidung für einen *Porsche 911* nicht (nur) von soziodemographischen Merkmalen, also z.B. den finanziellen Möglichkeiten ab, sondern insbesondere auch von den Neuroassoziationen, die mit einem Produkt verbunden werden. Die Markenartikelindustrie macht sich diesen Sachverhalt heutzutage in ihren Werbeaussagen schon zunutze. Während früher ein Waschmittel weißer wusch als das andere, und die meist durch das Herkunftsland bestimmte Qualität einer Kaffeesorte im Vordergrund stand, werden heute Neuroassoziationen aufgebaut, wie z.B. die der guten Mutter, die Anerkennung von ihrer Familie bekommt, wenn sie mit dem und dem Waschmittel wäscht bzw. sich als selbstbewußte Frau dargestellt, weil Sie eine bestimmte Kreditkarte besitzt: »Ich bin so frei!« Es werden andere individuelle Bedürfnisse von den Unternehmen angesprochen.

Welche Bedeutung haben dann die Neuroassoziationen für ein Unternehmen? Es muß ihm entweder gelingen, Neuroassoziationen durch Reize von außen auszulösen oder aber, solche erst aufzubauen, was einen sofortigen Kauf nicht ausschließt und insbesondere unter dem Aspekt der langfristigen Absatzsicherung notwendig erscheint. Den Unternehmen muß es also gelingen, einen latent vorhandenen Wunsch zu wecken oder bei dem (potentiellen) Kunden den Wunsch, die angebotene individuelle Problemlösung zu besitzen, verstärken. Insbesondere mit Hilfe eines Individuellen Partnerschaftsmarketing ist dies möglich. Dieser Aspekt wird ab Kapitel 5 behandelt. Neuroassoziationen sind jedoch nicht die einzigen Kriterien, die die Motivation für eine Kaufentscheidung begründen bzw. verhindern. Hinzu kommen weitere Kriterien, die hier zunächst Sekundärmerkmale genannt werden. Diesen Sekundärmerkmalen ist gemein, daß sie als hinreichende Bedingung einen Kauf verhindern, jedoch keinen Kauf alleine auslösen können – eine solche Motivationskraft geht ausschließlich von den Neuroassoziationen aus. Vor der eigentlichen Kaufentscheidung für ein Auto gilt es, verschiedene weitere individuelle Bedürfnisse zu berücksichtigen:

- Mobilität im allgemeinen
- Berufliche Gründe
- Möglichkeit gemeinsamer Wochenendausflüge mit der Familie
- Status
- Erlebnis Autofahren, d.h. z.B. Geschwindigkeit
- Einkaufstauglichkeit
- Transportmöglichkeiten
- Möglichkeit, Eltern oder Großeltern regelmäßig besuchen zu können
- usw.

Einzelne Bedürfnisse oder bestimmte Bedürfniskombinationen können durch verschiedene Autotypen befriedigt werden.

Im folgenden ist daher eine Bedürnisbefriedigungsmatrix für verschiedene Autotypen dargestellt:

Kaufmotiv/ Automarke	Beruf	Familie	Transport	Einkauf	Status	Erlebnis	...
Golf D	x	x		x			
Passat	x	x	x	x			
Vectra	x	x		x	x		
S-Klasse	x	x	x	x	x		
Porsche	(x)				x	x	
...							

Wie diese Marktmatrix aufzeigt, sind die Nutzungsmöglichkeiten eines *Porsche 911* sehr eingeschränkt. Daß diese Sekundärmerkmale eine Kaufentscheidung für einen *Porsche 911* verhindern können, zeigt folgendes kleines Beispiel: Die Mutter dreier Kleinkinder wird dem Kauf nur dann zustimmen, wenn die Familie gleichzeitig über ein familientaugliches Auto verfügt: Ein anderes Auto, mit dem sie einkaufen, die Kinder in den Kindergarten fahren und mit dem die ganze Familie einen Ausflug machen kann. Allen diesen Sekundärmerkmalen ist zudem gemeinsam, daß Sie objektiv erkennbar sind: Mit einem *Golf* Diesel kann man genauso wenig 250 KM/H fahren, wie in einem *Porsche* ein Bett transportieren. Weiter charakteristisch für diese Sekundärmerkmale ist auch, daß sie von jedem einzelnen, also von jedem einzelnen (potentiellen) Kunden eine unterschiedliche Bedeutung erfahren. Selbstverständlich gibt es weitere Sekundärmerkmale, die eine Kaufentscheidung für einen *Porsche* verhindern und zum Kauf eines anderen Autos oder einer anderen individuellen Problemlösung führen können. Folgende subjektive Faktoren, die neben den objektiv greifbaren Faktoren eine wichtige Rolle spielen, sind hierbei denkbar:

- Sicherheit
- Anerkennung
- Ästhetik
- Imaginäre Bedeutung
- ...

Diese Faktoren betreffen weitere individuelle Bedürfnisse, die befriedigt werden wollen und die ebenso wie die objektiven Sekundärmerkmale einen Kauf verhindern können. Die ausschlaggebenden Faktoren, die einen Kauf auslösen, sind also die Neuroassoziationen, die der einzelne Mensch mit dem Kauf verbindet, sowie die Sekundärmerkmale, die einen Kauf nicht verhindern.

Fazit: Die Neuroassoziationen, die ein Mensch hat, sind vergleichbar den **entscheidenden** individuellen Bedürfnissen, die den Menschen motivieren, eine Kaufhandlung zu tätigen. Objektive sowie subjektive Sekundärmerkmale – wie z.B. Ästhetik – sind weitere individuelle Bedürfnisse. Letztere können eine Kaufhandlung zwar verhindern, sie jedoch nicht auslösen.

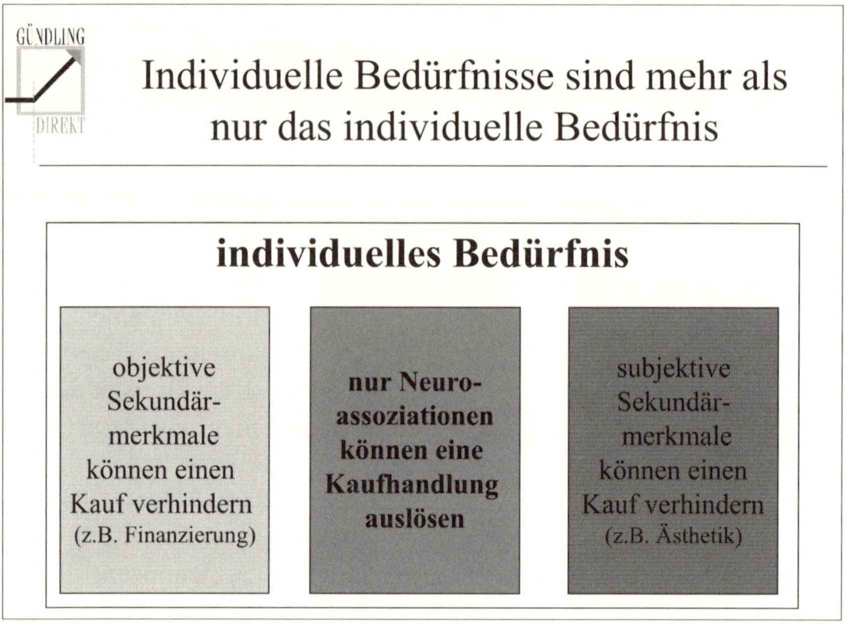

Abb. 3.4

Die verborgenen Reserven Ihrer Produktpolitik – oder: Was motiviert Menschen, Ihre Produkte zu kaufen?

In einem Fernsehspot nutzt die Firma *Jaguar* diese o.g. Erkenntnisse – ob bewußt oder unbewußt, sei dahingestellt. In einer ersten Szene wird in schwarzweiß ein Dorfplatz in den 60er Jahren gezeigt, auf dem ein *Jaguar MKII* vorfährt. Ein ca. elfjähriger Junge schaut sich verträumt das Auto und den Fahrer an und malt sich ein Bild für die Zukunft. In der zweiten Sequenz – jetzt aber in Farbe – fährt genau dieser Junge als Erwachsener auf dem gleichen Marktplatz vor, und wieder nähert sich ein Junge. Die einmal gemachte Referenzerfahrung, die der Mann als Bub gemacht hat, dient hier als Reiz, sich einen alten Traum zu erfüllen – einen individuellen Traum.

Ein anderes Beispiel, wie ein Unternehmen die individuellen Bedürfnisse oder die individuelle Lust ihrer potentiellen Interessenten erfolgreich ansprechen kann, stellt »The Care Company«, *Ellen Betrix* dar. Unter dem Slogan »*Procter & Gamble* will Verbraucherwünsche sachlich und emotional ansprechen« wurde im November 1994 der Bronze-Effie-Gewinner *Ellen Betrix* vorgestellt: »Die Pflege der Haut ist für die Konsumentinnen ein immer wichtigeres Thema geworden. Vor allem wollen Sie aber nicht nur Kosmetikprodukte kaufen, sondern auch wissen, worauf diese basieren, wie sie funktionieren bzw. welchen Effekt sie haben ... Die Konsumenten haben ein starkes Bedürfnis, sich mit Kosmetik auseinanderzusetzen und Erklärungen zu bekommen. ... Wir haben nach dem Forrest-Gump-Prinzip gearbeitet. Die zentrale Aussage zum Produkt muß in einem Satz formuliert werden, der sitzt. Sie muß wie ein Stempel sein. ... Der Imagefilm, der Basis für den TV-Auftritt für *Ellen Betrix* ist, bringt die Kernaussage, die alle anderen TV-Spots abschließt: ›Pflegen Sie sich schön. *Ellen Betrix.* The Care Company.‹ Die Frauen werden aufgefordert, sich selbst zuzuwenden und sich selbst etwas Gutes zu tun.«[11] Damit die Frauen jedoch aufgefordert werden können, sich sich selbst zuzuwenden und sich mit *Ellen Betrix* etwas Gutes zu tun, muß zunächst einmal die Lust dazu vorhanden sein. Der wirtschaftliche Erfolg von *Ellen Betrix* spricht für sich. Man hat das richtige, das individuelle, das wahre Bedürfnis seines Marktes erkannt, eine auf die Bedürfnisse zugeschnittene Problemlösung erarbeitet und diese seinem Segment in optimaler Form kommuniziert.

Wenn ein Unternehmen jedoch die wahren Bedürfnisse seiner Märkte nicht kennt und/oder diese Bedürfnisse nicht im Rahmen seiner Marktbearbeitung – sei es zum Beispiel über klassische Werbung, über Telefonmarketing oder den Verkäufer – anspricht, wird jeder Versuch, das Produkt erfolgreicher im Markt zu positionieren, fehlschlagen. Wenn man versucht, eine Tür nach innen zu öffnen, kann dabei viel Energie verlorengehen, bis man realisiert, daß die Tür nach außen aufgeht. Am deutlichsten wird dies im klassischen Verkauf, also in der Beziehung Kunde – Verkäufer. Wie die schon genannte Untersuchung der *Mercuri Goldmann International* zeigt, liegen gerade im Einzelhandel noch große Reserven. Erinnern Sie sich! Fast jeder zweite Kunde hat kritisiert, daß der Verkäufer keine Anregung zum Kauf gibt, und jeder vierte Kunde, daß der Verkäufer ihm zu wenig Zeit widmet. »Hilfe!«, rufen hier die Kunden. Helft mir meine Bedürfnisse zu entdecken, ich brauche Unterstützung, helft mir, daß ich am Einkauf im Fachgeschäft wieder Spaß habe – denn Spaß haben kann ebenso ein Grundbedürfnis im Rahmen des Einkaufs sein, wie zum Beispiel Preisgünstigkeit.[12] Der (potentielle) Kunde besteht darauf, daß seine individuellen Bedürfnisse durch eine individuelle Problemlösung befriedigt werden.

Das Musterbeispiel eines Unternehmens im Einzelhandel, welches die verborgenen Reserven seiner Produktpolitik erkannt hat und welches weiß, was Menschen motivieren kann, seine Produkte zu kaufen, ist das Kaufhaus *Breuninger* aus Süddeutschland. *Breuninger* scheint nicht nur die individuellen, wahren Bedürfnisse seiner verschiedenen Segmente zu kennen, sondern befriedigt diese auch und kann so zusätzliche Umsätze tätigen. Haben Sie es schon einmal selbst erlebt oder in einem Kaufhaus gesehen: Eltern mit ihren drei und fünf Jahre alten Kindern wollen ein neues Geschirr und neue Gläser kaufen. Plötzlich heult der Jüngste, der Große hat gerade eine Zuckerdose fallen lassen usw. So macht Einkaufen Spaß! Nicht bei *Breuninger.* »Eltern können ihren Nachwuchs im Kindergarten abgeben. Sie bekommen einen Elektropiepser, über den sie jederzeit erreichbar sind – Einkaufen ohne Streß und Sorge«[13]. Oder Sie brauchen noch ein Geburtstagsgeschenk für Ihren Partner oder Ihre Partnerin, aber der Terminkalender ist voll. Es bleibt gerade eine Stunde Zeit. Eine Stunde, um in die Stadt zu fahren, einen Parkplatz zu suchen, das geeignete Geschäft zu finden – hoffentlich nur eines –, Glück zu haben, einen »echten« Verkäufer zu erwischen und dann noch in Ruhe auszuwählen, zu bezahlen und alles verpacken zu lassen – nicht so bei *Breuninger.* Hier geben Sie Ihren Kaufwunsch telefonisch durch – z.B. ein Kostüm, Größe 36, moderner Schnitt, nach Möglichkeit *Joop* oder *Lagerfeld.* Zum vereinbarten Termin hat eine Verkäuferin Ihnen eine Auswahl an Kostümen zusammengestellt und führt Ihnen diese vor. Der Service zahlt sich aus: »Kunden, die so entlastet werden, geben mehr Geld aus«, weiß *Breuninger*-Sprecher Helmut Bohnenstengel zu berichten.[14]. Welche individuellen, wahren Kundenbedürfnisse werden hier angesprochen? Natürlich der Spaß beim Einkauf, die Zeitersparnis und die Anerkennung – ich, Kunde, bin wichtig für und bei *Breuninger.*

Gleichgültig, welches Produkt, welche Dienstleistung das Unternehmen verkauft, entscheidend für den Erfolg ist, inwieweit die individuellen, die wahren Bedürfnisse der verschiedenen Märkte bekannt sind oder inwieweit das Unternehmen weiß, bei seinen (potentiellen) Kunden Pein zu verursachen, wenn der Kunde untätig bleibt, also nicht kauft, oder er Lust gewinnt, wenn er aktiv wird, also das Produkt oder die Dienstleistung kauft.

Die eigentliche Herausforderung, vor der die Unternehmen stehen, wenn sie die wahren individuellen Bedürfnisse ihrer (potentiellen) Kunden in den Mittelpunkt ihrer Aktivitäten stellen wollen, ist, die richtigen, individuellen Bedürfnisse zu identifizieren: Die Schuhhändler und Boutiquen auf der Kö in Düsseldorf oder dem Ku'damm in Berlin verkaufen zum Beispiel augenscheinlich Schuhe oder Kleidung. Das sind die Produkte, die jeder sofort sehen kann. Für den einzelnen Mensch bringen Stiefel schöne Beine noch besser zur Geltung, für den anderen befriedigen die Stiefel ausschließlich das individuelle Bedürfnis nach Wärme. Teure Kleidung kann ausdrücken: Ich gehöre dazu. Teure Kleidung kann Anerkennung bringen – »Toll, hat deine Frau dir schon wieder so ein schönes Hemd gekauft«. »Ich gehöre dazu – zur Oberschicht«. Dies alles sind Neuroassoziationen, die im Laufe des Lebens aufgebaut wurden und mit dem Kauf einer als individuell empfundenen Problemlösung in eine Handlung gewandelt werden. Dies sind die individuellen, die wahren Bedürfnisse des Menschen; und nebenbei wärmen Kleider im eben beschriebenen Sinn den Träger auch noch, im Unterschied zu »des Kaisers neuen Kleidern«.

Ganz genau betrachtet sind es nicht die individuellen Bedürfnisse, die ausschlaggebend für das Verhalten der Menschen sind, sondern seine individuellen Vorstellungen über das individuelle Bedürfnis. Hier kann man eine interessante Parallele zur Mitarbeiterführung ziehen: In unzähligen Seminaren lernt man immer wieder, daß alles Verhalten zielgerichtet ist. Daher sollte die gute Führungskraft die individuellen Ziele seiner Mitarbeiter kennen, um diese so zu führen, daß sie durch eine gute Arbeit in der Firma ihre persönlichen Ziele erreichen können. Wie macht man das? Indem die Führungskraft zunächst die individuellen Ziele ihrer Mitarbeiter kennenlernt und dann über ihren Führungsstil sowie die Planung und Strukturierung der Arbeit versucht, den Mitarbeitern das Erreichen ihrer persönlichen Ziele zu vereinfachen. Man nennt das auch ganz einfach Motivation.

Motivation kommt aus dem Lateinischen und heißt: etwas bewegen, also zu einer bestimmten Handlung zu bewegen. Welche Kräfte sind es, die einen Menschen »Mitarbeiter« dazu bewegen, Energie in eine Aufgabe oder Arbeit zu »investieren«, eine Arbeit überhaupt aufzunehmen, jeden Tag, egal ob bei Regen oder bei Sonne, bei Ehekrach oder guter Laune, am Arbeitsplatz zu erscheinen, bestimmte Leistungen zu erbringen bzw. an einer Sache so richtig mit Interesse und Volldampf zu arbeiten? Es sind die Ziele, die der einzelne Mensch hat, es sind seine Bedürfnisse, die er befriedigen will – sie sind die Energietanks des Verhaltens. Die Ziele sind es, die einen Menschen dazu bewegen, etwas zu tun. Ziele bringen den Menschen in Bewegung, Ziele lösen ein bestimmtes Verhalten aus. Und was für den Mensch »Mitarbeiter« Gültigkeit hat, trifft genauso auf den Menschen »Kunde« zu.

Der Kauf eines Produktes oder einer Dienstleistung ist nichts anderes als eine Handlung, ein bestimmtes Verhalten. Genauso ist auch der unterlassene Kauf eines Produktes oder einer Dienstleistung nichts anderes als eine unterlassene Handlung, ein unterlassenes Verhalten. Auch der gute Verkäufer kennt diesen Prozeß. Insbesondere der Verkäufer im Direktvertrieb. Er argumentiert immer mit den Zielen und Bedürfnissen seines Kunden – und nicht mit seinen eigenen. Und er argumentiert immer in der Sprache des Kunden, denn schließlich ist es die individuelle Vorstellung über ein Ziel, ein Bedürfnis, welches unser Verhalten steuert. Was ist hiermit gemeint? Ein kleines Experiment: Schreiben Sie bitte auf einen Zettel einmal auf, was Sie mit dem Begriff Sonne verbinden. Bitten Sie jetzt eine Person aus ihrem Umfeld, einen Freund, die Sekretärin oder Kollegin dasselbe zu tun. Sie werden feststellen, daß sie beide zwar denselben Begriff – nämlich Sonne beschrieben haben, jedoch etwas ganz verschiedenes mit diesem Begriff verbinden.

Was bedeutet das alles nun für das Konzept Maximale Kundenorientierung? Damit ein Unternehmen die individuellen Bedürfnisse, die Erwartungen seiner (potentiellen) Kunden kennenlernen kann, muß es die Fähigkeit entwickeln, in der Sprache, den Bildern, den Analogien – also den Vorstellungen des (potentiellen) Kunden zu denken und zu handeln. Doch zunächst muß das Unternehmen lernen, die individuellen Bedürfnisse des einzelnen Kunden zu verstehen – und zwar in der richtigen Art und Weise. Zwei Menschen, die gern Musik hören, können hiermit etwas ganz unterschiedliches verbinden: Der eine hört gerne die

Rolling Stones und der andere gerne die Symphonien von Beethoven. Beide verbinden eine andere Bedeutung mit »gerne Musik hören«, beide haben unterschiedliche Vorstellungen. Wenn diese beiden Menschen nun das Bedürfnis haben, ihre Musik in einem noch brillanteren Sound als bisher zu hören, sich also neue Lautsprecherboxen kaufen möchten, dann benötigen beide unterschiedliche individuelle Problemlösungen. Während der Rolling Stones-Fan wahrscheinlich mit bassintensiven Lautsprecherboxen am besten befriedigt werden kann, werden für den Beethoven-Fan wohl weniger Baß-Lautsprecher in Frage kommen als vielmehr stark räumlich wirkende Boxen. Genauso verhält es sich mit dem Wort Entspannung: Wenn Sie einem Kollegen erzählen, daß Sie das letzte Wochenende zur Entspannung genutzt haben, wird dieser vielleicht denken, daß Sie ein Buch gelesen haben, obwohl Sie in Wirklichkeit Squash gespielt haben.[15]

Fazit: Es sind ausschließlich die wahren Vorstellungen und Assoziationen der (potentiellen) Kunden, die diese motivieren, ein bestimmtes Produkt zu kaufen.

Ein individuelles Bedürfnis, welches jeder hat: Held sein!

Wonach streben wir Menschen eigentlich Tag für Tag? Was ist uns ganz besonders wichtig? Das ist für jeden ganz verschieden – es hängt vom einzelnen Individuum und den individuellen Rahmenbedingungen ab. Der eine möchte einen guten Job machen, die andere die beste Mama sein, wieder ein anderer ein Tennisspiel gewinnen und noch ein anderer ein Produkt kaufen, welches seinen Vorstellungen entspricht. Allen gemeinsam – mit ihren noch so unterschiedlichen Zielen und den noch so unterschiedlichen Rahmenbedingungen – ist eines: Sie brauchen, um ihr Ziel erfüllen zu können, ein Gegenüber, einen Spiegel, einen Maßstab, eine Abgrenzung. Der, der den guten Job machen will, muß entweder die Erwartungen seines Chefs erfüllen oder sich zumindest aufgrund seiner bisherigen Arbeit einen Maßstab erarbeitet haben. Die gute Mama braucht Kinder, die ihr das Feedback geben, der Tennisspieler einen Partner oder besser Gegenspieler auf dem Tennisplatz und der Käufer des Produktes ein Unternehmen, bei dem er sein Produkt kaufen kann.

Damit wir unsere Ziele erreichen können, brauchen wir das Gefühl, von einem anderen bemerkt zu werden. Wir müssen einfach das Gefühl haben, wichtig zu sein, oder anders ausgedrückt, wir wollen gerne Held sein. Und das, was für jeden einzelnen von uns gilt – egal ob im Privat- oder Berufsleben –, das gilt für jeden unserer (potentiellen) Kunden. Jeder einzelne Kunde erwartet von uns, daß wir ihn wichtig nehmen, daß **er** unser Held ist. Er hat es verdient. Mit »Held sein« oder auch Heldentum ist hier selbstverständlich nicht das übliche Heldentum gemeint, nicht Herkules und auch nicht Conan. Hier ist das individuelle, das subjektiv empfundene Heldentum jedes einzelnen gemeint. *FRIWEG*, der Werkzeug-Markenartikler für Handwerker, macht sich diese Erkenntnis schon in seinem Vorwort seiner Kataloge zunutze:

> »Große Namen stehen auf unserer Kundenliste. Aber besonders groß schreiben wir nach wie vor unser Verhältnis zu den kleinen und kleinsten Betrieben. Denn sie beweisen durch meisterhafte Arbeit den Qualitätsanspruch, der sich im ›Made in Germany‹ ausdrückt, täglich aufs Neue«

und dann einige Absätze weiter

> »Mehr als 40 Jahre *FRIWEG*. Mein Dank gilt allen, die uns in über vier Jahrzehnten unseres Bestehens durch hohe Ansprüche zu ihrem Partner in Sachen Werkzeug werden ließen, denn Meister machen *FRIWEG*, *FRIWEG* macht den Meister.«

Bei jedem Kunden von *FRIWEG*, der diese Zeilen liest, entsteht unbewußt das berühmte Kribbeln im Bauch. Ich gehöre dazu, zu denjenigen, die meisterhaft arbeiten, die den Qualitätsanspruch »Made in Germany« kreiert haben und heute noch mit Leben erfüllen. Und wer hört oder liest nicht gerne ein Dankeschön. Und der (potentielle) Neukunde? Bei dem entsteht im Unterbewußtsein, wenn ich dazu gehören will, dann brauche ich die Werkzeuge von *FRIWEG*. Der Erfolg von *FRIWEG* spricht für sich.

»Held sein« ist ein individuelles Bedürfnis, ein Bedürfnis, daß vermutlich jeder von uns in unterschiedlicher Ausprägung hat. »Held sein« ist ein emotionales Bedürfnis, kann also eine »turbomässige« Bedeutung für jedes Geschäft haben. Wo geben Sie Ihrem (potentiellen) Kunden das Gefühl, Held zu sein?

Fazit: Maximale Kundenorientierung heißt: Den (potentiellen) Kunden zum Helden werden lassen!

Der Bedarf ist da – man muß ihn nur erkennen (wollen)

Genauso gibt es auch individuelle Bedürfnisse, die allgemein bekannt sind, weil sie durch den mehrheitlichen Anteil unserer Gesellschaft getragen werden. Schutz der Umwelt, Ökologie, Erhaltung unseres Lebensraumes und damit die Verantwortung für unsere Kinder und Kindeskinder, sind solche individuellen Bedürfnisse. Mit Sicherheit können Sie sich daran erinnern, daß kurz nach der Wiedervereinigung ein Aufschrei durch die Presse ging: Eine ostdeutsche Firma, *Foron,* hatte ihn erfunden und auf den Markt gebracht – den ersten FCKW-freien Kühlschrank. Tagtäglich lesen, sehen und hören wir etwas über das Ozonloch und dessen Mitverursacher FCKW, aber kein Unternehmen aus dem wirtschaftlich angeblich so überlegenen Westen hatte eine Problemlösung anzubieten. *Foron* hatte es. Übrigens hebt sich *Foron* seit 1995 noch weiter von seinen Mitbewerbern aus dem Westen ab. Mit einem runden Designerkühlschrank bietet das Unternehmen eine Problemlösung an, die sich nicht nur von dem weißen rechteckigen Einerlei unterscheidet und dem Bedürfnis nach frischer Aufbewahrung der Lebensmittel gerecht wird, sondern gleichzeitig andere individuelle Bedürfnisse anspricht, und sei es das Bedürfnis, anders zu sein als andere. Doch zurück zur Umwelt.

Die verschiedensten Untersuchungen, die über die entsprechenden Fachzeitschriften jedermann zugänglich sind, zeigen, daß der Erfolg von *Foron* nicht von ungefähr kommt. *Infratest* hat im Oktober 1994 in einer Befragung von 1802 Bayern ab 14 Jahren festgestellt, daß sich drei Öko-Typen in der bayrischen Bevölkerung herauskristallisieren: Der »Öko-Trendsetter« (20%), ist überwiegend weiblich und handelt im täglichen Leben konsequent umweltbewußt. Demgegenüber denkt »Der Umweltbewußte« (61%) und mit ihm mehr als die Hälfte der Bevölkerung zwar ökologisch, setzt dies aber nicht konsequent um, handelt also nicht immer nach seinen Prinzipien. Und last but not least gibt es die Gruppe der »ökologisch Desinteressierten« (19%), für die die Umwelt im Konsumbereich keine Rolle spielt.[16] Doch welche Bedeutung haben diese Ergebnisse, welche Interpretationen erlauben sie? 81 Prozent, also vier von fünf Menschen, würden eine Problemlösung, die neben den individuellen Bedürfnissen auch noch das Umweltbedürfnis befriedigt, einer anderen vergleichbaren Lösung, die die Umwelt nicht in gleichem Ausmaß berücksichtigt, vorziehen. Nur jeder fünfte Mensch hat kein »Umweltbedürfnis«. Der wirtschaftliche Erfolg von *Foron* kann jetzt nicht mehr überraschen.

Dies bestätigt auch eine weitere Untersuchung der Unternehmensberatung *BBE*[17]: Noch wichtiger als das Design ist für 78 Prozent der Kunden, die Möbel kaufen, das Material von Schränken, Stühlen und Tischen. Die Möbel sollten formaldehydfrei und gesundheitsverträglich sein, und die Kunden achten darauf, daß keine tropischen Hölzer verwendet wurden. Also ebenfalls fast vier von fünf Kunden haben hier ein persönliches »Umweltbedürfnis«, welches befriedigt sein will. Es ist zu vermuten, daß diese Interpretation wahrscheinlich noch zu vorsichtig ist. Welche Musik für Möbelhersteller im individuellen »Umweltbewußtsein« liegt, zeigt ein weiteres Ergebnis, das die Marktforscher der Kölner *BBE*-Unternehmensberatung festgestellt haben: Nahezu die Hälfte der Befragten konnte keine einzige Möbelmarke nennen, d.h. also, daß das Markenbewußtsein, die Markentreue beim Verbraucher im Möbelmarkt ausgesprochen schwach ausgeprägt ist. Mit einer individuellen Problemlösung und einer auf das persönliche »Umweltbedürfnis« zielenden Kommunikationspolitik könnte sich das eine oder andere Unternehmen erstmalig beim Verbraucher bekannt machen und sich als der Umwelthersteller von Möbeln positionieren. Vielleicht könnte es sich auch auf diesem Wege den entscheidenden Wettbewerbsvorteil verschaffen.

Die *Grammer AG*, Amberg, verkauft keine Büromöbel, sondern individuelle Problemlösungen und hat Erfolg damit. Sie hat von der Stadt Frankfurt einen Auftrag über die Lieferung von Büro- und Besucherstühlen nur deshalb erhalten, weil sie die individuellen Bedürfnisse des Kunden am besten befriedigen konnte – und zwar ganzheitlich. *Grammer* hat nämlich eine Rücknahme- und Recycling-Garantie gegeben, wobei alle Entsorgungskosten bereits im Lieferpreis eingeschlossen sind. [18] *Grammer* war 1995 der einzige deutsche Büromöbelhersteller, der eine solche Garantie gewährte. »Die meisten Bürostühle sind (hingegen) Sondermüll«, kritisiert die Frankfurter Öko-Test GmbH, die den Natura-Stühlen der *Grammer AG* als einzigem Unternehmen eine uneingeschränkte Empfehlung gab. Normalerweise müssen Firmen, die ihre alten Stühle durch neue, zum Beispiel ergonomisch bessere austauschen wollen, hohe Entsorgungskosten tragen. Die kostenlose Rücknahme- und Recycling-Garantie der *Grammer AG* befreit die Firmen von diesen zusätzlichen Kosten (= meßbares Sekundärmerkmal des individuellen Bedürfnisses). 95 Prozent aller Teile können im Recyclingprozeß wiederverwendet werden, weil die Sitz- und Rückenpolster der Natura-Stühle aus einem Geflecht von Kokosfasern und Latexmilch bestehen, die Bezüge aus pflanzengegerbtem Leder oder aus Baumwolle genäht werden, die Hebel, Armlehnen und Fußkreuzabdeckungen aus geöltem Buchenholz gefertigt werden und die einzelnen Teile des Bürostuhls nicht geklebt, sondern einfach gesteckt oder zusammengeschraubt werden.[19]

Ein letztes Beispiel: Die *Ytong AG* stellt einen Porenbeton her, einen natürlichen, ökologisch einwandfreien Baustoff, der hauptsächlich aus Kalk, Quarzsand und Wasser besteht. Für Marketingchef Podewils ist »...zusammen mit seinen hervorragenden Produkteigenschaften ... das für viele der Grund, ihn statt des klassischen Ziegelsteins zum Hausbau einzusetzen.« Und weiter: »Der Nachweis der Umweltverträglichkeit eines Produkts wird bald Voraussetzung für seine Wettbewerbsfähigkeit sein.«[20] Die *Ytong AG* hat es auch verstanden, daß ein individuelles Umweltbedürfnis nicht nur durch eine individuelle Problemlösung befriedigt werden will, sondern daß man sie vielmehr belegen können muß. Als Referenz dient der *Ytong AG* der *WWF*, der *World Wide Fund for Nature*, die größte private Naturschutzorganisation der Welt, mit der eine Lizenzvereinbarung getroffen wurde. Der kleine Pandabär beweist jetzt dem (potentiellen) Kunden, daß der *Ytong*-Porenbeton das richtige Material ist, um Umweltschutzbedürfnisse zu befriedigen. Maximale Kundenorientierung eben. Wie wichtig die Befriedigung des individuellen Bedürfnisses nach Erhaltung unserer Umwelt für viele Menschen ist, mußte Mitte 1995 auch die deutsche *Shell* erfahren: Aufgrund der Diskussion um die Verschrottung der Brent Spar haben einige *Shell*-

Tankstellen über mehrere Wochen einen Umsatzverlust von bis zu 50 Prozent hinnehmen müssen.

Fazit: Der Umweltschutz ist eines der wichtigsten individuellen Bedürfnisse, das bei der Erstellung der individuellen Problemlösung auf jeden Fall berücksichtigt werden sollte

Wie objektiv austauschbare Produkte unterschiedliche Markterfolge erzielen – Beispiel Markenartikelindustrie

Die individuellen Bedürfnisse können sehr oft objektiv nachvollzogen werden. Die Problemlösungen haben dann einen operationalisierbaren Nutzen. Mit einem Modem mit 14.400 Baud kann der Benutzer schneller und preiswerter Faxe versenden, als mit einem Modem mit 2400 Baud. Die Zeitersparnis und die finanzielle Ersparnis, beide liegen objektiv auf der Hand. Mit einem Weltempfänger kann man mehr Programme empfangen, als mit einem Kofferradio. Mit einem Akkuschrauber kann man einen Schrank schneller zusammen und wieder auseinanderbauen als mit einem herkömmlichen Schraubendreher. Mit einem Spülmittel wird das Geschirr in einer Spülmaschine sauberer als ohne ein Spülmittel. Das alles ist meßbar. Hingegen gibt es unzählige subjektive Bedürfnisse, die mit Hilfe sozialwissenschaftlicher Methoden erfaßt werden können und für das Individuum von entscheidender Bedeutung sind. Einige Beispiele wurden schon im vorhergehenden Kapitel angeführt.

Insbesondere bei austauschbaren Produkten spielen diese nicht objektiv überprüfbaren individuellen Bedürfnisse eine Rolle. Sie kennen es und haben es bestimmt schon einmal erlebt. Da gibt es den Freund oder den Bekannten, der seit 20 Jahren raucht – er kauft immer die gleiche Marke. Und dieser Freund behauptet felsenfest, daß ihm keine andere Marke schmeckt. Wenn Sie dann heimlich einmal eine Zigarette von einer anderen Marke in seine ihm vertraute Zigarettenschachtel geschmuggelt haben, ist die Wahrscheinlichkeit recht hoch, daß Ihnen Ihr Freund »auf den Leim geht«. Und trotzdem bleibt er seiner Marke treu. Gleiches können Sie mit vielen anderen Dingen versuchen. Mit dem

Waschmittel Ihrer Frau, der Cola-Sorte Ihres Sohnes, dem Kaffee usw... Und trotzdem bevorzugt der eine *Marlboro*, der andere *Persil, Coca-Cola* und *Tchibo*. Insbesondere die Markenartikelindustrie hat schon vor langer Zeit erkannt, daß objektive Vorteile nicht genügen, um ein Produkt langfristig erfolgreich im Markt zu etablieren, daß der Mensch auch individuelle, nicht objektiv nachprüfbare Bedürfnisse hat, die geweckt und angesprochen werden wollen. Die Gefühle, die Emotionen, eben das Kribbeln im Bauch und weitere subjektive individuelle Bedürfnisse. Die Klassiker unter ihnen kennen wir alle. Da gibt es das *Bacardi*-Feeling – Strand, Sonne, hübsche Menschen = Spaß, Freiheit, Erotik; *McDonald‹s, Persil, DEA, Coca-Cola* usw.; und jeder Kunde verbindet für sich ganz unterschiedliche Dinge mit diesen Produkten. Es werden ganz unterschiedliche Wünsche, Sehnsüchte, Erwartungen, Bedürfnisse mit den gleichen Produkten befriedigt, gezielte Neuroassoziationen aufgebaut.

Marken werden zum einen durch objektiv meßbare Qualitätsunterschiede geschaffen. Da diese aber schnell wieder kopierbar sind, werden Produkte insbesondere durch die mit ihnen verbundenen Erlebniswelten zu Markenbildern für das Individuum. Eine Marke gewinnt in dem Grad an Stärke, in dem es ihr gelingt, emotionales Erleben zu kreieren. Können Sie sich noch erinnern: Referenzerfahrungen speichert unser Gehirn nach der Formel Dauer · Häufigkeit · emotionale Intensität, wobei die emotionale Intensität wie eine Art Lernturbo funktioniert.

Die individuellen Bedürfnisse des (potentiellen) Kunden müssen keine objektiv gegebene und damit nachprüfbare Produkteigenschaften sein, sondern im Gegenteil; diese individuellen Bedürfnisse sind in vielen Fällen mit Emotion, imaginären Bildern, auf jeden Fall mit nicht nachprüfbaren Eigenschaften belegt. Diese emotionalen Welten müssen von den Unternehmen erkannt und in der Problemlösung umgesetzt werden.

Welche Kraft, welche Power in den subjektiven individuellen Bedürfnissen des Menschen, insbesondere im Vergleich zu den objektiven, liegen, läßt sich an unzähligen Beispielen illustrieren. Das Extremste: Können Sie mir ein objektiv nachprüfbares und damit rationales Kriterium nennen, aufgrund dessen fast 30 Prozent der bundesrepublikanischen Erwachsenen rauchen? Damit sie eher sterben als Nichtraucher?

Insbesondere die Markenartikelindustrie hat gelernt, sich mit den heimlichen Verführern des Menschen auseinanderzusetzen, diese kennenzulernen oder sogar zu kreieren. Es sind individuelle Bedürfnisse des (potentiellen) Kunden, die dem Konsumenten nicht bewußt sind, die aber in seinem Unterbewußtsein schlummern und wie die Prinzessin aus dem Dornröschenschlaf geweckt werden wollen. Diesen Umstand macht sich schon seit langem die Markenartikelindustrie in der Werbung zunutze. Während früher ein Waschmittel weißer wusch als das andere und die Qualität einer Kaffeesorte von der Herkunft der Kaffeebohnen bestimmt wurde, werden heute in bezug auf das abzusetzende Produkt und dessen Anwendung unterbewußte Bedürfnisse wie die Anerkennung durch die Familie (*Jacobs*-Kaffee), die Freiheit der (jungen) Frau (*Nescafé*) und die gute Mutter (*Weißer Riese*) kommuniziert und damit geweckt. Diese Vorgehensweise wird jedoch nur eingesetzt, um den Konsumenten zu einer Kaufhandlung zu bewegen, die er unter anderen Umständen nicht vornehmen würde. Die wissenschaftliche Basis für diese Vorgehensweisen bilden die emotions- und motivtheoretischen Erklärungsansätze des Kaufverhaltens, bzw. insbesondere wahrnehmungs- und lerntheoretische Erklärungen wie zum Beispiel das Kontiguitätsprinzip.[21]

Das Käuferverhalten ist aus Emotionen, Motiven und Einstellungen allein nur teilweise zu erklären. Aktivierende Prozesse werden stets von mehr oder weniger ausgeprägten kognitiven Prozessen begleitet. Ihren Ausgangspunkt nehmen solche Prozesse in der Wahrnehmung. Nur die wahrgenommenen Stimuli – wie etwa das Gewahrwerden einer Marke im Selbstbedienungsgeschäft – können über eine Konkretisierung des Bedürfnisses eine Kaufreaktion auslösen. Aktivierte Bedürfnisse, z.B. Hunger oder Durst, sind andererseits eine Voraussetzung für die »selektive« Wahrnehmung. Aus der Vielzahl der auf das Individuum einwirkenden Stimuli werden dann vorwiegend solche wahrgenommen, die voraussichtlich zur Befriedigung des Bedürfnisses beitragen.

Die Wahrnehmung beruht auf Erfahrung und ist das Ergebnis von Lernprozessen. Lernen ist die systematische Änderung des Verhaltens aufgrund von Erfahrungen. Dem Lernen nach dem Kontiguitätsprinzip liegt die Theorie der klassischen Konditionierung zugrunde. Jeder Organismus verfügt hiernach über ungelernte Reflexe. Er reagiert »automatisch« auf bestimmte Umweltreize. Dieser Lernprozeß kann anhand des berühmten Hundeexperimentes von Pawlow demonstriert werden: Auf die Darbietung von Futter hin sondert ein Hund Speichel ab. Das ist eine unbedingte – angeborene – Reaktion bzw. ein unkonditionierter Reflex. Wird nun das Futter wiederholt mit einem neutralen Reiz kombiniert, etwa mit einem Glockenton oder mit einem Licht, so sondert der Hund nach einiger Zeit auch dann Speichel ab, wenn nur der Ton oder das Licht wahrnehmbar ist. Grundlage dieses Lernprozesses ist die räumliche und zeitliche Nähe (Kontiguität) der beiden Reize. Nach Kroeber-Riel kann sich das Marketing auf solche Lernvorgänge stützen, um die gefühlsmäßige Haltung und die Einstellung der Konsumenten zu Produkten zu verändern. Es ist dann nicht notwendig, sich auf sachliche Argumente oder Produkterfahrungen zu beziehen. Es genügt vielmehr – wie es oft in der Werbung geschieht –, das Produkt oder den Produktnamen immer wieder zusammen mit angenehmen Stimuli zu präsentieren.

Wie die individuellen, die wahren Bedürfnisse festgestellt werden können

Erfahrung und Intuition – oder: Die richtigen Fragen stellen

Wenn der Kunde im Mittelpunkt des Unternehmens steht, alle unternehmerischen Handlungen also auf den Kunden fokussiert sind, ist ein erster Schritt getan. Dann gilt es nicht, mehr Kunden und noch mehr Kunden für die vorhandenen Produkte zu finden, sondern, ausgehend von den individuellen Bedürfnissen, die von den (potentiellen) Kunden an das Unternehmen herangetragen werden oder die das Unternehmen identifiziert, individuelle Problemlösungen zu entwickeln. Die Unternehmen, die heute schon ihre Kundenorientierung maximieren, setzen verschiedene Instrumente zur Bestimmung der Kundenbedürfnisse ein. An erster Stelle sind hier Erfahrung und Intuition zu nennen. Dies zeigt ein Blick in die Unternehmensgeschichte vieler, insbesondere mittelständischer Unternehmen. Oft waren es nicht die großen Investitionen, die ein Unternehmen oder ein Produkt im Markt erfolgreich werden ließen, sondern die unternehmerischen Ideen, die diese Erfolge verursacht haben. *Grundig*, *Neckermann* und *APPLE* sind drei Beispiele, wie aufgrund unternehmerischen Findigkeit Unternehmen mit Weltgeltung innerhalb manchmal weniger Jahren aufgebaut werden konnten.

Fritz Wegner, ein Hanseat aus dem Bilderbuch, hat *FRIWEG* innerhalb kürzester Zeit zum Werkzeug-Markenartikel für Handwerker aufgebaut. Basis seines unternehmerischen Erfolges war seine Kundenphilosophie, in deren Mittelpunkt die Bedürfnisse seiner zukünftigen Kunden standen. In seinen Katalogen schreibt Fritz Wegner heute wie alles begann:

> »1950. Mein Startkapital bestand aus 15 Mark, einem Fahrrad und einer Riesenportion Tatendrang. Ich wußte, daß das die wichtigsten Voraussetzungen für den Erfolg sind. Mein erster Kunde war ein Tischlermeister, der mir ausführlich erklärte, was er von seinem Werkzeug erwartet und was es für ihn leisten muß. Ich hörte zu, verstand seine Welt, versetzte mich in seine Lage und konnte ihm ein maßgeschneidertes Werkzeug verkaufen. Bis heute, mehr als 40 Jahre danach, hat sich daran nichts geändert, auch wenn aus dem einen Kunden ein international bedeutender Kundenstamm geworden ist. Aus dem kleinen Unternehmer wurde ein großes Unternehmen mit Mitarbeitern, die alle auf den Grundsatz von markt- und kundennahem Denken eingeschworen sind. Aus ›Fritz Wegner‹ wurde *FRIWEG.* Aus kleinen Anfängen wurde der große Spezialist und Problemlöser für Werkzeuge und artverwandte Produkte. Darüber hinaus stehen wir ständig in direktem Kontakt zu unseren Gesprächspartnern. Wir informieren uns über die aktuellen Bedürfnisse, erarbeiten mit unseren Kunden neue Problemlösungen und geben sie weiter...«

Indem die individuellen Bedürfnisse des (potentiellen) Kunden in den Mittelpunkt aller unternehmerischen Entscheidungen und Handlungen gestellt wurden, konnte Fritz Wegner zusammen mit seinen Mitarbeitern und seinen Kunden aus einem Ein-Mann-Betrieb auf dem Fahrrad in 40 Jahren ein kerngesundes mittelständisches Unternehmen aufbauen. Nicht über finanzielle Ressourcen, sondern über individuelle Bedürfnisbefriedigung. Selbstverständlich muß mit *FRIWEG* in einem Atemzug auch die Firma *Würth* aus Künzelsau genannt werden, die Reinhold Würth unter ähnlichen Bedingungen zu einem Weltkonzern aufgebaut hat sowie die Firma *Berner,* ebenfalls aus Künzelsau. Doch dazu später mehr.

All diesen Unternehmen, *Grundig, Neckermann, Quelle, APPLE, Bertelsmann* und wie sie alle heißen mögen, ist gemeinsam, daß der

Grundstein des Erfolges in der Regel nicht mit großen finanziellen Ressourcen und damit Investitionen gelegt wurde, sondern mit der unternehmerischen Findigkeit, individuelle und wahre Kundenbedürfnisse zu entdecken und diese durch das Angebot der richtigen Produkte über die richtigen Distributionswege zu befriedigen. Der Kunde stand im Mittelpunkt der unternehmerischen Entscheidungen, seine individuellen Bedürfnisse wurden »aufgespürt«. Gemeinsam ist allen diesen Unternehmern auch, daß sie sich bzw. ihrem (potentiellem) Kunden die richtigen Fragen gestellt haben. Fritz Wegner fragte, »was der Tischlermeister von seinem Werkzeug erwartet« und »was es für ihn leisten muß«. Um die individuellen Bedürfnisse seiner (potentiellen) Kunden festzustellen sollten deshalb zum Beispiel folgende Fragen gestellt werden:

- Was erwartet unser (potentieller) Kunde von dem Produkt?
- Was soll es für ihn leisten?
- Welche Aufgabe soll das Produkt erfüllen?
- Wo will der (potentielle) Kunde das Produkt einsetzen?
- usw.

Es gilt also die Fragen immer aus dem Blickwinkel des (potentiellen) Kunden zu formulieren. Die Frage »Wie sollte das Produkt beschaffen sein?« kann hierbei nicht weiterhelfen und führt höchstens zu Produktmerkmalen und Produktionskosten, die der Markt nicht haben u/o bezahlen möchte.

Allen Unternehmen ist aber auch gemeinsam, daß sie irgendwann einmal in ihrer Unternehmensgeschichte in mehr oder minder große Schwierigkeiten geraten und einige von ihnen sogar wieder vom Markt verschwunden sind. Sie haben alle ihre Erfolgsfaktoren vernachlässigt. Dies geschah entweder dadurch, daß sich die Unternehmerpersönlichkeit aus dem Tagesgeschäft zurückgezogen hat und somit niemand mehr über die Befriedigung der wahren Kundenbedürfnisse wachte, und die Unternehmen damit von der aufgebauten Verwaltung (Parkinson-Effekt) u/o kurzfristigen Anlegerinteressen gesteuert wurden, oder aber durch eine zu weitgehende Diversifikation das eigentliche Kerngeschäft verlassen worden ist, wie Peters und Waterman in ihrem Buch »Auf der Suche nach Spitzenleistungen«[22] eindrucksvoll festgestellt haben. Allen diesen Ursachen ist als Muster gemeinsam, daß der ursprüngliche Erfolgsfaktor – die Maximale Kundenorientierung –, der den Markterfolg des Unternehmens sowie des Produktes ermöglicht hat, mit der Zeit vernachlässigt wurde und der Markt, der Kunde, dieses berechtigterweise sofort bestraft hat.

Working together – der integrierte Kunde

Wir hatten bereits auf die Erfolgsstory der *SAP* hingewiesen. Seit Jahren gehören zweistellige Wachstumsraten zur Tagesordnung bei der Walldorfer *SAP AG.* Mit der Software R/3 hat *SAP* einen ›blockbuster‹ hervorgebracht. Vergleichbar mit dem Geschäft der Pharmaindustrie kann ein einziger solcher innovativer Knüller seinen Erfinder und Produzenten ganz weit nach oben und den wirtschaftlichen Erfolg des Unternehmens in ungeahnte Bahnen katapultieren. Die weit verbreiteten Leiden, für die das System R/3 Linderung in Aussicht stellt, heißen Ineffizienz und Strukturwandel (= individuelle Kundenbedürfnisse). Weltweit sind derzeit nicht nur Industrieunternehmen gezwungen, ihre Geschäftsprozesse und damit auch ihre DV-Strukturen neu zu ordnen. Die Walldorfer Gruppe ist offenbar genau zum richtigen Zeitpunkt mit dem richtigen Instrument zur Stelle, das die Reorganisation und Optimierung erleichtert. Warum hat kein anderer Softwarehersteller dieses Juwel entwickelt, warum gerade die *SAP*? »Wer nach dem Erfolgsgeheimnis sucht, wird wohl am ehesten in dem Bekenntnis des *SAP*-Vorstandes fündig, daß gut zwei Drittel der eigenen Softwareprodukte auf Anregungen von Kunden beruhen. Sehr frühzeitig bereits und oft schon, bevor die nötigen Hardwaresysteme auf dem Markt etabliert waren, hat sich die Walldorfer Gruppe auf die Bedürfnisse und Anforderungen ihrer Abnehmer eingestellt. . . .Für die Walldorfer wird es daher ganz maßgeblich darauf ankommen, den Bodenkontakt nicht zu verlieren und die Wurzeln des Erfolges – und das heißt vor allem den operativen Nutzen seiner Abnehmer – im Auge zu behalten. Wenn dies gelingt, dann hat der Aufstieg von *SAP* wohl tatsächlich, wie es Firmenchef Dietmar Hopp einmal andeutete, gerade erst begonnen.«[23] Die *SAP* hat die Bedürfnisse ihrer (potentiellen) Kunden kennengelernt, ernst genommen und in konkrete Problemlösungen umgesetzt. Und dies honoriert der Kunde. Unter anderem deshalb, weil die *SAP* den (potentiellen) Kunden ernst nimmt, hat sie heute eine Quasi-Monopolstellung.

1994 präsentierte *Boeing* die neue 777, auf der geschrieben stand: »Working together«. Dieser Slogan versinnbildlicht den Weg von *Boeing* zu Maximaler Kundenorientierung. Er beinhaltet eine Botschaft nach innen wie nach außen. Unter diesem Slogan wurden zum einen die Arbeitsabläufe und Hierarchien innerhalb des Unternehmens revolutioniert und zum anderen, was viel entscheidender für die Zukunft der *Boeing* ist, wurden die (potentiellen) Kunden – also die Fluglinien – schon in der Entwicklungsphase des neuen Flaggschiffs miteinbezogen. Das Management von *Boeing* schätzt, daß hierdurch deutliche Produktivitäts- und Qualitätsgewinne, sowie Kostensenkungen um 20 bis 30 Prozent und eine Halbierung der Produktionszeiten bis 1998 erreicht werden können.[24] Und *Boeing* erreicht hiermit noch etwas: Mit Produkten, die der (potentielle) Kunde selbst mitentworfen, selbst mitentwickelt hat, kann dieser sich wesentlich einfacher und besser identifizieren als mit zunächst vollkommen fremden Produkten. *Boeing* entwickelt seinen eigenen Absatzmarkt.

»Wir wissen es nicht [welche Produkte der Kunde braucht; Anm. des Verf.], weil die Märkte immer dynamischer und fragmentierter und die Kundenbedürfnisse immer differenzierter werden. Deshalb können wir nicht mehr mit globalen Produkten operieren, sondern müssen für die einzelnen Kundengruppen genau gezielte Produktivitätssteigerungen bieten«[25], so Johann Tikart, Geschäftsführer der ebenfalls an anderer Stelle schon einmal erwähnten *Mettler-Toledo*. Um diese Vorstellung umzusetzen, haben die Waagenbauer das einzig richtige und auch das einzig mögliche getan: Sie sind selbst Anwender ihrer eigenen Produkte geworden, indem die Albstätter die Chance nutzen, in den Abteilungen ihrer Kunden einige Tage mitzuarbeiten. »Auf diesem Weg hoffen wir Produkte zu definieren, die genau in diese Kundengruppe hineinpassen und sich von denen der Wettbewerber differenzieren«.[26] In vielen anderen Unternehmen hingegen wissen die Mitarbeiter der Entwicklungsabteilung gar nicht, wie ein Kunde aussieht, geschweige denn, daß sie seine individuellen, seine wahren Bedürfnisse kennen. Übrigens: Wann haben Sie zuletzt bei einem Ihrer Kunden mit Ihrem Produkt, Ihrer Dienstleistung gearbeitet oder Ihr Produkt konsumiert?

Obwohl schon seit Jahren in Deutschland darüber diskutiert wird, daß die Deutschen zwar nach wie vor qualitativ hochwertige Produkte herstellen, diese jedoch niemand haben möchte, weil sie an den Bedürfnissen des Marktes vorbeigehen, bestätigen doch zahlreiche Untersuchungen der letzten Zeit, daß viele Unternehmen und ihre Manager hieraus nichts lernen oder es einfach nicht lernen wollen. »Innovationen ohne Markt«. Unternehmen brauchen Innovationen. Sie brauchen vor allem Neuheiten, die die (potentiellen) Kunden kaufen. Eigentlich eine Binsenweisheit. Aber: »Bei Innovationen werden die Kundenwünsche nur selten berücksichtigt...« so wurde ein Artikel im *Handelsblatt* im März 1995 eingeleitet.[27] Darin wurde die Studie »Status der Markt- und Kundenorientierung in Innovationsprozessen« der Marktforscher *Diebold* dargestellt: Nur jedes siebte Unternehmen des Maschinenbaus und der elektrotechnischen Industrie in Deutschland entwickelt neue Ideen mit seinen Kunden – nur jedes fünfte Unternehmen setzt diese professionell in marktgerechte Produkte um. Allerdings halten die deutschen Maschinenbauer und elektrotechnischen Unternehmen gerne an alten Zöpfen fest, denn: Rund 60 Prozent der für Innovationen bereitstehenden Ressourcen werden für die Pflege von Produktlinien gebunden, die schon längst hätten bereinigt werden müssen. Also weit mehr als die Hälfte ihres Budgets setzen diese Unternehmen ein, um »alte Kamellen« auf Vordermann zu bringen – und das ohne den einzelnen (potentiellen) Kunden einzubeziehen.

In der gleichen Studie wurden anhand von konkreten Beispielen auch die Vorteile ermittelt, die ein Unternehmen hat, wenn der Kunde in die Ideengenerierung mit eingebunden wird:

- »der generelle Erfolg einer mit Kundenhilfe entwickelten und umgesetzten Produktidee ließ sich in drei von vier Fällen erkennbar verbessern
- die Entwicklungszeit konnte bei rund 60 Prozent dieser Innovationen reduziert werden
- die Gewinnschwelle wurde bei 45 Prozent schneller erreicht
- in rund 40 Prozent der Fälle konnte zudem ein höherer Deckungsbeitrag erwirtschaftet werden.«[28]

Der eigene Außendienst, die Mitarbeiter als laufende Marktforschung

Der eigene Außendienst, die Mitarbeiter mit kundenbezogenen Aufgaben, bilden im Grunde genommen das größte Reservoir, um die individuellen Kundenbedürfnisse zu identifizieren; diese Möglichkeit ist aber abgesehen von einigen Ausnahmen auch eine der am stärksten vernachlässigten. Der Finanzdienstleister *Marschollek, Lautenschläger und Partner AG*, kurz *MLP* ist eine solche Ausnahme: Viermal hintereinander wurde *MLP* im Unternehmenstest des Wirtschaftsmagazins *Managermagazin* zum »Unternehmen des Jahres« gekürt. Einer der beiden Gründer des erst 25 Jahre jungen Unternehmens beschreibt einen der entscheidenden Erfolgsfaktoren wie folgt: »...Wir wollen unseren Kunden maßgeschneiderte Produkte bieten. Dafür haben wir ein Marktforschungsteam, das sich gewaschen hat – 600 Verkäufer, die nur draußen sind.«[29] *MLP* nutzt jeden Kundenkontakt, um die individuellen Bedürfnisse festzustellen und daraufhin maßgeschneiderte, individuelle Problemlösungen zu entwickeln und anzubieten. Der Erfolg des *Würth*-Konzerns, 1955 noch eine Schraubengroßhandlung in Künzelsau und heute ein Unternehmen, welches im Jahre 2.000 die 10 Milliarden DM Umsatzgrenze überschreiten will, ist gerade in der Anfangszeit auf die konsequente Verkäuferorientierung von Reinhold Würth zurückzuführen. Schon in den 70er Jahren merkte Würth jedoch, daß es nicht reicht, über eine ausgezeichnet motivierte Verkäufermannschaft zu verfügen, sondern daß es notwendig ist, dem (potentiellen) Kunden individuelle Problemlösungen zur Verfügung zu stellen, die deren individuelle Bedürfnisse befriedigen können. Die Mitarbeiter der 1978 gebildeten Forschungsabteilung bekommen ihre Anregungen über den eigenen Außendienst direkt vom Kunden. Der Außendienstmitarbeiter wird sozusagen als laufende persönliche Marktforschung eingesetzt.

In unzähligen Verkaufsgesprächen offenbaren tagtäglich Hunderttausende von Menschen ihre individuellen Bedürfnisse, sei es im Verkaufsgespräch mit dem Außendienstmitarbeiter oder im Verkaufsgespräch mit dem Verkäufer im Ladengeschäft. Die Informationen, die hier gewonnen werden, werden von den meisten Unternehmen jedoch nicht genutzt. *Der Bertelsmann Buchclub* hat eine eigene Marktforschungsabteilung, eine sehr gute sogar. Gleichzeitig besuchen tagtäglich

500 Außendienstmitarbeiter der Bertelsmann-Tochter *Bertelsmann Lexikothek* die über sechs Millionen Buchclubmitglieder Zuhause, um dort ein Bildungssystem zu verkaufen. Die Außendienstmitarbeiter sind so geschult, daß sie vor der eigentlichen Produktpräsentation die individuellen Bedürfnisse des Clubkunden erfragen, um aufgrund dieser Information dann ein gezieltes Angebot machen zu können. Nach Abschluß des Verkaufsgesprächs interessiert sich jedoch niemand mehr für die einmal gewonnenen Informationen. Die *Bertelsmann Lexikothek* nicht, um vielleicht einen Zweitbesuch professioneller vorbereiten zu können, und der Buchclub auch nicht. Was bringt es dem Buchclub, einem Kunden jedes Quartal mehr als hundert Bücher in einem schönen Magazin anzubieten, wenn dieses Mitglied nur deshalb im Buchclub ist, um günstig Videocassetten oder CDs einzukaufen. Nicht in jedem Haushalt gibt es den Trend zum Zweitbuch. Erst seit 1996 beginnt die *Bertelsmann Lexikothek* damit, eine eigene richtige Datenbank aufzubauen. Hierin werden jetzt die Informationen gesammelt, die der Außendienstmitarbeiter in seinem Verkaufsgespräch erfährt.

Es ist die EDV-technische Entwicklung, die es jedem Unternehmen heute ermöglicht, die in den Gesprächen mit dem (potentiellen) Kunden gesammelten Informationen mit dessen Einverständnis zu speichern. Das Unternehmen hätte so eine individualisierte Datenbank über die individuellen Bedürfnisse seiner (potentiellen) Kunden. Es würde nichts anderes machen als Fritz Wegner, der, Sie erinnern sich, schon in den 50er Jahren einfach seinen Tischlermeister gefragt hat, was er von einem Werkzeug erwartet und was dieses für ihn, den Tischlermeister, leisten muß. Genau die gleiche Vorgehensweise ist im Ladengeschäft, ist im Telefongespräch möglich. Hilfreich kann bei der Erforschung der individuellen Kundenbedürfnisse ein Fragebogen sein. Hierdurch wird sichergestellt, daß die gewonnenen Informationen innerhalb gewisser Standards in der Datenbank gesammelt werden. Ein weiterer großer Vorteil solcher Fragebögen liegt darin, daß die Mitarbeiter mit ihrer Sprache, die eher die Sprache des (potentiellen) Kunden ist, die Möglichkeit haben Facts und Daten emotional einzufärben, ohne hierbei das objektiv Gegebene über einen nicht mehr zu vertretenden Rahmen hinaus zu verlassen. Zudem deckt die laufende Marktforschung durch die Mitarbeiter weitere Schwachstellen des Unternehmens auf bzw. liefert weitere Informationen, wie zum Beispiel über den Wettbewerber. In diesem Kontext sind selbstverständlich auch noch die Messen und Ausstellungen als Instrumente der Marktforschung und Wettbewerbsbeobachtung zu nennen. Gerade Messen und Ausstellungen bieten allen Mitarbeitern eines Unternehmens die Möglichkeit ohne zusätzliche Kosten in einen wirklichen unmittelbaren Dialog mit dem (potentiellen) Kunden zu treten. Hier haben die Produktentwickler, die Schreibtischtäter im Marketing und die Geschäftsleitung die Möglichkeit direkt vom (potentiellen) Kunden zu erfahren, was dieser sich wünscht und sie können Markttrends hautnah erfassen.

Er sah, kam und siegte – oder: Durch Beobachtung das Gegebene nutzen

Der Erfolg der japanischen Unternehmen beruht heute nicht mehr nur auf ihren effizienteren Produktionsmethoden und den politischen Rahmenbedingungen, sondern auch darauf, daß die japanischen Unternehmen wie kaum andere in der Welt darauf fixiert zu sein scheinen, die individuellen Bedürfnisse ihrer (potentiellen) Kunden zu identifizieren. Susuma Yamada, heute Direktor der japanischen Kurgesellschaft *Joban Kosan*, erkannte in den 60er Jahren, daß sein Unternehmen, ein Kohlebergbau, vor dem Ruin stand. Das Unternehmen verfügte jedoch über heiße Schwefelquellen, die die Grundlage für das neue Unternehmen, einen Kurbetrieb, legten. Und Yamada richtete sein ganzes Unternehmen nur an einem aus, an den individuellen Bedürfnissen seiner Gäste. Er nutzte hierzu die Möglichkeiten der Beobachtung: Yamada ließ einfach die Gesichter von Gästen, die in einer Schlange standen, filmen und stellte fest, wie lange es dauerte, bis sich verändernde Gesichtszüge ihm verrieten, daß für die Schlangestehenden jetzt der Spaß vorbei ist und sie sich über die Wartezeiten zu ärgern begannen. Er analysierte die Hintergrundmusik und fand ebenfalls durch Beobachtung heraus, welche Musik in welcher Lautstärke seine Gäste mögen.[30]

Man hat sich ja inzwischen an die Kameras in Kaufhäusern und Supermärkten gewöhnt. Sie sollen helfen, Diebstähle zu verhindern. In Großbritannien vermittelt nun die *NOP Research Group Ltd.*, eine

Marktforschungsagentur, mit ihrer neuesten Division *NOP-DSi* ihren Kunden ganz neue Einsatzmöglichkeiten der Kameras. Mit ihnen wird das Verhalten der (potentiellen) Kunden an den Regalen, vor den Zweitplazierungen und im Geschäft allgemein aufgenommen. Im Bekleidungshandel wurden die Analysen der *NOP-DSi* zum Beispiel genutzt, um festzustellen, nach welchen Kriterien eine Kaufentscheidung fällt, wenn ein Paar das Geschäft gemeinsam aufsucht. Dabei konnte unter anderem beobachtet werden, daß Ehemänner oder Freunde sich unwohl fühlen, wenn die Frau alleine in die Umkleidekabine geht. In der Regel versammeln sich die Männer dann vor den Umkleidekabinen. Ein einseitiger Einkaufsspaß. Dem kann abgeholfen werden, indem in der Nähe der Umkleidekabinen Sofas und Zeitschriften, vielleicht sogar eine kleine Bar oder ein Getränkeautomat, zur Verfügung stehen. Das individuelle Bedürfnis, sich wohl zu fühlen, Einkaufen als Spaß zu erleben oder auch nur die Pein zu vermeiden, sich unwohl zu fühlen, kann so erkannt und durch eine individuelle Problemlösung befriedigt werden. In Österreich gibt es sogar ein Hotel, die *Sonnenalm Katschberger Höhe*, welches aufgrund der Erfahrungen, also der Beobachtungen des Hotelbesitzers, gebaut wurde. Als Manager hatte der Hotelerbauer in den verschiedensten Hotels in der ganzen Welt immer wieder den Unterschied zwischen seinen Erwartungen und der Problemlösungskompetenz der einzelnen Häuser kennengelernt.

Unternehmer und Manager, besser alle Mitarbeiter eines Unternehmens, *sollten also, wie schon an anderer Stelle in diesem Buch dargelegt, regelmäßig in* die Niederungen ihrer (potentiellen) Kunden gehen: Führungskräfte von Automobilherstellern sollten mal eine Woche ihren Luxuswagen zur Seite stellen und das Fahrerlebnis »Kleinwagen« genießen, der Vorstand des Discounters sich in die Schlange an der Kasse stellen und mit den dort wartenden Hausfrauen plaudern, der Manager des Gastronomiebetriebes einen Tag Kellner spielen, der der Luftfahrtgesellschaft nicht in der ersten Klasse, sondern in der Touristenklasse fliegen, der Entwickler einer Maschine einen Tag in der Produktion verbringen usw.

Zur Beobachtung zählt natürlich auch die Analyse und Auswertung der eigenen Datenbasis. Die Unternehmen, die über eine eigene Datenbank, vielleicht sogar einen eigenen Kundenclub verfügen, sind hier deutlich im Vorteil. Dank der Gutschriften erfahren zum Beispiel die

Airlines, die heute einen Vielfliegerclub betreiben, auf dem schnellsten Wege, wie gut welcher Flug gebucht war, welches Segment bevorzugt, welche Route, an welchem Tag, zu welcher Zeit in welcher Klasse fliegt, wer welche Hotelklasse, zu welchem Anlaß bevorzugt, wer wann einen Mietwagen benötigt und noch vieles mehr. Die so gewonnenen Kundenprofile ersparen den Airlines teure, zeitraubende und oftmals ineffiziente Umfragen der klassischen Marktforschung. Gerade auf diesen Punkt gehen wir ausführlicher im Kapitel 8 »Die Datenbank – der Schlüssel zum Individuellen Partnerschaftsmarketing« ein.

Fazit: Die individuellen Bedürfnisse der (potentiellen) Kunden kann man am besten kennenlernen, indem man mit seinen (potentiellen) Kunden spricht, mit ihnen zusammenarbeitet, sich aktiv in ihre Situation hineinversetzt.

Der Klassiker – die Marktforschung

Der Kunde, die Zufriedenheit des Kunden, die Befriedigung seiner Bedürfnisse, scheinen in vielen deutschen Unternehmen höchstens ein Mittel zum Zweck zu sein. Dies kann um so weniger verwundern, wenn man die wissenschaftlichen Grundlagen für unternehmerische Entscheidungen hinzuzieht – z.B. die Marktforschung.

Im Zusammenhang mit dem Feld der Marktforschung könnte man eigentlich erwarten, daß in der Marktforschung der Kunde und seine Bedürfnisse die Hauptrolle einnehmen würden. Wie das Beispiel Meffert zeigt, ist dem aber nicht so:[31]

Aufgaben der Marktforschung

1. Sie sorgt dafür, daß Chancen und Risiken frühzeitig erkannt und berechenbar gemacht werden.
2. Sie wirkt im willensbildenden Prozeß als Intelligenzverstärker, d.h. sie unterstützt die Arbeit der Unternehmensführung.
3. Sie trägt in der Phase der Entscheidungsfindung zur Präzisierung und Objektivierung der Sachverhalte bei.

4. Sie fördert das Verständnis bei der Zielvorgabe und die Lernprozesse in der Unternehmung.

Bei einer solchen Definition von einem der führenden deutschen Marketingwissenschaftler, in der kein einziges Mal die Wörter Kunde, Mensch, Bedürfnis ... vorkommen, kann es nicht verwundern, daß viele deutsche Unternehmen den Kunden eher als störend betrachten – oder, um es wieder etwas schwächer zu formulieren, den Kunden und seine Bedürfnisse nicht ernst nehmen.[32]

In der deutschen Wirtschaft findet man bestimmt Marktforschungsunternehmen, die der Erwartung, den (potentiellen) Kunden und seine individuellen Bedürfnisse zu erforschen, gerecht werden, so daß die »klassische Marktforschung« für viele Unternehmen ein Weg sein kann, die individuellen und wahren Bedürfnisse seiner Zielgruppe festzustellen. Es sollte jedoch nicht der einzige Weg bleiben.

Gefährlich können die Ergebnisse einer Marktforschung oder Kunden- bzw. Interessentenumfrage dann werden, wenn die Ergebnisse nicht operationalisierbar sind und damit der subjektiven Bewertung durch den Produktmanager, den Marketingchef oder den Vorstand wieder Tür und Tor geöffnet werden. *Nokia* z.B., immerhin Europas größter Hersteller von Mobiltelefonen, hat 600 Besitzer von Handys gefragt: »Warum haben Sie sich ein Handy gekauft?«. Die Antworten sind im folgenden Schaubild dargestellt[33]:

Warum haben Sie sich ein Handy gekauft?	
... in Verbindung zu bleiben	88%
... bedeutet einen Zuwachs an persönlicher Freiheit	80%
... steigert die Produktivität	78%
... problemlose Organisation des Alltages	50%
... führen hauptsächlich Geschäftsgespräche	55%
... führen hauptsächlich Privatgespräche	45%

Was heißt »in Verbindung bleiben«? Sind das die individuellen Bedürfnisse der Segmente? Mit wem möchten die verschiedenen Segmente in Verbindung bleiben? Warum möchten diese mit xyz in Verbindung bleiben? Welchen Nutzen haben die Segmente davon? Erst die Antworten auf diese Fragen geben Auskunft über die individuellen und wahren Bedürfnisse der verschiedenen Segmente. Erst wenn der Befragte keine Frage mehr mit **»w«**, also z. B. »**w**arum, mit **w**em, **w**o, usw.« beantworten kann, sind die wahren individuellen Bedürfnisse identifiziert.

Massenbefragungen sind insbesondere dann interessant, wenn es gilt, den Markt zu identifizieren, das heißt also festzustellen, welche Menschen ein ähnliches individuelles Bedürfnis haben. Wenn beispielsweise ein Verlag wissen möchte, welche Frauen und Männer ein mehrbändiges Lexikon kaufen würden, um bestimmte individuelle Bedürfnisse hiermit zu befriedigen, bringt eine Massenbefragung die entsprechenden Antworten aufgeschlüsselt nach gleichen Merkmalen wie Alter, Einkommen, Familienstand, Bildung, Beruf, Hobbys usw. Der Verlag hat dann die Möglichkeit über ein Individuelles Partnerschaftsmarketing die einzelnen Märkte zu bedienen, also die Menschengruppen mit vergleichbaren individuellen Bedürfnissen gezielt anzusprechen. Massenbefragungen bieten sich genauso an, um herauszufinden, wie eine individuelle Problemlösung weiter optimiert werden muß, um die individuellen Bedürfnisse besser zu befriedigen. Der österreichische Kontaktlinsenhersteller *Vistacon* zum Beispiel hat 800 Befragungen bei Brillenträgern, Augenärzten und Optikern durchgeführt, um herauszufinden warum nur ein verschwindend kleiner Anteil der Brillenträger auf Kontaktlinsen umsteigt. Um die richtigen Antworten zu bekommen wurde gezielt gefragt »**W**arum benutzen Sie Kontaktlinsen nicht?«. Die Antworten waren eindeutig: Zuviel Aufwand beim Reinigen, Angst vor Infektionen und Fremdkörpern im Auge.[34] Hiermit waren die individuellen Bedürfnisse der Brillenträger identifiziert und gleichzeitig die Anforderungen an eine individuellen Problemlösung »Kontaktlinse« beschrieben. Selbstverständlich kann man in solchen Fällen auch fragen: »Unter **w**elchen Umständen oder Bedingungen würden Sie Kontaktlinsen tragen?«

Zweifelsohne können Massenumfragen wesentlich mehr Informationen liefern als andere Formen der Erforschung der individuellen

Bedürfnisse der (potentiellen) Kunden. Dies gilt insbesondere für Informationen über die Wettbewerber, wenn in die Befragung bewußt Kunden und Nichtkunden miteinbezogen werden. Allein die Antworten auf die folgenden drei Fragen können hier Gold wert sein: 1. Welches Produkt benutzen Sie für ... heute? Hiermit bekommt das Unternehmen eine Übersicht über seine eigene Marktstellung im Vergleich zu den Wettbewerbern. 2. Warum benutzen Sie gerade dieses Produkt? bzw. Welche Vorteile bietet Ihnen dieses Produkt gegenüber einem anderen (vergleichbaren)? Zum einen werden die individuellen Bedürfnisse (verschiedener Segmente) transparent gemacht, zum weiteren erfährt das Unternehmen etwas über die Problemlösungskompetenz der Wettbewerber und zwar aus der entscheidenden Sicht, nämlich der der Anwender. 3. Was müßte ein neues Produkt ... Ihnen bieten, damit Sie dieses in Zukunft verwenden würden? Zum Schluß erhält das Unternehmen auch noch seine zukünftige Aufgabenstellung geliefert.

Fazit: Die klassische Marktforschung ist ein hervorragendes, aber oft auch recht teures Instrument, um die individuellen Bedürfnisse der (potentiellen) Kunden kennenzulernen. Auf jeden Fall ist es wichtig, die Aufgabenstellung für die Marktforscher so exakt wie möglich zu definieren.

Mit Hilfe von Gulliver die individuellen und wahren Kundenbedürfnisse feststellen

Eine weitere Methode, um die individuellen, wahren Kundenbedürfnisse festzustellen bzw. besser, sie zu erahnen, bilden nachgebaute Modelle der Wirklichkeit, die es ermöglichen, sich in die Situation der potentiellen Zielgruppe hineinzuversetzen.

So heißt *Renaults* jüngstes Forschungsmodell Gulliver. Der Innenraum von Gulliver ist 1,7 mal so groß wie der einer Mittelklasselimousine. Er dient dazu, die Entwickler der Kindersitze bei *Renault* ins Land der Riesen zu schicken, eben in jene Welt, wie Kinder sie begreifen, lernen, fühlen und sehen. Der Erwachsene, der in Gulliver Platz nimmt, hat den Sicherheitsgurt im Gesicht, die Füße hängen frei schwebend im

Fußraum, ohne den Boden zu berühren, die Hände greifen auch bei ausgestreckten Armen immer ins Leere, und die Sitzpolster geben natürlich auch keinen Seitenhalt. Erst wenn der Kindersitz montiert ist, können Vater und Mutter Entwickler nachfühlen, wie ihren Sprößlingen bei der Fahrt ins Grüne zumute ist. Diese Erfahrungen will *Renault* in Zukunft nutzen, um Sicherheitssysteme für Kinder zu entwerfen, die sich noch stärker an den Bedürfnissen der Kleinen orientieren.[35] Auch wenn dieses Beispiel zwar auf einen Anwender des Segmentes, nicht jedoch direkt auf den Kaufentscheider zielt – oder haben Kinder vielleicht doch einen großen Einfluß auf die Entscheidung, welches Auto in der Familie angeschafft wird –, ist es doch exemplarisch, um zu zeigen wie die individuellen und wahren Bedürfnisse des Segmentes ermittelt werden können. Denn zweifelsohne haben alle Eltern das Bedürfnis, ihre Kinder zu schützen und wenn sich mit Gulliver die Sicherheitssysteme von *Renault* in Zukunft noch stärker an den Bedürfnissen der Kinder orientieren, dann wird damit auch ein zentrales Bedürfnis der Erwachsenen befriedigt.

Einen vollkommen anderen Markt, nämlich den der Jungsenioren, bedient der Saarbrücker Unternehmensberater Meyer-Hentschel mit seinem *Age-Simulator.* Wie in anderen Märkten auch, besteht für viele Unternehmen einfach die Schwierigkeit, sich in die Situation, eines Jungsenioren zu versetzen. In diesem Fall liegt es am Alter: Der (potentielle) Kunde ist älter als 75, der Produktmanager gerade einmal 30. Der *Age-Simulator* erlaubt es nun dem 30jährigen Produktmanager, sich wie ein 70jähriger zu fühlen. Eine Vielzahl von Handicaps, die im Alter auftreten können, werden simuliert: Gewichte am Körper vermitteln den Eindruck nachlassender Kraft. Gehördämpfer mindern die Lautstärke der Außengeräusche. Ein Helm mit einem besonderen Visier simuliert das Sehvermögen im Alter. Nachlassende Bewegungsfreiheit wird durch Hindernisse an den Gelenken erlebt. Nicht nüchterne Fakten und Zahlenkolonnen, sondern ein simuliertes »Selbsterleben« vermittelt der *Age-Simulator* den Verantwortlichen. Einmal den *Age-Simulator* eingesetzt, stellen sich frappierende Effekte ein: Der Werber hat das Problem, seinen eigenen Fernsehspot zu verstehen, der Produktmanager kann ein ganz »normales« Glas mit Konserven nicht öffnen, der Supermarktleiter kann die gewünschte Ware nicht aus dem Regal greifen, der Anzeigenkunde seine eigene Anzeige nicht lesen.[36]

Fazit: Simualtionsmodelle ermöglichen es, sich in die Situation des (potentiellen) Kunden hineinzuversetzen, und damit sein Erleben nachzuvollziehen.

Durch Kundenbeiräte und Kundenbefragungsgruppen direkt mit dem (potentiellen) Kunden kommunizieren

Die persönlichste Art und Weise die individuellen Bedürfnisse seiner (potentiellen) Kunden zu identifizieren ist der direkte Kontakt, wie z.B. über den eigenen Außendienst oder die Mitarbeiter, die direkten Kundenkontakt haben. Insbesondere für Abteilungen, die in der Regel keinen direkten Kundenkontakt haben, bietet es sich an, regelmäßige Gesprächsrunden mit dem (potentiellen) Kunden zu institutionalisieren. Dies gilt z.B. für die Forschung und Entwicklung, leider sehr oft auch für die Mitarbeiter aus dem Marketing und die Geschäftsleitung. Bei Kundenbefragungsgruppen bittet das Unternehmen eine repräsentative Gruppe von (potentiellen) Kunden (ca. 8–15) regelmäßig (2–4 Mal jährlich) Rückmeldung und Ratschläge über die erbrachten bzw. bisher nicht erbrachten Unternehmensleistungen zu geben. Aufgrund der Schilderung der Probleme mit denen die Teilnehmer tagtäglich in Ihrem Tagesgeschäft zu kämpfen haben, hat das Unternehmen so die Möglichkeit individuelle Bedürfnisse zu identifizieren und gemeinsam mit den Betroffenen Lösungen zu erarbeiten.

Im Unterschied zu solchen Kundenbefragungsgruppen, die normalerweise keinen Regeln oder festgelegten Mechanismen unterliegen, sind Kundenbeiräte fest institutionalisiert. *Jaguar* Deutschland beispielsweise hat neben Kundenclub und Händler-Relationsship-Programm einen solchen Kundenbeirat installiert. In wechselnder Besetzung geben jeweils zehn *Jaguar*-Besitzer dem Unternehmen Rückmeldung, »wie man das Leben mit Jaguar noch schöner gestalten kann«, erklärt Geschäftsführer Hartmut W. Kieven die Zielsetzung dieses Kundenbeirats. »Da wir einen vergleichsweise exklusiven Kundenstamm haben, spielt die gute Beziehung zum Kunden natürlich eine sehr große Rolle. Der Jaguarkunde muß ein Botschafter sein.«[37] Auch die *Adolf*

Würth GmbH & Co.KG hat schon seit 1980 einen eigenen Kundenbeirat. Dieser bietet der Geschäftsleitung, nicht den Technikern und Entwicklern, die Möglichkeit, sich direkt und ohne Umwege über die Probleme, die individuellen Bedürfnisse der verschiedenen Kundengruppen bei den Fachleuten zu informieren. Aus seinem Kreis kommen Anregungen für das Sortiment ebenso wie für Neuprodukte. Mitglieder des Kundenbeirats sind sieben führende Persönlichkeiten aus den verschiedenen Zielgruppen der Firma. Dazu gehören genauso der Ehrenobermeister der Schreinerinnung Stuttgart, der Präsident der Europäischen Fordhändler-Vereinigung, wie auch der Vorsitzende des Arbeitskreises Schlossermeister Stuttgart e.V.[38]

Für die Geschäftsleitung können ein Kundenbeirat oder regelmäßig tagende Kundenbefragungsgruppen die Funktion von Coaches übernehmen. Er befähigt die Manager, die Basis, den Markt, also das, was diese managen sollen, nie aus dem Auge zu verlieren. Alle diese persönlichen Instrumente haben zudem den Vorteil, daß die Partnerschaft zwischen Unternehmen und (potentiellem) Kunden weiter gefestigt wird. Die beste Möglichkeit, die individuellen Bedürfnisse seiner (potentiellen) Kunden laufend zu analysieren, ist natürlich die, diesen zu Hause oder im Unternehmen zu besuchen und gemeinsam mit ihm das Produkt oder die Dienstleistung zu benutzen.

Einfach, aber ein Muß: Den (potentiellen) Kunden fragen

Es gibt zahlreiche weitere Möglichkeiten die individuellen Bedürfnisse der (potentiellen) Kunden laufend festzustellen. Einige davon sollen hier noch vorgestellt werden. Die einfachste, preiswerteste und am schnellsten umzusetzende ist sicherlich der »Fragebogen«. Viele von Ihnen werden dieses Instrument z.B. aus Hotels kennen. Der Fragebogen kann in gedruckter Form oder aber auch elektronisch vorliegen: Die Hotelkette *Marriott's Fairfield Inn* bittet ihre Gäste in den USA – z.B. bei der Abreise –, einige Fragen zur Zufriedenheit mit Ihrem Aufenthalt direkt an einem Computer zu beantworten. Ein Drittel aller Gäste nutzen diese Möglichkeit.[39] Dies erspart dem Unternehmen, die Informationen von Fragebögen selbst noch einmal in den Computer einzugeben, um sie dann auswerten zu können. Zudem erreicht *Marriott's* hierdurch natürlich eine wesentlich höhere Geschwindigkeit. Eiscremehersteller *Langnese* befragt seine (potentiellen) Kunden via Internet über ihren Geschmack. Wenn man heute eine neue Software kauft, findet man in der Produktverpackung immer eine Registrierkarte oder ähnliches. Unter dem Hinweis, daß registrierte Kunden die technische Unterstützung in Anspruch nehmen können und außerdem einen Rabatt für den Erwerb zukünftiger Versionen der gekauften Software erhalten werden, müssen vom Käufer zahlreiche Fragen beantwortet werden. Das reicht über die klassischen soziodemographischen Angaben, über Informationen zur vorhandenen Hardware bis hin zu der Frage, mit welchen Erwartungen die Software gekauft wurde. Selbst viele Raststätten an der BAB legen inzwischen solche Fragebögen aus und bitten nach der Bewertung der bisher angebotenen Leistungen um weitere Ideen.

Es gibt also zahlreiche Möglichkeiten solche Fragebögen einzusetzen: Im Geschäft oder Ladenlokal selbst, auf der Produktverpackung, als Beilage zu einer Aussendung an den (potentiellen) Kunden, bei gemeinsamen Veranstaltungen, in den elektronischen Medien und viele mehr.

Die beiden Fragebögen von *Möbel Martin* und *Karstadt* lassen dem (potentiellen) Kunden viel Platz für seine individuelle Kritik. *McDonald's* hingegen interessiert sich für fünfzehn ausgewählte Themen, die es zu bewerten gilt sowie für weitere Anregungen. Der Vorteil der vorgegebenen Themen liegt für das Unternehmen darin, daß hierdurch eine einfachere Auswertung vorgenommen werden kann, da sowohl die zu bewertenden Rubriken als auch der Maßstab definiert sind. Zudem nutzt *McDonald's* dieses Instrument, um weitere Informationen über seine Märkte, so zum Beispiel die Besuchsfrequenz, zu gewinnen.

Gerade die letzten Beispiele zeigen, daß es nicht nur wichtig ist, kontinuierlich die individuellen Bedürfnisse der (potentiellen) Kunden zu identifizieren, sondern es diesen darüberhinausgehend auch so einfach wie möglich zu machen, den Dialog mit dem Unternehmen zu führen. Wir werden hierauf ausführlich im zweiten Teil dieses Buches ab Kapitel 5 eingehen. Der Düsseldorfer Waschmittelhersteller *Henkel* macht mit einer 0130er Telefonnummer seinen Käufern den Weg zum Dialog ganz einfach. 1995 nutzten fast 70.000 Kunden den telefonischen Dialog, um entweder ihren Ärger, also ihre Unzufriedenheit

Ihr Treffpunkt im Saarland

Karstadt

KARSTADT

Sehr geehrte Kunden!

Ihre Meinung interessiert uns sehr.

Bitte schreiben Sie uns.
Ideen und Kritik – vertraulich an die Geschäftsleitung.
Ich habe folgendes zu bemerken:

____

____

____

____

____

____

____

____

Vielen Dank für Lob und Kritik!
Wir wollen alles tun, um Ihnen unser Haus immer kundenfreundlich und attraktiv zu präsentieren.

Name: ____________ Vorname: ____________

Straße: ____________ PLZ/Ort: ____________

Telefon: ____________ Datum: ____________

KARSTADT Aktiengesellschaft · Bahnhofstraße 15 · 66111 Saarbrücken · ☎ (06 81) 30 17-0 · Fax (06 81) 30 17-300

Kundenfragebogen Karstadt

Sehr geehrte Besucherin,
sehr geehrter Besucher,

Für unser Haus ist die Aussage: "Bei uns ist der Kunde König." kein leeres Wort. Wir wollen wirklich danach handeln. Bitte helfen Sie uns dabei und sagen Sie uns Ihre Meinung! Wir sind für jede Anregung dankbar. Sagen Sie uns auch ganz offen, wenn Sie mit uns nicht zufrieden waren.
Bitte benutzen Sie dazu die Rückseite

Diese Karte geht direkt an die Geschäftsleitung, Herrn R. Schmitt, in Saarbrücken!

Wenn Sie Ihren Namen und Ihre Anschrift (evtl. mit Ihrer Telefon-Nr.) auf dieser Karte vermerken, werden wir Ihnen auch gerne antworten.

Vielen Dank!

Name ____________

Vorname ____________

Straße ____________

PLZ / Ort ____________

Telefon ____________

Ich möchte Ihnen folgendes mitteilen:

____

Möbel Martin

Ihre Meinung ist für uns wichtig

Ich war heute	sehr zufrieden					nicht zufrieden
	1	2	3	4	5	6
1. mit dem freundlichen Service						
2. mit der Schnelligkeit der Bedienung						
3. mit der Frische der Produkte						
4. mit der Temperatur der Speisen und Getränke						
5. mit dem Geschmack der Produkte						
6. mit der Qualität der Produkte						
7. mit der Sauberkeit des Restaurants						
8. denn ich habe alles wie bestellt erhalten						
Dieses McDonald's Restaurant	gefällt mir					gefällt mir nicht
als Restaurant	1	2	3	4	5	6
9. in dem sich Erwachsene wohlfühlen können						
10. in dem sich Kinder wohlfühlen können						
11. in dem ich mich sinnvoll ernähren kann						
12. mit abwechslungsreicher Speisenauswahl						
13. mit abwechslungsreicher Getränkeauswahl						
14. mit angenehmer Inneneinrichtung						
15. mit angemessenen Preisen						

Weitere Anregungen:					
Datum:	Uhrzeit:				
Ich besuche McDonald's mindestens 1x in der Woche		mindestens 2-3x im Monat		seltener	
mein Alter: Geschlecht: weiblich		männlich			

Kundenfragebogen Mc Donald's

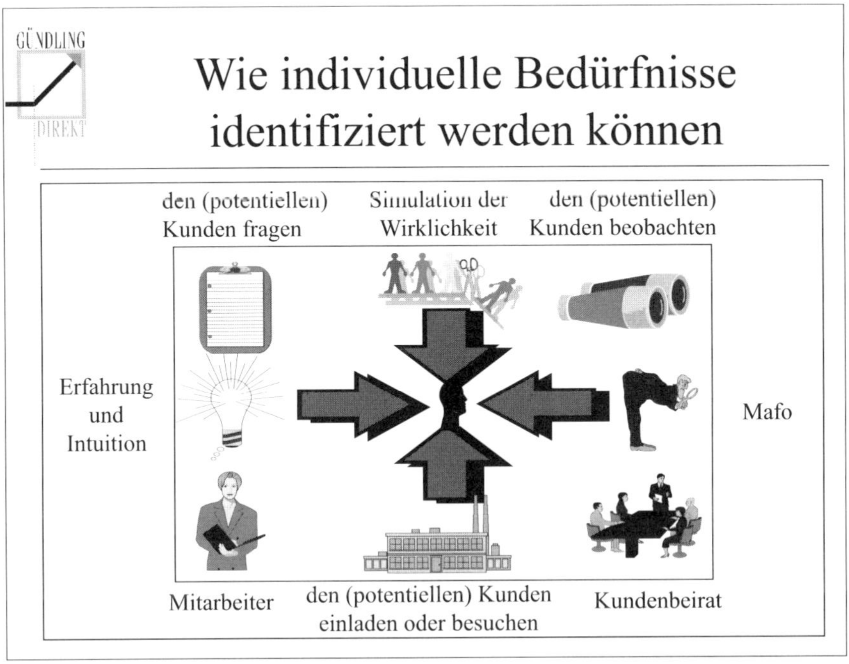

Abb. 3.5

kundzutun, oder aber um Ratschläge einzuholen. Das Ergebnis: Weder Produktmanagern noch Testern war aufgefallen, daß mit Fettflecken beschmutzte Wäsche ranzig roch, wenn diese mit dem neuen Konzentrat *Megaperls* gewaschen wurde. Der für den üblen Geruch verantwortliche Stoff wurde daraufhin weggelassen – die Zahl der Beschwerdeanrufe sank sofort.[40]

Eine Warnung zum Schluß

Daß die individuellen Bedürfnisse des (potentiellen) Kunden Maßstab für das unternehmerische Tun und Handeln sein sollten, ist eigentlich eine Selbstverständlichkeit. Viele Unternehmer und Manager sprechen auch mit aller Selbstverständlichkeit rhetorisch brillant darüber und glauben daran, daß in ihrem Unternehmen der Kunde sowie dessen Bedürfnisse im Mittelpunkt stehen – handeln tun sie jedoch anders. Ob dies in einer gewissen Überheblichkeit der Unternehmer und Manager begründet liegt – schließlich haben sie mehr im Leben erreicht als viele andere, und dafür muß es ja Gründe geben – oder systemimmanent ist, ist hier nicht entscheidend. Löse das Problem, indem Du Dich von dem Problem löst, ist eine alte Selbstmanagementweisheit. Doch erfolgreiche Menschen scheinen das Gefühl zu haben, alles, aber auch alles, auch die individuellsten Bedürfnisse ihrer (potentiellen) Kunden zu kennen oder es besser zu wissen als weniger erfolgreiche Menschen oder die eigenen Mitarbeiter. Unternehmer und Manager sind oft Gefangene ihres Erfolges. Sie denken in Zahlen und in »Wenn … dann … Beziehungen«. Wenn für sie etwas logisch ist, dann muß es für den (potentiellen) Kunden doch erst recht logisch sein.

Eine kleine Geschichte, die sich anläßlich der Geschäftsleitungssitzung eines deutschen Unternehmens in einer Weltstadt ereignet hat: Zu dieser Geschäftsleitungssitzung waren auch die Partner und Partnerinnen der Geschäftsleitungsmitglieder eingeladen. Ein Tag stand zur freien Verfügung. Beim gemeinsamen Abendessen nach einem solchen freien Tag fragte der Geschäftsführer eines seiner Geschäftsleitungsmitglieder, was dieser gemacht hätte. »Ich war mit meiner Partnerin beim Einkaufsbummel« antwortete er ihm. »Meine Partnerin hat sich verschiedene Kostüme angeschaut und auch ein traumhaftes gefunden. Von *Jil Sander* zu 3.500 DM.« »Und warum trägt Ihre Partnerin dieses Kostüm heute abend nicht« fragte der Geschäftsführer seinen Mitarbeiter. Dieser war sprachlos. »Wie kommt der bloß auf die Idee, daß ich soviel Geld für ein Kostüm ausgeben würde – bei meinem Gehalt?« fragte er sich. Vollkommen verständnislos beschäftigte ihn diese Frage zehn Minuten lang, bis ihm die junge und sehr attraktive Frau seines Chefs die Antwort gab. Denn sie trug nur das Schönste und Feinste. Sie trug *Karl Lagerfeld* und *Wolfgang Joop*, die Haute Couture eben und selbstverständlich auch *Jil Sander*. Für seinen Chef, bei dessen Einkommen, war es eine Selbstverständlichkeit, daß ein Kostüm 3.500 DM und mehr kostet und er dachte wohl, daß dies auch für seinen Mitarbeiter gelte. Zweifelsohne ist es toll und schön, Chef oder Manager zu sein. Meistens wurde die Position mit Können und Geschick hart erarbeitet. Aber das hat auch seinen Preis: Viele Unternehmer und Manager glauben fest daran, ihre Welt wäre die einzig richtige, die einzig reale. Doch längst haben Sie den Kontakt zum Arbeiter an der Maschine und dem Konsumenten auf der Straße verloren. Sie reden über Rationalisierung durch Einführung neuer EDV-Anlagen, haben aber selbst keinen Computer auf dem Schreibtisch stehen. Sie predigen einen kommunikativen und kooperativen Führungsstil, während Sie gleichzeitig mit Ihren eigenen Kindern und der Ehefrau/dem Ehemann über das Scheckbuch kommunizieren.

Wie schwer es den Erfolgreichen fällt, die wirklichen individuellen Bedürfnisse des (potentiellen) Kunden in den Fokus ihrer Entscheidungen zu stellen und ihre eigene individuelle Bedürfniswelt in der Rolle eines möglichen Kunden dabei nicht zu berücksichtigen, zeigt auch der folgende Ausschnitt aus einem Interview mit Patricia Riekel, ehemalige Chefredakteurin der Programmzeitschrift *TV-Serien*, welches in der *text intern* veröffentlicht wurde. Es geht hierbei um die Frage, warum der *Gong-Verlag* die *TV-Serien* an den *Evers-Verlag* verkauft hat: »Leider war die wirtschaftliche Situation nicht befriedigend. Die werbungtreibende Wirtschaft hat die Zielgruppe von *TV Serien* offenbar noch nicht erkannt. Nach unseren Leser-Analysen handelt es sich vorwiegend um junge Frauen mittlerer Einkommensschicht zwischen 18 und 38 Jahren. Die Redaktion hat die Einstellung von *TV Serien* sehr bedauert.«[41] Eine Zeitschrift hat zwei Kunden: zum einen den Käufer, also den Leser, und zum anderen den Anzeigenkunden. Eine Zeitschrift muß daher die individuellen Bedürfnisse von beiden Kunden in unterschiedlichen Märkten kennen und diese befriedigen. Wenn ich Patricia Riekel richtig verstehe, führt sie das wirtschaftliche Scheitern von *TV Serien*, darauf zurück, daß die werbungtreibende Wirtschaft die Zielgruppe dieser Zeitschrift nicht erkannt hat. Es kann doch aber nicht möglich sein, vom (potentiellen) Kunden zu erwarten, daß er ein gegebenes Produkt dahingehend überprüft, inwieweit es seinen individuellen Bedürfnissen gerecht wird. Die Verantwortung für das wirtschaftliche Desaster von *TV Serien* trägt nicht die werbungtreibende Wirtschaft, sondern das Management der Zeitschrift. Entweder hat man nicht das richtige Bedürfnis des Kunden auf der Anzeigenseite erkannt – vielleicht gibt es ja gar keinen Markt für eine Zeitschrift, die sich an Frauen zwischen 18 und 38 Jahren richtet –, oder aber es ist dem Management nicht gelungen, dem (potentiellen) Anzeigenkunden aufzuzeigen, daß *TV Serien* genau das optimale Medium ist, um die o.g. Zielgruppe zu erreichen, falls das Bedürfnis hiernach besteht.

Die größte Gefahr von unternehmerischen Fehlentscheidungen geht von verantwortlichen Managern aus, die irgendwann einmal in ihrem Berufsleben als Verkäufer ihr Ohr beim Kunden hatten und damals die Bedürfnisse des (potentiellen) Kunden erkannten, verstanden und auch tatsächlich befriedigten. Sehr oft ist es leider so, daß wichtige Entscheidungen auf der Grundlage der früher einmal gemachten Erfahrungen von den Managern getroffen werden, die glauben, daß diese Erfahrungen auch heute noch inhaltlich den Marktbedingungen entsprechen. Dabei hätten sie es so einfach; denn die Methode, wie man die individuellen Bedürfnisse des (potentiellen) Kunden feststellt, kennen diese Manager ja, sie müßten sie nur heute noch, in ihrer anderen Funktion anwenden, und nicht ihre Entscheidung auf der Basis von Ergebnissen von vor 10, 20 oder 30 Jahren zu treffen.

Selbstverständlich gibt es auch noch andere Manager, Manager, die die individuellen Bedürfnisse ihrer (potentiellen) Kunden wirklich in den Mittelpunkt ihrer Entscheidungen stellen. Helmut Markwort, Chefredakteur, »Erfinder« des *Focus* ist ein solcher. Auf die Frage, ob die in Österreich sehr erfolgreiche Zeitschrift *News* eine Konkurrenz für *Focus* wäre, antwortet Markwort: »Sicher. Wir kämpfen alle um das knappe Zeitbudget der Leser.«[42] Und die Zeit, bzw. das Bedürfnis seiner Segmente, mit geringstem Zeiteinsatz möglichst viele Informationen aufzunehmen, hat Markwort als eines der entscheidenden individuellen Bedürfnisse im Markt erkannt und seine Problemlösung, den *Focus* u.a. danach konzipiert. Doch zu dieser Erfolgsstory Maximale Kundenorientierung mehr im nächsten Kapitel.

Exkurs: Multimedia – ein Markt ohne Bedürfnis?

Spätestens seit der Cebit 1995 wissen wir es alle – die Multimedia-Revolution steht vor der Tür. Ein Markt der unbegrenzten Möglichkeiten. Das Geld liegt in Bits und Bytes, CD-ROMs und Rams, Electronic Publishing und weltweiten Datenbanken, in ISDN und Datenautobahnen, in Video-on-demand und interaktivem Fernsehen. Die Bosse der großen Hard- und Softwarehersteller verbinden sich mit den Mogulen der Medienbranche und den Herrschern über die Kommunikationstechniken. Neue Firmen und Welten entstehen, der Markt ist unbeschreibbar groß – ja wo ist der Markt eigentlich? Welche individuellen Bedürfnisse haben sie erkannt, die Bosse und die Mogule?

In Deutschland ist das Wirtschaftsmagazin *DM* dem Verbraucherverhalten auf die Spur gegangen – in einer ersten repräsentativen Umfrage im Jahre 1995 mit insgesamt 1570 Interviewten im Alter von 14 bis 70 Jahren.[43] Wenn Sie bisher mit dem Begriff »Multimedia« nichts anfangen konnten, macht nichts, denn 67 Prozent der Befragten wußten ebenfalls nicht, was Multimedia eigentlich bedeutet. Die anderen 33 Prozent verbanden mit Multimedia das Erfassen, Speichern, Verknüpfen, Mischen, Bearbeiten, Ausgeben von Daten, Text, Graphiken, Bildern, Fotos, Sound und Video im, am oder mit dem PC, oder sie verstanden Multimedia als das Zusammenspiel verschiedener Medien wie Computer, Videorecorder und Videokamera, Fernsehen, Radio usw. per PC. Und wo ist das individuelle Bedürfnis?

Fast sieben Millionen PCs standen Anfang 1996 in deutschen Haushalten, sagen die Marktforscher. Und der Kunde, der kauft, weiß, was er kauft. Beim Hardwarekauf sind die wichtigsten Kriterien »später gute Ausbau-/Erweiterungsmöglichkeiten«, sowie »hervorragende technische Daten-/Leistungsfähigkeit« zu haben, während beim Erwerb der Software »die Benutzerfreundlichkeit beim Gebrauch«, sowie »niedriger Preis« entscheidend sind.[44] Der Käufer weiß, was er will. Er kennt sich aus. Doch warum kaufen die anderen 23 Millionen Haushalte eigentlich keinen PC, wenn ohne diesen doch kein normaler Mensch in Zukunft mehr leben kann, wie uns die Fachleute immer wieder weismachen wollen? Die Gefahr ist groß, daß sich die Anbieter ganz kräftig verkalkulieren und es zu einem großen Crash kommt, nicht nur auf der Datenautobahn. Die Anbieter scheinen sich in ihre Technik und ihre ungeahnten und für viele Menschen kaum vorstellbaren Möglichkeiten derart verliebt zu haben, daß sie blind geworden sind vor Liebe, blind für den (potentiellen) Kunden und dessen individuelle Bedürfnisse. Verwirrende Technologie für den Verbraucher ist die eine Konsequenz. Wer weiß schon, was Bits und Bytes sind, welchen Unterschied 4 MB zu 16 MB Arbeitsspeicher haben und ob ein 586er schneller, schöner, heißer oder was auch immer ist als ein 386er. Müssen wir das überhaupt wissen? Wir können doch auch Autofahren und wissen nicht, wie die Ventile funktionieren und daß ohne die Pleuelstange gar nichts gehen würde. Ganz anders aber in der Welt der Bits und Bytes. Gestern noch Jungfrau, heute schon Greis. Die Hard- und Softwarehersteller produzieren in Turbogeschwindigkeit neue, größere und kleinere, schnellere und schönere Rechner, so daß man schon fast den Eindruck hat, sie würden sich selbst überholen. Auf jeden Fall produzieren sie elektronischen Sperrmüll en masse.

Immer schnellere Prozessoren, Betriebssysteme und Programme – aber auch immer kürzere Halbwertzeiten. Nichts scheint mehr von Dauer zu sein. Atemlos registriert der (potentielle) Kunde, daß er mit dem Einfallsreichtum der Industrie nicht Schritt halten kann. Diese hat freilich keine Zeit oder keinen Blick oder kein Gespür, sich um das »hier und heute«, um die individuellen Bedürfnisse ihrer (potentiellen) Kunden zu kümmern. Unsicherheit, Ängste, das Richtige zu kaufen, prägen diesen Markt. Mit das wichtigste psychologische Grundbedürfnis des Menschen nach Sicherheit wird angesprochen, leider in der falschen Richtung. Bewußt oder unbewußt. Normale Fachkenntnisse, vergleichbar beim Autokauf mit dem Wissen um PS, Hubraum, Anzahl der Zylinder, Beschleunigung und Höchstkilometer reichen nicht mehr aus, »um die Terminologie der interaktiven Infrastruktur zu verstehen und damit ihre Chancen zu nutzen.«[45] Doch wenn die Bauherren der Info-Highways die individuellen Bedürfnisse der (potentiellen) Kunden übersehen, wird es auf diesen Autobahnen wohl nie zum Stau kommen und die Zahl der Raser überschaubar bleiben.

Wann und ob überhaupt die multimediale, interaktive Revolution in den Wohnstuben stattfinden wird, entscheiden nicht die Techniker, nicht die Entwickler und nicht die Vorstände und Mogule der Hard- und Softwarehersteller, sondern nur einer – der Kunde. Und der entscheidet danach, inwieweit seine individuellen Bedürfnisse mit den angebotenen Problemlösungen befriedigt werden. Und wenn diese nicht befriedigt werden, führt er sein Geld einer anderen Verwendung zu. So einfach ist das. Erste Untersuchungen zeigen die Gefahren auf. »Amerikaner wollen keine Interaktion« lautete die Überschrift eines Artikels in der *W&V.*[46] »Nach jüngsten Untersuchungen hält sich die Begeisterung der Amerikaner für neue interaktive Medien in Grenzen. Für viele ist interaktives TV zu teuer, uninteressant oder wenig sinnvoll.«[47] Der Verbraucher Otto Normal hat dem Fernsehen bisher eine ganz andere Rolle zugewiesen, als es die Techniker in Zukunft wollen. Fernsehen ist ein passives Unterhaltungsmedium. Beim Fernsehen wird geknabbert und geklönt, geschwatzt und gestritten, gelesen und gehäkelt. Die multimediale Industrie weist dem Fernsehen hingegen eine ganz andere Rolle zu, nämlich die eines aktiv zu nutzenden interaktiven Werkzeuges. Pilotprojekte für interaktives Fernsehen, ob in Berlin, Stuttgart oder in Miami, werden völlig überpubliziert – es ist neu, wir können es noch nicht so richtig greifen, und dadurch wird die Nachricht interessant. Aber der (potentielle) Kunde und seine individuellen Bedürfnisse scheinen dabei keine Rolle zu spielen. NBC-Fernsehforscher aus New York kamen zu der Erkenntnis, daß »... die meisten Amerikaner ... kaum bereit (sind), mehr Geld als bisher für Fernsehen auszugeben. Erste Studien hätten gezeigt, daß nur 14 Prozent der US-Bürger größeres Interesse an den Anwendungsmöglichkeiten der digitalen Technik haben. NBC stellt ferner fest, daß die ›elektronischen Konsumenten‹ erst noch definiert werden müßten.«[48] Das heißt also, daß nur jeder siebte Amerikaner überhaupt ein (potentieller) Kunde für das interaktive Fernsehen ist. Und wissen wir, wieviele von diesen (potentiellen) Kunden ihr Interesse bekundet haben, weil es einfach en vogue ist, das interaktive Fernsehen? Und wie groß mag die tatsächliche Fangemeinde des interaktiven Fernsehens in Deutschland erst einmal sein, wenn man die unterschiedlichen Konsumgewohnheiten zwischen Amerikanern und Deutschen berücksichtigt. Oder sollte die Frage besser heißen: Wie klein?

Vergleichbar wie beim interaktiven Fernsehen stellt sich auch die Situation der PCs dar. Die Industrie geht auch hier scheinbar von Selbstverständlichkeiten aus, die in dieser Form gar nicht gegeben sind. Ein Schlüssel zum Erfolg bei der »Arbeit« mit einem PC liegt für Otto Normal z.B. in der Tatsache begründet, die Tastatur zu beherrschen, also Schreibmaschine schreiben zu können – zumindest im Drei-Finger-Suchsystem. Können das alle (potentiellen) Kunden?

Da steht sie also, die multimediale Revolution – vor unserer Tür. Wollen wir sie rein lassen? Das entscheidet nur einer, Sie wissen schon wer – der Kunde. In Zeiten, wo die meisten Menschen nicht einmal wissen, wie sie ihren Videorecorder programmieren sollen, wo 34 der 40 Knöpfe der Stereoanlage noch nie benutzt wurden, sind zumindest Bedenken angebracht, ob die Tür tatsächlich so weit geöffnet wird, wie uns die Fachleute weismachen wollen. Professor Opaschowski stellt hierzu ganz nüchtern fest: »Der Aufrüstung der Freizeit durch immer neue Technologien sind psychologische Grenzen gesetzt. Ohne eine breite Akzeptanz der Konsumenten wird der Multi-Media-Markt kein Milliarden-Markt werden.«[49]

Wie schnell und ob sich dieser Milliardenmarkt überhaupt entwickeln wird, hängt ausschließlich davon ab, inwieweit die individuellen Bedürfnisse des (potentiellen) Kunden angesprochen und befriedigt werden können. Die Anbieter müssen eine Kehrtwendung vollziehen. Sie müssen eine neue Liebe entdecken, die Liebe zu den (potentiellen) Kunden. Nicht nur die Käufer von PCs müssen gefragt werden, nach welchen Kriterien sie eine Kaufentscheidung treffen, sondern gerade die potentiellen Käufer müssen gefragt werden, wie ihre individuellen Bedürfnisse aussehen. Nicht die Ausstattung eines PCs mit Fernseh-, Video-, und Soundkarte, Fax-Modem, Anrufbeantworter und CD-ROM, Auffahrt auf die Datenautobahn usw. ist in Zukunft entscheidend, sondern die Frage, inwieweit mit diesen angebotenen Problemlösungen tatsächliche individuelle Bedürfnisse des (potentiellen) Kunden befriedigt werden können. Wenn die Verantwortlichen und ihre Mitarbeiter der multimedialen Industrie ihre Liebe zu ihren (potentiellen) Kunden entdecken, dann, so bin ich mir sicher, steht uns wirklich eine multimediale Revolution ins Haus – aber nur dann. Denn es gibt einen, der hierüber entscheidet – der (potentielle) Kunde.

10 Tips, wie Sie die individuellen Bedürfnisse Ihrer (potentiellen) Kunden feststellen und gleichzeitig sicherstellen, daß diese der Maßstab für die unternehmerische Leistung aller Ihrer Mitarbeiter werden.

1. Definieren Sie in Workshops zusammen mit Ihren Mitarbeitern, was Sie Ihren (potentiellen) Kunden wirklich verkaufen (wollen).
2. Erarbeiten Sie, welche individuellen Bedürfnisse Sie mit Ihrem Angebot bisher bedienen und welche Sie in Zukunft bedienen sollten.
3. Erarbeiten Sie die Sekundärmerkmale, die Ihre (potentiellen) Kunden bisher daran hindern von Ihrem Leistungsangebot Gebrauch zu machen.
4. Falls Sie über keine eigene Marktforschungsabteilung verfügen oder Ihr Budget hierfür zu klein ist, nutzen Sie die weltweit jedermann zugänglichen Datenbanken. In T-online z.B. *GBI# oder *GENIOS#. Hier haben Sie Zugriff auf zahlreiche Marktuntersuchungen, die in verschiedenen Fachzeitschriften veröffentlicht wurden.
5. Geben Sie Ihren (potentiellen) Kunden immer die Möglichkeit mit Ihrem Unternehmen in Kontakt zu treten.
6. Legen Sie jeder Auslieferung einen Fragebogen bei bzw. diesen in Ihren Verkaufsräumen aus.
7. Geben Sie Ihren (potentiellen) Kunden immer das Gefühl, daß Ihr Unternehmen, bzw. Ihr Leistungsangebot für diese wichtig ist. Ihre (potentiellen) Kunden müßten es bedauern, falls Ihr Unternehmen morgen nicht mehr existieren würde.
8. Nehmen Sie sich genügend Zeit, Ihre (potentiellen) Kunden zu beobachten.
9. Geben Sie Ihren Mitarbeitern die Möglichkeit als »laufende« Mafo zu agieren.
10. Visualisieren Sie die individuellen Bedürfnisse Ihrer (potentiellen) Kunden. Machen Sie diese »Bilder« Ihren Mitarbeitern überall und immer zugänglich.

2. Der Maßstab für das unternehmerische Handeln sind die individuellen Bedürfnisse der (potentiellen) Kunden

Das Unternehmen kennt und versteht seine (potentiellen) Kunden und deren Bedürfnisse so gut, daß die angebotene Problemlösung den Erwartungen des Kunden in seiner subjektiv empfundenen Wahrnehmung voll und ganz entspricht

1.	Kennen Sie die individuellen Bedürfnisse Ihrer (potentiellen) Kunden?	☐ Ja ☐ Nein Chance ___
2.	Identifizieren Sie diese kontinuierlich?	☐ Ja ☐ Nein Chance ___
3.	Fragen Sie Ihren (potentiellen) Kunden regelmäßig nach seinen Erwartungen an Ihr Unternehmen?	☐ Ja ☐ Nein Chance ___
4.	Nutzen Sie Ihre Verkäufer, Ihren Außendienst und alle anderen Mitarbeiter, die direkten Kontakt mit Ihren (potentiellen) Kunden haben, um deren individuelle Bedürfnisse festzustellen?	☐ Ja ☐ Nein Chance ___
5.	Beobachten Sie Ihre (potentiellen) Kunden regelmäßig?	☐ Ja ☐ Nein Chance ___
6.	Setzen Sie zu Beginn eines Verkaufsgesprächs einen Fragebogen ein?	☐ Ja ☐ Nein Chance ___
7.	Legen Sie der Einkaufstüte, der Verpackung, dem Produkt einen Fragebogen bei?	☐ Ja ☐ Nein Chance ___
8.	Besuchen Sie Ihren (potentiellen) Kunden regelmäßig zuhause oder an seinem Arbeitsplatz und sehen Sie, wie er die von Ihnen erworbene Problemlösung benutzt?	☐ Ja ☐ Nein Chance ___
9.	Haben Sie jemals Ihre Nichtkunden zu einem Gespräch eingeladen, um festzustellen unter welchen Bedingungen diese die von Ihnen angebotene Ware oder Dienstleistung erwerben würden?	☐ Ja ☐ Nein Chance ___

10. Lassen Sie Ihren (potentiellen) Kunden in ausreichendem Umfang Held sein? ☐ Ja ☐ Nein Chance ___
11. Sprechen Sie bei Ihren (potentiellen) Kunden in ausreichendem Maß das Bedürfnis nach Sicherheit an? ☐ Ja ☐ Nein Chance ___
12. Wird sich Ihr (potentieller) Kunde körperlich oder seelisch besser fühlen, wenn er Ihre angebotene Problemlösung kauft? ☐ Ja ☐ Nein Chance ___
13. Haben Sie das Gefühl, etwas Wichtiges zu verkaufen? ☐ Ja ☐ Nein Chance ___
14. Haben Sie Ihre (potentiellen) Kunden schon einmal nach dem Image Ihrer Firma oder einzelner Produkte befragt? ☐ Ja ☐ Nein Chance ___
15. Welche Erwartungen hat Ihr (potentieller) Kunde an Ihr Unternehmen und die von Ihnen angebotenen Problemlösungen? Chance ___

___

___

___

___

16. Welcher dieser Erwartungen werden Sie tatsächlich gerecht? Chance ___

___

___

___

___

17. Welche dieser Erwartungen, denen Sie bis heute nicht gerecht werden konnten, könnten Sie in Zukunft – wie – erfüllen? Chance ___

___

___

___

___

18. Welche individuellen Bedürfnisse **könnten** mit der von Ihnen angebotenen Problemlösung befriedigt werden? Chance ____

____

____

____

____

19. Welches **entscheidende** individuelle Bedürfnis befriedigen Sie aus der Sicht Ihrer (potentiellen) Kunden wirklich? Chance ____

____

____

____

____

20. Welche Neuroassoziationen entstehen bei Ihrem (potentiellen) Kunden in bezug auf Ihre angebotene individuelle Problemlösung? Chance ____

____

____

____

____

21. Welche Freude empfindet Ihr Kunde, wenn er Ihre Problemlösung verwendet? Chance ____

____

____

____

____

22. Welche Pein empfindet Ihr (potentieller) Kunde, wenn er Ihre Problemlösung **nicht** verwendet? Chance ____

____

____

____

____

23. Welche objektiven Sekundärmerkmale können bei Ihren (potentiellen) Kunden den Kauf verhindern? Chance ___

___

___

___

___

24. Welche subjektiven Sekundärmerkmale können bei Ihren (potentiellen) Kunden den Kauf verhindern? Chance ___

___

___

___

___

25. Eine bildhafte Vorstellung kann die verborgenen Reserven Ihrer Produktpolitik freisetzen. Stellen Sie sich vor, Sie sehen gerade einen Film, in dem einer Ihrer (potentiellen) Kunden gerade Ihre Problemlösung verwendet. Was sehen Sie? Chance ___

___

___

___

___

26. Stellen Sie sich jetzt vor, ein (potentieller) Kunde, der sich in der gleichen Situation wie im »Film« zuvor befindet, setzt Ihre Problemlösung **nicht** ein. Was sehen Sie jetzt? Chance ___

___

___

___

___

27. Beschreiben Sie den Auslöser, der den (potentiellen) Kunden zum Kauf Ihrer Ware oder Dienstleistung motiviert! Chance ___

___

___

___

___

28. Wie geben Sie in Zukunft Ihrem (potentiellen) Kunden das Gefühl, Held zu sein? Chance ____

____

____

____

____

29. Keine Ware oder Dienstleistung steht alleine für sich; stets muß der Bezugsrahmen mitgedacht werden. Was verkaufen Sie über die sichtbare Ware oder Dienstleistung hinaus? Chance ____

____

____

____

____

30. Inwieweit könnte der Kauf und die Anwendung Ihrer Ware oder Dienstleistung dem (potentiellen) Kunden helfen, Unangenehmes zu überwinden? Chance ____

____

____

____

____

31. Welche Probleme des täglichen Lebens könnten Ihre (potentiellen) Kunden mit Ihrer Ware oder Dienstleistung lösen oder wenigstens mildern? Chance ____

____

____

____

____

32. Lernen Sie die tiefsten Phantasien und Wünsche Ihrer (potentiellen) Kunden kennen: Was würden diese kaufen, wenn Geld keine Rolle spielen würde? Welche individuellen Bedürfnisse erkennen Sie? Chance ____

____

____

____

____

33. Wie werden Sie in Zukunft die individuellen Bedürfnisse Ihrer (potentiellen) Kunden identifizieren? Beschreiben Sie bitte kurz die »Antenne«, die Sie in Ihrem Unternehmen installieren wollen, um kontinuierlich zu erfahren, wie Ihre (potentiellen) Kunden denken, fühlen und handeln? Chance ___

____

____

____

____

34. Wie werden Sie diese in Zukunft in konkrete Anforderungen an die Problemlösungskompetenz Ihres Unternehmens umsetzen? Chance ___

____

____

____

____

35. Wie könnten Sie in Zukunft Ihre (potentiellen) Kunden kontinuierlich in eine Situation der »emotionalen« Instabilität versetzen? Chance ___

____

____

____

____

Wenn Sie alle Fragen beantwortet haben, müßten Sie jetzt die individuellen Bedürfnisse sowie die objektiven und subjektiven Sekundärmerkmale Ihrer (potentiellen) Kunden kennen. Außerdem wissen Sie nun, wie Sie in Zukunft sicherstellen werden, daß Sie diese Informationen kontinuierlich erhalten.

Anmerkungen

1 vgl. o.V.; in HORIZONT; 4. 11. 1995; Nr. 44/1995; S. 109
2 vgl. im folgenden o.V.; in: shop; Nr. 03/1995; S. 18/19
3 vgl. Grüne, Andreas; in: Direkt Marketing; Januar/Februar 1995; S. 14–17
4 vgl. o.V., acquisa; Nr. 09/1994; S. 12 und Gershman, Michael: Vom Flop zum Renner: Kreative Strategien des Remarketing; 1993
5 Schnitzler, Lothar; in: WirtschaftsWoche; 19.01.1995, Nr. 4; 49. Jahrgang; S. 61; bei dem deutschen Lieferanten der Telefonapparate für die Telekom fielen die Absatzzahlen übrigens unter das kritische Maß, so daß das Unternehmen sich aus dem Endgerätemarkt zurückziehen mußte und über 300 Mitarbeiter ihren Job verloren
6 vgl. Mosch, Michael; Pleiten, Pech und Pannen. Enzyklopädie des Versagens: Buch über Produktflops und Markenfiaskos ist in den USA erschienen, in: HORIZONT; 12.04.1996; Nr. 15/96; S. 60
7 vgl. o.V.; in: Handelsblatt; 22.11.1994, Nr. 225; S. 48
8 vgl. Palan, Dietmar; in: HB; 1.08.1994; Nr. 145; S. 10
9 Die im folgenden dargestellten Erkenntnisse sind weitestgehend dem Christiani Mentalprogramm entnommen. Eine schriftliche Unterlage im Sinne eines Artikels oder Buches über das Seminarprogramm von Alexander Christiani kann hier nicht angegeben werden. Sollten Sie jedoch an weiterführenden Unterlagen interessiert sein, so bin ich Ihnen gerne behilflich
10 Es wird in diesem Vergleich bewußt zwischen einer Betriebssoftware wie z.B. MS DOS und einer Anwendersoftware wie z.B. Microsoft Word unterschieden.
11 Schwarz, Friedhelm; in: HORIZONT; 11.11.1994; Nr. 45/ 95; S. 20
12 vgl. Becker, Annegret; in: impulse; Nr. 03/95; S. 71
13 Enzweiler, Tasso; in: Capital; Nr. 03/1995; S. 61
14 ebenda
15 vgl. ebenda
16 vgl. o.V.; in: W & V; Nr. 42/1994; S. 184
17 vgl. auch im folgenden o.V.; in: W & V; Nr. 14/1995; S. 16
18 vgl. auch im folgenden o.V.; in: Handelsblatt; 30.03.1995; Nr.64; S. 17
19 vgl. o.V.; in: shop; Nr. 05/1995; S. 7
20 o.V.; in: W & V; Nr. 11/1995; S. 84
21 vgl. zum folgenden Kroeber-Riel, Konsumentenverhalten; 1992 – In seinem Buch stellt Kroeber-Riel sehr ausführlich die psychischen und sozialen Einflußgrößen auf das Konsumentenverhalten dar
22 Peters, Thomas J.; Waterman jun., Robert H.; Auf der Suche nach Spitzenleistungen, 1991
23 Hofmann, Siegfried; in: Handelsblatt; 24.10.1994; Nr. 205; S. 17
24 vgl. Hanser, Peter; in: absatzwirtschaft; Nr. 05/1994; S. 71
25 ebenda, S. 72
26 ebenda

27 vgl. auch zum folgenden o.V.; in: Handelsblatt, 7.03.1995; Nr. 47; S. 27
28 o.V.; in: Handelsblatt; 7.3.1995; Nr. 47; S. 27
29 vgl. o.V.; in: Sales Profi; Nr. 02/95; S. 10
30 vgl. Enzweiler, Tasso; in: Capital; Nr. 03/95; S. 62
31 vgl. Meffert, Heribert; Marketing: Grundlagen der Absatzpolitik; Wiesbaden 1986; S. 180
32 bei Heinz Dallmer; Handbuch Directmarketing, ist der Begriff ›Marktforschung‹ nur auf 2 von 869 Seiten erwähnt
33 vgl. o.V.; in: Sales Profi; Nr. 01/1995; S. 6
34 vgl. Hirsch, Susanne; in: Manager Seminare; II. Quartal 1995; Heft 19; S. 81
35 vgl. o.V.; in: Saarbrücker Zeitung; 8.2.1995; Nr. 33; S. 12
36 vgl. o.V.; in: Shop; Nr. 06/1995; S. 18
37 Kieven, Hartmut W.; in: HORIZONT; 18. Oktober 1996; Nr. 42/96, S. 17
38 vgl. Schönherr, Karlheinz; Nach oben geschraubt: Reinhold Würth, die Karriere eines Unternehmers; 1991; S. 138
39 vgl. Berry, Leonard L.; Top Service. Im Dienst am Kunden; Stuttgart 1996; S. 42f.
40 Saarbrücker Zeitung; Nr. 293; S. 3
41 o.V.; in: text intern; 29. März 1995; S. 30
42 Turi Peter; in: HORIZONT; 17.03.1995; Nr.11/1995; S. 70
43 vgl. o.V.; in: Der Kontakter; 10.4.1995; Nr. 15; S. 2
44 vgl. ebenda, S. 4
45 Werb, Andreas; in: W & V; 10.3.1995; Nr. 10/1995; S. 8
46 o.V.; in: W & V; Nr. 13/1995; S. 60
47 ebenda
48 ebenda
49 o.V.; in: Marketing Journal; Nr. 01/1995; S. 14

Kapitel 4: Von der eindimensionalen Produktpolitik zur individuellen Problemlösung

Wenn der Kunde im Mittelpunkt aller Aktivitäten des Unternehmens stehen soll und die Bedürfnisse des (potentiellen) Kunden Maßstab für diese unternehmerischen Aktivitäten sind, muß die Produktpolitik in den Unternehmen einen neuen Stellenwert erfahren.

Das kundenorientierte Unternehmen kann dann keine Produkte oder Dienstleistungen mehr vertreiben, sondern ausschließlich individuelle Problemlösungen, mit denen der (potentielle) Kunde seine individuellen Bedürfnisse nach seinen Maßstäben befriedigen kann. Die Problemlösung und die Kommunikationspolitik zeichnen sich dann durch eine neue Qualität aus, die ausschließlich an den individuellen Bedürfnissen und Erwartungen der Kunden gemessen wird.

Die Marktgesetze in Deutschland scheinen jedoch anders zu funktionieren: »Ignoranz gegenüber Kunden bestimmt auch die Arbeit in den Entwicklungsabteilungen. Statt den Kundennutzen zu steigern, tüfteln deutsche Ingenieure lieber an technischen Superlösungen, die keiner bezahlen kann. Für viele Techniker ist Qualität nach wie vor das, was sie selbst als solche definieren« ist in einem Artikel der *Wirtschafts-Woche*[1] Anfang des Jahres 1995 zu lesen. Doch gilt dies nur für Ingenieure? Gilt es nicht genauso auch für den Marketingleiter, den Produktmanager, den Vorstand? Der Münsteraner Marketingprofessor Klaus Backhaus hat bei einer Befragung von rund 270 Investitionsgüterherstellern festgestellt, daß nur jeder zweite Manager der Branche es überhaupt für wichtig hält, die Anwender seiner Produkte zu befragen. Nur 45 Prozent der Befragten, also noch nicht einmal jeder zweite Manager, messen der gemeinsamen Produktentwicklung mit dem Kunden eine hohe Bedeutung zu. So kann es auch nicht verwundern, daß nur noch jeder siebte sich überhaupt vorstellen kann, eigene Mitarbeiter vorübergehend beim Kunden zu beschäftigen.[2] Noch einmal: Hier wurden Manager der Investitionsgüterbranche befragt, also Manager, die Maschinen für einige Zehn- und Hunderttausende und sogar Millionen von Mark an ihre Kunden verkaufen wollen. Und jeden zweiten aus dieser Branche interessiert nicht, welche Bedürfnisse der Kunde hat, wie er dem Kunden mit seinen Produkten helfen kann. Backhaus spricht hier berechtigtermaßen nicht von den Produkten, sondern vom Leistungsangebot des Unternehmens, also dem Angebot an Produkt und Dienstleistung, mit dem das Unternehmen hilft, die Bedürfnisse des Kunden zu befriedigen oder die Probleme des Kunden zu lösen.

Eine Untersuchung von mehr als 800 Unternehmen aller Größenordnungen, der Düsseldorfer Unternehmensberatung *Droege & Comp.* mit dem Titel »Mobilisierung für die Zukunft – Triebfeder Kunde« hat ergeben, daß nur jede fünfte Führungskraft und sogar nur zwei Drittel der Mitarbeiter die eigenen Kunden kennen. Da drängt sich die Frage auf: »Was machen eigentlich 80 von 100 Führungskräften jeden Tag?« Schlimmer noch ist ein anderes Ergebnis der gleichen Untersuchung, wonach 86 Prozent der Marketing-Manager wissen wollen, wie der Kunde denkt, »aber noch nicht einmal jede zweite Forschungs- und Entwicklungsabteilung.«![3] Dieses Ergebnis bestätigt eindrucksvoll und vernichtend zugleich, daß immer noch viel zu viele deutsche Unternehmen ihren Unternehmenszweck darin sehen, für (gegebene) Produkte Abnehmer zu suchen, anstatt individuelle Bedürfnisse im Markt aufzuspüren und diese mit individuellen Problemlösungen zu befriedigen.

Eine vergleichende Studie aus der Automobilbranche beschreibt das Problem noch aus einer anderen Sicht: Fast 80 Prozent der in dieser Studie befragten amerikanischen Manager waren davon überzeugt, daß im Jahr 2000 die Produktqualität ein entscheidender Wettbewerbsvorteil sein werde. In Japan stimmte nur jeder zweite Manager diesem Urteil zu. Das bedeutet natürlich nicht, daß die japanischen Manager in Zukunft stärker als die amerikanischen Kollegen die Qualität ihrer Produkte aus dem Auge verlieren werden. Vielmehr zeigt es, daß die Qualität des Produktes zu einer Selbstverständlichkeit geworden ist. Über hohe Produktqualität allein werden sich die Unternehmen in Zukunft kaum noch gegenüber dem Wettbewerber differenzieren können. Auch die Deutschen nicht über »Made in Germany«. Im Gegenteil »Made in Germany« kann sogar dazu führen, daß ein Unternehmen mit seinem Angebot gnadenlos am Markt vorbeischießt – mit der Konsequenz, daß der Markt dann das Unternehmen abschießt. Brillen *Carrera*, 1996 einer der berühmtesten Pleitefälle in Deutschland, ist so ein Beispiel: »Wir liefern Qualität, die der Kunde nicht will«, mokierte sich ein *Carrera*-Manager.[4] So halten die Beschichtungen auf den Gestellen 15 Jahre, obgleich Brillen in der Regel nach fünf Jahren ausgemustert werden. Den Rest besorgte der Preisverfall: Für Fassungen zahlte der Kunde 1996 ein Fünftel weniger als noch ein Jahr zuvor.

Trotz dieser Erfahrungen scheinen sich viele deutsche Manager noch immer auf den einmal errungenen Lorbeeren ausruhen bzw. wie vor 40 Jahren weiterarbeiten zu wollen. Sie scheinen die Kraft, die Energie der individuellen Bedürfnisse und der damit verbundenen individuellen Problemlösungen noch nicht erkannt oder verstanden zu haben. Wie sonst ist es möglich, daß auf dem 22. Deutschen Marketingtag 1994 in Hamburg in verschiedenen Vorträgen die umfassende Qualität von Produkt und Service als zunehmend entscheidender Wettbewerbsfaktor identifiziert wurde: »Kundenorientierung durch Entwicklungskompetenz, hohe Qualität von Produkt und Service, logistische Flexibilität und lebenslange Wartung müssen ebenso selbstverständlich werden wie technische Spitzenleistungen.«[5] So stellvertretend für viele ein Zitat aus Hamburg. Solange hohe Produktqualität, die eine Selbstverständlichkeit sein sollte, und technische Spitzenleistungen im Fokus der Unternehmen stehen, ist die Gefahr sehr groß, daß die Unternehmen eine nach innen gerichtete Produktpolitik betreiben, die die Notwendigkeiten des Marktes, also die individuellen Bedürfnisse, nicht berücksichtigt. Für solche Unternehmen ist die Gefahr sehr groß, daß sie ihre Produkte nach wie vor in den Markt schieben und den Kunden wie im klassischen Marketing höchstens als Ziel betrachten. Dieser Weg ist eindimensional und wird langfristig in eine Sackgasse führen.

Mit Maximaler Kundenorientierung hingegen entwickelt das Unternehmen nicht nur eine »Antenne« für die individuellen Bedürfnisse des (potentiellen) Kunden, sondern bedient diesen auch individuell mit der entsprechenden Problemlösung. Das Unternehmen sucht keine Kunden mehr, die seine Produkte kaufen, sondern sucht für individuelle Bedürfnisse individuelle Problemlösungen. Die *Braun AG* in Kronberg ist diesen Weg gegangen und hat damit Erfolg. »Früher zerbrachen sich die Ingenieure ihren Kopf darüber, was sie mit einem vorhanden Elektromotor noch alles anfangen können«, erinnert sich Technik-Vorstand Bernhard Wild, »heute befassen sich unsere Forscher zunächst mit den Kundenbedürfnissen, denken sich eine neue Lösung aus – und erst dann

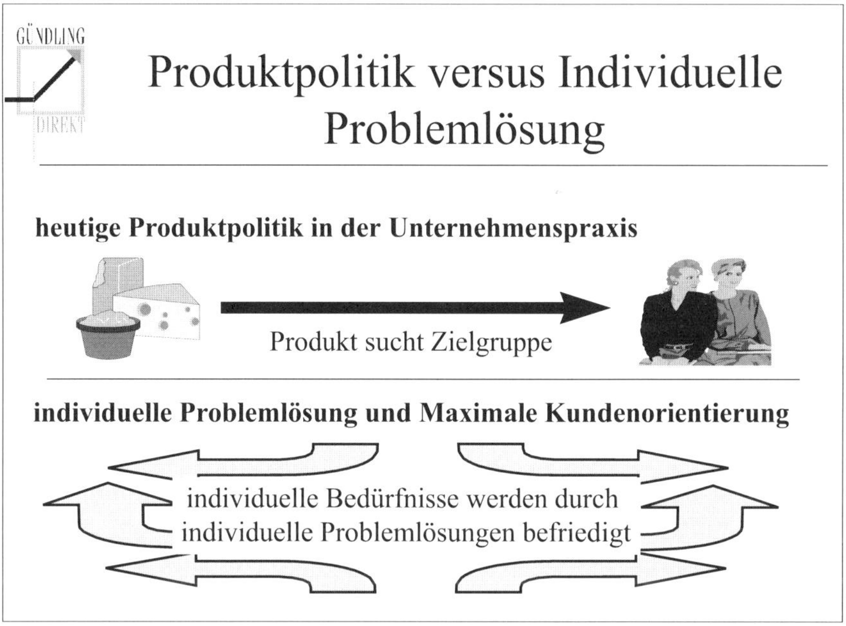

Abb. 4.1

wird entwickelt.«[6] Dieser neue Ansatz trug entscheidend dazu bei, glaubt Wild, daß das Unternehmen zum Weltmarktführer bei Rasierern, Mundpflegegeräten, Handmixern, Haartrocknern und Epiliergeräten geworden ist. So holte sich das Unternehmen, bevor die Idee von einem neuen Mundpflegegerät technisch umgesetzt wurde, Rat von Zahnärzten und Wissenschaftlern und machte ausgiebige medizinische Tests. Das Ergebnis: Die rotierende Bewegung eines Bürstenkopfes reinigt die Zähne wesentlich besser als eine normale Zahnbürste. Daraufhin bekamen die Entwickler die Vorgabe, einen Elektromotor nach genau diesen Erkenntnissen zu entwickeln. Das Mundpflegegerät *Plak Control* wurde so zu einem der meist verkauften Produkte in diesem Marktsegment. Die *Loewe Opta GmbH* in Kronach steigerte ihren deutschen Marktanteil mit markant gestalteten Fernsehern seit 1993 von 7,0 auf 9,4 Prozent Ende 1995. Einer Kundenbefragung zufolge rangiert das Design als kaufentscheidender Faktor weit vor Preis, technischer Ausstattung und dem Gütesiegel »Made in Germany«.[7] Mit *Loewe Opta* stellt sich der Verbraucher nicht mehr nur einen großen schwarzen Kasten ins Wohnzimmer, der auf Knopfdruck bewegte Bilder zeigt, sondern erwirbt er ein richtiges Designer Mobiliar. Der Weg der Maximalen Kundenorientierung hilft den Unternehmen, den Weg des Glücksspiels zu verlassen. Denn zweifelsohne gibt es auch viele Erfolgsgeschichten, bei denen erst das Produkt entwickelt und dann der Markt gesucht wurde. Der Walkman von *Sony* oder die *Post it*-Aufkleber der Firma *3M* sind solche Beispiele. Diese kleinen gelben Zettelchen, die man heute an vielen Telefonen, in vielen Brieftaschen findet und in keinem Sekretariat mehr missen möchte, haben aber erst dann ihren Erfolgszug gestartet, als den (potentiellen) Kunden der Nutzen klar wurde.

3. Mit individuellen Problemlösungen die individuellen Bedürfnisse des Kunden befriedigen

Das kundenorientierte Unternehmen vertreibt keine Produkte oder Dienstleistungen, sondern entwickelt und bietet individuelle Problemlösungen an, mit denen der (potentielle) Kunde seine individuellen Bedürfnisse nach seinen Maßstäben befriedigen kann. Die Problemlösungen als auch die Kommunikationspolitik zeichnen sich durch eine neue Qualität aus, die ausschließlich an den Erwartungen der (potentiellen) Kunden gemessen wird.

Die Erwartungen des Kunden kennen und mit einem Bett und einem Frühstück befriedigen

Ein Musterbeispiel für eine Problemlösung, die durch die Befriedigung eines individuellen Bedürfnisses zu einem gigantischen Markterfolg führte, verbirgt sich hinter *Show View*. 1995 hat *Show View* eine Bekanntheit in den Haushalten von 80 Prozent erreicht. Noch drei Jahre zuvor kannte es keiner, aber viele Videogerätebesitzer wollten es haben: eine Hilfestellung, um endlich einmal ohne die Bedienungsanleitung den Videorecorder richtig zu programmieren. Wie oft kam es in deutschen Haushalten vor, daß der Film »Casablanca«, den man aufnehmen wollte, statt in Ricks Café in Casablanca im Bahnhof von

Paris begann, und der Film nicht mit dem Abflug von Elsa, gespielt von Ingrid Bergmann, – »Schau mir in die Augen Kleines« – sondern mit Dagmar Berghoff und der Tagesschau endete. Videorecorder und dieses in vielen Haushalten bekannte Problem sind seit Jahrzehnten auf dem Markt bekannt. Die Problemlösung: *Show View.* Jetzt braucht der Endverbraucher nur noch wenige Zahlen einzutippen, die er seiner Programmzeitschrift entnimmt, und alles funktioniert so wie erwartet.

Die Firma *Gemstar,* Hersteller des *Show View,* hat ein weiteres Kundenbedürfnis entdeckt und sich hierfür eine neue Problemlösung – soweit mir bekannt, eine einmalige – auf den Markt gebracht, den *CallSet.* Im Zeitalter des technischen Fortschritts gibt es kaum noch ein Radio, einen Kassettenrecorder, einen CD-Player, einen Fernseher oder Videorecorder ohne Fernbedienung. Zuhause stapeln sie sich. Der Wohnzimmertisch ist mit verschiedenen Geräten der verschiedenen Marken, mit unterschiedlichen Bedienungen und Tastenbezeichnungen belegt. Manchmal braucht man schon ein Studium, um nur die klassischen Funktionen der verschiedenen Fernbedienungen auch tatsächlich bedienen zu können. So mancher hatte zudem doch schon die Fernbedienung am Ohr, wenn das Handy klingelte. Inzwischen gibt es schon programmierbare Fernbedienungen auf dem Markt, die die Funktionen von verschiedenen Fernbedienungen in nur einer einzigen vereinigen. Doch haben Sie schon einmal eine solche Fernbedienung selbst programmiert? Auch das ist für den technischen Laien eine Wissenschaft für sich. Ganz anders geht es mit dem *Call Set* von *Gemstar-Show View Deluxe.* Er ermöglicht die Einrichtung unterschiedlicher Gerätetypen per Telefon. Der Kunde nennt nur den Markennamen und die Modellnummer der verschiedenen Geräte. Danach hält er das untere Ende des *Show View Deluxe* an die Hörmuschel. Nach wenigen Sekunden zeigt das Display der Fernbedienung die Datenübertragung an und signalisiert die Betriebsbereitschaft. Ein Bedürfnis und seine Problemlösung – ein Markt.

Mit *Show View* wurden auch neue Märkte für die Programmzeitschriften der *Bauer*-Gruppe erschlossen; denn nur in diesen Programmzeitschriften waren bis 1994 die *Show View*-Nummern abgedruckt. Ein Bedürfnis – zwei Märkte.

Die *Deutsche Bundesbahn* hat ebenfalls begonnen, ihr Angebot an den Erwartungen ihrer verschiedenen Zielgruppen auszurichten. Mit einem Aufwand von 200 Millionen Mark werden in den nächsten Jahren 500 im IC-Verkehr eingesetzte Wagen umgebaut. Neben den normalen Überarbeitungen und Nachbesserungen werden dann z.B. den Bedürfnissen der Geschäftsreisenden entsprechend, ausreichend 220 V-Anschlüsse, z.B. für den Laptop, in jedem Wagen vorhanden sein. Zusätzlich werden auch Faxgeräte und Kartentelefone in ausreichender Anzahl angeboten werden. Dies ist sicher ein Schritt in die richtige Richtung. Noch besser wäre es, wenn die Bahn auch Drucker zum Ausdruck der während der Bahnreise erstellten Dateien und direkte Faxanschlüsse über das Laptop anbieten würde, dann könnte der Geschäftsreisende seine Dateien nicht nur senden, sondern andere auch abrufen. Die technischen Möglichkeiten werden zur Verfügung stehen. Zusätzlich sollte die Bahn sich auch überlegen, wie der Geschäftsreisende in Zukunft in der Bahn erreichbar ist, da das Mobiltelefon in den ICE-Zügen ja nicht funktionsfähig ist. Im Zeitalter der Kommunikation und der Neuen Medien ist eine bedingungslose Erreichbarkeit jedoch eine Selbstverständlichkeit und für viele Geschäftsreisende eine Erwartung, die individuell befriedigt werden muß.

Das neue Denken der Bahn ist das Ergebnis eines neuen »Produktes«, wie Heinz Neuhaus, im Vorstand der *Bahn AG* verantwortlich für den Fernverkehr, erklärte: »Das Produkt ist nicht der Zug, sondern die Dienstleistung.«[8] Außerdem wird es spezielle *ICE*-Terminals und Lounges an den Bahnhöfen geben, um die Zugreise noch attraktiver insbesondere für Geschäftsreisende zu machen. Fahrscheinautomaten und der Fahrscheinverkauf per Telefon sollen den Einstieg in die Bahn erleichtern. Es bleibt zu hoffen, daß die Bahn aus ihrem ersten Versuch, die Serviceleistungen zu verbessern und damit die individuellen Bedürfnisse ihrer Kunden zu befriedigen, gelernt hat. Mit dem Kuriergepäck-Service bietet die Bahn seit 1994 ihren Reisenden den Gepäcktransport von Haus zu Haus an. Doch die von der Bahn damit beauftragte Tochtergesellschaft der Post war auf den Ansturm der Kunden, die Nachfrage nach diesem Kuriergepäck-Service nicht vorbereitet. Bis zu einer Woche mußte der eine oder andere Kunde auf sein Gepäck warten. Nur gut, daß die Bahn diesen Service nicht noch mit dem Begriff »Express« verbunden hat.

Sicher wird es der Bahn mit diesen verbesserten Problemlösungen gelingen, den einen oder anderen neuen Kunden zu gewinnen, da diese

Problemlösung »Bahn« geeignet ist, die individuellen Bedürfnisse vieler Geschäftsreisender zu befriedigen. Gleichzeitig ist die »Bahn« aber auch ein schönes Beispiel dafür, wie das Angebot einer individuellen Problemlösung in dem einen Markt zu Unsicherheit in einem anderen führen kann. Mit den Wochenendtickets für zunächst 15 DM und ab Mitte 1995 für 30 DM ist es der Bahn gelungen, neue Kundengruppen zu erschließen. Leider führte die enorme Nachfrage in einigen Fällen dazu, daß die Bahn die Fahrpläne nicht einhalten konnte. Insbesondere an Verkehrsknotenpunkten der Bahn, also in Ballungszentren, stiegen so viele Menschen in die Züge ein und andere gleichzeitig wieder aus, daß die vorgegebenen Aufenthaltszeiten in den Bahnhöfen nicht eingehalten werden und somit Verspätungen einiger Züge nicht verhindert werden konnten. Aufgrund der Besonderheit dieses Angebotes (und weil es so viele Menschen betreffen kann), hatten sich natürlich bei Einführung des Wochenendtickets die Medien dieses Themas angenommen. Über Radio und Fernsehen, Zeitung und Zeitschrift wurde über die Erfahrungen der Reisenden und über die Verspätungen der Züge berichtet. Die Bahn erkannte schnell das Dilemma und versuchte zu retten, was zu retten war, denn in Wirklichkeit waren nur fünf Prozent aller Züge von den Verspätungen betroffen. Aber nicht nur Otto Normal, sondern auch der Geschäftsreisende hatte die Nachrichten über die Verspätungen gehört. Und Unpünktlichkeit im Geschäftsleben kann richtig Geld kosten. Das individuelle Bedürfnis der Geschäftsreisenden wurde zwar angesprochen, aber leider in der verkehrten Richtung.

Ein weiteres Beispiel, wie durch einen kreativen Lösungsversuch die Erwartungen des Marktes befriedigt werden können, stellen die neuen *Good-Night-Inn-Hotels* dar. Welche Erwartungen kann ein Manager an eine Übernachtung in einem Hotel haben – oder anders gefragt: Welche Bedürfnisse hat er?

Bedürfnisse eines Managers bei einer Hotelübernachtung

- gut schlafen
- duschen oder baden
- ein bißchen Fernsehen oder Radiohören
- (mit seiner Familie) telefonieren
- für seine Firma erreichbar sein
- über die ihm bekannten technischen Möglichkeiten mit seiner Firma kommunizieren können

- gut und ausreichend frühstücken
- die Tageszeitung lesen

In einem halbwegs vernünftigen Hotel einer deutschen Großstadt kostet den Manager bzw. seine Firma diese Übernachtung DM 230.– bis DM 300.–, abhängig von der Saison. In diesem Preis enthalten ist die Finanzierung der Sauna und des Schwimmbades, des Fitneßraumes und der Hotelbar, der vier verschiedenen Restaurants und der großen Empfangshalle mit vielfältigen Sitzmöglichkeiten und noch vieles mehr. Alles Angebote des Hotels, die unser Manager mit den oben genannten Bedürfnissen gar nicht nutzen kann bzw. will, da er die entsprechenden individuellen Bedürfnisse gar nicht hat, die durch diese angebotenen und mitbezahlten Problemlösungen befriedigt werden könnten. Das Angebot geht weit über seine Erwartungen hinaus. Der Preis für das Produkt »Übernachtung« enthält Problemlösungen, die gar nicht benötigt werden.

Diesen Umstand hat sich das Franchisekonzept *Good-Night-Inns-Hotels*[9] zunutze gemacht: Als typischer Hotelkunde wurde hier der Geschäftsreisende identifiziert, der um acht Uhr abends im Hotel ankommt, die Notiz über den gewünschten Rückruf seiner Firma vom Portier entgegennimmt, bei einem Bier seine Unterlagen für den nächsten Tag studiert, etwas fernsieht, vor dem Schlafengehen seiner Frau noch telefonisch eine gute Nacht wünscht und dann ins Bett geht. Morgens nach dem Frühstück und dem Studium der Tageszeitung, um halb acht, ist er schon wieder unterwegs – ein typischer Hotelkunde, der weder Sauna, Nachtbar noch Schwimmbad oder Fitneßeinrichtungen benutzt hat. Für dieses Segment, für diese Geschäftsreisenden mit den o.g. Erwartungen, ist *Good-Night-Inn* gemacht: Die Übernachtung kostet 110 DM einschließlich Frühstück. Das Zimmer kann auch von zwei Personen ohne Aufpreis genutzt werden. Das Hotel bietet nur die Übernachtungsmöglichkeit an, also die gezielte Befriedigung der Bedürfnisse – und für nichts anderes bezahlt der Gast. Dafür bekommt er ein pieksauberes 20 Quadratmeter großes Zimmer mit Bad, Fernseher, Durchwahltelefon, Schreibtisch und Anrufbeantworter – jetzt kann die Sekretärin die Information direkt auf Band sprechen; so mancher Rückruf erübrigt sich hierdurch. Jedes Hotel ist nach dem gleichen Plan – *Mc Donald's* läßt grüßen – konzipiert, gebaut und eingerichtet.

Allen diesen Beispielen ist gemeinsam, daß sie ihren Ausgangspunkt nicht bei der Entwicklung eines Produktes genommen haben, für das anschließend eine Zielgruppe gesucht wurde, sondern daß der Ausgangspunkt des Markterfolgs die individuellen Bedürfnisse der (potentiellen) Kunden waren. Wie bei den angeführten Dienstleistungen gilt gleiches selbstverständlich auch für Konsumgüter wie das Beispiel *Always* zeigt. Die Menstruation der Frau war zu allen Zeiten ein heikles Thema, das in der Werbung über verschlüsselte Botschaften und Symbole abgehandelt wurde. Eine Marktforschungsuntersuchung von *Procter & Gamble* hat folgendes Bild ergeben: Immerhin 65 Prozent der Frauen hatten mit den von ihnen verwendeten Produkten Probleme und waren unzufrieden. Die Probleme der am Markt befindlichen Produkte lag im einzelnen in folgenden Bereichen: 65 Prozent hatten Erfahrungen mit Auslaufen, 42 Prozent mit seitlichem Auslaufen und 25 Prozent mit verschmutzter Bettwäsche und nur 24 Prozent waren mit dem Komfort zufrieden. »Die bisher am Markt befindlichen Binden konnten im Verbraucherbewußtsein nur jeweils eine Anforderung erfüllen, dicke Binden standen für Schutz, dünne für Komfort ... Der Ernsthaftigkeit der Forschung bei *P&G* ist es zu verdanken, daß es in diesem, über Jahre statischen Markt echte Produktinnovationen gab.«[10] Aufgrund der Erfahrungen bei Baby – und Erwachsenenwindeln konnte ein besonders saugfähiges Material, die Dri-Weave-Oberfläche entwikkelt werden. Diese leitet mit ihren trichterförmigen Poren die Flüssigkeit rasch ins Innere der Binde. Die Flügelform bietet zusätzlichen Wäscheschutz. »Die hohe Wiederkaufrate und die Marktanteilsentwicklung von 10 Prozent auf nahezu 28 Prozent 1993 beweisen die Zufriedenheit der Verwenderinnen. *Always* ließ zwischen 1992 und 1993 den Wettbewerb hinter sich und wurde zur Nummer eins.«[11]

Fazit: Das Angebot eines Unternehmens – die individuelle Problemlösung – muß sich an den individuellen Bedürfnissen der (potentiellen) Kunden orientieren – und nicht umgekehrt.

Ein Blick in die Welt der Bits und Bytes ... oder warum viele Unternehmen auf Umsatz und Kunden verzichten

Insbesondere die High-Tech-Industrie, ebenso aber auch viele andere Branchen im Endverbrauchermarkt, scheinen unter einem technischen Overkill zu leiden. Als Folge werden bisher zumeist erhöhte Kosten und Preise in Relation zum Kundennutzen identifiziert. Viel entscheidender ist jedoch die Bewertung des entgangenen Umsatzes bei gegebenen Preisen. Ein Beispiel hierfür ist der PC-Markt. Nachdem sich die Wachstumsrate im Business-to-business-Markt deutlich abgeflacht hat, suchen immer mehr PC-Anbieter ihr Glück im Endverbrauchermarkt. Die erzielten Erfolge sind immens: *IBM* und *Compaq* sind nur zwei Beispiele unter vielen Herstellern, *Vobis* und *Escom* zählten bis 1996 zu den erfolgreichsten Anbietern. *Escom* ist inzwischen pleite und nur noch als Vertriebsgesellschaft im Markt tätig. Einer der Gründe: Nicht nur die Produkte waren austauschbar, sondern auch der Werbeauftritt. Betrachten wir zunächst einmal die Werbung der Hardware- und Softwarevertreiber am Beispiel der Zeitungsbeilagen von *Vobis* und *Escom*.

Wir erfahren viel über Bits und Bytes, Festplatten und deren Größe, Double Speed und normale CD-ROM-Laufwerke, Prozessoren und RAM, Baud usw., aber so gut wie gar nichts über den anwenderbezogenen Nutzen, den der (potentielle) Kunde aus diesen Bits und Bytes zieht. Diese Werbung ist an vielen Empfängern, also (potentiellen) Kunden vorbeigeschrieben: Nach einer Studie »Online – Offline« des Hamburger *Spiegel*-Verlages aus dem Jahre 1996 kennen z.B. nämlich nur 59% der berufstätigen Bevölkerung in Deutschland das Fachwort Prozessor, 48% RAM und sogar nur 19% Baud.[12] Ob die, die diese Fachwörter kennen, sie auch verstehen, wurde in der Studie leider nicht erforscht – es darf aber bezweifelt werden.

Diese mit Fachwörtern vollgestopfte Art der Werbung richtet sich insbesondere an junge Menschen, die eben mit Bits und Bytes aufgewachsen sind und gelernt haben, sich aus der Größe oder Anzahl ihren persönlichen Nutzen – hier insbesondere für Computerspiele – herauszuziehen. Viele (potentielle) Kunden werden von dieser Art der Werbung nicht angesprochen; für sie sind Bits und Bytes fachchinesisch. Sie beherrschen diese Sprache ganz einfach nicht, sie macht ihnen sogar Angst. Über ihre individuellen Bedürfnisse wird kein Wort verloren, die

individuelle Problemlösung natürlich auch nicht erwähnt. Dabei hätten es die PC-Vertreiber doch so einfach: Indem sie aufzeigen, welche individuellen Bedürfnisse durch ihre Problemlösungen befriedigt werden, könnten sie sich ganz neue Märkte durch eine anwenderbezogene Werbung erschließen. Doch dazu mußten die Unternehmen zunächst lernen, daß sie keine Produkte, sondern individuelle Problemlösungen verkaufen, die die individuellen Bedürfnisse der (potentiellen) Kunden befriedigen sollen. Ein Beispiel: Den PC »Hausbank« packen Sie zu Hause aus, verbinden ihn mit Ihrer Steckdose und Ihrem Telefon – den

notwendigen Adapter liefern wir Ihnen selbstverständlich mit und Sie können nach fünf Minuten Ihre Bankgeschäfte von zu Hause aus betreiben und dies ohne irgendwelche EDV-Kenntnisse – dies garantieren wir Ihnen bei vollem Rückgaberecht. Der PIN-Code Ihrer Euroscheckkarte schützt alle Ihre Aktivitäten vor unberechtigtem Zugang. Außerdem können Sie und Ihre Kinder auf dem Nürburgring Rennen fahren, oder Karpow beim Schach besiegen – als wäre es Realität. Desweiteren haben Sie oder Ihr Partner innerhalb kürzester Zeit eine

Zeitung zum Geburtstag oder einer Hochzeit erstellt. Alle Gäste werden staunen.

In dieser oder in ähnlich formulierten Werbebotschaften wird das entscheidende, anwenderbezogene individuelle Bedürfnis des jeweiligen Segments angesprochen und die Problemlösung als operationalisierbarer Nutzen transportiert. Die mögliche Hemmschwelle »Unkenntnis« und damit »Unsicherheit« wird genommen und dies sogar noch garantiert.

Fazit: Wenn die Unternehmen die individuellen Bedürfnisse des (potentiellen) Kunden in den Mittelpunkt stellen, kann aus einem Produkt sehr schnell eine individuelle Problemlösung werden.

Der technologische Wandel und die Entwicklung von individuellen Problemlösungen

Das »maßgeschneiderte Produkt«, die »Einzelanfertigung«, das »virtuelle Produkt« – viele Begriffe beschäftigen seit Beginn der 90er Jahre die Fachliteratur und ihre Leser, den Unternehmer und den Manager. Somit ist es nicht weiter verwunderlich, daß viele Unternehmer und Manager Angst vor der Zukunft haben: Angst vor den Themen individuelle Bedürfnisse, individuelle Problemlösungen, maßgefertigte Produkte oder Einzelanfertigungen. Wer soll das bezahlen, wer hat soviel Geld, denken sie sich dann. Und die Lagerhaltung? Und wie sollen diese Produkte vertrieben werden? Und was ist bei Reklamationen? Der Berg, der die Sicht für das Notwendige und für das Machbare nimmt, wird größer und größer. Dann doch lieber wie bisher weitermachen; »Made in Germany« wird's schon richten. Dabei ist die Einzelanfertigung doch nur das denkbare Optimum, sie ist nicht der Normalfall oder die notwendige Bedingung für eine individuelle Problemlösung. Aber die individuelle Problemlösung für individuelle Bedürfnisse und Erwartungen ist notwendig, denn sonst entscheidet sich der (potentielle) Kunde für ein anderes Angebot. Die Entscheidungsfreiheit und das notwendige Wissen hierzu hat er. Der dumme August, dem man für 10 DM ein Pfund Butter am Bahnhof verkaufen konnte, stirbt aus, wenn es ihn überhaupt einmal gab. Der Kunde weiß, was er will.

Die technische (Weiter-)Entwicklung erlaubt es den Unternehmen schon heute, maßgeschneiderte Produkte zu Kosten herzustellen, die manchmal nur ein Zehntel von dem betragen, was es noch vor fünf Jahren gekostet hätte. Ja, es ist sogar so, daß viele Unternehmen heute schon eine individuelle Problemlösung anbieten, dies aber gut verheimlichen. Schon heute wird der PC von den Vertreibern entsprechend der Bestellung und damit der individuellen Bedürfnisse des Kunden individuell zusammengesetzt – aus Modulen. Der eine hat eine Faxkarte, der andere eine ISDN-Karte – beide haben denselben Bildschirm, dasselbe Gehäuse, dieselbe Tastatur und natürlich auch dieselbe Maus, wieder ein anderer hat 4 MB Arbeitsspeicher, der andere – im ansonsten gleichen Produkt – 16 MB usw. Heute richtet sich die Ausstattung des PCs in der Regel nach dem Wettbewerbspreis. Dabei könnte schon heute jeder PC eine individuelle Problemlösung sein.

Eine regionale Tageszeitung wiederum richtet sich mit einem einheitlichen Produkt sowohl an den Vorstandsvorsitzenden des größten Arbeitgebers im Einzugsgebiet wie auch an den Lagerarbeiter, an den 25jährigen Tennislehrer wie auch an die 75jährige Rentnerin. Haben die alle die gleichen individuellen Bedürfnisse? Interessieren alle die gleichen Informationen? Wohl kaum, denn sonst hätten ja nicht so viele Tageszeitungen mit dem Problem sinkender Auflagen zu kämpfen und das schon seit Jahren bei teilweise steigenden Haushaltszahlen, also einem größeren Marktpotential. Viele Verlage führen die sinkenden Auflagen aber nicht auf die Art der Problemlösung zurück, sondern auf ein verändertes Informationsverhalten der Verbraucher, der jetzt andere Medien nutzt, wie z.B. Videotext, oder aber auf die wirtschaftlichen und politischen Rahmenbedingungen. Könnte es nicht auch sein, daß der (potentielle) Kunde es einfach nicht mehr einsieht, 400 DM oder 500 DM im Jahr für ein Produkt zu bezahlen, welches seine individuellen Informationsbedürfnisse gar nicht richtig befriedigt; für ein Produkt, von dem er nur 20 Prozent nutzt und die anderen zwölf Seiten ungelesen wegwirft, für ein Produkt, welches er heute im Unterschied zu noch vor fünf Jahren speziell entsorgen muß? Ich wage folgende Prognose: Solange die regionalen Tageszeitungen ein und dasselbe Produkt an alle verschiedenen Segmente verkaufen wollen, wird die Auflage kontinuierlich schrumpfen. Sobald die regionale Tageszeitung jedoch das individuelle Bedürfnis der (potentiellen) Kunden als Maßstab für ihre unternehmerischen Entscheidungen und Handlungen entdeckt und auch lebt, und die regionale Tageszeitung eine individuelle Problemlösung anbietet, werden die Auflagen wieder steigen und der Anzeigenumsatz ebenfalls. Die mögliche Lösung: Module. Eine gewisse Basis ist für alle Kunden gleich. Zum Beispiel der Titel, die Innenpolitik, das Weltgeschehen und die Regionalinfos. Alle anderen Informationen kann sich der Kunde nach seinen individuellen Bedürfnissen individuell zusammenstellen. Der Sportinteressierte bekommt einen ausführlichen Sportteil, jener der sich für das Wirtschaftsgeschehen interessiert, erhält einen ausführlichen Wirtschaftsteil usw. Die individuellen Bedürfnisse des (potentiellen) Kunden würden mit einer individuellen Problemlösung befriedigt. Und was noch schöner ist: Als Anzeigenträger würde die regionale Tageszeitung für die werbungstreibende Wirtschaft eine neue Attraktivität gewinnen, da Anzeigen jetzt auch segmentspezifisch geschaltet werden könnten. Maximale Kundenorientierung mal zwei. Eine andere Möglichkeit, das Produkt »Tageszeitung« in eine individuelle Problemlösung umzuwandeln, ist die sich selbst recyclierende Zeitung: »Sie kommt morgens aus dem Farb-Laserdrucker und bedient sowohl das spezielle Interessenprofil des Abonnenten als auch dessen Neugier, liefert also ein Angebot, das die Redaktion für interessant und wichtig befunden hat. Gedruckt wird mit einer Tinte, die nach 24 Stunden verschwindet; die Seiten können also endlos wiederverwendet werden – so beschreibt es der ehemalige Chefredakteur der *New York Times*, Max Frankel.«[13]

Können Sie sich noch daran erinnern, daß es bis vor einigen Jahren den klassischen Schriftsetzer in der Druckerei gab? Heute gibt es diesen Beruf in der ursprünglichen Form nicht mehr. Die gute alte Anzeigenvorlage hat demnächst ausgedient, die Daten werden heute elektronisch über ISDN übermittelt. Hätte das jemand vor zehn Jahren prophezeit, wäre er als Träumer verschrien worden. Der Geschäftsführer von *Bang und Olufsen* hat hier für eine Lösung gefunden, die ich jedem Unternehmer und Manager ans Herz legen möchte: »Man muß bewußt in Frage stellen, was die Branche macht und tun, was für das Produkt optimal ist. Sonst wird man von der Inzucht der eigenen Gedanken erdrückt«[14]. Ersetzen Sie bitte nur das Wort »Produkt« durch »den einzelnen Kunden«.

Individuelle Problemlösung heißt aber nicht automatisch Einzelanfertigung, sie impliziert vielmehr, daß mit der angebotenen Problemlösung die definierten individuellen Bedürfnisse auch tatsächlich erfüllt werden und über den bezahlten Preis keine Problemlösungen mitfinanziert werden, denen keine individuellen Bedürfnisse gegenüberstehen. Daß dies heute schon möglich ist, ja von den Unternehmen sogar erfüllt werden muß, haben unter anderem die Beispiele *Show View* und *Good-Night-Inns-Hotels* gezeigt. Das Optimum der individuellen Problemlösung liegt zweifelsohne im einzigartigen, maßgeschneiderten Produkt, in der Individualfertigung. Die neuen Produktionstechnologien erlauben die Herstellung von individuellen Problemlösungen zu wirtschaftlich vernünftigen und für das Unternehmen lohnenden Bedingungen. In den Brillengeschäften der japanischen Optikerkette *Miki* betritt der (potentielle) Kunde – inzwischen übrigens auch in Deutschland – ein »Brillengeschäft ohne Brillen«, dafür aber eines mit einem neuartigen Computersystem, das auf künstlicher Intelligenz des Hauses *Siemens-Nixdorf* beruht: In diesem neuartigen Brillen-Computer sind die verschiedenen Gestellformen und Gestellfarben in einer Datenbank gespeichert. Über eine Kamera wird das Gesicht des (potentiellen) Kunden in den Computer geladen. Der Computer schlägt dann aufgrund der Gesichtsform verschiedene Modelle vor und setzt diese dem »Gesicht« gleich auf. Der (potentielle) Kunde sieht sich selbst mit seiner neuen Brille im Computer. Natürlich können auch alle anderen Alternativgestelle auf das »Gesicht« des (potentiellen) Kunden geladen werden, die verschiedenen Farben ebenfalls. Der (potentielle) Kunde hat so die Möglichkeit sich entsprechend seiner individuellen Bedürfnisse seine individuelle Problemlösung »Brille« zusammenzustellen. Wenn der (potentielle) Kunde sich schließlich entschieden hat, wird seine Brille innerhalb von einer Stunde hergestellt.[15]

Die Märkte entwickeln sich immer mehr zu Turbo-Märkten. Der Grund dafür ist die Explosion der Technologie, die vergleichbar ist mit der dauernd wieder neu und zu jeder Sekunde stattfindenden Eruption eines Vulkans. Diese neue Technologie ermöglicht Megasprünge bei der Optimierung von Produkten, besser noch, von individuellen Problemlösungen. Doch die neue Technologie muß auch verstanden und akzeptiert werden; die Unternehmen müssen lernen, mit ihr umzugehen. Ein positives Beispiel hierfür ist die österreichische Firma *Ladyskin*.

Warum? Weil *Ladyskin* jetzt eine absolute Weltneuheit anbietet, den Maßanzug für schöne Frauenbeine, nämlich maßgeschneiderte Damenstrümpfe. Diese werden über Kooperationspartner wie z.B. *Marie Claire* und *Loden-Frey* vertrieben.[16] In den USA und in London können die weiblichen Kunden der Firma *Levi Strauss* inzwischen ihre Maßjeans kaufen. Und selbst ohne die Unterstützung durch die modernen Technologien sind heute individuelle Problemlösungen realisierbar und das schon seit Jahren – wie dies jeder Schneider beweist. Der Bekleidungsschneider Matthias *Aull* hat die individuellen Bedürfnisse des Marktes erkannt und bietet einen neuen Service unter dem Stichwort »Call a Suit« an. Ab 1.000 DM macht er nach telefonischer Terminvereinbarung einen Ortstermin bei seinen (potentiellen) Kunden aus, präsentiert dort die verschiedenen Modelle und Stoffe, nimmt Maß, und nach ca. drei Wochen wird der fertige Maßanzug geliefert.[17]

Die neuen Technologien haben aber noch etwas anderes bewirkt. Wir leben heute im Zeitalter der Informationsgesellschaft. Und im Informationszeitalter wissen die Käufer, daß möglicherweise eine bessere Problemlösung erhältlich ist, eine Problemlösung, die ihre individuellen Bedürfnisse besser befriedigt; diese werden sie dann auch kaufen. Ein heute führendes Produkt, eine heute führende Marke, wird morgen nicht mehr im Markt sein, wenn es gleichzeitig eine individuelle Problemlösung gibt. Und eines ist gewiß, alle Märkte werden diesem Wandel unterzogen werden. Durch den Einbau von Computerchips und Software werden aus Produkten individuelle Problemlösungen, neue Märkte entstehen, bestehende verschwinden. Die EDV-technische Entwicklung wird ganze Märkte revolutionieren, an die heute kaum jemand denkt. Diese Revolution wird allein schon durch die Tatsache begründet, daß aus Massenprodukten mit Hilfe von Computerchips individuelle Problemlösungen werden können.

Ein Chip in einer Uhr ist spätestens seit der funkgesteuerten Uhr der Firma *Junghans* schon zur Selbstverständlichkeit geworden. Mit der *Swatch the Beep*, dem *Scall* für das Handgelenk kann man sogar feststellen, wer einen erreichen möchte, und man kann individuell entscheiden, ob man den Anrufer auch wirklich sprechen möchte. Eine ganz neue Dimension beschreiten seit Mitte 1995 *Microsoft* und *Timex*[18]: Aus einer Uhr wird ein Zeitmanagementkalender. Beim Kauf der neuen *Times Datalink* erhält der Kunde eine Programmdiskette.

Zuhause installiert, wird auf Grundlage der *Windows*-Benutzeroberfläche der Zeitmanagementkalender mit allen Terminen, Geburtstagen und Jubiläen erstellt und kann anschließend in wenigen Sekunden drahtlos an die Uhr übermittelt werden. Telefonnummern und Termine können in Zukunft an der Hand getragen werden, und ganz nebenbei zeigt die Datalink auch noch die Uhrzeit an. Selbstverständlich ist die Uhr auch noch mit zwei Zeitzonen und fünf Alarmfunktionen ausgestattet. Aus einem Produkt wird so eine individuelle Problemlösung.

Fazit: Individuelle Problemlösungen sind aufgrund des technologischen Wandels und der damit verbundenen neuen Produktionsmöglichkeiten heute schon in den meisten Fällen problemlos realisierbar.

Eine individuelle Problemlösung ist mehr als nur das bloße Produkt

Die bisher dargestellten Beispiele zeigen es auf: Das Denken und Arbeiten mit Produkten oder Produktgruppen führt zwangsläufig in eine Einbahnstraße. Das Unternehmen hat seine Kraft nach innen gerichtet. Der Energiespeicher – die individuellen Bedürfnisse des (potentiellen) Kunden – wird nicht genutzt; über kurz oder lang wird das Unternehmen bestraft. Die Zukunft eröffnet denjenigen Unternehmen neue Marktchancen, die es verstanden haben, Märkte selbst aktiv zu gestalten, und die begriffen haben, daß der Kunde heute und morgen kein Produkt mehr kauft, sondern die individuelle Problemlösung, mit der er sein individuelles Bedürfnis am besten befriedigen kann.

Insofern ist die individuelle Problemlösung mehr als nur das Produkt oder die Dienstleistung. Produkte sind austauschbar, individuelle Problemlösungen einmalig. Die Einmaligkeit individueller Problemlösungen, aber ebenso die Austauschbarkeit von Produkten wird von den Konsumenten wahrgenommen. So halten beispielsweise 80 Prozent der Verbraucher die Leistungen der verschiedenen Kreditkartenanbieter, also *Eurocard, Diners Club, American Express* usw., für austauschbar.[19] Welchen Grund kann es dann noch geben, die eine Kreditkarte gegenüber der anderen zu bevorzugen?

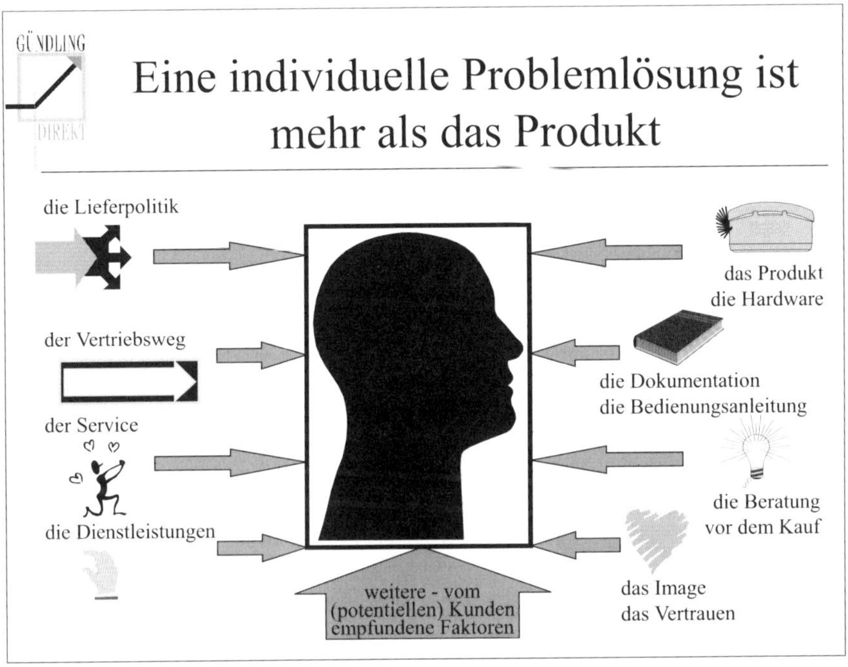

Abb. 4.2

Eine individuelle Problemlösung besteht aus mehreren Faktoren. Auch ein Handelsgeschäft an sich kann ein Faktor einer individuellen Problemlösung sein. Viele deutsche Handelsgeschäfte versprachen sich in der letzten Wirtschaftskrise Anfang der 90er Jahre Rettung von drastischen Sparprogrammen, vor allem beim Personal. Sie entwickelten dabei zu wenig Gespür dafür, daß sie gerade jetzt gute Mitarbeiter halten oder sogar einstellen sollten, die sensibel auf Kundenwünsche reagieren würden (= Faktor der individuellen Problemlösung) und individuelle Kundenbedürfnisse befriedigen wollen und können. Der (potentielle) Kunde kann immer weniger einschätzen, ob er in einem Fachgeschäft überhaupt noch persönliche Beratung erwarten darf. Die Grenze zwischen der individuellen Problemlösung »Fachgeschäft« und der individuellen Problemlösung »Discounter« verwischt zunehmend. Aus einer individuellen Problemlösung wird so ein Produkt – ein austauschbares.

Der Erfolg des österreichischen Kontaktlinsenherstellers *Vistacon* hingegen ist das Ergebnis einer Neuorientierung des Unternehmens, weg von dem eindimensionalen Produktverkauf, hin zu einer interaktiven individuellen Problemlösungskompetenz. *Vistacon* hat, wie viele Hersteller, die nicht den direkten Weg zum Endverbraucher nehmen, zwei (potentielle) Kundengruppen: Zum einen den originären Kunden, den Kontaktlinsenträger, also den Endverbraucher, und zum anderen den Absatzmittler, den Optiker. Die Zufriedenheit des originären Kunden mit einer Kontaktlinse hängt im wesentlichen davon ab, wie paßgenau die Linsen sitzen; hierfür zeichnet wiederum der Optiker verantwortlich. *Vistacon* bietet deshalb seinen Absatzmittlern sowohl Fachseminare als auch z.B. Kommunikationstrainings an. Neben der fachlichen Ausbildung der Optiker entsteht durch diese intensive Zusammenarbeit ein stabiles Vertrauensverhältnis, das auch in anderen Bereichen nützlich ist. Die *Vistacon*-Außendienstmitarbeiter sind für die Lagerhaltung und Kontrolle der Ablaufzeiten bei den Optikern zuständig, was nur aufgrund des intensiven Vertrauensverhältnisses möglich ist. Oder würden Sie jedem Zutritt zu Ihrem Lager und zu intimen Informationen ihrer Kunden verschaffen? Abgerundet wird die individuelle Problemlösung von *Vistacon* durch eine großzügige Ausgabe von Probe- und Diagnostiklinsen, einem Kundenpaß und landesweiter Lieferung innerhalb von 24 Stunden.[20] Dieser individuellen Problemlösung der *Vistacon* ist eine umfassende Erforschung der individuellen Bedürfnisse vorausgegangen. In einer Kundenbefragung hatte *Vistacon* unter anderem ermittelt, daß ein Grund, warum Brillenträger keine Kontaktlinsen tragen »die Angst vor Infektionen und Fremdkörper im Auge« ist. Dieses subjektive Sekundärmerkmal »Angst« wurde als Kaufhemmnis identifiziert und diesem daher in Form einer umfassenden Ausbildung der Optiker entgegengewirkt.

Eine individuelle Problemlösung setzt sich demzufolge aus materiellen wie aus immateriellen Elementen zusammen, die zur individuellen Bedürfnisbefriedigung des (potentiellen) Kunden beitragen. Die individuellen Bedürfnisse wiederum bestehen aus den Neuroassoziationen, die eine Kaufhandlung auslösen können, sowie den objektiven (z.B. Finanzierung) und subjektiven Sekundärmerkmalen (z.B. Ästhetik). Letztendlich sind individuelles Bedürfnis und individuelle Problemlösung nur zwei unterschiedliche Seiten ein und derselben Medaille.

Dies kann besonders schön an der Erfolgsstory von *NCR*, der Registrierkassen-Firma illustriert werden: Der Erfinder, John H. Patterson, hat in den frühen 90er Jahren des letzten Jahrhunderts sein Produkt wie Sauerbier bei den Einzelhändlern angeboten – und keiner wollte es haben, bis er die wahren individuellen Kundenbedürfnisse seiner Zielgruppe entdeckt hat und ihnen eine individuelle Problemlösung anbieten konnte. Patterson hat nämlich Privatdetektive engagiert, die den überraschten Einzelhändlern schwarz auf weiß beweisen konnten, daß der Schaden durch Langfinger innerhalb des eigenen Verkaufspersonals wesentlich höher war, als diese angenommen hatten. Das entscheidende individuelle Kundenbedürfnis wurde angesprochen. Mit einem Ratenzahlungsplan und günstigen Kreditbedingungen konnte dann das Sekundärmerkmal »Finanzierung« ebenfalls befriedigt werden. Eine Erfolgsgeschichte fand ihren Lauf.[21] Ähnlich ist es auch *Swatch* ergangen. Was ist das eigentlich: *Swatch*? Eine Uhr? Ja, und doch wieder nicht. Denn der Erfolg von *Swatch*, zunächst als »Swatch – die verrückte Schweizer Uhr« positioniert[22], lag darin begründet, daß sich *Swatch* als modisches Accessoire zeigte, das quasi nebenbei noch ein anderes individuelles Bedürfnis befriedigte, nämlich das Anzeigen der Zeit. Die Uhr ist das Produkt, das Accessoire ist die individuelle Problemlösung, die mich schmückt.

Die dargestellten Beispiele zeigen eindeutig, wo die entscheidenden Unterschiede zwischen einem Produkt und einer individuellen Problemlösung liegen: Bei einem Produkt stehen die Merkmale des Objektes, eben des Produktes im Mittelpunkt. Bei einer individuellen Problemlösung steht das Subjekt, der (potentielle) Kunde und seine individuellen Bedürfnisse im Mittelpunkt. Hierbei zählen nicht alle denkbaren oder möglichen Aspekte und Faktoren einer angebotenen Leistung, sondern »nur« die, die der (potentielle) Kunde als geeignet empfindet, seine individuellen Bedürfnisse zu befriedigen. Eine individuelle Problemlösung ist mehr als nur ein Produkt. Ein Produkt ist zeitpunkt-, eine individuelle Problemlösung zeitraumbezogen. Ein Produkt ist zum Beispiel ein Auto; eine individuelle Problemlösung ist die Summe aller Aspekte und Faktoren die dazu dienen, individuelle Bedürfnisse zu befriedigen: Zum einen das Auto als Fortbewegungsinstru-

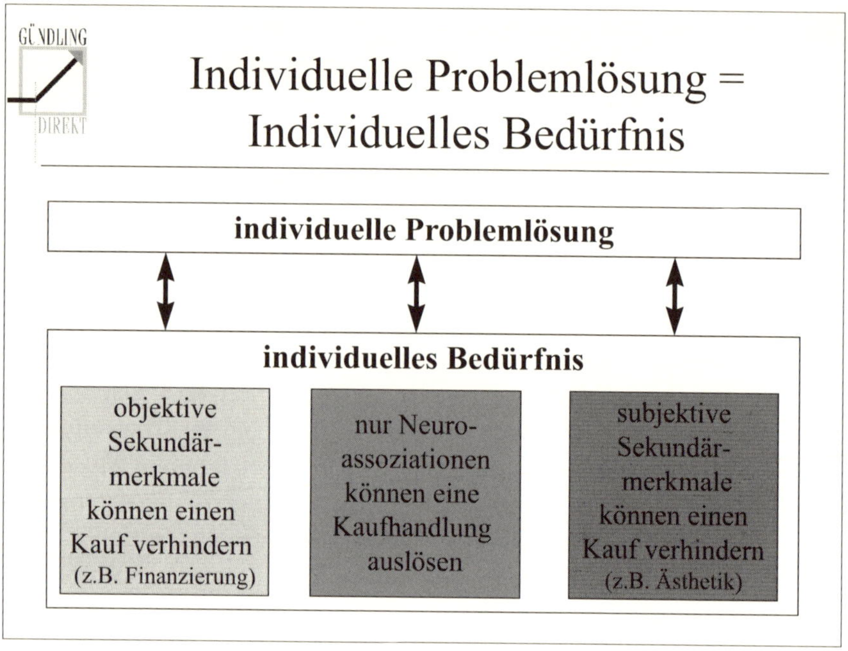

Abb. 4.3

ment, zum anderen der Prozeß der Kaufentscheidung, die Finanzierung als auch der After-Sales-Service. Wenn der Techniker gefragt wird, warum er ein bestimmtes Auto fährt, spricht er in der Regel über PS, Hubraum, Beschleunigung, Bremswege usw... Wenn der Kunde gefragt wird, spricht dieser hingegen über ein gutes Produkt im allgemeinen, eine ausgezeichnete Beratung im Verkauf, den kostenlosen Ersatzwagen bei Inspektionen, die reibungslose Erledigung eines Garantiefalles usw.

Eine individuelle Problemlösung ist also immer mehr als das bloße Produkt. Und was das wichtigste ist: die (potentiellen) Kunden kaufen niemals ein Produkt oder eine Dienstleistung, sie kaufen auch keine Technologie, sondern sie kaufen einen persönlichen individuellen Nutzen. In einer Welt, in der ¾ aller Märkte als gesättigt bezeichnet werden können und eine Vielzahl von Produkten austauschbar ist, gewinnen damit die Software, die weichen Faktoren, d.h. Service und die Lieferpolitik, Anwendungsunterstützung und Kundenschulungen, Dokumentation und Bedienungsanleitung, Außendienst und Verkauf, Distributionskanal und Vertriebsweg, Image und Vertrauen usw. an Bedeutung, um Wettbewerbsvorteile erzielen zu können. Hierzu zählen selbstverständlich auch all diejenigen Faktoren, die traditionell unter dem Begriff After-Sales-Service subsumiert werden und dazu dienen sollen, den (potentiellen) Kunden langfristig an das Unternehmen zu binden: Ersatzteilkataloge und weitere Anwendungstips, Kundenkarten und Kundenclubs, Kundenzeitschrift und Newsletter, Reparaturservice und Reklamationsmanagement usw. Entscheidend sind alle die Aspekte, die vom (potentiellen) Kunden als Faktoren zur Befriedigung seiner individuellen Bedürfnisse verstanden werden. Wenn die individuelle Problemlösung in der oben dargestellten Form verstanden wird, braucht sich kein Unternehmen mehr vor diesen zu scheuen. Denn dann kann jedes Unternehmen seine bisher angebotenen Produkte problemlos in individuelle Problemlösungen umwandeln, wie die folgenden drei Beispiele zeigen.

1. Beispiel: Wer kennt sie nicht, die Qual der Wahl beim Brillenkauf? Was wird die Frau, der Mann, die beste Freundin sagen? Steht mir die Brille auch wirklich, ist wahrscheinlich die meist gestellte Frage im Brillengeschäft. Bei Hans *Schibor*, einem Würzburger Optiker, muß sich der (potentielle) Kunde nicht gleich im Geschäft entscheiden. Will er seiner Familie die ausgewählten Brillenmodelle erst einmal vorführen, kann er sie über Nacht mit nach Hause nehmen. Bisher sind noch alle Brillengestelle vollzählig und unversehrt wiedergebracht worden – und das, obwohl Hans *Schibor* noch nicht einmal einen Pfand von den Kunden verlangt. Oder: Probiert ein kurzsichtiger Kunde im Geschäft verschiedene Brillenfassungen aus, dann sieht er im Spiegel das Ergebnis meist mehr oder weniger verschwommen. Hans *Schibor* nimmt deswegen den (potentiellen) Kunden auf Wunsch bei der Anprobe per Videokamera auf. Welches Modell ihm am besten steht, kann er dann auf der Videoaufnahme betrachten und zwar ganz scharf – mit der alten Brille auf der Nase.[23]

2. Beispiel: Um dem drohenden Konsumknick zu begegnen, machte die Drogeriemarkt-Kette *dm* 1993 einen mutigen Schritt: Bis dahin waren die Drogeriemärkte der verschiedenen Ketten mit einem einfalls- und profillosen Erscheinungsbild im harten Wettbewerb aufeinandergestoßen. Die verschiedenen Sonderangebote dressierten die Verbrau-

cher zu Schnäppchenjägern. Entgegen dem allgemeinen Trend personalarmer Selbstbedienungsläden setzt *dm* seit Mitte der 90er Jahre auf mehr und besser ausgebildetes festangestelltes Personal. Die Zielsetzung: den (potentiellen) Kunden besser zu informieren und kompetent zu bedienen. Die Botschaft: »Hier bin ich Mensch. Hier kauf' ich ein.« Das Ergebnis: Während im Einzelhandel die Umsätze stagnieren und die Drogeriemarkt-Ketten sich im Zeitraum 1995/1996 mit einem mageren Wachstum von 5 Prozent begnügen müssen, erreichte *dm* ein sagenhaftes Wachstum von 15,8 Prozent. Obwohl die (potentiellen) Kunden bei *dm* aufgrund der günstigen Dauerpreise – klassische Sonderangebote gibt es nicht mehr – einen Preisvorteil von 6,5 bis 13,6 Prozent gegenüber den Wettbewerbern erzielen können, ist der cash flow von 36,1 auf 39,6 Millionen Mark gestiegen.[24]

3. Beispiel: *Obi*s Nischen-Coup: Ohnehin zählt der Heimwerkermarkt *Obi* zu den wenigen Unternehmen in Deutschland, die ihre Kundenorientierung maximieren. Einige Faktoren hiervon werden wir im nächsten Kapitel ausführlicher besprechen. Jetzt hat *Obi* einen neuen Coup gelandet. Die Ausgangssituation: Obwohl 80 Prozent der Deutschen im Eigenheim leben wollen, bilden die Bundesbürger nicht zuletzt wegen der hohen Baukosten das Schlußlicht unter den Häuslebauern in Europa. Die individuelle Problemlösung: Gemeinsam mit der *Bien Haus AG* und der Bausparkasse *Schwäbisch Hall* werden maßgeschneiderte Ausbaupakete für alle Bereiche des Innenausbaus angeboten, um so den Graben zwischen Wunsch und Realität zu schließen. Die Sortimentspakete für die sogenannten »Mitbau-Häuser« liegen bei rund DM 40.000.–, ein komplettes Mitbau-Haus gibt es für DM 200.000.–. Die abschließende fachmännische Abnahme des Eigenbaus wird durch *Obi*-Spezialisten garantiert.[25]

Kundenservices und zusätzliche Dienstleistungen verwandeln Produkte in individuelle Problemlösungen

In diesem Kapitel wollen wir einige Faktoren, die helfen, ein Produkt in eine individuelle Problemlösung zu verwandeln, anhand konkreter Beispiele darstellen. Den Schritt von einem Produkt, nämlich Treibstoff, zu einer individuellen Problemlösung ist die *RWE* gegangen, als die deutsche *Texaco AG* mit den weiteren, bereits im Besitz der *RWE* befindlichen Raffinerien und Verkaufsstellen, zu einer der größten vollintegrierten deutschen Mineral- und Benzinkonzerne verschmolzen wurde. Es wurde eine Erfolgsgeschichte der Maximalen Kundenorientierung: Da Mineralölprodukte der Markenfirmen, sei es *Esso, Aral, BP* grundsätzlich von hoher Qualität sind, hatten die verantwortlichen Manager schnell erkannt, daß eine klassische Differenzierung über die Qualität des Produktes nicht mehr möglich war. »Es mußte eine Botschaft gefunden werden, die den Autofahrer unmittelbar ansprach. ... Das Management wählte eine neue Dimension der Kundenbetreuung. *DEA* sollte die Marke werden, die sich durch kundenorientierte Dienstleistungen von allen anderen abhebt, sowohl durch materielle Leistungen wie durch persönlichen Service.«[26] Von Anfang an wurden der (potentielle) Kunde und seine individuellen Bedürfnisse in den Mittelpunkt gestellt – und nicht das Produkt »Treibstoff«, welches sich nun durch noch mehr additive Komponenten (*Esso*) auszeichnete. Es sollte nicht dem Zufall überlassen bleiben, ob ein Autofahrer von seiner *DEA*-Station freundlich oder muffig bedient wird, ob er Kundenservice erlebt oder nicht, ob er weitere Dienstleistungen angeboten bekommt oder nicht. Die *DEA*-Manager wollten mehr und drücken dies in ihrem neuen Slogan aus: »Was können wir für Sie tun?« Es wurden neue Dienstleistungen im Markt etabliert, also individuelle Bedürfnisse und ihre Problemlösung identifiziert, wie zum Beispiel die sogenannten Öltheken, die bis Mitte 1995 schon über zwei Millionen Öldosen eingespart haben. In der Kommunikationspolitik wurde das uneingeschränkte Serviceangebot in den Mittelpunkt gestellt. Jeder kann sich bestimmt noch an den Fernsehspot mit den durstigen Joggern erinnern. Die Umsetzung dieser individuellen Problemlösung erfolgte in einem mehrstufigen Programm, beginnend bei Motivations- und Trainingsprogrammen für Konzern- und Tankstellenpersonal bis hin zu einem aufwendigen Kontrollmechanismus, der sicherstellt, daß die *DEA*-Pächter zum einen regelmäßig vom Außendienst des Konzerns besucht werden und zum anderen auch ständig Testkäufer unterwegs sind. Diese prüfen, inwieweit das ausgelobte Versprechen auch tatsächlich eingehalten wird, inwieweit die Bereitschaft und Qualität des Services vor Ort, das Erscheinungsbild, die Warenpräsentation und die Sauberkeit dem Anspruch »Was können wir für Sie tun?« auch tatsächlich gerecht wird. Die Autofahrer, die (potentiellen) Kunden, bestätigen der *DEA* heute eine absolute Spitzenstellung beim Service, wie Umfragen belegen.[27]

Kundenservice und zusätzliche Dienstleistungen haben natürlich keinen eigenständigen Charakter, sondern sind immer ein integrierter Bestandteil der individuellen Problemlösung. Welche Bedeutung Kundenservice für die Befriedigung der individuellen Kundenbedürfnisse haben, zeigt die bereits zitierte Untersuchung von *Gallup*[28]: In den USA kaufen 61 Prozent aller Versandhauskunden nicht aufgrund des besonderen Produktangebotes über den Versandhandel ein, sondern Sie greifen aus purer Bequemlichkeit und Zeitmangel zu Katalog und Telefonhörer. Der Versandhandel spricht also traditionell insbesondere das Bedürfnis der (potentiellen) Kunden an, bequem und einfach auszusuchen und bestellen zu können. Strukturbedingt hat der Versandhandel den Nachteil, daß der Besteller – im Unterschied zum Einkauf im Handel – die Ware nicht anprobieren und nicht sofort mitnehmen kann. Schon lange bieten daher die großen Versandhäusern ihren (potentiellen) Kunden an, die Ware bei Nichtgefallen kostenlos umzutauschen. Mit einem Bestellservice rund um die Uhr und dem 24-Stunden-Lieferservice gelingt es dem Versandhaus *OTTO* zudem seit 1994, den strukturbedingten Nachteil gegenüber dem stationären Handel auszugleichen.[29] Mit diesem Kundenservice wird zum einen ein selbstverständliches individuelles Kundenbedürfnis befriedigt, zum anderen aber auch der Service gegenüber den potentiellen Wettbewerbern im stationären Handel verbessert, wo der (potentielle) Kunde nur zu festen Zeiten einkaufen kann. Der Bestellservice »rund um die Uhr« entspricht somit den individuellen Bedürfnissen ›Zeit‹, ›Bequemlichkeit‹ und ›Freiheit‹.

Beispiele für Kundenservice und zusätzliche Dienstleistungen gibt es in allen Märkten: *Mercedes-Benz*-Nutzfahrzeuge und *Scania* ersparen ihren Kunden durch besonderen Service Stand- und Leerzeiten ihrer Fahrzeuge bei Reparaturen und stellen somit die für Speditionen und Busunternehmen existenznotwendige Grundbedingung eines fahrbereiten Fuhrparks sicher. Bei *Mercedes-Benz* zum Beispiel werden die Nutzfahrzeuge wochentags bis 22.00 Uhr und sogar am Wochenende repariert – auch die notwendigen Inspektionen können durchgeführt werden. *Scania* wiederum bietet seinen Kunden verschiedene Kreditkarten an, die mit unterschiedlichen Serviceleistungen gekoppelt sind. Das reicht bis zu einer 24-Stunden-Mobilitätsgarantie, die besagt, daß *Scania* garantiert, das Fahrzeug 24 Stunden nach Auftragserteilung wieder fahrbereit zu haben oder aber ein entsprechendes Ersatzfahrzeug zur Verfügung stellt. *Scania* verkauft keinen LKW, sondern die Möglichkeit 365 Tage im Jahr Produkte von A nach B zu transportieren.

Auch wenn die deutsche Ausgabe des Wirtschaftsmagazins *Forbes* seit Mai 1995 nicht mehr im *Burda-Verlag* erscheint, soll hier doch der Faxabruf-Dienst dieser Zeitschrift als echte zusätzliche Dienstleistung vorgestellt werden: Monatszeitschriften stehen vor dem Problem, daß viele Informationen zu schnell veralten oder aber umgekehrt noch über Monate hinaus aktuell sein können. Mit dem Faxabruf-Dienst hatte *Forbes* seinen Lesern hier einen individuellen Ausweg geboten. 26 Prozent der Leser – die verkaufte Auflage betrug zuletzt ca. 130.000 Exemplare – waren zuhause auch mit einem Faxgerät ausgestattet. Unter verschiedenen Faxnummern konnte der Leser Informationen über eine Gehalts-Beratung, einen Finanz-Newsletter, einen Kfz-Versicherungs-Test, Aktien-Tips und die besten Restaurants für Geschäftsessen abrufen. »Insgesamt wurden im Zeitraum von vier Wochen 13.216 Seiten abgefragt. Das ist um ein Vielfaches mehr, als bei Rücksendung mit Antwortkarten oder Coupons erreicht wird.«[30]. *Forbes* hat seinen (potentiellen) Kunden im Grunde genommen zwei zusätzliche Dienstleistungen angeboten: Zum einen die weitergehenden Informationen und zum anderen den Weg der Beschaffung dieser Informationen eben über Fax.

Wer einmal in das Wunderland USA gereist ist oder dort sogar einige Zeit gelebt hat, der sieht und erlebt heute schon, wie Produkte durch Services und Dienstleistungen in individuelle Problemlösungen umgewandelt werden können. Mit modernsten Computer- und Telekommunikationstechnologien werden bei den großen Pizza-Bestell-Services die (potentiellen) Kunden sofort identifiziert: »Hello Mr. X...« empfängt der Pizza-Service seinen Anrufer, um dann weiter zu fragen »...Same As usual?«[31]. Maximale Kundenorientierung eben. Oder kennen Sie eine der schönsten Erfolgsstorys im Direktmarketing, die sich nahezu alle Qualitäten eines guten Verkäufers zu eigen gemacht hat?

Sie kommt ebenfalls, wie so oft, aus den USA, heißt *800 Flowers* und ist ein Blumenversender. Das Responseelement, der ausgefüllte Kaufvertrag, steckt in der Zahl: 800 für eine gebührenfreie Bestellung und, da die Zahlen auf den Telefonen in den USA auch alphanumerisch dargestellt sind, stellen die Ziffern F.L.O.W.E.R.S. die Telefonnummer dar. Einfacher kann man nirgendwo auf der Welt Blumen bestellen. Und wer einmal seiner Schwiegermutter zum Geburtstag oder seiner Frau zum Hochzeitstag Blumen geschickt hat, kann sicher sein, daß er rechtzeitig vor diesen wiederkehrenden Ereignissen von *800 Flowers* daran erinnert wird. Kundenservice so verstanden, macht es dem (potentiellen) Kunden so einfach wie möglich einen Dialog mit seinem Unternehmen aufzunehmen bzw. eine Bestellung aufzugeben.

Kundenservice und zusätzliche Dienstleistungen sind zweifellos auch geeignet, den Wert einer individuellen Problemlösung für den Kunden direkt zu erhöhen. Diesen Umstand nutzen insbesondere die Zeitschriftenverlage: Unter dem Namen *manager spezial* bringt die Spiegel-Tochter *manager magazin* ein Extra nur für seine Abonnenten. Das *manager spezial* ist eine Kooperation mit dem britischen Wirtschafts- und Nachrichtenmagazin *The Economist* und erscheint viermal im Jahr. Auch *DER SPIEGEL* bietet seit 1995 seinen Abonnenten mit einem monatlichen Kulturprogramm eine erweiterte individuelle Problemlösung an. Inhalt der Beilage, die monatlich erscheint, ist ein monatlicher »Kultur-Fahrplan« für Deutschland. Der Fahrplan soll die Highlights des kulturellen Geschehens dem Qualitätsanspruch des *SPIEGEL* entsprechend beschreiben sowie kommentieren und zwar so, daß ein *SPIEGEL*-Abonnent (und Leser) immer im Bilde darüber ist, was im jeweiligen Monat in Deutschland kulturell los ist. Das bezieht sich natürlich insbesondere auf die Hochkultur und auch auf herausragende Ereignisse der sogenannten E-Musik. Die Überlegung der *SPIEGEL*-Leute ist einleuchtend: Für die Abonnenten ist eine solche Beilage durchaus attraktiv und gleichermaßen eine Belohnung für ihre Treue. Zusätzlich kann der Kultur-Fahrplan für prospektive Abonnenten einen, vielleicht sogar entscheidenden, Anreiz bieten. Und wenn die *SPIEGEL*-Leute Glück haben, wird sich der Kultur-Fahrplan sogar über die Anzeigen selbst finanzieren. Die *Süddeutsche Zeitung* bietet ihren (potentiellen) Kunden, abhängig von den Segmenten, montags das Jugendmagazin *Jetzt* und freitags die Beilage *Magazin* an. Zudem können die jungen *Jetzt*-Leser das Jugendmagazin der *Süddeutschen Zeitung* seit Anfang 1995 auch digital erreichen. Entsprechend dem Interesse der Jugendlichen an Bits und Bytes kann jeder, der einen PC, ein Terminalprogramm und ein Modem besitzt, sich bei der Redaktion einwählen. Geboten werden Briefe an die Redaktion, Diskussionsforen, Insider-News, die aktuelle Lebenswert-Liste, Gratis-Probeabonnements und jeden Montag die Online-Konferenz mit der Redaktion. »Rund 3.000 Freaks aus München und Umgebung sind dabei: Durchschnittlich 1.000 Anrufer pro Tag zwischen 13 und 30 Jahre alt.«[32] Eine zusätzliche Dienstleistung, die genau den individuellen Bedürfnissen des Segments »Jugend« entspricht. Bei der Nutzung fallen übrigens nur die Telefongebühren für die Jugendlichen an, während *Saturn* und *Compaq* als Werbekunden der *Süddeutschen Zeitung* bei der Finanzierung helfen.

Die Beispiele für echten Kundenservice und zusätzliche Dienstleistungen, die jedes Unternehmen seinen (potentiellen) Kunden bieten kann, sind zahlreich. Entscheidend für den Erfolg dieser Aktivitäten ist und bleibt die Orientierung an den individuellen Bedürfnissen der (potentiellen) Kunden. Insbesondere der Handel hat in diesem Feld noch große Reserven, um sich weiter zu differenzieren: Farben, Tapeten, Kleister, Bohrer und Schrauben gibt es in jedem Baumarkt zu kaufen. Das sind Produkte – und zwar austauschbare. *Obi* hingegen bietet seinen (potentiellen) Kunden individuelle Problemlösungen an: In Leipzig werden auf 10.000 qm neben dem traditionellen Baumarktsortiment ebenso zusätzliche Dienstleistungen wie die Vermittlung von Fliesenlegern oder Heimwerker-Kurse angeboten. 1996 führte *Obi* eine »Olympiade für Heimwerker« durch: in 300 Märkten in Deutschland bot *Obi* seinen (potentiellen) Kunden die Chance, sich in allen Disziplinen des Heimwerkens fit zu machen. Sie hatten die Gelegenheit, an einem von 5000 Kursen teilzunehmen. Ob die (potentiellen) Kunden lernen wollten, wie man Fenster und Türen einbaut, Fliesen legt, einen Trockeninnenausbau bewerkstelligt, sanitäre Anlagen installiert oder einen Teich anlegt – in den Kursen lernten sie Schritt für Schritt, wie man's macht. Außerdem wurde ebenfalls 1996 der sogenannte Libero eingeführt. Ein Mitarbeiter hat die Aufgabe jeden (potentiellen) Kunden, der den Kassenbereich betritt, anzusprechen, ob dieser auch alles bekommen habe, was er brauchte, oder ob noch irgendwelche Fragen offengeblieben seien. Hat der (potentielle) Kunde dann noch einen

Wunsch, wird er sofort von der jeweils zuständigen Fachkraft weiter betreut. Alles in *Obi*.

Betritt man als (potentieller) Kunde hingegen so manches Möbelhaus auf der grünen Wiese, ist vom Verkaufspersonal nicht viel zu sehen. Statt dessen hängen an den klinisch weißen Wänden oft Zettel: »Wünschen Sie – etwa – Beratung, dann wählen Sie bitte die 10« und die ist dann meistens besetzt. Anders bei der Firma *Möller*, einem Bekleidungsgeschäft mit drei Filialen in Saarbrücken. Spätestens wenn der (potentielle) Kunde mit seiner Kreditkarte bezahlt, wird er von dem Verkaufspersonal mit seinem Namen angesprochen und gebeten, eine der im folgenden abgebildeten Karten auszufüllen.

Schon die Ansprache auf der zweiten Karte zeigt, welches Verhältnis das Unternehmen zu seinen einmal gewonnenen Kunden pflegen möchte: »Verehrte Kunden, liebe Freunde unseres Hauses!« heißt es da. Eine Freundschaft will das Unternehmen also mit seinen (potentiellen) Kunden pflegen. Und sogleich wird dieser zum Helden, denn derjenige, der diese Karte ausfüllt, wird als erster – also vor allen anderen – über besondere Aktionen des Hauses informiert. Zum anderen arbeitet *Möller* auch noch mit einem schon mehrmals in diesem Buch angesprochenen individuellen Bedürfnis seiner Kunden – mit dem knappen Gut »Zeit«: »Ihre Zeit ist kostbar...«. Last but not least wird nicht nur die Adresse aufgenommen, sondern auch noch die Konfektionsgröße. *Möller* hat so die Möglichkeit, seinen Kunden ganz gezielte Angebote zu machen – Maximale Kundenorientierung eben. Auch *Ipuri* zeigt den Weg von einem Produkt zu einer individuellen Problemlösung auf: Damit auch der eilige Kunde sich wohl fühlt, bietet *Ipuri* schnelle Kassen, die alle Zahlungsmittel annehmen. Übersichtlich plazierte Ware, breite Gänge, dezente Musik, große Umkleidekabinen sowie ein Café machen das Einkaufen hier zum Vergnügen. Die Kommunikation mit den (potentiellen) Kunden erfolgt durch das *Ipuri*-Magazin, welches viermal im Jahr in einer Auflage von 30.000 bis 50.000 erscheint. »Hohe Rücklaufquoten auf Aktionen im Heft zeigen, daß der Dialog per Magazin funktioniert. Der Erfolg: *Ipuri* wächst sprunghaft. Seit 1992 entstanden sieben Geschäfte.«[33].

Die *Gothaer* bietet mit ihrer *Gocard-Autoversicherung* dem Kunden einen 24-Stunden-Pannenservice. Wenn ein Kunde der *Gothaer* diesen Service in Anspruch nehmen muß und der Service auch noch seine

Verehrte Kunden, liebe Freunde unseres Hauses!
Ihr Name ist uns wichtig –
denn in Zukunft werden Sie
gezielt erfahren, wann es sich
besonders lohnt, bei uns vorbeizu-
schauen.
Ihre Zeit ist kostbar, bitte kreuzen Sie
an, welche Firmen Sie besonders interessieren.
Herzlichen Dank für Ihre Mitarbeit.

! **WICHTIG:** Bitte unbedingt Rückseite ausfüllen
– und ab die Post!

Ja!

Ich möchte auch in Zukunft als Erster
wissen, was los ist.
Ich interessiere mich besonders für Angebote von

❑ Möller Exclusiv ❑ Oxford Sportswear
❑ Oxford New Classic
(bitte ankreuzen)

Name: Vorname:

Straße:

PLZ, Ort:

Telefon:

Konfektions-Größe:

(Bitte in Druckbuchstaben ausfüllen!)

Rückantwort

Herrn
Jörn-Erik Möller
Futterstraße 16
66111 Saarbrücken

SEHR GEEHRTER KUNDE, WIR MÖCHTEN SIE ZUKÜNFTIG GERN
ALS ERSTEN ÜBER UNSERERE AKTIONEN INFORMIEREN.
WIR BITTEN SIE DESHALB HÖFLICHST UM IHRE VOLLSTÄNDIGE ADRESSE:

NAME VORNAME:

STRASSE:

PLZ: ORT:

TELEFON:

MEINE KONFEKTIONSGRÖSSE:

DANKESCHÖN! MÖLLER

Erwartungen erfüllt, wird dieser Kunde für die nächste Zeit einer der besten Werbeträger für die *Gothaer* überhaupt sein. Er wird aus seinem persönlichen Netzwerk mittel- oder unmittelbar Empfehlungen generieren. Doch dazu später mehr.

Viele Unternehmen sind in letzter Zeit dazu übergangen, für ihre (potentiellen) Kunden sogenannte Hotlines einzurichten. Dies sind in der Regel Servicetelefonnummern, unter denen dem (potentiellen) Kunden sofortige Hilfe bei auftretenden Problemen versprochen wird. Nimmt der Anrufer diese Hotline jedoch in Anspruch, wird er oft enttäuscht. Studenten und schlecht ausgebildete Aushilfskräfte dienen als Gesprächspartner. In der *W&V* wurde über eine solche Erfahrung unter der Überschrift »Theorie und Praxis« berichtet: »Etwas Schickes sollte es sein, deutsche Wertarbeit. Der Händler rät zu Siemens *Gigaset* 910: ›Schnurlos, digital – Technik neuester Stand. Den passenden Anrufbeantworter *Euroset* AB gleich dazu. Macht zusammen 778 Mark.‹ Auspacken, anschließen, sogar das mit dem Ansagetext klappt. Ein Kontrollanruf, dann der Schock: Das Gerät krächzt, als wenn eine Kreissäge über Stahlbeton schabt. Hilferuf bei der Hotline. Freundliche Stimme, wissender Ton: ›Tja, wir mußten für die BZT-Zulassung leider in letzter Minute den Chip austauschen. Der neue ist nicht kompatibel. Stellen Sie die Geräte einfach einen Meter auseinander. Oder kaufen Sie lieber gleich das Megaset 960. Das funktioniert einwandfrei und kostet nur 100 Mark mehr. Sorry, aber wir arbeiten daran.‹«[34] Wenn die angebotenen Dienstleistungen oder Kundenservices des Unternehmens nicht den Erwartungen der (potentiellen) Kunden entsprechen, werden sie genau das Gegenteil von dem bewirken, was sie eigentlich erreichen sollen. Statt der Festigung einer Partnerschaft, statt den (potentiellen) Kunden zu binden, führen sie dann zu Enttäuschungen und diesen regelrecht in die Arme des Wettbewerbers.

Einer der größten Wachstumsmärkte ist der Mobilfunkmarkt – Experten prognostizieren bis zum Jahrtausendende über 10 Millionen Teilnehmer in Deutschland. Um diese werben die *Telekom* und *Mannesmann* über eigene Vertriebsorganisationen und 13 sogenannte Serviceprovider, wie zum Beispiel *talkline* oder *debitel*. Insbesondere über immer »kundenfreundlichere« Tarife versuchen sich die einzelnen Anbieter zu differenzieren. Rechtzeitig zur Weihnachtszeit 1996 schoben die drei großen Anbieter neue und immer günstigere Preismodelle in den Markt. Dabei haben auf die Frage »Verstehen Sie die Tarifunterschiede zwischen den Mobilfunkanbietern?« nur 16 Prozent der Befragten mit »Ja« geantwortet.[35] Das war allerdings im November, also noch vor der großen Schlacht. Um das mobile Telefonieren noch interessanter zu machen, werden dem (potentiellen) Kunden zudem verschiedene Dienstleistungen angeboten. Über einen Reise- und Flugservice, bei dem der (potentielle) Kunde das Gewünschte per Telefon buchen kann, eine Platzreservierung, Sekretariatsservice, Hotelbuchungsservice, die Telefonnummer für den Blumengruß und die für die aktuellen Verkehrsnachrichten, die Notfallnummer für den Abschleppdienst und die Nummer, die verbindet, werden die unterschiedlichsten Serviceleistungen allen (potentiellen) Kunden angeboten. Betrachten wir diese Dienstleistungen einmal genauer. Sie sprechen im Grunde genommen immer nur ein Segment innerhalb der Gesamtgruppe an. Insbesondere der Manager ohne ein eigenes Sekretariat oder der Außendienstmitarbeiter profitieren hiervon. Die individuellen Bedürfnisse von Taxiunternehmen, Speditionen, Landwirten, Handwerkern, Schlüssel- und anderen Notfalldiensten oder schlichtweg dem Privatmann werden mit diesen zusätzlichen Dienstleistungen kaum befriedigt werden. Und trotzdem müssen sie die gesamten Dienstleistungen, die fast alle Provider gleich anbieten, mitfinanzieren.

Statt Dienstleistungen für alle anzubieten, die dann nur ein kleiner Teil der (potentiellen) Kunden sinnvoll nutzen kann, sollten *Telekom* und *Mannesmann* es ihren zukünftigen (potentiellen) Kunden einfacher machen, Kunde zu werden. Haben Sie zum Beispiel schon einmal versucht, ein Mobiltelefon mit Karte zu verschenken? Wollen Sie das Geschenk zum Beispiel zum Geburtstag überreichen, werden Sie keine Chance haben. Denn beide Unternehmen geben Ihnen keine Möglichkeit, eine einmal gebuchte Telefonkarte von privat auf privat umzuschreiben. So bleibt Ihnen gar nichts anderes übrig, als sich nach einem neuen Geburtstagsgeschenk umzuschauen, falls sie nicht auf einen Gutschein zurückgreifen wollen. Aber man schenkt seiner Geliebten ja auch kein Foto von einer roten Rose.

Es ist durchaus legitim, daß der (potentielle) Kunde für die angebotenen zusätzlichen Dienstleistungen oder Kundenservice einen Preis entrichtet. Dies hat den großen Vorteil, daß die Kosten, die für die dauerhafte Bereitstellung der Dienstleistungen nicht auf alle übertragen werden müssen, sondern wirklich nur dort anfallen, wo sie nachgefragt werden. Die *Joh. Vaillant GmbH & Co.* zum Beispiel legt ihren Heiz- und Warmwassergeräten einen Schutzbrief bei. Damit kann der (potentielle) Kunde auf Wunsch die Werksgarantie auf fünf Jahre erhöhen. Die Kosten hierfür betragen zwischen 130 DM und 390 DM.[36]

Einige Unternehmen, leider aber noch viel zu wenige, haben die langfristig positive Wirkung erkannt, wenn sie ihre Produkte mit Hilfe von Kundenservices und zusätzlichen Dienstleistungen in individuelle Problemlösungen wandeln; denn nur aus einem zufriedenen Kunden kann ein dauerhafter Partner für das Unternehmen werden. Nur dann kann der viel gerühmte und gefürchtete Einmalkunde als (potentieller) »Stamm«kunde gewonnen werden. Hierzu können ganze Programme, seien es Partnerschaftsmodelle oder Kundenbindungskonzepte entwikkelt und realisiert werden. Im Zeitalter der PCs kann dies von jedem Unternehmen, selbst mit relativ kleinem Budget, durchgeführt werden. Egal ob es sich um den Endverbraucher- oder Business-to-business-Markt handelt, egal ob im stationären Handel, dem Vertrieb über Außendienstmitarbeiter oder dem Versandhandel, unabhängig von den Produkten, ob Zeitung oder Zeitschrift, ob Verbrauchsartikel oder Luxusgut, ob Toilettenpapier oder Auto, ob Champagner oder Mineralwasser.

Ein Beispiel, welches uns aus Deutschland herausführt, diesmal aber nicht ins gelobte Land, sondern nach Neuseeland. Einem Land, in welchem der Tourismus der größte Wirtschaftszweig ist. Einem Land mit über 60 Millionen Schafen, drei Millionen Menschen und einer atemberaubenden Natur, die sich die meisten Touristen mit dem Mietwagen oder dem Wohnmobil erschließen. Wenn Sie in diesem Land Ihr Wohnmobil in Empfang nehmen, erhalten Sie neben zahlreichen Karten und Vouchers für die verschiedensten Attraktionen eine *BP*-Card, einen *BP*-Straßenatlas sowie einen *BP*-Campingplatzführer mit allen Telefonnummern und aktuellen Öffnungszeiten, Ausstattungen, zahlreichen Bildern und Wegbeschreibungen in Form von kleinen Kartenausschnitten. Der Faltprospekt, in dem die *BP*-Card enthalten ist, macht den naturhungrigen Touristen auf drei verschiedene Bildbände über Neuseeland aufmerksam: Den schönen Bildband mit ca. 100 Seiten, den noch schöneren mit ca. 150 Seiten und den noch einmal schöneren mit ca. 200 Seiten. Jeden dieser Bildbände erhalten Sie kostenlos, wenn Sie während Ihres Urlaubes in Neuseeland 200, 400 bzw. 600 Liter getankt haben – und zwar bei der Rückgabe des Wohnmobils. Das einzige, was Sie dafür tun müssen, ist bei jedem Tankstop bei *BP* die *BP*-Card vorzulegen. Diese wird dann von dem Tankwart eingelesen, die Liter sind auf dem Konto verbucht, fertig. Jederzeit können Sie sich übrigens an allen *BP*-Tankstellen über den aktuellen Literstand informieren. Was glauben Sie, wo wir während unseres letzten Aufenthaltes in Neuseeland getankt haben? Und wir haben nicht nur getankt, wir haben auch Reiseproviant, Süßigkeiten, Getränke usw. bei *BP* gekauft. *BP* hat mit dieser Aktion ein neues Segment identifiziert und bindet seine (potentiellen) Kunden über den maximalen Zeitraum – der Dauer der Reise – mit Dialoginstrumenten an das Unternehmen.

In Deutschland ist das anders. Die Mineralölfirmen geben unzählige Millionen von DM für klassische Werbung aus. Marken werden neu positioniert oder ganz neu kreiert – sicherlich auch erfolgreich, wie das Beispiel *DEA* zeigt. Und doch stellt sich die Frage, warum die deutschen Mineralölgesellschaften so wenig zur Bindung des normalen (potentiellen) Kunden, zum Aufbau einer langfristigen Partnerschaft tun. Haben doch die meisten Gesellschaften und ihre Pächter erkannt, daß mit einer Tankstelle noch weitere Budgets des (potentiellen) Kunden »angezapft« werden können. Einige Tankstellen haben sich schon zu regelrechten Supermärkten entwickelt, die insbesondere dann ein erfolgreiches Geschäft tätigen, wenn die Klassiker, der Supermarkt, der Verbrauchermarkt oder das SB-Warenhaus auf der grünen Wiese geschlossen haben. Hier bietet es sich geradezu an, durch geeignete Kundenbindungsmaßnahmen die Zusammenarbeit mit dem (potentiellen) Kunden zu verstärken. Sicher kommt jetzt wieder der Ruf »Aber das Gesetz gegen den unlauteren Wettbewerb verbietet uns dieses und jenes! Das Rabattgesetz verbietet uns wieder etwas anderes!« – also machen wir es nicht. Aber auch unter den gegebenen politischen und gesetzlichen Rahmenbedingungen in Deutschland läßt sich etwas tun. Packen wir es an.

Fazit: Individuelle Problemlösungen sind mehr als nur das Produkt. Sie bestehen aus materiellen oder immateriellen Komponenten und sind ganzheitlich zu betrachten. Jeder einzelne Aspekt einer individuellen Problemlösung erhält seine Bedeutung ausschließlich aus der Fähigkeit des Unternehmens, die individuellen Bedürfnisse des (potentiellen) Kunden zu befriedigen. Dies gilt insbesondere für Kundenservices und weitere Dienstleistungen.

Kundenkarten und Kundenclubs – der Ring einer Freundschaft

Sie werden gerade in letzter Zeit als das Allheilmittel schlechthin betrachtet: Die Cards und Clubs. Dabei gilt es, hier wie auch bei allen anderen Aktivitäten des Unternehmens, zwischen einer kurzfristigen Denkweise und einem langfristigen Modell der Maximalen Kundenorientierung zu differenzieren. Kundenkarten und Kundenclubs sollten immer Instrumente sein, die es dem Unternehmen vereinfachen, die individuellen Bedürfnisse des (potentiellen) Kunden kennenzulernen und daraus die individuellen Problemlösungen zu entwickeln, und dies kontinuierlich. Zudem müssen sie so ausgelegt sein, daß das Unternehmen zunehmend zusätzliche oder neue Informationen über seinen (potentiellen) Kunden gewinnt und diese auch in seiner Datenbank speichern kann. Kundenkarten und Kundenclubs können so zum einen dem (potentiellen) Kunden bestimmte Vorteile verschaffen und sind dann meistens einseitig ausgerichtet, also kein Dialoginstrument. Oder aber sie können ein Instrument sein, welches den Dialog zwischen (potentiellem) Kunden und Unternehmen bzw. zwischen zwei Partnern fördert. So verstanden, bilden diese Dialoginstrumente dann den Ring der Partnerschaft.

Zweifelsohne geht es auch anders, auch erfolgreich anders, wie eines von allerdings wenigen Beispielen zeigen soll: Der *RTL*-Club. Für 5 DM erhält das Mitglied dieses offenen Clubs, in dem es keine Abnahmeverpflichtungen gibt, eine Clubkarte mit der folgende Leistungen verbunden sind: Keine. Sie haben richtig gelesen: Der (potentielle) Kunde zahlt 5 DM, erhält eine Clubkarte und kann damit nichts anfangen. Und trotzdem ist diese Karte ein Erfolg geworden. Der *RTL*-Club spricht mit dieser Karte nämlich ein individuelles Bedürfnis seiner (potentiellen) Kunden, seines Segmentes an, welches tagtäglich immer wieder in Fernsehspots und Anzeigen von Kreditkartenunternehmen geweckt wird: Mit einer Karte zu einer besonderen Gruppe von Menschen zu gehören. Doch leider entspricht das monatliche Einkommen der meisten *RTL*-Club-Mitglieder nicht den Erwartungen der Kreditkartenfirmen, will heißen, an eine solche Karte kommen diese Menschen sehr schwer dran; dann wenigstens als Ausgleich die *RTL*-Karte, damit man wenigstens eine Karte in der Geldbörse hat. Schon im ersten Jahr konnte der *RTL*-Club 60.000 solcher Karten unter das Volk bringen. Diese *RTL*-Clubkarte zeigt am deutlichsten wie wichtig es ist, alle möglichen Aspekte und Faktoren einer individuellen Problemlösung zu betrachten und die einzelnen Instrumente genau auf das Segment abzustimmen. Für die einen ist die *RTL*-Karte ein schöner Gag, für die (potentiellen) Kunden des *RTL*-Clubs erfüllt sie deren Erwartungen.

Die meisten Kundenkarten sind mit einer Zahlungsfunktion verbunden, d.h. der Inhaber der Karte braucht kein Bargeld, um bei dem kartenausgebenden Unternehmen einkaufen zu können. Untersuchungen haben gezeigt, daß sich auf diese Weise die Kundenfrequenz und der Umsatz erhöhen: Bei *Eismann* stiegen die Durchschnittsumsätze um 66 Prozent von DM 60 auf über DM 100, bei *Ikea* ist der durchschnittliche Umsatz eines normalen »Family-Mitgliedes« ohnehin um durchschnittlich 15 Prozent höher als bei einem Nichtmitglied und bei den Mitgliedern, die gleichzeitig noch die Kreditfunktion in Anspruch nehmen, sogar um 40 bis 50 Prozent höher.[37] Eine Kundenkarte mit Zahlungsfunktion beeinflußt also das Kaufverhalten der Kunden eindeutig positiv: Sie macht unabhängig von mitgeführtem Bargeld und läßt somit Spontankäufe eher zu. Weiterhin baut eine solche Kundenkarte Preishürden ab – der Kunde braucht sich nicht die Frage zu stellen: Habe ich genügend Geld dabei? Und wenn die Kundenkarte Bestandteil eines Individuellen Partnerschaftsmarketing ist, also ein Mosaiksteinchen eines interaktiven Dialoges zwischen Unternehmen und Kunde, dann wird der Kunde gewissermaßen auf das Unternehmen »programmiert«, er präferiert deutlich »sein« kartenausgebendes Unternehmen.

Nachdem auch andere Parfümerien gelernt haben, daß mit freundlichen und hervorragend ausgebildeten Verkäuferinnen und kreativen Verpackungen individuelle Bedürfnisse der (potentiellen) Kunden angesprochen und profitabel bedient werden können, bietet die Parfümeriekette *Douglas* seit Februar 1995 ihre *Douglas*-Card an, die für eine Jahresgebühr von 12 DM zu haben ist. Neben der bargeldlosen Bezahlung bietet *Douglas* exklusive Reise- und Schönheitsfarm-Arrangements an, Besuche von Mode-Veranstaltungen sowie einen telefonischen *Douglas* Card Ticket-Service für Konzerte und sonstige Veranstaltungen. Also alles Serviceleistungen und zusätzliche Dienstleistungen, von denen vermutet werden kann, daß *Douglas* hiermit weitere individuelle Bedürfnisse seiner Kundschaft befriedigt, die über den Kauf von Rasierwasser und Eau de Cologne hinausgehen.

Insbesondere in Märkten mit einem austauschbaren und damit vergleichbaren Produktangebot kann eine Kundenkarte mit auf die Bedürfnisse des potentiellen Kunden zugeschnittenen Serviceleistungen die Kundenbindung deutlich stärken. Seit 1988 gibt es die Kundenkarte der *Mayerschen Buchhandlungen* in Nordrhein-Westfalen. Die Karteninhaber kommen nachweislich häufiger, sie tätigen doppelt so hohe Umsätze wie die normale Laufkundschaft und das in einem Markt, in dem es noch die Preisbindung gibt, wo also das gleiche Buch unabhängig von dem Vertriebsweg das gleiche kosten muß. Neben der Zahlungsfunktion – mit dem entsprechenden zinslosen Kredit bis zur Rechnungsstellung – bietet diese Karte ihren Kunden einen kostenlosen Zustelldienst bei Bestellungen über 50 DM – und freien Eintritt zu den Veranstaltungen der *Mayerschen Buchhandlungen.*[38] »Wie man via Karte Stammkunden bindet und aus Neukunden künftige Stammkunden macht, führt das Nürnberger Bekleidungshaus *Wöhrl* vor. Zu Beginn jeder Saison schickt es seinen inzwischen 150.000 Kartenbesitzern exklusive Modeinformationen, lädt einmal jährlich zum Sonntagseinkauf, verschickt Glückwunschkarten zum Geburtstag und vermittelt dem Karteninhaber schließlich auch an der Kasse das besondere VIP-Gefühl durch die namentliche Ansprache. Solche Kundenbindung zahlt sich aus. Im Bekleidungshandel gibt der Kunde – so recherchierte die Marketingabteilung bei *Wöhrl* – etwa 70 Mark pro Kauf in bar aus. Der Einkauf per Kundenkarte liegt dagegen durchschnittlich bei 240 Mark.«[39] Dies entspricht immerhin einem Mehrumsatz von 242 Prozent.

Nach *Porsche* brachten 1995 auch *VW* und *Audi* eine Plastikkarte für ihre Kunden in Umlauf. Käufer von *VW*- oder *Audi*-Neuwagen werden via Karte kostenlos in den Club aufgenommen. Die Clubmitglieder erhalten bei *VW*- und *Audi*-Händlern drei Prozent Rabatt und Exklusiv-

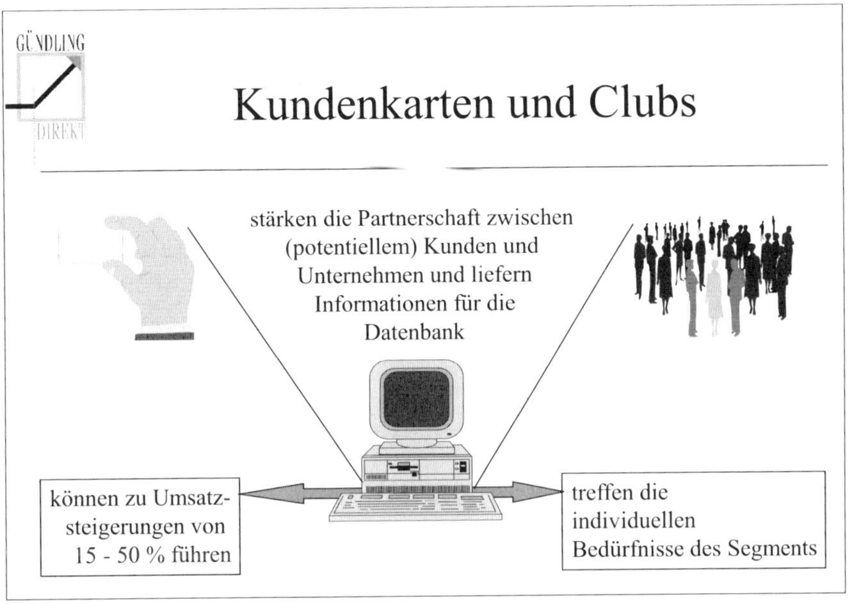

Abb. 4.4

Services wie Lotsendienste oder Stauwarnungen. Zweifelsohne sind die drei Prozent Rabatt auf Reparaturrechnungen eine echte zusätzliche Serviceleistung seitens *VW* und *Audi.* Bei einem Neuwagenkauf sollte aber – wenn auch versteckt – in der Regel mehr drin sein und dies auch ohne Karte. Ebenfalls 1995 startete ein Pilotprojekt, bei dem mit Hilfe von Kundenkarten Besucher an bestimmte Autobahnraststätten gebunden werden sollen: »Die Autobahngalerie *Himmelkron* an der A 9 (Nürnberg – Berlin) verteilt an Reisebusfahrer die ›Rastcard‹. Fahrer, die ihre Gäste in das Restaurant lotsen, bekommen Guthaben, die sie im Tankshop einlösen können.«[40] *Hipp* und *Penaten* haben ebenfalls 1995 gemeinsam einen Club ins Leben gerufen. Mütter von Neugeborenen können eine 24 Stunden-Hotline zu einer Hebamme nutzen, erhalten vier Zeitschriften zu den wichtigsten Abschnitten im ersten Lebensjahr des Kindes, ausgewählte Buchtips, Reiseangebote für Ferien mit dem Baby sowie natürlich *Hipp*- und *Penaten*-Produktproben.[41] Das Besondere an diesem Club ist, daß die Mitgliedschaft entsprechend dem Segment auf das erste Babyjahr begrenzt ist und viele der angebotenen

Serviceleistungen zeitpunktbezogen treffen, abhängig davon wie alt das Baby gerade ist. Ein hervorragendes Beispiel für Maximale Kundenorientierung.

Der Übergang von einer Kundenkarte zu einem Kundenclub ist fließend und – nach meiner Meinung – nur noch akademisch zu differenzieren. Die existierenden Clubs in Deutschland haben in der Regel mehr Serviceleistungen und zusätzliche Dienstleistungen zu bieten. Insbesondere Kommunikationsinstrumente wie Kundenzeitschriften oder Newsletter gehören zum Standardprogramm eines Clubs. Ob eine Kundenkarte oder ein Kundenclub als Profit Center organisiert wird, ist zunächst einmal zweitrangig. Die entscheidende Frage ist: »Was will der Kunde und wie können wir ihm bei der Befriedigung seiner individuellen Bedürfnisse mit unseren individuellen Problemlösungen und den zusätzlichen Serviceleistungen und Dienstleistungen helfen?« Im Unterschied zur Kundenkarte hat der Club – allein schon als Begriff – den zusätzlichen Vorteil, daß das Unternehmen zusammen mit seinen Freunden eine eigene Welt schaffen kann, einen Freundeskreis oder, wie *IKEA* es schon in seinem Namen führt, eine Familie. Dies gibt Sicherheit und Geborgenheit.

Zu den erfolgreichsten Clubs in Deutschland zählt der *Chip*-Club der Computerzeitschrift *Chip*. Schon 1986 gegründet, schaffte er es, die Dauer der Abonnements um mehr als 25 Prozent von vier auf fünf bis sechs Jahre zu steigern, die Kosten der Gewinnung (potentieller) Kunden, den sogenannten CpO, Cost per Order, zu senken, und die Leser-Blatt-Bindung zu verstärken. Der Club zählt inzwischen 70000 Mitglieder und steht allen Abonnenten kostenlos offen. Sechsmal jährlich erscheinen die *Chip*-Club-News, außerdem steht eine Telefon-Hotline zur Kommunikation zur Verfügung. Die kostenlose 0130er Telefonnummer befindet sich auf der Rückseite der Clubkarte – jeden Mittwoch zwischen 14.00 Uhr und 18.00 Uhr stehen die Computerexperten der Fachzeitschrift den Clubmitgliedern mit Rat und Tat zur Seite. Den Bedürfnissen multimedialer Leser entsprechend bietet der Club zudem einen »elektronischen Briefkasten« an, über den zum einen z.B. Shareware-Programme und Freeware-Computer-Programme von den Clubmitgliedern abgerufen werden können und gleichzeitig aber auch ein reger Erfahrungsaustausch zwischen den Clubmitgliedern stattfindet. Auch in den »*Chip*-Club-News« stehen die Clubmitglieder im Mittelpunkt. In der Rubrik »Was machen *Chip*-Club-Mitglieder« kann sich jedes Clubmitglied persönlich vorstellen. In einem »Jackpot« werden die verschiedensten Produkte rund um das Thema »EDV« verlost. Wechselnde Partnerfirmen füllen ihn mit Software, Hardware und Büchern und werden dafür im Gegenzug als »Spender« genannt. Für den Spender ist dies eine relativ preiswerte Werbung direkt im Markt, für *Chip* eine kostenlose zusätzliche Dienstleistung für seine Abonnenten. Denn da ja nicht alle den Jackpot knacken, kann das Clubmitglied die Gewinne auch zu einem Sonderpreis im Clubshop erwerben.[42]

Kundenclubs sind keine nackten Serviceleistungen, die sich in Zahlen ausdrücken lassen, Kundenclubs sind mehr. Sie sind Botschafter und Klammer eines emotionalen Mehrerlebnisses, empfunden durch den (potentiellen) Kunden, manchmal auch durch diesen ins Leben gerufen, wie das Beispiel *Swatch* zeigt[43]: Die ersten Erfolge von *Swatch* waren darin begründet, daß *Swatch* mehr war als das, was man auf den ersten Blick vermuten würde. Es war ein modisches Accessoire, das gleichzeitig auch noch die Zeit anzeigte. Eine *Swatch* signalisiert Individualität und Einmaligkeit. So konnte es nicht verwundern, daß *Swatch*-Begeisterte aus aller Welt anfingen, diese zu sammeln. Die einen als Wertanlage, die anderen aus Sammelleidenschaft, wieder andere durch Zufall, weil sie sich eben mehrere *Swatch*, also verschiedene modische Accessoires, gekauft hatten. Und wenn viele Menschen das Gleiche tun, beginnen sie sich zu organisieren. Erste *Swatch*-Börsen entstanden, einzelne Sammler begannen selbst, Auktionen und regionale Clubs zu organisieren. Immer wieder suchten sie auch den Kontakt zum Unternehmen selbst, bei dem der Kunde im Mittelpunkt steht, was allein durch das Vorbild von Nicolas G. Hayek, dem Präsidenten und Delegierten des Verwaltungsrates der *SMH*, zu deren Gruppe die *Swatch AG* gehört, vorgelebt wird; noch heute beantwortet er selbst kleine Anfragen persönlich. So entstand, als Antwort auf die Leidenschaft zahlreicher *Swatch*-Kunden, ausgelöst durch die Kunden selbst, 1990 der *Swatch* Collectors Club of *Swatch*. Zunächst im kleinen in der Schweiz und dann in Deutschland und in Italien. Heute besteht der *Swatch* Collectors Club in acht Ländern und hat weit über 100.000 Mitglieder – die Clubinformationen werden in fünf Sprachen erstellt. Die Mitgliedschaft ist mit 125 DM nicht gerade billig. Als Mitgliedsausweis fungiert keine Kundenkarte, sondern eine *Swatch*-Uhr, eine exklusive, die es in keinem Laden zu kaufen gibt. Dazu erhält das neue Mitglied den offiziellen *Swatch*-Gesamtkatalog mit allen Modellen seit der Geburt der *Swatch*. Natürlich ist ein wichtiges Standbein des *Swatch*-Clubs das Angebot von Spezialverpackungen und erhöhte Chancen – aber nie eine Garantie – beim Kauf der begehrten *Swatch*-Specials und Artikel rund um *Swatch*, wie T-Shirts, Videokassetten und Grafiken von Swatchdesignern. Der *Swatch*-Club lebt vornehmlich von seiner Kommunikation. Das Mitglied wird über Mailings immer wieder als erstes über neue Kollektionen, über neue Produkte und über alles, was in der weltweiten *Swatch*-Gemeinde so passiert, informiert. Das *Swatch* World Journal ist eine weitere Clubexklusivität, ein Lifestyle-Magazin und Sprachrohr für die *Swatch*-Message: Provokation, Innovation und Lebensfreude. Und auf den verschiedensten – zumeist internationalen – Events gibt es *Swatch* zum Anfassen. Das reicht über eine verrückte Modenschau, wie bei der Vorstellung der Pop-*Swatch* Special ›The Orb‹ der Modeschöpferin Vivienne Westwood in Wien – man denke hier an das »modische Accessoire«, über den von *Swatch* gesponserten Karneval von Venedig oder die Europa-Tournee von Jean Michel Jarre – bis hin zu einer *Swatch* Kreuzfahrt im Mittelmeer und einem 24-Stunden-Mountainbike-Rennen in der Schweiz. Bei Produkteinführungen und Sponsoringaktivitäten sind Mitglieder ohnehin immer dabei. Eine Welt, die die Kunden geboren haben, und deren Begleitung *Swatch* übernommen hat.[44]

Die Clubwelle hat zwischenzeitlich dazu geführt, daß die eine oder andere Serviceleistung heute gar nicht mehr als solche von den Clubmitgliedern empfunden wird, also kein **zusätzliches** individuelles Kundenbedürfnis befriedigt. Wenn ein Mensch gleichzeitig *VW*- und *D2*-Kunde ist und mit seinem Auto verreisen möchte, hat er die Wahl, von welchem seiner Unternehmen er die »besondere« Serviceleistung der Stau- und Verkehrswarnung in Anspruch nehmen will, von *VW* oder *D2 Mannesmann* oder ob er nicht doch lieber sich dem *ADAC* zuwendet oder das Infotelefon des *WDR* nutzt oder aus dem Infotext verschiedener Fernsehsender sein Informationsbedürfnis stillt, oder, oder, oder. Auch für die 1995 schon früh ausverkaufte Tournee der Rolling Stones hatte der Kunde die Qual der Wahl, wo er die Karten bestelle, die es eigentlich nicht mehr gab – ob bei *VW* oder *Diners Club* oder dem Nürnberger Modehändler *Wöhrl*. Die Serviceleistung verliert aufgrund der Nachahmer ihren individuellen und exklusiven Stellenwert und kann zu einer Selbstverständlichkeit in der Erwartungshaltung eines (potentiellen) Kunden werden oder aber als unnütz bewertet werden. Wenn ein Unternehmen sich durch zusätzliche Serviceleistungen und Dienstleistungen differenzieren möchte, kann es seine Kundenorientierung also nur dann maximieren, wenn es laufend sein Angebot überprüft und sich fragt: »Was will der Kunde, das er woanders noch nicht bekommt?« Die Antworten auf diese Frage bekommt das Unternehmen dann relativ leicht, wenn es den Kundenclub durch eine zentrale Datenbank steuert. Diese gilt es bei jedem Dialog immer wieder mit neuen Informationen zu füttern und diese regelmäßig auszuwerten. Wie bei einem Frühwarnsystem erhält das Unternehmen dann die Hinweise aus seiner Datenbank, die es braucht, um neue lebendige und dialogfähige Serviceleistungen seinen Clubmitgliedern anbieten zu können. Durch den unmittelbaren Kontakt und die dauerhafte Kommunikation entwickelt sich das Unternehmen mit seinen (potentiellen) Kunden weiter. Es spürt keine Trends auf, sondern es gestaltet diese, weil es die individuellen Bedürfnisse seines Segmentes zu jeder Zeit kennt.

Auch Markenartikler haben heute mit Hilfe von Kundenservices, Kundenkarten und Kundenclubs die Möglichkeit, ihr austauschbares Produktangebot in individuelle Problemlösungen zu wandeln. Hier sind die Markenartikler der USA jedoch wesentlich weiter als die bundesrepublikanischen. Ein Beispiel in Deutschland ist *Reebok*. Für 60 DM im Jahr erhalten Kids zwischen 10 und 16 Jahren jede Menge Informationen über die Marke und ihre Welt. Eine vierteljährlich erscheinende Clubzeitschrift bietet Informationen über Produkt, Sport und Szene. Flankierend werden spezielle Telefonkarten und exklusive T-Shirts angeboten. *Reebok* hat hiermit die Möglichkeit, nicht nur seine jungen Kunden an die Marke zu binden, sondern diese in Form eines Lebensphasenmodells zu begleiten. Es wird von Interesse sein, was *Reebok* letztendlich aus der hervorragenden Basis ihres Kidclubs machen wird.[45]

Kundenkarten und Kundenclubs sind, wenn sie konzeptionell richtig angelegt sind, ein geeignetes Instrument, um die Kunden an das Unternehmen zu binden, um eine Partnerschaft aufzubauen und zu stärken. Als Bestandteil der individuellen Problemlösung können sie dann für den (potentiellen) Kunden einen echten Mehrwert darstellen. Und der Kunde wird dies dann durch mehr Umsatz belohnen. In Zeiten der technologischen Revolution sind Kundenkarten und Kundenclubs keine exklusiven Instrumente für Großunternehmen und Konzerne, sondern können genauso wirtschaftlich auch von Kleinbetrieben und mittelständischen Unternehmen eingesetzt werden. Die Kundenkarte bietet insbesondere dem Fachhandel die Chance, verlorengegangenes Terrain zurückzugewinnen. Bei Kleinauflagen betragen die Kosten für eine Kundenkarte inklusive Personalisierung ca. 10 DM zuzüglich der Kosten für die »Master-Produktion« und die Kreation. Oder das Unternehmen entscheidet sich seine Kundenkarte selbst herzustellen: Die Firma *Pro Card Systems*, Paderborn bietet ein System an, mit dem sich farbige Kundenkarten mit Bildern und Text individuell herstellen und gestalten lassen. Die Basis des Systems bildet der CP 100 Color ID-Card Printer, der in weniger als 60 Sekunden eine Kundenkarte vollflächig bedrucken kann. Das Grundset zum Preis von 8.500 DM enthält ein Farbband CMYK und Overlay (250 Bilder), Windows-Treiber, Netzteil, Netzkabel, englisches Handbuch und ein Centronics Interface-Kabel. Hingegen ist die Realisierung von maßgeschneiderten Clubkonzepten im Endverbrauchermarkt aufgrund der hohen Vorkosten erst ab ca. sieben- bis zehntausend Mitgliedern sinnvoll. Der deutsche »Clubpapst« Wolfgang Wienecke kalkuliert, »... unter Berücksichtigung der Aufwendungen für die regelmäßige Kommunikation sowie für die Servicebereitstellung und -abwicklung ... pro Mitglied und Jahr mit ca. 30 DM bis 50 DM ... Preisgünstiger sind da schon sogenannte Co-Branding-Konzepte, die speziell für kleinere Zielgruppen (unter 5.000 Mitglieder) und Etats konzipiert sind. Durch die Kooperation mit einem Partner, der bereits über Karten- bzw. Clubsystem verfügt, lassen sich die hohen Einstandskosten vermeiden. Je nach Konzept ... fallen zwischen 30 DM und 60 DM pro Mitglied und Jahr an.«[46]

Kundenkarten und Kundenclubs können selbstverständlich auch im Business-to-business-Markt eingesetzt werden, um Produkte in individuelle Problemlösungen umzuwandeln. Zwei Beispiele: Der *Grohe* Profi Club der *Friedrich Grohe AG*, deutscher Marketing-Preisträger 1996, ist eine Mittelstandsinitiative für das Handwerk. Er dient der technischen und kaufmännischen Qualifizierung der Installateure. Den rund 1.500 Mitgliedern werden u.a. folgende Serviceleistungen zur

Verfügung gestellt: Beratung durch Experten innerhalb von 48 Stunden zu den wichtigsten Fragen der Unternehmensführung, Werbemittel-Dienst und Marketing-Beratungsservice, Helpline per Fax und Analysen in Checklistenform, Trendberichte über neueste Entwicklungen und VIP-Lounge auf vier Regionalausstellungen.[47] In der umfangreichen Angebotspalette des *Spiess-Hecker* Proficlubs soll insbesondere das Werbekonzept *Colors unlimited* hervorgehoben werden. *Colors unlimited* soll den Mitgliedern – Autolackierereien und Karosseriebetrieben – helfen, ihre lokalen Marketingmaßnahmen deutlich zu verbessern. Neben dem Konzept für eine lokale Marketingsstrategie enthält der umfangreiche Leistungskatalog entsprechend abgestimmte Maßnahmen und Werbemittel. Diese werden kontinuierlich aktualisiert. Zu Weihnachten werden beispielsweise Werbegeschenke und Grußkarten zusammengestellt. Für eine monatliche Lizenzgebühr von DM 25,– erwirbt jeder Lizenzteilnehmer das Recht, das Logo *Colors Unlimited* sowie den gesamten Leistungskatalog zu nutzen. Der kostenlose Werbeservice kümmert sich um die Anzeigenbuchung in den lokalen Medien, die Plakatwerbung oder um die Kinowerbung. Individuelle Leistungen, wie zum Beispiel eine Fassadengestaltung, werden zu Selbstkostenpreisen zur Verfügung gestellt.[48]

Fazit: Kundenkarten und Kundenclubs haben wie andere Serviceleistungen und zusätzliche Dienstleistungen eines Unternehmens keinen eigenständigen Charakter. Die Leistungen finden ihren Ursprung in den individuellen Kundenbedürfnissen, die innerhalb der individuellen Problemlösungskompetenz des Unternehmens befriedigt werden sollen und laufend in der Datenbank des Unternehmens aufgenommen und ausgewertet werden.

Wie mit neuen Wegen und neuen Medien individuelle Problemlösungen entstehen können

Die neuen Medien, also die Datenautobahnen, CD-ROM, CD-I usw. geben vielen Unternehmen heute die Möglichkeit, ihre Produkte zu individuellen Problemlösungen zu verwandeln oder sogar mit ganz neuen Wegen ganz neue Segmente für ihre Unternehmensleistung erfolgreich zu öffnen. An anderer Stelle haben wir ausführlich das Beispiel der *Citibank* und ihres Homebankings diskutiert. Die Wettbewerber haben inzwischen erkannt, daß sich der (potentielle) Kunde über diese Form des Bankgeschäfts einen individuellen Mehrwert schaffen kann und haben damit begonnen, eigenständige Direktbanken aufzubauen: Die *Deutsche Bank AG*, Frankfurt hat 1995 eine eigenständige Direktbank für das Privatkundengeschäft, die per Telefon, Fax oder PC via T-online rund um die Uhr erreichbar ist, gegründet. Daher auch der Name *Bank 24*. ... Das angestrebte Segment sind gut informierte Kunden, die eine unkomplizierte und moderne Art ihrer Bankgeschäfte vorziehen. Zum Direktangebot gehört nicht nur Discount-Brokerage, sondern neben den üblichen Zahlungsverkehren auch Bauspar- und Versicherungsprodukte. Damit ist die *Bank 24* sowohl als Anlagebank als auch als Erstbankverbindung geeignet. Die im Vergleich zu Filialbanken niedrigeren operativen Kosten schlagen sich dann auch in attraktiven Preisen nieder. Und das schönste: An sein Bargeld gelangt der (potentielle) Kunde über die Geldautomaten der *Deutschen Bank*.[49]

Der Vorteil der beiden Informationsspeicher CD-ROM und CD-I liegt darin, daß der (potentielle) Kunde während des Schmöckerns im Prospekt in der Regel direkt, sozusagen per Knopfdruck, bestellen bzw. den Dialog mit dem Unternehmen weiterführen kann. Erste Vorläufer waren die Kataloge der großen Versender auf CD-ROM. *Otto* brachte 1996 aufgrund der guten Erfahrungen mit der CD-ROM inzwischen die dritte aktualisierte Ausgabe auf den Markt. Entsprechend der individuellen Bedürfnisse des Segments, erhält so zum Beispiel der Durchschnitts-Jugendliche im Alter von 18 Jahren die CD-ROM mit mehr jugendlichen Trendprodukten, zum Beispiel Produkten von *Levi's, Addidas* und *Sony*. »Wir setzen jetzt mehr auf Lifestyle und auch auf Information«[50], beschreibt *Otto*-Pressesprecher Stephan Prien. Folgerichtig bietet die CD-ROM den Jugendlichen auch mehr als der klassische Katalog: Neben der medienkonformen Bestellung über die Datenautobahn können verschiedene Kleidungsstücke zum Beispiel miteinander kombiniert werden, und auch ein Magazin mit Reisetips, News aus der Jugendszene, Stadtführern und Veranstaltungskalendern sind auf der CD-ROM untergebracht. Ein besonderes Highlight dieses CD-ROM-

Kataloges ist die ständige Aktualisierung der Preise. Möglich wird dies per Modem-Anschluß. Die preisgesenkten Produkte werden sowohl aufgelistet als auch auf den Katalogseiten rot markiert. Neben *Otto* bietet auch das Versandhaus *Quelle* eine Bestellmöglichkeit per CD-ROM an. »Mittelfristig sollen alle Waren- und Dienstleistungen der *Quelle*-Gruppe auf CD-ROM verfügbar sein.«[51] Es ist zu vermuten, daß der Erfolg von *Otto* größer sein wird als der Erfolg von *Quelle.* Während *Quelle* sich nämlich mit seinem normalen Angebot an alle richtet, bietet *Otto* individuelle Problemlösungen entsprechend der individuellen Bedürfnisse des Segmentes an.

Der Münchener Autohersteller *BMW* hat eine CD-ROM zum Fünfer-Modell entworfen. Die (potentiellen) Kunden können damit Ausstattung **und** Finanzierung ihres neuen Traumwagens planen. Wenn Autokäufer bisher ihren Wunschwagen mit einem Tannenbaum versahen, sprich mit allem Zubehör zusammenstellten, verließen sie danach oft fluchtartig den Showroom – die Preise waren ein zu großer Schock, der Händler hat mit seinen Vermarktungsbemühungen Schiffbruch erlitten. Künftig werden bei BMW einige (potentielle) Kunden mit sehr viel genaueren Vorstellungen über ihre Wünsche und deren Machbarkeit die Verkaufshallen betreten, denn die CD-ROM erlaubt den (potentiellen) Kunden erstmals detailliert, alle Modelle des Fünfer mit sämtlichen Ausstattungen interaktiv zu planen und zugleich die Veränderung des Endpreises zu erfassen. Wer sich sein Traumauto eigentlich nicht leisten kann, erhält dabei auf einer Seite der CD alle Finanzierungsangebote der *BMW-Bank.*[52] Das Elektrotechnik-Unternehmen *Klöckner-Moeller* konnte mit einer CD-ROM DM 300.000.- bei seinen Katalogen einsparen:[53] Statt 180.000 Printkatalogen wurden 1995 nur noch 150.000 gedruckt. Während die gleichzeitig produzierten 30.000 CD‹s gerade mal DM 4,53 das Stück kosteten, schlug der Katalog mit fast DM 15.- pro Stück zu. Seit 1996 nutzen 24% der Direktkunden von *Klöckner-Moeller* das Service-Angebot auf CD-ROM. Diese bietet nicht nur die Präsentation der 15.000 Produkte und 500.000 Produktkomponenten, sondern auch die Möglichkeit, Produktdaten in wenigen Sekunden zu finden, die Bestellung per Modem aufzugeben und sie stellt ihren Anwendern individualisierte Programme zur Produktauswahl zur Verfügung.

Der reine Weg vom Produkt zur individuellen Problemlösung

Wie man aus einem Produkt eine individuelle Problemlösung machen, dabei weitere individuelle Bedürfnisse seiner (potentiellen) Kunden ansprechen, gutes Geld verdienen und auch noch einen Kleintransporter im Werte von über 40.000 DM verschenken kann, zeigt das Beispiel der Böblinger Firma *Brunner-Mobil-Werbung*. Die Außenwerbung ist ein heiß umkämpfter Markt. Jeder Verkäufer stellt sein Medium als das optimale für seinen Kunden dar – und doch sind viele Werbeträger austauschbar. Die *Brunner-Mobil-Werbung* stellt sich diesem Wettbewerb gar nicht erst. Sie hat eine Marktbearbeitungsstrategie entwickelt, in der das Kerngeschäft – nämlich der Verkauf von Werbeflächen – mit einem sozialen Nutzen verbunden wird, damit also weitere individuelle Bedürfnisse des (potentiellen) Kunden angesprochen werden. Karitativen und sozialen Vereinigungen, wie z.B. Behindertenheimen, Alten- und Pflegeheimen usw., wird ein nagelneuer Kleinbus kostenlos von der Firma zur Verfügung gestellt. Finanziert wird dieser Kleinbus durch eine »Spendenaktion«, also durch den Verkauf von Werbeflächen an eben diesem Kleinbus. Die ortsansässigen Unternehmen werden hierbei durch den Außendienstmitarbeiter der Böblinger Firma gebeten, eine entsprechende Werbefläche, die sonst andere Werbetreibende belegen würden, an dem Kleinbus zu finanzieren. Selbstverständlich kann sich der Auftraggeber entsprechend seines »Spendenaufkommens« die Größe und die Plazierung seiner Werbung aussuchen. Bei Übergabe des Kleinbusses werden die regionale Prominenz und die Regionalpresse bemüht, und am nächsten Tag findet sich ein entsprechender Artikel mit Foto in der Regionalzeitung. Dieser ist für die *Brunner-Mobil-Werbung* gleichzeitig eine Referenz bei ihren nächsten Aktivitäten. Wichtiger ist, daß der Werbeetat der ortsansässigen Unternehmen so einem guten Zweck zugutekommt, dem ortsansässigen Unternehmer ein hoher Beachtungsgrad garantiert wird, und außerdem das Böblinger Unternehmen hiervon partizipieren kann, wie selbstverständlich auch der Außendienstmitarbeiter. Noch einmal: die *Brunner-Mobil-Werbung* verkauft keine Werbefläche, sie ist die einzige Anbieterin einer individuellen Problemlösung – und damit nicht austauschbar.

Auf der Möbelmesse im Frühjahr 1995 wurden ebenfalls einige

individuelle Problemlösungen vorgestellt – meistens übrigens von kleineren Unternehmen oder von Einzelkämpfern, die sich ihre (potentiellen) Kunden und deren individuelle Bedürfnisse angeschaut haben. Mit »Möbel auf Rädern für Großstadt-Nomaden« könnten einige dieser individuellen Problemlösungen bezeichnet werden. Die Ausgangssituation: Zehn Prozent aller Deutschen wechseln jährlich den Wohnort oder zumindest die Wohnung. Und viele – insbesondere Singles – ziehen fast jährlich um. Die meisten von ihnen wissen es sogar im voraus, denken Sie nur an die frischgebackenen und karrierehungrigen Akademikeryuppies. Und jedesmal das gleiche Spiel: Mit Schraubenzieher und Schraubenschlüssel ausgerüstet, werden Schränke und Regale auseinandergeschraubt und wieder montiert. Wo ist bloß die Bedienungsanleitung? Wieder ist eine Schraube verloren gegangen! Jetzt ist die Strebe gebrochen. Ähnliche Erfahrungen sind in solchen Situationen an der Tagesordnung. Mit variablen Stühlen, Tischen und Schränken, Mobiliar auf Rollen, flexiblen Möbeln mit Klappmechanismen wird jetzt der Umzug zum Kinderspiel. Noch weitere individuelle Bedürfnisse von weiteren (potentiellen) Kunden werden mit diesen individuellen Problemlösungen angesprochen: Nämlich von den Menschen, die in aller Regelmäßigkeit ihr Heim gerne verändern, ohne umziehen zu müssen und ohne sich gleich neue Möbel kaufen zu müssen. Geklappt oder gerollt, hat die Wohnung innerhalb von Minuten ein neues Bild erhalten; sie wird zu einer richtigen Spielwiese. Aus Produkten wird so eine individuelle Problemlösung. Der Designer Michael Wagenhöfer hat z.B. für den Küchenhersteller *Mühlenburg* eine rollbare Küche entwickelt, die sich auch als Raumteiler einsetzen läßt. Oder haben Sie schon einmal ihr Bett vier Etagen getragen? Dann können Sie nachempfinden, welchen Wert das Lattenbett des Architekten Peter Steinmann, ein kleines Transportwunder, hat. Alle Teile lassen sich zum einen ohne Werkzeuge montieren, zum anderen kann das ganze Bett auch ohne einen teuren Möbelwagen transportiert werden. Auch der von Franz Polzhofer entworfene Schrank *New Tramp* (welch treffender Name) macht jeden Ortswechsel problemlos. Die Böden werden einfach herausgenommen und zusammengefaltet. Gleich mehrere individuelle Bedürfnisse können so mit derart einfachen Produkten wie Möbeln befriedigt werden, wenn man sie als individuelle Problemlösung etabliert.[54]

Der unbeschreibliche Erfolg der Software *Quicken* ist ebenfalls das Ergebnis Maximaler Kundenorientierung. Die Idee war es, Menschen, die wenig Erfahrung im Umgang mit Rechnungswesen haben, einen kontinuierlichen Überblick über ihre Finanzen zu ermöglichen und ihre Bankgeschäfte zuhause vom PC aus zu erledigen. Gleichzeitig wurde unterstellt, daß der (potentielle) Kunde wenig vertraut im Umgang mit Computern ist. Dadurch wurde ein weiteres individuelles Bedürfnis schon bei der Entwicklung der individuellen Problemlösung berücksichtigt. Und sollte der (potentielle) Kunde ein ausgesprochener PC-Freak sein, entsteht auch kein Nachteil. Um von vornherein die individuellen Bedürfnisse mit der individuellen Problemlösung in Einklang zu bringen, wurde *Quicken* mit Hilfe der (potentiellen) Kunden entwickelt. Die Entwickler des Unternehmens luden in regelmäßigen Abständen Kunden zu sich ein, und im Optimalfall besuchten sie den potentiellen Kunden sogar zu Hause, um ihn bei der Benutzung der Software zu beobachten. »Ein sicheres Zeichen für Unsicherheit des Benutzers bzw. Unvollkommenheit des Produkts zeigte sich, wenn die Maus ziellos über den Bildschirm wanderte. Dies ist der Moment, den verunsicherten Benutzer zu fragen, was er zu diesem Zeitpunkt vom Produkt erwartet hätte.«[55] Die Erwartungen des Kunden, seine individuellen Bedürfnisse bestimmten also die Entwicklung dieser individuellen Problemlösung. So kann es nicht weiter verwundern, daß *Quicken* zu einem – vorhersehbaren – großem Markterfolg wurde, denn es wurde im Markt und zusammen mit dem (potentiellen) Kunden entwickelt. Maximale Kundenorientierung eben.

Wenn die individuellen Bedürfnisse des Kunden nicht im Fokus des Unternehmens stehen und das Unternehmen Produkte anstelle individueller Problemlösungen entwickelt, ist ein Flop vorprogrammiert, wie eine Studie der auf neue Produkte spezialisierten Consulting Group *EFO* in Weston, USA zeigt[56]: »Neue Produkte – massig Flops, wenig Tops« so läßt sich das Ergebnis dieser Studie zusammenfassen. Nur vier Prozent der Neueinführungen, also nicht einmal jede zwanzigste Neueinführung wird erfolgreich, schafft sich ihren Markt. Der Grund für die hohe Floprate ist der Mangel an echten Innovationen, will heißen an individuellen Problemlösungen. Me-too-Produkte weisen eben keinen »Competitive Point of Difference«, keine individuelle Problemlösung auf. Von 72 Prozent der Brand-Manager, die im Rahmen der Studie befragt wurden, wird das fehlende Unterscheidungsmerkmal zu Wettbewerbsprodukten als Faktor für das Versagen im Markt genannt. Dabei ist es nicht nur das fehlende Unterscheidungsmerkmal, welches den Mißerfolg im Markt verursacht hat. Erst wenn die Unternehmen lernen, die individuellen Bedürfnisse ihrer (potentiellen) Kunden als Ausgangspunkt aller Aktivitäten zu betrachten und sie aufgrund der identifizierten Bedürfnisse individuelle Problemlösungen entwickeln, werden sie den Aufbruch zu neuen langfristigen unternehmerischen Erfolgen finden. Heute ist es so, daß mit 19 von 20 Neuprodukten die individuellen Bedürfnisse der (potentiellen) Kunden nicht besser befriedigt werden können als mit den schon vorhandenen Wettbewerbsprodukten. Warum sollte ein Kunde dann noch die Marke wechseln?

Umgekehrt zeigt das folgende Beispiel *Magnum*, wie es *Langnese* gelungen ist, durch die Entdeckung der individuellen Bedürfnisse und deren gezielte Befriedigung nicht nur eine neue Marke zu prägen, sondern auch ganz neue Märkte für das Unternehmen zu öffnen. *Langnese* ist dabei in mehreren Schritten vorgegangen:[57]

1. Suche und Definition des Marktes
   Die Marktforscher von *Langnese* hatten herausgefunden, daß die meisten Käufer von »Impulseis«, das auf der Straße, in Schwimmbädern und Freizeitparks angeboten wird, kaum älter als 14 Jahre waren. Zudem gab es noch eine kleinere Käufergruppe zwischen 25 und 30 Jahren. Entscheidend war aber, daß die dazwischenliegende Zielgruppe im Alter von 14 bis 25 Jahren und auch die über 30jährigen nur selten Lust zum Eis verspürten. Diese Marktlücke wollte *Langnese* in Zukunft schließen: »Eis für Erwachsene« hieß die Aufgabe.
2. Das individuelle Bedürfnis
   Eis ist ein Genußmittel. Mit *Magnum* will *Langnese* die individuellen Bedürfnisse der (potentiellen) Kunden nach Ruhe, einer Verschnaufpause, sich um sich selbst kümmern ansprechen. Genuß ohne Reue, nur für sich selbst.
3. Die individuelle Problemlösung
   Das Eis für Erwachsene mußte solider aussehen. Ein Micky Mouse-Eis hätte das Segment nicht getroffen. »Qualität, Portion und Form mußten für unsere Zielgruppe ästhetisch akzeptabel werden, um

eine persönliche Beziehung zum Eis am Stiel und besonders zum *Magnum* zu schaffen. Wir mußten das Eis ganz neu erfinden«, berichtet der Marketingleiter. Der materielle Faktor war definiert. Entscheidender für den grandiosen Erfolg von *Langnese* dürfte jedoch der imaginäre Faktor der individuellen Problemlösung sein. Mit der Kampagne »Ich und mein Magnum« wurde eine emotionale Mehrwelt geschaffen, die genau die individuellen Bedürfnisse des Segmentes traf. Aus einem Kindheitstraum wurde das Eis für Erwachsene.

4. Optimierung des Vertriebes
   Zunächst war *Magnum* ein typisches Impulseis, ein Eis, wenn Erwachsene mal eine Pause einlegen wollten, sich sich selbst zuwenden wollten. Und als Impulskauf-Produkt wurde das Eis *Magnum* natürlich auch hauptsächlich im Sommer verkauft. Dies liegt zum einen daran, daß die Konsumenten traditionell Eis im Sommer genießen, aber zum anderen auch an den typischen Vertriebskanälen wie z.B. Kioske, Tankstellen, Schwimmbäder usw... Eis war ein Saisonprodukt. Doch *Magnum* ist ja kein Eis. *Magnum* ist eine individuelle Problemlösung; deshalb lag es nahe, den (potentiellen) Kunden nicht so weit zu reglementieren, daß er sein *Magnum* nur im Sommer genießen darf. Auch im Winter sollte das individuelle Bedürfnis des (potentiellen) Kunden, sich sich selbst zuzuwenden, befriedigt werden können. Der Gedanke lag nahe, die erfolgreiche »*Magnum*-Saison« zu verlängern. Zum einen wurde die *Magnum* Vorratspackung (Inhalt: 3 Stück) im Lebensmitteleinzelhandel eingeführt und zum anderen die Ansprache des (potentiellen) Kunden ergänzt. Neben »Ich und mein Magnum« wurde der (potentielle) Kunde jetzt aufgefordert, sich die Sonne ins Haus zu holen – und das im Winter. Im Mittelpunkt der Fernsehwerbung standen einfach schöne Bilder, die den Sommer verabschiedeten und in der der Zuseher von einer Pfütze in die nächste geführt wurde. Mit *Magnum* jedoch kann er den Regen und die Kälte vergessen, sich eben die Sonne ins Haus holen. Somit waren die Voraussetzungen geschaffen, *Magnum* auch in den Wintermonaten erfolgreich zu vertreiben. So kommt *Magnum* auch in die Kühlschränke, griffbereit für die ganze Familie, falls jemand eine Pause einlegen will oder etwas für den Besuch und die Party braucht. Aus einem Saisonprodukt wurde eine individuelle

Problemlösung für individuelle Bedürfnisse, 365 Tage im Jahr. Maximale Kundenorientierung.

Unabhängig vom Markt steht es jedem Unternehmen offen, den erfolgreichen Weg der Maximalen Kundenorientierung zu beschreiten. So wie *Langnese* mit *Magnum*, kann auch der Maschinenhersteller oder das Tourismusunternehmen seine Kundenorientierung maximieren. Daß eine *Harley Davidson* nicht nur irgendein Motorrad ist, wissen wir nicht erst seit dem inzwischen zum Kultfilm gewordenen Streifen »Easy Rider«. Doch hinter *Harley Davidson* steckt noch mehr, Maximale Kundenorientierung eben, wie der deutsche Geschäftsführer in einem Interview mit der Fachzeitschrift *absatzwirtschaft* erläutert: »Jeder kann ein *Harley*-Fahrer sein. ... Es gibt Kunden, die ein High-Tech-Produkt wünschen, und es gibt Kunden, die ein Produkt wünschen, das für sie kreiert wurde. Die Frage ist viel mehr, welches die angemessene Technologie ist, die der Kunde wünscht. Unser Kunde mag die Maschine, die wir herstellen. Manche mögen dies eine Low-Tech-Maschine nennen. Wir nennen es die Maschine, die der Kunde kaufen möchte.«[58] Nicht das Produkt wird erfunden und dann ein Markt gesucht, den man in der Regel nicht findet, sondern die konsequente Orientierung von *Harley* an den individuellen Bedürfnissen des (potentiellen) Kunden begründen diesen Erfolg – auch wenn es objektiv gesehen technisch höherwertige Motorräder gibt, wie Labortests belegen. Doch wen interessiert das? Den (potentiellen) *Harley*-Kunden auf jeden Fall nicht.

Können Sie sich noch an die *Mettler* Waagen aus dem Einführungskapitel erinnern? Der Geschäftsführer der *Mettler-Waagen AG*, Tickart, bringt es auf den Punkt: »Wir wissen es nicht [welche Produkte der Kunde braucht], weil die Märkte immer dynamischer und fragmentierter und die Kundenbedürfnisse immer differenzierter werden. Deshalb können wir nicht mehr mit globalen Produkten operieren, sondern müssen für die einzelnen Kundengruppen genau gezielte Produktivitätssteigerungen bieten.«[59] Und um festzustellen, wie die individuellen Bedürfnisse ihrer (potentiellen) Kunden tatsächlich aussehen, nutzen die Entwickler der *Mettler* Waagen die Chance, in den Abteilungen der Kunden für einige Tage mitzuarbeiten – sie lernen so nicht nur die Fakten kennen, sondern spüren das Bedürfnis am eigenen Leib: Emotionen haben den Effekt eines Lernturbos, wie Christiani es ausdrücken würde. Tickart weiter: »Auf diese Weise hoffen wir Produkte zu definieren, die genau in diese Kundengruppe hineinpassen und sich von denen der Wettbewerber differenzieren«. Er braucht also nicht zu hoffen; er wird individuelle Problemlösungen anbieten können, die genau den individuellen Bedürfnissen seiner Zielgruppe entsprechen: *Mettler-Toledo* hat gelernt, Produkte nicht in den Markt zu schieben, sondern für individuelle Bedürfnisse individuelle Problemlösungen anzubieten.

Auch der Fachhandel kann die individuellen Bedürfnisse mit einer individuellen Problemlösung befriedigen, z.B. indem er seine Kunden anruft, wenn neue Waren, neue Kollektionen eingetroffen sind, die für den Kunden interessant sein könnten. Das Verkaufspersonal kann sich auf den Kunden einstellen, indem es nicht dann Pause macht, wenn der größte Ansturm erfolgt usw... Mit kreativen Maßnahmen, die ihren Ausgangspunkt bei den individuellen Bedürfnissen des (potentiellen) Kunden finden, können individuelle Problemlösungen realisiert werden, die die langfristige wirtschaftliche Daseinsberechtigung der Unternehmen sicherstellt.

Was viele Unternehmen von den Finanzdienstleistern lernen können

Es gibt kaum einen schwierigeren Verkauf als den von Finanzdienstleistungen. Wenn es Ihr Job ist, Autos zu verkaufen, können Sie den (potentiellen) Kunden eine Probefahrt machen lassen, wenn Sie Schuhe verkaufen, kann er sie anprobieren, wenn Sie Delikatessen verkaufen, kann er sie probieren. Doch eine Lebensversicherung, eine Rechtsschutzversicherung, einen Rentenfond kann der (potentielle) Kunde nicht schmecken, nicht fühlen, nicht hören und schon gar nicht probefahren oder testen. Um trotzdem ihre Produkte verkaufen zu können, müssen die Finanzdienstleister immer einen Schritt weiter sein als die Produktverkäufer.

Die Methode der Finanzdienstleister: Zunächst wird der individuelle Bedarf des einzelnen Kunden ermittelt oder auch geweckt – von vielen Finanzdienstleistern treffenderweise Bedarfsermittlung genannt –, um auf dieser Basis dem (potentiellen) Kunden dann eine individuelle Problemlösung anzubieten. Nehmen wir das Beispiel eines jungen, ledigen Mannes, der zum einen das Bedürfnis hat zu sparen, um sich später mal ein Haus zu kaufen, und der zum anderen im Alter seinen Lebensstandard beibehalten möchte. Eine Lebensversicherung kann hier eine von vielen Lösungsvorschlägen sein. Da alleinstehend, spielt der Gedanke des Todesfallschutzes für den jungen Mann aus seiner heutigen Sicht keine so entscheidende Rolle. Der Todesfallschutz entspricht heute nicht seinen Erwartungen. Dies kann sich jedoch in zwei, drei Jahren ändern, wenn der junge Mann seine Traumfrau findet und eine Familie gründet. Dann erwartet er von seiner Lebensversicherung selbstverständlich auch einen entsprechend höheren Todesfallschutz, damit seine Familie abgesichert ist.

Die Lösung hier ist die fondsgebundene Lebensversicherung.[60] Der Grundgedanke ist ihre lebensbegleitende Eignung entsprechend den Erwartungen des Versicherungsnehmers in den verschiedenen Lebensphasen. Je nach Lebensphase des Versicherungsnehmers kann er nämlich seinen Sparanteil bzw. die Versicherungschutzhöhe individuell anpassen. Wie in unserem Beispiel dargestellt, ist der Versicherungsnehmer beim Abschluß einer Lebensversicherung alleinstehend. Sein Ziel ist die größtmögliche Sparleistung. Im Falle einer Heirat und Familiengründung wird er eine Erhöhung des Todesfallschutzes benötigen – zumindest bis die Kinder das Haus verlassen haben. Anschließend kann er wieder den Sparanteil bis zum Pensionsalter erhöhen und nutzt die Anlaufleistung für den Abschluß einer Rentenversicherung.

Zweifelsohne ist die fondgebundene Lebensversicherung ein anspruchsvolles Produkt. Der Kunde kann, entsprechend seinen individuellen Erwartungen in verschiedenen Lebensphasen, aktiv werden, oder aber die Versicherung kann ihrem Kunden – im Sinne der Maximalen Kundenorientierung – abhängig von dessen Erwartungen in den verschiedenen Lebensphasen, entsprechende Empfehlungen zur Verringerung oder Erhöhung der Sparleistung oder des Todesfallschutzes geben. Woher die Versicherung weiß, wann sich die Lebensphasen ihrer Kunden ändern? Zum Beispiel bei der Familiengründung unseres jungen Mannes durch den Eintrag der Frau und/oder der Kinder als Begünstigte im Todesfall. Oder wenn die Kinder das Haus verlassen, bei der Auszahlung der Ausbildungsversicherung … es gibt viele Möglichkeiten für die Versicherungsgesellschaften, diese Informationen über ihre Kunden zu gewinnen. Sie müssen nur in einer Datenbank fest-

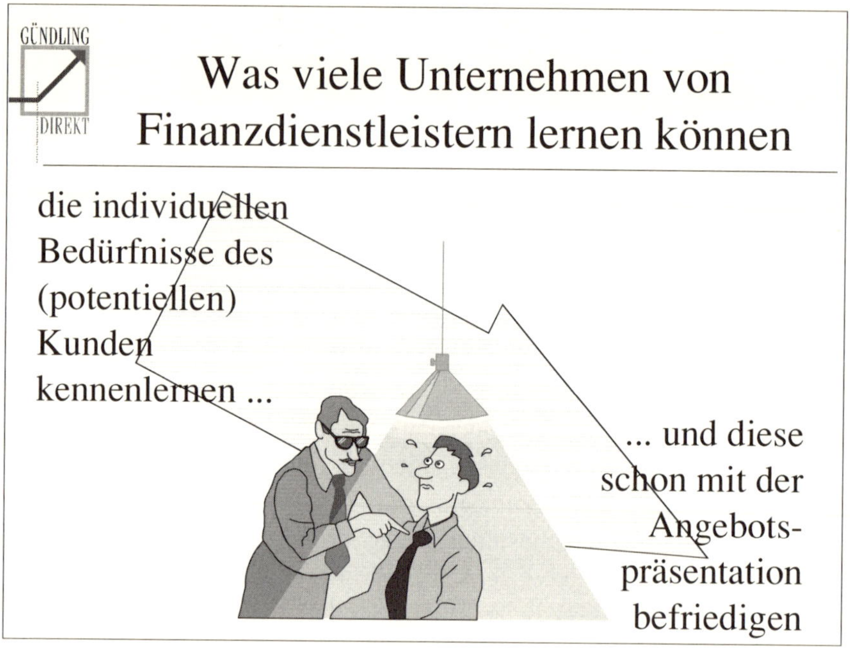

Abb. 4.5

gehalten werden und von den Versicherungsgesellschaften auch tatsächlich im Rahmen eines Individuellen Partnerschaftsmarketing genutzt werden – doch dazu an anderer Stelle mehr.[61]

Genauso wie die Versicherungsgesellschaften ihren Kunden z.B. mit der fondgebundenen Lebensversicherung in verschiedenen Lebensphasen begleiten, könnte das auch ein Automobilhersteller, ein Möbelhändler, ein Lebensmittelhersteller und andere mehr. Vielmehr stellt sich hier sogar die Frage: Wer könnte es nicht? Mein Vater z.B. kauft sich in aller Regelmäßigkeit alle drei bis vier Jahre ein neues Auto, erst war es ein *Mercedes*, jetzt ist es ein *BMW*. Er ist jetzt über 60, der Vater, nicht der *BMW*. Die Kinder sind aus dem Haus. *BMW* hat ein traumhaft schönes Coupé genau für dieses Segment, den 850i. Mein Vater hat schon oft von diesem Auto gesprochen, glaubte aber, das Auto könne seine Erwartungen nicht erfüllen z.B. einen ausreichend großen Kofferraum, der sich bequem mit den Koffern für den Urlaub beladen läßt, eine ausreichend große Knautschzone vorne, hinten und seitlich, um seinem Drang nach Sicherheit gerecht zu werden und noch manche Erwartungen mehr, von denen er glaubt, daß ein Coupé und zudem noch ein Sportcoupé diese nicht erfüllt. Warum hat *BMW* eigentlich meinem Vater noch keinen 850i als Ersatzwagen bei der Inspektion seines alten gegeben? Warum wurde er eigentlich noch nicht zu einer Probefahrt eingeladen, bei der sein knapp bemessenes Zeitbudget nicht belastet wird? Wie dieses Beispiel belegen soll, kann auch ein Automobilhersteller – ähnlich einer fondgebundenen Lebensversicherung – seinem (potentiellen) Kunden eine individuelle Problemlösung offerieren. Nicht zuletzt die rasante EDV-technische Entwicklung macht dies möglich.

Gleiches gilt für den Möbelhändler. Er kann beim Kauf eines neuen Wohnzimmers Informationen über das persönliche Umfeld seines Kunden sammeln und hieraus entsprechende Aktivitäten und Aktionen ableiten. Das Geburtsdatum läßt sich z.B. über die Garantieurkunde für das neue Wohnzimmer ermitteln. Mit 60 Jahren werden in der Regel die ersten Lebensversicherungen fällig. Der (potentielle) Kunde hat wieder Geld, er muß nur dazu aufgefordert werden, es ausgeben zu dürfen.

Ähnlich wie die fondgebundene Lebensversicherung bietet auch *MLP* ihren Kunden maßgeschneiderte Produkte an, die den Erwartungen des Kunden entsprechen. Beispiel: Junggesellentarif. »Was hat ein 26jähriger lediger Hochschulabsolvent davon, wenn er eine Lebensversicherung über DM 150.000 Mark verkauft bekommt? Er kriegt Probleme, wen er als Begünstigten eintragen lassen soll. Wir haben einer Idee unseres Außendienstes zufolge einen Junggesellentarif eingeführt mit ganz wenig Hinterbliebenenschutz, damit es steuerlich gerade noch eine Lebensversicherung bleibt«[62], so Manfred Lautenschläger, Mitbegründer und Vorstandsvorsitzender des Finanzmaklers *Marschollek, Lautenschläger und Partner AG*, kurz *MLP*. Der Unterschied zur fondgebundenen Lebensversicherung liegt darin, daß *MLP* seinem Kunden eine individuelle Problemlösung anbietet, die punktgenau den Erwartungen, den individuellen Bedürfnissen gerecht wird.

Auch im Bereich der Kfz-Versicherung haben sich die Gesellschaften verschiedene Modelle einfallen lassen, um mit ihren Lösungsversuchen, also Versicherungsangeboten, besser den Erwartungen des (potentiellen) Kunden gerecht zu werden als der Wettbewerber. Die Ausgangssituation: Für Fahranfänger beträgt der Jahresbeitrag bei einem Einstiegssatz von 260 Prozent für einen VW Golf mit 60 PS – nicht gerade eine Nobelkarrosse – in München Stadt heute gut 6.000 DM pro Jahr für Haftpflicht und Vollkasko – also kostet die Versicherung für ein Jahr genauso viel wie ein gebraucht gekauftes Auto dieser Klasse, welches sieben Jahre alt ist und 80.000 KM gefahren ist. Als Fahranfänger beginnen deshalb viele junge Menschen oft mit 125 Prozent über die sog. Zweitwagenregelung und schreiben den Vertrag später um. Für die Versicherungsgesellschaften ist dies ein schöner und recht beruhigender Weg, um neue Kunden zu gewinnen – schließlich wird die Versicherung für den Zweitwagen zumeist doch bei der Gesellschaft abgeschlossen, mit der auch der Erstvertrag zustande gekommen ist. Nach Umschreibung des Vertrages hat die Versicherungsgesellschaft dann einen neuen Kunden gewonnen, in der Regel den Sohn oder die Tochter des Versicherungsnehmers. Und erst einmal im Bestand, dann ... So vorteilhaft dieser Weg für die Versicherungsgesellschaften ist, so nachteilig ist er auch. Denn jede Versicherungsgruppe bedient sich inzwischen dieser Strategie, und somit ist es für das einzelne Unternehmen schwierig, Neukunden über das Produkt »Kfz-Versicherung« zu gewinnen.

Die *RheinLand Versicherung* zeigt einen anderen Weg mit ihrer Kfz-Versicherung für Führerscheinneulinge auf[63]: Fahranfänger können künftig in der Kfz-Versicherung mit 100 Prozent Beitragssatz starten, wenn, ja wenn der Fahranfänger eine zusätzliche Sicherheits-Fahrausbildung absolviert. Im zweiten unfallfreien Jahr sinkt der Rabatt auf 90 Prozent und der Vertrag läuft direkt auf den Namen des Anfängers. Diese Sicherheits-Fahrausbildung *Formel-S* konnte bereits 1995 in 60 lizensierten Fahrschulen durchgeführt werden. Sie soll helfen, das Unfallrisiko zu vermindern. Die Ausbildung umfaßt zusätzliche Lerninhalte wie Vollbremsung aus höheren Geschwindigkeiten, Ausweichmanöver oder Einparken in engen Lücken, alles Situationen im Straßenverkehr, die oftmals noch nicht einmal gestandene Fahrer beherrschen.

Mit diesem Angebot werden gleich mehrere Bedürfnisse des Fahranfängers befriedigt:

Bedürfnisse eines Fahranfängers (18 Jahre alt)

- er ist versichert, wie es das Gesetz vorschreibt
- der Vertrag läuft auf seinen Namen, was gerade bei den jungen Menschen wichtig ist
- ein besser ausgebildeter Fahranfänger fährt sicherer, was zweifelsohne nicht nur die Eltern beruhigt
- das finanzielle Risiko, das durch einen Unfall entstehen kann, wird vermindert, da aufgrund der besseren Ausbildung damit zu rechnen ist, daß die Wahrscheinlichkeit eines Unfalls für diesen Fahranfänger geringer ist als bei einem schlechter ausgebildeten Fahranfänger
- selbst bei Berücksichtigung der individuellen Mehrkosten für die zusätzlichen Fahrstunden beim Führerscheinerwerb ist in den meisten Fällen nach zwei Jahren dieses Modell kumuliert finanziell günstiger für den Fahranfänger als die 125%-Variante.

Fazit: Über das eigentliche Versicherungsbedürfnis des Fahranfängers hinaus werden mit dieser Form der Kfz-Versicherung zusätzliche Bedürfnisse des Fahranfängers befriedigt (= unter anderem subjektive Sekundärmerkmale) und das mit geringerem finanziellen Aufwand als bei der herkömmlichen 125%-Variante (= objektives Sekundärmerkmal).

Einen anderen Weg beschreitet seit April 1995 die Kölner *Gothaer Versicherungsgruppe*, die eine neue Tarifgeneration im Bereich Kfz vertreibt.[64] Das Tarifwerk ist als Baukasten-Modell organisiert, umfaßt alle Kfz-Versicherungen und soll eine weitgehend individualisierte und damit gerechtere Prämienkalkulation ermöglichen. Unterschieden wird nach Geschlecht und Alter der Versicherungsnehmer, nach Fahrzeugbeschaffenheit, also Alter und Tuning, Kilometerleistung, Fahrzeugumgebung, wie z.B. Garage, sowie insbesondere nach der alleinigen Nutzung des Pkw durch den Versicherungsnehmer bzw. seinen Partner oder Nutzung durch beliebige Fahrer. Alle Komponenten bewirken isoliert niedrigere bzw. höhere Prämien und münden in einer individuellen Gesamtsumme. Die Gesamtsumme, die der Versicherungsnehmer zahlen muß, ist der Gegenwert für die Befriedigung seiner individuellen Bedürfnisse. Warum sollte eine Frau eine gleich hohe Prämie zahlen, wenn bekannt ist, daß Männer mehr Unfälle verursachen? Oder warum sollte dies ein Junggeselle tun, der sein Auto alleine benutzt und über Nacht in einer Garage abstellt?

Die *Gothaer Versicherungsgruppe* geht sogar noch einen Schritt weiter – sie erfüllt bereits bei der Beratung des Klienten dessen Erwartungen: Durch die Komplexität ihres individualisierten Lösungsweges, des Produktangebotes, ist die Kfz-Versicherung, so Kfz-Vorstand Dr. Gerd Meyer, »auf dem Papier nicht mehr zu verkaufen«.[65] Also wird der Außendienst mit entsprechender PC-Software ausgerüstet, womit vor Ort beim Kunden vom Angebot bis zur Doppelkarte zur Fahrzeuganmeldung alles erstellt und ausgedruckt werden kann.

Diese Beispiele aus der Finanzdienstleistungsbranche zeigen, welche Reserven viele Unternehmen noch haben, wenn sie sich von einer meist einseitigen nach innen gerichteten Produktpolitik trennen und statt dessen individuelle Problemlösungen anstreben, mit denen der (potentielle) Kunde seine individuellen Bedürfnisse befriedigen kann. Daß sich dies für Produkte, die körperlich vorhanden sind oder deren Ausführung als Dienstleistung zu sehen, schmecken, fühlen oder hören sind, einfacher gestaltet als bei Produkten aus der Finanzdienstleistungsbranche, dürfte klar sein.

Der Preis ist heiß – und höher mit individuellen Problemlösungen

Dieses Buch erhebt nicht den Anspruch, ein Marketingfachbuch zu sein; es will problematisieren, zum Nachdenken und zur Diskussion anregen. Erwarten Sie deshalb jetzt auch bitte nicht, daß ich Ihnen alle erdenklichen mathematischen Möglichkeiten einer optimalen Preispolitik aufzeige. Es werden auch nicht viele sein, nur zwei. Sie demonstrieren aber, wie durch Maximale Kundenorientierung ein höherer Wert und damit ein höherer Preis für eine individuelle Problemlösung im Unterschied zu einem »normalen« Produkt erzielt werden kann.

Ein Beispiel aus dem Reich der Premiumbiere: *Krombacher* geht ganz neue Wege mit *Krombacher 11*: Das gleiche Bier wird in einer anderen, einer neuen und bisher einzigartigen Verpackung angeboten. Nämlich 11 Flaschen in einem Kasten. In einem Kasten, der leichter zu lagern und leichter zu transportieren ist, als ein Kasten mit 20 oder 24

Flaschen. *Krombacher* spricht hiermit ein ganz neues Kundenbedürfnis und damit auch ein neues Segment an. Zum einen die Frauen und natürlich auch die Männer, die nicht so schwer heben und tragen können. Zum anderen aber auch die Fahrerinnen und Fahrer von Autos, in die ein normaler Kasten Bier nicht paßt, z.B. in einen *BMW Z1*, einen *Porsche 911*, einen *Mazda MX5*, oder ganz einfach in einen Kinderwagen oder auf ein Fahrrad. Entsprechend den Bedürfnissen der Zielgruppe bewirbt *Krombacher* sein neues Angebot auch mit »klein und handlich«. Der Vorteil für *Krombacher* liegt auf der Hand: Das Unternehmen entzieht sich aufgrund der nicht mehr gegebenen Vergleichbarkeit des Bieres, bzw. genauer der angebotenen Menge, dem Preisvergleich und kann gleichzeitig neue Märkte für sein Pils erschließen.

Der Preis ist nichts anderes als der Wert, den der einzelne Kunde der angebotenen individuellen Problemlösung beimißt. Der Maßstab ist der Grad der individuellen Bedürfnisbefriedigung für den Kunden. Und dies bei einem begrenzten Budget im Verhältnis zu einer anderen Form der Bedürfnisbefriedigung und sogar im Verhältnis zu ganz anderen Bedürfnissen. Im Unterschied zu den (potentiellen) Kunden hat der Preis für viele Unternehmen heute einen anderen Stellenwert; die Preispolitik vieler Unternehmen folgt unterschiedlichsten »Gesetzen«, von denen einige exemplarisch kurz dargestellt werden sollen:

Einige ausgewählte Möglichkeiten der Preisfindung

- Insbesondere bei vergleichbaren Produkten orientiert sich das Unternehmen an den Wettbewerbern
- Manche Unternehmen nehmen einfach jedes Jahr eine Preiserhöhung von x-y% vor – nach dem Motto: »Das haben wir immer so gemacht.«
- Wieder andere ermitteln den Preis auf Basis der Kosten, also Kosten plus Gewinnspanne = Preis
- Im Handel wird der maximal erzielbare Preis oft einfach geschätzt.

Ganz wenige Unternehmen nehmen für ihre individuellen Problemlösungen den Preis, der dem tatsächlich für den Kunden erzielten Mehrwert entspricht. Was hiermit gemeint ist, soll ein Beispiel verdeutlichen: Betrachtet werden soll eine imaginäre Marktsituation in der Automobilbranche. Zum Jahreswechsel 1997 teilen sich fünf Anbieter den Markt der Kleinwagenklasse.

Die Anschaffungspreise bewegen sich zwischen DM 19.000.– und DM 21.500.–. Die Unterhaltskosten sind für alle Fahrzeuge gleich hoch. Ebenfalls müssen alle Fahrzeuge nach 15.000 km oder spätestens nach einem Jahr zu einer Inspektion, die in der Regel 500 DM kostet. Der Durchschnittsverbrauch beträgt bei allen Fahrzeugen acht Liter Normalbenzin auf 100 km. Der Hersteller A hat nun ein Nachfolgemodell für seinen *Kompakto* entwickelt, den *Kompakto II.* Das neue Fahrzeug verbraucht auf 100 km nur fünf Liter und benötigt aufgrund einer ganz neuen Motorentechnologie nur alle 100.000 km Öl, es muß ebenfalls nur alle 100.000 km oder alle fünf Jahre zur Inspektion. Welches ist jetzt der richtige Preis? Bisher verfuhr der Hersteller A wie alle anderen folgendermaßen: Um den Marktanteil zu halten, geht der Hersteller davon aus, daß in diesem sehr transparenten Markt nur eine Preiserhöhung von zehn Prozent durchsetzbar ist. Der neue Preis beläuft sich also auf ca. 22.000 DM.

Zu einem ganz anderen Preis würde der Hersteller kommen, nähme er den Wert seiner individuellen Problemlösung als Basis zur Preisfindung. Zur Vereinfachung wollen wir davon ausgehen, daß der Erstkäufer eines Kleinwagens diesen im Durchschnitt vier Jahre und 100.000 km fährt. Der Anschaffungspreis der Wettbewerbsprodukte beträgt im Durchschnitt 20.000 DM. Folgender Wert wird im Vergleich geschaffen:

	Wettbewerber	Kompakto	Vergleich
Benzin in Litern	2000	1250	750
Benzin in DM bei 1,50.–/l	3.000 DM	1.875 DM	1.125 DM
Inspektionen	5	1	4
Inspektionskosten	2.500 DM	500 DM	2.500 DM
Gesamtkosten	**5.500 DM**	**2.275 DM**	**3.225 DM**

Das heißt, daß der Kunde mit dem Kompakto eine Kostenersparnis von 3.225 DM gegenüber einem Wettbewerbsfahrzeug erwirtschaftet. Nicht berücksichtigt sind die Aufzinsung und die Ersparnis durch den geringeren Ölverbrauch. Zusätzlich erspart sich der Kunde die Zeit und die möglichen Kosten für einen Leihwagen, die ihm bei vier zusätzlichen Inspektionen entstehen würden. Er hat fast 30 Prozent weniger Tankstops, bei acht von zehn potentiellen Kunden wird zusätzlich das »Umweltbedürfnis« befriedigt. Der Wert, den der (potentielle) Kunde also für den Kompakto erhält, beträgt 20.000 DM zzgl. 3.225 DM. Dem Automobilhersteller A kann nur empfohlen werden, einen Preis von 23.225 DM plus »x« zu nehmen. Dies entspricht dann einer Preiserhöhung von ca. 17 Prozent und damit mehr als der branchenüblichen zehn Prozent.

Fazit: Während vergleichbare Produkte mindestens vergleichbare Preise erfordern, haben individuelle Problemlösungen ihren eigenen Wert.

Die Preisfindung über den Wert einer individuellen Problemlösung führt geradewegs zu einem weiteren Gedankengang. Der Preis eines Gutes – ausgedrückt in Mark – ist nichts anderes als eine Verrechnungseinheit für ein Zahlungsmittel. Er drückt den Wert aus, den das Unternehmen dieser angebotenen individuellen Problemlösung beimißt. Wenn der (potentielle) Kunde diese angebotene individuelle Problemlösung erwirbt, drückt er den Wert aus, den er seiner persönlichen Befriedigung bestimmter individueller Bedürfnisse beimißt. Der (potentielle) Kunde widmet der angebotenen individuellen Problemlösung seine Aufmerksamkeit, seine Zeit, seine Energie, sein Geld; er tauscht es ein, weil er für seine Investitionen in dieser Konstellation einen größeren Wert erhält. Der Kunde schafft sich einen Mehrwert – egal, ob als Unternehmen oder als Privatperson. Insofern eröffnen die Beziehungen eines (potentiellen) Kunden zu einem Unternehmen dem Unternehmen den Zugang zu den laufenden, wertschöpfenden Tätigkeiten des (potentiellen) Kunden. »Jeder Kunde … nutzt eine breite Palette an Vorleistungen, um sich einen Wert zu schaffen: Was immer ein Unternehmen anbietet – es besitzt für Kunden nur insoweit Wert, wie sie es als Input zur Steigerung ihrer eigenen Wertschöpfung verwenden können. So gesehen profitieren Unternehmen also nicht etwa von ihren Kunden: Sie profitieren von deren wertschöpfenden Tätigkeiten.«[66] Die Aufgabe eines Unternehmens besteht dann nicht mehr darin, ein Gut herzustellen, zu produzieren und zu vertreiben, sondern vielmehr darin, den (potentiellen) Kunden zu motivieren, aus den zahlreichen, direkt und indirekt um die gleichen Investitionsbudgets werbenden Angeboten das auszuwählen, welches ihm, dem (potentiellen) Kunden, die größte Wertschöpfung nach seinen Maßstäben und Empfindungen erlaubt. Die Investitionsbudgets sind z.B.

- das Geld, das der Kunde in die individuelle Problemlösung investiert,
- seine Aufmerksamkeit, die er der angebotenen individuellen Problemlösung und seinem eigenen individuellen Bedürfnis zuwendet – ein Mensch kann gleichzeitig nur in eine Richtung sehen, er kann sein Ohr gleichzeitig nur einer Botschaft leihen,
- die physiologische Energie, die der Kunde investiert – also die Energie, die im Stoffwechsel verbrannt wird und erst das Sehen, Denken, Fühlen, usw. ermöglicht,
- die psychologische Energie, sich seinen individuellen Bedürfnissen und der individuellen Problemlösung zuzuwenden – also z.B. das Wollen
- die geistige Energie – also das Verstehen
- und die Zeit, die der (potentielle) Kunde diesen Prozessen zur Verfügung stellt – die Zeit, von der letztendlich alles abhängig ist.

All diese Investitionen tätigt der Kunde nur, um einen Mehrwert zu erhalten, so wie ein Unternehmen eine Investition tätigt, um eine bestimmte Rendite zu erwirtschaften. Wenn ein Unternehmen seinen Auftrag so versteht, ist der Wert, den der potentielle Kunde mit der individuellen Problemlösung erhält, höher als der Preis, den er dem Unternehmen zahlt.

Die *Citibank* ist eines der Unternehmen, die ihre Kundenorientierung maximieren, indem sie ihren Kunden individuelle Möglichkeiten der Wertschöpfung ermöglichen: Sie ist einer der aufstrebenden Sterne unter den Banken. Nachdem es Anfang der 90er Jahre gelungen war, den Namen *KKB* durch *Citibank* zu ersetzen, indem eine groß angelegte und viel beachtete Werbekampagne durchgeführt worden ist, hat die

Citibank im Anschluß an die Markenbildung ihr Produktangebot zu einer wertschöpfenden individuellen Problemlösung gewandelt. Alle Bankfilialen der *Citibank* waren von Anfang an mit Geldautomaten ausgestattet, die es dem *Citibank*-Kunden gestatteten, »rund um die Uhr«, also auch außerhalb der – kundenunfreundlichen – bankenüblichen Öffnungszeiten, seine normalen Bankgeschäfte wie Geldabheben, Überweisungen und weitere Kontobewegungen zu tätigen, während der einzige Service der anderen Kreditinstitute in Automaten zum Geldabheben bestand. Der Kunde hatte mit einem Mal zusätzliche Freiheiten gewonnen, da er seine Bankgeschäfte auch ohne seinen Kundenberater tätigen und er den Zeitpunkt selbst bestimmen konnte – unabhängig davon, ob es gerade Freitagabend oder Sonntagmorgen war. Der Kunde konnte sich zusätzliche Werte schaffen.

In einem weiteren Schritt hat die *Citibank* als erstes Kreditinstitut mit einem großen zeitlichen Wettbewerbsvorsprung das sog. ›Phonebanking‹ eingeführt. Durch den Anruf bei einer 24 Stunden lang besetzten Serviceabteilung ist es dem Kunden nun möglich, von zuhause aus seine Bankgeschäfte zu erledigen. Neben der Unabhängigkeit reglementierenden Öffnungszeiten wird dem Kunden hiermit jetzt noch der Weg zu seiner Bank bzw. seinem Bankautomaten erspart. Unabhängig von Zeit, Wind und Wetter seine Bankgeschäfte tätigen – wer hätte das zu Beginn der 90er Jahre für möglich gehalten? In einem vorerst letzten Schritt hat die *Citibank* nun ihren Kunden die Möglichkeit geboten, über nur bei der *Citibank* erhältliche Anlageformen auch ihre Anlage- bzw. Kreditgeschäfte abzuwickeln. Das Muster: die *Citibank* hat sich Gedanken darüber gemacht, wie sie sich in dem harten Verdrängungswettbewerb im Dienstleistungsmarkt weiter differenzieren kann, wie sie ihre Produkte anbieten muß, um die tatsächlichen Kundenbedürfnisse wie optimale Zeitnutzung, Bequemlichkeit und Unabhängigkeit zu befriedigen. Sie ist den Weg weg vom Produktangebot hin zu einer wertschöpfenden individuellen Problemlösung gegangen. Der Kunde der *Citibank* kann jetzt nicht nur seine Geldgeschäfte tätigen, er kann auch entscheiden, wann er es tut und von wo aus er es tut – ob von zuhause, aus dem Urlaub, ob vom Arbeitsplatz oder aus seiner Stammkneipe. Der Kunde erhält einen individuellen Mehrwert. Ganz andere individuelle Bedürfnisse, als die, die originär mit der Abwicklung der Bankgeschäfte verbunden sind, können jetzt befriedigt werden.

Einen Prototyp, der wahrscheinlich nicht zur Markteinführung kommt, hat *Mercedes Benz* entwickelt. Er wurde erstmalig der Öffentlichkeit anläßlich des Genfer Automobilsalons vorgestellt: Auf der Grundlage eines einzigen Fahrzeuggestells könnte der Autofahrer in Zukunft seine ganz verschiedenen Mobilitätsbedürfnisse befriedigen. Durch wenige Handgriffe ließe sich der Vario-Benz von einer kleinen Limousine in ein Cabrio verwandeln, dann wieder in einen Pick up oder in ein Lastauto. Der Käufer kann also zu nahezu jeder Zeit, in Abhängigkeit von seinen individuellen Bedürfnissen, seinen jeweils besten individuellen Lösungsweg suchen und umsetzen – und dies vollkommen autark. Ein höherer Grad individueller Wertschöpfung in bezug auf die individuelle Mobilität scheint kaum vorstellbar.

Mit der rechten Gehirnhälfte innerhalb von einem Jahr eine halbe Million Kunden gewinnen

Eines der auffälligsten Musterbeispiele für Maximale Kundenorientierung ist *Focus*: Vor nunmehr über zwei Jahren im deutschen Blätterwald erschienen, hat *Focus* 1996 schon eine Auflage von mehr als 800.000. Hier wurde, ausgehend von den tatsächlichen Kundenbedürfnissen, ein ganz neues Produkt, eine ganz neue Problemlösung geschaffen.

Kurze Artikel, Vierfarbigkeit, Tabellen und Bilder, eine lockere Schreibweise und andere Dinge ermöglichen es dem Leser, seine Bedürfnisse nach schneller Information (=Zeitfaktor) erlebnisreich zu befriedigen, um z.B. im Freundes-, Bekanntenkreis oder in der Firma mitreden zu können (= mögliche individuelle Bedürfnisse). Zudem wird durch diese Art der Darstellung die rechte Gehirnhälfte angesprochen, die in Bildern denkt und weit mehr Informationen aufnehmen, verarbeiten und speichern kann als die linke. Das Muster hier: Der Kunde steht im Mittelpunkt und das Produkt, die Zeitschrift *Focus*, stellt für den Kunden eine individuelle, auf seine Bedürfnisse und Situation zugeschnittene Problemlösung dar.

Zu Recht wird Chefredakteur Helmut Markwort in der Szene gefeiert, hat er doch die Bestimmungsfaktoren für das Informationsverhalten potentieller Leser in drei Punkten definiert: Die Informationsflut nimmt ständig zu, informiert sein kostet Zeit, die selektive Wahrnehmung bestimmt die Mediennutzung. Das Titelblatt von *Focus* richtet sich demzufolge auch nicht nach dem »Sendungsbewußtsein des Chefredakteurs«, sondern nach dem Thema, welches am besten verkäuflich ist, wofür sich der (potentielle) Leser im Rahmen seiner individuellen Bedürfniswelt also am meisten interessiert.

IBM hingegen hat mit seinem neuen Subnotebook mit der Modellbezeichnung »*Think Pad 701*« die rechte Gehirnhälfte nicht genutzt. Rechtzeitig zur Cebit 1995 stellte *IBM* diese Neuheit auf dem Notebookmarkt vor: ein extraleichtes Subnotebook, 2,1 kg schwer. Die Sensation liegt zunächst im Inneren des kompakten Gehäuses verborgen: Beim Öffnen des Notebooks entfaltet sich eine zweigeteilte Tastatur fast vier Zentimeter über die eigentliche Gerätebreite von 24cm hinaus zu normaler Tastaturgröße. Einmalig im Notebookmarkt. Absolut kundenorientiert. Und woran erinnert dieser Mechanismus?

Haben Sie es erkannt? Der Mechanismus erinnert an einen Schmetterling. Und deshalb hieß das Modell auch während seiner Entwicklungszeit: *Butterfly*.[67] Warum aber haben die *IBM*-Oberen diesen selbsterklärenden Namen nicht beibehalten, der sich über die rechte Gehirnhälften in so viele Gedächtnisse eingebrannt hätte? Warum wurde stattdessen die wenig aussagende Modellbezeichung *Think Pad 701* gewählt? Die *IBM*-Oberen werden es wissen – zu verstehen ist es nicht. Es ist schön, eine große Produktfamilie unter einem gemeinsamen Namen zu haben, in diesem Falle hat das aber nichts mit Maximaler Kundenorientierung zu tun.

»Ein Markenname spielt die Rolle eines Transporteurs und muß im Hinblick auf den (potentiellen) Kunden folgende Aufgaben erfüllen:

- Er muß auffallen, Neugier auslösen, die Aufmerksamkeit auf sich ziehen und Neuigkeitscharakter besitzen.
- Er muß gezielt Assoziationen auslösen.
- Er muß sich deutlich von Namen der ihn umgebenden Wettbewerber unterscheiden.
- Er muß aussprechbar sein, in anderen Sprachen keine falschen Assoziationen auslösen und Eigenschaften enthalten, die ihn merkfähig machen.« [68]

Der *Prototyp*
Das *Serienmodell*
Der neue ThinkPad 701C/CS gilt als Notebook-Revolution und technologisches Meisterwerk. Dabei ist er mit 2,05 kg und 4,4 x 24,7 x 20,1 cm ein Winzling. Ganz aufgeklappt, zeigt er jedoch mit einem Full-Size-Keyboard, einem TFT-Farbbildschirm (26,4 cm in der Diagonalen) und einem Intel DX4 75-MHz-Prozessor seine wahre Größe. Inspiriert von der Natur. Und perfektioniert von IBM. Mehr Infos gibt's bei Ihrem IBM Geschäftspartner oder bei IBM Direkt, Tel.: 01 30/85 33 55.
Es gibt einen Unterschied
IBM

Butterfly würde alle diese Anforderungen erfüllen. *Sony* hat es zum Beispiel mit seinem *Walkman* erfolgreich vorgemacht.

Individuelle Bedürfnisse der (potentiellen) Kunden sind nichts anderes als die individuellen Bedürfnisse, die jeder einzelne von uns in der Rolle des (potentiellen) Kunden hätte. Individuelle Problemlösungen sind ebenfalls nichts anderes, als das, was jeder einzelne von uns erwartet. Die umfassende Qualität von Produkt und Service als entscheidenden Wettbewerbsfaktor zu identifizieren, führt unweigerlich in eine Sackgasse und läßt den Empfindungen und damit den Entscheidungen des Managements zu viel willkürlichen Spielraum. Das einzige Kriterium, an dem die Entscheidungen und Aktivitäten eines Unternehmens in Zukunft gemessen werden können, ist der Grad der individuellen Bedürfnisbefriedigung, den der (potentielle) Kunde mit der durch das Unternehmen angebotenen individuellen Problemlösung erreicht.

»Identifizieren Sie Ihre Kunden, erziehen Sie sie, wecken Sie neue Kundenwünsche, setzen Sie Prioritäten, testen Sie, akzeptieren Sie, integrieren und beobachten Sie und tun Sie dies anytime, anyplace and anyhow...«[69], so Prof. Dr. James Wetherbe von der Carlson School of Management in Minneapolis. Betrachten Sie den Kunden nicht als unselbständigen dummen August. Der Kunde ist ein selbständig denkender und handelnder Mensch – und selbstbewußter denn je. Individuelle Problemlösungen sind heute technologisch kein Problem mehr, selbst das Optimum, das maßgeschneiderte Produkt. Die Unternehmen müssen nur ihre Chancen erkennen, ihr Produkt als Problemlösung zu individualisieren. Die Unternehmen sollten lernen, daß der (potentielle) Kunde nach einem Mehrwert strebt, einem Mehrwert, der seinem persönlichen Maßstab entspricht. Doch nicht nur die materielle Komponente eines Angebotes bietet die Möglichkeit, den Weg von einem Produktangebot zum Angebot einer individualisierten Problemlösung zu gehen. Auch, oder gerade die imaginäre Komponente ist hier ein Schlüssel, wie nicht zuletzt das o.g. Beispiel *Magnum* zeigt. Und das Besondere dieser imaginären Komponente ist: sie wirkt, da emotional, wie ein Lernturbo. Versetzen Sie Ihren (potentiellen) Kunden in eine emotionale Instabilität!

Der (potentielle) Kunde ist aber nicht das letzte Glied in einer Vertriebskette – auch nicht in einer Wertschöpfungskette. Er ist der

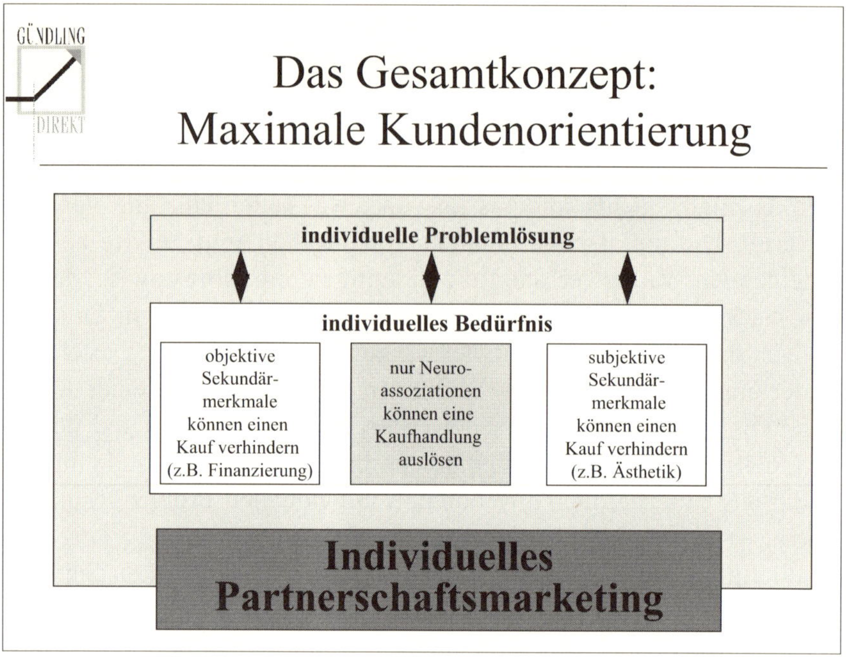

Abb. 4.6

Schlüssel des Schlosses. Er entscheidet darüber, ob ein Unternehmen langfristig am Markt erfolgreich sein wird oder nicht. Wenn aber die Unternehmen den (potentiellen) Kunden und seine individuellen Bedürfnisse in den Mittelpunkt stellen und mit individuellen Problemlösungen diese Bedürfnisse befriedigen, dann und erst dann hat sich das Unternehmen einen Markt geschaffen – zunächst exklusiv. Maximale Kundenorientierung eben.

Die konsequente Orientierung der unternehmerischen Aktivitäten an den individuellen Bedürfnissen der (potentiellen) Kunden, die in Zukunft nur mit als individuell empfundenen Problemlösungen befriedigt werden können, erfordert zwangsläufig eine neue Form der Marktbearbeitung. Eine Marktbearbeitung nicht in Massen, sondern eine Marktbearbeitung, die der Forderung nach Individualität gerecht wird, ein Individuelles Partnerschaftsmarketing.

Exkurs: Der unverstandene Opa, oder Gold, welches keiner schürft

Wie wichtig es ist, die individuellen Bedürfnisse des (potentiellen) Kunden mit individuellen Problemlösungen innerhalb eines Gesamtkonzepts individuelles Partnerschaftsmarketing anzusprechen, zeigt das Beispiel des Seniorenmarktes oder des Marktes der Jungsenioren, der »50 -Na-und Generation« ... oder wie sie sonst noch genannt werden ... die Eltern und Großeltern. Gleichzeitig zeigt der Jungseniorenmarkt – so soll er in diesem Buch genannt werden – wie gefährlich es für die Unternehmen ist, wenn sie die individuellen Bedürfnisse eines Segments nicht ernst nehmen. Die Unternehmen finden keinen Zugang zu seinen Märkten, und die angebotene Unternehmensleistung findet im Markt nicht die Akzeptanz, die sie finden könnte. Doch zunächst einige Ausschnitte aus einem Interview, das 1995 in der Fachzeitschrift *HORIZONT* erschien:[70]

> Frage: »Ist es nicht so, daß sich viele Unternehmen nicht trauen, ältere Zielgruppen direkt anzusprechen – und sich umgekehrt viele ›Alte‹ nicht alt fühlen. Wie bewältigen Sie diesen Spagat?«
> Antwort: »Eigentlich ganz einfach: Ausgangspunkt jeglicher Werbung sollten die Bedürfnisse der Zielgruppe sein. Und diese Bedürfnisse müssen direkt angesprochen werden. Andernfalls verpufft die Werbung.«

Richtig, denn nur wenn man die individuellen Bedürfnisse seiner (potentiellen) Kunden kennt, kann man diese ansprechen und auch darauf hoffen, daß die Werbung für die Produkte oder Problemlösungen die Aufmerksamkeit erhält, die sie verdient. Ein Bravo dieser Antwort. Doch dann kommt es in dem Interview zu einer Überraschung.

> Frage: »Ihre neue Kampagne kommt von der Düsseldorfer Agentur BBDO. Wie alt ist denn der zuständige Management Supervisor oder das Team, das den Sofortrente-Spot realisiert hat?«
> Antwort: »Verglichen mit der Zielgruppe ist es ein junges Team.«
> Frage: »Können die das?«
> Antwort: »Aber ja. Denn dies spielt meines Erachtens keine Rolle, wenn professionell gearbeitet wird.«

Können die das wirklich? Können sich denn ein 25jähriger Texter oder eine 30jährige Graphikerin oder ein 28jähriger Supervisor wirklich so gut in das Fühlen und Denken eines 60jährigen hineinversetzen? Können denn diese jungen Menschen, die im Sommerurlaub vielleicht zwei Wochen auf Ibiza verbringen, sich Freitagabends in der Nobeldiskothek Sam's amüsieren und am Sonntag die Geräte im Fitneßstudio malträtieren, die also oft nach dem Motto leben »Ich lebe heute, nicht morgen«, können die sich wirklich vorstellen, welche Bedürfnisse ein 60jähriger hat? Können die sich vorstellen, was es bedeutet, sich auf seinen Lebensabend vorzubereiten, können die sich vorstellen, welche Überlegungen ein Jungsenior hat, wie er eben diesen Lebensabend gestalten will? Wie wollen diese Unternehmen ihrer Zielgruppe Jungsenioren gar einen Mehrwert schaffen, wenn sie gar nicht wissen, wie ihre Zielgruppe denkt und fühlt?

Werfen wir doch einmal einen Blick auf diesen Werbespot, der helfen soll, die Sofort-Rente der *Allianz* unters Volk zu bringen:

Da wird der Jungsenior gezeigt, der sein Geld in eine Ferienimmobilie investiert hat, die nie fertig wird – das Geld ist futsch. Wieviele Jungsenioren investieren ihre Lebensversicherung eigentlich in riskante Immobilienobjekte, und wieviele Jungsenioren folgen im Alter ihrem sich zunehmend weiterentwickelnden Bedürfnis nach Sicherheit? Die *LBS* sieht die künftige Herausforderung in neuen Wohnkonzepten für den dritten Lebensabschnitt. Zwei Drittel der heute 45–65jährigen denken nämlich nach einer Studie des *empirica*-Instituts Bonn bereits an neue Wohnformen für den dritten Lebensabschnitt. Sie seien insbesondere dann zum Wohnungswechsel bereit, wenn die neue Umgebung Eigeninitiative und Selbstbestimmung fördere und Sicherheit gewährleiste. Übrigens beträgt der Anteil der älteren Bausparer ab 50 Jahre im Neukundengeschäft bereits über 20 Prozent.[71] Es ist schon richtig, daß die Jungsenioren ihr Geld durchaus in Immobilien investieren, doch sie stecken ihr Geld weniger in riskante Immobilienobjekte, die eine hohe Rendite versprechen, sondern eher in sichere Immobilien, die sie selbst nutzen können.

Zurück zum *Allianz*-Spot: Dort gibt es noch die Jungseniorin, die ihre Lebensversicherung lieber den Kindern gibt, ... die sich dann wochenlang nicht mehr bei ihr melden – aus Dankbarkeit. Weiß das junge Team von *BBDO*, daß Jungsenioren hier nicht genauso denken wie der Mediziner, der raucht? Will heißen, jeder halbwegs gebildete Mensch weiß um die Gefahren für die Gesundheit, die durch das Rauchen entstehen – und trotzdem raucht noch ein Drittel aller Erwachsenen. Warum? Die Antwort ist einfach und wir kennen sie alle. »Mir wird schon nichts passieren«. Der mentale Verdrängungsprozeß läßt dem menschlichen Wissen und Intellekt keine Chance. Mir übrigens auch nicht. Ist das nicht auch bei den Jungsenioren so? Schauen wir, was Mama Agnes, verwitwet, 64 Jahre alt, über ihre Freundin Erna und sich selbst zu erzählen weiß:

> »Ja das passiert oft, das habe ich auch schon gehört, da hat die Erna ihrem Buben schon jetzt ihr ganzes Vermögen überschrieben und gestern hat sie mir noch erzählt, daß er schon seit zwei Monaten nicht mehr bei ihr war, obwohl er nur 56 Kilometer weit weg wohnt. Doch die Erna ist ja selbst daran schuld. Was mußte sie auch immer so mit ihrem Buben schimpfen und ihrer Schwiegertochter, die doch so erfolgreich im Beruf ist, immer erklären, wie schlecht doch der Bub aussieht, was ja auch kein Wunder sei, schließlich bekomme er abends ja auch nichts Warmes zu essen. ›Eine gute Ehefrau gehört an den Herd‹ sagt Erna dann immer. Aber bei meinen Kindern ist das doch ganz anders. Die habe ich zu richtig prächtigen Buben und Mädels erzogen, wenn ich denen meine Lebensversicherung schenke, helfe ich ihnen, ihr Haus schneller zu bezahlen und dann nehmen sie mich bestimmt bei sich auf, weil, weil sie ihre Mama ja so sehr lieben.«

Ebenso wie der Raucher könnte doch auch der Jungsenior seinen mentalen Verdrängungsprozeß haben. Wissen wir es? Weiß es die Allianz? Warum sollte Agnes dann noch auf die Sofortrente setzen? Ich weiß es nicht.

Und am Schluß des Werbespots kommt die Lösung – die Sofortrente. Ein typischer Opa, lieb, vertrauenswürdig, halt so richtig zum Knuddeln, setzt ihn sich auf – den Helm – und rast davon – mit einem Motorrad. Wohin wissen wir nicht, aber wieviele Opis gibt es eigentlich, die Motorrad fahren? Genauso viele wie motorradfahrende Anwälte?

Ob der Werbespot erfolgreich war oder nicht, spielt hier keine Rolle. Denn woran wird der Erfolg gemessen im Massenmarketing? Oder um wieviel erfolgreicher hätte dieser Spot sein können, wenn er von einem Team von Jungsenioren kreiert worden wäre? Quantifizieren läßt sich dies nicht, aber eines ist gewiß: Der Erfolg wäre größer gewesen. Bei der Marktbearbeitung ist es für ein Unternehmen entscheidend, nicht nur die nackten Fakten und Zahlen des Marktes zu kennen, sondern ein Teil des Marktes selbst zu werden oder zu sein. Das heißt die Unternehmen müssen lernen wie ihre (potentiellen) Kunden zu denken, zu fühlen und zu handeln. Das heißt die verantwortlichen Mitarbeiter müssen entweder aus der betreffenden Szene des Marktes kommen, also im Falle der Jungsenioren fünfzig und älter sein, oder aber sie müssen genügend Zeit aufwenden, um ihren Markt direkt und persönlich kennenzulernen, um ein Gefühl für die Szene zu entwickeln. Martin Salzwedel zum Beispiel, 35 Jahre jung, hat in seiner Funktion als Marktmanager und Verkaufsleiter im Segment der Jungsenioren für die *Bertelsmann Lexikothek* über 5.000 persönliche Verkaufsgespräche mit Jungsenioren geführt. Er weiß, wie diese denken, fühlen und handeln. Der außerordentliche Erfolg von *Nivea Vital* in der Schweiz ist letztendlich auch darauf zurückzuführen, daß der Etatdirektor der Schweizer Werbekampagne, Bruno Zanola selbst 55 Jahre alt ist.[72] Bei *Sega*, dem unmittelbaren Konkurrenten von *Nintendo* im Bereich von Computerspielen für Jugendliche, ist übrigens kein 40 oder 50jähriger für das Marketing verantwortlich, sondern mit Torsten Oppermann ein 24jähriger junger Mann, fast noch ein Jugendlicher.[73]

Die *Allianz* steht mit dem Problem, einen marktadäquaten Zugang zu den Jungsenioren zu finden, nicht alleine da; wenn, was zu bezweifeln ist, die *Allianz* es überhaupt als Problem für sich erkannt hat. Angela Vogel, Projektleiterin Mediawerbung bei *Mercedes Benz*[74], bekennt sogar, daß *Mercedes Benz* spezielle Werbung für die älteren Semester für unnötig hält: »Unsere Markenwerbung erfaßt alle potentiellen Käufer« und weiter: »Senioren sind als Zielgruppe genauso wichtig wie andere auch«. Muß es *Mercedes Benz* gut gehen – stellt sich nur die Frage, wie lange noch? Nicht nur, weil die Jungsenioren die kaufkräftigste Gruppe überhaupt sind, sondern weil jeder vierte der Jungsenioren innerhalb der nächsten zwölf Monate sich ein neues Auto kaufen will, wie eine Studie der *Bayrischen Rundfunkwerbung* sowie eine andere, die 1994 von *Infratest*[75] durchgeführt wurde, ergab. Eine Bemerkung am Rande: In der gleichen Studie wurde festgestellt, daß nur jeder fünfte der allgemein am heißesten umworbenen Kaufgruppe der 14–29jährigen ebenfalls die Absicht hat, in den nächsten zwölf Monaten ein Auto zu kaufen.

350 Milliarden DM, die bis zum Jahre 2000 in Form von Lebensversicherungen an über 50jährige ausgezahlt werden, wollen ausgegeben werden – und wissen nicht wo. So ähnlich konnte man 1990 die Situation im Seniorenmarkt beschreiben. Eine Studie der *BBE*-Markt-

forschung »Der Seniorenmarkt« hatte damals in der deutschen Wirtschaft für Furore gesorgt. In Unternehmensberatungen, Werbeagenturen, Marketingabteilungen wurden Task Forces eingerichtet, um Strategien zur Marktbearbeitung des »silver markets« zu entwickeln. Die Wirtschaftspresse überschwemmte das Land mit immer neuen Zahlen, Berichten und Empfehlungen. Doch was hat sich seitdem getan?

Das Marktpotential ist in Westdeutschland – wie prognostiziert – gewachsen und hat einen zusätzlichen Schub durch den Fall der Mauer erhalten. Neben den 350 Milliarden DM aus Lebensversicherungen verfügen die Jungsenioren noch über ein Geld- und Grundvermögen von heute 1.500 Milliarden DM und mit über 1.500 DM monatlich über das höchste Nettoeinkommen in den verschiedenen Segmenten der bundesrepublikanischen Alterspyramide. Doch wo ist heute das neue Angebot für diese Gruppe, wie steht es um die Werbung für Senioren, wie gelingt es der deutschen Wirtschaft, Zugang zu den Jungsenioren zu finden? Man kann es vorwegnehmen: Der Markt ist da, aber die Jungsenioren werden von der deutschen Wirtschaft nach wie vor als Randgruppe betrachtet. Für *RTL*, den bundesrepublikanischen Privatsender Nr. 1, sind Jungverheiratete, die zwei Kinder haben, gerade ein Haus bauen und sich einen Zweitwagen kaufen wollen, das ideale Publikum, wie erst kürzlich der Programmdirektor des Senders M. Conrad verriet.[76] Abgesehen von dem im Seniorenfernsehen *ZDF* gesendeten Vierteiler »Der große Bellheim«, in dem vier alte Manager dem jungen Management zeigen, wie man einen Warenhauskonzern wieder in die Gewinnzone führt, oder der Serie »Lust und Hardy«, in der ein alter Kriminalist und ein alter Gauner gemeinsam Sherlock Holmes spielen, »Derrick« und weiteren Serien, wird der Konsument in der Regel in den deutschen Fernsehmedien mit den jugendlichen Idealen und Problemen berieselt.

Die Fernsehsender, insbesondere die Privaten, sind jedoch auch nur Anbieter von Werbezeiten für die Wirtschaft. Und wenn der Kunde »Wirtschaft« keine Produkte rund um die Jungsenioren nachfragt, wird dieses Segment eben von den Fernsehsendern nicht abgedeckt. »Kein Mensch buche Werbespots, um alte Leute zu verführen«[77], so zitiert die *W & V* Helmut Thoma, den *RTL*-Chef. Vergleicht man die Entwicklung des bundesrepublikanischen Marktes mit der des US-Marktes, stellt man fest, daß die amerikanische Wirtschaft dieses Segment ungleich erfolgreicher bearbeitet als die deutsche. Woran liegt das?

Der Markt der Jungsenioren ist vergleichbar mit einer Goldader. Einer Goldader, von der jeder weiß, daß es sie gibt und wo sie liegt; aber kaum einer kann oder traut sich zu, zu ihr vorzustoßen. Den wenigsten Unternehmen gelingt es, sich in diesem höchst lukrativen Marktsegment zu etablieren. Eine Untersuchung der Arbeitsgruppe »Drittes Lebensalter« an der Universität Frankfurt/Main hat ergeben, daß 64,3 Prozent der über 50jährigen meinen, daß Werbung ihnen nützliche Informationen über neue Produkte bringe; 90 Prozent empfinden die derzeitige Werbung hingegen als reine Jugendwerbung. Zunächst einmal muß man also unterstellen, daß auch die deutsche Markenartikelindustrie weiß, welch großes Marktpotential da seit Jahren in der Bundesrepublik brach liegt; es scheinen jedoch die Rezepte zu fehlen, diesen Markt zu erobern. Während in den USA der Jungsenior, *Whoppies*, well off older people genannt, positiv belegt ist, ist der Senior in der Bundesrepublik, nicht zuletzt verstärkt durch die aktuellen politischen Diskussionen, ein Pflegefall. Und wer möchte schon für oder gar mit einem Pflegefall werben? Die gesellschaftlichen Rahmenbedingungen machen es in der Bundesrepublik also ungleich schwieriger als in anderen Ländern, dieses goldene Marktsegment zu erobern.

Erschwert wird die Marktbearbeitung zudem aber noch durch zwei große Irrtümer: Aufgrund des Begriffes »Senior«, der Definition der Zielgruppe nach ihrem verfügbaren Einkommen in Abhängigkeit vom Alter, wird der Jungseniorenmarkt zwangsläufig verbunden mit alt, tatterig, vergeßlich, Oma und Opa, Greis und Greisin, Pflege und Pflegeversicherung. Die Jungsenioren sind hingegen nicht nach dem Kriterium »Alter« segmentierbar, sondern nach Ihrem Lebensabschnitt, nach ihren individuellen Bedürfnissen. Sie leben in ihrem dritten Lebensabschnitt:

die Kinder sind erwachsen und/oder
der berufliche Zenit ist erreicht und/oder
sie haben das Rentenalter erreicht.

Auf einmal sind sie freier als bisher. Sie haben mehr verfügbares Einkommen um ihre eigenen Wünsche und Bedürfnisse zu realisieren, sie haben mehr Zeit, sie haben die Freiheit sich neuen Interessen und

Beschäftigungen hinzugeben. Sie leben in ihrem dritten Lebensabschnitt, dem Lebensabschnitt der wiedergewonnenen Freiheit, der abnehmenden Verantwortung für andere, einer Freiheit, die sie selbst als Kind nicht erfahren konnten. Es ist nicht ihr letzter Lebensabschnitt. Dieser letzte Lebensabschnitt, der vierte, beginnt erst, wenn sie aufgrund gesundheitlicher oder anderer Ursachen ihre gerade wiedergewonnene Freiheit wieder verlieren.

Und diese wiedergewonnene Freiheit wollen die Jungsenioren genießen. Sie sind aus der entbehrungsreichen Kriegs- und Nachkriegszeit in eine Wohlstandsgesellschaft hineingewachsen, in der auf einmal neue Werte wie Emanzipation und Umweltschutz eine wichtige Rolle spielten, während sie selbst noch die Werte Pflichterfüllung, Fleiß und Leistung, Ehrlichkeit, Aufrichtigkeit und Gehorsam gegenüber Autoritäten bzw. Orientierung an Vorbildern verinnerlicht haben. Sie warten nicht mehr auf ihr Lebensende bzw. den vierten Lebensabschnitt. Sie horten ihre Ersparnisse nicht mehr selbstgenügsam für ihre Kinder, sondern sie gestalten ihr Leben aktiv, sind konsumfreudig. Sie verreisen in alle Herrgott Länder, sie richten sich zu Hause neu ein, kaufen eine neue Küche, ein neues Wohnzimmer. Und nicht alle haben in Ihrem dritten Lebensabschnitt Inkontinenz-Probleme. Eine Studie der *BBDO* Düsseldorf mit dem Titel ›Future Senior‹ kommt 1995 zu dem Ergebnis, daß 43 Prozent der Jungsenioren ihr Leben heute positiver betrachten als vor zehn Jahren. »Fast jeder zweite hat an Selbstbewußtsein gewonnen. Dies so die Studie weiter, sei auch auf einen gesunden Egoismus zurückzuführen: 48 Prozent der Senioren sagen, heute mehr als früher ihre eigenen Interessen zu verfolgen. Aufopfern für alles und jeden ist nicht mehr angesagt.«[78]

Hat man erst einmal verstanden, daß die Jungsenioren in ihrem dritten Lebensabschnitt **leben** wollen, kann es einen nicht mehr verwundern, daß verschiedene Angebote speziell für Jungsenioren scheitern mußten oder in Zukunft scheitern werden. Zum Beispiel das Seniorenhotel. Die Jungsenioren wollen ihre wiedergewonnene Freiheit im Urlaub genießen und nicht für drei Wochen in einem Altersheim Erholung suchen. Zunächst einmal müssen wir also lernen, die Jungsenioren zu verstehen. Am besten kann man das übrigens, indem man seine Eltern oder Großeltern beobachtet. Dann zeigt sich, daß es den meisten Unternehmen und ihren Werbeagenturen noch nicht gelungen ist, sich auf die individuellen Bedürfnisse der Jungsenioren einzustellen. Selbst wenn die angebotene individuelle Problemlösung – von der materiellen Komponente aus betrachtet – die individuellen Bedürfnisse der Jungsenioren befriedigen könnte, wird er diese doch nicht kaufen, da seine individuelle Bedürfnisstruktur durch die Kommunikationspolitik nicht angesprochen wird. Damit liegt der zweite große Irrtum in der Form der Ansprache, also der Form, in der die Jungsenioren auf die Produkte und Dienstleistungen, die sie konsumieren sollen, aufmerksam gemacht werden – also im Fehlen der emotionalen Komponente einer individuellen Problemlösung. Selbst der Produktname kann über den Erfolg oder Mißerfolg einer Problemlösung für Jungsenioren entscheiden. Der Radiosender *50plus* in Berlin hat dies erkannt und sendet den Wünschen seiner Hörer und auch der Werbetreibenden entsprechend, seit dem 6. Juni 1995 unter dem Namen *Spreeradio* 105.5. deutsche Schlager über den Äther.[79]

Eine positive Ausnahme hiervon ist beispielsweise *Abtei*, die mit Udo Jürgens einen prominenten 60jährigen als Testimonial in ihrer Werbung einsetzen. Ähnliches kann anderen Markenartikeln, die den Markt der Jungsenioren erobern wollen, nur empfohlen werden; schließlich sind neben der Pflichterfüllung, dem Fleiß und der Leistung, die Gehorsamkeit gegenüber Autoritäten bzw. die Orientierung an Vorbildern einige der ausgeprägtesten verinnerlichten Werte der Geburtsgenerationen von 1923–1940. Auch das kann ein individuelles Bedürfnis sein. *Quelle* zumindest scheint im Jungseniorenmarkt den Weg vom Produkt zur individuellen Problemlösung gefunden zu haben: Ende Januar 1995 erschien der neue Spezialkatalog »Mode für die besten Jahre«.[80] Die angebotenen individuellen Problemlösungen auf den 100 Seiten sind für die wachsende Gruppe der selbst- und modebewußten Kunden gedacht, die 50 Jahre und älter sind. Keine Omimode, sondern flotte, tragbare Kleidung – in guter Qualität und zu einem guten Preis, in der Regel von deutschen Lieferanten – sind dort zu finden. Zusätzlich gibt's eine große Auswahl an Spezialgrößen. Und wen finden wir da noch? Eine typische Vertreterin der Menschen des Dritten Lebensabschnitts – die damenhafteste Dame ohne Alter, aber jeder weiß es, 50 + »x«, Senta Berger. In einer Satin-Bluse, reine Viskose für 89,95 DM lächelt sie ganz damenhaft ihren Altersgenossinnen entgegen. Nur das Pärchen auf dem Titelbild, sollte *Quelle* bei der nächsten Auflage auswechseln – sie

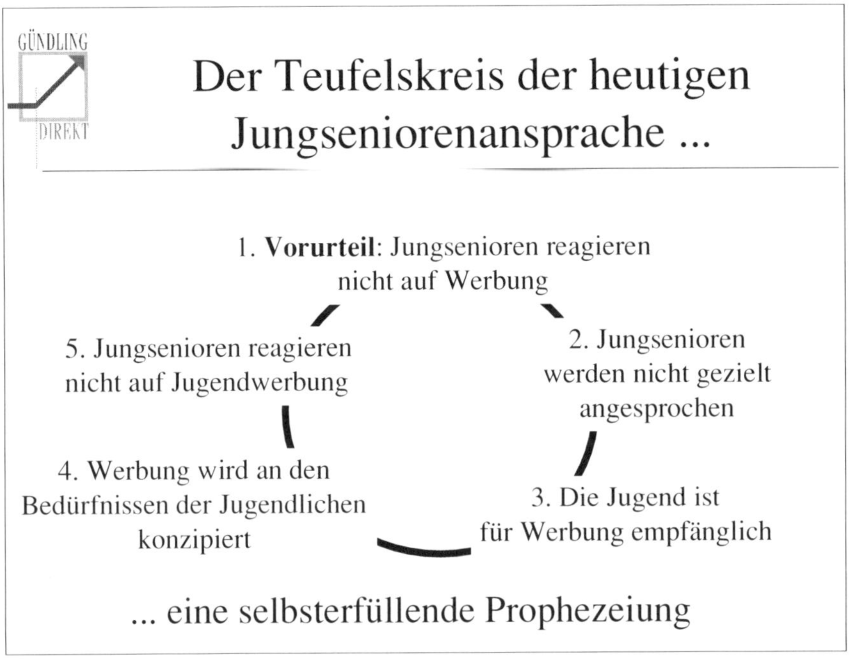

Abb. 4.7

sehen doch eher wie »falsche Fuffziger« aus. Europas größtes Versandhaus hat die Notwendigkeit erkannt, sich dem Segment der Jungsenioren zuzuwenden, will es auch im Jahr 2000 und danach noch das größte Versandhaus in Europa bleiben. Denn wissenschaftliche Studien zeigen: Im Jahr 2000 wird der Anteil der unter 20jährigen an der Bevölkerung nur noch 20 Prozent betragen, während bereits 24 Prozent zur Gruppe der über 60jährigen gehören werden. Bis zum Jahre 2030 wird sogar jeder zweite Deutsche 50 Jahre und älter sein – heute ist es jeder fünfte.[81] Irgendwann wird sich auch Herr Thoma von *RTL* Gedanken darüber machen müssen, ob er nicht doch besser ein Programm für sich selbst anstatt für seine Enkel machen sollte.

Die Lernfähigkeit der Menschen nimmt mit zunehmendem Alter ab, wie allgemein bekannt ist: Ungefähr ab dem 45. Lebensjahr läßt sich eine Verringerung der Lernfähigkeit erkennen. Sie basiert auf der Abnahme der Informationsverarbeitungsgeschwindigkeit und des Reaktionsvermögens. Aber wenn der ältere Mensch das Tempo seiner Reizdarbietung selbst bestimmen kann, lassen sich dieselben Lernerfolge wie bei Jüngeren verzeichnen. Durch die Entwicklung unserer Medien- und Informationsgesellschaft, u.a. bedingt durch die Reizüberflutung und Informationsflut im Fernsehen, nimmt die Undurchsichtigkeit des Geschehens für ältere Menschen buchstäblich zu. Demzufolge kann Lernen, sich informieren, das Aufnehmen von Werbebotschaften eher durch solche Medien erfolgen, die dem älteren Menschen die Bestimmung der Informationsgeschwindigkeit selbst überlassen – durch Printmedien. Hier liegt eine große, bisher in Deutschland vollkommen vernachlässigte Chance im Direktmarketing.

So kann es auch nicht verwundern, daß Jungsenioren für Mailings offener sind als die Jugend. Mit Mailings haben die Jungsenioren die einmalige Chance, die Geschwindigkeit der Informationsaufnahme selbst zu bestimmen, und gleichzeitig steigt für die Wirtschaft die Chance, daß ihre Werbebotschaften gelesen und verstanden werden und schließlich zum Kauf des angebotenen Produktes, der angebotenen Dienstleistung führen. Deshalb kann der deutschen Wirtschaft, egal ob Markenartikelindustrie oder Einzelhandelsgeschäft, Reiseunternehmen, Versicherung oder Banken, nur empfohlen werden, den Jungseniorenmarkt mit Direktmarketinginstrumenten zu bearbeiten. Sammeln Sie Adressen, kaufen Sie Adressen, qualifizieren Sie Adressen von Jungsenioren, bauen Sie in Ihre Massenwerbung, Ihren Fernsehspot oder Ihre Anzeige Responseelemente ein und nutzen Sie ihre eigene Adreßbasis.

Der Erfolg vieler Werbespots und Anzeigen, die sich an die Zielgruppe Jungsenioren richtet, ist in der Vergangenheit ausgeblieben, weil es nicht gelang, sich auf die Bedürfnisse der Jungsenioren, wie sie oben dargestellt worden sind, einzustellen. Eine der wenigen positiven Ausnahmen ist – wie weiter oben schon dargestellt – die Markenwerbung von *Abtei,* auch wenn sie nur durch Zufall den Jungseniorenmarkt anspricht, wie der Marketingleiter der *Abtei*-Pharma der *W&V* erklärte: »Es ist nicht Wunsch unseres Hauses, nur auf die ältere Generation zu setzen«.[82] Warum eigentlich nicht? In diesem Spot wirbt der sechzigjährige Udo Jürgens unter der Überschrift: »Manche Tage lebt man einfach intensiver« für die Marke *Abtei.* Unterstützt wird die Werbung durch den Slogan: »Bitte bleiben Sie gesund!«. *Abtei* spricht hiermit zum einen den obersten Wunsch der Jungsenioren, fit und gesund zu bleiben, an und trifft zum anderen den Nerv des dritten Lebensabschnitts: die wiedergewonnene Freiheit. Man darf gespannt sein, wann endlich Sophia Loren, Elmar Gunsch, Sepp Maier, Fritz Walter oder Hildegard Knef von der deutschen Markenartikelindustrie (wieder) entdeckt werden. Der Markt der Jungsenioren zeigt aber auch, vor welch großen Herausforderungen die Unternehmen stehen, wenn es ihnen erst einmal gelungen ist, die eigenen Angebote aus Sicht Ihrer (potentiellen) Zielgruppe zu sehen. Es ist schwierig, Windeln oder Arzneimittel zur Verbesserung der Gehirndurchblutung usw. zu vermarkten, selbst wenn der Bedarf hierfür vorhanden ist. Eine Lösung für solche individuelle Problemstellungen kann effektiver über Dialoginstrumente erfolgen – doch dazu später mehr.

Erst wenn die »Jungsenioren« und damit der dritte Lebensabschnitt dieser Konsumelite, richtig verstanden und daraus die richtige Marketingkonzeption, in deren Mittelpunkt Dialoginstrumente stehen, abgeleitet und umgesetzt wird, wird auch für die deutsche Wirtschaft der Markt der Jungsenioren ein goldener Markt werden. Wie bei allen anderen Segmenten wird auch bei den Jungsenioren maximaler wirtschaftlicher Erfolg nur durch maximale Kundenorientierung ermöglicht. Übrigens: Laut einer Untersuchung der *Nürnberger Gesellschaft für Konsumforschung* fühlen sich die älteren Menschen selbst durchschnittlich etwa 15 Jahre jünger als sie tatsächlich sind. Kein Zweifel, Oldies kommen in Mode.

Die *Comma Modevertrieb GmbH* hat das Problem auf ihre Weise gelöst und dafür berechtigtermaßen den Igedo Marketingpreis 1994 erhalten: denn auf den Kollektionspremieren zogen zwei Modells die Blicke auf sich; Maxi und Carmen, beide älter als 60 Jahre.[83] Die *Comma GmbH* hat umgesetzt, was schon 1993 in der Studie der Arbeitsgruppe »Drittes Lebensalter« ermittelt wurde: 78 Prozent der Senioren wünschen sich, daß mehr Menschen ihres Alters in der Werbung gezeigt werden.

10 Tips, wie Sie Ihre Produkte in individuelle Problemlösungen wandeln können.

1. Ermitteln Sie kontinuierlich die individuellen Bedürfnisse Ihrer (potentiellen) Kunden und fragen Sie sich: »Was können wir tun, um das, was wir vertreiben besser, angenehmer, schöner ... für unsere (potentiellen) Kunden zu machen. Warten Sie nicht mit der Umsetzung, sondern beginnen Sie sofort.
2. Formulieren Sie zu jedem individuellen Bedürfnis Ihrer (potentiellen) Kunden die individuelle Problemlösung, die Sie anbieten möchten.
3. Schenken Sie Ihrem (potentiellen) Kunden Vertrauen, damit er Ihnen vertraut.
4. Bevor Sie sich an die Entwicklung eines neuen »Produktes« begeben, fragen Sie sich: »Was bringt es meinen (potentiellen) Kunden?
5. Wandeln Sie Ihre Produkte mit Hilfe von Kundenservices und Dienstleistungen in individuelle Problemlösungen um.
6. Nutzen Sie hierzu auch alle technischen Möglichkeiten. Insbesondere Ihren PC.
7. Formulieren Sie Ihre Bedienungsanleitungen, Serviceversprechungen ... so, daß diese der Laie sofort versteht.
8. Der wichtigste Faktor einer individuellen Problemlösung ist Freundlichkeit und Kompetenz der Menschen eines Unternehmens.
9. Trennen Sie sich vom Ballast einer übertriebenen Produktqualität.
10. Der Preis sollte nicht die Kosten, sondern den vom (potentiellen) Kunden wahrgenommenen Nutzen reflektieren.

3. Mit individuellen Problemlösungen die individuellen Bedürfnisse des Kunden befriedigen

Das kundenorientierte Unternehmen vertreibt keine Produkte oder Dienstleistungen, sondern entwickelt und bietet individuelle Problemlösungen an, mit denen der (potentielle) Kunde seine individuellen Bedürfnisse nach seinen Maßstäben befriedigen kann. Die Problemlösungen sowie auch die Kommunikationspolitik zeichnen sich durch eine neue Qualität aus, die ausschließlich an den individuellen Bedürfnissen und Erwartungen der Kunden gemessen wird.

1. Sind Ihre Produkte austauschbar? ☐ Ja ☐ Nein Chance ___
2. Kann Ihr (potentieller) Kunde als Laie Ihre Problemlösung auch ohne Einweisung und Bedienungsanleitung nutzen? ☐ Ja ☐ Nein Chance ___
3. Kann Ihr (potentieller) Kunde der mitgelieferten Bedienungsanleitung folgen? ☐ Ja ☐ Nein Chance ___
4. Kann man die Bedienungsanleitung auch bei schwachem Licht lesen? ☐ Ja ☐ Nein Chance ___
5. Geben Sie Ihrem (potentiellen) Kunden genügend Informationen zur Umweltverträglichkeit Ihrer Ware, der Verpackung? Geben Sie ihnen konkrete Entsorgungstips? ☐ Ja ☐ Nein Chance ___
6. Menschen wollen mehr Komfort. Bieten Sie über Ihre Problemlösungen hinaus zusätzlichen Komfort? ☐ Ja ☐ Nein Chance ___
7. Haben Sie sich jemals gefragt, ob Sie Ihre Problemlösungen nicht anders, z.B. bequemer, schöner, zukunftsbetonter machen könnten? ☐ Ja ☐ Nein Chance ___
8. Ist Ihre Verpackung ein Teil einer individuellen Problemlösung? ☐ Ja ☐ Nein Chance ___
9. Befinden Sie sich mit Ihren Produkten in einem harten Preiswettbewerb? ☐ Ja ☐ Nein Chance ___
10. Können Sie den Preis Ihrer Produkte erklären, ohne dabei rot zu werden? ☐ Ja ☐ Nein Chance ___
11. Erhalten Ihre (potentiellen) Kunden einen Mehrwert, wenn sie Ihre Problemlösung erwerben, und nicht die eines Wettbewerbers? ☐ Ja ☐ Nein Chance ___
12. Haben Sie schon einmal zusammen mit den Anwendern Ihrer Problemlösungen darüber diskutiert, wie man diese ersetzen könnte? ☐ Ja ☐ Nein Chance ___
13. Lassen Sie neue Problemlösungen zunächst durch die letzte Instanz, den (potentiellen) Kunden, testen, bevor Sie sie in den Markt einführen? ☐ Ja ☐ Nein Chance ___

14. Entwickeln Sie Ihre Problemlösungen gemeinsam mit Ihrem (potentiellen) Kunden? ☐ Ja ☐ Nein
Chance ___

Grundlage für die Lust oder Pein des Menschen, eine Kaufhandlung zu tätigen oder nicht, ist der Grad der Befriedigung unserer Grundbedürfnisse. Welche der folgenden psychologischen und physiologischen Grundbedürfnisse der Menschen befriedigen Sie mit Ihren Produkten? Begründen Sie dies bitte kurz.

☐ Gesundheit ___	☐ Liebe ___
☐ Bekanntheit ___	☐ positives Image ___
☐ Lob ___	☐ Selbstvertrauen ___
☐ gutes Aussehen ___	☐ Zeit (Ersparnis) ___
☐ Geld (Ersparnis) ___	☐ Vorsprung ___
☐ Sicherheit ___	☐ Muße ___
☐ Unterhaltung ___	☐ persönliches Prestige ___
☐ weitere ___	☐ ___

16. Eine Fernbedienung kann bedienerfreundlich sein oder nur viele Knöpfe haben. Was ist Ihre Ware oder Dienstleistung? Begründen Sie dies bitte kurz. Chance ___

___
___
___
___

17. Die meisten Produkte werden aus der Sicht des Erfinders oder eines Technikers beschrieben. Wie würde Ihr (potentieller) Kunde Ihr Produkt einem Fremden erklären? Chance ___

___
___
___
___

18. Welche Gründe hat Ihr (potentieller) Kunde bei einem Ihrer Wettbewerber zu kaufen? Chance ___

___

___

___

___

19. Welche anderen untereinander austauschbaren Produkte könnte Ihr (potentieller) Kunde auch bei Ihrem Wettbewerber kaufen? Chance ___

___

___

___

___

20. Was hindert Ihre (potentiellen) Kunden heute daran, Ihre Ware oder Dienstleistung zu erwerben? Was könnten Sie dagegen unternehmen? Chance ___

___

___

___

___

21. Wie könnten Sie die im zweiten Teil dieses Kundenorientierungsprofils identifizierten individuellen Bedürfnisse Ihrer (potentiellen) Kunden befriedigen? Chance ___

___

___

___

___

22. Wie müßte Ihre Problemlösung heute im Detail aussehen, damit die entscheidenden individuellen Bedürfnisse Ihrer (potentiellen) Kunden befriedigt werden können? Chance ___

___

___

___

___

23. Wie könnten Sie Ihr Produkt in eine individuelle Problemlösung verwandeln? Chance ____

____

____

____

____

24. Wie sollte Ihre individuelle Problemlösung in Zukunft aussehen? Aus welchen materiellen und welchen immateriellen Komponenten wird Sie bestehen? Chance ____

____

____

____

____

25. Welche objektiven »Produkt«vorteile bietet Ihre individuelle Problemlösung? Chance ____

____

____

____

____

26. Welche dieser objektiven »Produkt«vorteile werden von Ihren (potentiellen) Kunden tatsächlich wahrgenommen? Chance ____

____

____

____

____

27. Was hindert Sie daran, die »Produkt«vorteile zu canceln, mit denen keine individuellen Bedürfnisse Ihrer (potentiellen) Kunden befriedigt werden? Chance ____

____

____

____

____

28. Welche Möglichkeit haben Sie, mit der von Ihnen angebotenen individuellen Problemlösung dem Bedürfnis nach Umweltschutz gerecht zu werden? Chance ___

___

___

___

___

29. Welche Funktionen müßte die Verpackung erfüllen, um ein Teil Ihrer individuellen Problemlösung zu werden? Chance ___

___

___

___

___

30. Welche zusätzlichen Services und Dienstleistungen können Sie Ihren (potentiellen) Kunden anbieten, damit aus Ihrem Produkt eine individuelle Problemlösung wird? Chance ___

___

___

___

___

31. Gerade bei der Bestellung gilt es oft, Schwellenängste (subjektive Sekundärmerkmale) abzubauen. Mit welchen Maßnahmen werden Sie in Zukunft diese Schwellenängste Ihrer (potentiellen) Kunden abbauen? Chance ___

___

___

___

___

32. Die verfügbaren Mittel können für viele Ihrer (potentiellen) Kunden ein entscheidendes objektives Sekundärmerkmal sein, welches einen Kauf jetzt und heute verhindert. Welche finanztechnischen Leistungen (z.B. Zahlungsziel, Kauf auf Raten) könnten Sie als Bestandteil der individuellen Problemlösung Ihren (potentiellen) Kunden anbieten? Chance ____

____

____

____

____

33. Was würden Sie einem Fremden über die von Ihnen angebotene Problemlösung berichten? Chance ____

____

____

____

____

34. Welchen persönlichen Mehrwert kann der (potentielle) Kunde mit der von Ihnen angebotenen individuellen Problemlösung erzielen? Chance ____

____

____

____

____

35. Wie könnten Sie die rechte Gehirnhälfte Ihrer (potentiellen) Kunden aktivieren? Chance ____

____

____

____

____

36. Für viele (potentielle) Kunden ist das Wissen, daß ein Vorbild die Problemlösung auch benutzt, ein wichtiges Kaufmotiv. Welche Vorbilder oder Referenzen könnten Sie in Zu-

kunft bei der Gestaltung Ihrer individuellen Problemlösung einsetzen? Chance ___

___
___
___
___

37. Wie könnten Sie in Zukunft Ihre (potentiellen) Kunden in die Entwicklung Ihrer Problemlösungen mit einbeziehen? Chance ___

___
___
___
___

38. Mit welchen Ihrer (potentiellen) Kunden könnten Ihre »Produktentwickler« in Zukunft eng zusammenarbeiten? Chance ___

___
___
___
___

39. Wie werden Sie in Zukunft Ihre Problemlösung entwickeln? Beschreiben Sie diesen Prozeß bitte kurz. Chance ___

___
___
___
___

40. Wie könnten Sie sicherstellen, daß die Problemlösung laufend den individuellen Bedürfnissen Ihrer (potentiellen) Kunden gerecht wird? Chance ___

___
___
___
___

Sie sollten jetzt wissen, mit welchen individuellen Problemlösungen Sie in Zukunft die individuellen Bedürfnisse Ihrer (potentiellen) Kunden befriedigen werden, wie Sie Ihre heutigen Produkte in individuelle Problemlösungen umwandeln werden, und wie Sie in Zukunft sicherstellen werden, daß Sie keine Produkte mehr, sondern nur noch individuelle Problemlösungen anbieten.

Anmerkungen

1 Schnitzler, Lothar; in: WirtschaftsWoche; 19.01.1995; Nr. 4; S. 61
2 ebenda
3 o. V.; in: Handelsblatt; 24.05.1995; Nr. 100; S. 24
4 Schnitzler, Lothar; Ausgefallene Wünsche. Die drohende Pleite des Brillen-Herstellers reizt Aufkäufer; in: Wirtschaftswoche; 07.03.1996; Nr. 11/96; S. 64 f.
5 Telgheder, Maike; in: HORIZONT; 4. November 1994; Nr. 44/1994; S. 20
6 Wild, Bernhard, zit. bei: Deutsch, Christian; Gute Kontakte; in: Wirtschaftswoche; 50. Jahrgang; 01.01.1996; Nr. 6/96; S. 72
7 ebenda
8 Luber, Thomas; in: Capital; Nr. 03/1995; S. 71
9 vgl. auch im folgenden Gloger, Axel; in: Handelsblatt; 3./4.03.1995; Nr. 9; S. K 3
10 Schwarz, Friedhelm; in: HORIZONT; 11. November 1994; Nr. 45/1994; S. 20
11 ebenda
12 vgl. Eichmeier, Doris; Baldrian für digitale Euphoriker; in: W&V; Nr. 43/96; S. 79 f.
13 Joffe, Josef; in: Süddeutsche Zeitung; 22. Mai 1995; Nr. 117; S. 4
14 Hassmann, Volker; in: Sales Profi; Nr. 01/1995; 4. Jahrgang; S. 14
15 vgl. o. V.; in: shop; Nr. 05/1995; S. 4
16 vgl. o. V.; in: W & V; Nr. 13/1995; S. 14
17 vgl. o. V.; in: Sales Profi; Nr. 06/1995; S. 43
18 vgl. im folgenden o. V.; in: W & V; Nr. 19/1995; S. 75
19 Levermann, Thomas; Expertensystem zur Beurteilung von Werbestrategien; 1995; S. 8
20 vgl. Hirsch, Susanne; in: Manager Seminare; II. Quartal 1995; Nr. 19; S. 86
21 vgl. o. V.; in: acquisa; Nr. 09/1994; S. 10
22 vgl. Keigel, Christoph; in: Jahrbuch Direktmarketing '93; S. 25
23 shop; Nr. 1; Januar 1996
24 vgl. Helms, Manfred; Service und gute Preise; in: W&V; Nr. 48/96; S. 96 f.
25 o. V.; in: absatzwirtschaft. Zeitschrift für Marketing; Nr. 10/96; S. 27
26 Diekhof, Rolf; in: W & V; Nr. 18/1995; S. 76

27 vgl. ebenda
28 s. Kapitel 3
29 vgl. o.V.; Handelsblatt; 9.02.1995; Nr. 29; S. 20
30 Meiser, Ralf; in: absatzwirtschaft. Zeitschrift für Marketing; Nr. 05/1995; S. 118
31 Telgheder, Maike; in: HORIZONT; 4. November 1994; Nr. 44/1994; S. 20
32 o.V.; in: W & V; Nr. 20/1995; S. 90
33 Becker, Annegret; in: impulse; Nr. 03/1995; S. 74
34 o.V.; in: W & V; Nr. 17/1995; S. 8
35 W&V; 48/96; S. 14
36 vgl. o.V.; in: absatzwirtschaft. Zeitschrift für Marketing; Nr. 12/1994; S. 11
37 vgl. Wiencke, Wolfgang/ Koke, Dorothee; Cards & Clubs: Der Kundenclub als Dialogmarketing-Instrument; 1994; S. 32 und 154
38 vgl. ebenda, S. 54
39 Schmidt, Adeline; in: W & V; Nr. 18/1995, S. 152
40 o.V.; in: W & V; 17. März 1995; Nr. 11/1995; S. 6
41 vgl. o.V.; in: HORIZONT; Nr. 25/1995; S. 5
42 vgl. Wiencke, Wolfgang/ Koke, Dorothee; Cards & Clubs: Der Kundenclub als Dialogmarketing-Instrument; 1994; S. 203/204
43 ausführliche Beschreibung bei Ullmann, Wolfram; in: Jahrbuch Direktmarketing '93; S. 115–117
44 vgl. Ullmann, Wolfram; in: Jahrbuch Direktmarketing '93; S. 117
45 vgl. Heckel, Hanspeter; in: HORIZONT; 21. Oktober 1994; Nr. 42/1994; S. 24
46 Wolfgang Wienecke; in: Direkt Marketing; Juni 1996; S. 54
47 vgl. ASW; 10/96; Sondernummer; S. 34–41
48 vgl. o.V.; Erfolg mit Proficlub; in: acquisa; Oktober 1996; Nr. 11/96; S. 81
49 o.V.; in: Der Kontakter; 10. April 1995; Nr. 15;S. 8
50 o.V.; in: W & V; Nr. 17/1995; S. 18
51 o.V.; in: Handelsblatt; 4.05.1995; Nr. 86; S. 19
52 vgl. o.V.; in W & V; Nr. 14/1996; S. 4
53 vgl. o.V.: Multimedia als Kostendrücker, in: W&V Nr.46/96, S. 88
54 vgl. o.V.; in: W & V; Nr. 13/1995; S. 60
55 Winkler, Petra; in: Direkt Marketing; Januar/Februar 1995; S. 10
56 vgl. Leo, Angelika; in: HORIZONT; 17. März 1995; Nr. 11/ 1995; S. 22
57 vgl. im folgenden Osel, Werner; in: Markenartikel; Nr. 12/1994; S. 581–583
58 Hanser, Peter; in: absatzwirtschaft; Nr. 11/1994; S. 15
59 Hanser, Peter; in: absatzwirtschaft, Nr. 05/1994; S. 72
60 vgl. auch im folgenden Ward, Timothy; in: Handelsblatt; 9.03.1995; Nr. 49; S. B 11
61 s. ab Kapitel 5
62 o.V.; in: Sales Profi; Nr. 02/1995; S. 10
63 vgl. auch im folgenden o.V.; in: Handelsblatt; 02.02.1995; Nr. 24; S. 21
64 vgl. auch im folgenden o.V.; in: Handelsblatt; 19.01.1995; Nr. 14; S. 23
65 o.V.; in: Handelsblatt; 19.01.1995; Nr. 14; S. 23

66 Normann, Richard; Ramírez, Rafael; in: Harvard Business manager; I. Quartal 1994; 16. Jahrgang; S. 61
67 vgl. o. V.; in: Handelsblatt; 14.03.1995; Nr. 52; S. 26
68 Gotta, Manfred; in: acquisa; Nr. 09/1994; S. 13
69 o. V.; in: Handelsblatt; 2.11.1994; Nr. 212; S. 18
70 Heckel, Hans Peter; in: HORIZONT; 27. Januar 1995; Nr. 04/1995; S. 66
71 vgl. o. V.; in: Handelsblatt, 7.02.1995; Nr. 27; S. 19
72 vgl. Diekhof, Rolf; in: W & V; Nr. 20/1995; S. 6
73 vgl. o. V.; HORIZONT; 3. März 1995; Nr. 09/1995; S. 17
74 vgl. Neidhart; Thilo; in: HORIZONT; 20. Januar 1995; Nr. 03/1995; S. 37
75 ebenda
76 vgl. Weber, Dieter; in: W & V; Nr. 36/1994; S. 60
77 ebenda
78 o. V.; in: Handelsblatt; 16.06.1995; Nr. 24/1995; S. 23
79 vgl. o. V.; in: HORIZONT; Nr. 22/1995; S. 8
80 vgl. auch im folgenden o. V.; in: Handelsblatt; 12.04.1995; Nr. 73; S. 26
81 vgl. o. V.; in: HORIZONT; 16. Juni 1995; Nr. 24/1995; S. 23
82 Weber, Dieter; in: W & V; Nr. 36/1994; S. 62
83 vgl. Hufschlag, Inge; in: Handelsblatt; 14.09.1994; Nr. 178; S. 24

Kapitel 5: Weg vom Massenmarketing hin zum Individuellen Partnerschaftsmarketing

Maximale Kundenorientierung und damit langfristiger wirtschaftlicher Erfolg erfordern die Entwicklung individueller Problemlösungen für individuelle Kundenbedürfnisse. Hieraus wiederum leitet sich eine Marktbearbeitungsstrategie, also ein Weg zum (potentiellen) Kunden ab, der die individuellen Bedürfnisse des einzelnen (potentiellen) Kunden nicht nur anspricht, sondern diese in das Unternehmensgeschehen integriert. Erst dann ist sichergestellt, daß die vom Unternehmen erarbeitete individuelle Problemlösung auch tatsächlich mit den Kundenbedürfnissen in Einklang steht. Dies erfordert eine auf das Individuum abgestimmte Marktbearbeitung – ein Individuelles Partnerschaftsmarketing.

Heute hingegen denken und handeln noch viele Unternehmen in Formen des Massenmarketing. Das heißt, sie suchen mit Hilfe von einseitigen, meist breite Massen ansprechenden Kommunikationsmitteln, wie z.B. klassische TV-Spots, Anzeigen oder Funkkampagnen, nach Käufern für ihre Produkte. Bevor in den nächsten Kapiteln die Managementgrundsätze der Maximalen Kundenorientierung, die den Weg zum (potentiellen) Kunden betreffen, behandelt werden, soll zunächst einmal die Entwicklung, die zu der heutigen Situation, zu dem Denken und Handeln in Massen geführt hat, dargestellt werden. Wir wollen hierzu einen Blick in die Geschichte der Marktbearbeitung werfen.

Eine einfache Wirtschaftsgeschichte über die Marktbearbeitung

Zurück in die Zeit, als es noch kein Fernsehen und keine TV-Werbespots, als es noch kein Radio und keine Radiowerbung, als es noch keine Zeitung und keine Anzeigen, als es noch keine Mailings und Beilagen gab, sondern nur den persönlichen Verkauf. Betrachten wir zunächst die Situation des (potentiellen) Kunden von damals: Über Tausende von Jahren hinweg waren die Menschen daran gewöhnt, zunächst ihre Grundbedürfnisse zu befriedigen, also zu essen und zu trinken, und eben dasselbe den Kindern der ganzen Familie, der Großfamilie zu ermöglichen. Wenigen war es aufgrund ihrer wirtschaftlichen Situation möglich, auch andere Bedürfnisse zu befriedigen, also zum Beispiel nicht nur das zu essen, was auf den Tisch kommt, sondern zu wählen. Der Markt wurde in Form des Tauschhandels bearbeitet, das heißt im persönlichen Verkaufsgespräch – Zahlungsmittel war aber schon das Geld. Der Kunde kaufte seine Waren *face-to-face* auf dem Markt, im Geschäft oder bei einem Vertreter.

Mit der Veränderung der gesellschaftlichen Strukturen, durch die industrielle Revolution wurde nicht nur größerer allgemeiner Wohlstand geschaffen, sondern auch Nachfrage. Ob die Nachfrage die industrielle Revolution ermöglicht hat, oder die industrielle Revolution die Nachfrage verursachte, ist hier unerheblich. Als entscheidend bleibt festzuhalten, daß jetzt viel mehr Menschen als vor der industriellen Revolution ihre Grundbedürfnisse ohne Zwänge befriedigen konnten und ihre wirtschaftliche Situation ihnen zudem erlaubte, andere eigene Bedürfnisse zu befriedigen. Die Menschen gewannen neue wirtschaftliche Freiheiten. Der Markt wuchs auf der Nachfrageseite.

Als neue Kommunikationsformen wie die Zeitung, die Zeitschrift, der Rundfunk und mit Beginn der 50er Jahre das Fernsehen ihren Eroberungsfeldzug starteten, lernten viele Unternehmen sehr schnell, daß diese Kommunikationsformen dazu eingesetzt werden konnten, eine um Potenzen höhere Nachfrage nach ihren Produkten auszulösen, als dies ein einzelner Verkäufer bewirken konnte. In der Geschichte wurde der persönliche Verkauf durch andere Marktbearbeitungsstrategien ersetzt oder ergänzt; der Siegeszug der klassischen Werbung begann.

Mit Hilfe dieser neuen Kommunikationsformen erschlossen sich für viele Unternehmen neue Absatzmärkte. Während der Vertreter zum Beispiel nur zehn Kunden am Tag besuchen konnte, erreichte das Unternehmen mit einer Anzeige in der Zeitung auf einmal 10.000 (potentielle) Kunden – und später mit dem TV-Spot sogar Millionen. Nachfrage für das Produkt, die Dienstleistung konnte in einem um viele Dimensionen größeren Markt geschaffen werden. Das Geschäft rech-

Abb. 5.1

nete sich – damals. Aber warum? Wie waren die Rahmenbedingungen? Wie waren die Bedingungen des Marktes? Neue Produktionsformen wie das Fließband, die Entwicklung neuer Methoden der Wissensspeicherung und Informationsvermittlung, wie z.B. der Telegraph und das Telefon, unternehmerische Ideen und Erfindergeist ließen neue Produkte entstehen. Neue Produkte, die sich über die neuen Kommunikationsformen ihren Markt selbst schaffen konnten. Auch das Angebot wuchs. Viele Produkte hatten zunächst eine Alleinstellung im Markt – nicht nur eine zeitliche, sondern insbesondere auch eine regionale. Dies war nicht nur durch die Innovation als solche begründet, sondern hatte ihre Ursachen auch noch in den aus gegenwärtiger Perspektive stark eingeschränkten Möglichkeiten des Imports und Exports. Aus heutiger Sicht war das damalige Wirtschaftsleben ein einfaches Geschäft.

In Deutschland ging die wirtschaftliche Entwicklung nach Ende des

Zweiten Weltkrieges einen besonderen Weg. Nicht zuletzt mit Hilfe des Marshall-Plans wurde die Industrie in Rekordzeit wieder aufgebaut. Die Zeit der Entbehrungen war vorbei, die Grundbedürfnisse konnten selbstverständlich befriedigt werden, die Wirtschaft wuchs, der Wohlstand ebenfalls. Die Zeit der »Wellen« begann: der Freßwelle, der Konsumwelle, der Reisewelle usw... »Wir Wunderkinder« war kennzeichnend für das Bewußtsein des deutschen Verbrauchers.

Amerika und seine Konsumgewohnheiten wurden zum gelobten (Vorbild-) Land. Die Wirtschaft wuchs weiter, die Nachfrage rief neue Produkte hervor, neue Produkte schufen neue Nachfrage, der Markt war da, das Geld war da, der Markt wuchs. Auch das Konsumverhalten der Menschen unterlag in dieser Zeit anderen Einflüssen, anderen Gesetzmäßigkeiten als heute. Der sogenannte Nachbarschaftseffekt war im Konsumgüterbereich das gängige Orientierungsmuster. Was der Nachbar, die Nachbarin vorzeigte, wollte man ebenfalls besitzen, nur noch etwas schöner, bunter, größer, exklusiver, teurer oder schneller sollte es sein. Auch heute ist diese Konsumverhalten noch vorzufinden, jedoch kommt hinzu, daß der Konsument angeblich unberechenbar geworden ist; er verhält sich nicht mehr typgerecht. Wer heute Kaviar beim Feinkostversender bestellt, geht morgen zu *McDonald‹s* – mit oder ohne Kinder.[1]

Der zunehmende Wohlstand schuf Nachfrage, Nachfrage schuf Angebot, Angebot schuf Wohlstand und Wohlstand schuf wieder Nachfrage. Dieser Prozeß unterlag keinerlei Restriktionen: die Märkte waren nicht gesättigt, die Produkte waren höchstens begrenzt austauschbar, die Zeit war noch kein knappes Gut, neue Informationen konnten verarbeitet werden, erreichten ihre Zielgruppe, von Informationsüberlastung keine Spur. Die Aufgabe der Unternehmen war es, Produkte zu produzieren, diese im Markt über Instrumente der klassischen Werbung bekannt zu machen, um sie anschließend zu distribuieren. Das Geschäft funktionierte – trotz des Kunden.

Ein Beispiel – die Automobilindustrie

Beispielhaft für viele andere Branchen kann anhand der Automobilindustrie die fatale Auseinanderentwicklung zwischen Kundenbedürfnissen und Kundenerwartungen auf der einen Seite und den von den Unternehmen angebotenen Produkten auf der anderen Seite dargestellt werden. Die Anfänge der 50er Jahre waren geprägt von einem hemmungslosen Wachstum. Das Auto wurde zum liebsten Kind des Deutschen. Hiermit konnten die unterschiedlichsten Bedürfnisse befriedigt werden: Sei es das nach Mobilität, nach Picknickspaß am Wochenende, nach Profilierungssucht (»Wir haben ein Auto, Frau Meier nicht«) oder auch das nach Schönheit, Design und Freiheit. Das Auto war der Hit, und die Automobilhersteller konnten in der Regel ihre Modelle unbeschwert auf den Markt bringen, sie wurden ein Geschäft. Dies ging sogar soweit, daß der klassische Volkswagen – der Käfer – über 30 Jahre ein absoluter Renner war. Erst 1975 löste ihn der Golf I ab. Heute fast unvorstellbar – solche Produktlebenszyklen. Aber so war eben damals die Zeit – ein Auto mußte her, egal welches.

In den 70er und auch teilweise noch in den 80er Jahren konnte man nachfolgende Trends feststellen: *Made in Germany* war zu einem solchen Qualitätsbegriff geworden, daß sich die deutsche Industrie in ihn selbst verliebte und keine Augen mehr für den Markt hatte. »Was wir produzieren, ist gut, und was gut ist, verkauft sich gut.« So oder so ähnlich wurde damals nicht nur in deutschen Vorstandsetagen gedacht und gearbeitet. Das Produkt und seine Qualität waren der Maßstab. Hinzu kam eine Produktionsorientierung, die sich einerseits durch einen gewissen Kostenwettbewerb auszeichnete – die Ölkrisen zeigten ihre ersten Auswirkungen –, die aber insbesondere auch durch eine geradezu manische Volumenorientierung gekennzeichnet war. Der x-Tausendste y wurde genauso gefeiert, wie der z-Millionste y. »Marketing bestand vielfach nur aus ›Verkauf‹ und ›Vertrieb‹ im Sinne einer gut geplanten und möglichst effizienten Verteilung eines oftmals knappen Gutes«, wie Dr. Dieter Dahlhoff, Marketingvorstand bei *VW*, es beschreibt.[2] Marketing hatte in erster Linie die Aufgabe, das neue Produkt bekannt zu machen. Also wurden fleißig Werbespots gedreht, in *ARD* und *ZDF* gesendet und schon konnte man mit der Verteilung beginnen. Geprägt aber wurde die Geschäftspolitik der Automobil-

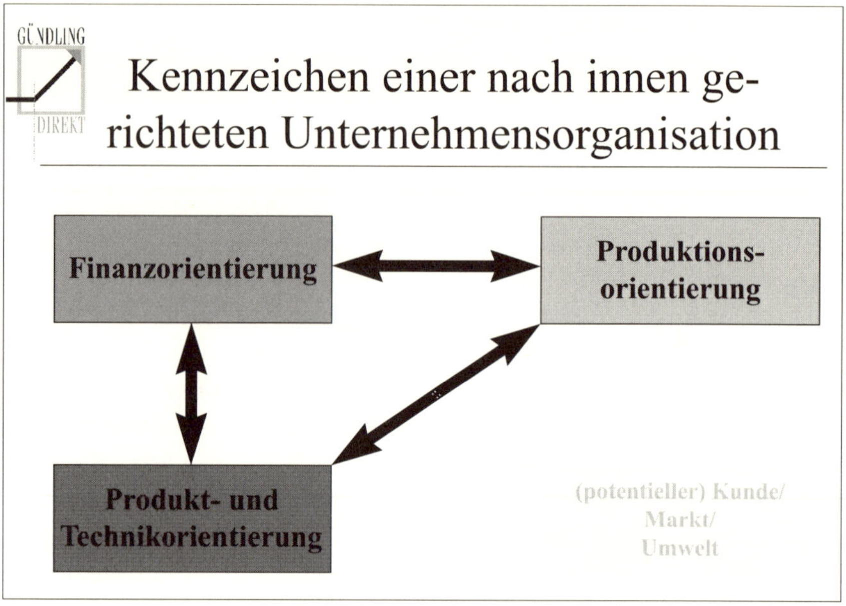

Abb. 5.2

industrie von der Finanzorientierung, also der Dominanz der Ertragsziele.

Dies sollte sich mit Beginn der 80er Jahre ändern, als die erfolgreiche Aufbauarbeit der japanischen Automobilindustrie aus den 70er Jahren ihre Früchte trug. Zunächst von vielen als Reiscontainer belächelt, lieferte Japan zwar genauso ein Massenprodukt nach Deutschland, wie es die deutschen Hersteller selbst produzierten. Aber der Kunde erhielt das vergleichbare japanische Auto wesentlich günstiger. Oder er bekam, wenn er den gleichen Preis bezahlte, einen großen Mehrwert, der sich durch eine umfangreiche Zubehörausstattung, »all included«, auszeichnete. Bald wurden erste Rufe laut: »Wer ein japanisches Auto kauft, rationalisiert deutsche Arbeitsplätze weg«. Doch die deutsche Automobilindustrie hatte die Zeichen der Zeit nicht erkannt. Noch immer wurden und werden Autos entwickelt, zur Fertigungsreife und in den Markt geführt, wie es der Vorstand will – und nicht, wie es der Kunde erwartet.

Schon Anfang der 80er Jahre stellte *Ford* auf der Basis des *Fiesta XR2* einen serienreifen Roadster vor, der nicht nur in den Automobilfachzeitungen gefeiert und bejubelt wurde: Erste Bestellungen für ein Auto, das es noch gar nicht gab, dessen Markteinführung erst in zwei bis drei Jahren hätte sein sollen, gingen ein – und keiner nahm sie an. *Ford* hat sich dennoch entschlossen, diesen Roadster nicht auf den Markt zu bringen. Warum? Wir wissen es nicht. Vielleicht war es ja sogar diese Diskussion, die *Mazda* bewogen hat einige Jahre später den *Mazda MX5*, wie das *Ford*-Modell ein Roadster aus dem Bilderbuch, auf den Markt zu bringen. Er wurde ein Kassenschlager. Das Beispiel *Ford* Roadster ist nur eines von vielen; ebenso viele Beispiele ließen sich auch für Produkte anführen, die eingeführt wurden, obwohl sie nicht den Bedürfnissen und Erwartungen des Marktes entsprachen, man denke nur an die *S-Klasse* von *Mercedes Benz*.

Die Japaner haben zudem neue Wege zum Kunden gefunden. Nicht nur über »Nichts ist unmöglich«, sondern auch mit Formen des Direktmarketing. Der *Lexus* von *Toyota*, ein Auto der Luxusklasse, hat seinen Erfolg in den USA insbesondere zwei Umständen zu verdanken: Zum einen bot *Toyota* hiermit eine individuelle Problemlösung an, die zusätzliche individuelle Bedürfnisse der Kunden stärker befriedigt – nämlich die Freude der Geldersparnis im Unterschied z.B. zu einem *Mercedes Benz* der gleichen Güte – und damit die mögliche Pein aufwog, ein Auto zu fahren, das noch nicht das Image eben eines *Mercedes Benz* hat. Der andere Erfolgsfaktor bestand darin, daß *Toyota* die (potentiellen) Kunden nicht mit einer großen Dachkampagne angesprochen hat, sondern direkt angegangen ist. Will heißen: *Toyota* hat dem (potentiellen) Kunden – segmentiert u.a. nach dem Einkommen – ein personalisiertes Mailing mit einer Videokassette über den *Lexus* und der Einladung zu einer persönlichen Probefahrt geschickt.

Noch einmal zusammengefaßt: Zu Beginn des Wirtschaftslebens stand der (potentielle) Kunde mit seinen individuellen Bedürfnissen im Mittelpunkt des unternehmerischen Geschehens, da zu diesem Zeitpunkt Marketing mit persönlichem Verkauf gleichgesetzt werden konnte. Die Entwicklung der Gesellschaft, des Wohlstandes, der Produktionsmethoden und insbesondere der Kommunikationsmöglichkeiten erlaubte es den Unternehmen, den Verkäufer als Kommunikationsinstrument durch andere, effizientere, zu ersetzen, die den Unternehmen den Zutritt zu wesentlich größeren Märkten gestatteten.

Warum das Massenmarketing heute in eine Einbahnstraße führt

Es gibt eine Vielzahl von Gründen, warum das Massenmarketing mit den Instrumenten der klassischen Werbung heute seine Funktionsfähigkeit verloren hat. Jeder einzelne Grund für sich hätte sicher nicht zu der dramatischen Entwicklung geführt, wie wir sie heute haben. Hierbei ist es unerheblich, ob zum Beispiel der Wertewandel der Gesellschaft zu einer schwindenden Markentreue geführt hat oder ob diese durch mangelnde Differenzierung der Produkte untereinander ausgelöst wurde. Entscheidend ist vielmehr, daß das Zusammentreffen der verschiedenen Faktoren den Unternehmen eine revolutionäre Neuausrichtung ihrer Marktbearbeitung geradezu aufzwingt.

1. Der Massenmarkt ist in zahlreiche Teilmärkte zerfallen

Unter der Überschrift »Entmassung des Marktes« haben Stan Rapp und Thomas L. Collins bezugnehmend auf Alvin Toffler schon 1987 in ihrem Buch MaxiMarketing den Zerfall der Massenmärkte eindrucksvoll beschrieben. »Der Massenmarkt ... ist in ein Mosaik von Mini-Märkten zerbrochen, die immer zahlreicher werden und einem immerwährenden Wandel unterworfen sind; sie erfordern eine ständig größer werdende Palette an Wahlmöglichkeiten, Modellen, Typen, Größen, Farben und kundenspezifischen Angeboten.«[3] Früher gab es nur eine weiße, ovale Badewanne. Heute gibt es Badewannen in rot, grün, schwarz und vielen weiteren Farben und in verschiedenen Farbnuancen, die Badewannen sind oval, eckig, rund, geschwungen, sie können in die Ecke gemauert oder in die Mitte des Badezimmers eingelassen werden, man kann in der Badewanne den Körper reinigen, sich entspannen und noch vieles mehr. Wenn nur ein Hersteller von Badewannen 20 verschiedene Farben, zehn verschiedene Formen und acht verschiedene Accessoires und Armaturen anbietet, dann hat der (potentielle) Kunde die Möglichkeit, zwischen 1600 verschiedenen Modellen zu wählen.

In den 50er Jahren war der Mensch froh, überhaupt eine ovale, weiße Badewanne kaufen zu können. Ende der 60er Jahre sollte diese Badewanne dann ersetzt werden. Es kam die Frage des Kunden: »Gibt es die nicht auch in beige?« Oder vielleicht hat das Unternehmen auch die beige Badewanne angeboten, die der (potentielle) Kunde dann erwerben wollte? Egal. Der Kunde erreichte einen bislang unbekannten Wohlstand, begann jetzt seine individuellen Bedürfnisse zu erkennen und fordert seitdem ihre Befriedigung ein. Die Unternehmen erkennen dies und bringen eine immer größere Auswahl ihrer Produkte auf den Markt. Individuelle Nachfrage wird durch eine immer differenziertere Produktpalette befriedigt. Während jedoch früher die eine weiße, ovale Badewanne durch den Verkäufer *face-to-face* verkauft wurde, bedienen sich heute die meisten Unternehmen der Instrumente des Massenmarketing, um in unserem Beispiel 1600 verschiedene Badewannen an den Mann oder die Frau zu bringen. Berechtigterweise werfen Stan Rapp und Thomas L. Collins deshalb die Frage auf: »Wenn einmal für jede der vielen Käufergruppen auf dem Markt ein anderes Produkt geschaffen worden ist, lassen diese sich dann alle nach derselben alten Methode des Massen-Marketing, der breiten Streuung, die in der Vergangenheit so gut funktionierte, verkaufen, und lassen sich die Verkaufsziffern auch halten?«.[4] Und wie sieht es bei all den anderen Produkten aus? Wegwerfwindeln aus Papier sind nicht einmal 40 Jahre auf dem Markt und heute sind bei der *Rewe* bereits 36 verschiedene Papierwindeln und Packungsgrößen gelistet – für ein Baby.

2. Die Trends, der Wertewandel und die Entwicklung der Gesellschaft

Der explosionsartige Wohlstandszuwachs unserer Gesellschaft in diesem Jahrhundert, gemessen an der Entwicklung des Wohlstandes in den vorangegangenen Jahrhunderten, hat zu einer neuen Freiheit des einzelnen Menschen geführt, die in neuen, individuellen Lebensstilen, Lebensplänen, letztendlich in der Einforderung der Befriedigung individueller Bedürfnisse zum Ausdruck kommt.

Zur Erklärung der zahlreichen gesellschaftlichen Entwicklungen wird heute oftmals ein Trend gesucht. Von »der Rückkehr der Spiesser«, dem »Generation-X-Syndrom«, der »Teddybärenwelt« bei Matthias Horx bis hin zur »fraktalen Marke« von Gerd Gerken, alles läßt sich erklären – durch einen Trend. Dr. Wilfried Leven, geschäftsführender Gesellschafter der Agentur *Leven + Hermann* aus Köln bezeichnet diese Entwicklung in einem Gastkommentar in der Zeitschrift *HORIZONT* sogar als »Megatrend Trend. ... Jede Bevölkerungsgruppe hat inzwischen mindestens einen Trend, jede Produktgattung entwickelt sich in unterschiedlichen Trends.... · Am trendigsten aber ist die Beschäftigung mit Trends.«[5] Weiter fragt Leven: »...Professor Dr. Bruno Tietz hat bereits 1970 in seinen Vorlesungen das Beispiel von Konsumenten gebracht, die nach dem Einkauf bei Aldi im Drei-Sterne-Restaurant dinieren – damals hat man dieses Phänomen verhaltenswissenschaftlich (psychologisch und soziologisch) erklärt, heute spricht man nichtssagend vom fraktalen (chaotischen) Käufer – wo ist der Informationsgewinn für das Marketing?« Der Gewinn für das Marketing liegt darin, daß über die Probleme überhaupt gesprochen wird; die Antworten liegen jedoch nicht in Trenderklärungen, sondern in der weiterführenden Frage, ob mit Instrumenten des Massenmarketing die individuellen Bedürfnisse des (potentiellen) Kunden erreicht und angesprochen werden können. Denn nichts anderes als die Suche nach der Befriedigung individueller Bedürfnisse spiegeln die oben genannten Beispiele wieder. Zudem stellt sich die Frage, ob wirklich alles im Fluß und die Veränderungsgeschwindigkeit größer ist als die Adaptionsrate der Systeme. »So kamen Langzeituntersuchungen in den USA zu dem Ergebnis, daß bei 80 Prozent von 13.000 befragten Haushalten die Eßgewohnheiten im Verlaufe von 15 Jahren absolut konstant blieben.«[6] Die Prospekte der deutschen Möbelhäuser, in denen immer noch der Gelsenkirchener Barock eine dominante Position einnimmt, scheinen dies zu bestätigen.

Nicht der multioptionale oder widersprüchliche Konsument entsteht, sondern vielmehr hat der Mensch im Laufe der Jahrzehnte nicht zuletzt aufgrund der Wohlstandsentwicklung in der Gesellschaft gelernt, die Befriedigung seiner individuellen Bedürfnisse einzufordern. Karl Heinz W. Smola geht davon aus, daß zwei Drittel der Verbraucher sich nicht zum Massenmarkt zählen und oft auch unbewußt nach individuellen Angeboten suchten.[7] Eine Ansprache des (potentiellen) Kunden über

Kommunikationsinstrumente des Massenmarketing richtet sich jedoch nicht an den Einzelnen, sondern eben an eine Masse. Nur ein kleiner Teil dieser Masse wird dann von dem auf Massen ausgerichteten Fernsehspot oder der Zeitschriftenanzeige angesprochen. Der größere Teil der Seher und Leser bemerkt die Werbung noch nicht einmal, so daß die tatsächlichen Streuverluste der klassischen Werbung immens sind und immer größer werden.

3. Gesättigte Märkte und austauschbare Produkte

Einer der entscheidenden Gründe, warum das Massenmarketing mit Instrumenten der klassischen Werbung heute seine Funktionsfähigkeit verloren hat, liegt in der Tatsache begründet, daß in vielen Märkten das Marktpotential weitestgehend ausgeschöpft ist, und ein Marktwachstum so gut wie nicht mehr möglich ist. Als Konsequenz hieraus verschärft sich der Wettbewerb, da jeder Umsatzzuwachs des einen Wettbewerbers zwangsläufig zu einem Umsatzrückgang eines anderen Wettbewerbers führen muß. Die Produkte auf solchen Märkten sind in der Regel austauschbar, da die verschiedenen objektiven Produktvorteile sich im Laufe der Zeit immer mehr angleichen. Das Waschmittel kann eben nicht weißer als weiß waschen, ein Orangensaft maximal 100 Prozent Fruchtfleisch haben, das Herrenmagazin die Modells nur bis auf die Haut entkleiden usw. All die Qualitätsmerkmale, die früher geeignet schienen, um Produkte von anderen zu differenzieren, sind heute aus der Sicht des (potentiellen) Kunden – insbesondere in gesättigten Märkten – zu einer Selbstverständlichkeit geworden. Dies hat Folgen für die Produktinformation und für die klassische Werbung: »Angaben über ausgereifte Güter ohne innovative Eigenschaften und über geringe, oft triviale Qualitätsunterschiede zwischen den verschiedenen Anbietern sind oft für den Konsumenten nur noch von untergeordnetem Interesse.«[8] Informative Werbung wird so zu einer austauschbaren Werbung. Viele Unternehmen, die in gesättigten Märkten agieren, sind daher dazu übergegangen, ein Erlebnisprofil bzw. eine emotionale Komponente in den Vordergrund der Werbung zu stellen. Doch auch diese Form der werblichen Ansprache ist inzwischen austauschbar geworden, doch dazu später mehr. Aber ein Problem besteht fort: In gesättigten Märkten und bei austauschbaren Produkten scheint der Preis die einzige wirksame Marktwaffe zu sein. Die Konsequenz: ein ruinöser Konkurrenzkampf in vielen Märkten.

4. Die Kommunikation über klassische Werbung hat ihre Effizienz verloren

4.1. Mehr als 98 Prozent der dargebotenen Informationen landen auf dem Müll

Die Informationsüberlastung ist Ausdruck unserer modernen Informationsgesellschaft. Die Nachfrage nach Informationen, die naturbedingten Fähigkeiten des Menschen, Informationen aufzunehmen und zu verarbeiten, halten mit der Entwicklung des Angebotes an zusätzlicher Information nicht Schritt. »In den letzten zwei Jahrzehnten ist das Informationsangebot jährlich um 8 bis 9% gestiegen, der Informationskonsum aber kaum mehr als 3%.«[9] Der Grad der Informationsüberlastung läßt sich genau berechnen: Grundlage sind die »schriftlichen, bildlichen und akustischen Informationseinheiten..., die den Konsumenten im Durchschnitt täglich zur Verfügung stehen, bspw. durch die Zeitungen und Zeitschriften, die sie an einem Tag in die Hand nehmen. Diesem verfügbaren Informationsangebot wird die täglich aufgenommene bzw. beachtete Informationsmenge gegenübergestellt.«[10]

Durchschnittlich kommt man tagtäglich mit über 400 Werbeinformationen aller Art in Kontakt.[11] Sie erreichen den potentiellen Kunden im Briefkasten, in der Zeitung und Zeitschrift, bei der Autofahrt zur Arbeit aus dem Radio, genauso wie im Bus und der U-Bahn, an der Haltestelle und im Fußballstadion und sogar hier in diesem Buch. Die Chance für das Unternehmen, die Unternehmung, dabei gehört oder gesehen zu werden, wird immer geringer. Während das Informationsangebot kontinuierlich steigt, bleibt die Informationsnachfrage relativ konstant. Woran liegt das? An uns Menschen, oder besser gesagt an unseren biologisch begrenzten Möglichkeiten der Aufnahme und der Verarbeitung von Informationen. Und es liegt an dem uns zur Verfügung stehenden Zeitbudget: Auch im beginnenden 21. Jahrhundert wird der Tag nur 24 Stunden haben.

Die Konsequenz hieraus: Schon seit vielen Jahren wird in der Wis-

Informationsüberlastung durch Massenmedien

Rundfunk	99,4 %
Fernsehen	96,8 %
Zeitschriften	94,1 %
Zeitungen	91,7 %
Gesamtgesellschaftliche Informationsüberlastung	**98,1 %**

Quelle: Diller, S. 450

Abb. 5.3

senschaft, in den Unternehmen und in den Agenturen darüber **diskutiert**, daß die klassischen Kommunikationsformen über TV-Werbung und Printmedien, Radio und Anzeigenblätter heute nicht mehr den gleichen Erfolg bringen, wie noch vor 15 Jahren. Heute konkurriert nicht nur der Ketchup-Spot mit dem neuesten Haarfestiger und einem Mittelklassewagen um die Aufmerksamkeit des Verbrauchers, sondern jeder Spot konkurriert mit irgendeiner Sendung auf einem anderen Kanal, einer Zeitung oder Zeitschrift und umgekehrt. Jeder Spot konkurriert mit anderen Möglichkeiten der Informationsaufnahme und der Freizeitbeschäftigung. Kommunikationsformen, die sich an die Masse richten, wie TV- und Radiowerbung, Anzeigen und Beilagen, Haushaltswerbung und Plakatwerbung können, wenn sie gut und kreativ gemacht sind, wie z.B. »Otto, find ich gut«, trotz der viel diskutierten Informationsüberflutung vielleicht noch die Aufmerksamkeit des einzelnen, des (potentiellen) Kunden erreichen. Sie richten sich aber auch an eine viel größere Zahl von Menschen, die mit der beworbenen Problemlösung überhaupt nichts anfangen können. Diesen Formen des Massenmarketing fällt es immer schwerer, das zu bewirken, was sie eigentlich bewirken sollen, nämlich zumindest mittelfristig eine Kaufhandlung auszulösen.

Eine kleine Geschichte: » Ein Frosch sieht die meisten Dinge in seiner Umgebung, aber er interpretiert (als bedeutungsvoll) nur Dinge, die sich bewegen und eine bestimmte Struktur haben, nämlich die von Nahrung. Dies ist eine sehr effiziente Weise, den Frosch mit Nahrung (wie zum Beispiel Fliegen) zu versorgen. Da jedoch nur die sich bewegenden schwarzen Objekte als Nahrung erkannt werden, wird ein Frosch in einer Kiste mit toten Fliegen verhungern.«[12]

Eine Werbung in Massenmedien kann noch so emotional, kreativ, begeisterungsfähig sein, sie muß, um effizient zu sein, von den (potentiellen) Kunden zunächst als bedeutungsvoll empfunden werden, um wahrgenommen zu werden. Ansonsten verkümmert die Werbung wie der Frosch in der Kiste mit toten Fliegen. Aufgrund der Informations-

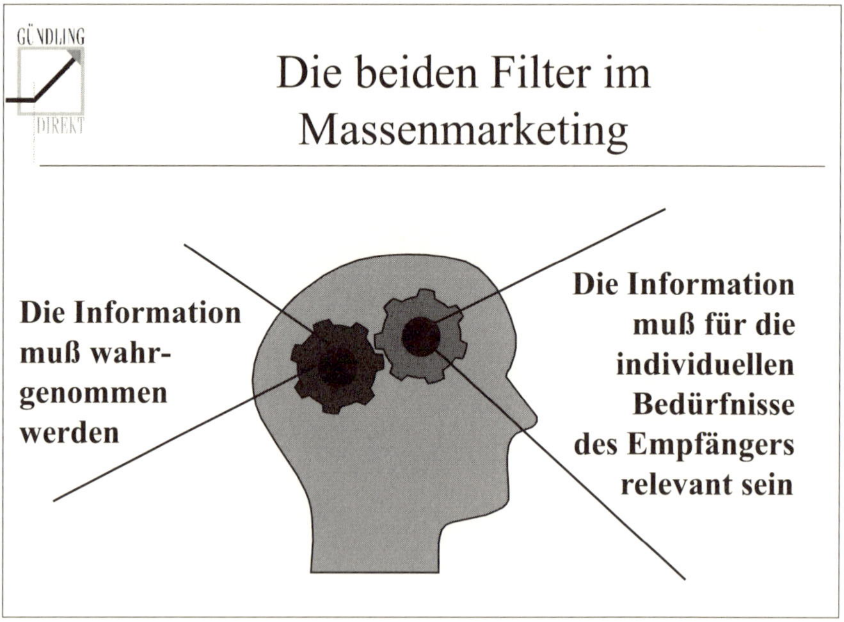

Abb. 5.4

überflutung wird es für die Unternehmen jedoch zusehends schwieriger, von den Adressaten ihrer Werbung über Fernsehspots oder Anzeigen überhaupt wahrgenommen zu werden. Oder anders ausgedrückt: Der Werbeaufwand der Unternehmen muß heute ein vielfaches von dem von vor zehn Jahren betragen, um von gleichviel Adressaten wahrgenommen zu werden. Hat das Unternehmen das »Glück«, tatsächlich den Adressaten zu erreichen, muß diese Information auch die individuellen Bedürfnisse des Adressaten oder eben des (potentiellen) Kunden treffen, um überhaupt eine Handlung oder sogar einen Kaufakt auslösen zu können. Letztendlich entscheidet über den Erfolg einer Werbekampagne nicht die Kreativität, sondern wieder nur einer, der (potentielle) Kunde. Ihm ganz allein obliegt es, ob er eine Werbung als so wertvoll betrachtet, sie bewußt wahrzunehmen. Er alleine entscheidet, ob die in dieser Werbung enthaltenen Informationen für ihn nützlich sind, um seine individuellen Bedürfnisse zu befriedigen. »Die Welt, die wir wahrnehmen, ist nicht die reale Welt. Es ist eine Karte, die durch unsere Neurologie hergestellt wird. Auf welchen Teil dieser Karte wir unsere Aufmerksamkeit lenken, ist weiterhin gefiltert durch unsere Einstellungen, Interessen und Vorurteile.«[13] Informationen, die sich aufgrund ihres Kommunikationsweges an viele, an die Masse richten, wird es zusehends schwerer fallen, die individuellen Karten der Menschen zu treffen. Diese Entwicklung wird nicht zum Stillstand kommen, sondern sich vielmehr beschleunigen.

4.2. Ein Beispiel: Die Fernsehwerbung und das »Zapping«

Dieser Informationsflut sieht sich der (potentielle) Kunde auch beim Fernsehen ausgesetzt. Vor zehn Jahren konnte der deutsche Verbraucher noch zwischen drei öffentlich-rechtlichen Fernsehprogrammen wählen – heute kämpfen über Kabel und Satellit fünfundzwanzig, davon zwanzig über Werbung finanzierte Sender um die Gunst des Verbrauchers. Allerdings hat sich die Fernsehdauer, also die Minuten, die man vor dem Fernsehgerät verbringt, bei dem (potentiellen) Kunden über die letzten 20 Jahre nicht wesentlich verändert.[14] Erhöht hat sich dagegen – neben der Fülle an Programmen – die Anzahl der Werbespots: Konnte sich früher ein Unternehmen damit begnügen, seine Werbespots in *ARD* und *ZDF* zu schalten, stehen ihm heute über fünfundzwanzig Sender zur Verfügung. Wenn die Werbetreibenden so weiter machen wie bisher, dann sieht der Vice Chairman der *BBDO*-Gruppe Hildmann sogar eine kommunikative Katastrophe auf den deutschen Bildschirmen. »1986 wurde das Fernsehprogramm in Deutschland noch von 162.000 TV-Spots unterbrochen, 1993 waren es bereits 800.000, wobei die Sehdauer der Zuschauer konstant geblieben ist.«[15] Da die Gieskannenwerbung, also die Massenwerbung, immer weniger (potentielle) Kunden anspricht, scheinen viele Unternehmen ihre Werbung nach dem *Danone*-Prinzip aufzubauen: »Irgendwann kriegen wir dich doch!« Innerhalb von nur sechs Jahren hat sich die Anzahl der Werbespots mehr als vervierfacht. Kurz gesagt bedeutet dies: Wenn Du, Kunde, uns einmal entwischst, gut, aber viermal wird Dir schon schwer fallen – irgendwann einmal vergißt Du uns wegzudrücken und dann haben wir Dich, dann sagen wir Dir, was Dich zu interessieren hat.

Für den (potentiellen) Kunden ist die Auswahl an Sendern also wesentlich größer, aber die Chance, daß das Unternehmen als Anbieter seinen (potentiellen) Kunden erreichen kann, ungleich geringer geworden. Das Fernsehen an sich hat seinen Stellenwert als Freizeitbeschäftigung zwar halten können, das Angebot hat sich jedoch vervielfacht. Der 23. Juni 1954 ist vorbei, als die ganze Nation Rudi Zimmermann vor den wenigen Fernsehapparaten und Radios lauschte, als er sein »Rahn schießt, Tor, Tor, Tor« durchs Mikrophon nach Deutschland schrie. Jetzt kann der (potentielle) Kunde entscheiden, welche Information er wann und über welchen Kommunikationskanal aufnehmen möchte. Die Grenzen sind gefallen, viele Produkte haben ihre Alleinstellung, die Fernsehwerbung ihren Neuigkeits- und Unterhaltungswert verloren – der Kunde entscheidet. Der Ketchup-Spot konkurriert im Fernsehen nicht nur mit dem neuen Haarfestiger, *Microsoft* nicht nur mit *Focus* um die Zeit, die Aufmerksamkeit des (potentiellen) Kunden, sondern ebenfalls noch mit 24 anderen Sendern und nicht zuletzt mit Aktivitäten, die die (potentiellen) Kunden während des Fernsehens ausüben. Das *B.A.T. Freizeitinsitut* hat nämlich herausgefunden, daß sich 23 Prozent der Befragten während des Fernsehens mit anderen unterhalten, 20 Prozent zu Abend essen, 19 Prozent lesen, 12 Prozent telefonieren, ja und sogar fast jeder Zehnte, nämlich neun Prozent zeitweilig vor dem Fernseher schlafen.[16] Jetzt entscheidet also der (potentielle) Kunde. Ein Druck auf die Fernbedienung genügt. Wenn ihr mir persönlich nichts wichtiges zu sagen habt, drück ich euch weg. Zapping nennt man das neudeutsch. Welche Chancen das Massenmarketing über Fernsehwerbung in Zukunft haben wird, wenn tatsächlich einmal die 500 avisierten interaktiven Programme in Deutschland realisiert werden sollten, bedarf wohl keiner weiteren Erklärung. Vielleicht hat der (potentielle) Kunde ja bald noch öfter die Möglichkeit, sich der Berieselung durch das Werbefernsehen zu entledigen. Zumindest für den Videorekorderbesitzer hat Thomas Kraus, bayerischer Landessieger 1995 von »Jugend forscht« die technische Voraussetzung hierzu zwischenzeitlich erfunden. »Werbers Schreck«[17] nennt die *W & V* den Decoder, den der 19jährige Abiturient erfunden hat. Dieser schaltet automatisch die Aufzeichnung einer Fernsehsendung ab, wenn das Senderlogo nicht mehr erscheint, und dieses wird immer dann unterdrückt, wenn die Fernsehsendung durch eine Werbeinsel unterbrochen wird.

4.3. Zwei Sekunden für eine Anzeige

Im Rahmen der Anzeigenwerbung sieht das Bild nicht besser aus: Wußten Sie schon – für den Fall, daß Sie ganzseitige Anzeigen schalten – wie lange diese von Ihrem (potentiellen) Kunden betrachtet werden? Genauso lange wie Sie Zeit brauchten, um diesen Satz zu lesen: Eine doppelseitige Anzeige, die in den deutschen Publikumszeitschriften einige zehntausend Mark kostet, wird im Durchschnitt 2,78 Sekunden betrachtet, eine einseitige Anzeige 1,54 Sekunden. Und nicht der Text, sondern insbesondere das Bild zieht die Blicke auf sich, deshalb so viele schöne Menschen und insbesondere schöne Frauen in so vielen Anzeigen. Während der Fließtext einer Anzeige im Durchschnitt von 13 Prozent aller Leser betrachtet wird, auf die Headline immerhin 28 Prozent entfallen, wird das Bild einer Anzeige im Durchschnitt von 71 Prozent der Leser betrachtet.[18] Um zum Beispiel alle Informationen, die in einer Anzeige enthalten sind, aufzunehmen, müßte der Leser 35 bis 40 Sekunden bei dieser Anzeige verweilen. Tatsächlich wendet der Durchschnittsleser jedoch nur knapp drei Sekunden für eine Anzeige auf. Professor Werner Kroeber-Riel hat daraus eine Informationsüberlastung durch gedruckte Massenwerbung von 95 Prozent ermittelt: »Das bedeutet: Höchstens 5% der angebotenen Werbeinformationen erreichen ihre Empfänger, der Rest landet auf dem Müll.«[19] Wie bei der

Fernsehwerbung, so hat auch die Anzeigenwerbung eine turbomäßige Entwicklung in den letzten 25 Jahren genommen. Aus 85.000 Anzeigenseiten in Publikumszeitschriften in 1970 wurden über 320.000 Seiten im Jahr 1995.

4.4. Austauschbarkeit und Glaubwürdigkeit der klassischen Werbung

Um angesichts der oben dargestellten Entwicklung vom (potentiellen) Kunden überhaupt wahrgenommen zu werden, und damit die durchgeführte Massenwerbung dem beworbenen Produkt oder dem beworbenen Unternehmen auch zugeordnet werden kann, muß der Werbeauftritt über Fernsehspots oder Anzeigen einmalig und damit nicht austauschbar sein. Den Unternehmen und der werbungstreibenden Wirtschaft scheint es jedoch zusehends schwerer zu fallen, neue einzigartige Kampagnen zu entwickeln. Schon in den 80er Jahren hat ebenfalls Professor Werner Kroeber-Riel in einer Untersuchung die Austauschbarkeit von Werbekampagnen nachgewiesen.[20]

Die Werbung für die Zigarettenmarke *Krone* wurde zu zwei Dritteln einer anderen Marke zugeordnet und die Werbung für *R 6* zu fast 50 Prozent. Auch der Werbeauftritt vieler Premiumbiere im Jahre 1995 ist schlichtweg ähnlich und das bei Produkten, die in sich schon austauschbar sind: Fast alle nutzen das Motiv »Natur« in ihrer Werbung, »*Krombacher* – eine Perle der Natur«, »*Licher* Pilsener. Aus dem Herzen der Natur« usw. oder arbeiten mit Vogelmotiven: Da gibt es den Auerhahn bei *Hasseröder*, ... beobachten Sie selbst doch mal die Naturauftritte der Premiumbiere. In diesem Markt sind nicht nur die Produkte austauschbar, sondern auch zumindest in dem hier besprochenen Auftritt die Werbung für die Produkte. Welchen Grund soll da der Mensch »Kunde« noch haben, am nächsten Tag im Supermarkt genau zu der Marke zu greifen, die gestern abend im Fernsehen noch so intensiv beworben wurde? So kann es auch nicht verwundern, daß 1994 die klassischen Werbeausgaben der Brauereien um 9,4 Prozent auf fast 600 Millionen Mark im Vergleich zu 1993 gestiegen sind, während die verkauften Hektoliter nur um 3,1 Prozent auf 115,6 Millionen zunahmen.[21] Die Bedeutung dieser Zahlen? Während 1993 jeder Hektoliter mit ca. 5 DM an klassischen Werbeausgaben verkauft wurde, haben die zusätzlich verkauften 35 Millionen Hektoliter in 1994 ca. 9,70 DM pro Hektoliter gekostet. Zudem scheinen Biertrinker sehr sportbegeistert zu sein: »Un-

GÜNDLING DIREKT

Austauschbarkeit von Markenauftritten

Anzeige für Zigarettenmarke	Marlboro	Kim	R6	Lord	Krone	sonstige Marken
Marlboro	94	-	-	1	-	5
Kim	-	79	6	6	2	7
R6	1	11	48	10	9	21
Lord	1	5	7	50	19	18
Krone	2	8	14	16	35	25

Quelle: Kroeber-Riel

Abb. 5.5

ter den Top Ten der Sportübertragungssponsoren tauchen sechs Brauereien auf: *Beck's, Krombacher, Warsteiner, Holsten* und *Veltins.*«[22]

Selbst wenn es den Unternehmen gelingt, die Aufmerksamkeit des (potentiellen) Kunden durch ihre Massenwerbung auf sich zu ziehen, heißt dies noch lange nicht, daß diese Informationen auch dem »richtigen« Produkt zugeordnet werden. Die werbungtreibende Wirtschaft befindet sich hier in einem Teufelskreis. Zum einen können mit Instrumenten des Massenmarketing die individuellen Bedürfnisse des (potentiellen) Kunden nicht angesprochen werden, zum anderen werden Themen, bei denen vermutet werden kann, daß sie eine hohe Aufmerksamkeit erzielen, in allen möglichen Kampagnen verwandt. Dies gilt auch für bestimmte in der Werbung immer wiederkehrende Personenkreise, seien es Kinder, die eine hohe Sympathie haben, oder halbnackte Frauen, die einen hohen Aufmerksamkeitsgrad besitzen. Das Problem allerdings ist generell, daß die Werbung über Massenmedien in sich austauschbar ist.

Nicht nur die Produkte sind austauschbar…

... auch ihr Werbeauftritt.

Die Ausgaben und Investitionen in klassische Werbung, die Anzahl der täglich gesendeten Werbespots und Anzeigen zeigen, daß viele Unternehmen immer noch ihr Heil in einem einstufigen Massenmarketing suchen. Der (potentielle) Kunde hingegen hat eine sehr klare und entgegengesetzte Einstellung zur klassischen Werbung, wie eine Untersuchung unter dem Titel »Kommunikationsbarometer« bei 2500 repräsentativ ausgewählten Personen im gesamten Bundesgebiet durch die GfK-Marktforscher zeigt.[23]

In dieser Untersuchung wurde explizit die Einstellung der (potentiellen) Kunden zu klassischen Werbeformen, also Werbung in Fernsehen, in Zeitschriften, in Zeitungen, im Rundfunk etc. erforscht. Das Ergebnis ist niederschmetternd und zeigt auf, daß die Unternehmen, die heute noch auf die klassische Werbung setzen, neue Wege der Kommunikation zum (potentiellen) Kunden finden müssen, wollen sie langfristig erfolgreich sein. Bestätigt wird diese Untersuchung durch eine

GÜNDLING DIREKT

**Der (potentielle) Kunde meint:
Durch die klassische Werbung ...**

... werden Menschen dazu verführt, Produkte zu kaufen, die sie nicht brauchen	77,9 %
... erhöht sich der Wettbewerb zwischen den Herstellern, der zu immer neuen Produktverbesserungen zwingt	76,7 %
... werden die Produkte unnötig teurer	73,2 %
... wird eine höhere Vergleichbarkeit des Produktangebotes erzielt	58,2 %
... wird der Produktabsatz wesentlich angekurbelt und damit Arbeitsplätze gesichert	56,5 %

Quelle: Horizont/GfK-Marktforschung, 1995

Abb. 5.6

Monitorstudie der amerikanischen Unternehmensberatung *Yankelowich Partnerschaft*: »Fragt man amerikanische Konsumenten nach der ›Glaubwürdigkeit von Botschaften‹, lauten die Antworten im Jahre 1992: 61 Prozent glauben ihrem Arzt, 28 Prozent den Abendnachrichten, 22 Prozent den Kirchen und 5 (!) Prozent der Werbung.«[24]

5. Sie ist nicht lagerbar: die Zeit des (potentiellen) Kunden

Auch wenn es sich zunächst wie ein Paradoxon anhört: Im Zeitalter der Informationsgesellschaft und im Zeitalter einer sich kontinuierlich verringernden Arbeitszeit, haben die Menschen weniger Zeit im allgemeinen. Dies liegt darin begründet, daß die Menschen gelernt haben, ihre Zeit gezielt und ihren Bedürfnissen gemäß einzusetzen. Das *B.A.T. Freizeit-Forschungsinstitut* hat schon im Juli 1987 in einer repräsentativen Umfrage 2000 Personen nach ihren Vorstellungen über wesentliche Lebensinhalte in der Zukunft befragt. Das Ergebnis kurz zusammengefaßt: »Die wachsende Freizeit verändert die Wertvorstellungen der Deutschen. Immer mehr Menschen suchen durch neue Freizeitaktivitäten ihrem Leben jenseits von Arbeit und Beruf neuen Sinn und Inhalt zu geben.«[25] Die materielle Freiheit, die der Wohlstand den Menschen gibt, wird heute wesentlich bewußter und aktiver genutzt als in der Vergangenheit. Die Informationsgesellschaft gibt dem Menschen Orientierung und Wissen – die Basis für selbständige Entscheidungen.

Heute kämpfen immer mehr Medien um die Gunst des (potentiellen) Kunden: neue Zeitungen und Zeitschriften, Special-Interest-Titel, neue Radiosender und privat finanzierte Fernsehstationen, ganz neue Formen der Informationsvermittlung, wie die neuen Medien (z.B. Datenautobahnen und *T-Online*). Das Angebot wächst kontinuierlich, die Zeit des (potentiellen) Kunden, dieses Angebot wahrzunehmen, jedoch nicht. Dafür aber seine Entscheidungsfreiheit. Die sich weiterentwickelnde Medien- und Informationsgesellschaft ermöglicht es dem Verbraucher zudem, die verschiedenen Produkte miteinander zu vergleichen und diese nach seinen individuellen Wünschen und Bedürfnissen zu bewerten, um dann eine mehr oder weniger individuelle Kaufentscheidung zu treffen. Gleichzeitig wird der Verbraucher immer aufgeklärter und mit den Techniken des Massenmarketing – der Manipulation – vertrauter, er kann sich deshalb gegen diese wehren.

Entsprechen die Beilagen in den Zeitungen und Zeitschriften den individuellen Bedürfnissen des (potentiellen) Kunden nicht, wirft er sie einfach weg – er ist so frei. Entsprechen die Anzeigen seinen individuellen Bedürfnisse nicht, blättert er sie weg – auch wenn sie das Unternehmen einige zehntausend Mark gekostet haben, und wenn der Fernsehspot sich an die Masse und nicht an den einzelnen richtet, drückt er ihn weg. Um erfolgreich zu sein, müssen die Unternehmen in Zukunft ganz neue Wege der Kundenansprache finden. Wege, die zunächst einmal sicherstellen, überhaupt gehört und wahrgenommen zu werden.

GÜNDLING DIREKT

Warum das Massenmarketing heute in eine Einbahnstraße führt

- Der Massenmarkt ist in ein Mosaik von Teilmärkten zerfallen
- Der Mensch hat eine (neue) Entscheidungsfreiheit gewonnen
- Viele Märkte sind gesättigt und die Produkte oftmals austauschbar
- Informationen an die Masse werden vom Individuum immer weniger wahrgenommen
- Informationen an die Masse können keine individuellen Bedürfnisse ansprechen
- Informationen an die Masse sind gleichartig und austauschbar

➘ **Das Massenmarketing hat seine Effizienz verloren**

Abb. 5.7

Fazit: In Zukunft werden die Herausforderungen für die Unternehmen, mit Instrumenten des Massenmarkting ihr letztendliches Ziel, den Verkauf ihrer Produkte zu erreichen zusehends größer. Das Massenmarketing, die Werbung über klassische Kommunikationswege, also über Fernseh- und Radiospots, Anzeigen in Zeitungen und Zeitschriften, Beilagen und Massenwurfsendungen, hat seine Effizienz verloren oder wird sie zumindest zunehmend weiter einbüßen. Um morgen die gleichen Ergebnisse über Instrumente des Massenmarketing zu erzielen wie heute, müssen die Unternehmen, die weiterhin den Markt als Ziel betrachten, ein vielfaches von dem investieren, was sie heute investieren. In Zukunft werden diejenigen Unternehmen Erfolg haben, die zu ihren (potentiellen) Kunden eine Beziehung entwickelt haben – eine Beziehung, die sicherstellt, daß die »ausgesandten« Informationen von den (potentiellen) Kunden wahrgenommen werden und für diese auch wichtig sind.

Der falsche Weg: Direktmarketing in Massen

Während der Kunde also inzwischen seine Bedeutung im Markt erkannt hat, denken und handeln viele Unternehmen heute noch in Mustern der 50er Jahre – sie denken in Massen und handeln für Massen, die es heute gar nicht mehr gibt. Dies gilt für den Konsumgüterebenso wie für den Investitionsgüterbereich, unabhängig davon, ob das Unternehmen Produkte oder Dienstleistungen vertreibt.

Stan Rapp und Thomas L. Collins, Gerd Gerken und viele mehr haben schon Mitte der 80er Jahre aufgezeigt, daß das traditionelle Marketing versucht, seine Produkte aus einer überlegenen Position und der Kraft der Penetration an den Mann, sprich an den Kunden zu bringen.[26] Durch laufende Wiederholungen soll der Konsument endlich das lernen, was er bisher noch nicht gelernt und akzeptiert hat, also einen Kaufabschluß für ein bestimmtes Produkt zu tätigen. Doch diese überlegene Position des Marketing gibt es nicht mehr – wenn es sie überhaupt einmal gegeben hat. Um dem zunehmenden Bedürfnis der

Menschen nach Individualität gerecht zu werden, insbesondere aber um die Effizienz der Kundenansprache zu erhöhen, haben mit Beginn der 80er Jahre viele Unternehmen einen neuen Weg zum (potentiellen) Kunden entdeckt: das Direktmarketing insbesondere über Mailings, aber auch über DRTV, das heißt über das Fernsehen – welch ein Widerspruch in sich. Der potentielle (Kauf)-Interessent soll jetzt über seinen Briefkasten bewogen werden, Produkte zu kaufen, Mitgliedschaften einzugehen, Unterlagen anzufordern usw... Zwar hat sich hiermit der Weg der Ansprache geändert, die Methode der Marktbearbeitung, sprich des Massenmarketing, in den meisten Fällen jedoch noch nicht.

Zweifelsohne ist es ein Fortschritt, wenn Unternehmen Instrumente des Direktmarketing einsetzen. Zum einen wird zumindest bei Mailings oder dem Besuch durch den Verkäufer die Zielgruppe »persönlich« angesprochen; ein adressierter Brief ist nun einmal persönlicher als ein Fernsehspot. Zum anderen kann mit den Instrumenten des Direktmarketing, die eine Reaktion zulassen, ein Dialog mit der Zielgruppe eröffnet werden. Trotzdem ist Direktmarketing, so wie es von den meisten Unternehmen in Deutschland praktiziert wird, nichts anderes als Massenmarketing mit teilweise anderen Instrumenten als denen der klassischen Werbung.

Nichts anderes als Massenmarketing sind auch Mailings, deren Adressen mit einem weißen Aufkleber auf das Briefkuvert angebracht worden sind und deren Briefe mit »Sehr geehrte Damen und Herren« beginnen. Auch hier sind alle und keiner angesprochen. Bei solch einer Vorgehensweise fühlt sich der (potentielle) Kunde jedenfalls nicht als Held.

Die meisten Unternehmen in Deutschland sind, mangels einer eigenen Datenbank, zur Durchführung ihrer Direktmarketingaktivitäten auf fremde Adreßlisten angewiesen. In Deutschland stehen jedoch nur ca. 200 Adreßlisten privater Haushalte zur Verfügung, so daß die Werbetreibenden und die Unternehmen nach wie vor gezwungen sind (so argumentieren sie zumindest immer wieder), ihre Botschaften mit hohen Streuverlusten, analog zu der Vorgehensweise in den Print- und audiovisuellen Medien, auch an Empfänger zu senden, die mit dem angebotenen Produkt oder der angebotenen Dienstleistung keinen Vorteil für sich selbst erreichen. Dem eigenen Adreßstamm, der Database eigener Kunden, wurde in der Vergangenheit in den meisten Unternehmen viel zu wenig Beachtung geschenkt, so daß sich diese Daten zumeist in einem unbrauchbaren Zustand befinden.

Um den kurzfristigen Absatzerfolg zu maximieren, akzeptieren die meisten Unternehmen heute diese Situation und bombardieren die deutschen Briefkästen mit unzähligen Werbebotschaften in der Hoffnung auf ein oder zwei Prozent Rücklauf. Das einzige Ziel eines solchen Business scheint es zu sein, kurzfristig die »schnelle Mark« zu machen. Insbesondere in den Frühjahrs- und Herbstmonaten sind sie in Aktion: Die Verlage, die Versender, die Finanzmakler usw... Immer nach dem gleichen Muster werden die gleichen Adressaten über die gleichen Werbebotschaften »angesprochen«. Der (potentielle) Kunde ist nur das Ziel. Und sollte der Empfänger im Frühjahr noch nicht reagiert haben, wie das Unternehmen es sich wünscht, dann bekommt er eben im Herbst das nächste Mailing und im nächsten Frühjahr wieder eines – immer mit dem gleichen Inhalt – höchstens einem veränderten Layout, weil sich zwischenzeitlich eine andere Werbeagentur im Direktmarketing für Massen versuchen durfte. Die wahren individuellen Kundenbedürfnisse, der Aufbau einer langfristigen Kundenbeziehung, die Kunden selbst, die durch den Erwerb des Produktes oder der Dienstleistung einen wahren Mehrwert für ihren in ihrer Subjektivität und Individualität empfundenen Lebensplan zu erhalten glauben, scheinen nur zweitrangig beachtet zu werden. Vielmehr scheint diese Vorgehensweise immer noch den trivialen Konsumenten als Basis ihres unternehmerischen Erfolges zu betrachten.

Ein oder zwei Prozent Rücklauf = Erfolg: Was heißt das eigentlich? Ist es nicht erschreckend, wenn ein Versandhandelsunternehmen im Buchbereich, um 50.000 neue Mitglieder zu werben, über 5.000.000 (in Worten: fünf Millionen) Werbeaussendungen machen muß? Es ist eine alte Managerweisheit: Wer sich um die tatsächliche Befriedigung der Bedürfnisse seiner Kunden kümmert, braucht sich um das Überleben seines Unternehmens keine Sorgen zu machen. Bei Direktmarketingaktionen hingegen scheinen die Bedürfnisse des (potentiellen) Kunden als Individuum eher störend zu sein. Verfolgt man die einschlägige Literatur, so stellt man fest, daß sich diese mit dem Blickverlauf als Gestaltungsgrundlage (Vögele), der technischen Konzeption einer Direktwerbekampagne (Gutsche), Database-Marketing (Kreutzer) usw. beschäftigt, der Kunde und seine Bedürfnisse aber keine bis gar keine Rolle zu spielen scheinen – zumindest nehmen sie keinen Platz in der Literatur ein.

Immer noch kann man mit Massenmarketing viel Geld verdienen, vor allen Dingen dann, wenn Produkte Gewinnspannen von 200 und mehr Prozent haben. Man spricht mit einem einzigen Mailing eine undifferenzierte Masse von (potentiellen) Kunden an und freut sich über ein halbes Prozent Rücklauf, da man ja weiß, daß dieses halbe Prozent Response bei Produkten mit hohen Gewinnspannen oftmals zur Erfüllung des unternehmerischen Ziels ausreicht.

Doch über kurz oder lang wird die eben beschriebene Vorgehensweise keinem Unternehmen mehr die Existenz im Markt sichern. Die Produkte werden austauschbarer und damit preisempfindlicher, die (potentiellen) Kunden selbstbewußter, aufgeklärter, selektiver in der Informationsaufnahme. Und gleichzeitig werden mit dieser Entwicklung sinkende Gewinnspannen und sinkende Responsequoten einhergehen. Die Unternehmen werden sich etwas einfallen lassen müssen, wollen sie weiterhin erfolgreich am Markt bestehen!

Drayton Bird zitiert in diesem Zusammenhang Peter Drucker, der das Ziel des Marketing darin sieht, die Notwendigkeit des Verkaufens abzuschaffen.: »Wenn man den Kunden so gut kennt und versteht, daß ein Produkt oder eine Dienstleistung seinen Bedürfnissen voll und ganz entspricht, dann verkauft es sich von selbst.«[27] Unternehmen, die mit Instrumenten des Direktmarketing arbeiten, müssen sich bewußt sein, daß es nicht darum geht, neue Wege des Massenmarketing zu begehen. Die Marktbearbeitung im Sinne der Maximalen Kundenorientierung geht viel weiter: Sie ist ein Prozeß, der einen dauernden Dialog mit dem (potentiellen) Kunden gestattet, besser nutzt und auch gleichermaßen erfordert. Nichts ist schwieriger als der Aufbau eines Dialogs mit dem (potentiellen) Kunden, deshalb sollte dieser Aufbau auch als langfristige Investition und nicht als kurzfristiges »Schnäppchen« betrachtet werden.

Zweifelsohne haben die Unternehmen, die mit Direktmarketinginstrumenten arbeiten, eine erste Investition in die Zukunft getätigt, denn der Einsatz solcher Medien ist im Vergleich zu den klassischen Instrumenten im Massenmarketing unmittelbar meßbar. **Mit 1 DM Vertriebskosten 10 DM Umsatz erwirtschaften** ... So oder so ähnlich könnte die Überschrift in einem Mailing lauten, das sich an die Entscheider der Marktbearbeitung in deutschen Unternehmen richtet (= potentielle Kunden), denen die Kosten ihrer Marktbearbeitung davonlaufen (= individuelles Bedürfnis) und denen Instrumente des Direktmarketing zur Marktbearbeitung angeboten werden (= individuelle Problemlösung). »Mit 25 Milliarden Mark Einsatz«, so der geschäftsführende Gesellschafter des Instituts für Direktmarketing in Gelting, »werden bisher pro Jahr in Deutschland 250 Milliarden Mark Umsatz ausgelöst. Eine Mark, im Direktmarketing richtig eingesetzt, bringt also den zehnfachen Umsatz, Tendenz steigend – mit dem Turbo DBM.«[28] Zudem ist aufgrund eines Responseelementes immerhin die Basis für einen Dialog mit dem Kunden gelegt. Sie muß nur genutzt werden.

In den einzelnen Instrumenten des Direktmarketing steckt noch viel Musik; doch erfolgreich im Sinne der Maximalen Kundenorientierung werden diese nur dann sein, wenn bestimmte Voraussetzungen erfüllt sind: So sind heute mehr denn je individuelle Wege zum Kunden notwendig, Wege, die die bisher aufgestellten Managementgrundsätze zur Maximalen Kundenorientierung berücksichtigen. Das Marketing der Maximalen Kundenorientierung muß weit über das Direktmarketing hinausgehende Anforderungen erfüllen. Wie aber sieht nun die Lösung für die Zukunft aus? Wie muß ein Unternehmen, welches seine Kundenorientierung maximieren will, in Zukunft den Markt bearbeiten?

Maximale Kundenorientierung durch Individuelles Partnerschaftsmarketing

Auf einen Nenner gebracht, liegt der unternehmerische Erfolgsfaktor von morgen darin, den (potentiellen) Kunden als Menschen, als Individuum zu akzeptieren. Individuelles Partnerschaftsmarketing bedeutet nicht, daß die Unternehmen von heute auf morgen alle Marketinginstrumente, mit denen sie in der Vergangenheit gearbeitet haben, aufgeben müssen. Individuelles Partnerschaftsmarketing erfordert vielmehr, die einzelnen Instrumente in ein Gesamtkonzept zu integrieren, welches die folgenden Rahmenbedingungen erfüllt:

Individualität

Den einzelnen Kunden in den Mittelpunkt zu stellen, seine individuellen Bedürfnisse als Maßstab der unternehmerischen Aktivitäten ernst zu nehmen und gemeinsam mit dem (potentiellen) Kunden eine individuelle Problemlösung zu erarbeiten, erfordert zwangsläufig eine individuelle Marktbearbeitung. Der (potentielle) Kunde muß von **seinem** Unternehmen ernst genommen werden, er ist der (einzige) Held des Unternehmens. Dies macht aber auch einen Einstellungswandel des Unternehmens in punkto Kundenphilosophie notwendig.

Integration des (potentiellen) Kunden

Der (potentielle) Kunde kann nicht das Ziel der unternehmerischen Aktivitäten sein. Diese eindimensionale Ausrichtung impliziert zwangsläufig das falsche Bewußtsein bei den Unternehmen, den Kunden als abhängige Variable des Unternehmensgeschehens zu betrachten. Vielmehr ist das Unternehmen abhängig von seinen (potentiellen) Kunden. Deshalb gilt es mittels des Individuellen Partnerschaftsmarketing den (potentiellen) Kunden in den Unternehmensprozeß zu integrieren. Individuelles Partnerschaftsmarketing ist insofern natürlich auch ein Teil der vom (potentiellen) Kunden wahrgenommenen individuellen Problemlösung. Hier ist der Weg gleichermaßen das Ziel.

Marktbearbeitung in bedürfnisgleichen Segmenten

Der Markt, in dem ein Unternehmen tätig ist, kann nur ausgehend von den individuellen Bedürfnissen des (potentiellen) Kunden beschrieben werden. Entscheidend ist bei der Marktbearbeitung, daß der (potentielle) Kunde auch die individuelle Problemlösungskompetenz des Unternehmens wahrnimmt und versteht. Der Markt, in dem ein Unternehmen arbeitet, sollte dann auch nicht durch die Produkte der Unternehmen definiert werden, sondern über die individuellen Bedürfnisse der (potentiellen) Kunden. Insofern kann es auch nur ein einziges entscheidendes Segmentierungskriterium der Märkte geben: die ähnlichen oder vergleichbaren individuellen Bedürfnisse der (potentiellen) Kunden. Jedes Unternehmen muß seine Segmente kontinuierlich neu identifizieren und individuell integrieren. Desweiteren ist es für das Unternehmen unabdingbar, diejenigen Menschen im Markt zu identifizieren, deren individuelle Bedürfnisse und Erwartungen es besser befriedigen kann als ein Konkurrenzunternehmen.

Informationsmanagement

Während viele Unternehmen heute noch den Schlüssel ihres Erfolges in einer nach innen gerichteten Produktpolitik sehen, liegt der Erfolgsfaktor des Individuellen Partnerschaftsmarketing im Informationsmanagement: Jede Information, die über den (potentiellen) Kunden, seine individuellen Bedürfnisse und seine Rahmenbedingungen Auskunft gibt, wird in einer Datenbank gesammelt und laufend aktualisiert. Die so gewonnenen Informationen bilden die Basis für alle Aktivitäten im Rahmen des Individuellen Partnerschaftsmarketing.

Ein absolutes Muß: Der Dialog

Jedes Instrument, das zur individuellen Marktbearbeitung eingesetzt wird, muß dem (potentiellen) Kunden die Möglichkeit zum Dialog geben. Umgekehrt muß das Unternehmen jede sich bietende Möglichkeit zum Dialog mit dem (potentiellen) Kunden nutzen. Nur der Dialog stellt sicher, daß die beiden Partner – (potentieller) Kunde und Unternehmen – regelmäßig miteinander kommunizieren. Nur der Dialog ermöglicht es dem Unternehmen, regelmäßig die individuellen Bedürfnisse seiner (potentiellen) Kunden festzustellen. Nur der Dialog kann beim (potentiellen) Kunden die Problemlösungskompetenz des Unternehmens immer wieder bewußt machen. Dauerhafter Dialog mit dem (potentiellen) Kunden ist letztendlich die Methode, Vertrauen als Grundlage der notwendigen Partnerschaft aufzubauen. Im Individuellen Partnerschaftsmarketing reißt ein einmal eröffneter Dialog nie ab.

Aufbau einer Partnerschaft

Das Individuelle Partnerschaftsmarketing verlangt den Unternehmen den Willen und die Kompetenz ab, einen einmal eröffneten Dialog mit dem (potentiellen) Kunden kontinuierlich weiterzuführen. Der (potentielle) Kunde wird der Partner des Unternehmens und umgekehrt. Die Interessen beider sind deckungsgleich. In einer gut funktionierenden Partnerschaft bewahrt der eine Partner den anderen vor Enttäuschungen. In letzter Konsequenz kann dies für das Unternehmen bedeuten, auf den Verkauf einer angebotenen Problemlösung zu verzichten, wenn es erkennt, daß zum gegebenen Zeitpunkt nicht die maximale individuelle Problemlösung geboten werden kann. Ein Kennzeichen des Individuellen Partnerschaftsmarketing ist daher die mehrstufige Kommunikation in Abhängigkeit von der Stärke der Beziehung zu dem (potentiellen) Kunden.

Prozeßorientierung

Prozeßorientierung bedingt zugleich die Abwendung von einer Marktbearbeitung in Form von unkoordinierten Einzelmaßnahmen. Zweifelsohne ist es das Ziel der individuellen Marktbearbeitung, Geschäfte mit dem (potentiellen) Kunden zu machen. Im Unterschied zum Massenmarketing und auch zum Direktmarketing mit Einzelmaßnahmen können im Individuellen Partnerschaftsmarketing diese Geschäfte langfristig vorbereitet werden. Neben Umsatzzielen wird im gleichen Maße eine langfristige Kundenbindung und somit der Aufbau einer Partnerschaft angestrebt.

Selbstlernendes und Selbstkontrollierendes System

Aufgrund der individuellen Ansprache, des Dialoges mit dem (potentiellen) Kunden, entwickelt sich das jeweilige unternehmensspezifische Modell des Individuellen Partnerschaftsmarketing kontinuierlich weiter. Jede einzelne Maßnahme innerhalb des Gesamtmodells kann auf ihre Wirksamkeit für die Zielerreichung der Maximalen Kundenorientierung hin überprüft werden. Jede gewonnene Information bildet ihrerseits die Basis für alle nachfolgenden Aktivitäten.

4. Maximale Kundenorientierung erfordert ein Individuelles Partnerschaftsmarketing

Die Ansprüche des (potentiellen) Kunden nach Individualität und Befriedigung seiner individuellen Bedürfnisse erfordern eine individuelle Marktbearbeitung. Diese findet ihren Ausdruck in einem unternehmensspezifischen Konzept des Individuellen Partnerschaftsmarketing. Grundlage hierfür ist eine eigene Datenbank, die Segmentierung der Märkte, eine weitestgehend individuelle Ansprache und ein kontinuierlicher Dialog mit dem (potentiellen) Kunden. Das endgültige Ziel ist es, eine langfristige Partnerschaft mit dem (potentiellen) Kunden aufzubauen.

Individuelles Partnerschaftsmarketing ist kein Stückwerk und dient auch nicht zur Rechtfertigung einer Einzelmaßnahme. Zum einen ermöglicht Individuelles Partnerschaftsmarketing als die Form der Marktbearbeitung erst eine Maximale Kundenorientierung. Zum anderen ist Individuelles Partnerschaftsmarketing ein Bestandteil der Maximalen Kundenorientierung. Individuelles Partnerschaftsmarketing besteht aus einer Vielzahl von Mosaiksteinchen, die isoliert kaum eine Maximale Kundenorientierung bewirken können. Erst das Zusammenspiel aller Teilchen ergibt das Gesamtbild. Individuelles Partnerschaftsmarketing läßt sich daher auch nicht auf eine einfache »Wenn ... dann – Formel« reduzieren. So wie die Individualität des (potentiellen) Kunden der Erfolgsfaktor der Maximalen Kundenorientierung ist, genauso individuell ist selbstverständlich auch das Modell des Individuellen Partnerschaftsmarketing auf das einzelne Unternehmen zu übertragen. Ein für alle Unternehmen gleichermaßen wirksames Konzept des Individuellen Partnerschaftsmarketing kann es nicht geben. Das Spielfeld, welches die Rahmenbedingungen des Individuellen Partnerschaftsmarketing beschreibt, muß jedes Unternehmen für sich selbst erarbeiten, genauso wie jedes Unternehmen unter den gegebenen Rahmenbedingungen »sein Spiel spielen muß«. Auf jeden Fall sollte sich ein Unternehmen bei der Erarbeitung des Konzeptes Individuelles Partnerschaftsmarketing immer wieder fragen: »Würde ein guter Verkäufer genauso vorgehen?« Die Vorgehensweise eines guten Verkäufers stellt den Idealtypus der individuellen Marktbearbeitung dar.

Bevor im folgenden die einzelnen Rahmenbedingungen des Individuellen Partnerschaftsmarketing näher beleuchtet werden, wollen wir das Individuelle Partnerschaftsmarketing gegenüber dem Massenmarketing mit klassischer Werbung oder mit Direktmarketinginstrumenten abgrenzen.

Anhand dieses Schaubildes wird deutlich, daß sich das Massenmarketing mit seinen Produkten aus einer überheblichen Position an jedermann richtet. Mit den Mitteln der Proklamation und laufenden Wiederholung soll der Markt erobert werden. Das Direktmarketing hingegen versucht, den einzelnen aus der Masse herauszubrechen, indem es den (potentiellen) Kunden direkt anspricht, meistens bleibt es jedoch bei beim Versuch und nicht der einzelne Kunde sondern die breite Masse wird angesprochen. Auch wenn einzelne Instrumente des

Individuelles Partnerschaftsmarketing vs. Massen- und Direktmarketing

Klassisches Massenmarketing	Direktmarketing	Individuelles Partnerschafts-marketing
Uniformität	Uniformität	Individualität
Der Kunde ist das Ziel	Der Kunde ist das Ziel	Integration des (potentiellen) Kunden
Masse	Masse und Zielgruppe	Bedürfnisgleiches Segment
Beeinflussungs-management	Beeinflussungs-management	Informations-management
Proklamation	Dialogfähig	Der Dialog als Muß
Penetration	Bewirkt in der Regel ein Einmalgeschäft	Aufbau einer Partnerschaft
Zeitpunktbezogen	Zeitpunktbezogen	Prozeßorientierung
Nicht meßbar	Meßbar	Selbstlernend und selbstkontrollierend

Abb. 5.8

Direktmarketing für sich dialogfähig sind, so ist das Direktmarketing doch heute nichts anderes als eine Markteroberung durch einseitiges Beeinflussungsmanagement. Ganz anders das Individuelle Partnerschaftsmarketing: hier gilt es nicht, einen Markt zu erobern, also ein Über – Unterordnungsverhältnis, sondern eine Partnerschaft zwischen (potentiellem) Kunden und Unternehmen zu begründen. Diese Partnerschaft beruht auf der Akzeptanz des (potentiellen) Kunden als Mensch, als Individuum und der Fähigkeit des Unternehmens, einen Dialog mit seinen Partnern zu führen.

Die Kommunikation mit dem (potentiellen) Kunden wird zum Prozeß. Statt anonymer Marktanteile, Paletten und Rezepte, Tonnen und Beförderungskilometern steht jetzt der einzelne (potentielle) Kunde, das Individuum im Vordergrund. Das erklärte Ziel des Individuellen Partnerschaftsmarketing ist, die einmal eingegangene Partnerschaft zwischen dem (potentiellen) Kunden und dem Unternehmen möglichst lange zu halten. Doch das Unternehmen, welches den Weg der Maximalen Kundenorientierung durch Individuelles Partnerschaftsmarketing gehen möchte, muß sich darüber im klaren sein, daß dies weitreichende Auswirkungen auf die gesamte Unternehmensorganisation und das Management haben wird. Der (potentielle) Kunde übernimmt ganz neue Funktionen im Unternehmen. Er wird Partner, Ankläger, Verteidiger und Richter zugleich. Der (potentielle) Kunde übernimmt damit die »controlling function«[29], wie Kotler es 1994 formulierte. Das Individuelle Partnerschaftsmarketing ist die »integrative function«[30], der (potentielle) Kunde und sein Unternehmen verschmelzen ineinander, werden eins.

Der Weg zum Individuellen Partnerschaftsmarketing ist für das einzelne Unternehmen gar nicht so schwierig, wie es vielleicht erscheinen mag. Mit Hilfe des Computers wird jedes Unternehmen auf die individuellen Bedürfnisse des (potentiellen) Kunden eingehen können. Die bisher eingesetzten Instrumente der Marktbearbeitung müssen nicht alle durch neue ersetzt werden; bei den meisten werden schon durch eine Optimierung die Rahmenbedingungen hin zum Individuellen Partnerschaftsmarketing erfüllt. Durch den Einsatz zusätzlicher neuer Instrumente der Marktbearbeitung wird die Entwicklung der Partnerschaft mit dem (potentiellen) Kunden weiter abgesichert und optimiert. Die bisher zusammenhanglos eingesetzten Instrumente der Marktbearbeitung werden durch ein sinnvolles, aufeinander abgestimmtes System ersetzt. Und alles wird meßbar und kontrollierbar sein.

10 Tips, wie Sie den Weg zum Individuellen Partnerschaftsmarketing finden werden

1. Versehen Sie jedes Werbemittel, egal ob Anzeige, Beilage, Mailing usw. immer mit mindestens einem Responseelement
2. Speichern Sie alle Informationen, die Sie über Ihre (potentiellen) Kunden gewinnen, in einer Datenbank
3. Segmentieren Sie Ihre Märkte
4. Führen Sie einen regelmäßigen Dialog mit Ihrem (potentiellen) Kunden
5. Sorgen Sie dafür, daß Ihr (potentieller) Kunde Sie nie vergißt

6. Bevor Sie in Werbung viel Geld investieren, definieren Sie genau, welches Ziel Sie verfolgen. Ihr Ziel muß quantifizierbar sein
7. Bewerten Sie den Erfolg Ihrer Werbung nicht ausschließlich aus kurzfristiger Sicht im Hinblick auf Umsatz oder Response, sondern berücksichtigen Sie immer die datenbankaufbauende Wirkung
8. Erarbeiten Sie Ihr unternehmesspezifisches Konzept »Individuelles Partnerschaftsmarketing«
9. Erstellen Sie einen genauen Werbeplan
10. Visualisieren Sie die Ziele und die erreichten Ergebnisse der einzelnen eingesetzten Instrumente Ihres Individuellen Partnerschaftsmarketing.

4. Maximale Kundenorientierung erfordert ein Individuelles Partnerschaftsmarketing

Die Ansprüche des (potentiellen) Kunden nach Individualität und Befriedigung seiner individuellen Bedürfnisse erfordern eine individuelle Marktbearbeitung. Diese findet ihren Ausdruck in einem unternehmensspezifischen Konzept *Individuelles Partnerschaftsmarketing*. Grundlage hierfür ist eine eigene Datenbank, die Segmentierung der Märkte, eine weitestgehend individuelle Ansprache und ein kontinuierlicher Dialog mit dem (potentiellen) Kunden. Das endgültige Ziel ist es, eine langfristige Partnerschaft mit dem (potentiellen) Kunden aufzubauen.

Beschreiben Sie bitte zunächst kurz Ihre gegenwärtige Marktbearbeitungsstrategie. Welche Vertriebswege und welche Kommunikationsmittel setzen Sie heute ein?

1. Glauben Sie, daß das Massenmarketing für die verschiedenen Problemlösungen, die Sie verschiedenen Käufergruppen anbieten, die geeignete Kommunikationsmethode ist?	☐ Ja ☐ Nein Chance ___
2. Ist der Anteil der Menschen, die Sie mit Ihren Kommunikationsinstrumenten erreichen, unverhältnismäßig größer als die Zahl Ihrer (potentiellen) Kunden?	☐ Ja ☐ Nein Chance ___
3. Können Sie Ihre (potentiellen) Kunden mit Ihrer Werbung ohne Streuverluste erreichen?	☐ Ja ☐ Nein Chance ___
4. Können Sie Ihre Streuverluste genau messen?	☐ Ja ☐ Nein Chance ___
5. Haben Sie schon einmal in Ihren Werbespots, Anzeigen, Beilagen usw. alles, was auf Ihr Unternehmen hindeuten könnte, entfernt und dann eine Testgruppe gefragt, welchem Unternehmen diese das jeweilige Medium zuordnen würde?	☐ Ja ☐ Nein Chance ___
6. Sind die von Ihnen angebotenen Waren oder Dienstleistungen für jedermann von Nutzen?	☐ Ja ☐ Nein Chance ___
7. Sprechen Sie mit Ihren Werbemitteln die individuellen Bedürfnisse Ihrer (potentiellen) Kunden an?	☐ Ja ☐ Nein Chance ___
8. Können Sie mit einem Bild und einer Headline erklären, welche individuellen Bedürfnisse Ihre Produkte ansprechen?	☐ Ja ☐ Nein Chance ___
9. Arbeiten Sie heute schon mit Direktmarketinginstrumenten?	☐ Ja ☐ Nein Chance ___
10. Sprechen Sie mit Ihren Direktmarketinginstrumenten den (potentiellen) Kunden individuell an?	☐ Ja ☐ Nein Chance ___
11. Sind Ihre Mailings adressiert und personalisiert?	☐ Ja ☐ Nein Chance ___
12. Heißt Dialog bzw. Response für Sie Bestellung?	☐ Ja ☐ Nein Chance ___

13.	Verfügen Sie über eine eigene Datenbank, die Sie für Ihre Direktmarketingaktivitäten nutzen?	☐ Ja ☐ Nein Chance ____
14.	Wird Ihr (potentieller) Kunde durch Ihre Werbung **sofort** zu einer Handlung aufgefordert?	☐ Ja ☐ Nein Chance ____
15.	Kann er diese Handlung **sofort** ausführen?	☐ Ja ☐ Nein Chance ____
16.	Messen Sie Ihre Werbewirksamkeit …	☐ Ja ☐ Nein Chance ____
17.	… am Sofortumsatz?	☐ Ja ☐ Nein Chance ____
18.	… am Umsatz innerhalb einer bestimmten Periode?	☐ Ja ☐ Nein Chance ____
19.	… an der datenaufbauenden Wirkung?	☐ Ja ☐ Nein Chance ____
20.	… an der Anzahl der gewonnenen (potentiellen) Kunden?	☐ Ja ☐ Nein Chance ____
21.	Sind die einzelnen Instrumente Ihrer Marktbearbeitung und Kommunikationspolitik aufeinander abgestimmt?	☐ Ja ☐ Nein Chance ____
22.	Haben Sie im Rahmen Ihrer Marktbearbeitung und Kommunikationspolitik ein ganzheitliches Konzept?	☐ Ja ☐ Nein Chance ____
23.	Welchen Einfluß hat die gesellschaftliche Entwicklung auf Ihre Marktbearbeitung? Beschreiben Sie dies bitte so genau wie möglich. ____________________ ____________________ ____________________ ____________________	Chance ____
24.	Wenn Sie die Kommunikationspolitik Ihrer Wettbewerber mit Ihrer eigenen vergleichen, was haben diese gemeinsam? ____________________ ____________________ ____________________ ____________________	Chance ____

25. Worin unterscheidet sich Ihre Kommunikationspolitik von der Ihrer Wettbewerber? Chance ____

____
____
____
____

26. Worin könnte sich Ihre Kommunikationspolitik von der Ihrer Wettbewerber unterscheiden bzw. positiv abheben? Chance ____

____
____
____
____

27. Welche Direktmarketinginstrumente setzen Sie mit welchem Ziel in welchem Segment ein? Chance ____

____
____
____
____

28. Wie wird der jeweilige Rücklauf weiterbearbeitet? Chance ____

____
____
____
____

29. Beschreiben Sie bitte kurz, wie die einzelnen Instrumente Ihrer Kommunikationspolitik und Marktbearbeitung aufeinander abgestimmt sind. Chance ____

____
____
____
____

30. Beschreiben Sie bitte kurz, welche Möglichkeiten des Dialoges mit Ihrem Unternehmen Sie Ihrem (potentiellen) Kunden geben. Chance ____

____

____

____

____

31. Welche Möglichkeiten sollte er in Zukunft erhalten? Chance ____

____

____

____

____

32. Was heißt für Sie Effektivität in Ihrer Werbung? Chance ____

____

____

____

____

33. Was wissen Sie im Detail über die Effektivität Ihrer jetzigen Werbung? Chance ____

____

____

____

____

34. Zu wievielen tatsächlichen Kontakten hat Ihre Werbung in den letzten zwei Jahren geführt? In welchem Verhältnis steht der Werbeaufwand zu Ihrem erwirtschafteten Umsatz? Chance ____

____

____

____

____

35. Wieviele verschiedene Problemlösungen bieten Sie heute an? Worin unterscheiden sich diese im einzelnen? (Denken Sie hierbei bitte an das Beispiel der Badewanne, also an die verschiedenen Formen, Farben, Armaturen usw.) Chance ___

___

___

___

___

36. Wie könnten Sie sicherstellen, daß Ihr (potentieller) Kunde die Informationen, die Sie ihm zur Verfügung stellen, als für sich bedeutungsvoll bewertet? Chance ___

___

___

___

___

37. Jede Werbung sollte eine Antwort auf ein individuelles Bedürfnis geben. Welches individuelle Bedürfnis sprechen Sie mit Ihrer Werbung so an, daß es auch ein Fremder sofort versteht? Chance ___

___

___

___

___

38. Mit welchen konkreten Maßnahmen könnten Sie innerhalb von einer Woche den Dialog mit Ihren (potentiellen) Kunden aufnehmen? Chance ___

___

___

___

___

39. Was hätten Sie davon? Chance ____

____

____

____

____

40. Wie könnten Sie mit Ihrer Marktbearbeitung und Ihrer Kommunikationspolitik dem zentralen Anspruch der Maximalen Kundenorientierung nach Individualität gerecht werden? Chance ____

____

____

____

____

41. Stellen Sie sich bitte einmal vor, es gebe kein Fernsehen, keine Zeitung, kein Mailing... Sie hätten nur die Möglichkeit, den Markt über Verkäufer zu bedienen. Wie würde Ihr Verkäufer heute vorgehen? Chance ____

____

____

____

____

42. Welche der in Frage 41 genannten Aspekte können Sie auf Ihre zukünftigen Instrumente der Marktbearbeitung und Ihre Kommunikationspolitik übertragen? Chance ____

____

____

____

____

Sie sollten jetzt die Gewißheit haben, daß auch Ihr Unternehmen seine Kundenorientierung maximieren kann und einer erfolgreichen Zukunft entgegensieht, wenn Sie ein unternehmensspezifisches Konzept »Individuelles Partnerschaftsmarketing« entwickeln.

Anmerkungen

1 vgl. Ernd, Wolfgang; in: Jahrbuch Direktmarketing '93; S. 140
2 Dalhoff, Dieter; in: HORIZONT; 16.Dezember 1994; Nr. 51/52/1994; S. 24
3 Rapp, Stan; Collins, Thomas L.; MaxiMarketing; 1988; S. 3
4 ebenda; S. 4
5 auch im folgenden Leven Dr. Wilfried; in: HORIZONT; 7. April 1995; Nr. 14/1995; S. 16
6 Mosch, Michael; in: Galleria; Nr. 02/1994; S. 18/19
7 o. V.; Am Verbraucher vorbei?; in: absatzwirtschaft. Zeitschrift für Marketing; Nr. 10/96; S. 26
8 Kroeber-Riel, Werner; Strategie und Technik der Werbung; 1991; S. 21
9 Diller, Hermann (Hrsg.); Vahlens Großes Marketing Lexikon; 1994; S. 450
10 ebenda
11 Ernd, Wolfgang; in: Jahrbuch Direktmarketing '93; S. 139
12 O'Connor; Joseph/ Seymour, John; Neurolinguistisches Programmieren; 1994; S. 140
13 ebenda; S. 56
14 vgl. Keigel, Christoph; in: Jahrbuch Direktmarketing '93; S. 23
15 o. V.; in: Handelsblatt; 21. 11. 1994; Nr. 224; S. 17
16 vgl. Horx, Matthias; Trendbüro; 1994; S. 105
17 o. V.; in: W & V; Nr. 17/1995; S. 8
18 vgl. Grapentin, Ralf; in: W & V; Nr. 42/1994; S. 202
19 Kroeber-Riel, Werner; Strategie und Technik der Werbung; 1991; S. 15
20 ebenda; S. 55/56
21 vgl. o. V.; in: W & V; Nr. 20/1995; S. 3
22 o. V.; in: W & V; 17. März 1995; Nr. 11/1995; S. 8
23 vgl. o. V.; in: HORIZONT; 17. März 1995; Nr. 11/1995; S. 26
24 vgl. Horx, Matthias; Trendbüro; 1994; S. 67
25 Opaschowski, Horst W.; Wie leben wir nach dem Jahr 2000?; 1988; S. 37
26 besonders empfehlen möchte ich die Bücher Rapp, Stan/ Collins, Thomas L.; Maximarketing; 1988; und Gerken, Gerd; Abschied vom Marketing: Interfusion statt Marketing; 1990
27 Bird, Drayton; Praxis-Handbuch Direktmarketing; 1990; S. 33
28 Ehm, Peter; in: W & V; Nr. 14/1995; S. 128
29 Meyer, Anton; in: absatzwirtschaft. Zeitschrift für Marketing; Nr. 09/1994; S. 98
30 ebenda

Kapitel 6:
Warum das Individuelle Partnerschaftsmarketing für jedes Unternehmen eine Schlüsselfunktion einnehmen wird

Wenn Ihnen ein (potentieller) Kunde verloren geht, verlieren Sie zehn andere

Wenn ein Unternehmen den Absatzmarkt, die Kunden, als abhängige Variable betrachtet und den unternehmerischen Erfolg über Massenmarketing zu erreichen sucht, wird es keine Chance haben, eine Kommunikation mit dem (potentiellen) Kunden aufzubauen, die die verborgenen Aspekte im Verhältnis des Unternehmens zu seinen (potentiellen) Kunden transparent macht. Mit den verborgenen Aspekten sind hier die »Bestandteile« der angebotenen individuellen Problemlösung gemeint, die nicht unmittelbar mit dem Produkt oder der Dienstleistung selbst zusammenhängen, also zum Beispiel die Beratung des (potentiellen) Kunden, das Verhalten des Unternehmens bei berechtigten Reklamationen, die Freundlichkeit des Personals und viele mehr. Gerade diese verborgenen Aspekte bestimmen zu einem Großteil die Zufriedenheit des (potentiellen) Kunden.

Schon Ende der 70er Jahre haben erste amerikanische Untersuchungen gezeigt, wie wichtig es für ein Unternehmen ist, gerade die anonymen und im verborgenen liegenden Prozesse im Geschäftsleben transparent zu machen. Daß ein unzufriedener Kunde seine Unzufriedenheit mindestens zehn Menschen weiter erzählt, ist ein Ergebnis dieser Untersuchungen. Zehnmal wird für ein Produkt, eine Dienstleistung, eine individuelle Problemlösung oder sogar für ein Unternehmen negative Werbung betrieben. Dies kann sich heute kein Unternehmen mehr leisten. Ein Unternehmen muß jeden (potentiellen) Kunden so behandeln, als wäre er der einzige und wichtigste Kunde, der gleichzeitig dem Unternehmen ein Leben lang treu bleibt. Eine einmal durch eine den Erwartungen des Kunden nicht entsprechende Problemlösung ausgelöste Unzufriedenheit, kann jedes Unternehmen, unabhängig davon, welches Produkt oder welche Dienstleistung es vertreibt, tausende und abertausende DM Umsatz und Deckungsbeitrag kosten.

Ein Beispiel: In 1994 konnte die *Christinen Brunnen AG* ein hohes

Umsatzwachstum verzeichnen. Dies lag insbesondere darin begründet, daß *Christinen Brunnen* auch in den Hitzemonaten Juli und August eine 100%ige Lieferfähigkeit sicherstellen konnte, was nur wenigen Unternehmen gelungen ist. Durch diese Leistungsfähigkeit konnte *Christinen Brunnen* nicht nur den Absatz in dieser Hitzeperiode deutlich erhöhen, sondern auch neue Kunden gewinnen[1], die langfristig *Christinen Brunnen* Mineralwasser trinken werden – weil sie auf den Geschmack gekommen, das heißt in ihren Erwartungen zufriedengestellt worden sind. Die Mineralwasseranbieter hingegen, die nicht lieferfähig waren, konnten kein Umsatzwachstum in der Sommerperiode realisieren. Bei einem durchschnittlichen Marktpreis von 8 DM für die Kiste Mineralwasser, einem Durchschnittsverbrauch von einer Kiste pro Woche und Haushalt machte *Christinen Brunnen* nämlich mit jedem aufgrund der Lieferfähigkeit in der Hitzeperiode gewonnenen Kunden einen Jahresumsatz von 416 DM (8 DM * 52 Wochen). Wenn man jetzt noch eine durchschnittliche Haushaltsexistenz von 30 Jahren unterstellt, ergibt das für die *Christinen Brunnen* nach heutigen Werten einen Mehrumsatz von 12.480 DM pro gewonnenem Kunden oder aber für die nicht lieferfähigen Mineralwasservertreiber einen entgangenen Umsatz von ebenfalls 12.480 DM. Dies ist der sogenannte lifetime-value, der den (potentiellen) Umsatz eines Kunden über einen gewissen Zeitraum beschreibt. Leider findet sich dieser Wert in viel zu wenigen Auswertungen der Unternehmen wieder.

Für viele Branchen und Märkte gibt es Untersuchungen über die Zufriedenheit der Kunden. Immer wieder werden die gleichen Szenarien beschrieben: Aus einer Umfrage des Magazins *Maschinenmarkt – MM*, die 1994 durchgeführt wurde, geht hervor, daß 40 bis 80 Prozent aller Kunden von Industrieunternehmen unzufrieden sind und das in Märkten, die ganz besonders unter der Rezession Anfang der 90er Jahre zu leiden hatten. 50 bis 70 Prozent der Kunden blieben den Firmen jedoch treu, wenn das Problem zu ihrer Zufriedenheit gelöst wurde. Diese Umfrage – ein Beispiel von vielen – zeigt, daß in zahlreichen Unternehmen nichts so sehr vernachlässigt wird, wie derjenige, der dem ganzen Unternehmen seine Existenz ermöglicht: der (potentielle) Kunde.

Die Ergebnisse der Untersuchung des Magazins *Maschinenmarkt – MM* werden auch durch die Ergebnisse einer kanadischen Untersuchung untermauert. Unter dem Titel »Warum wandern Kunden ab?« hat sie folgendes Bild für die Beweggründe der Kunden ermittelt, die zu einem Lieferantenwechsel führen:

GÜNDLING DIREKT

Warum wandern Kunden ab?

Unzufriedenheit mit den Dienstleistungen	68 %
Unzufriedenheit mit dem Produkt	14 %
Besseres Produkt der Konkurrenz	9 %
Geschäftsbeziehungen zu befreundeten Unternehmen	5 %
Produktauslauf	4 %

Abb. 6.1

Bei unveränderten Produkten wechselt also jeder vierte Kunde aufgrund von Umständen, die im weitesten Sinne mit der Produktpolitik des Unternehmens zu tun haben, seine Lieferanten. Unterstellt man, daß die Unternehmen die Möglichkeit der Einflußnahme auf die Qualität der Produkte haben, z.B. durch Produktverbesserungen oder die Einführung neuer Problemlösungen, diese jedoch in der Regel erst mittelfristig, nach frühestens einem Jahr wirksam werden, dann stellt sich das Potential zur Verbesserung der Kundenorientierung in diesem Feld dennoch als relativ gering dar – gemessen an dem Potential, das sich aus einer Veränderung der Dienstleistungen, also einer Verbesserung der Verkaufsberatung, der Serviceleistungen, wie Lieferzeit und Garantie usw. ergeben würde. Denn wenn fast 70 Prozent der Kunden den Lieferanten aufgrund Unzufriedenheit mit den Dienstleistungen wechseln, dann bedeutet das umgekehrt auch, daß sieben von zehn Kunden, die zur Konkurrenz abwandern, dem Unternehmen treu bleiben würden, wenn das Unternehmen seine Dienstleistungen an ihre Erwartungen und Bedürfnisse anpassen würde. Immerhin sind das Kunden, die mit einer Komponente der individuellen Problemlösung, nämlich dem Produkt selbst, zufrieden sind.

Solche Untersuchungen sind wichtig und erschreckend zugleich. Allerdings haben sie den Nachteil, daß sie für einen Markt, eine Branche im allgemeinen Gültigkeit haben, damit wenig operational sind und daher nur zu einer veränderten Einstellung in den Unternehmen führen können. Sie geben den Entscheidern keinen konkreten Anhaltspunkt, wo genau in ihrem Unternehmen sie welche Korrekturen vornehmen müssen, um die Kundenorientierung zu maximieren. Wenn ein Unternehmen hingegen mit seinem unternehmensspezifischen Konzept des Individuellen Partnerschaftsmarketing agiert, erhält es laufend die überaus wichtigen Informationen über die Zufriedenheit der (potentiellen) Kunden mit den angebotenen individuellen Problemlösungen. Es kann umgehend agieren und die notwendigen Handlungen einleiten. Bis zu 96 Prozent der (potentiellen) Kunden, die aus den oben genannten Gründen den Lieferanten wechseln, könnten so vom Unternehmen gehalten werden – und zwar jeder einzeln. Das Individuelle Partnerschaftsmarketing ist daher ein ganz entscheidender Erfolgsfaktor, um die dauernde Zufriedenheit des (potentiellen) Kunden zu garantieren und die eingegangene Partnerschaft gegenüber Wettbewerbern zu schützen.

Kundenzufriedenheit ist ein subjektiver, individueller Vergleichsprozeß. Die Erwartungen, die an eine individuelle Problemlösung geknüpft sind, werden mit der tatsächlich erhaltenen Leistung verglichen. Kundenzufriedenheit ist damit immer eine Ja-Nein-Entscheidung, die sich aus einer Mischung von Ratio und Emotion zusammensetzt – vergleichbar mit einer Partnerschaft. Doch die Zufriedenheit des (potentiellen) Kunden oder seine Verärgerung über den Partner werden oft nicht sichtbar. Gehen Partnerschaften auseinander, bleiben die wahren Gründe hierfür oft im verborgenen. Meistes führt nicht ein großer

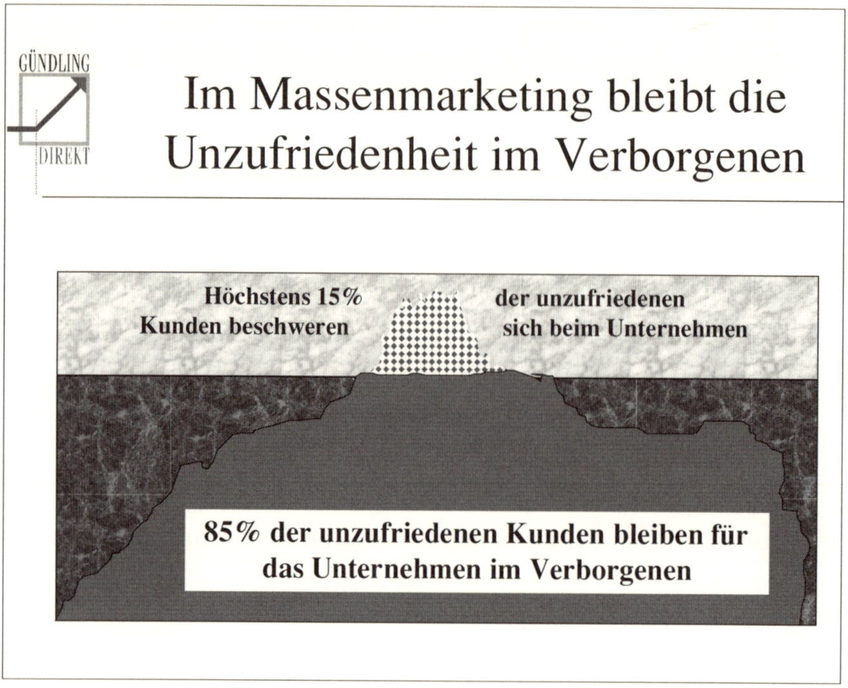

Abb. 6.2

Krach zur Trennung, sondern ein schleichender, zumindest einem der beiden Partner verborgener Prozeß.

Das Bild eines Eisberges kann dies anhand des Beschwerdeverhaltens der Kunden schön verdeutlichen:[2] Ein Eisberg ist nur zu 15 Prozent sichtbar, während etwa 85 Prozent der Eismasse in den Tiefen des Wassers verborgen bleiben. Das Beschwerdeverhalten verhält sich analog zu dem eben dargestellten Bild – wie aus empirischen Untersuchungen bekannt ist: Höchstens 15 Prozent der unzufriedenen Kunden beschweren sich beim Unternehmen, die anderen reagieren nicht, wandern in aller Stille zur Konkurrenz ab oder äußern sich negativ gegenüber Dritten. Das heißt 85 Prozent der Unzufriedenheit wird dem Unternehmen gar nicht erst bekannt. Dies führt in vielen Unternehmen zu der irrigen Annahme, daß kein weiterer Handlungsbedarf besteht: »Unsere Kunden sind fast alle zufrieden, sonst würden sie sich ja viel mehr beschweren«, ist dann die Meinung der Verantwortlichen.

Die Gefahr, die von unzufriedenen Kunden ausgeht, ist in allen Märkten und Branchen nahezu die gleiche: So erzählt z.B. ein unzufriedener Bankkunde 16 anderen Personen über seine schlechten Erfahrungen mit dem Institut, während ein zufriedener Kunde sich durchschnittlich nur acht Personen mitteilt.[3] Einer anderen Studie des *Technical Assistance Research Instituts* in den USA zufolge beschwert sich von 27 unzufriedenen Kunden nur ein einziger – die anderen geben ihre Unzufriedenheit durch Mundpropaganda elf bis fünfzehn Personen weiter![4] Ist dieses Ergebnis für sich schon erschreckend genug, so sind die Antworten auf die Frage »Warum sie Mängel hinnähmen und sich nicht beschwerten« alarmierend: Da die unzufriedenen Kunden von vornherein nicht erwarteten, auf ihre Beschwerde hin zufriedengestellt zu werden, beschweren sie sich gar nicht erst – Reklamation als sinnlose Zeit- und Kraftverschwendung. Es kommt ein weiterer Punkt hinzu. Will ein (potentieller) Kunde sich einmal bei seinem Partner beschweren, kann er sich auf eine regelrechte Wanderung gefaßt machen. Die Geschichte des Beschwerdegrundes wird der netten Dame der Telefonzentrale erzählt, um zum richtigen Sachbearbeiter verbunden zu werden, der hört sich die Geschichte an und vermeldet, daß er nicht kompetent ist und deshalb an seinen Chef weiterverbindet. Dessen Sekretärin will erst weiterverbinden, wenn Sie den Grund hierfür weiß – die Geschichte wird zum dritten mal erzählt –, um dann mitzuteilen, daß der Boß in einer Besprechung nicht gestört werden darf usw... So macht die Beschwerde dem (potentiellen) Kunden richtig Spaß. Der Gang nach Canossa ist dagegen ein Spaziergang. Von Kundenbindung, von Partnerschaft keine Spur. Dies akzeptieren heute nur noch fünf Prozent aller unzufriedenen Kunden. Die anderen 95 Prozent der (potentiellen) Kunden gehen verloren und suchen sich einen neuen Partner. Dies kann jedes Unternehmen vermeiden, indem es den (potentiellen) Kunden in den Mittelpunkt seiner Aktivitäten stellt und mit ihm eine echte Partnerschaft führt. Auf der Basis des dauerhaften Dialoges ist es dann jedem Unternehmen möglich eine Art Frühwarnsystem einzurichten. Das heißt wenn ein (potentieller) Kunde zum Beispiel nicht mehr innerhalb seines gewohnten Rhythmus bestellt, kann das Unternehmen mit Hilfe weiterer Dialoginstrumente die Gründe erforschen, diese abstellen und so die Partnerschaft wieder auf ein festes Fundament stellen. Nur in einem Dialog kann der abwanderungsbereite Kunde gehalten und weiterer Schaden vom Unternehmen ferngehalten werden. Und nur innerhalb eines Gesamtmodells »Individuelles Partnerschaftsmarketing« kann die mögliche Unzufriedenheit des einzelnen Kunden für das Unternehmen transparent gemacht werden: Der *Lexus*-Fahrer wird zum Beispiel kontinuierlich nach der Zufriedenheit mit seinem Auto befragt. Jeweils drei und zehn Tage nach dem Kauf wird er von seinem Kundenberater angerufen. Ebenso nach jeder Inspektion und nach jedem anderen Werkstattaufenthalt. *Lexus* hat hiermit nicht nur ein Frühwarnsystem installiert, sondern erzielt auch noch einen anderen Effekt. Denn wie wir wissen, berichtet der (potentielle) Kunde mindestens einem anderen Menschen über seine positiven Erfahrungen. Jede Nachfrage eines Unternehmens nach dem Befinden seines Partners wird so in den Markt weitertransportiert und neue (potentielle) Kunden werden auf die angebotene individuelle Problemlösung aufmerksam gemacht. Individuelles Partnerschaftsmarketing bedeutet somit auch, das Netzwerk des (potentiellen) Kunden positiv zu nutzen. Dies ist mit Methoden des Massenmarketing nicht möglich. Wir werden diesen Aspekt nochmals im Zusammenhang mit dem Thema »Datenbank« behandeln.

Fazit: Durch den Aufbau einer echten Partnerschaft mit dem (potentiellen) Kunden, die sich durch ein hohes Maß an Kommunikation und hohe Kundenzufriedenheit auszeichnet, sichert das Unternehmen sich seinen wirtschaftlichen Erfolg von Heute und seinen Markt von Morgen – und dies ist immer günstiger und effektiver als die Bearbeitung des Marktes mit einem Konzept des Massenmarketing.

Pareto, die Meßbarkeit der Marktbearbeitung und der Wert des einzelnen (potentiellen) Kunden

Das Ziel einer Datenbank ist es letztendlich, computergesteuerte Informationen über die (potentiellen) Kunden des Unternehmens so zu nutzen, daß die Wahrscheinlichkeit eines Verkaufs der angebotenen individuellen Problemlösungen erhöht wird. Diese Zielsetzung führt zwangsläufig zu der Frage, ob jede Adresse, jeder (potentielle) Kunde, den gleichen Wert für ein Unternehmen hat oder ob ein Unternehmen seine (potentiellen) Kunden nach bestimmten Kriterien differenzieren sollte?

Welchen Wert die Unternehmen heute ihren einzelnen (potentiellen) Kunden beimessen, läßt sich für die meisten gar nicht beantworten. Für Unternehmen, die nach dem Modell des Massenmarketing arbeiten, ist eine Einzelbewertung der (potentiellen) Kunden nicht möglich, das ist systemimmanent. Auch ein Mitteleinsatz in der Marktbearbeitung gemäß der Umsatzbedeutung der einzelnen (potentiellen) Kunden ist daher nicht möglich. Zum gleichen Ergebnis führt die inzwischen zum Klassiker gewordene Erkenntnis von Henry Ford: Er stellte fest, daß er 50 Prozent seines Werbeetats sparen könnte, da dieser ohnehin ohne positive Auswirkungen auf den Absatz bleiben würde. Die unbeantwortete Frage blieb nur die, welche Hälfte des Etats nun einzusparen sei. Für Unternehmen, die in nicht mehr vorhandenen Massenmärkten mit Instrumenten des Massenmarketing arbeiten wird sich diese Frage aufgrund der Anonymität der Marktprozesse ebenfalls nie beantworten lassen.

Einige Unternehmen wissen, viele andere vermuten, daß sich ihr Umsatz nach dem Gesetz von Pareto strukturiert. Das heißt, sie machen 80 Prozent ihres Umsatzes mit 20 Prozent ihrer Kunden. Diese alte Erkenntnis wird auch wieder in einer neuen Studie von A.C. Nielsen bestätigt. »Das Besondere an dieser Erkenntnis ist die Tatsache, daß diese sogenannten ›Heavy user‹ mit der klassischen Massenwerbung mit einer Fehlstreuung von 80 Prozent erreicht werden, das bedeutet, daß von den 100 Mark, die Sie ausgeben, nur 20 Mark dort landen, wo eigentlich 80 Mark plaziert werden müßten.«[5] Die klassische Massenwerbung deckt also nur mit 20 Prozent der gesamten ausgegebenen Etatmittel drei Viertel des Umsatzes und natürlich auch des Ergebnisbeitrages ab. Umgekehrt: Mit 80 Prozent der Werbeinvestitionen werden nur 20 Prozent des Gesamtumsatzes, des Gesamtergebnisses erzielt. Wenn die Unternehmen also nach dieser Rechnung auf 80 Prozent ihrer Werbeinvestitionen verzichten würden, würde sich der Umsatz nur um 20 Prozent reduzieren. Doch auch hier stellt sich die Frage, welche 80 Prozent der Werbeinvestitionen denn »überflüssig« sind?

Das Wissen über diesen Sachverhalt ist die eine Seite. Die andere

Seite ist die, daß dieses Wissen für Unternehmen, die nach wie vor in Massen denken und handeln, nicht operationalisierbar ist. Sie haben so gut wie keine Möglichkeiten, mit geeigneten Maßnahmen das Ungleichgewicht in der Verteilung der Marketingmittel zu korrigieren, da sie in der Anonymität und Uniformität keinen operationalisierbaren Ansatzpunkt finden. Ihre Massenwerbung »erreicht« den Stammkunden ebenso wie den Nichtkunden. In der Regel machen Einzelmaßnahmen zur Kundenbindung wie zum Beispiel Gutscheine oder Boni, die bei Erreichung einer bestimmten Umsatzgröße ausgeschüttet werden, nur einen Bruchteil des Marketingbudgets eines Unternehmens – das in Massen denkt und arbeitet – aus. Für in Massen agierende Unternehmen werden damit in den Gelegenheitskäufer ebensoviele Mittel investiert wie in den größten Stammkunden oder auch den Nichtkunden.

Wie wichtig es für ein Unternehmen allein aus wirtschaftlichen Gründen jedoch ist, seine (potentiellen) Kunden aus der Anonymität in eine echte Partnerschaft zu führen, hat das Münchener *Mavericks Kommunikationsmanagement* festgestellt: »5 Prozent mehr Kundenbindung (je nach Branche, abgezinst und auf die durchschnittliche Haltbarkeit eines Kunden bezogen) bedeutet zwischen 25 und 85 Prozent mehr Gewinn«[6]. Diesen zusätzlichen Gewinn kann ein Unternehmen jedoch nur dann »einfahren«, wenn es weiß, wo bzw. besser, bei wem es in die Kundenbindung investiert. Dies erfordert eine Personalisierung der anonymen Verkaufsvorgänge, dies macht die Notwendigkeit einer Wende vom Massenmarketing zum Individuellen Partnerschaftsmarketing deutlich.

Allein bei einem so profanen Artikel wie Mineralwasser ergibt sich, wie weiter oben dargestellt, ein Kundenwert oder lifetime-value von mehreren tausend Mark. Und je teurer die Produkte werden und je öfter sie neu gekauft werden (müssen), desto höher ist der Kundenwert für ein Unternehmen. Denken Sie nur einmal an die Automobilbranche – hier kommen ganz schnell mehrere hunderttausend Mark zusammen, die ein Kunde einem Automobilunternehmen wert sein kann. »Kann« ist hierbei der entscheidende Begriff, denn der Kunde hat ja die Möglichkeit, die Marke zu wechseln, wenn ein anderes Unternehmen eine bessere individuelle Problemlösung anbietet. Und die Chance, daß ein Kunde die Marke wechselt, steigt natürlich mit der Austauschbarkeit des betreffenden Produktes und sie sinkt mit der Einmaligkeit oder mit der Kompetenz des Unternehmens, individuelle Problemlösungen über ein Individuelles Partnerschaftsmarketing anzubieten. Die Unternehmen müssen folglich lernen, daß Kunde nicht gleich Kunde ist und daß der erste Kauf nicht der Abschluß eines Entscheidungsprozesses ist, sondern der Beginn einer für beide Seiten gewinnbringenden Partnerschaft.

Der Kundenwert drückt aus, wie hoch das Umsatz- oder Ertragspotential eines Kunden ist. Aufgrund dieses ermittelten Kundenwertes gilt es – im Vergleich zu anderen Kundenwerten – die Investitionen zu bemessen und sie anschließend in die Partnerschaft zu tätigen – und zwar für jeden Kunden/jedes Segment individuell. So kann das Unternehmen sich eine Schutzmauer bauen, eine Mauer, die das Unternehmen davor schützt, seinen Kunden und dessen Kundenwert an die Konkurrenz zu verlieren. Es gibt verschiedene Modelle für die Bewertung eines (potentiellen) Kunden und die daraus abzuleitenden Maßnahmen. Im Zusammenhang mit dem Thema »Datenbank« werden wir als Beispiel das »denkende« System von *Microsoft* vorstellen. Jedes Unternehmen muß für sich selbst, ausgehend von den Rahmenbedingungen, den Wert eines (potentiellen) Kunden und daraus abgeleitet, die Maßnahmen zur Pflege der Partnerschaft bestimmen. Maximale Kundenorientierung verlangt demzufolge eine Individuelle Partnerschaftsbewertung, um eine individuelle Pflege der Partnerschaft sicherstellen zu können. Neben dem Kundenwert in DM gemessen, ist aber auch noch der strategische Kundenwert zu berücksichtigen. Hierbei spielen folgende Kriterien eine wichtige Rolle:

- das Wachstumspotential der (potentiellen) Kunden. Noch heute ist *1&1* inzwischen ein millionenschweres Unternehmen, welches letztendlich *T-online* groß im Markt eingeführt hat, bei seiner kleinen Hausbank in Montabaur; keine der größeren Banken wollte den Gründern in den 80er Jahren Geld für ihre Idee leihen
- die Referenz- und Empfehlungseffekte für den Markteintritt und die weitere Markterschließung
- das Innovationspotential und die Lerneffekte aus der Partnerschaft mit dem (potentiellen) Kunden
- die Bonität und Stabilität der Partnerschaft.[7]

Ein solcher Kundenwert läßt sich jedoch nur mit Hilfe des Individuellen Partnerschaftsmarketing ermitteln. Nur das Individuelle Partnerschaftsmarketing gestattet den Unternehmen, die Investitionen in die Marktbearbeitung und ihre Desinvestitionen genau zu ermitteln und zu bestimmen. Die Wirkung einer Dachkampagne, deren Hauptelement Fernsehspots sind, läßt sich in einer Veränderung des Imagewertes des beworbenen Produktes »messen«; der Erfolg einer Mailingaktion im Response = Anzahl der Rückläufe, im Umsatz und im erzielten Dekkungsbeitrag. Mit Hilfe der Datenbank kann das Unternehmen ganz genau feststellen, welchen Beitrag der einzelne Kunde zum Gesamtergebnis geleistet hat, und wieviel »Kostenmark« wieviel »Umsatzmark« gegenüberstehen. Aufgrund dieser Analysen ist es dem Unternehmen letztendlich möglich, die geeigneten Maßnahmen innerhalb des Gesamtkonzepts »Individuelles Partnerschaftsmarketing« einzuleiten, und sie an die Rentabilität der einzelnen Kunden anzupassen. Jeder (potentielle) Kunde besitzt dann seinen individuellen Kundenwert.

Was viele Unternehmen und ihre einmal gewonnenen Neukunden mit der weiblichen Vogelspinne gemeinsam haben

Kennen Sie den Paarungsprozeß der Vogelspinnen? Nein? Dann seien Sie, wenn Sie männlich sind, erst einmal froh, daß Sie ein Mensch sind. Die weibliche Vogelspinne genießt nämlich nicht nur die Paarung mit ihrem Männchen, sie genießt auch die Zeit danach – nicht mit schlafen oder einer Zigarette, nein, die weibliche Vogelspinne genießt im wahrsten Sinne des Wortes – das Männchen. Was hat der Paarungsprozeß der Vogelspinnen nun mit den einmal gewonnen Neukunden eines Unternehmens zu tun? Wenn Unternehmen Kunden verlieren, sei es aufgrund von Geschäftsaufgaben oder weil das Unternehmen die individuellen Bedürfnisse seiner Kunden nicht mehr befriedigen kann, konzentrieren viele Unternehmen ihre knappen Ressourcen – Kapital, Zeit, Management-Know how, Mitarbeiter – auf die Akquisition neuer (potentieller) Kunden. Da gibt es das Freundschaftsgeschenk im Werte von 100 DM und mehr für einen neuen Abonnenten einer Zeitung, Zeitschrift oder des Pay-TV. Der Leser jedoch, der 25 Jahre seiner Zeitung die Treue gehalten hat, bekommt tagtäglich seine Zeitung –

mehr nicht. Den Nichtkunden jedoch sollen kostenlose Gratisproben, Zeitungsbeilagen, Werbespots in Radio und Fernsehen und unzählige Mailings immer wieder dazu bewegen, Kunde zu werden. Da werden in Vorstandssitzungen der großen Automobilfirmen die Absatzzahlen der neuesten Modelle beklatscht, ohne daß jemand danach fragt, wieviele bisherige Kunden nicht nur einen Modell- , sondern einen Fabrikatswechsel vorgenommen haben. Da gibt es die Verlagskonferenzen der verschiedenen Zeitschriften, in denen über weitere Möglichkeiten zur Gewinnung neuer Abonnenten nachgedacht wird. Und da gibt es den Versender, der seinem Neukunden ein Überraschungspaket verspricht, seinen Stammkunden allerdings zehn Tage auf die versprochene Eillieferung warten läßt.

Diese Liste ließe sich nahezu unendlich fortsetzen und beschreibt doch immer wieder das gleiche: Ist der Kunde einmal gewonnen, steht er lange nicht mehr so sehr im Fokus vieler Unternehmen, wie der noch nicht gewonnene (potentielle) Neukunde. Viele Unternehmen scheinen mit ihren einmal gewonnen Neukunden genauso umzugehen, wie die weibliche Vogelspinne mit dem Männchen – sie verlieren das Interesse an ihm. Doch die Unternehmen begeben sich hierdurch in einen Teufelskreis: Die Konzentration der Geschäftsaktivitäten auf die Gewinnung (potentieller) Neukunden lenkt den Blick von den derzeitigen Kunden ab, von den Menschen, die die gegenwärtige wirtschaftliche Daseinsberechtigung des Unternehmens garantieren. Diese wiederum empfinden eine Minderung ihres Wertes für das Unternehmen, sie sind nicht mehr Held und brechen dem Unternehmen die Treue. Soviel Energie einzelne Unternehmen in die Begründung einer Partnerschaft investieren, so wenig tun sie dafür, diese Partnerschaft durch einen regelmäßigen Dialog zu festigen bzw. weiter auszubauen.

Ärzte denken in Behandlungsfällen, Restaurants in besetzten Tischen oder ausgegebenen Menüs, Bäckereien in Brötchen, Metzgereien in verarbeiteten Schweinen und Rindern, Fluggesellschaften in geflogenen Kilometern, Stahlhütten in produzierten Tonnen, Industriebetriebe in Paletten, die Pharmazie in Pillen, das Privatfernsehen in Werbespotminuten, Zeitschriften in Anzeigenseiten, usw. An ihren (potentiellen) Kunden, ihren Partner, denken die wenigsten. Dies führt dann oftmals zu eben den Situationen, in denen der (potentielle) Kunde nur noch mit Kopfschütteln, Ungläubigkeit und Treuebruch reagieren kann. Ein Bei-

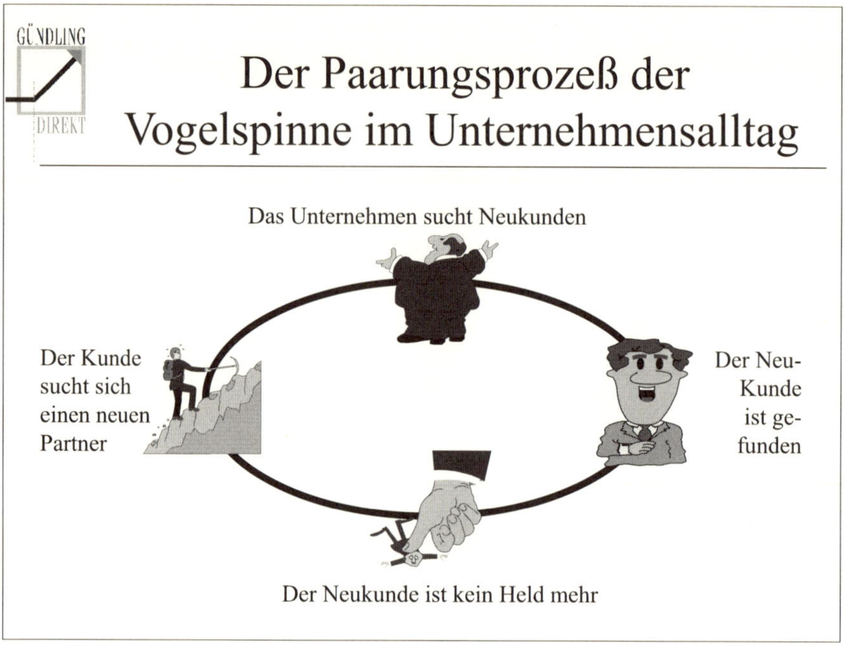

Abb. 6.3

spiel unter vielen: *Gitarre & Bass* – Das Musiker-Fachmagazin. In jeder Ausgabe dieser Fachzeitschrift gibt es einen Beihefter mit drei verschiedenen Responsekarten: Die Einzelheft-Bestellung, falls bisher erschienene Ausgaben in der Sammlung des Lesers fehlen – die MITMACH-KARTE, hier hat der Leser die Gelegenheit, seine Zeitschrift aktiv mitzugestalten und die ABO-/Geschenk-Abo-Bestellkarte. Wie jede Zeitschrift und Zeitung bemüht sich auch *Gitarre & Bass* um Abonnenten.

Doch was passiert mit der Betreuung danach? Zum Beispiel nach Ablauf eines Geschenkabonnements. Nichts. Der Beschenkte erhält zwölf Monate sein Abonnement und das war's. Kein Hinweis im elften Monat, daß jetzt nur noch ein Heft kommt und es sich daher empfiehlt, ein richtiges Abonnement abzuschließen. Kein Fragebogen, der dem (potentiellen) Kunden die Möglichkeit gibt, Unzufriedenheit oder Zufriedenheit zu äußern. Ein einmal gewonnener (potentieller) Kunde wird einfach nicht weiter bedient und betreut. Der Verlag scheint seinen

Ein
Abonnement
bietet nicht nur für den Eigenbedarf wesentliche Vorteile – als
Geschenk-Abonnement
ist es immer eine willkommene Überraschung.

- Mehr als 13 % Preisvorteil gegenüber dem Einzelverkauf
- Regelmäßige, pünktliche Lieferung: Sie versäumen keine Ausgabe
- Lieferung frei Haus: Die Zustellgebühren sind im günstigen Abo-Preis bereits enthalten

Mir ist bekannt, daß ich diese Abonnement-Bestellung innerhalb von 10 Tagen beim MM-Musik-Media-Verlag GmbH, Abonnenten-Service, Postfach 102046, 86010 Augsburg, widerrufen kann. Zur Wahrung der Frist genügt die rechtzeitige Absendung des Widerrufs.

Gitarre&Bass -Abo-/Geschenk-Abo-Bestellkarte

1/95

Ich bestelle GITARRE & BASS für mindestens 12 Ausgaben (1 Jahr) zum Preis von DM 78,– für 12 Hefte incl. Zustellgebühr (Auslandspreise siehe Impressum). Das Abonnement verlängert sich nur dann zu den jeweils gültigen Bedingungen um ein Jahr (12 Ausgaben), wenn es nicht 2 Monate vor Ablauf schriftlich gekündigt wird. Ich erkläre mich damit einverstanden, daß die Deutsche Bundespost bei Adressenänderungen die neue Anschrift – zur Gewährleistung einer ordnungsgemäßen Auslieferung – an den Verlag weitergibt.

(Name/Vorname)

(Straße/Haus-Nr.)

(PLZ/Ort)

X

(Datum/1. Unterschrift des neuen Abonnenten)

☐ Ich bezahle mein Abonnement bequem und bargeldlos durch Bankeinzug von meinem Bank-/Postgirokonto

(Konto-Nummer)

(BLZ)

(Geldinstitut/Ort)

☐ per Verrechnungsscheck (liegt bei)
☐ nach Erhalt der Rechnung

Ich erhalte das erste Heft, wenn der Betrag abgebucht bzw. der Rechnungsbetrag eingegangen ist.

Geschenk-Abo-Coupon

(Bitte nur ausfüllen, wenn Sie ein Geschenk-Abonnement bestellen). Liefern Sie bitte ab der nächsterreichbaren Ausgabe GITARRE & BASS ein Jahr lang an folgende Adresse:

(Name/Vorname)

(Straße/Haus-Nr.)

(PLZ/Ort)

(Telefon)

Überreichen Sie dem Empfänger bitte einen Geschenk-Gutschein

Mir ist bekannt, daß ich diese Abonnement-Bestellung innerhalb von 10 Tagen schriftlich bei der MM-Musik-Media-Verlag GmbH, Abonnenten-Service, Postfach 102046, D-86010 Augsburg, widerrufen kann. Zur Wahrung der Frist genügt die rechtzeitige Absendung des Widerrufs.

X

(Datum/2. Unterschrift des neuen Abonnenten)

Mitgestalten – Mitgewinnen

Hier haben Sie Gelegenheit, Ihre Zeitschrift aktiv mitzugestalten: Schreiben Sie uns auf dieser Karte einfach Ihre Meinung zu unseren Berichten, Workshops ...

Auch Ihre Anregungen und Themenvorschläge sind gefragt – und für sachliche, konstruktive Kritik haben wir ein offenes Ohr. Wir werden versuchen, möglichst viele Ihrer Anregungen zu berücksichtigen.

Mit der Einsendung einer ausgefüllten Mitmach-Karte nehmen Sie an der aktuellen GIVE-AWAY-Verlosung teil!

Gitarre&Bass - MITMACH-KARTE

1/95

☐ Ich habe folgende Themenvorschläge für die nächsten Ausgaben (1)
☐ Ich kann Gitarre & Bass folgendes zur Veröffentlichung anbieten (2)
☐ Ich möchte zukünftig gerne mehr über folgende Themen lesen (3)
☐ Ich fand weniger gut (4)
☐ Mir hat besonders gut gefallen (5)
☐ Ich habe folgende Fragen (6)

Die Gelegenheit

für Sammler und Liebhaber!

Alle „Gitarre & Bass"-Ausgaben der **Jahrgänge '92 und '93** jeweils in einem Jahrbuch zum Preis von je DM 90,– (inkl. Versandkosten). Lieferung solange Vorrat reicht, gegen Vorauskasse (V-Scheck). Bestellen bei:

MM-Musik-Media-Verlag GmbH
Postfach 102046, 86010 Augsburg

Gitarre&Bass -Einzelheft-Bestellung

1/95

Wenn Ihnen bisher erschienene Ausgaben von „Gitarre&Bass" in Ihrer Sammlung fehlen, können Sie diese bequem nachbestellen. Die gewünschten Ausgaben ankreuzen, die Rückseite der Karte ausfüllen, ausschneiden und an unseren Abonnenten-Service einsenden. Die Lieferung erfolgt, solange Vorrat reicht.

☐ **1/94:** Im Test: Gibson Nighthawk E-Gitarre; Jackson JRR-94 E-Gitarre; Bass Culture Fretless-Fünfsaiter; Vester Platin-1 E-Bass; Bogner Ecstasy-100B Top; Torque T100B Basscombo; DigiTech DHP-55 Processor; Seymour Duncan Rails-Pickups

☐ **2/94:** Im Test: Jackson Dinky/Stealth E-Gitarre; Stoll Striker E-Gitarre; Takamine G-Serie A-Gitarre; Leduc U-Bass; Fender Vibro-King Combo; Tech Pepman Bassanlage; Dynacord DLS 223 Effekt; Boss SE-70 Multieffekt

☐ **3/94:** Im Test: Fender Stratocaster E-Gitarre; Gibson Dove A-Gitarre: Zeta The UpRite; Mesa/Boogie DC-5 Combo; Ampeg VL503 Combo; Peavey Mark III Bassamp, Marshall DBS 7400 Basstop; Zoom Player 2020 Effekt

☐ **4/94:** Im Test: Ibanez Talman E-Gitarre; Guild B4CE Akustik Bass; Washburn Bantam E-Bässe; Fender Super-Amp; Hughes & Kettner Attax 40; ADA MP-2 MIDI-Preamp; Ampeg SVT-II Pro; Peavey Valvex

☐ **5/94:** Im Test: Music Man Luke E-Gitarre; Charvel San Dimas E-Gitarre; Warwick Streamer 6string; Bassline Universal Bässe; Peavey Classic-30 Combo; Trace Acoustic Combo; Eden „The Traveler" Basstop; Lexicon JamMan Effekt

☐ **6/94:** Im Test: PRS McCarty E-Gitarre; Sandberg Thinline TS Gitarre; Tobias Toby Deluxe E-Bass; Status Energy Sixstring-Bass; Rath-Amp Modell 5050; Laney GH50L/GH100L Tops; Warwick Wamp 400 Bass-Top, Yamaha GW10 Effektgerät

☐ **7/94:** Im Test: Hamer T-51 E-Gitarre; Patrick Eggle Berlin E-Gitarre; Marshall Acoustic Soloist; Soldano ROS-50 Röhrencombo; Fender Blues De Ville Combo; Mesa/Boogie Dual Rectifier Top; Rocktron Sidewinder Preamp; Sony HR-GP5 Guitar-Processor; DigiTech GSP-2101 Preamp/Effects

☐ **8/94:** Im Test: G&L E-Gitarren; Taylor „Dan Crary" A-Gitarre; Ovation Akustik-Bass; Ken Smith „Rainey" E-Bass; Fender Blues Deluxe Combo; Trace Elliot AH350 SM Bass-Top; Ampeg SVP PRO Bass-Preamp; Korg G1 Distortion Processor

☐ **9/94:** Im Test: Fender 1954 Stratocaster E-Gitarre; Paul Reed Smith CE 22 E-Gitarre; Hamer Duo Tone E/A-Gitarre; Dingwall 5-String Bass; Crate Vintage Club 30 Combo; Warwick Cube 100 Basscombo; Korg G2 Acoustic Guitar Processor; Hush-Systems „The Pedal"

☐ **10/94:** Im Test: ESP Kirk Hammett E-Gitarre, G & L Climax E-Bass; Mesa/Boogie V-Twin Preamp; Laney GC 50 A Combo; Engl Sovereign-50 Combo; Ampeg SVT Classic Bassamp; Hughes & Kettner BassBase; Ibanez Effect-Component-Serie

☐ **11/94:** Im Test: Rickenbacker 360/12V64 E-Gitarre; Washburn MG-90 E-Gitarre; Status Graphite Eclipse 5string; Warwick Fortress E-Bass; Lee Jackson XLSC-500 Combo; Diezel VH-4 Röhren-Top; Ampeg B2 Basscombo; Yamaha GW33 Multieffekt

☐ **12/94:** Im Test: Fender Tele Special E-Gitarre; Ibanez JEM-555 E-Gitarre; Yamaha APX-10CT E/A-Gitarre; Starfield CB200 E-Bass; Crate VC-5310 Combo; Trace Elliot AH600 Bass-Top; Zoom Valve-DSP 9150; Korg AX30G Multi-Effekt

Auch die Ausgaben 1/93 bis 12/93 sowie vereinzelte Ausgaben des Jahrgangs '92 sind noch lieferbar.

einmal gewonnenen Kunden als Konstante zu betrachten. »Den haben wir im Sack, der wird nicht mehr gehen«. Aber irgendwann werden alle Unternehmen gezwungen sein, auch ihren einmal gewonnenen Kunden so zu behandeln, als wenn sie ihn erst für die angebotene individuelle Problemlösung gewinnen müßten. Auch um den einmal gewonnenen Kunden muß das Unternehmen so werben, als wäre es das erste Mal. Ein Unternehmen kann es sich nicht leisten, sich wie zwei Menschen, die sich eben kennengelernt haben und sich in der »Balzphase« nur von ihrer schönsten Seite präsentieren, jedoch nach der Eheschließung die Ecken und Kanten zeigen. Deshalb unterscheiden wir in diesem Buch auch nicht zwischen Neukunde und Stammkunde, sondern sprechen immer nur von dem (potentiellen) Kunden – demjenigen Menschen, der für das Unternehmen das Potential hat, eine für beide Seiten gewinnbringende Partnerschaft einzugehen. Dieses Potential muß sich das Unternehmen jedoch kontinuierlich neu erarbeiten. Dies ist jedoch nur innerhalb eines unternehmensspezifischen Gesamtkonzepts »Individuelles Partnerschaftsmarketing« möglich.

»Der Kunde ist König« heißt es doch in vielen Unternehmen und auf noch mehr Plakaten in diesen Unternehmen. Das Beispiel der Zeitschrift *Gitarre & Bass* führt zwangsläufig zu der Frage: Behandelt man so einen König? Die Literaturprofessorin und Unternehmensberaterin Gertrud Höhler ist davon überzeugt, daß dieses Motto Unternehmen dazu diene, sich die Kunden »vom Leib zu halten«.[8] Vor einem König erstarre man in Ehrfurcht, man fürchte seine Macht – ja man verachte ihn deswegen insgeheim; außerdem sagt man ihm keine unangenehmen Wahrheiten und enthält ihm wichtige Informationen vor, so Frau Höhler. Der Gedanke ist zweifelsohne richtig, denn wie heißt es so schön, wenn ein König stirbt: »Der König ist tot, es lebe der König« – oder in deutschen Unternehmen »Der Kunde ist tot, es lebe der (potentielle) Neukunde«.

Der Spiegeltitel »Störenfried Kunde« hat im Juni 1994 die Allgemeinheit auf ein großes Vakuum der deutschen Wirtschaft im Umgang mit den Kunden hingewiesen. Das Echo war groß, viele heiße Diskussionen wurden geführt und jedes Unternehmen hat – wider besseres Wissen – vorgegeben, daß bei ihm der Kunde König sei.

Noch größer ist dieses Vakuum allerdings im Umgang mit dem einmal gewonnenen Kunden, also mit dem Stammkunden. In vielen

Unternehmen gibt es Projektteams, Geschäftsleitungssitzungen und und und, die sich mit dem Tagesgeschäft, den Problemen der EDV und der Lagersituation beschäftigen, aber wer beschäftigt sich eigentlich mit dem Kunden?

Jede Mark, die in eine einmal begründete Partnerschaft investiert wird, ist wesentlich wirtschaftlicher, rentabler für das Unternehmen als eine Mark, die in die Begründung einer Partnerschaft investiert wird: Laut einer Untersuchung der amerikanischen Unternehmensberatung *A.T. Kearney* können Unternehmen, die eine Partnerschaft zu ihren (potentiellen) Kunden pflegen, indem sie alles tun, um sie zufrieden zu stellen, im Schnitt neun Prozent höhere Preise durchsetzen.[9] Da zudem die Gewinnung eines (potentiellen) Kunden fünfmal so teuer ist, wie die Bindung eines (potentiellen) Kunden an das Unternehmen, hat das Unternehmen, das seine Kundenorientierung maximiert, einen doppelten wirtschaftlichen Vorteil.

5. Der (potentielle) Kunde – ein Partner des Unternehmens

Das Verhältnis des Unternehmens zu seinen (potentiellen) Kunden ist ein Partnerschaftsverhältnis. Entsprechend dem individuellen Wert der Partnerschaft investiert das Unternehmen in jeden einzelnen Partner. Die individuellen Bedürfnisse eines einmal gewonnenen Kunden muß das kundenorientierte Unternehmen kontinuierlich neu entdecken und über das Angebot entsprechender individueller Problemlösungen befriedigen. Nur wenn das Unternehmen immer wieder um die Gunst seines Kunden wirbt, wird dieser ihm treu bleiben. Den Rahmen dieser Partnerschaft bildet ein unternehmensspezifisches Modell »Individuelles Partnerschaftsmarketing«.

Wenn der Kunde im Mittelpunkt des Unternehmens steht, wenn seine individuellen Bedürfnisse durch individuelle Problemlösungen befriedigt werden, wenn das Unternehmen seinen (potentiellen) Kunden als Partner sieht, ihm eine Partnerschaft anbietet und diese Partnerschaft am Leben erhält, dann werden aus dieser Partnerschaft weitere Partnerschaften entstehen. Die Partnerschaft selbst setzt sich aus einem Mosaik mit vielen Teilchen und Elementen zusammen. Das Bild entsteht erst durch ein unternehmensspezifisches Konzept »Individuelles Partnerschaftsmarketing«.

10 Tips, die Ihnen helfen, Ihren (potentiellen) Kunden als Partner zu sehen

1. Stellen Sie fest wer Ihre wichtigsten (potentiellen) Kunden sind
2. Behandeln Sie diese wie VIPs
3. Differenzieren Sie Ihre (potentiellen) Kunden mit Hilfe des Kundenwertes in wenig, durchschnittlich und sehr ertragreiche Partner
4. Berücksichtigen Sie bei der Definition des Kundenwertes auf jeden Fall auch die strategischen Faktoren
5. Entwickeln Sie nicht nur ein Konzept zur Gewinnung (potentieller) Kunden, sondern auch ein Betreuungskonzept einmal gewonnener (potentieller) Kunden, eben ein Konzept »Individuelles Partnerschaftsmarketing«
6. Reklamationen sind kein Arbeitsvorgang, sondern eine Chance für Ihr Unternehmen einen schon fast verlorenen (potentiellen) Kunden zurückzugewinnen
7. Befragen Sie regelmäßig, die (potentiellen) Kunden, die ihren Bestellrhythmus verlassen haben, nach deren Gründen
8. Machen Sie Ihren (potentiellen) Kunden den Reklamationsvorgang so einfach und angenehm wie möglich
9. Legen Sie Ihren Auslieferungen, in Ihren Verkaufsräumen eine vorgedruckte Postkarte mit dem Titel »Sie haben ein Recht sich zu beschweren« bei bzw. aus.
10. Visualisieren Sie Ihr Bild der Partnerschaft.

5. Der (potentielle) Kunde – ein Partner des Unternehmens

Das Verhältnis des Unternehmens zu seinen (potentiellen) Kunden ist ein Partnerschaftsverhältnis. Entsprechend dem individuellen Wert der Partnerschaft investiert das Unternehmen in jeden einzelnen Partner. Die individuellen Bedürfnisse eines einmal gewonnenen Kunden muß das kundenorientierte Unternehmen kontinuierlich neu entdecken und über das Angebot entsprechender individueller Problemlösungen befriedigen. Nur wenn das Unternehmen immer wieder um die Gunst seines Kunden wirbt, wird dieser ihm treu bleiben. Den Rahmen dieser Partnerschaft bildet ein unternehmensspezifisches Modell *Individuelles Partnerschaftsmarketing.*

1. Pflegen Sie besondere Beziehungen mit den 20 Prozent Ihrer (potentiellen) Kunden, mit denen Sie 80 Prozent Ihres Umsatzes machen? ☐ Ja ☐ Nein Chance ___
2. Wissen Sie genau, wie viele Kunden Sie im letzten Geschäftsjahr hatten? ☐ Ja ☐ Nein Chance ___
3. Können Sie anhand einer bestimmten Kennziffer den individuellen Kundenwert ermitteln? ☐ Ja ☐ Nein Chance ___
4. Wissen Sie genau, mit wieviel Prozent Ihrer Kunden Sie wieviel Umsatz im letzten Geschäftsjahr getätigt haben? ☐ Ja ☐ Nein Chance ___
5. Kennen Sie die 20 Prozent Ihrer Kunden, mit denen Sie 80 Prozent des Umsatzes tätigen? ☐ Ja ☐ Nein Chance ___
6. Kennen Sie das Umsatzpotential Ihrer (potentiellen) Kunden über einen bestimmten Zeitpunkt hinweg. ☐ Ja ☐ Nein Chance ___
7. Wissen Sie, welchen Beitrag der einzelne (potentielle) Kunde zu Ihrem Ergebnis leistet? ☐ Ja ☐ Nein Chance ___
8. Wie könnten Sie den Lifetime-Value in Ihrem Unternehmen genau bestimmen? Chance ___

   ____

   ____

   ____

   ____
9. Wie sollte ein System aussehen, mit dem Sie jederzeit feststellen können, wie hoch der Beitrag Ihrer einzelnen (potentiellen) Kunden zu Ihrem Unternehmensergebnis ist? Chance ___

   ____

   ____

   ____

   ____

10. Was wissen Sie im Detail über die Zufriedenheit Ihrer (potentiellen) Kunden? Chance ____

____

____

____

____

11. Wie unterscheidet sich die Zufriedenheit Ihrer (potentiellen) Kunden zwischen Ihren einzelnen Filialen, Gebieten, Regionen, Divisionen usw.? Chance ____

____

____

____

____

12. Nennen Sie die fünf häufigsten Reklamationsgründe in Ihrem Unternehmen. Chance ____

____

____

____

____

13. Wie könnten Sie diese heute beseitigen? Chance ____

____

____

____

____

14. Stellen Sie bitte fest, wie viele Kunden sich im letzten Monat tatsächlich in Ihrem Unternehmen persönlich oder schriftlich beschwert haben. Multiplizieren Sie diese Zahl mit zehn und Sie wissen, wie viele Ihrer (potentiellen) Kunden tatsächlich unzufrieden sind. Was könnten Sie tun, damit in Zukunft alle Ihre (potentiellen) Kunden Ihnen Ihre Unzufriedenheit mitteilen? Chance ____

____

____

____

____

15. Wie könnten Sie in Zukunft regelmäßig die Zufriedenheit Ihrer (potentiellen) Kunden feststellen? Chance ___

___

___

___

___

Sie sollten jetzt diejenigen Instrumente erarbeitet haben, mit denen Sie in Zukunft zum einen die Partnerschaft mit jedem einzelnen Ihrer (potentiellen) Kunden bewerten können und zum anderen kontinuierlich über die Zufriedenheit Ihrer (potentiellen) Kunden informiert werden. Außerdem stellen Sie mit Hilfe dieser Instrumente weitestgehend sicher, daß Ihre (potentiellen) Kunden die Scheu vor einer Reklamation verlieren.

Anmerkungen

1 vgl. o.V.; in: Handelsblatt; 2.11.1994; Nr. 212; S. 19
2 vgl. im folgenden Homburg, Christian/ Rudolph, Bettina; in: Harvard Business manager; I. Quartal; 17. Jahrgang 1995; S. 44
3 ebenda
4 vgl. Höller, Jürgen; in: Sales Profi; Nr. 03/1995; S. 58
5 Lange, Hans-Jürgen; in: Jahrbuch Direktmarketing '93; S. 39
6 Schäffel, Marie; in: ManagerSeminare; II. Quartal 1995; Heft 19; S. 74
7 Die wertorientierte Segmentierung behandelt sehr ausführlich und anschaulich Dr. August Joas in einem Artikel in der absatzwirtschaft 12/95. Auf Wunsch sende ich Ihnen diesen gerne zu
8 o.V.; in: ManagerSeminare; II. Quartal 1995; Heft 19; S. 70
9 vgl. Enzweiler, Tasso; in: Capital; Nr. 03/1995; S. 61

Kapitel 7: Marktbearbeitung in bedürfnisgleichen Segmenten

Der Markt eines Unternehmens definiert sich als die Summe der Individuen mit gleichen bzw. ähnlichen Bedürfnissen, die in gleicher oder ähnlicher Form durch eine individuelle Problemlösung befriedigt werden können. Der Markterfolg des Unternehmens hängt dann zum einen davon ab, inwieweit es dem Unternehmen gelingt, diesen individuellen Bedürfnissen des (potentiellen) Kunden auch tatsächlich zu entsprechen, was im Vorfeld bedeuten kann, daß der (potentielle) Kunde zunächst für seine eigenen individuellen Bedürfnisse sensibilisiert werden muß. Desweiteren muß die angebotene individuelle Problemlösung vom (potentiellen) Kunden als die beste zur Befriedigung seiner Bedürfnisse empfunden werden. Abhängig von den Rahmenbedingungen oder den Sekundärmerkmalen, also zum Beispiel dem verfügbaren Einkommen, muß dieses individuelle Bedürfnis, für das Ihr Unternehmen eine Lösung anbieten kann, gegebenenfalls noch von dem (potentiellen) Kunden als wichtiger eingeschätzt werden als ein anderes. Ein Unternehmen sollte deshalb in denjenigen Märkten tätig sein, in denen es zum einen den höchsten Bedarf vermuten kann und zum anderen die höchste Problemlösungskompetenz aufweist. Professor Arnold Weissmann formuliert die Aufgabe des Unternehmens wie folgt: »Jeder wirklich große Erfolg liegt in der Überwindung eines Mangels begründet. Damit ergibt sich die Ausrichtung Ihres Unternehmens auf die Probleme Ihrer Zielgruppe(n) als zwingende Aufgabe … Dabei muß Ihre Marketing-Strategie Ihrem Unternehmen ein Profil geben, das spitz auf diesen erkannten Mangel zeigt. Diese Spitze muß so groß sein, daß Sie einer Zielgruppe einen sichtbaren und spürbaren, objektiven Vorteil gegenüber den Mitbewerbern bietet.«[1]

Insofern ist es für jedes Unternehmen wichtig, eine genaue Definition der eigenen Leistung und damit eine exakte Abgrenzung der Märkte vorzunehmen. Die Grenzen sind bei jedem Unternehmen verschieden und werden, wie schon weiter oben dargestellt, durch die individuelle Problemlösungskompetenz, der Summe ähnlicher individueller Bedürfnisse bestimmt. Grundsätzlich ist es jedoch unabdingbar, Grenzen festzulegen, die verschiedenen Märkte, die das Unternehmen bedienen will, genau zu definieren. In der Wissenschaft wie auch in der Praxis werden diese Grenzen mit Hilfe der Einteilung in Segmente oder Zielgruppen beschrieben: »Im engeren Sinne ist unter einer Marktsegmentierung die (Auf-) Teilung heterogener Gesamtmärkte in homogene Teilmärkte (Segmente, Käufergruppen, Käuferklassen, Käufertypen) mittels bestimmter Merkmale zu verstehen. In einem weiteren, anwenderbezogenen Sinne umfaßt die Marktsegmentierung zusätzlich die gezielte Bearbeitung eines oder mehrerer Segmente mit Hilfe segmentspezifischer Marketing-Programme. Die hier zugrunde gelegte weitere Begriffsfassung beinhaltet somit sowohl Aspekte der Markterfassung als auch Aspekte der Marktbearbeitung.«[2] Nach dieser Definition eines Marktsegments aus *Vahlens Großem Marketing Lexikon* kommen für die Abgrenzung eines Marktes **verschiedene** Merkmale in Frage. Diese werden dann weiter differenziert in Kriterien des beobachtbaren Kaufverhaltens, psychographische und sozioökonomische Kriterien.[3]

Im Rahmen der Maximalen Kundenorientierung gibt es ebenfalls mehrere verschiedene Segmentierungskriterien, jedoch nur ein **einzig entscheidendes**: die ähnlichen, vergleichbaren individuellen Bedürfnisse der (potentiellen) Kunden. Ein Markt wird dann so abgegrenzt, daß das Unternehmen mit seiner angebotenen individuellen Problemlösung ähnliche individuelle Bedürfnisse mehrerer (potentieller) Kunden bedient. Das Segmentierungskriterium »Ähnliche individuelle Bedürfnisse« ergibt sich aus dem ganzheitlichen Ansatz der Maximalen Kundenorientierung, die ausgehend von den individuellen Bedürfnissen des Kunden – den individuellen Problemlösungen – eine individuelle Marktbearbeitung erzwingt. Erst wenn das Unternehmen seinen Markt, also die individuellen Bedürfnisse der Menschen kennt, kann es für diese ähnlichen individuellen Bedürfnisse individuelle Problemlösungen erarbeiten, kann es entscheiden, über welche Vertriebswege es seine individuellen Problemlösungen vertreibt, kann es entscheiden, welche Kommunikationswege und welche Instrumente die besten sind, um den erwünschten Kontakt zu den (potentiellen) Kunden herzustellen und kann es mit Hilfe weiterer Dialoginstrumente im Rahmen seines unternehmensspezifischen Gesamtkonzepts »Individuelles Partnerschaftsmarketing« eine langfristige Partnerschaft mit seinen (potentiellen)

Kunden aufbauen. Die individuelle Problemlösung heißt eben auch, wie an anderen Stellen schon mehrmals ausgeführt, den Vertrieb, die Distribution, die Kommunikation an den individuellen Bedürfnissen des Marktes auszurichten.

Je besser das Unternehmen seine angebotene individuelle Problemlösung an den individuellen Bedürfnissen des Marktes ausrichtet, je besser es über seine Kommunikation das Segment anspricht, desto größer wird der wirtschaftliche Erfolg für das Unternehmen sein. Insofern ist die Segmentierung der Märkte nach ähnlichen, vergleichbaren individuellen Bedürfnissen im Rahmen einer individuellen Marktbearbeitung Grundvoraussetzung für jedes Unternehmen. Aus diesem Grund wollen wir im Rahmen der Maximalen Kundenorientierung auch nicht einfach von Segmenten sprechen, sondern von bedürfnisgleichen Segmenten; auch wenn nach der oben genannten Definition aus *Vahlens Großem Marketinglexikon* die Bedürfnisse **eines von vielen** Segmentierungskriterien sind.

Genau betrachtet, wird in der Wissenschaft ein bedürfnisgleiches Segment als Zielgruppe definiert. Wir wollen diesen Begriff jedoch tunlichst vermeiden, da mit Zielgruppe auch die Assoziation verbunden werden kann, den (potentiellen) Kunden als Ziel der unternehmerischen Aktivitäten zu betrachten, während nach der Strategie der Maximalen Kundenorientierung der (potentielle) Kunde in den Unternehmensprozeß integriert sein muß.

6. Maximale Kundenorientierung durch maximale Segmentierung nach ähnlichen individuellen Bedürfnissen

Individuelle Bedürfnisse und individuelle Problemlösungen erfordern von dem Unternehmen das Denken und Handeln in bedürfnisgleichen Segmenten sowie die Konzentration aller Aktivitäten auf die jeweiligen Segmente.

Mit Hilfe weiterer Segmentierungskriterien ist das Unternehmen dann in der Lage, seinen Markt noch genauer und eindeutiger zu definieren. Diese sollen im folgenden »sekundäre Segmentierungskriterien« genannt werden. Da sich die individuellen Bedürfnisse des (potentiellen) Kunden wiederum aus ähnlichen, vergleichbaren individuellen Lebens- oder Arbeitssituationen, wie zum Beispiel der Geburt eines Kindes, also einem gemeinsamen Ereignis ergeben, muß sich jedes Unternehmen die einzelnen sekundären Segmentierungskriterien, dem Prinzip der Individualität folgend, selbst erarbeiten. Gleiches gilt selbstverständlich auch für das entscheidende primäre Segmentierungskriterium, das »Ähnliche individuelle Bedürfnis«. Wir möchten daher an dieser Stelle auf die Diskussion sämtlicher verschiedenen Marktsegmentierungskriterien verzichten.[4]

Fazit: Entscheidend ist für jedes Unternehmen die Frage: »In welchen Märkten arbeiten wir?«. Diese Frage kann wiederum nur mit der Frage: »Welche individuellen Bedürfnisse wollen wir befriedigen?« beantwortet werden. Nur wenn diese Fragen präzise beantwortet sind, kann das Unternehmen davon ausgehen, den (potentiellen) Kunden in den Mittelpunkt gestellt und damit eine Maximale Kundenorientierung realisiert zu haben.

Wie Märkte definiert werden können, wie Segmente entstehen

Der Markt darf nicht durch die individuellen Problemlösungen der Unternehmen beschrieben werden, sondern muß ausgehend von den individuellen Bedürfnissen der (potentiellen) Kunden definiert werden. Die Firma *Vorwerk* arbeitet nicht im Staubsauger-Markt, sondern im Markt für Bodenpflege und hat ihrer größten Vertriebsorganisation auch diesen Namen gegeben, *BOSS* arbeitet nicht im Markt für Herrenbekleidung, sondern hat seinen Markt als »Men at Work« definiert. Um eine optimale Segmentierung der Märkte zu erzielen, sollte das Unternehmen die individuellen Bedürfnisse seiner (potentiellen) Kunden soweit wie möglich operationalisieren, also meßbar machen. Entscheidend ist hierbei, daß der (potentielle) Kunde die Problemlösungskompetenz des Unternehmens wahrnimmt und versteht. Dies ist die Aufgabe des Individuellen Partnerschaftsmarketing. Eine genauere Definition der Märkte mit Hilfe der sekundären Segmentierungskriterien ist hierbei sehr hilfreich.

Dem Anspruch dieses Buches folgend, wollen wir nun einige ausgewählte Beispiele einer möglichen Segmentierung in der Praxis dar-

Mögliche bedürfnisgleiche Segmentierungskriterien

• einmaliges Ereignis	z.B. Hochzeit, Geburt
• zeitlich begrenztes, sich wiederholendes Ereignis	z.B. Jahreszeiten, Festtage
• soziodemographische Merkmale	z.B. Alter, Einkommen, Beruf, Familienstand
• Interessen und Neigungen	z.B. Hobbies
• usw.	...

Abb. 7.1

stellen. Es soll an dieser Stelle aber noch einmal festgehalten werden, daß diese Beispiele bei weitem nicht alle möglichen sekundären Segmentierungskriterien abdecken, denn diese können nur aus der individuellen Situation des einzelnen Unternehmens heraus beschrieben werden.

... die Segmentierung nach Ereignissen

Neue Wege in der Marktbearbeitung in bedürfnisgleichen Segmenten geht zum Beispiel die amerikanische *Eastman Kodak Co.*[5]: Während die meisten Anbieter von Einweg-Kameras mit einer emotionalen, produktbezogenen Kommunikation, die sich an die Masse richtet, versuchen, ihre Produkte an die Frau oder den Mann zu bringen, bietet die amerikanische *Eastman Kodak Co.* ihre Einwegkameras unter anderem als »Wedding Edition« für ein bestimmtes Segment an. Jährlich werden in den USA 2,5 Millionen Hochzeiten zelebriert. Ein vielversprechendes bedürfnisgleiches Segment, das *Kodak* nun mit einem speziellen Hochzeitspaket von fünf Einwegkameras mit einem *Gold Ultra 400*-Film bedient, der Platz für zwölf Bilder hat. Beworben wird die Wedding Edition mit Anzeigen in Magazinen wie *Modern Bride* und *Weddings. Kodak* bietet damit eine weitestgehend individuelle Problemlösung an, währenddessen die Einwegkameras von *Fuji* und anderen Anbietern im Fotogeschäft gegen andere Einwegkameras, Fotoapparate und weitere Abbildungsapparate um die Gunst des Käufers kämpfen. Einen ersten Schritt in das bedürfnisgleiche Segment »Baby« geht seit 1995 auch die Firma *Samsung* mit ihren Camcordern. Nicht mehr die technischen Details werden beworben, sondern ganz gezielt ein individuelles Bedürfnis: »Der kleine Sohnemann macht seine ersten Gehversuche – ein unvergeßlicher Moment. Doch auf das Gedächtnis ist kein Verlaß. ›Bevor Ihre Erinnerungen verblassen: Halten Sie sie fest‹, empfiehlt der neue Spot für die Camcorder von *Samsung*.«[6]

Rechtzeitig zum Weihnachtsfest 1996 hat das Versandhaus *Quelle* eine CD-ROM zum Ereignis »Schenken« herausgebracht. Bei den über 1.000 Geschenktips hilft ein interaktiver Geschenkberater bei der Auswahl. Zudem ist über eine integrierte Datenbank der Zugang zum *Quelle*-Hauptkatalog möglich und selbstverständlich kann der (potentielle) Kunde online bestellen.

Einen noch direkteren Weg zum (potentiellen) Kunden geht *Milupa*, Produzent von Säuglingsnahrung.[7] Wo muß eine werdende Mutter, also die (potentielle) Kundin für Babynahrung, auf jeden Fall hingehen? Zum Gynäkologen. So kann es auch nicht verwundern, daß in den Praxen der Gynäkologen Bücher mit Antwortcoupons ausliegen, die über Schwangerschaft informieren und mitgenommen werden dürfen. Sobald die Coupons in der *Milupa*-Zentrale eingehen, startet eine mehrstufige Mailingaktion mit der Zusendung von weiterem Informationsmaterial. Danach folgen Milch- oder später Babybreiproben. Die aktuellen Daten von zwei Dritteln aller werdenden Mütter in Deutschland sind so ständig in der Datenbank von *Milupa* präsent. *Milupa* hat jetzt die Möglichkeit, seine (potentiellen) Kunden von dem einen in das andere Segment zu begleiten: Zunächst wird die junge Mutter in dem Segment »Säugling« bedient und anschließend in dem Segment »Kleinkind« weiter betreut. Die Zeitschrift *Eltern* kennen Sie sicherlich. Hier erhalten werdende Eltern ebenso wie Eltern von Säuglingen und Kleinkindern die gleichen Informationen. Ob ein Elternpaar dabei ein Kleinkind hat, interessiert nicht, es erwirbt trotzdem die neuesten Empfehlungen für zum Beispiel die Unterwassergeburt mit. Ganz anders in Amerika. Auch hier gibt es *Eltern, Parents* genannt. Entsprechend der individuellen Bedürfnisse bedient *Gruner & Jahr* jedoch zwei Märkte; denn *Parents* erscheint mit unterschiedlichen Schwerpunktthemen: einmal für die Zeit vor und einmal für die Zeit nach der Geburt.[8] Aus einem Produkt wird so eine individuelle Problemlösung, mit der zwei Segmente individuell bedient werden können. Was in den USA technologisch machbar ist, müßte doch auch in Deutschland seine Märkte finden, oder?

Auch die *Best Western Hotels Deutschland GmbH* hat 1995 einen ihrer Märkte nach einem Ereignis – den Tagungen von Firmen, Verbänden und anderen Organisationen – wieder neu entdeckt und strukturiert. Ende April 1995 startete eine dreistufige Mailing-Aktion, um Tagungsentscheider in Verbänden und in der Industrie anzusprechen.[9] In den letzten zwei Jahren war das Tagungsgeschäft der Hotelkette um rund zwanzig Prozent zurückgegangen, und mit dem Tagungsgeschäft in unmittelbaren Zusammenhang steht auch das Geschäft mit den Hotelübernachtungen.

Die bedürfnisgleiche Segmentierung nach Ereignissen hat für die Unternehmen den großen Vorteil, daß mit dem Ereignis unmittelbar auch das individuelle Bedürfnis der Kunden verbunden ist. Das bedeutet, daß im Rahmen der Kommunikation unmittelbar Bezug auf das (bevorstehende) Ereignis genommen werden kann. Hierüber kann dann die Aufmerksamkeit und das Interesse des angesprochenen Empfängers der Botschaft weitestgehend sichergestellt werden. Werdende Mütter zum Beispiel stehen in der Regel vor neuen Aufgaben, die es zu lösen gilt. Sie sind daher für alle Informationen, die ihnen bei der Bewältigung dieser Aufgabe helfen, dankbar.

Insbesondere die Markenartikelindustrie hat schon vor vielen Jahren gelernt, die Kraft der Segmentierung nach zeitlich befristeten Ereignissen für sich zu nutzen. Sei es durch spezielle Bockbiersorten, die nur zu Weihnachten und Ostern angeboten werden, Backwaren, die insbesondere in der kalten Jahreszeit reißenden Absatz finden oder spezielle

Spirituosen. So brachte ausschließlich für das Weihnachtsgeschäft die *Berentzen*-Gruppe 1994 eine mit winterlichen Gewürzen verfeinerte Fruchtspirituose auf den deutschen Markt. Das Harsewinkler Unternehmen sollte sich angesichts der Präferenz des amerikanischen Gaumens für Zimt und ähnliche Gewürze einmal überlegen, ob es mit diesem oder einem ähnlichen Produkt im Sinne einer regionalen Segmentierung nicht auch den amerikanischen Markt erfolgreich bedienen könnte. Ein Schmankerl der besonderen Art hat *Effem* seit 5 Jahren zu Weihnachten für Hund und Katze parat: Das *Cesar*-Festtagsmenü mit Gänsefleisch.

... die Segmentierung nach gleichen soziodemographischen Merkmalen

Die *Mannheimer Versicherung* hat schon Ende der 80er Jahre damit begonnen, neben den bestehenden, ganze Vertriebsorganisationen für einzelne Märkte aufzubauen, hier z.B. nach Berufsgruppen differenziert, bei denen das Angebot auf den einzelnen Kunden zugeschnitten ist.[10] Die individuelle Beratung und der spezielle Zuschnitt des Angebots auf die Bedürfnisse der Kunden drückt sich schon im Namen der einzelnen Versicherungsprogramme aus: *Hostima* – für Hotels, *Valorima* – für Juweliere, *Sinfonima* – für Berufsmusiker usw... Durch die Bildung homogener Märkte ist zum einen die Kundenansprache einfacher. Ich, Hotelier, mit meinen individuellen Versicherungsbedürfnissen bin gemeint und nicht irgendeiner. Zudem kann durch die gezielte Ausbildung der Außendienstmitarbeiter – Stichwort Fokussierung – der tatsächliche Kundenbedarf leichter erkannt und individuell befriedigt werden. Das Unternehmen kann so seine individuelle Problemlösungskompetenz deutlich verbessern und sich gegenüber Mitbewerbern, die ähnliche Versicherungsprodukte anbieten, differenzieren. Schon heute machen die Berufsmärkte rund 30 Prozent des Neugeschäftes aus.

Auch die Markenartikelindustrie macht sich die Segmentierung nach soziodemographischen Merkmalen zunutze. *Pepsi* peilt mit seinem neuen zuckerfreien Getränk – *Pepsi Max* – in Deutschland junge Männer an, die von Light-Produkten bisher nichts wissen wollen: Zielgruppe sind die sportiven, aktiven 18–25 jährigen Männer, denen übliche Light-Getränke, die im übrigen in Deutschland meist mit jungen

Frauen beworben werden, zu feminin sind. Ein hoher Coffein-Anteil, kräftiger Geschmack und ein »starkes« Image sollen diese Männer überzeugen.

Die zum *Unilever*-Konzern gehörenden *Schafft Fleischwerke* haben 1993 mit einem Computerspiel ihren Markt »Jugendliche« über ein Dialogmarketinginstrument angesprochen. Sie veranstalteten ein Gewinnspiel um ihre Minisalami *Bi-Fi.* Statt eines teuren Hauptpreises, dem Traumhaus zu einer Million Mark oder einen Porsche, verlosten die Wurstmacher 70 000 Disketten mit einem Computerspiel. Und wer spielt mehr mit dem Computer als Jugendliche? Im Computerabenteuer ging es darum, einem Detektiv bei der Suche nach dem verlorengegangenem *Bi-Fi*-Rezept zu helfen.[11] Eine typische Segmentierung nach soziodemographischen Merkmalen hat die *Karlsberg Brauerei* vollzogen. Sie bietet seit 1995 ihre Hausmarke *Karlsberg Ur-Pils* in einem ersten 6er Pack mit 0,5-Liter-Dosen statt 0,33-Liter-Dosen an und will mit der neuen Verpackung primär Single-Haushalte ansprechen. Die *Encyclopaedia Britannica* wendet sich an Familien mit Kindern mit der Schlagzeile: »Sie werden wissen, daß ihre Kinder für eine *Encyclopaedia Britannica* reif sind, wenn sie diese sechs einfachen Fragen stellen«.[12] Und wissen Sie, warum die Banane krumm ist? Oder können Sie so ohne weiteres erklären, wie der Honig ins Glas kommt? Oder warum ein Flugzeug fliegt? Die *Britannica* hat einen Markt entdeckt.

Auch bei der Segmentierung nach gleichen soziodemographischen Merkmalen bleibt festzuhalten, daß neben dem soziodemographischen Merkmal das erste gemeinsame Charakteristikum der (potentiellen) Kunden des jeweiligen Segmentes das gemeinsame individuelle Bedürfnis sein muß.

Viele Banken haben erkannt – vielleicht aufgeschreckt durch die Erfolge der *Citibank* – wie wichtig es für ein Unternehmen ist, die individuellen Bedürfnisse seiner Kunden mit individuellen Problemlösungen zu bedienen. Sie haben damit begonnen, ihre Märkte u.a. nach Altersmerkmalen zu segmentieren. Mit dem Slogan »Da kommen die Alten nicht mehr mit« bewirbt die *Raiffeisenbank e.G.* Leezen, Bad Segeberg ihre neue Filiale mit dem Namen *YoungBudgetBanking.* Die Geschäftsstelle mit außergewöhnlichem Design und unkonventionellem Auftritt wendet sich an Schüler und Azubis. In diesem Markt will die Raiffeisenbank den Jugendlichen Hilfestellung im sinnvollen Umgang mit Guthaben und Gespartem leisten; es gibt aber weder Schecks noch Kredite.[13] So gewinnt die *Raiffeisenbank* mit ihrer Filiale *Young-BudgetBanking* neue (potentielle) Kunden für ihr Hauptgeschäft. Die *Commerzbank* in Frankfurt hingegen hat den Markt der Kapitalanleger neu für sich entdeckt. »In einer Mailingaktion warb sie für ihren Geldmarktfonds *Comega.* Rund 600.000 zahlungskräftige *Commerzbank*-Kunden, die nach Einschätzung der Banker die 20.000 DM Mindesteinlage problemlos aufbringen konnten«, die man also zusätzlich nach ihrem verfügbaren Einkommen segmentierte, »wurden dafür aus den Kundendateien der Filialen selektiert und persönlich angeschrieben. Das Mailing traf ins Schwarze. Innerhalb von drei Wochen flossen rund 3,5 Milliarden Mark von den Stammkunden in den Fonds.«[14] Die Bausparkasse *Wüstenrot* hat speziell für die Jugend Jugendberater ausgebildet. Parallel dazu wurde ein Jugendprodukt entwickelt, das einen Bausparvertrag mit einem Sparkonto kombiniert. Die *Barmer* Krankenkasse gibt ein Kundenmagazin für Studenten heraus. *Unicare* informiert über Gesundheit, Sport und Freizeit und erscheint als Supplement zum Studenten-Magazin *Unicum.* Zielsetzung ist es, den direkten Dialog zu den ca. 1,8 Millionen Studenten an den deutschen Hochschulen zu finden. Einen ganz neuen Weg zum (potentiellen) Kunden geht seit 1996 die *Spar* mit dem *Spar-Express-Markt*: Der 160 Quadratmeter große – oder besser kleine – Shop soll Singles und Jungsenioren gleichermaßen den schnellen und unkomplizierten Zugang zu Lebensmitteln, Fax-Geräten und Geldautomaten sowie zu warmen Speisen verschaffen. Die geplanten Standorte: Hauptverkehrsstraßen, Bahnhöfe, Flughäfen. Die Philosophie erklärt der Marketing-Direktor Thomas Weiß wie folgt: »Für uns ist Convenience die gelebte Auffassung vom kundenfreundlichen und verbraucherorientierten Laden.«[15]

Der *Otto-Versand,* ohnehin ein Unternehmen das die Ansprüche der Maximalen Kundenorientierung weitestgehend erfüllt, hat für eines seiner Angebote ebenfalls einen neuen Markt definiert: Die Gewerbetreibenden. Der Sonderkatalog »*Büro & Technik*«, der vierteljährlich erscheint, wird an 1,3 Millionen Gewerbetreibender verschickt. Den individuellen Bedürfnissen seiner Kunden entsprechend, bietet *Otto* im Rahmen seiner individuellen Problemlösung nicht nur den eigenen *Hermes*-Auslieferungsservice und die bei *Otto* schon fast alltägliche 24

Stundenlieferung an, sondern auch einen Reparatur-Service.[16] Über den Markterfolg der Zeitschrift *Focus* haben wir ja schon an anderer Stelle berichtet. Wenn man die Mediadaten des *Focus* mit denen des *Spiegel* vergleicht, so ergibt sich trotz aller Bemühungen beider Verlage, Unterschiede in den eigenen Mediadaten aufzuzeigen, ein ziemlich einheitliches Bild in puncto »Zielgruppe«. Sowohl bezüglich des Haushalts-Netto-Einkommens der Leser, wie auch der Schulbildung sind beide Lesergruppen nahezu identisch. Was das Alter betrifft, so ist der *Focus*leser tendenziell ein wenig jünger als der Spiegelleser. In der Mittelklasse, also der Altersgruppe 40–49 Jahre, sind die Daten für beide Zeitschriften wieder identisch. Unterschiede gibt es nur in einzelnen Bereichen des Persönlichkeitsprofils, was beide Blätter auch deutlich in ihren Mediadaten hervorheben. Der Unterschied zwischen beiden Zeitschriften liegt in den unterschiedlichen individuellen Bedürfnissen ihrer Leser: Während der *Spiegel* Zusammenhänge und Hintergründe aus Politik, Wirtschaft und Kultur bis ins kleinste Detail diskutiert, bis 1996 weitestgehend auf Graphiken und große (Farb-)Fotos verzichtete und ihm auch ein bestimmtes Sendungsbewußsein nicht abgesprochen werden kann, lebt der *Focus* von Infographiken, Tabellen, Farbfotos, schnellen Informationen und kurzen Texten. Der *Focus* richtet sich damit vornehmlich an die Nichtleser des *Spiegel*. Verglichen mit dem *Spiegel* hat er einen ganz neuen Markt mit unterschiedlichen individuellen Bedürfnissen, aber weitestgehend gemeinsamen soziodemographischen Merkmalen definiert. Während der *Focus* Lebenshilfe gibt – die 500 besten Ärzte –, macht(e) der *Spiegel* Politik.

Auch die Nobel-Hotel-Kette *Hilton International* zeigt, wie Produkte in individuelle Problemlösungen für bestimmte Segmente gewandelt werden können: Hinter dem Begriff »Master Shot« z.B. verbirgt sich etwa ein Service für die Filmindustrie. Die Crews finden in jedem Hotel einen Manager, der ihre Bedürfnisse sowie die entsprechende Szene kennt und über alle wichtigen örtlichen Adressen im Umfeld des Mediengeschäfts verfügt. Spezielle Sicherheitsvorkehrungen, zusätzliche Lagerräume, Catering oder geänderte Öffnungszeiten der Küche gehören ebenfalls zum Paket.

... die Segmentierung nach vergleichbaren Lebensabschnitten

An anderer Stelle haben wir schon einmal die besonderen Herausforderungen im Markt der Jungsenioren diskutiert. Als erster Kosmetikkonzern weltweit führte 1995 die *Beiersdorf AG*, Hamburg, mit der Hautpflegeserie *Nivea Vital* für Frauen über 50 Jahren in der Bundesrepublik, den Benelux-Staaten, Frankreich und Österreich eine individuelle Problemlösung für Frauen zwischen 55 und 75 Jahren ein. In sechsjähriger Forschungs- und Vorbereitungszeit wurden fünf Produkte – von der Waschemulsion bis zum Aktiv-Konzentrat – bewußt für die Jungseniorinnen, das goldene Segment, entwickelt. Im *Handelsblatt* wird dies als »... ein mutiger Schritt« bezeichnet, »... vermarkten doch internationale Kosmetikkonzerne vornehmlich Hautpflegeprodukte für jüngere und junge Zielgruppen.«[17] Warum eigentlich mutig? Weil die Jungsenioren die kaufkräftigste Zielgruppe im Markt ist, oder weil die Wettbewerbssituation in diesem Markt, im Vergleich zu anderen Märkten, z.B. der der Frauen zwischen 20 und 40, schon als paradiesisch zu bezeichnen ist, weil es bisher keinen Wettbewerb gibt? Doch *Beiersdorf* ist ohnehin auf Nummer sicher gegangen. Denn bevor man die Einführung auf dem deutschen Markt wagte, testete die Baseler Tochter das Sortiment im Frühjahr 1994 in der Schweiz. Innerhalb von nur sieben Monaten stieg der Marktanteil auf 6,8 Prozent (Nov./Dez. 94) – die Erstkäufer tätigten bis Jahresende vier Wiederholungskäufe. Gleichzeitig stieg der Marktanteil von *Nivea Visage*, dem Standardprodukt, binnen eines Jahres von 32,5 auf 32,9 Prozent; es gab also keine Substitution bei der jüngeren *Nivea-Visage*-Pflegeserie. Der (potentielle) Kunde und seine Bedürfnisse sind eindeutig definiert: Die reife Frau zwischen 50 und 75 mit ihren speziellen Hautproblemen (= individuelle Bedürfnisse). Die *Beiersdorf*-Hautforscher entdeckten, daß das sogenannte »Dickerwerden« der Haut im reifen Alter das Nachwachsen junger, also frischer glatter Hautzellen verhindert. Durch eine neue Vitaminkombination von *Nivea Vital* wird eine nachweisbare Verbesserung der reifen Haut erreicht (= individuelle Problemlösung). Es dürfte nicht überraschen, daß auch in der Kommunikation das Alter und die Lebenseinstellung der reiferen Frau im Mittelpunkt steht. So wird die neue Serie in Fernsehspots und Anzeigen bewußt von dem 53jährigen Topmodel Susanne Schöneborn präsentiert. Schade nur, daß

Beiersdorf sich nicht dazu durchringen konnte, statt eines solchen Topmodells ein allgemein anerkanntes Vorbild der Jungseniorinnen, wie z.B. Sophia Loren, Claudia Cardinale oder Witta Pohl einzusetzen.

... die Segmentierung nach gemeinsamen Interessen und Hobbys

»Bezahlen Sie doch einfach mit Ihrem guten Namen« – kann jeder von sich behaupten. Und sich seine Freiheit nehmen, kann auch jeder – nicht bloß Nonnen, Motorradfahrer und hübsche Frauen in heißen Badeanzügen. Gemeint mit diesen Beispielen sind die Kreditkartenfirmen. Die meisten bieten immer noch nur einunddasselbe Produkt für jedermann an – doch der (potentielle) Kunde ist nicht jedermann, er ist ein Individuum und möchte auch als solches behandelt werden. *Eurocard* hat damit begonnen, individuelle Bedürfnisse und individuelle Problemlösungen in ihr Denken und Arbeiten miteinzubeziehen. *Eurocard* für Golfer ist ein Beispiel. Mit einem individuellen Angebot sucht *Eurocard* individuelle Bedürfnisse zu befriedigen – Märkte werden gestaltet. Pünktlich zur Golfsaison wartet die *Eurocard* – nach eigenen Angaben »Deutschlands meistverkaufte Kreditkarte« – mit einer neuen individuellen Problemlösung auf: Der *Gold Fee Card* auf. Die *Eurocard*-Manager versprechen Besitzern der Plastikkarte bis zu 50 Prozent reduzierte Green-fees auf derzeit rund 1000 weltweit renommierten Golfanlagen; allein 60 attraktive Plätze erwarten den Freak in Deutschland. Viele davon sind Courts, auf denen bereits Meisterschaften ausgetragen wurden, wie etwa der *Golfclub Schloß Lüdersburg*. Einmal dort spielen, wo die Meister spielen, könnte das individuelle Bedürfnis lauten, welches angesprochen wird. Sonderkonditionen gibt es auch in diversen Golf-Hotels, etwa im königlich-bayrischem Club- und Gästehaus, beim *Wittelsbacher Golfclub Rohrenfeld* oder im *Montecastillo Golf & Hotel Resort* im westspanischem Jerez – also mit der *Eurocard* Geld sparen und das bei einem Jahresbeitrag für die sportliche Kreditkarte von 110 Mark. Die Partnerkarte kostet 60 Mark.[18] Ein noch kleineres Segment hat sich der Uhrenhersteller *Breitling* ausgesucht: Für Luftsportler in Not wurde die SOS-Uhr *Emergency* entwickelt.

... die Segmentierung nach regionalen Merkmalen

Insbesondere bei Neugeschäften, sei es bei einer Unternehmensneugründung oder der Einführung einer neuen Problemlösung, bietet es sich an, zunächst in einem regional begrenzten Segment zu beginnen. Erst wenn die zuvor festgelegten strategischen Ziele erreicht sind, kann damit begonnen werden, das Segment zu vergrößern. Ein Beispiel für eine solche regionale Segmentierung, die auch als Testmarkt begriffen werden kann, wurde mit *Nivea Vital* weiter oben schon dargestellt, welche *Beiersdorf* zunächst in dem regionalen Markt Schweiz eingeführt hat.

Dem New Yorker Howard Schultz ist es mit Hilfe der regionalen Segmentierung gelungen, aus einer unbekannten kleinen Kaffeerösterei innerhalb von zehn Jahren die erfolgreichste Kaffeekette der USA zu machen. Wie so oft beginnt alles mit Intuition, mit einer Idee eines einzelnen. 1983 wandelte Schultz über die Piazza von Mailand. Die Kultur des italienischen Kaffeetrinkens und die über 200.000 Espresso-Bars hatten es ihm angetan. Er war davon überzeugt, daß sich das Konzept der Umwandlung der Institution der italienischen Espresso-Bars, in denen der Italiener seinen Tag anfängt und am Abend mit Freunden wieder beschließt, in eine amerikanische Variante, als Lifestyle-Konzept vermarkten läßt. Sein erstes Café eröffnete Schultz unter dem Namen »*Heil Giornale*« in dem Testmarkt Chicago – es wurde über Nacht ein Renner. Es folgten rasch weitere Cafés in Vancouver und Seattle. 1987 übernahm Schultz die Firma, 1992 ging er an die Börse, und seitdem ist *Starbucks* eines der Unternehmen mit der größten Wachstumsrate in den USA. Neben den grundsätzlichen Erfolgsfaktoren der Maximalen Kundenorientierung liegt einer der Schlüssel für diese amerikanische Erfolgsgeschichte in der regionalen Segmentierung. Denn bevor Schultz weitere lokale Märkte erschließt, will er an dem jeweiligen Ort der absolute Marktführer sein. Erst nach eingehenden demographischen Analysen bezüglich der Kaufkraft der potentiellen Kunden, fallen dann die Entscheidungen für neue Standorte. Dabei behält Schultz die Übersicht, Weitsicht und zweifelsohne auch Nerven, denn an jedem neuen Standort »... (wird) das jeweilige Ladenpersonal ... sorgsam ausgewählt und intensiv im Vorfeld trainiert. Seine Devise: ›Wenn man einen Wolkenkratzer aufbauen will, dann muß man zuerst ein solides Fundament legen, das ein solches Gebäude tragen kann. Wir sind bereit, solange Verluste hinzunehmen, bis dieser Prozeß abgeschlossen ist‹.«[19]

Auch bei der Definition der Märkte entscheiden nur sie – die individuellen Bedürfnisse

Über die Definition der Märkte nach bedürfnisgleichen Segmenten kann das Unternehmen diejenigen Märkte identifizieren, in denen es die höchste Problemlösungskompetenz aufweist. Unabhängig davon, ob diese Definition an Ereignisse oder soziodemographische Kriterien gekoppelt ist, die individuellen Bedürfnisse der (potentiellen) Kunden sind immer Ausgangspunkt aller Überlegungen. Viele Unternehmen meinen von sich, daß sie schon lange in Segmenten oder Zielgruppen arbeiten. Wenn man sich die Segmente genauer betrachtet, stellt man jedoch fest, daß diese Unternehmen ihre Märkte nicht nach einem ähnlichen individuellen Bedürfnis definiert haben, sondern der Markt nach bestimmten, meist nach innen gerichteten anderen Kriterien geteilt wurde. Die *Bertelsmann Lexikothek*, ein Direktvertrieb für mehrbändige Nachschlagewerke zum Beispiel, hat ihre Märkte nach Adressen gegliedert und daraus sechs im Markt selbständig agierende Vertriebsorganisationen gegründet. Als Selektionskriterium zur Definition der Märkte wird ausschließlich die Herkunft der Adresse herangezogen.

Die ersten fünf Organisationen haben ausschließlich die Aufgabe, neue Kunden für die *Bertelsmann Lexikothek* zu gewinnen, die dann von der sechsten Organisation, dem Kundengeschäft, weiter betreut werden. Eine solche Segmentierung nach der Aufgabe der Außendienstmitarbeiter kann durchaus sinnvoll sein, wenn sich hierdurch die Problemlösungskompetenz des Unternehmens für den Neukunden und den einmal gewonnenen Kunden erhöht. Schließlich befinden sich beide, der Interessent und der Kunde, in unterschiedlichen Situationen und verlangen auch eine unterschiedliche Beratung. Als verantwortlicher Marktmanager habe ich diesen neuen Vertrieb unter dem Namen Kundendienstorganisation innerhalb einer Matrixstruktur 1988 aufge-

1. den Buchclubvertrieb	der alle Mitglieder der *Bertelsmann* Buchclubs, die jünger als 50 Jahre sind, besucht
2. den Buchclubvertrieb »Jungsenioren«	der alle Mitglieder der *Bertelsmann* Buchclubs, die älter als 50 Jahre sind, besucht
3. den Familienvertrieb	der alle Adressen von Jungverheirateten, jungen Familien mit Kleinkindern und sog. Jahrgangsadressen (die Kinder sind älter als 3 Jahre) besucht
4. den Zielgruppenvertrieb	der alle Adressen, die auf anderen Wegen gewonnen werden, besucht
5. den Coron-Vertrieb	eine zugekaufte Vertriebsorganisation, die die Mitglieder des Deutschen Bücherbundes und von Weltbild besucht
6. das Kundengeschäft	das die einmal gewonnenen Neukunden mit weiteren Produkten versorgt.

baut. Schon im ersten Jahr konnten wir den Umsatz mit unseren bestehenden Kunden vervierfachen.

Die Segmentierung nach Interessenten und Kunden war die erste, die von der *Bertelsmann Lexikothek* durchgeführt wurde. Der zweite Schritt war die Etablierung des Segmentes Jungsenioren. Mir war 1989 aufgefallen, daß unser Bildungssystem »*Deutschland – Porträt einer Nation*« nur in einer Verkaufsleitung erfolgreich vertrieben wurde. Vor Ort habe ich mir die Arbeit dieser Verkaufsleitung angeschaut und festgestellt, daß die Außendienstmitarbeiter ausschließlich Buchclubkunden, die älter als 50 Jahre waren besuchten und dort ausschließlich dieses Bildungssystem vorstellten. Grundlage der Arbeit der Außendienstmitarbeiter war ein von Martin Salzwedel entwickeltes Verkaufsgespräch, welches die besonderen Anforderungen speziell dieses Segmentes berücksichtigte. Zusammen haben wir dann aus meiner zentralen Marketingabteilung heraus den meiner Kenntnis nach ersten Direktvertrieb an Jungsenioren in Deutschland aufgebaut. Während hier vergleichbare individuelle Bedürfnisse, die mit einer individuellen

Problemlösung befriedigt werden können, der Ausgangspunkt der Definition des Marktes waren, wurden die anderen Organisationen anschließend jedoch nicht von den Notwendigkeiten des Marktes her definiert. Ihre Definition erfolgte unter dem theoretischen Aspekt, eine scheinbar bessere Marktdurchdringung über die Herkunft der Adresse zu erreichen. Der Markt wird hier wieder als Ziel, als Variable definiert, die von den Aktivitäten des Unternehmens abhängig ist; in Wirklichkeit entscheidet jedoch der Markt, der einzelne (potentielle) Kunde über den wirtschaftlichen Erfolg des Unternehmens. Von welcher Organisation die einzelne Adresse bearbeitet wird, ist, wie schon erwähnt, ausschließlich von dem Adreßzugang abhängig: Die Familie Meier mit einem neugeborenen Baby wird von der Buchcluborganisation besucht, weil sie Mitglied im Buchclub ist, die Familie Müller, ebenfalls mit einem Neugeborenen, wird von dem Familienvertrieb besucht, weil die Adresse über die Felicitasorganisation beschafft wurde, und die Familie Schmidt, die ebenfalls ein neugeborenes Kind hat, wird von den Zielgruppenvertrieben bearbeitet, weil die Mutter auf eine Steckkarte im Briefkasten geantwortet hat. Eine Segmentierung nach individuellen Bedürfnissen liegt hier nicht vor. Während die Segmentierung nach ähnlichen individuellen Bedürfnissen in Neukunden- und Kundengeschäft, sowie die Etablierung des Segmentes Jungsenioren noch zu zweistelligen Umsatzzuwächsen bei der *Bertelsmann Lexikothek* geführt hat, hat die falsch verstandene Segmentierung zu gravierenden Umsatzverlusten in den letzten Geschäftsjahren geführt. Nur die Kundendienstorganisation, heute leider Kundengeschäft genannt, und das Jungseniorengeschäft wachsen noch kontinuierlich weiter.

Maximale Kundenorientierung erfordert in der Regel eine Segmentierung nach mehr als nur dem Kriterium der Bedürfnisgleichheit. Meist ist es erforderlich, sekundäre Kriterien zur Verfeinerung der Segmentierung hinzuzuziehen. Wie die Beispiele gezeigt haben, können dies ganz unterschiedliche sekundäre Segmentierungskriterien sein: Ein Ereignis, soziodemographische Merkmale und vieles mehr. Entscheidend ist, daß auch diese Kriterien vom Markt aus definiert werden. Um Mißverständnissen vorzubeugen, muß aber noch einmal betont werden, daß diese Merkmale in sich kein geeignetes Kriterium sind, einen Markt zu definieren; nur das ähnliche, vergleichbare individuelle Bedürfnis ist und bleibt das entscheidende Segmentierungskriterium.

Fazit: Individuelles Partnerschaftsmarketing ist um so effizienter und erfolgreicher, je feiner der Markt abgegrenzt und definiert ist, das heißt je mehr gemeinsame primäre und sekundäre Merkmale die Mitglieder aufweisen. Die Unternehmen sollten sich bei der Definition des Marktes daher immer die Frage stellen: »Was haben die von uns identifizierten Menschen, die das eine individuelle Bedürfnis gemeinsam haben, darüber hinaus noch gemeinsam?«

Der Endverbraucher muß nicht der Ansprechpartner sein

Bei der Frage der Segmentierung, also der Definition des Geschäftsfeldes eines Unternehmens, gilt es zu bedenken, daß der Endverbraucher zwar die angebotene Problemlösung erwirbt und bezahlt, er jedoch nicht der Entscheider hierüber sein muß. Ein Beispiel: Gemeinhin ist es durchaus berechtigt zu vermuten, daß für ein verschreibungspflichtiges Medikament z.B. der verschreibende Arzt das anzusprechende Segment wäre. Dies um so mehr, wenn man weiß, daß 80 Prozent der Pharma-Mailings ihr Ziel erreichen, also vom angesprochenen Arzt auch tatsächlich gelesen werden. Dafür wendet er tagtäglich rund 17 Minuten auf, wie aus einer Studie der *Mediapharm Gesundheitsforschung* bei 307 repräsentativ ausgewählten Ärzten hervorgeht.[20] Bei einer solchen Quote kann jedem Pharmaunternehmen empfohlen werden, seine verschreibungspflichtigen Produkte direkt beim Arzt zu bewerben. Denn wenn es das eine Unternehmen nicht tut, tut es das andere. Aber man sollte diese Empfehlung nicht verallgemeinern. Eine Datenanalyse des Marktforschungsinstituts *Udo Krause* hat ergeben, daß 79 Prozent aller Verordnungen, die in Kliniken vorgenommen wurden, von den Ärzten übernommen werden, die den Patienten nach seinem Klinikaufenthalt weiter betreuen.[21] Das heißt wenn es verschreibungspflichtige Medikamente gibt, die nur oder primär bei einem Klinikaufenthalt, sei es stationär oder ambulant, zur Erstverwendung kommen, dann sollte ein Pharmaunternehmen, welches ein solches Medikament vertreibt, insbesondere die Ärzte mit diesen Direktwerbemaßnahmen ansprechen, die in Kliniken tätig sind, sei es haupt- oder nebenberuflich. Umgekehrt sollte ein Unternehmen für ein solches Medikament seine Kraft, sein Werbebudget nicht an klassische Landärzte, wie z.B. den fernsehbekannten Dr. Matthisen, vergeuden. Auf diese Weise kann sich ein Unternehmen einen Markt B (hier Hausarzt) öffnen, indem es einen anderen Markt A (hier Klinikarzt) bedient. Ein Beispiel hierfür ist die Vermarktung des Medikaments *Tylenol.* Der Hersteller *Johnson & Johnson* versucht hiermit einen großen Marktanteil im Krankenhausbereich zu erlangen, da die Verschreibungen im Krankenhaus den Patienten mit nach Hause begleiten.

Neben dem (potentiellen) Kunden als Verbraucher können, wie das gerade dargestellte Beispiel zeigt, zudem auch noch andere Entscheider wesentlichen Einfluß auf die Märkte eines Unternehmens haben. Für das amerikanische Pharmaunternehmen *Glaxo* waren etwa Medizinalassistenten das langfristig anteilsbestimmende Segment. Konnten sie nämlich während ihrer Ausbildung für das Medikament *Zantac* gewonnen werden, so blieben sie auch als frischgebackene Ärzte bei ihrer Verschreibungspraxis. Selbstverständlich machen sich diese Definition des Marktes auch noch andere Unternehmen zunutze: Viele Anbieter von Getränkespezialitäten konzentrieren ihre Aktivitäten z.B. auf Restaurants als das anteilsbestimmende Kundensegment. Dies sorgt zum einen für Produktbekanntheit – es steht auf der Karte – und, was noch wichtiger ist, gibt so dem (potentiellen) Kunden die Gelegenheit zum Probieren – zum Testen. *Perrier* Mineralwasser hat mit dieser Strategie eine starke Positionen im Gaststättenbereich gewonnen und anschließend noch größere Zugewinne im Einzelhandel erzielt.[22] Daß durch derartige Definitionen des Marktes noch andere positive Effekte für das Unternehmen erreicht werden, soll an anderer Stelle weiter diskutiert werden. Daß Kinder Einfluß auf die Kaufentscheidungen ihrer Eltern haben, ist jedem Vater und jeder Mutter bestens bekannt. Aber wußten Sie, daß 23 Prozent der Eltern in einer Marktuntersuchung bestätigten, daß ihre Kinder auch Einfluß auf die Hard- und Softwareanschaffungen nehmen?[23]

Um Verwechslungen und möglichen Irrtümern vorzubeugen, sei an dieser Stelle noch erwähnt, daß die Definition der Märkte mit Hilfe von bedürfnisgleichen Kriterien »nur« eine Hilfestellung für die Unternehmen sein kann, das »Was« zu definieren, also den Einklang zwischen individuellen Bedürfnissen und individuellen Problemlösungen herzustellen.

10 Tips, die Ihnen helfen, Ihre Märkte zu segmentieren

1. Wenn Sie Ihre Märkte segmentieren, stellen Sie sich als erstes die Frage: »Welche individuellen Bedürfnisse wollen, werden, können wir befriedigen«?
2. Suchen Sie nach Gemeinsamkeiten Ihrer (potentiellen) Kunden. Listen Sie diese auf – oder besser visualisieren Sie diese.
3. Bei der Suche nach Gemeinsamkeiten sind die Kataloge der Adreßbrocker ein hilfreiches Instrument.
4. Fokussieren Sie Ihre Unternehmenstätigkeit nach Möglichkeit auf (potentielle) Kunden, die Sie kennen.
5. Hüten Sie sich davor, Ihre Segmente ausgehend von Ihren Produkten zu definieren.
6. Stellen Sie fest, wie andere Unternehmen, die in denselben Märkten wie das Ihre, aber mit einer anderen Unternehmensleistung, tätig sind, die Märkte segmentiert haben. Ein Farben- und Lackhersteller kann sich z.B. an der Segmentierung eines äußerst erfolgreichen Werkzeugherstellers orientieren.
7. Berücksichtigen Sie bei der Segmentierung nicht nur das heutige, sondern insbesondere auch das zukünftige Marktpotential. Sie können so zum Leadership aufsteigen.
8. Der größte Fehler, den Sie machen können, ist es, Ihre Märkte aufgrund organisatorischer Anforderungen zu segmentieren.
9. Berücksichtigen Sie immer, daß die Segmentierung der Märkte in der Regel auch mit einer Reorganisation Ihrer Ablauforganisation verbunden ist – aber! nicht verbunden sein muß.
10. Geben Sie jedem Segment einen Leitsatz: Die *Encyclopedia Britannica* verkauft im Segment »Familien mit schulpflichtigen Kindern« kein Lexikon, sondern stellt die Ausbildung der Kinder sicher, *Rank Xerox* verkauft keine Kopierer, sondern steigert die Effizienz der Büroarbeit.

6. Maximale Kundenorientierung durch maximale Segmentierung nach ähnlichen individuellen Bedürfnissen

Individuelle Bedürfnisse und individuelle Problemlösungen erfordern von dem Unternehmen das Denken und Handeln in bedürfnisgleichen Segmenten sowie die Konzentration aller Aktivitäten auf die jeweiligen Segmente.

1. Arbeiten Sie heute mit der Differenzierung in Segmente oder Zielgruppen? ☐ Ja ☐ Nein Chance ____
2. Können Sie anhand der Daten in Ihrer Datenbank unter den gegebenen Bedingungen, also bei gegebenen Problemlösungen, gegebener Kommunikationspolitik, ... Ihr vielversprechendstes Segment bestimmen? ☐ Ja ☐ Nein Chance ____
3. Sprechen Sie den richtigen Kunden an? ☐ Ja ☐ Nein Chance ____
4. Wie viele verschiedene Typen von (potentiellen) Kunden fallen Ihnen für Ihr Unternehmen ein? Beschreiben Sie diese bitte kurz. Chance ____

   ____

   ____

   ____

   ____
5. Falls Sie heute schon in verschiedenen Segmenten oder Zielgruppen tätig sind, beschreiben Sie bitte kurz, nach welchen Kriterien Sie Ihre Märkte segmentiert haben. Chance ____

   ____

   ____

   ____

   ____
6. Welche individuellen Bedürfnisse, die Sie in Kapitel 3 dieses Kundenorientierungsprofils bestimmt haben, wollen Sie in Zukunft befriedigen? Chance ____

7. Wieviele Segmente können Sie jetzt definieren. Beschreiben Sie jedes Segment bitte so genau wie möglich. Chance ___

8. Beschreiben Sie die einzelnen Segmente, die Sie in Zukunft bedienen wollen. Chance ___

9. Wie unterscheiden sich die (potentiellen) Kunden, die ein ähnliches individuelles Bedürfnis haben? Chance ___

10. Läßt sich hieraus eine weitere Differenzierung ableiten? Wenn ja, beschreiben Sie diese bitte möglichst genau. Chance ___

11. Mit Hilfe welcher sekundärer Segmentierungskriterien können Sie die einzelnen Segmente genauer definieren? Chance ___

12. An welche Ereignisse könnte das individuelle Bedürfnis gebunden sein? Chance ____

____

____

____

____

13. Ist eine weitere Differenzierung mit Hilfe soziodemographischer Merkmale sinnvoll? Wenn ja, beschreiben Sie diese bitte. Chance ____

____

____

____

____

14. Ist eine weitere Differenzierung aufgrund gemeinsamer Interessen oder Hobbys sinnvoll? Wenn ja, beschreiben Sie diese bitte. Chance ____

____

____

____

____

15. Wie könnten Sie Ihren Markt nach vergleichbaren Lebensabschnitten segmentieren? Chance ____

____

____

____

____

16. Welche regionalen Gesichtspunkte sollten Sie bei der Segmentierung berücksichtigen? Chance ____

____

____

____

____

17. Wie können Sie für Ihr Unternehmen neue Segmente identifizieren? Chance ___

___
___
___
___

18. Sind die Entscheider über den Kauf Ihrer Problemlösung und der letztendliche Verwender die gleiche Person? Wenn nein, inwiefern gilt es, dies in Ihrer Segmentierung zu berücksichtigen? Chance ___

___
___
___
___

Wenn Sie für jedes der in Kapitel 3 dieses Kundenorientierungsprofils identifizierten individuellen Bedürfnisse die o.g. Fragen beantwortet haben, wissen Sie jetzt, in welchen Segmenten Sie in Zukunft arbeiten und wie sich die einzelnen Segmente definieren lassen. Außerdem haben Sie schon wichtige Erkenntnisse darüber gewonnen, wie Sie Ihre (potentiellen) Kunden ansprechen können.

Anmerkungen

1 Weissmann, Arnold; Marketing-Strategie: 10 Stufen zum Erfolg; 1990; S. 102
2 Diller, Hermann (Hrsg.); Vahlens Großes Marketing Lexikon; 1994; S. 733
3 vgl. ebenda; S. 737 ff
4 Einen hervorragenden Einstieg in diese Thematik bietet von der theoretischen Seite her Vahlens Großes Marketing Lexikon, herausgegeben von Prof. Hermann Diller
5 vgl. im folgenden o.V.; in: Handelsblatt; 27.07.1994; Nr. 143; S. 23
6 o.V.; in: W & V; Nr. 20/1995; S. 23
7 vgl. im folgenden Tödtmann, Claudia/ Froitzheim, Ulf J.; in: WirtschaftsWoche; 7.10.1994; Nr. 41; 48. Jahrgang; S. 103
8 vgl. o.V.; in: Handelsblatt; 10.10.1994; Nr. 195; S. 15

9 vgl. o.V.; in: HORIZONT; 17.März 1995; Nr. 11/1995; S. 24
10 vgl. auch im folgenden o.V.; in: acquisa; Nr. 08/1994; S. 14
11 Jensen, Sören; in: managermagazin; Nr. 03/1995; 25. Jahrgang; S. 183
12 Andersson, Axel; in: Direkt Marketing; Januar/Februar 1995; S. 31
13 vgl. o.V.; in: Der Kontakter; 10. April 1995; Nr. 15; S. 20
14 Tödtmann, Claudia/ Froitzheim, Ulf J.; in: WirtschaftsWoche; 7.10.1994; Nr. 41; 48. Jahrgang; S. 117
15 Weiß, Thomas; zit. in: o.V.; Der Unternehmer der Zukunft bestimmt, was der Markt ist; in: absatzwirtschaft. Zeitschrift für Marketing; Nr. 11/96; S. 9
16 vgl. o.V.; in: Handelsblatt; 9.02.1995; Nr. 29; S. 20
17 Mussey, Dagmar; in: Handelsblatt; 29.03.1995; Nr. 63; S. 24
18 vgl. o.V.; in: W & V; Nr. 14/1995; S. 41
19 Conrad, Gala; in: Handelsblatt; 3./4.03.1995; Nr. 9; S. K 2
20 vgl. o.V.; in: W & V; Nr. 10/1995; S. 16
21 vgl. o.V.; in: W & V; Nr. 09/1995; S. 4
22 Slywotzky, Adrian J./ Shapiro, Benson P.; in: Harvard Business manager; 16. Jahrgang 1994; II. Quartal; S. 91/92
23 vgl. o.V.; in: Der Kontakter; 10. April 1995; Nr. 15; S. 4

Kapitel 8: Die Datenbank – der Schlüssel zum Individuellen Partnerschaftsmarketing

Maximale Kundenorientierung bedeutet, den Kunden in den Mittelpunkt zu stellen, ausgehend von seinen individuellen Bedürfnissen, individuelle Problemlösungen anzubieten und diese über ein Individuelles Partnerschaftsmarketing zu kommunizieren und zu verkaufen. Gemeinsam ist all diesen Erfolgsfaktoren die Individualität. Der Mensch »Kunde«, der Partner des Unternehmens, möchte heute nicht mehr als ein Teil der Masse gesehen werden, sondern als Held geführt, gewonnen und gehalten werden. Dies erfordert eine gezielte, eine individuelle Betreuung und Ansprache des (potentiellen) Kunden. Die Grundvoraussetzung hierfür ist eine eigene Datenbank; sie ist der Schlüssel zum Individuellen Partnerschaftsmarketing.

Die Realität in Deutschland sieht heute jedoch so aus, daß tagtäglich Millionen von Verkaufsvorgängen im verborgenen bleiben. Die Beziehung Unternehmen – Kunde existiert zwar, kann de facto aber nur mit Allgemeinplätzen beschrieben werden. Unter dieser Voraussetzung kann es nicht verwundern, wenn viele Unternehmen glauben, daß der Kunde immer unkalkulierbarer geworden ist. Wie soll er auch kalkulierbar für die Unternehmen sein, wenn sie ihn gar nicht kennen. Und wie wir noch zeigen werden, wollen viele Unternehmen ihren Kunden anscheinend gar nicht kennenlernen – auch wenn sie die Möglichkeit dazu haben. Wieviele Verkaufsvorgänge in Deutschland enden mit der Bezahlung per Kreditkarte und wieviele bzw. besser, wie wenige Kunden werden dann mit ihrem Namen angesprochen? Viel zu viele Verkaufsprozesse in Deutschland bleiben anonym, obwohl sie transparent gemacht werden könnten. Viel zu viele neu gewonnene Kunden werden als Einmalkunde betrachtet, obwohl der erste Verkaufsvorgang die Basis für eine Partnerschaft zwischen Unternehmen und (potentiellem) Kunden sein könnte.

Vorreiter des Datenbankmanagements waren wieder einmal amerikanische Unternehmen. Die Fluggesellschaft *American Airlines* gilt allgemein als das Pionierunternehmen auf diesem Sektor. *American*

Airlines hatte Ende der 70er Jahre festgestellt, daß zirka 20 Prozent der Kunden für zirka 80 Prozent des Umsatzes verantwortlich sind. Das Unternehmen erarbeitete daraufhin 1981 das erste Vielfliegerprogramm, in dem besondere Boni und Dienstleistungen für Vielflieger bereit gehalten werden. Dieses Programm ist vergleichbar mit dem 12 Jahre später eingeführten Kundenbindungsprogramm *miles and more* der deutschen *Lufthansa*. Verwaltet wurde das Programm der *American Airlines* in einer Mitgliedschafts-Datenbank. »Der Erfolg stellte sich bereits 1981, dem Jahr der Einführung ein, und alle anderen Fluggesellschaften brauchten Jahre, um diesen Vorsprung aufzuholen«[1], stellen Stan Rapp und Tom Collins fest. Schnell entdeckten andere amerikanische Unternehmen, die in anderen Märkten arbeiteten, die eigene Datenbank als den neuen Erfolgsfaktor ihrer Marktbearbeitung. *Chrysler* verkaufte 1984 130.000 Pkws und Lkws an seine eigenen Kunden, nur aufgrund eines Mailings, in dem der Vorstandsvorsitzende des Unternehmens sich bei den Kunden für die Treue, die diese dem Unternehmen gehalten hatten, bedankte und einen Gutschein über 500 Dollar beilegte. Mit der Marketing-Datenbank MARSHA (Marriott Automated Reservation Systems for Hotel Accommodations) erhöht die *Marriott*-Hotelgruppe seit 1984 den Wert der langfristigen Kundenbindung durch ein speziell ausgearbeitetes Kundenbindungsprogramm mit Namen »Honored Guest Awards«. Die Datenbank gestattet dem Unternehmen eine direkte und individuelle Kommunikation mit ihren Vielschläfern. Bei seiner fünften Übernachtung erreicht den Hotelgast zum Beispiel folgender Brief des Hoteldirektors: »Ich weiß, daß Sie oft bei uns gewesen sind. Kommen Sie bei Ihrem nächsten Aufenthalt in unserem Hotel doch einmal kurz bei mir vorbei. Sollten Sie jemals etwas brauchen, lassen Sie es mich bitte wissen.«[2] Der Lebensmittelkonzern *RJR Nabisco* wie auch der Zigarettenkonzern *Philip Morris* kommunizieren seit Mitte der 80er Jahre direkt mit ihren (potentiellen) Kunden. *Philip Morris* kann sich dabei auf eine eigene Datenbank stützen, in der mehr als 26 Millionen Adressen und Namen von Rauchern erfaßt sind.[3] Teilweise kennt *Philip Morris* sogar die Konkurrenzmarke. Seit 1994 testet die Kreditkartengesellschaft *American Express* in Europa und Kanada ein neues Konzept des Individuellen Partnerschaftsmarketing, wodurch die Umsätze mit den Kartenkunden um 15 bis 20 Prozent gesteigert werden konnten: »Seit 1991 zeichnet (die

Kreditkartengesellschaft) jeden Zahlungsvorgang auf, wenn eines ihrer 35 Millionen Mitglieder die Karte zückt. Zielsicher verschickt *Amex* … individuelle Werbebotschaften.«[4] Während amerikanische Hersteller und Einzelhandel die Datenbank als eines der wichtigsten Instrumente ihres Absatzmarketing längst etabliert haben, stehen viele deutsche Unternehmen noch am Anfang des Aufbaus einer eigenen Datenbank. Zwar werden Millionen von Zahlungsvorgängen und Kundenadressen gespeichert, aber vielfach werden diese Informationen nur zu »buchhalterischen« Zwecken benutzt. Ein Gesamtkonzept Individuelles Partnerschaftsmarketing, welches eine Datenbank als Voraussetzung integriert, fehlt in den meisten Fällen.

Individuelles Partnerschaftsmarketing erfordert nicht nur eine grundlegende Veränderung der Marktbearbeitung vieler Unternehmen – weg von der Masse hin zum Individuum –, sondern auch eine grundlegende Veränderung bzw. Ergänzung des Unternehmensprozesses, der Unternehmensstrategie. Peter Drucker, einer der führenden amerikanischen Marketingexperten, hat es auf den Punkt gebracht: »Wenn Sie genug Wissen über jemanden gesammelt und in Ihrer Datenbank gespeichert haben, erreichen Sie bald die beneidenswerte Situation, in der das Produkt den Kundenbedürfnissen optimal angepaßt ist und sich nahezu von selbst verkauft.«[5] Das Ziel, das mit dem Aufbau einer Datenbank verbunden ist, ist für jedes Unternehmen eindeutig: Die Basis für ein Individuelles Partnerschaftsmarketing zu schaffen. Neben dem Namen müssen insbesondere die individuellen Bedürfnisse des einzelnen und die gemeinsamen Aktivitäten des Unternehmens mit dem einzelnen (potentiellen) Kunden gespeichert werden. Zukunftsorientierte Unternehmen, also Unternehmen, die die Maximale Kundenorientierung zum Dreh- und Angelpunkt ihrer Aktivitäten machen, sammeln daher systematisch Informationen über ihre einzelnen (potentiellen) Kunden sowie über deren Verhalten und Erwartungen.[6] Sie machen damit ihre (potentiellen) Kunden als individuelle Persönlichkeiten, als Partner für das Individuelle Partnerschaftsmarketing operationalisierbar. Eine mit allen notwendigen Informationen individuell und interaktiv geführte Kommunikation berücksichtigt dann stets die aktuellen individuellen Rahmenbedingungen der (potentiellen) Kunden. Nur damit können lebendige, vertrauensvolle Beziehungen mit einer hohen Kundenbindung aufgebaut, können Partnerschaften entwickelt und gepflegt werden. Eine Datenbank ist dann für ein Unternehmen ein operatives System und damit die Grundlage, der Schlüssel für jedes Unternehmen, um den einzelnen (potentiellen) Kunden in den Mittelpunkt des Unternehmensgeschehens zu stellen. Der Aufbau, die Pflege der Datenbank kann damit kein nachgeordnetes Thema im Unternehmen sein, sondern muß zur Chefsache gemacht werden.

In den meisten deutschen Unternehmen scheint eine Datenbank hingegen noch den Stellenwert eines *Leitz*-Ordners zu haben. Eine Untersuchung von Prof. Dr. Jörg Link bei 200 Unternehmen zum Thema Database-Marketing ist zu einem erschreckenden Ergebnis gekommen: 80 Prozent der Database-Anwender halten Kauf- und Auftragsdaten auf ihrer Datenbank vor. Das heißt jedes fünfte Unternehmen speichert nur die Adressen ihrer Kunden. 60 Prozent haben Informationen zur Ausstattung ihrer Kunden mit eigenen oder fremden Produkten gespeichert, nur 41 Prozent hingegen halten Kundenanfragen in ihrer Datenbank fest.[7] Dies zeigt welch geringe Bedeutung die meisten Unternehmen heute noch einer Partnerschaft mit ihrem (potentiellen) Kunden beimessen.

Aufgrund der EDV-technischen Entwicklung ist es heute nahezu jedem Unternehmen möglich, eine eigene Datenbank aufzubauen, egal ob Großunternehmen oder Einmannbetrieb. Jedes Unternehmen hat die Chance, sich den Schlüssel zum Individuellen Partnerschaftsmarketing zu erarbeiten, sei es auf dem Großrechner oder auf dem PC. Der erste Schritt ist die vollständige und richtige Erfassung der Adresse. Diese kann jedes Unternehmen entweder bei Adreßverlagen einkaufen oder ganz simpel selbst sammeln, indem jeder Kontakt mit einem (potentiellen) Kunden, den das Unternehmen führt, in der Datenbank festgehalten wird. Bereits die Personalisierung eines Mailings führt im Rahmen der Gewinnung (potentieller) Kunden nachgewiesenermaßen zu einem wesentlich höheren Respons, als ein nichtpersonalisiertes.

Der Grad der weiteren Adreßqualifikation hängt entscheidend von der Notwendigkeit, das heißt der individuellen Situation jedes einzelnen Unternehmens ab. Gewinnspiele und Preisausschreiben mit der Aufforderung zu zusätzlichen Angaben wie Namen der Kinder, Geburtsdaten, Nutzung bestimmter Produkte, Interessen und Hobbys etc. sind die eine Möglichkeit, spezielle Angebote eine andere. Drei Beispiele: Ein großes Versandhaus bietet seinen Kunden einen individuellen Kalender mit den eingedruckten Geburtstagen aller Freunde und Verwandten an. Ein anderes Versandhaus wiederum bietet das individuelle Buch an, in welchem Namen, Adressen, Geburtstage und Hobbys des Kunden oder des Beschenkten in die Geschichte integriert sind. *Premiere* weiß von jedem seiner Kunden, ob dieser Kabel hat oder das Programm über den Astra- oder Kopernikus-Satelliten empfängt, und *Premiere* weiß auch, ob sein Kunde einen Videorecorder besitzt und wenn ja, welchen. Die Unternehmen gewinnen hierüber Informationen, die ihnen bisher ungeahnte und auch ungenutzte Möglichkeiten innerhalb eines unternehmensspezifischen Gesamtmodells »Individuelles Partnerschaftsmarketing« eröffnen.

Individuelles Partnerschaftsmarketing auf der Basis einer eigenen Datenbank erfordert grundlegende Veränderungen in den Unternehmensprozessen und auch in der Unternehmensstrategie. Die Unternehmen müssen lernen, Informationen und Daten über (potentielle) Kunden zu gewinnen und diese auch zu verwerten. Das Informationsmanagement erhält einen ganz neuen Stellenwert – und dies bei jedem Mitarbeiter. Abhängig von der individuellen Situation des Unternehmens können und müssen es die eigenen Mitarbeiter sein, die die Informationen für die Datenbank beschaffen. Welchen Stellenwert das Informationsmanagement der eigenen Mitarbeiter haben kann, läßt sich sehr gut am Beispiel der *Ritz-Carlton*-Hotelgruppe darstellen, die sich folgendermaßen von anderen Fünf-Sterne-Hotels unterscheidet: »... das Marmorbad, die flauschigen Bademäntel und das Telefon im Bad neben der Toilette haben sie alle. Aber die *Ritz-Carlton*-Kette hat ihre Mitarbeiter in der gesamten Organisation darauf trainiert, jede Möglichkeit zu nutzen, die besonderen Vorlieben der eigenen Kunden auf einem ›guest preference pad‹ zu vermerken und in die Database der Hotelkette einzugeben. Damit verfügt *Ritz-Carlton* bereits über Profile von fast 500.000 Kunden, zu denen die Mitarbeiter in jedem der 28 Hotels weltweit Zugang haben. Das Ergebnis sieht dann in der Praxis so aus: Man steigt in einem *Ritz-Carlton* in Mexiko ab und bestellt sich beim Room-Service zum Dinner einen Eiswürfel ins Weißweinglas. Wohnt man dann einige Monate später im *Ritz-Carlton* in Florida und bestellt sich ein Glas Weißwein ins Zimmer, wird man höchstwahrscheinlich gefragt werden, ob man es mit einem Eiswürfel haben möchte.«[8] Der Erfolg von *Ritz-Carlton* hängt daher von jedem einzelnen Mitarbeiter ab. Die Informationen, die in die Datenbank fließen, müssen von den einzelnen Mitarbeitern zum einen als wichtig genug eingeschätzt werden, sie aufzunehmen, und die Speicherung selbst muß von jedem einzelnen Mitarbeiter in irgendeiner Form in Gang gesetzt werden. Zum anderen ist es notwendig, daß die Mitarbeiter, die dann später wieder Kontakt zu dem (potentiellen) Kunden haben, die Informationen wiederum auch tatsächlich im Tagesgeschäft nutzen.

Aufgrund der weit fortgeschrittenen EDV-technischen Entwicklung im Einzelhandel hat dieser den Vorteil, relativ problemlos eine eigene Datenbank aufbauen zu können, und zwar ohne den »Risikofaktor« Mitarbeiter. Scanner und Kundenkarte heißen hier die Wunderwaffen. Während bei den alten Registrierkassen jeder einzelne Preis eingetippt werden mußte, kann ein Scanner diesen auf den Produkten ablesen. Kundenkarten wiederum ermöglichen es, die gelesenen Informationen einem Kundenkonto zuzuordnen. So kann der Einzelhandel für jeden einzelnen seiner (potentiellen) Kunden dessen Einkaufsgewohnheiten und Präferenzen ermitteln. Das Unternehmen hat einen ganz genauen Überblick über die Einkaufstage und Einkaufszeiten, den präferierten Verkäufer des (potentiellen) Kunden, die bevorzugte Einkaufsperiode, also zum Beispiel bei Bekleidungsgeschäften die Jahreszeiten, die Einkaufshäufigkeit je Periode, die Umsatzstruktur nach Warengruppen, die Aktionskäufe, die Summe der eingelösten Gutscheine, die Reaktionen auf Mailings und vieles mehr. Hieraus ergibt sich dann für das einzelne Unternehmen des Einzelhandels die Möglichkeit, bestimmte Segmente zu identifizieren und diese mit gezielten Instrumenten des Individuellen Partnerschaftsmarketing zu bedienen. Wenn Herr Meier zum Beispiel bei dem Herrenbekleider ›Jacket‹ immer wieder Zweireiher aus Leinen kauft, kann das Geschäft seinen (potentiellen) Kunden mit einem Mailing darauf aufmerksam machen, daß gerade wieder eine neue Auswahl des entsprechenden Artikels eingetroffen ist. Der Rolling Stones Fan erfährt als erster von seinem Multi-Media-Laden, daß ein neues Buch über die Stones, eine neue CD oder ein neues Video auf den Markt gekommen ist. Wenn der (potentielle) Kunde dann das Geschäft wieder betritt, wird er nicht nur mit seinem Namen angesprochen, sondern er kann auch auf Produkte aufmerksam gemacht werden, die seinen letzten Einkauf ergänzen. Zu dem zuletzt gekauften Kostüm kann dann zum Beispiel die passende Bluse angeboten werden, die gekaufte Lautsprecherbox um einen weiteren Hochtöner ergänzt werden usw ...

Eine Datenbank ist zum einen die Voraussetzung, um ein Individuelles Partnerschaftsmarketing in der Neukundengewinnung unter dem Aspekt der Minimierung von Streuverlusten durchführen zu können, zum anderen ist sie aber auch Voraussetzung zur Pflege der Partnerschaft mit bereits gewonnenen Kunden. Eines der ausgefeiltesten Datenbank-Konzepte in Deutschland dürfte wohl die *SAZ Marketing Services* aus Hannover-Garbsen in Zusammenarbeit mit ihrem Kunden *Microsoft* entwickelt haben.[9] Es ist eine »denkende« Datenbank. Über 1,2 Millionen Kunden von *Microsoft* wurden analysiert und klassifiziert. Die Adressen und weiteren Informationen wurden aufgrund der Responses auf Anzeigen gewonnen und insbesondere auch aufgrund der Responsekarten, die jedem *Microsoft*produkt beiliegen. Diese Daten sind jetzt auf Knopfdruck präsent und können nach individuellen Kauf- und Kommunikationskriterien geordnet werden. »Davon können andere nur träumen. Und uns ging es darum, aus diesem Potential kommunikativ neue Umsätze zu erschließen«, ist sich der Geschäftsführer Rudolf Gallist sicher. Er geht davon aus, daß durch das neue Database-Marketing ein Umsatzplus von etwa 25 Millionen Mark pro Jahr erzielt werden kann. Die »denkende« Datenbank von *Microsoft* ist so aufgebaut, daß der Wert der Beziehung zu jedem einzelnen Kunden zum einen ermittelt werden kann und zum anderen die Kundenbeziehungen in eine Reihenfolge gebracht werden können. Das funktioniert so: Jeder Kunde, der ein bestimmtes *Microsoft*-Paket, also z.B. die Benutzeroberfläche *Windows* kauft und die beigelegte Postkarte ausgefüllt dem Unternehmen zurücksendet, erhält auf einem internen Kommunikationskonto etwa 50 Punkte gutgeschrieben. Für jedes Firmenmailing, das er anschließend erhält, vermindert sich das Guthaben um fünf, während eine Antwort auf das Mailing das Konto wiederum um zehn Punkte erhöht. Jede Aktivität schlägt also zu Buche, sowohl die des (potentiellen) Kunden als auch die des Anbieters. Der jeweils aktuelle Punktestand drückt so den Wert der Beziehung zwischen Unternehmen und Partner aus, er macht sichtbar, ob es sich um eine funktionierende Partnerschaft handelt oder um eine, die droht, in die Brüche zu gehen.

Während sich eine Vielzahl der konventionellen Kundenansprachen, z.B. die über nichtpersonalisierte Massenmailings, im Nachhinein als

Investition in ein Nirwana erweist, weil der Adressat mit der angebotenen individuellen Problemlösung gar nichts anzufangen weiß, können mit Hilfe des Einsatzes einer Datenbank die (potentiellen) Kunden sorgfältig ausgewählt, qualifiziert und so die Streuverluste minimiert werden. Der einmal gewonnene Wissensinteressent kann dann mit Hilfe der Datenbank und den weiter gewonnenen Informationen, entsprechend seiner individuellen Bedürfnisse mit Maßnahmen des Individuellen Partnerschaftsmarketing betreut und zum Erstkauf »geführt« werden. Aufgrund des gespeicherten Kundenprofils, also der identifizierten individuellen Bedürfnisse des einzelnen Partners sowie seiner Sekundärmerkmale kann dann die einmal begonnene Partnerschaft entwickelt und gepflegt und der Partner »angestoßen« werden, weitere neue Partner für das Unternehmen zu gewinnen. Mit einer Datenbank gewinnt jedes Unternehmen die Informationen, die früher im Tauschhandel selbstverständlich waren. Eine Datenbank ist Ausdruck des im Unternehmen vorherrschenden Grades an Maximaler Kundenorientierung. Sie nutzt das »Tante Emma-Prinzip«, das Ideal einer Beziehung zwischen Anbieter und Kunde, bei dem Name und Einkaufsliste ein offenes Geheimnis sind. Die grundlegende Idee hierbei ist die Erkenntnis, daß es keinen höheren Anspruch gibt als einen zufriedenen Kunden. Je mehr wir vom Kunden wissen, um so besser und gezielter können wir ihn mit Informationen versorgen, ihn individuell betreuen, damit schließlich an das Unternehmen binden und daraus Mehrumsatz generieren.[10] Einige Beispiele: Wenn ein Geschäftsreisender auf seinem *miles-and-more* Konto der *Lufthansa* in aller Regelmäßigkeit Bonuspunkte für europäische Flüge gutgeschrieben bekommt, wird dieser wahrscheinlich dem Segment »Europa« zugerechnet. Er bekommt dann laufend entsprechende Angebote, die sich auf sein Zielgebiet Europa beziehen. Gleichzeitig übernachtet dieser Geschäftsreisende aber regelmäßig in amerikanischen Hotels. Das kann die *Lufthansa* anhand der Meilengutschriften der angeschlossenen Vertragshotels feststellen. Doch wie kommt dieser Geschäftsreisende regelmäßig in die U.S.A.? Wahrscheinlich mit einer anderen Airline. Wenn die *Lufthansa* dieses festgestellt hat, kann sie nun dem betreffenden Geschäftsreisenden gezielte Angebote für Flüge in die U.S.A. unterbreiten oder sie kann ihn schlicht fragen, warum er mit einer anderen Airline fliegt bzw. was die *Lufthansa* tun muß, damit er in Zukunft mit der Kranichlinie fliegt. Das »Tante-Emma-Prinzip« nutzt genauso auch das sogenannte Cross-Selling-Potential: Ein Handwerker der bei einem Werkzeuglieferanten regelmäßig Bohrer bestellt, der braucht auch Bohrmaschinen, der Käufer eines Laserdruckers benötigt Tintenpatronen, Papier usw. Doch dieses Potential kann nur dann von den Unternehmen genutzt werden, wenn sie über eine entsprechende Datenbank verfügen.

Es kann nicht verwundern, daß in Deutschland insbesondere die großen Versandhäuser wie *Otto, Neckermann* und *Quelle* schon seit längerer Zeit mit Hilfe einer Datenbank bemüht sind, die individuellen Bedürfnisse ihrer (potentiellen) Kunden zu identifizieren und eine individuelle Kommunikation mit diesen anstreben. »Die Generalisten von früher mit ihren 08/15 – Sortimenten haben sich zu Spezialisten für die Bedürfnisse verschiedenster Zielgruppen entwickelt«[11], heißt es denn auch in einem Artikel der *WirtschaftsWoche.* Und weiter: »Die dafür nötigen Informationen liefern die Kunden bereitwillig selbst – mit jeder Bestellung. Automatisch verraten sie in der Spalte ›Konfektionsgröße‹ nicht nur, daß sie immer dicker werden (und sich damit vielleicht für den Sonderkatalog ›Gesünder leben‹ qualifizieren), sondern auch, ob heranwachsende Kinder im Haushalt leben. Dann würde der *Quelle*-Computer empfehlen, der Familie den Kinderkatalog *Eurokids* zu senden. Ganze Abteilungen befassen sich nur mit dem Erstellen von sogenannten Scores, den Verhaltensprofilen ihrer Kunden. Ihrer Rasterfahndung entgeht nichts. Sie wissen, welche Produkte König Kunde am häufigsten bestellt, wie viele Teile der Ware er im Schnitt wieder zurückschickt, wie hoch die Bestellsummen sind und vor allem, wie es um seine Zahlungsmoral bestellt ist. Um das Maß der direkten Kundenansprache voll zu machen, gibt *Otto* bewährte Adressen samt Profil an seine Tochterfirma *Bon Prix* weiter, die ihrerseits Textilkataloge verschickt.«[12]

Eine so ausgefeilte Datenbank wie sie die gerade genannten Unternehmen besitzen, wird im Sinne des Individuellen Partnerschaftsmarketing jedoch erst dann wirksam, wenn die darin enthaltenen Informationen auch tatsächlich genutzt werden. Es ist allgemein bekannt, daß die verschiedenen Buchclubs in Deutschland über eine ausgezeichnete Datenbasis verfügen, aber abgesehen von einigen Ausnahmen, werden diese Daten und Informationen über die einzelnen (potentiellen) Kunden noch viel zu wenig innerhalb eines Gesamtmodells »Individuelles Partnerschaftsmarketing« genutzt. Wenn Sie zum Beispiel Mitglied in einem solchen Buchclub sind, weil Sie die preisgünstigen Musikangebote nutzen wollen, und Sie noch nie ein Buch bestellt haben, bekommen Sie doch jedes Quartal wieder den Gesamtkatalog des Clubs zugeschickt. Neben dem Sie interessierenden Musikangebot auf 20 Seiten, finden Sie dann noch über 100 Buchangebote, die Sie gar nicht interessieren. Das Unternehmen möchte beeinflussen, was Sie kaufen. Sicherlich wäre es in diesem Fall wirtschaftlich sinnvoller, dem Musikkunden einen speziellen Musikkatalog zuzusenden. Diesem könnte eine Responsekarte beigelegt sein, mit der der (potentielle) Kunde auch den Gesamtkatalog bestellen kann, sollte er Produkte aus einer anderen Warengruppe kaufen wollen.

Die Einsatzmöglichkeiten der in einer Datenbank enthaltenen Informationen sind vielfältig. Sie reichen von den verschiedenen Möglichkeiten der Marktbearbeitung innerhalb des Individuellen Partnerschaftsmarketing bis hin zur aktiven Erforschung der individuellen Kundenbedürfnisse durch die Marktforschung.

Im Rahmen der Marktforschung muß das Unternehmen die hierzu notwendigen Daten meist nicht separat ermitteln, sondern kann auf Basis der vorhandenen Daten die individuellen Bedürfnisse seiner (potentiellen) Kunden identifizieren. Zudem läuft diese Form der Marktforschung nicht anonym ab, »... sondern mit auch im nachhinein identifizierbaren Individuen. So weiß ein Unternehmen z.B. nicht nur, was welcher Prozentsatz der Kunden denkt oder wie groß die Zahl der Reagierer ist, sondern es kann diese Informationen einzelnen Personen zuordnen und so Rückschlüsse auf seine Kunden ziehen.«[13] Aus erster Hand und ungefiltert erhält das Unternehmen zahlreiche Informationen, um die individuellen Bedürfnisse jedes einzelnen (potentiellen) Kunden zu identifizieren, es erhält wichtige Informationen, wie die individuelle Problemlösung gestaltet werden muß, und mit Hilfe von Kundenprofilen kann das Unternehmen bedürfnisgleiche Segmente identifizieren. Zudem kann auf der Grundlage der Datenbank eine Art Frühwarnsystem eingerichtet werden: Nahezu jedes Unternehmen hat die Möglichkeit, die Qualität der Partnerschaft zu jedem einzelnen (potentiellen) Kunden an bestimmten Kennziffern zu messen. Im Einzelhandel oder im Versandgeschäft kann das zum Beispiel der Einkaufs-

Abb. 8.1

bzw. Bestellrhythmus sein. Wenn ein (potentieller) Kunde innerhalb seines normalen Rhythmus nicht mehr aktiv wird, hat das Unternehmen dann die Möglichkeit, gezielt zu reagieren und über Instrumente des Individuellen Partnerschaftsmarketing die Gründe festzustellen.

Viele Unternehmen im Einzelhandel wundern sich zum Beispiel immer wieder darüber, warum der eine oder andere Stammkunde nicht mehr bei ihnen einkauft. Meistens bleibt es bei der Verwunderung, und der Kunde tätigt seine Einkäufe auf Dauer bei einem Wettbewerber. Für den Kunden kann es viele Gründe geben, seine Einkaufsgewohnheiten zu verändern. Sei es eine unfreundliche Kassiererin, eine schleichende Qualitätsverschlechterung, eine nicht angenommene Reklamation usw... In der Regel bleiben die Gründe dem Unternehmen verborgen. Dies kann zur Folge haben, daß das Unternehmen nicht nur den

Umsatz mit dem einen Kunden verliert, sondern im Zeitablauf auch andere Kunden neue Einkaufsmöglichkeiten suchen. Dieser Umsatzverlust kann vermieden werden, wenn Abwanderungsgründe rechtzeitig festgestellt und darauf aufbauend den (potentiellen) Kunden wieder befriedigende individuelle Problemlösungen angeboten werden. Sobald das datenbankgestützte Frühwarnsystem Änderungen im Einkaufsverhalten anzeigt, kann das Unternehmen zum Beispiel über einen Telefonanruf den Grund für die Verhaltensänderung erfragen. Wenn dieser Grund dann im Verantwortungsbereich des Unternehmens liegt, also zum Beispiel die unfreundliche Kassiererin dafür verantwortlich ist, hat das Unternehmen die Möglichkeit, die Partnerschaft über eine persönliche oder schriftliche Entschuldigung bei dem (potentiellen) Kunden wiederzubeleben. Mit einer Mark Porto und einem persönlichen Entschuldigungsbrief kann somit Umsatz von mehreren Tausend DM für die Zukunft gesichert werden. Auch vermeidet das Unternehmen die Auflösung weiterer Partnerschaften.

Mit Hilfe einer Datenbank lassen sich aber nicht nur die individuellen Bedürfnisse der (potentiellen) Kunden und die Gründe für eine eventuelle Unzufriedenheit feststellen, sondern auch die Gründe, warum viele (potentielle) Kunden, die sich einmal für die angebotene Problemlösung interessiert haben, letztendlich nicht kaufen. Nur mit einer Datenbank kann das Unternehmen die Sekundärmerkmale seiner (potentiellen) Kunden feststellen, die einen Kauf verhindern.

7. Die Datenbank ist der Schlüssel zum Individuellen Partnerschaftsmarketing

Nur mit Hilfe einer unternehmenseigenen Datenbank kann das Unternehmen die anonymen Verkaufsprozesse transparent machen und darauf aufbauend einen individuellen Dialog mit dem (potentiellen) Kunden führen, das heißt Individuelles Partnerschaftsmarketing betreiben. Eine Datenbank ist gleichermaßen ein Marktbearbeitungsinstrument, wie auch eine selbständig agierende Marktforschung und ein Frühwarnsystem. Nur mit Hilfe einer Datenbank kann das Unternehmen Unzufriedenheit bei seinen (potentiellen) Kunden frühzeitig erkennen und Gegenmaßnahmen einleiten.

Mit einer Datenbank erhält das Unternehmen nicht nur den Schlüssel und damit die Zugangsberechtigung zu einem Individuellen Partnerschaftsmarketing, das Unternehmen macht nicht nur seine bisherigen anonymen Verkaufsprozesse und Aktivitäten zur Gewinnung von Neukunden transparent und auch wirtschaftlich erfolgreicher, das Unternehmen gewinnt vielmehr die Möglichkeit, seine eigene Zukunft zusammen mit seinen Partnern aktiv zu gestalten. Laufend informiert die Datenbank das Unternehmen über die individuellen Bedürfnisse des einzelnen (potentiellen) Kunden und die Zufriedenheit der (potentiellen) Kunden mit der angebotenen individuellen Problemlösung. Die Datenbank gestattet es dem Unternehmen zudem, kontinuierlich seine Segmente nach den verschiedensten Kriterien zu identifizieren und einen individuellen Dialog mit dem Partner »(potentieller) Kunde« zu führen.

Fazit: Die Datenbank ist der Schlüssel zum Individuellen Partnerschaftsmarketing und damit zum langfristigen wirtschaftlichen Erfolg.

10 Tips, wie Sie Ihre Datenbank zum Schlüssel des Individuellen Partnerschaftsmarketing entwickeln können:

1. Nutzen Sie jeden persönlichen Kontakt mit Ihren (potentiellen) Kunden, um zusätzliche Informationen über diese zu erhalten
2. Verändern Sie in Ihren Responsefeldern Ihrer Dialoginstrumente immer ein Antwortfeld: Bei der ersten Aktion fragen Sie z.B. das Geburtsdatum ab, bei der zweiten den Familienstand, bei der dritten das Alter der Kinder usw. Sie erhalten so kontinuierlich zusätzliche Informationen über Ihre (potentiellen) Kunden
3. Richten Sie in Ihrer Datenbank ein Frühwarnsystem ein, indem Sie Kennziffern über das Einkaufsverhalten bzw. den Bestellrhythmus Ihrer (potentiellen) Kunden definieren
4. Definieren Sie mit Hilfe Ihrer Datenbank Ihre Segmente. Überprüfen Sie diese Definition mindestens einmal jährlich
5. Gestalten Sie Ihre Datenbank so, daß diese für alle Mitarbeiter, die Kontakt mit Ihren (potentiellen) Kunden haben, online zugänglich ist
6. Definieren Sie die verschiedenen Kriterien, die Sie in Ihrer Daten-

bank aufnehmen wollen nicht aus dem heute, sondern aus dem morgen Notwendigen.

7. Erarbeiten Sie ein Konzept, das definiert, was Sie mit Ihrer Datenbank erreichen wollen. Grundlage hierfür sind die Ziele und Aufgaben, die Sie in Ihrem Konzept »Individuelles Partnerschaftsmarketing« festgelegt haben.
8. Visualisieren Sie Ihre Datenbankmangementziele, die Informationen, die Sie in Ihrer Datenbank aufnehmen und die verschiedenen Möglichkeiten der Nutzung.
9. Machen Sie die Datenbank auf jeder Sitzung zum Top-Thema
10. Das Datenbankmanagement ist Chefsache.

7. Die Datenbank ist der Schlüssel zum Individuellen Partnerschaftsmarketing

Nur mit Hilfe einer unternehmensspezifischen Datenbank kann das Unternehmen die anonymen Verkaufsprozesse für sich bekannt machen und auf der Grundlage eines Individuellen Partnerschaftsmarketing einen individuellen Dialog mit seinem Partner (potentieller) Kunde führen. Eine Datenbank ist gleichermaßen ein Instrument der Marktbearbeitung, wie auch eine selbständig agierende Marktforschung und ein Frühwarnsystem. Nur mit einer Datenbank kann das Unternehmen Unzufriedenheit seiner (potentiellen) Kunden vorbeugen und Reklamationen zur Zufriedenheit beider lösen.

1.	Sammelt Ihr Unternehmen Namen und Anschriften aller (potentiellen) Kunden, die sich persönlich, schriftlich oder telefonisch an Sie wenden?	☐ Ja ☐ Nein Chance ____
2.	Werden diese Informationen in Ihrer Datenbank gespeichert?	☐ Ja ☐ Nein Chance ____
3.	Werden diese Informationen weiter genutzt?	☐ Ja ☐ Nein Chance ____
4.	Ist in Ihrem Unternehmen sichergestellt, daß jeder Mitarbeiter, der mit Ihren (potentiellen) Kunden in Kontakt steht, die notwendigen Informationen festhält?	☐ Ja ☐ Nein Chance ____

5. Halten Sie die Präferenzen und Einkaufsgewohnheiten Ihrer (potentiellen) Kunden in Ihrer Datenbank fest? ☐ Ja ☐ Nein Chance ____
6. Haben Sie die individuellen Bedürfnisse Ihrer (potentiellen) Kunden in Ihrer Datenbank gespeichert? ☐ Ja ☐ Nein Chance ____
7. Wissen Sie, welchc Interessen und Hobbies Ihre (potentiellen) Kunden haben? ☐ Ja ☐ Nein Chance ____
8. Haben Sie jeden Kontakt, den Ihr Unternehmen mit Ihren (potentiellen) Kunden hatte, in Ihrer Datenbank gespeichert? ☐ Ja ☐ Nein Chance ____
9. Kennen Sie die Zahlungsgewohnheiten Ihrer (potentiellen) Kunden? ☐ Ja ☐ Nein Chance ____
10. Können Sie mit Hilfe Ihrer Datenbank die Kaufgewohnheiten, den Bestellrhythmus usw. Ihrer (potentiellen) Kunden identifizieren? ☐ Ja ☐ Nein Chance ____
11. Verfügen Sie über ein Frühwarnsystem, das Ihnen rechtzeitig bekannt gibt, wenn Sie einen (potentiellen) Kunden zu verlieren drohen? ☐ Ja ☐ Nein Chance ____
12. Gibt irgendeine Statistik in Ihrem Unternehmen Aufschluß darüber, daß ein (potentieller) Kunde seinen gewohnten Bestellrhythmus verlassen hat, also seit einer bestimmten, für den Kunden ungewöhnlich langen Zeit nichts mehr bestellt hat? ☐ Ja ☐ Nein Chance ____
13. Werden Kundenreklamationen in Ihrem Unternehmen nicht nur verwaltet, sondern wird auch nach deren Ursachen geforscht? ☐ Ja ☐ Nein Chance ____
14. Haben Sie schon einmal darüber nachgedacht, wie Sie mit Hilfe Ihrer Datenbank die Kunden Ihrer Wettbewerber gewinnen können? ☐ Ja ☐ Nein Chance ____
15. Tauschen Sie mit anderen Unternehmen Ihre Adressen? ☐ Ja ☐ Nein Chance ____
16. Wissen Sie, wie hoch der Lifetime-Value Ihrer einzelnen (potentiellen) Kunden ist? ☐ Ja ☐ Nein Chance ____

17. Können Sie mit Hilfe Ihrer Datenbank verschiedene Segmente identifizieren? ☐ Ja ☐ Nein
Chance ___

18. Gibt es in Ihrem Unternehmen einen Datenbankmanager, der für die Pflege der Informationen und Daten verantwortlich ist und danach auch bezahlt wird? ☐ Ja ☐ Nein
Chance ___

19. Falls Sie noch keine eigene Datenbank besitzen, wie könnten Sie diese aufbauen? Chance ___

___

___

___

___

20. Welche kundenbezogenen Daten und Informationen sollten Sie in Zukunft in Ihrer Datenbank sammeln? Chance ___

___

___

___

___

21. Wie werden Sie diese Informationen gewinnen? Chance ___

___

___

___

___

22. Wozu werden Sie diese Informationen in Zukunft benötigen? Chance ___

___

___

___

___

23. Falls die Verkaufsprozesse in Ihrem Unternehmen bisher anonym sind, welche Möglichkeiten hätten Sie, diese transparent zu machen? Chance ___

___

___

___

___

24. Inwiefern kann jeder einzelne Ihrer Mitarbeiter dazu beitragen, Informationen für Ihre Datenbank zu sammeln? Chance ___

___
___
___
___

25. Wie könnten Sie Informationen darüber gewinnen, welche Ihrer (potentiellen) Kunden welche Konkurrenzprodukte verwenden? Chance ___

___
___
___
___

26. Wie können Sie mit Hilfe Ihrer Datenbank ein Frühwarnsystem einrichten, das Ihnen rechtzeitig bekannt gibt, wenn Sie einen (potentiellen) Kunden zu verlieren drohen? Chance ___

___
___
___
___

27. Wie können Sie mit Hilfe Ihrer Datenbank neue Segmente für Ihr Unternehmen identifizieren? Chance ___

___
___
___
___

28. Was könnten Sie in Zukunft unternehmen, wenn Sie feststellen, daß einer Ihrer (potentiellen) Kunden seinen gewohnten Bestellrhythmus verlassen hat? Chance ___

___
___
___
___

29. Anhand welcher Kennziffern wollen Sie die Qualität jeder einzelnen Partnerschaft mit Ihren (potentiellen) Kunden bestimmen? Chance ____

____

____

____

____

30. Wie können Sie in Zukunft Ihre Datenbank zu Zwecken der Marktforschung, also der laufenden Identifizierung der individuellen Bedürfnisse Ihrer (potentiellen) Kunden einsetzen? Chance ____

____

____

____

____

31. Wie könnten Sie in Zukunft Ihre Datenbank nutzen, um Ihren (potentiellen) Kunden ganz gezielte und individuelle Angebote zu machen? Chance ____

____

____

____

____

32. Wie könnten Sie mittels strategischer Allianzen die Datenbanken anderer Unternehmen für sich selbst nutzen? Chance ____

____

____

____

____

33. Welche Möglichkeiten haben Sie, um die Informationen, die Sie in Ihrer Datenbank gesammelt haben, für ein unternehmensspezifisches Konzept »Individuelles Partnerschaftsmarketing« zu nutzen? Chance ____

34. Für welche absatzwirtschaftlichen Aktivitäten könnten Sie Ihre Datenbank benutzen? Chance ___

Sie sollten nun die Anforderungen an Ihre Datenbank formuliert haben. Denken Sie bitte daran, daß diese der Schlüssel zum Individuellen Partnerschaftsmarketing und daher immer Chefsache ist und auch bleiben sollte.

Anmerkungen

1 Rapp, Stan/ Collins, Tom; Die große Marketing-Wende; 1991; S. 74
2 Rapp, Stan/ Collins, Thomas L.; MaxiMarketing; 1988; S. 238
3 vgl. Tödtmann, Claudia/ Froitzheim, Ulf J.; in: WirtschaftsWoche; 7.10.1994; Nr. 41; S. 103
4 ebenda
5 Bird, Drayton; Praxis-Handbuch Direktmarketing; S. 43
6 vgl. auch im folgenden Brändli, Dieter; in: Direkt Marketing; März 1995; S. 3
7 vgl. o. V.; in: Direkt Marketing; Nr. 3/95; S. 19
8 Diehl-Wobbe, Elsbeth; in: HORIZONT; 9. Juni 1995; Nr. 23/1995; S. 23
9 vgl. auch im folgenden Ehm, Peter; in: W & V; Nr. 14/1995; S. 133
10 Löwenstern, Ludolf von; in: Direkt Marketing; April 1995; 24
11 vgl. auch im folgenden Tödtmann; Claudia/ Froitzheim, Ulf J.; in: Wirtschafts-Woche; 7.10.1994; Nr. 41; S. 103
12 ebenda
13 Huldi, Dr. Christian; in: Direkt Marketing; Mai 1995; S. 8

Kapitel 9: Die Instrumente des Individuellen Partnerschaftsmarketing

Allgemeines

Individuelles Partnerschaftsmarketing ist für jedes Unternehmen das Instrument, um den Anforderungen des Marktes, der (potentiellen) Kunden gerecht zu werden. Es hilft den Unternehmen, die individuellen Bedürfnisse der (potentiellen) Kunden festzustellen, die individuellen Problemlösungen zu kreieren und einen dauerhaften Dialog mit ihm zu führen und darüber eine langfristige Partnerschaft aufzubauen. Letztendlich gibt das Individuelle Partnerschaftsmarketing den Unternehmen den Rahmen in dem sie ihre (potentiellen) Kunden gewinnen und binden können. Natürlich ist dieser Rahmen als Konzept »Individuelles Partnerschaftsmarketing« von jedem Unternehmen spezifisch auszugestalten und damit einmalig – eben individuell.

Die Instrumente, die geeignet sind, das unternehmensspezifische Marketingkonzept »Individuelles Partnerschaftsmarketing« mit Leben zu füllen, müssen in sich nur eine einzige Anforderung erfüllen: Sie müssen dialogfähig sein. Das heißt, jedes einzelne Instrument muß dem (potentiellen) Kunden die Möglichkeit geben, mit dem Unternehmen einen Dialog aufzunehmen, und umgekehrt muß das Unternehmen jede Gelegenheit nutzen, um einen Dialog mit dem (potentiellen) Kunden zu führen und Informationen für seine Datenbank zu gewinnen. An anderer Stelle haben wir schon festgestellt, daß Individuelles Partnerschaftsmarketing nicht bedeutet, daß die Unternehmen von heute auf morgen alle Instrumente, mit denen sie in der Vergangenheit gearbeitet haben, aufgeben müssen. Individuelles Partnerschaftsmarketing verlangt vielmehr, diese einzelnen und meistens voneinander unabhängig eingesetzten Instrumente in ein Gesamtkonzept zu integrieren und sie so auszustatten, daß sie dialogfähig sind. Insofern können auch die klassischen Werbeinstrumente wie der Fernsehspot, der Radiospot, die Anzeige, die Beilage oder die Steckkarte durchaus als Instrumente zur individuellen Marktbearbeitung eingesetzt werden, wenn sie mit einem

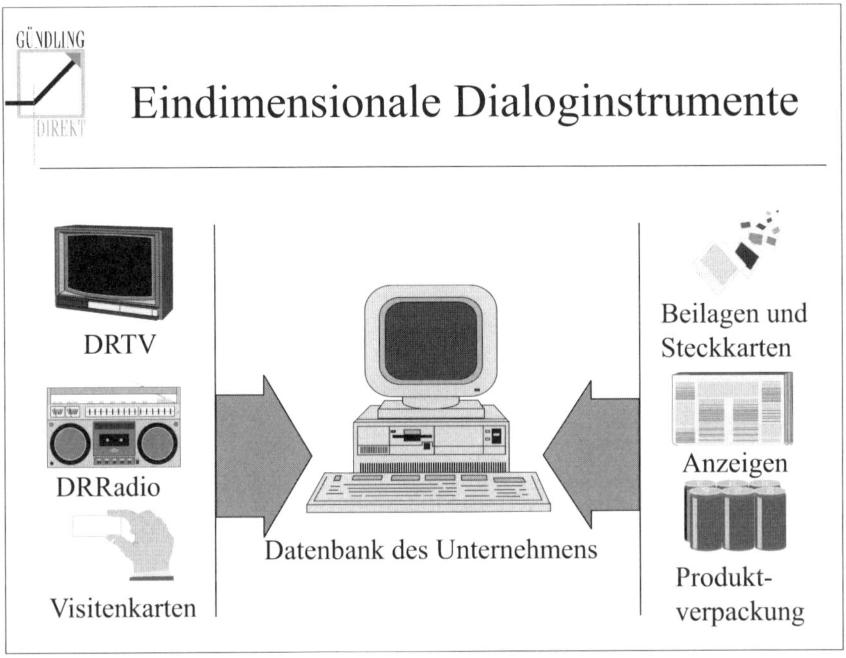

Abb. 9.1

Responseelement versehen sind und so dem (potentiellen) Kunden die Möglichkeit geben, den Dialog mit dem Unternehmen zu eröffnen. Diese Instrumente werden in Zukunft eindimensionale Dialoginstrumente genannt, da nur der (potentielle) Kunden die Möglichkeit hat, den Dialog zu eröffnen, während sich das Unternehmen als Initiator der Kommunikation an (potentielle) Kunden richtet, die zunächst anonym bleiben. Zudem eignen sich diese Instrumente nur zur Gewinnung (potentieller) Kunden und nicht zur Kundenpflege.

Die weitaus wichtigeren Instrumente des Individuellen Partnerschaftsmarketing sind hingegen diejenigen, die eine individuelle Ansprache des (potentiellen) Kunden erlauben. Das ist zunächst der Verkäufer, unabhängig davon, ob er zum (potentiellen) Kunden geht, oder dieser zu ihm ins Geschäft kommt. Diese Kommunikationsform stellt den Maßstab für die anderen Instrumente des Individuellen Partnerschaftsmarketing dar. Das Telefonmarketing gibt dem Unternehmen die Möglichkeit, effizient mit seinen (potentiellen) Kunden zu kommunizieren, wenngleich die Dauer des Dialoges auch zeitlich eingeschränkt ist und sich auf die Wahrnehmung durch das Hören beschränkt. Das Mailing – und zwar das personalisierte Mailing – ist nichts anderes als der Verkauf ohne einen Verkäufer. Der Vorteil des Mailings gegenüber einem Verkäufer liegt jedoch in der kostengünstigeren Erreichbarkeit einer großen Anzahl von (potentiellen) Kunden.

Das Mailing, der Verkäufer und das Telefonmarketing sind Instrumente eines Individuellen Partnerschaftsmarketing, die sowohl bei der Gewinnung (potentieller) Kunden als auch in der Kommunikation von bestehenden Partnerschaften eingesetzt werden können. Eine Sonderstellung nimmt das Fax ein, da dieses in der Regel nur dann eingesetzt werden kann, wenn der Empfänger hierzu sein ausdrückliches Einverständnis gegeben hat. Das Fax sollte deshalb nur zur Bindung und nicht zur Gewinnung (potentieller) Kunden eingesetzt werden.

Der gravierendste Unterschied zu den eindimensionalen Dialoginstrumenten liegt darin, daß der (potentielle) Kunde persönlich und individuell angesprochen wird. Der Dialog wird vom Unternehmen eröffnet – und der (potentielle) Kunde hat die Möglichkeit, diesen Dialog fortzuführen. Diese Instrumente sollen daher auch als interaktive Dialoginstrumente bezeichnet werden. Mit ihnen hat das Unternehmen von vornherein die Möglichkeit, den einzelnen anzusprechen anstatt zu hoffen, daß sich einzelne aus einer zunächst anonymen Masse »enttarnen«.

Gleichfalls eine Sonderstellung nehmen die neuen Medien, wie z.B. Internet und T-online, Messen und Events ein: Sie haben einerseits den Charakter eindimensionaler Dialoginstrumente, wenn der (potentielle) Kunde z.B. beim Surfen durch das Internet mehr oder weniger zufällig mit seiner Maus das Angebot des Unternehmens anklickt. Gleiches gilt für den Messespaziergang, der den (potentiellen) Kunden zufällig an den Messestand führt. Andererseits können die Unternehmen mit diesen Instrumenten den (potentiellen) Kunden innerhalb eines Gesamtkonzepts »Individuelles Partnerschaftsmarketing« aber auch direkt und persönlich ansprechen. Der Empfänger kann dann selbst entscheiden, welche Informationen er abruft. Zudem hat er die Möglichkeit, sofort den Dialog mit dem werbenden Unternehmen weiterzuführen. Wir behandeln diese Instrumente daher im Zusammenhang mit den interaktiven Dialoginstrumenten.

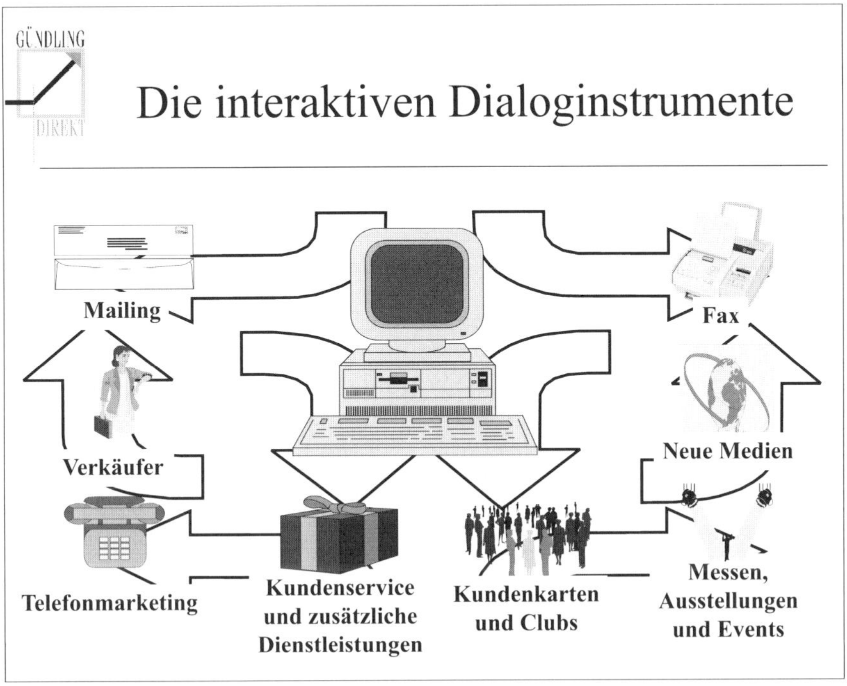

Abb. 9.2

Mit den interaktiven Dialoginstrumenten hat das Unternehmen nicht nur die Möglichkeit, seinen (potentiellen) Kunden persönlich, sondern auch gezielt im Hinblick auf dessen individuelle Bedürfnisse anzusprechen. Zudem können alle Aktivitäten des Unternehmens einem Kundenkonto zugeordnet werden. Schon die Gewinnung (potentieller) Kunden wird hiermit für das Unternehmen meßbar. Die Pfeile in Schaubild 9.2 symbolisieren, daß das Unternehmen zum einen aufgrund der in der Datenbank gespeicherten Informationen für jeden einzelnen (potentiellen) Kunden abhängig von seiner individuellen Situation entscheiden kann, welches Dialoginstrument es einsetzt. Dies spielt insbesondere unter Effizienzgesichtspunkten eine wichtige Rolle. Zum anderen kann das einzelne interaktive Dialoginstrument eingesetzt werden, um einem anderen Instrument den Einsatz zu ermöglichen: Mailings sind zum Beispiel ein geeignetes Mittel, die ausgewählten (potentiellen) Kunden zu einem Event oder zu einer Messe einzuladen. Bei diesen hat das Unternehmen dann im persönlichen Gespräch die Möglichkeit, weitere wichtige Informationen über seinen (potentiellen) Kunden zu sammeln. Selbstverständlich sind an dieser Stelle auch die Kundenkarten und Kundenclubs zu nennen. Wir haben diese jedoch schon ausführlich in Kapitel 4 erörtert.

8. Das Muß aller Instrumente des Individuellen Partnerschaftsmarketing: Die Dialogfähigkeit

Jedes einzelne Instrument muß dem (potentiellen) Kunden die Möglichkeit geben, mit dem Unternehmen einen Dialog aufzunehmen, und umgekehrt muß das Unternehmen jede Gelegenheit nutzen, um einen Dialog mit dem (potentiellen) Kunden zu führen und Informationen für seine Datenbank zu gewinnen. Selbst die Instrumente des Massenmarketing können dann im Individuellen Partnerschaftsmarketing zum Einsatz kommen, wenn sie dem (potentiellen) Kunden durch ein Responseelement die Möglichkeit geben, sich aus der anonymen Masse zu enttarnen. Die weitaus wichtigeren Instrumente des Individuellen Partnerschaftsmarketing sind zweifelsohne diejenigen, die eine individuelle Ansprache des (potentiellen) Kunden erlauben, also insbesondere der Verkäufer, das Mailing, das Telefonmarketing, das Fax, die neuen Medien, die Messen, die Events und die Kundenservices, sowie Kundenkarten und Kundenclubs. Letztendlich bestimmt die Dialogfähigkeit des Unternehmens seine Kompetenz eine Partnerschaft mit seinen (potentiellen) Kunden aufzubauen.

Anhand von zahlreichen Beispielen aus der Praxis sollen im folgenden die Einsatzmöglichkeiten der verschiedenen Instrumente diskutiert werden. Im Anschluß hieran wird dann das Zusammenwirken der einzelnen Instrumente näher erläutert.

Die eindimensionalen Dialoginstrumente

Der Fernsehspot, DRTV und DR-Radio

Ihnen gehört die Zukunft, sagen viele – und doch werden wir diesen

Instrumenten nur wenig Raum in unserem Buch widmen. Werden wir deshalb die Zukunft verschlafen? Ich glaube nicht. Wir haben an anderer Stelle die Problematik rund um den Fernsehspot und die Radiowerbung diskutiert.[1] Grundlage der Diskussion waren die klassische Werbung, also reine Produkt- oder Imagewerbung ohne Responseelement. Doch die Problematik der selektiven Informationsaufnahme des (potentiellen) Kunden, die Teilung des Massenmarktes in viele kleine Mosaikmärkte, die neue Macht des Verbrauchers, die mitunter in der Fernbedienung und damit dem Zapping liegt, hat selbstverständlich auch für Instrumente der klassischen Werbung, die mit einem Responseelement versehen sind, Gültigkeit. Den wichtigsten Einwand gegen diese Medien hat der Vice Chairman der *BBDO*-Gruppe Hildmann, als kommende kommunikative Katastrophe beschrieben: »1986 wurde das Fernsehprogramm in Deutschland noch von 162.000 TV-Spots unterbrochen, 1993 waren es bereits 800.000 – wobei die Sehdauer der Zuschauer konstant geblieben ist«[2]. Die Aufmerksamkeit, die DRTV und DR-Radio[3] heute bei den Fachleuten genießen, scheint mir darin begründet, daß die Direktmarketingleute dem Direktmarketing, das im Vergleich zur klassischen Werbung von vielen als »below the line« betrachtet wurde, endlich die Rolle zuweisen konnten, die es verdient. Wie dem auch sei, der Fernsehspot und die Radiowerbung sind auf jeden Fall durchaus geeignet, im Rahmen eines Gesamtkonzepts ›Individuelles Partnerschaftsmarketing‹ Informationen über neue (potentielle) Kunden zu gewinnen.

Die Entwicklung von DRTV nahm ihren Anfang wieder einmal in den USA: Dort gibt es heute schon eigene Home-Shopping-Kanäle, die bis zu zwei Drittel aller amerikanischen Haushalte erreichen. Das heißt nicht, daß auch zwei Drittel aller amerikanischen Haushalte jemals einen dieser Kanäle eingeschaltet haben. Zudem gibt es Home-Shopping-Kanäle, die sogar auf der Basis eines Pay-TV-Programmes betrieben werden, für die der Zuschauer also eine monatliche Gebühr bezahlen muß, um dann mit Hilfe eines Decoders per Fernsehen einkaufen zu dürfen. Gemessen an den Brutto-Werbeaufwendungen hat das DRTV in Deutschland seit 1991 eine rasante Entwicklung genommen: Der Markt ist von ca. 20 Millionen Mark 1991 auf über 350 Millionen Mark 1995 gewachsen.[4] Dies ist immer noch bescheiden im Vergleich zu den sieben Milliarden DM Brutto-Werbeaufwendungen, die 1993 in den USA erzielt wurden. Doch während diese Art der Werbung in den ersten Jahren noch von TV-Goldgräbern und Glücksrittern geprägt war, wobei weit überteuerte Produkte in schlecht synchronisierten amerikanischen Spots an den Mann bzw. die Frau gebracht werden sollten, nutzen heute immer mehr Markenartikler DRTV, um den Dialog mit ihren (potentiellen) Kunden aufzunehmen. Der koreanische Automobil-Newcomer *Daewoo* konnte 1995 zum Beispiel binnen zwei Wochen 1,2 Millionen Anrufer zählen, die Informationsmaterial und eine kostenlose Probefahrt anforderten. Seit 1996 gibt es mit *H.O.T.* auch in Deutschland einen ersten Homeshopping-Kanal.

DRTV und DR-Radio streuen wesentlich breiter als alle anderen Instrumente des Individuellen Partnerschaftsmarketing. Hieraus leitet sich dann ihre im Vergleich zu anderen Instrumenten höhere Reichweite ab. Sie lassen sich daher als Instrumente beschreiben, die sich insbesondere dann eignen, wenn das Unternehmen eine Interessentendatenbank aufbauen möchte oder aber Problemlösungen für einen heterogenen Markt vertreibt. Letzteres können zum Beispiel Bücher, Haushalts- und Sammelprodukte oder Tonträger sein, die über DRTV bei *MTV* oder *VIVA* angeboten werden. Gleiches gilt für die Oldie-CD-Collection, die über den Oldiesender *RTL-Radio* vertrieben wird. Auch Zeitungen und Zeitschriften, Clubs und Reiseveranstalter, Finanzdienstleister und andere Dienstleistungsunternehmen nutzen inzwischen Fernsehen und Radio, um neue (potentielle) Kunde zu gewinnen. DRTV und DR-Radio werden jedoch erst dann zu Instrumenten eines Individuellen Partnerschaftsmarketing, wenn der Response in einer Datenbank gespeichert und dazu genutzt wird, eine Partnerschaft mit dem Interessenten oder Erstkäufer aufzubauen. Wenn man die heutigen Tele-Shop-Sendungen, die normalerweise nach Mitternacht auf den verschiedensten Kanälen irgendwelcher Privatsender laufen, genauer betrachtet, so stellt man oft fest, daß hier Produkte in einer emotionalisierenden Umgebung zu einem weit überteuerten Preis angeboten werden. Hier geht es eindeutig um's Einmal-Geschäft und nicht um den Aufbau einer langfristigen Partnerschaft.

Insbesondere für Unternehmen, die den Weg aus dem Massenmarketing hin zu einem Individuellen Partnerschaftsmarketing suchen und heute ausschließlich mit Fernsehspots arbeiten, können mit DRTV eine

Brücke in die Zukunft schlagen, ohne von heute auf morgen ihre gesamte Kommunikationspolitik verändern zu müssen. Ein Beispiel: Seit 1995 wirbt die *Allianz* mit einem hervorragend aufgemachten Fernsehspot für ihre Vorsorgeversicherung bei jungen Leuten. Durch sein exzellentes Drehbuch ist diesem Spot bei der Zielgruppe die Aufmerksamkeit sicher. Aus dem Spiel in der Squashbox wird durch einen Sportunfall Ernst. Aber wie kann derjenige, der jetzt Interesse für diese Problemlösung zeigt, diese erwerben, bzw. sich nähere Informationen beschaffen? Diese Fragen werden beantwortet mit: »Bei Ihrem *Allianz*-Berater«. Nicht jeder Bundesbürger hat einen solchen Berater, deshalb wäre dieser Fernsehspot im Sinne einer Maximalen Kundenorientierung dann optimal, wenn er eine Info-Telefonnummer oder ein ähnliches Responseelement enthielte, damit der (potentielle) Kunde in einen Dialog mit der *Allianz* treten kann.

Rechtzeitig zur Urlaubszeit hat *American Express* 1995 seine *Traveller Cheques* im Fernsehen beworben. Auf einigen Kanälen als reine Produktwerbung, auf anderen Kanälen in Form von DRTV. Es wurden grundsätzlich immer die gleichen Spots eingesetzt, nur mit dem Unterschied, daß zum Beispiel bei *RTL* der Hinweis »Mehr Informationen auf Videotexttafel 272« eingeblendet war. Diese Videotexttafel bestand dann aus nachfolgenden zwei Seiten:

Seite 1	Seite 2
American Express Traveller Cheques 4 Urlaubs-Vorteile gegenüber Bargeld * Bei Verlust der Reiseschecks weltweit kostenloser Ersatz * Ersatzreiseschecks erhalten sie in der Regel binnen 24 Stunden * Internationale Notruftelefone sind täglich rund um die Uhr für Sie da * Schnelle Hilfe durch mehr als 1.700 American Express Repräsentanzen American Express Travellers Cheques – Das sicherste Geld der Welt Anrufen und Gewinnen 0180–53788	Wohin Sie auch reisen. Die Nr. 1 unter den Reiseschecks wird überall gern akzeptiert. American Express Traveller Cheques sind weltweit bequem und flexibel wie Bargeld. Es gibt sie in den 10 wichtigsten Währungen Für weitere Informationen und die Adressen von Verkaufsstellen in Ihrer Nähe rufen Sie jetzt an. Jeder 100. Anrufer gewinnt einen American Express Travellers Cheque im Wert von 50 US-Dollar Anrufen und Gewinnen 0180–53788

Die Anzahl der (potentiellen) Kunden, für die die *American Express* Travellers Cheques eine individuelle Problemlösung sein könnten, ist groß; nämlich alle Menschen, die in den nächsten Monaten eine Urlaubsreise antreten oder eine längere Geschäftsreise unternehmen wollen. Insofern ist das Medium Fernsehen hier durchaus ein geeignetes Instrument, um auf diese Problemlösung aufmerksam zu machen. Neben der reinen Produktwerbung nutzt *American Express* über die Responsemöglichkeit »Telefonnummer« aber auch die Chance, qualifizierte Adressen von (potentiellen) Kunden zu gewinnen, diese in einer Datenbank zu speichern und sie dann innerhalb eines Gesamtmodells »Individuelles Partnerschaftsmarketing« weiter zu nutzen. Aus einer anonymen Masse wird der identifizierte Partner. *American Express* hat bei dieser Form des DRTV auch daran gedacht, daß nicht jeder Zuschauer, der sich für die beworbene Problemlösung interessieren könnte, Block und Bleistift neben der Fensehbedienung liegen hat. *American Express* löst das Problem, indem zunächst auf eine Zwischenstufe, nämlich den Videotext verwiesen wird. Die eingeblendete Nummer kann von dem Interessenten sofort in seine Fernbedienung eingegeben werden. Die Chance für einen Dialog wird hierdurch deutlich erhöht.

Jedes Unternehmen, das heute noch Massenmarketing via Fernsehen betreibt, hat über den Einbau von Responseelementen die Möglichkeit, den Weg hin zum Individuellen Partnerschaftsmarketing zu gehen. Während jedoch in Deutschland diese Möglichkeit noch viel zu selten von den Unternehmen genutzt wird, sind in Amerika bereits rund 54 Prozent aller Fernsehspots mit einer Telefonnummer versehen.[5] Noch seltener nutzen die Unternehmen ihre Massenwerbung über das Medium Radio, um einen Dialog mit dem (potentiellen) Kunden aufzunehmen. Dabei gehen weltweit täglich mehr als 30.000 Stationen auf Sendung; beinahe 100 Prozent aller Haushalte in der westlichen Welt liegen im Empfangsbereich eines oder mehrerer Sender. Geboren wurde DR-Radio in den USA – wo auch sonst. Aber nur bei ausgesprochenen Spartensendern, wie z. B. Klassik-Radio, hat in Deutschland der Anteil der DR-Radio-Spots diejenigen klassischer Funkspots bereits überflügelt.[6] In den meisten Fällen wird DR-Radio jedoch nach wie vor dazu benutzt, mit einem Gewinnspiel die Aufmerksamkeit für das beworbene Produkt zu erhöhen. Wir wollen hier auf ein Gewinnspiel von *Beck's* alkoholfreiem Pilsener eingehen, das beispielhaft für viele ist: In einem Radiospot wurde auf das Gewinnspiel unter der Telefonnummer 0421–3333 aufmerksam gemacht. Die männliche Stimme aus der Radiowerbung meldet sich am Telefon wieder und spult folgende Botschaft auf einem Tonband ab:

> »Testen vom Besten, mit Beck's alkoholfreiem Pilsener. Sie haben es getestet und sie haben ihn erlebt, den einzigartig echten Pilsgeschmack von Beck's alkoholfreiem Pilsener. Machen Sie deshalb mit beim Gewinnspiel von Beck's alkoholfreiem Pilsener und gewinnen Sie mit etwas Glück eine unvergeßliche Weltreise für zwei Personen. Natürlich verkehren Sie nur in den besten der führenden Hotels in der Welt, und auf Ihrem Flug von London nach New York ist die Concorde gerade gut genug für Sie. Beantworten Sie einfach folgende Frage: Was hat Beck's alkoholfreies Pilsener, was anderen Alkoholfreien fehlt? – Piep – Sagen Sie uns nach dem folgenden Signalton nun noch Ihren Namen und Ihre Anschrift laut und deutlich aufs Band. – Piep – Beck's alkoholfreies Pilsener wünscht Ihnen viel Glück. Damit Sie demnächst nicht nur auf den echten Pilsgeschmack abfahren, sondern vielleicht auch mit Beck's alkoholfreiem Pilsener auf Weltreise gehen. Beck's alkoholfreies Pilsener – Die ganze Welt des Pilsgeschmack«

Wissen Sie, was *Beck's* alkoholfreies Bier hat, was anderen fehlt? Na, den echten Biergeschmack. Aber was hat *Beck's*, als Unternehmen denn noch, was anderen Bierproduzenten, die Radiowerbung machen, fehlt? Wahrscheinlich nicht viel. So wie die Telefonansage aufgebaut ist, ist leider zu vermuten, daß sie nur als Verstärker der im Radiospot kommunizierten Botschaften dient. Die Chance, einen Dialog mit dem (potentiellen) Kunden zu eröffnen, wird hierdurch eindeutig nicht genutzt. In der Vergangenheit haben einige Unternehmen Gewinnspiele eingesetzt, ob es zum 99sten oder 100sten Geburtstag war – eine Krönung, um die sich ein Gewinnspiel gestalten läßt, wird immer wieder gefunden. Diese Gewinnspiele sollten die Basis bilden, um eine persönliche Kommunikation mit dem (potentiellen) Kunden aufzunehmen. Doch die Realität sieht leider meist anders aus: Mit Hilfe von Gewinnspielen, in denen Träume kommuniziert werden, soll der (potentielle) Kunde meistens »nur« dazu verführt werden, seine Aufmerksamkeit entweder überhaupt oder aber intensiver der Werbebotschaft in den Fernseh- und Radiospots zuzuwenden.

Im Grunde genommen sind solche Gewinnspiele jedoch ein gutes Instrument, um mehr über seinen (potentiellen) Kunden zu erfahren; sie sind ein gutes Instrument, um einen anonymen (potentiellen) Kunden dem Unternehmen bekannt zu machen, um mit diesem eine direkte Kommunikation aufzunehmen. Doch leider verpassen die meisten Unternehmen die Chance. Wenn überhaupt, werden nur Adressen gesammelt, die Gewinnspielverlosung durchgeführt, die Adressen an Adreßverlage verkauft und im nächsten Jahr das gleiche Spiel wiederholt – einen Anlaß gibt es immer. Gewinnspiele können dem Unternehmen nicht nur helfen, Adressen (potentieller) Kunden zu gewinnen, sie können dem Unternehmen auch weitere wichtige Informationen über ihren (potentiellen) Kunden liefern. Dabei hätten es die Unternehmen doch so einfach: *Beck's* zum Beispiel könnte neben der Adresse zusätzliche Informationen der Anrufer sammeln, diese in einer Datenbank speichern und dann für weitere Schritte innerhalb eines Konzepts »Individuelles Partnerschaftsmarketing« nutzen. Anstatt danach zu fragen, was *Beck's* alkoholfreies Pilsener hat, was andere alkoholfreie Biere nicht haben, hätte die Frage zum Beispiel auch lauten können: »Welches alkoholfreie Bier bevorzugen Sie?« Auf einmal hätte *Beck's* Tausende von Adressen gewonnen, von denen *Beck's* wüßte, daß sie alkoholfreies Bier trinken, aber eine andere Marke. Diesen hätte *Beck's* dann in einer weiteren Stufe die bessere individuelle Problemlösung »*Beck's Alkoholfreies* – das einzige mit echtem Biergeschmack« anbieten können. Abgesehen von den typischen Gewinnspielteilnehmern hätte *Beck's* so die Kunden der Wettbewerber erreicht. Weitere Möglichkeiten, den Dialog mit dem (potentiellen) Kunden zu führen, würden eröffnet: Zum Beispiel könnte das Unternehmen seinen (potentiellen) Kunden eine kostenlose Probe zusenden oder aber einen Gutschein, der beim nächsten Kaufmann eingelöst werden kann. Auf jeden Fall hätte die Möglichkeit bestanden weitere (potentielle) Kunden hinzuzugewinnen, und zwar von der Konkurrenz. Den Kosten eines solchen Konzepts im Rahmen des Individuellen Partnerschaftsmarketing würde ein Umsatz von zum Beispiel 5.400 DM pro gewonnenem (potentiellen) Kunden gegenüberstehen. Wie wir diese Zahl ermittelt haben? Der durchschnittliche (potentielle) Kunde, der in *Beck's Alkoholfreiem* wirklich die bessere individuelle Problemlösung sehen würde, verbraucht einen Kasten Bier in zwei Wochen, macht 27 im Jahr und

270 in zehn Jahren. Bei einem angenommenen Preis von 20 DM pro Kasten macht das eben einen nicht aufgezinsten Umsatz von 5.400 DM.

DRTV und DR-Radio sind zwei eindimensionale Dialoginstrumente, die im Rahmen eines Gesamtkonzepts »Individuelles Partnerschaftsmarketing« durchaus ihren berechtigten Platz finden können. Sie bieten den Unternehmen die Möglichkeit, die (potentiellen) Kunden aus einer anonymen Masse zu personifizieren, um mit ihnen einen Dialog zu eröffnen. Dies gilt um so mehr, wenn sich hinter der angegebenen Telefonnummer kein Tonband verbirgt, sondern ein Telefonverkäufer, der dann im persönlichen Telefongespräch die Möglichkeit hat, die individuellen Bedürfnisse des (potentiellen) Kunden zu erfragen. Er kann dann direkt darauf eingehen und dem Interessenten eine individuelle Problemlösung anbieten. Mit DRTV und DR-Radio können sich die Unternehmen sehr schnell eine eigene Datenbank aufbauen, die wiederum die Basis für den Einsatz weiterer Instrumente innerhalb des Gesamtkonzepts »Individuelles Partnerschaftsmarketing« ist. Zudem haben beide Instrumente den Vorteil, daß die Unternehmen, die bisher ausschließlich Massenmarketing betreiben, bei Beibehaltung ihrer bisherigen Marktbearbeitungsstrategie den Weg in eine erfolgreichere Zukunft gehen können – wenn sie den klassischen Instrumenten eine Responsemöglichkeit hinzufügen. Die typischen Funktionen der klassischen Werbeinstrumente, zum Beispiel den Bekanntheitsgrad des Produktes zu steigern oder das Image des Unternehmens zu verbessern, würden parallel erfüllt. Diesen Weg beschritt die *Mercedes Benz AG*: Schon 1996, 18 Monate vor Markteinführung, wurde in Fernsehspots, Anzeigen und auf Plakatwänden die neue *A-Klasse* beworben. Immer mit einer kostenfreien Telefonnummer für weitere Informationen. Über einen dauerhaften Dialog mit dem jetzt identifizierten (potentiellen) Kunden kann *Mercedes* Kaufentscheidungen langfristig beeinflussen. Nicht mit Manfred Krug, sondern mit einer dialogorientierten Werbekampagne ist es auch der *Telekom* gelungen, zwei Millionen Aktionäre zu gewinnen. Wer einmal kostenlose Informationen über die *T-Aktie* angefordert hatte, wurde von der *Telekom* nicht wieder im Stich gelassen. Selbst nach der erfolgten Börseneinführung wurden auch die Nichtkäufer weiterhin informiert.

Wie alle Dialoginstrumente eines Individuellen Partnerschaftsmarketing sind natürlich auch DRTV und DR-Radio meßbar: Und zwar schon unmittelbar nach der Ausstrahlung. Dies ist natürlich zur Einleitung von Folgemaßnahmen von großem Vorteil. Gleichzeitig liegt in der »Kurzlebigkeit« der Spots, die die unmittelbare Kontrolle der Ergebnisse erst ermöglichen, aber auch eine der größten Schwachstellen dieser Instrumente. Vergleicht man sie mit Instrumenten, die dem (potentiellen) Kunden die Möglichkeit bieten, den Dialog mit dem Unternehmen schriftlich zu eröffnen, so kristallisiert sich folgender Nachteil heraus. Unter der Überschrift »Damit die Verbindung nicht abreißt...« beschreibt Jürgen Modes, seines Zeichens Markenartikler im Bereich DRTV, in einem Artikel der Fachzeitschrift *Direktmarketing* den explosionsartigen Anstieg der Anrufe direkt im Anschluß an den TV-Spot: »Die Intensivphase mit ca. 80 Prozent der Anrufe dauert im Schnitt nur 10 bis 15 Minuten. In dieser Zeit muß es gelingen, möglichst viele der Spontankäufer-Bestellungen oder Interessenten-Anfragen di-

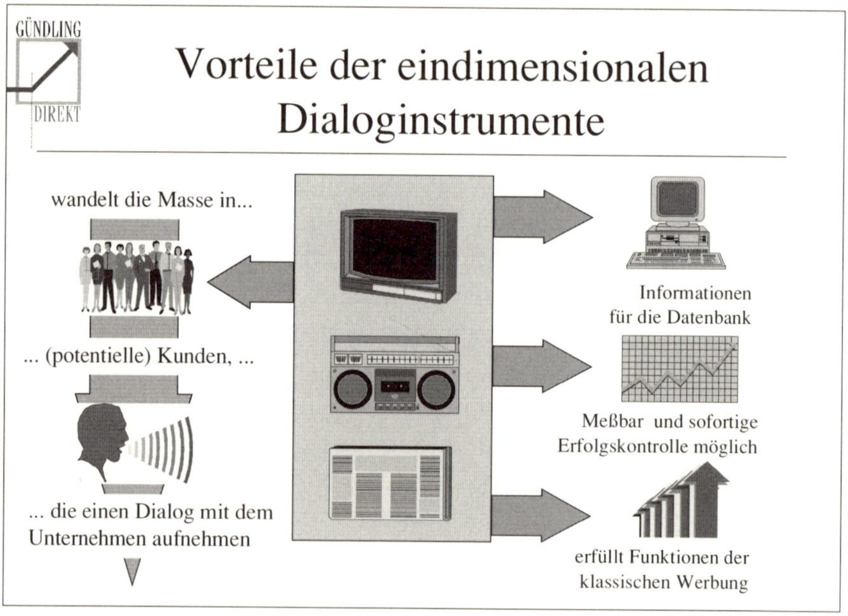

Abb. 9.3

rekt entgegenzunehmen. Kommt der Anrufer in dieser Zeit nicht durch, oder muß er zu lange warten, gehen die Anrufe meist unwiederbringlich verloren.«[7] Nach Franz Müller, Chef von *Penny Dialogmarketing*, steht das passive Telefonmarketing über DRTV sogar vor dem Overkill. Der Grund: »Bei 30 bis 40 Anrufen pro Spot ist die Kapazität ausgereizt.«[8] Überhaupt muß sichergestellt werden, daß unter der angegeben Telefonnummer auch tatsächlich ein Dialog eröffnet werden kann. Wir haben nur einmal die Probe aufs Exempel gemacht: Um 18.45 Uhr lief ein Radiospot eines Reisebüros, der für einen Traumurlaub in der Türkei warb. Der Hörer wurde aufgefordert, unter einer Telefonnummer weitere Informationen anzufordern oder gleich die Reise zu buchen. Wir sind dieser Aufforderung selbstverständlich nachgekommen. Es meldete sich eine liebe Stimme mit »Ja«. Auf die Frage, ob wir denn nicht mit dem Reisebüro verbunden seien, wurde uns wieder sehr lieb erklärt, daß niemand mehr im Hause sei. Mittlerweile war es 18.50 Uhr. Und auf die Frage, wer denn die liebe Stimme am anderen Ende der Leitung wäre, erfuhren wir dann, daß es sich um die Putzfrau handelte.

Zudem haben DRTV und DR-Radio in der Regel den entscheidenden systemimmanenten Nachteil, daß sie sich an eine anonyme Masse richten. Dieser Nachteil kann nur in Ausnahmefällen abgeschwächt werden; so zum Beispiel bei Unternehmen, deren anvisiertes Segment sportbegeisterte Menschen umfaßt. Dieses Segment kann mehr oder weniger gezielt über Zielgruppenkanäle wie *DSF*, dem *Deutschen Sportfernsehen*, oder *Eurosport* angesprochen werden. Gleiches gilt für Unternehmen, die das Segment musikbegeisterter junger Leute bedienen – hier besteht die Möglichkeit, entsprechende Spots auf *MTV* oder *VIVA* zu schalten.

Dieses Vorgehen ist jedoch noch weit vom Ziel des Individuellen Partnerschaftsmarketing entfernt und kann daher allenfalls ein Kompromiß bzw. eine Station auf dem Weg hin zur Maximalen Kundenorientierung sein.

Fazit: DRTV und DR-Radio können durchaus geeignete eindimensionale Dialoginstrumente innerhalb eines Gesamtmodells »Individuelles Partnerschaftsmarketing« sein. Die Möglichkeiten beider Instrumente dürfen jedoch den Blick für die Schwachstellen, insbesondere ihre Ausrichtung auf die Masse, nicht versperren. Beide Instrumente bieten sich insbesondere für Unternehmen an, die unter Beibehaltung ihrer Kommunikationspolitik den Weg vom Massenmarketing zum Individuellen Partnerschaftsmarketing suchen, und für Unternehmen, die sich zunächst eine eigene Datenbank aufbauen wollen.

Anzeigen, Beilagen, Steckkarten und weitere eindimensionale Dialoginstrumente

Auch die schriftlichen Formen der klassischen Werbung, die Anzeige, die Beilage oder die Steckkarte, können durchaus geeignete Instrumente innerhalb eines Gesamtkonzepts »Individuelles Partnerschaftsmarketing« sein. Die allgemeinen Vor- und Nachteile sowie Einsatzmöglichkeiten dieser Instrumente müssen nicht explizit diskutiert werden, da es dieselben sind wie bei DRTV und DR-Radio. Im Unterschied zu DRTV und DR-Radio gibt es im Bereich der schriftlichen Werbung jedoch keine Warteschlangen und Besetztzeichen und damit keinen verlorengegangenen Response. Auch ist ein Printwerbemittel wesentlich langlebiger als ein FFF-Spot, das heißt der Kunde kann sich auch noch nach Wochen und Monaten, wenn ein Spot schon lange vergessen ist, zur Reaktion auf eine aufbewahrte Anzeige entschließen. Nicht zuletzt besteht bei Printwerbemitteln eher die Möglichkeit mehr bzw. weitere Informationen über den Kunden zu gewinnen – indem das Responseelement entsprechend ausgestaltet wird. *Mercedes Benz* zum Beispiel hat im *Stern* in eine vierseitige Anzeige einen Fragebogen integriert.

Neben der Adresse erhält *Mercedes Benz* zusätzliche Informationen über die Erreichbarkeit des (potentiellen) Kunden, sowohl tagsüber als auch abends, die derzeitige Automarke, den Typ und das Baujahr, sowie die durchschnittlich gefahrenen Kilometer pro Jahr. Diese »Daten werden zur weiteren Bearbeitung elektronisch gespeichert« – in einer Datenbank wird also ein Kundenkonto angelegt – »und ausschließlich für die Betreuungsaktivitäten durch die *Mercedes Benz*-Vertriebsorganisation oder den ständigen Vertriebspartner verwendet« – *Mercedes Benz* kündigt zumindest indirekt an, daß es den Dialog, den der (poten-

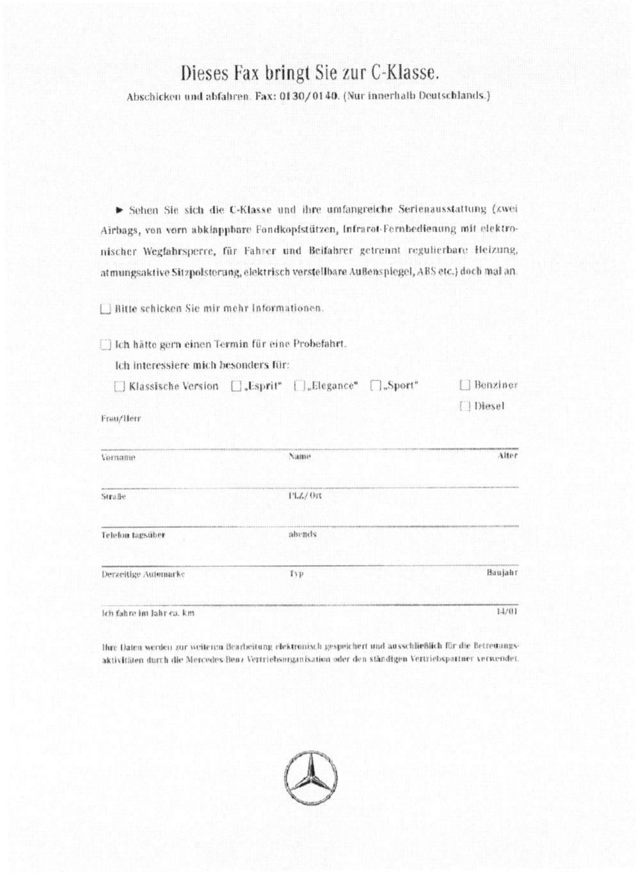

tielle) Kunde durch den Versand des Faxes mit dem Unternehmen aufnimmt, weiterführen möchte.

Diese Möglichkeit, neben der Adresse zusätzliche Informationen über den (potentiellen) Kunden zu sammeln, wird bisher von zu wenigen Unternehmen in Deutschland genutzt. Wenn man die Anzeigen genauer betrachtet, hat man manchmal sogar das Gefühl, als ob die Responsemöglichkeit entweder als Alibifunktion verstanden wird – wir machen auch Dialogmarketing, weil das gerade modern ist – oder aber der Response soll absichtlich minimiert werden, um zu beweisen, daß der Einsatz von Dialoginstrumenten für das Unternehmen unrentabel

Lassen Sie es doch regnen, wo Sie wollen.
Das hat nichts mit Zauberei zu tun, sondern nur mit dem intelligenten Viereckregner AVR 325 von Bosch. Er kann unterschiedlich große rechteckige Flächen gezielt beregnen. Zwei Einstellungen sind speicherbar. Selbstverständlich
läßt der AVR 325 sich mit allen marktgängigen Schlauchsystemen verbinden. Mehr Informationen gibt's bei Ihrem Fachhändler. Oder unter 0130-79 03.
BOSCH
Genial einfach. Einfach genial.
BOSCH

ist. Anders läßt es sich zumindest nicht erklären, daß in vielen Anzeigen die Responsemöglichkeiten regelrecht versteckt werden; es wird dem (potentiellen) Kunden richtig schwer gemacht, sie zu entdecken.

Wie das Beispiel von *Bosch* zeigt, ist die Responsemöglichkeit, eine 0130er Telefonnummer, im normalen Fließtext der Anzeige plaziert und zwar ganz am Ende. Sie fällt überhaupt nicht auf und kann leicht überlesen werden. Andere Unternehmen versuchen mit ihren Anzeigen anscheinend zunächst nur sehr zaghaft, einen Dialog mit ihren (potentiellen) Kunden aufzunehmen. Irgendwo wird der Name des Herstellers, des beworbenen Produktes und die gesamte Adresse versteckt. Der (potentielle) Kunde könnte sich ja tatsächlich melden! Ein weiteres Beispiel für die Dialogbereitschaft mancher Unternehmen soll anhand der *elmex*-Anzeige der Firma *Wybert GmbH* aufgezeigt werden.

Diese Anzeige erschien in der Programmzeitschrift *Gong* vom 23.06.1995. Wir wissen nicht, wie oft die Firma *Wybert* die Anzeige seit dem 01.07.1993 geschaltet hat. Viele Anfragen von (potentiellen) Kunden dürfte sie auf keinen Fall erhalten haben, denn in der Anschrift steht die Postleitzahl »7850« und diese gibt es seit der Umstellung der Postleitzahlen eben nicht mehr. Oder sollte Lörrach vielleicht schon zur Schweiz gehören? Wenn Anzeigen in ein Gesamtkonzept ›Individuelles Partnerschaftsmarketing‹ integriert werden sollen, dann müssen sie dem (potentiellen) Kunden die Aufnahme eines Dialoges so einfach wie möglich machen. Wenigstens denjenigen Lesern, die sich für das Produkt interessieren, sollte doch die Möglichkeit zur Dialogaufnahme gegeben werden. Andernfalls sind Anzeigen schlichtweg nur Instrumente der klassischen Werbung und auch das mit eingeschränkten Möglichkeiten, wie wir an anderer Stelle schon einmal festgestellt haben.[9]

Lassen Sie uns an dieser Stelle die schriftliche Werbung von *C&A* etwas näher beleuchten. *C&A*, in den letzten Jahren immer wieder durch seine exzellente zielgruppenbezogene Dachkampagne aufgefallen, hat im Frühjahr 1995 damit begonnen, einen ganz neuen Markt für das Unternehmen zu öffnen: »Modevielfalt für besondere Größen«. In einer ganzseitigen Anzeige, z.B. in Regionalzeitungen, bewirbt *C&A* seinen »Größen-Service«. Ein weibliches und ein männliches Modell – sie etwas molliger, er etwas größer – werden in einem Bild attraktiv gekleidet dargestellt. Der sich daran anschließende Text lautet:

Gong-Leser-Service
Telefon: (0190) 57 47 07
Fax-Abruf: (0190) 57 47 47
1 Min. = 1,15 DM Satelli-LINE

Was heute abend läuft

Filme | Sport | Serien

2.7. **So**

SONNTAG

Zeitleiste: 19.00 · 19.30 · 20.00 · 20.30 · 21.00 · 21.30 · 22.00 · 22.30 · 23.00 · 23.30 · 0.00 · 0.30 · 1.00

ARD	19.10 Weltspiegel 19.50 Sport Tagesschau 20.15 Polizeiruf 110 Bruder Lustig. TV-Krimi 21.45 Kulturweltsp. 22.15 Tagesthemen ZAK Satire Haus der Spiele Thriller, USA 1987 Mit Lindsay Crouse, J. Mantegna 0.50 Schritte ohne Spur Krimi, F '59
ZDF	Heute 19.10 Bonn direkt Naturgewalten 3. Luft 20.15 Grün ist die Heide Heimatfilm, D 1972 21.35 Heute 21.50 Zu Fuß und ohne Geld (3) 4tlg. Fernsehfilm 23.20 Basketball 23.45 Septembersongs Die Musik von Kurt Weill 1.20 Spielfilm
RTL	19.15 Thunder in Paradise US-Actionserie mit Carol Alt 20.15 Hans Meiser präsentiert David Copperfield Show 21.50 Spiegel TV 22.35 Prime Time / Eden 23.25 Playboy Late N. 23.55 Keynote Formel 1-WM GP von Frankreich → 2.25
SAT.1	Newsmagazin 19.10 Nur die Liebe zählt Show 20.15 Mordnacht in L.A.: Die O.J. Simpson Story US-TV-Film mit Bobby Hosea 22.10 Talk im Turm Talkshow 24 Stunden 0.05 Blue Iguana oder der Sarg ist himmelblau US-Actionfilm
PRO7	← 18.55 Highwayman US-Actionserie 20.15 Alles Lüge Komödie D 1991. Mit Billie Zöckler 21.55 Palm Beach Duo US-Krimiserie 22.50 The Warrior Fantasyfilm USA 1984. Mit David Carradine 0.10 „2 gegen 2" 0.50 Riverbend US-Actionfilm
RTL2	Nachrichten 19.15 Bitte lächeln spezial 20.15 Ausgerechnet Chicago 21.15 Walker, Texas Ranger US-Serie 22.15 Peep! Nightshow 23.20 Warlock — Satans Sohn kehrt zurück Horrorfilm, USA '92 Immer Ärger mit Dave 1.15 News
KABEL 1	← 18.35 Hardcastle und McCormick: Highway des Todes 20.15 Edgar Wallace: Das Verrätertor Krimi, D/GB '64 21.50 Der doppelte Held Komödie, I 1981 Mit Paolo Villaggio; Regie: Neri Parenti 23.40 Perry Mason und die tödliche Hochzeit TV-Krimi, USA 1991 → 1.25
VOX	19.15 Airwolf US-Serie 20.15 Lockende Versuchung Südstaatendrama USA 1956. Mit Gary Cooper, Anthony Perkins Pretty Baby Milieudrama USA 1977. Mit Brooke Shields 0.25 Wa(h)re Liebe Magazin zur Sexualität → 1.25
Super RTL	← 18.55 Matchball 19.45 Unter einer Decke Comedy 20.15 Die Jagd nach dem Zylinder Peter Steiners Theaterstadl 21.50 Die mit den Wölfen heulen Abenteuerfilm, USA 1967 Die Jagd nach dem Zylinder Aus Peter Steiners Theaterstadl 1.05 Teleshop
DSF	← 18.30 Motorsport Leichtathletik Deutsche Meisterschaft in Bremen 20.45 Boxen 21.45 Sport-Report 21.55 Motorsport 23.45 Bowling 0.45 Werbung Boxen → 2.00
3sat	Heute 19.10 Markwort. neunzehnZehn Tagesschau 20.15 Filmfest München 21.15 Rote Nelke Eine Krankenstation für Tschernobyl-Kinder. Dok.-Film 22.35 Stille 23.20 Polizeiruf 110 Der Einzelgänger 0.10 Europäische Jazznacht (2) → 1.25
arte	Stan Laurel Metropolis Europ. Kulturmagazin 20.50 Dennis Hopper 21.25 Erdbeben in Los Angeles Franz. Dok. 22.20 Los Angeles Postcards (1) White Jazz Los Angeles Postcards 0.25 Leben auf Messers Schneide US-Dokumentation, 1994
B3	Land in Sonne 19.45 Die Kreuzlschreiber Komödie, D 1945 21.20 Zeitspiegel 21.50 Sport-Tribüne 22.15 Schwarze Hochzeit Liebesdrama, USA/D 1991 23.50 Schweigen ist Gold Drama, F 1947 Mit Maurice Chevalier, F. Périer → 1.25
W3	19.10 Aktuelle Stunde 19.45 Ticket 20.15 Cleopatra Monumentalfilm USA 1934. Mit Claudette Colbert 22.10 Pablo Escobar — Der Drogenbaron Dok. 23.10 Billy Wilder, wie haben Sie's gemacht? 0.20 1900 (1). Gewalt, Macht, Leidenschaft 2tlg. Drama
N3	19.15 Rund um den Michel Tagesschau 20.15 Schauplatz Natur Boulevard Bio Sport 3 Jack Kerouac 23.55 Schienenschlacht Kriegsfilm, F 1945 Regie: René Clément → 1.15
MDR	Tele-Lotto Aktuell 19.50 Kripo live 20.15 Antarktis Bilderbogen Brisant dry 21.45 Aktuell 21.50 Sportarena 22.50 Kleinstadtbahnhof Dt. Unterhaltungsserie 23.40 Todesspur für Isabelle (2) 2tlg. Thriller, Schweden 1992 1.10 Anruf genügt!
S3	← 18.55 Regional Die Fallers Tagesschau 20.15 Inseln: Capri Wissenschaft 21.45 Sport-Regionalprogramme 22.45 Wortwechsel Günter Guillaume 0.15 Nachrichten S-3-Infos
H3	Allerhand Die Fallers Tagesschau 20.15 Wir Hessen Der Hessentagsfestzug in Schwalmstadt-Ziegenhain Mit Barbara Siehl und Frank Lehmann 0.05 Programmtip und Magisches Auge
B1	19.25 Abendschau 19.50 Wolff und Rüffel Tagesschau 20.15 Sibirische Arktis Nomaden des Windes 21.45 Schlachtengemälde Kripo live 22.55 Drei Zimmer, Küche, Holger Talkshow mit Holger Weinert Abendschau / Viecherei 0.50 Tagesthemen 1.05 S-Bahn
ORB	Einwurf 19.45 Ich trage einen großen Namen 20.15 Am Tag, als die D-Mark kam 5 Jahre deutsche Einheit 21.35 Rote Laterne Drama, China 1991 Regie: Zhang Yimou 23.35 Einwurf 0.05 Die Liebe einer Blondine Liebesfilm, CSSR 1965
Prem.	← 17.50 Komödie Kino '95 Programm 20.15 Tina — What's love got to do with it? Musikfilm, USA 1993. Mit Angela Bassett 22.15 Mord im Visier Thriller, USA 1992 Mit Timothy Busfield, Michael Beck 23.40 Kurzfilm-Special 0.10 Angelas Rache Thriller, F 1994 Mit Thierre Lhermitte → 1.55
ORF1	Eine starke Familie Zeit im Bild / Wetter / Seitenblicke 20.15 Frauenarzt Dr. Markus Merthin 21.05 Verst. Kamera 21.50 Zur Sache Talkshow mit Peter Rabl 23.15 I. Bachmann 23.45 Coppelia Ballett nach A. Saint-Leon. Musik: Leo Delibes Heißer Verdacht
ORF2	Öst. heute 19.17 Lotto Zeit im Bild und Kultur 19.54 Sport 20.15 Der Mann mit der Maske (2) 2tlg. TV-Krimi von Fred Breinersdorfer 22.15 Heißer Verdacht — Aktion SOKO (1) 2tlg. Thriller GB 1993 23.55 Liesl Karlstadt Ein Stück von ihm 0.40 Der Hund von Baskerville Krimi
CH	← 18.30 Sportpan. Tagesschau Gegen den Wind Pilotfilm zur Serie Mit Ralf Bauer, Hardy Krüger jr. 21.40 neXt 22.15 Tagesschau Opernrausch 23.15 Sternstunde Philosophie 0.15 Nachtbulletin / Meteo
Super	World News Holiday Destinations Videofashion! Frontal Talkin' Jazz World News World Championship of Golf German Touring Cars Nightly News Frontal
TV5	30 millions d'amis Journal belge 7 sur 7 Notre siècle Dokumentarreihe Nachrichten 22.40 L'argent des autres Drama F 1978. Mit Catherine Deneuve 0.20 Gueule d'atmosph. Soir 3 Journal du Tour

Gong 37

»Der nächste Sommer steht vor der Tür – Zeit für frische modische Impulse, Zeit für die neue, aktuelle Größen-Service-Collection. ›Authentic Life‹ ist unser Mode-Thema, mit warmen Farben und natürlichen Materialien. Dezent im Trend, ganz Ihr Stil – und selbstverständlich auch in Ihrer ›besonderen Größe‹. Exklusiv in Ihrem *C&A*-Haus. Wir freuen uns auf Ihren Besuch! Und wenn Sie uns den Coupon schicken, halten wir Sie ab der nächsten Saison immer auf dem Laufenden.«

Unterhalb des Textes befindet sich der Coupon, in den der Absender neben seiner Adresse seine Konfektionsgröße und sein Alter einträgt. *C&A* erreicht mit dieser Kommunikationsform zwei Ziele: Zum einen wird das Segment »Besondere Größen« auf das spezielle Angebot in den Bekleidungshäusern des Unternehmens aufmerksam gemacht. Das Angebot kann sofort genutzt werden. Die klassische Aufgabe einer Anzeige eben. Zum anderen, und das ist im Rahmen der Maximalen Kundenorientierung entscheidend, gewinnt *C&A* Adressen seines »neuen« Segments – ohne Erhöhung des Werbeetats. Mit den hier gewonnenen Informationen kann das Unternehmen zur nächsten Modesaison seinen Interessenten ganz individuelle, auf die Bedürfnisse des einzelnen Kunden zielende Angebote machen: Für den Übergewichtigen Mode, die in die Breite geht, für den Kleineren oder Größeren Mode, die in die Länge bzw. Kürze geht. Und da Mode auch noch altersabhängig ist, kann *C&A* sein Angebot sogar entsprechend des Alters des (potentiellen) Kunden gestalten. Es bleibt zu hoffen, daß *C&A* die Anforderungen des Individuellen Partnerschaftsmarketing weiterhin ernst nimmt und mit Hilfe der gewonnenen Adressen und Informationen über den (potentiellen) Kunden tatsächlich in Zukunft diesen segmentspezifische Angebote macht und nicht in die Versuchung gerät, dem molligen 60jährigen einen Prospekt mit Mode für den 20jährigen Zwei-Meter-Mann zu schicken.

Das Beispiel *C&A* zeigt, wie ein Unternehmen sich neue Märkte erschließen kann, wenn zum einen die individuellen Bedürfnisse der (potentiellen) Kunden erkannt werden, Problemlösungen zur Verfügung stehen und eine geeignete Form der Kommunikation gefunden wird – eben eine individuelle. Gleichzeitig wird am Beispiel von *C&A* unmittelbar deutlich, wie sich ein Unternehmen eine eigene Datenbank (potentieller) Kunden eines bestimmten Segments aufbauen kann – und zwar mit Instrumenten der klassischen Werbung. Gegenüber den Spezialboutiquen für »Dicke« hat *C&A* noch den Vorteil, daß für die übergewichtigen oder größeren und kleineren Menschen das Betreten des Bekleidungshauses nicht mit einem Lauf über glühende Kohlen verbunden sein muß. Bei *C&A* kaufen ja auch die Normalgewichtigen ein, während der Besuch eines Fachgeschäftes für besondere Größen bei dem einen oder anderen ein ungutes Gefühl auslösen kann. Ein kleiner Verbesserungsvorschlag am Rande: Vielleicht hätte man anstelle des Alters das Geburtsdatum erfragen können. *C&A* hätte dann die Möglichkeit, den (potentiellen) Kunden nicht nur zum Geburtstag zu gratulieren, sondern z.B. sechs Wochen vor dem Ereignis auf die besondere Mode des Hauses, die sich doch geradezu als Geburtstagsgeschenk anbietet, aufmerksam zu machen. Trotzdem zeigt das Beispiel *C&A*, wie Instrumente der klassischen Werbung – hier die Anzeige – mit den Erfolgsfaktoren eines Individuellen Partnerschaftsmarketing verbunden werden können, oder wie mit Hilfe der klassischen Werbung ein Unternehmen eine eigene Datenbank seiner Zielgruppe aufbauen kann.

Gleichzeitig stellt sich nun natürlich die Frage, warum sich andere Unternehmen das Konzept von *C&A* und den damit verbundenen Nutzen nicht zu eigen machen: Jede Woche erscheint in fast jeder regionalen Tageszeitung mindestens eine ganzseitige Anzeige in rot. Der *Media-Markt* lockt. In den örtlichen Anzeigenblättern lockt Karl Oscar Pauer vom *ProMarkt*. Jede Woche das gleiche Spiel. Jede Woche Angebote, mal Telefone, mal Computer, dann die Waschmaschine und meistens eine Stereoanlage, ein Fernsehgerät und ein Videorecorder. Jede Woche zehntausende DM an Anzeigenkosten. Nur um die (potentiellen) Kunden in den Markt zu locken, ohne sie jedoch genau zu kennen. Soll das immer so weitergehen? Allen Unternehmen, die ganzseitige Anzeigen schalten, kann nur empfohlen werden, sich Gedanken darüber zu machen, wie sie in Zukunft ihre Segmente noch besser erreichen und wie sie in einem ersten Schritt die Adressen und weitere Informationen über die Erwartungen und Bedürfnisse ihrer Segmente gewinnen können. Insbesondere im Falle der Elektro-Verbrauchermärkte bietet sich hier ein mehrstufiges Dialogmodell an. In einem ersten Schritt sollte dem (potentiellen) Kunden die Möglichkeit gegeben werden, mit dem Unternehmen zu kommunizieren – nur so kann das

Unternehmen sein Segment aus der zunächst anonymen Masse heraus identifizieren und vielleicht noch mehr als heute erreichen, wie das Beispiel *C&A* zeigt.

Damit der (potentielle) Kunde auch tatsächlich mit dem Unternehmen kommuniziert, also z.B. einen Coupon auch wirklich zurückschickt oder eine Telefonnummer wählt, sollte er einen unmittelbaren Vorteil für sich sehen. Der grundsätzlich einheitliche Auftritt des *Media-Marktes* in den Tageszeitungen läßt vermuten, daß man hier davon ausgeht, der Zeitungsleser werde am Donnerstag, dem einheitlichen Erscheinungsdatum, die Anzeige genauso zielgerichtet suchen, wie er ansonsten z.B. den Sportteil auf der letzten Seite des Regionalteiles sucht. Hier wird grundsätzlich ein latentes Interesse Woche für Woche bei den als (potentiellen) Kunden identifizierten Zeitungslesern unterstellt. Wenn dies so ist, könnte der Slogan: »Wenn Sie unsere besonderen Angebote exklusiv nur über *Media-Markt*-Direkt kennenlernen wollen, und dies eine Woche, bevor die anderen diese Angebote in dieser Anzeige lesen können,...« der entscheidende Vorteil bzw. Nutzen für viele (potentielle) Kunden sein. Neben der Angabe der Adresse wird der potentielle Kunde noch gebeten, seine Interessen anzukreuzen, also z.B. Haushaltswaren wie Wasch- und Spülmaschine, Audio oder Video, EDV oder Telekommunikation. Dann noch einige zusätzliche Informationen über die Haushaltsgröße ... und entsprechend dieser gesammelten Informationen könnte der (potentielle) Kunde bedürfnisgerecht im Sinne des Gesamtmodells »Individuelles Partnerschaftsmarketing« weiterbearbeitet werden.

Auch oder gerade für Niedrigpreisprodukte bietet sich die Anzeige als Dialoginstrument an. Diese Möglichkeit wird in Deutschland allerdings, im Unterschied zu den USA, Neuseeland und Australien, so gut wie noch gar nicht genutzt.

In Australien wirbt das Pharmazieunternehmen *ALPHAPHARM* mit der unten abgebildeten Anzeige für seine $2.60 Arzneimittel. Der Leser wird darüber aufgeklärt, daß seit dem 1. Dezember 1994 die Apotheker das Recht haben, ihren Kunden anstelle des verschriebenen Medikamentes ein gleichermaßen wirkendes, aber preiswerteres anzubieten. Hiervon hat *ALPHAPHARM* mehrere zum Preis von $2.60 im Angebot. Die Anzeige erfüllt ihre erste Funktion: Der Leser, hier das Segment Pensionäre, wird über seine Rechte und seine Möglichkeiten, Geld zu

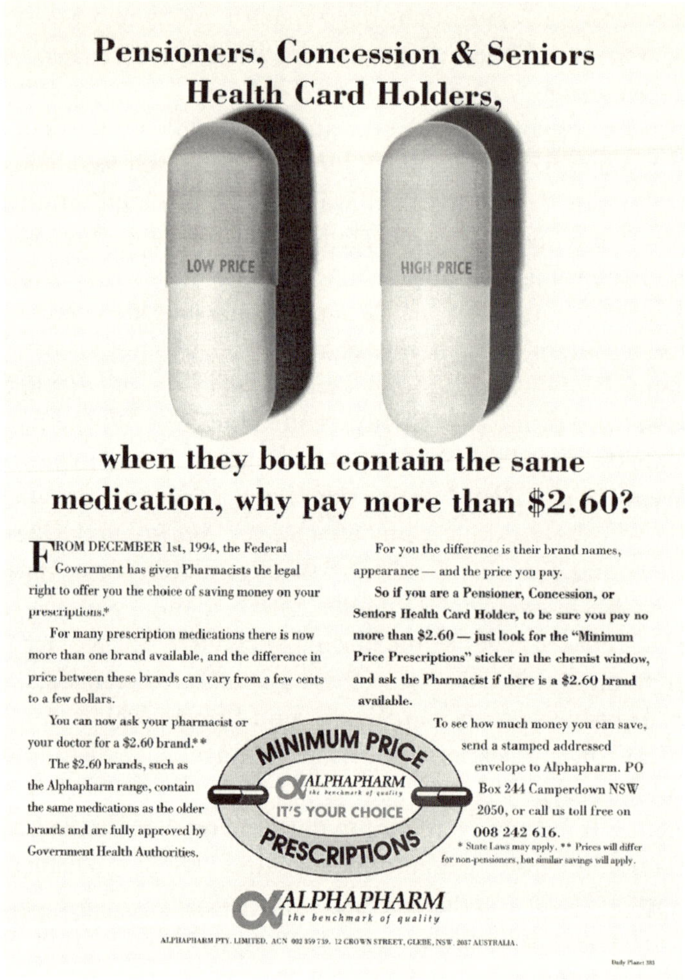

sparen, aufgeklärt. Gleichzeitig bietet das Unternehmen dem Interessenten jedoch auch noch eine weitere Serviceleistung an: »Um zu sehen, wieviel Geld Sie sparen können, senden Sie einen adressierten Briefumschlag an … oder rufen Sie uns kostenlos an unter der Telefonnummer…« lautet die Aufforderung zur Eröffnung des Dialogs mit dem Unternehmen. Und dies alles für ein Produkt, das $2.60 kostet. *ALPHAPHARM* hat erkannt, daß der Kauf eines seiner Produkte kein isolierter Einzelfall ist, sondern daß die Grundlage des gemeinsamen

Geschäftes der lifetime-value ist, also der Umsatz, den ein (potentieller) Kunde innerhalb eines vorher definierten Zeitraumes mit dem Unternehmen tätigt. Wie verschiedene Beispiele in diesem Buch schon gezeigt haben, kommen dann sehr schnell auch bei Niedrigpreisprodukten mehrere tausend Mark zusammen.

Mit der folgenden Anzeige hat die *Deutsche Bank* die eingeschränkten Möglichkeiten optimiert. Innerhalb einer vierseitigen Serie findet der Leser einer Fachzeitschrift diese Umfrage: Mit der Frage »Wo drückt Sie der Schuh?« wird der (potentielle) Kunde in den Dialog und dessen

Umfrage

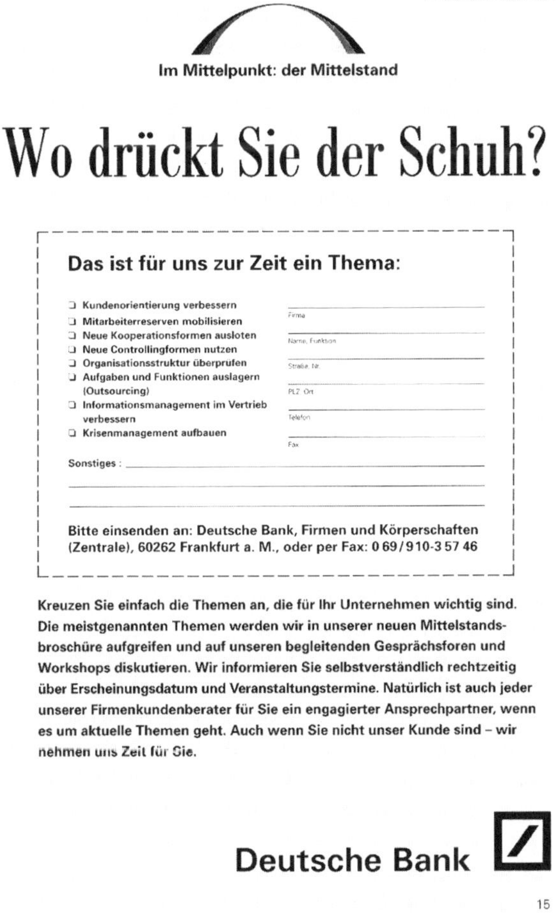

Ausgestaltung entsprechend seiner individuellen Bedürfnisse aktiv einbezogen. Die Antworten kann er per Postkarte oder per Fax versenden. Auch auf den anderen drei Anzeigenseiten finden sich immer wieder die entsprechenden Service-Telefonnummern, unter denen weitere Informationen zu verschiedenen Sachthemen abgerufen werden können.

Die bisherigen Ausführungen zur Anzeigenwerbung sind gleichermaßen auch auf Beilagen übertragbar. Ein großer Vorteil dieser beiden Instrumente liegt darin, daß sie in der Regel gezielter eingesetzt werden können als zum Beispiel DRTV und DR-Radio. Dies liegt nicht zuletzt an der großen Anzahl von Zeitungen und Zeitschriften. Da gibt es *»Das deutsche Weinmagazin«* für den Winzer, *»MM Maschinenmarkt«* für das produzierende Gewerbe, das *»handwerk magazin«* für den Mittelstand Handwerk, das *»geschäftsidee Magazin«* für Gründungswillige, die *»Cosmopolitan«* für die selbstbewußte Frau usw. Aufgrund der Mediadaten, die jeder seriöse Verlag in aller Regelmäßigkeit über seine Leserschaft erheben läßt, ist es den Unternehmen möglich, ihre Anzeigen bzw. Beilagen sehr nahe an ihrem Segment zu plazieren bzw. beizulegen. Gleichfalls können allgemein zugängliche Marktuntersuchungen Hilfestellung für die Entscheidung über das richtige Dialoginstrument geben. Die Studie »Reise & Touristik 95/96« hat z.B. ergeben, daß Tageszeitungen die wichtigste Informationsquelle für die Bereiche Urlaub, Reise und Touristik sind. Lediglich 9 Prozent derer, die einen Urlaub planen, überblättern das abgedruckte Urlaubsangebot; aber immerhin 63 Prozent beschaffen sich gelegentlich bis häufig einen Überblick übers Urlaubsangebot in der Tageszeitung.[10]

Allerdings muß auch in bezug auf Anzeigen und Beilagen noch einmal betont werden, daß diese in einem harten Wettbewerb »wahrgenommen zu werden« mit vielen anderen stehen. Besonders auffällig ist dies bei Beilagen in Tageszeitungen: Jeden Montag und Donnerstag das gleiche Spiel: Das Möbelhaus offeriert seinen neuesten Gelsenkirchener Barock, der Lebensmittelsupermarkt präsentiert sechs Rollen Toilettenpapier im Sonderangebot, das Kaufhaus zeigt verträumte Damen und Herren in ihren neuesten Dessous, der Baumarkt versucht die Menschen in den Garten zu treiben, der Elektromarkt wiederum diese an das neue Kinoerlebnis Dolby-Surround zu fesseln usw. Alle kämpfen sie zunächst einmal darum, wahrgenommen zu werden. Das besondere: Die meisten Unternehmen begnügen sich damit, »jetzt« wahrgenommen zu werden; nur in ganz wenigen Fällen wird in Beilagen in Tageszeitungen dem (potentiellen) Kunden die Möglichkeit geboten, in einen Dialog mit dem Unternehmen zu treten. Wieder scheint das Einmalgeschäft im Vordergrund zu stehen. Diese aufgeblähten Tageszeitungen sind um so bemerkenswerter, wenn man berücksichtigt, daß nur 57 Prozent der (lesenden) Haushalte diese Armee von Beilagen überhaupt zur Kenntnis nimmt, während die Wurfsendung im Briefkasten, also z.B. die Steckkarte, von über 70 Prozent der Haushalte zur Kenntnis genommen wird.[11]

Steckkarten eignen sich besonders gut zur Generierung von Response: Sei es die Teilnahme an einer Busfahrt, der Aufruf zu einer Sach- oder Geldspende oder nur die Gewinnung von Interessentenadressen, wie das folgende Beispiel der *Bertelsmann Lexikothek* zeigt: Zielsetzung des Geschäftsbereichs Zielgruppenvertriebe der *Bertelsmann Lexikothek* ist es, mit Steckkarten Adressen von Interessenten an einer Enzyklopädie zu gewinnen. Um die Aufmerksamkeit zu erhöhen und möglichst viele Adressen zu gewinnen, steht ein Gewinnspiel im Mittelpunkt dieser Steckkarten. Ausgehend von der Annahme, daß Konsumenten, die in gleichen Wohngebieten leben, eine ähnliche Haushaltsstruktur und Kaufkraft haben wir haben zum Beispiel eine Steckkarte, die sich speziell an Kinder richtet, entwickelt. Diese wurde dann insbesondere in Wohngebieten verteilt, in denen Familien mit Kindern vermutet wurden. Dies ist zum Beispiel in Neubaugebieten oder Wohnblöcken, die Drei- und Mehr-Zimmerwohnungen haben, der Fall. Nachdem diese selektive Verteilung der Steckkarte eingeführt wurde, konnte der Response mehr als verdoppelt werden. Heute bietet jedes große Unternehmen, welches sich auf Haushaltswerbung spezialisiert hat, eine solche segmentspezifische Verteilung an.

Im Vergleich zu DRTV und DR-Radio haben Anzeigen, Beilagen und Steckkarten den Vorteil, daß sie gezielter gestreut werden können, also ein anvisiertes Segment grob definiert werden kann. Bei Zeitungen und Zeitschriften ist dies über die Mediadaten möglich, bei Steckkarten über selektive Verteilmodelle. Die *Canon Europhoto*, Willich, hat Mitte 1995 mit einer aus über 35 Motiven bestehenden Anzeigenkampagne, mit denen in 16 Publikums- und 15 Fachblättern geworben wird, einen neuen Weg beschritten: Die Motive sind auf den jeweiligen Anzeigenträger zugeschnitten und sollen so bestimmte Segmente innerhalb der

Leserschaft erreichen. »Wir orientieren uns an den Medien«[12] wird hierzu der Inhaber der *Canon* begleitenden Agentur *Neno Dubovy* in der *W&V* zitiert. »Beworben werden acht bis neun *Canon*-Produkte, entsprechend der anvisierten Zielgruppe in unterschiedlichen Medien. Je Zeitschrift und Anzeige wird eine individuelle Telefonnummer angegeben. Der Leser kann Informationen abfragen und Preise gewinnen.«[13] *Canon* kann über die eben beschriebene Vorgehensweise die breite Masse in kleinere Segmente unterteilen, die dann entsprechend ihrer spezifischen Bedürfnisse bearbeitet werden. Ob der so einmal eröffnete Dialog mit dem (potentiellen) Kunden allerdings weitergeführt wird, bleibt das Geheimnis von *Canon*. Meine Prognose: wahrscheinlich nicht.

Fazit: Anzeigen, Beilagen und Steckkarten haben innerhalb eines Gesamtmodells »Individuelles Partnerschaftsmarketing« die gleichen Vorteile wie DRTV und DR-Radio. Grundsätzlich bieten sie darüber hinaus sogar die Möglichkeit, die breite Masse in kleinere Segmente zu unterteilen. Auch können die Unternehmen mit diesen Instrumenten in der Regel mehr Informationen über ihren (potentiellen) Kunden abfragen, als es mit einem FFF-Spot möglich ist. Trotzdem muß hierbei immer bedacht werden, daß es sich um eindimensionale Dialoginstrumente handelt, deren Erfolg davon abhängig ist, inwieweit es diesen stummen Verkäufern gelingt, den (potentiellen) Kunden auch tatsächlich anzusprechen und ihn zur Aufnahme des Dialogs mit dem Unternehmen zu motivieren.

Neben den bereits genannten, gibt es noch einige weitere eindimensionale Dialoginstrumente. Die Chance, daß der (potentielle) Kunde die ihm angebotene Responsmöglichkeit auch tatsächlich nutzt, steigt natürlich in dem Maß, in dem es dem Unternehmen gelingt, die wahren individuellen Bedürfnisse des (potentiellen) Kunden anzusprechen. Eine sehr kreative Lösung, (potentielle) Kunden auf seine Dienstleistungen aufmerksam zu machen, hat ein kleiner Kfz-Service-Meisterbetrieb aus dem Saarland gefunden: Der Betrieb nutzt die Vergeßlichkeit vieler Menschen und macht mit einem Flugblatt, welches an dem Scheibenwischer des Autos befestigt ist, darauf aufmerksam, daß das Auto in der nächsten Zeit zum TÜV muß. Von dem Jungunternehmen werden dann die entsprechenden TÜV-Arbeiten zum vereinbarten Festpreis angeboten.

Einen anderen Weg gehen insbesondere Unternehmen, die schon einen relativ hohen Bekanntheitsgrad besitzen. Auf Flughäfen, in Hotels, bei Sport- und Kulturveranstaltungen werden die jeweiligen Produkte ausgestellt. Der Interessent kann dann mittels seiner Visitenkarte, die er in eine entsprechende Box wirft, weitere Informationen anfordern. Der Dialog beginnt.

Von den deutschen Unternehmen wird ihr eigenes Produkt bzw. die

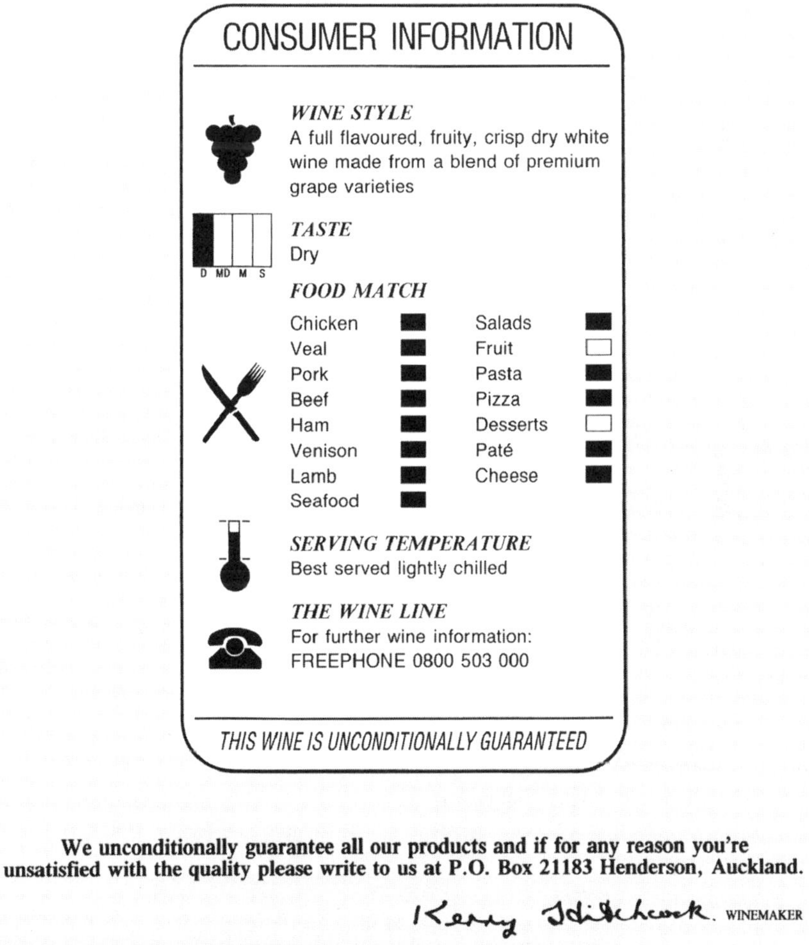

Produktverpackung als Dialoginstrument viel zu wenig genutzt. Dabei bietet es sich doch gerade hier an, dem (potentiellen) Kunden die Möglichkeit zu geben, weitere Informationen anzufordern, sei es ein Rezept, eine Broschüre zu anderen Produkten, ein Buch oder einen Katalog mit weiteren Verwendungshinweisen des Produktes. Wesentlich besser bedient sich hingegen der neuseeländische Weinproduzent *COOKS* der ihm gebotenen Möglichkeiten. Gleich zweimal wird der (potentielle) Kunde zum Dialog mit dem Unternehmen aufgefordert.

Zum einen kann der Kunde kostenlos weitere Informationen unter der »Wine Line« anfordern, zum anderen kann er sich aber auch schriftlich an das Unternehmen wenden, wenn er aus irgendwelchen Gründen mit dem gekauften Produkt unzufrieden ist. Im Grunde genommen sind den Unternehmen nur durch ihre eigene Kreativität Grenzen gesetzt, den Dialog mit dem (potentiellen) Kunden aufzunehmen. Die Möglichkeiten, sich eine eigene Datenbank aufzubauen und hiermit den Weg weg vom Massenmarketing hin zum Individuellen Partnerschaftsmarketing zu gehen, bietet sich jedem Unternehmen. Man muß diesen Weg nur gehen wollen.

Die interaktiven Dialoginstrumente

Das Mailing – der schriftliche Verkäufer

Das wichtigste interaktive Dialoginstrument im Individuellen Partnerschaftsmarketing ist zweifelsohne das Mailing. Das Gesamtvolumen dieser adressierten Werbebriefe wird in Europa von 19,7 Milliarden 1994 auf geschätzte 21 Milliarden im Jahre 2.000 steigen.[14] Für Siegfried Vögele, Entwickler der Dialogmethode und einer der Päpste im Direktmarketing, ist das Mailing ein Verkaufsgespräch per Brief, welches den Verkäufer ersetzt: »(Schriftliche) Verkäufer, die Ihre Kunden und Interessenten persönlich ansprechen. Verkäufer, die exakt meßbar sind, und deren Kosten Sie genau kalkulieren können. Und das schönste: Es sind schriftliche Verkäufer, die sich selbst tragen«[15]und weiter »... der Weg dieses schriftlichen Gesprächs verläuft analog dem des Verkäufers.«[16]

Gemessen am Erfolg, nicht an der Effizienz eines guten Verkäufers, ist das Mailing sicher der zweitbeste Weg, direkt und individuell mit dem (potentiellen) Kunden zu kommunizieren. Im Unterschied zu den eindimensionalen Dialoginstrumenten wird mit einem Mailing keine anonyme Masse angesprochen: Das Unternehmen erreicht seinen Markt unmittelbar, ohne Umwege und mit minimalen Streuverlusten – wenn die entsprechende Adreßbasis vorhanden ist. Zudem ist der Erfolg eines Mailings für das Unternehmen direkt meßbar. Und längst ist bekannt, daß nicht nur teure Fernsehspots Emotionen wachrufen können, sondern auch Mailings sich an die Gefühlswelt der Empfänger richten können: »Ob eine duftende Rose als Frühlingsgruß, ein Probepäckchen der neuen Lotion oder ein Spielzeugauto zur Einführung der neuen Modellreihe – die Möglichkeiten sind grenzenlos«[17] die verschiedenen Sinne des (potentiellen) Kunden anzusprechen. Und das schönste: das Mailing kann von jedem Unternehmen unabhängig von dessen Größe oder der Größe des Segments eingesetzt werden – und das innerhalb von Tagen.

Doch, gerade einmal ist dieser Weg zum Kunden in Deutschland erkannt worden, gibt es schon wieder negativ und unter restriktiven Gesichtspunkten geführte Diskussionen über den richtigen Einsatz dieses stummen, aber doch individuell agierenden Verkäufers. Man kann einem (potentiellen) Kunden doch nicht viermal im Jahr oder sogar häufiger ein Mailing nach Hause oder ins Unternehmen schicken. Was soll der denn von uns halten? Der Mensch meint ja, wir hätten es nötig! So oder so ähnlich werden diese Diskussionen in vielen deutschen Unternehmen, die endlich den direkten Weg der Kommunikation zu ihrem (potentiellen) Kunden entdeckt haben, geführt. Siegfried Vögele hat hierfür eine ganz einfache Antwort parat: »Wenn Sie es nicht tun, tun es andere«. Lassen Sie sich nicht auf solche Diskussionen ein – denken Sie daran »Nur wer nichts macht, macht nichts verkehrt«. Und es wäre das Verkehrteste, wenn die Unternehmen die Chancen nicht nutzen würden, die ihnen Mailings innerhalb des Individuellen Partnerschaftsmarketing bieten.

Was Mailings in den unterschiedlichsten Märkten bewirken können haben die verschiedensten Untersuchungen gezeigt. Die Ergebnisse dieser Untersuchungen sollen anhand zweier konkreter Beispiele dargestellt werden: Bei einer telefonischen Umfrage unter 1038 EDV-Leitern wurden folgende Ergebnisse festgestellt:

Nur zwei von 100 angeschriebenen EDV-Leitern werfen alle Mailings weg. Nur zwei von 100 EDV-Leitern können über diesen Weg nicht erreicht werden. 40 von 100 EDV-Leitern werfen ein Mailing manchmal weg. 70 Prozent werfen das Mailing ungeöffnet weg, weil ihnen der Absender bekannt ist; will heißen, weil die angebotene individuelle Problemlösung nicht den individuellen Bedürfnissen des Empfängers entspricht. Gleichermaßen heißt das jedoch auch, daß 88 Prozent der EDV-Leiter sich mit einem Mailing eines neuen Unternehmens beschäftigen. In 88 von 100 Fällen wird das Mailing zumindest geöffnet und überflogen. Diese Quote kann oftmals selbst ein guter Verkäufer nicht vorweisen. Voraussetzung hierfür ist, daß bei dem Empfänger ein bestimmtes Interesse für die angebotene individuelle Problemlösung besteht, daß also die Adreßbasis der Aussendung den Anforderungen und Erwartungen des Segmentes entspricht. Je weniger die Adressen nach bedürfnisgleichen Kriterien ausgewählt werden, desto geringer ist der Erfolg eines Mailings, desto eher wird ein Mailing als Massenmarketinginstrument mißbraucht – und verliert damit seine Wirksamkeit.

Pharmaunternehmen scheinen den Wert des Mailings noch besser einzuschätzen als Anbieter, die sich mit ihren individuellen Problemlösungen an EDV-Leiter richten. Ein Arzt erhält nämlich täglich siebenmal Post von Pharmaunternehmen und zusätzlich noch Post von Finanzgesellschaften usw. Für die Post der Pharmaunternehmen wendet der Doktor rund 17 Minuten auf. Insgesamt 80 Prozent der Pharma-Mailings erreichen ihr Ziel. Also nur 20 Prozent oder jedes fünfte Mailing landet bei den Damen und Herren im weißen Kittel im Papierkorb. Das geht aus einer Studie der *Mediapharm Gesundheitsforschung* hervor, die im Auftrag der Firma *Walsh International*, Ismaning 307 repräsentativ ausgewählte Ärzte befragt hatte.[18]

Haben Sie schon einmal die Zeit gestoppt, die Sie benötigen, um ein Mailing zu öffnen, es zu überfliegen und dann zu entscheiden, ob Sie sich näher mit ihm beschäftigen möchten oder, ob Sie es in den Papierkorb befördern? Im Durchschnitt benötigen Sie hierfür 13 Sekunden. Sie wie auch Ihr (potentieller) Kunde. Fast fünfmal länger beschäftigt sich der (potentielle) Kunde also mit Ihrem interaktiven Dialoginstrument »Mailing« als mit einer Anzeige.

Und was für den Business-to-business-Markt gilt, hat auch für den

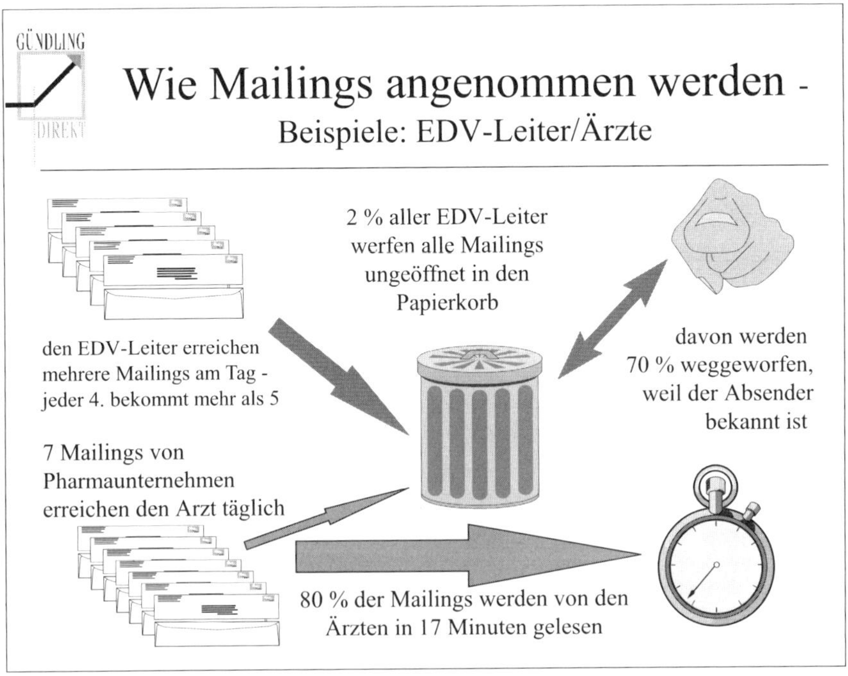

Abb. 9.4

Endverbrauchermarkt Gültigkeit. Denken Sie daran, die Dame oder der Herr im weißen Kittel legen ihre Gefühle, ihre Gedanken, ihre Einstellungen nicht mit ihrem Kittel ab. Zweifelsohne fallen die meßbaren Ergebnisse im Endverbrauchermarkt heute jedoch schlechter aus als im Business-to-business-Markt. Das liegt in erster Linie an zwei Dingen: Zum ersten sparen viele Unternehmen im Endverbrauchermarkt an der falschen Stelle; viel zu viele Mailings landen unpersonalisiert in den deutschen Briefkästen und das, obwohl der (potentielle) Kunde heute keine »Sehr geehrte Dame« und kein »Lieber Herr« mehr sein möchte, sondern mit seinem Namen angesprochen werden will. Untersuchungen haben es längst gezeigt: Der Erfolg eines personalisierten Mailings ist um bis zu 20 Prozent höher als der eines nichtpersonalisierten. Angesichts der heutigen technischen Möglichkeiten, sogar eine Anzeige in einer Zeitung personalisieren zu können, stellt sich hier die Frage, wie einige Unternehmen – nämlich die, die an alle schreiben – eigentlich wirtschaftlich rechnen, ganz zu schweigen von der Tatsache, daß jedes unpersonalisierte Mailing ein Indiz, ja ein Beweis dafür ist, daß das Unternehmen nach wie vor in Massen denkt und arbeitet und den Kunden noch nicht in den Mittelpunkt seiner Aktivitäten gestellt hat. Nichtpersonalisierte Mailings sollen deshalb hier auch nicht weiter behandelt werden. Sie können nicht zu den interaktiven Dialoginstrumenten innerhalb eines Marketingkonzepts »Individuelles Partnerschaftsmarketing« gezählt werden, da sie sich an alle und nicht an den einzelnen (potentiellen) Kunden richten.

Zum anderen fallen die Ergebnisse von Mailings in Deutschland deshalb schlechter aus, weil die Adreßbasis in vielen Fällen nicht den Anforderungen der Maximalen Kundenorientierung genügt. Will im schlimmsten Fall heißen: Die im Mailing angebotene individuelle Problemlösung hat nichts mit den individuellen Bedürfnissen des Mailingempfängers zu tun. Zudem nutzen viele Unternehmen die Informationen, die sie einmal gewonnen haben, noch unzureichend. Ein Beispiel: Wenn Sie erstmals im Vier-Sterne-Hotel *Zamangspitze* in St. Gallenkirch in Österreich ein Hotelzimmer buchen, bekommen Sie ein Fax nach Hause geschickt. Die Hoteldirektion bittet Sie anhand von vorgegebenen Antwortkategorien anzukreuzen, welche Interessen Sie haben und was Sie im Urlaub unternehmen wollen. Sie können hier zum Beispiel angeben, daß Sie gerne Golf oder Tennis spielen, Wandern oder das gemütliche Beisammensein suchen. So weit so gut. Einige Monate nach Ihrem Urlaub in der *Zamangspitze* könnte Sie dann nebenstehendes Mailing erreichen.

Das Mailing besteht aus einem vierseitigen typischen Hotelprospekt, der sicherlich die notwendigen Informationen zur **Gewinnung** eines (potentiellen) Kunden enthält, einem ehemaligen Gast aber kaum neue Informationen und damit Anreize über das bekannte Urlaubsziel gibt. Zudem richtet sich dieser Prospekt mit seiner Überschrift: »Grüß Gott, sehr geehrte liebe Gäste und Freunde des Hauses« wieder an die breite Masse. Der zweite Bestandteil des Mailings ist ein zweiseitig bedrucktes Blatt, das zu einem Osterarrangement einlädt. Mögliche Bedürfnisse der breiten Masse werden hier angesprochen: der Lichtbildervortrag, die Einladung zu Kaffee und Kuchen, das italienische Buffet, Schwimmen unter dem Sternenhimmel, der Langlaufausflug und noch einige kulina-

Freude ist,

Freude ist wie Tautreten auf einer Frühlingswiese
Freude ist wie Wasser trinken aus einem klaren Bergbach
Freude ist wie eine Radtour im Sommer
Freude ist wenn Kühe auf der Almwiese die Nasen reiben
Freude ist wie ein Spaziergang im Herbstwald
Freude ist wie ein Stück Himmel auf Erden
Freude ist wenn sich des Nachbars Gänse morgens begrüßen
Freude ist wie ein Festessen mit Freunden
Freude ist wie Götterspeise für die Seele
Freude ist Ferien in der ♥♥♥♥Zamangspitze im Hochmontafon

Grüß Gott, sehr geehrte liebe Gäste und Freunde des Hauses,

für uns ist es eine Freude, daß wir Ihnen diesen Brief mit vielen guten Gedanken, Nachrichten und Anregungen für Ihre nächsten Ferien schreiben dürfen.

Die neue Zamangspitze wird nun gerade ein Jahr jung. Vor zwölf Monaten haben wir das Haus übernommen und begonnen es mit viel Liebe und Arbeit zu dem zu machen, was es heute ist: ein idyllisches Ferienzuhause mit viel Atmosphäre, herzlicher Gastfreundschaft und liebenswertem Ambiente. Wir möchten, daß Sie sich hier bei uns wohl fühlen und unbeschwerte Ferientage inmitten der herrlichen Bergwelt des Hochmontafons und der Silvretta erleben.

Mit unseren folgenden Zeilen möchten wir Ihnen Appetit machen im Frühjahr, Sommer oder Herbst „Ihre" schönsten Tage des Jahres hier bei uns zu genießen.

So, jetzt schalten wir auf Empfang. Schreiben Sie uns, rufen Sie an oder benutzen Sie das Faxgerät. Unsere Ferieninformation ist täglich von 8.00 bis 20.30 Uhr besetzt. Wir freuen uns auf Ihre Nachricht.

Herzlichst
Ihre Gaby Eller
Gastgeberin mit Team
Hotel ♥♥♥♥Zamangspitze
im März 1995

Servus in [redacted]® Servus in [redacted]® Servus in [redacted]® Servus in [redacted]® Servus in [redacted]®

Servus in [redacted]

- ❍ Ich ersuche Sie um ein Angebot.....
- ❍ Ich bestätige meine telefonische Bestellung vom.....
- ❍ Reservieren Sie mir bitte aufgrund Ihres Angebotes vom.....
- ❍ Diesmal klappt es leider nicht.....

Wichtig... heute noch zur Post geben!

* *

	im Stammhaus	im Neubau	im Landhaus
Einzelzimmer, Typ Silvretta, m. B.			
Einzelzimmer, Typ Zamangspitze, o. B.			
Doppelzimmer, Typ Silvretta, m. B.			
Doppelzimmer, Typ Zamangspitze, o. B.			
Silvretta-Suite, Neubau, 8 - 10 Pers.			
4-Bett Zimmer, Silvretta, m. B.			
3-Bett Zimmer, Silvretta, m. B.			

Alle Zimmer sind mit Dusche/WC, Farb-TV, 20 Programme und Telefon ausgestattet.

Für insgesamt ______ Personen, davon _____ Kinder mit _____ Jahren

für die Zeit vom _____ bis_______ Ausweichtermin vom _______ bis ______.

Datum________________ Unterschrift ____ rische Überraschungen. Alles schöne Dinge, eben für viele. Die individuellen Bedürfnisse des (potentiellen) Kunden, die dem Hotel ja bekannt sind, werden, wenn überhaupt, nur zufällig angesprochen. Ein solches Mailing ist eines von vielen, das sich an viele richtet. Die *Zamangspitze* verpaßt die Chance, einen individuellen und damit auch wirtschaftlich erfolgreicheren Dialog mit seinen (potentiellen) Kunden zu führen. Spezielle Events, das Tennisturnier, das Golftraining jeweils nur für Hotelgäste usw. würden hier sicher einen größeren Erfolg erzielen.

Ein »Voll-Power-Mailing« hat *BMW* im Juni 1995 eingesetzt. Zeitlich genau zur Präsentation des neuen *Mercedes E* hat das Unternehmen alle seine Kunden angeschrieben und mit einem ganzen Package auf den neuen 5er *BMW* aufmerksam gemacht, der ab Dezember 1995 »ein neues Zeitalter der 5er Reihe begründen wird«. Neben dem Anschreiben, das leider adressiert, aber nicht personalisiert ist, besteht das Package aus einer nachgedruckten Presseinformation mit vielen technischen Details über den neuen 5er, einer vorgedruckten Faxantwort, einem adressierten Antwortbriefumschlag und drei Originalfotos.

In dem Anschreiben wird der (potentielle) Kunde zum Helden erkoren: »...Schon seit einiger Zeit kurvten sie als Erlkönige durch die Medien – nun gibt's die ersten offiziellen Fotos der neuen *BMW* 5er Reihe. Gerne möchten wir Sie heute als Zeichen unserer besonderen Wertschätzung neben der internationalen Presse umfangreich über die kommende 5er-Generation informieren.« Und für die (potentiellen) Kunden, die sich noch in diesem Jahr ein Auto kaufen möchten, empfiehlt *BMW*, sich den 5er »der jetzigen Serie in der hochwertigen Executive-Aussattung zu sichern. Nähere Informationen zu diesen Editionsmodellen und alles über deren exzellentes Preis-Leistungsverhältnis erfahren Sie ebenfalls bei Ihrem *BMW* Partner.« Sehr geschickt hat *BMW* mit diesem Mailing seine (potentiellen) Kunden darüber informiert, daß es nicht mehr lange dauert, bis der neue 5er auf den Markt kommt. Daß es sich also zu warten lohnt. Gleichzeitig wird damit der Versuchung, ein neues *Mercedes*-Modell zu kaufen, vorgebeugt. Schade nur, daß *BMW* den beigelegten Antwortbogen nicht dazu genutzt hat, noch weitere Informationen über seine (potentiellen) Kunden zu gewinnen. Leider sind im Anschreiben und dem Antwortbogen auch unterschiedliche Telefon- und Faxnummern für Kundeninformationen

Bayerische Motoren Werke Aktiengesellschaft

BMW AG
Kundeninformation

Wenn unzustellbar, zurück an: BMW AG, 80788 München

Helmut Leismann OHG
Elversbergerstr. 42-44

66386 St Ingbert

EINGEGANGEN 05. Juli 1995

Ihre Zeichen
Ihre Nachricht vom
Abteilung und Zeichen: V-2-M-3/pk
Durchwahl (0 89): 41 55 55
Telefax (0 89): 41 55 56
Datum: Juni 1995
Thema: **Der neue BMW 5er**

Sehr geehrte Damen und Herren,

zu einem Automobil, das in der oberen Mittelklasse Maßstäbe gesetzt hat und vielleicht auch deshalb zum sechsten Mal in Folge von den Lesern der „auto motor und sport" zum „Besten Auto" des Jahres in seiner Klasse gewählt wurde, braucht es keine großen Worte mehr. Was allerdings der Rede wert ist betrifft den neuen BMW 5er, der antritt, die Erfolgsstory seiner Vorgänger fortzusetzen.

Schon seit einiger Zeit kurvten sie als Erlkönige durch die Medien - nun gibt's die ersten offiziellen Fotos der neuen BMW 5er Reihe. Gerne möchten wir Sie heute als Zeichen unserer besonderen Wertschätzung neben der internationalen Presse umfangreich über die kommende 5er-Generation informieren.

Anhand der beigefügten Unterlagen können Sie sich ein erstes Bild von den Automobilen machen, die ab Dezember dieses Jahres ein neues Zeitalter der 5er Reihe begründen. Natürlich steht Ihnen zu allen weiteren Fragen auch Ihr BMW Partner gerne zur Verfügung. Falls Sie jedoch beabsichtigen, sich noch vor Ende dieses Jahres neu zu motorisieren, nehmen Sie am besten das Angebot wahr, sich einen BMW 5er der jetzigen Serie in der hochwertigen Executive-Ausstattung zu sichern. Nähere Informationen zu diesen Editionsmodellen und alles über deren exzellentes Preis-Leistungsverhältnis erfahren Sie ebenfalls bei Ihrem BMW Partner.

Kreuzen Sie einfach auf dem beiliegenden Antwortformular Ihre Wünsche an und senden dieses an uns zurück. Oder rufen Sie uns unter 0130/33 35 gebührenfrei an. Ihr BMW Partner und wir werden Sie gerne weiterhin aktuell informieren.

Mit freundlichen Grüßen
Bayerische Motoren Werke Aktiengesellschaft

P. Kühn

Peer Kühn
Leitung Kundeninformation

Anlage

Postanschrift D-80788 München
Telefon Kundeninformation (089) 41 55 55
Telefax Kundeninformation (089) 41 55 56
Btx *20900#
Postgirokonto München 101 47 806 BLZ 700 100 80
Bankkonto Landeszentralbank München 700 073 85 BLZ 700 000 00
Aufsichtsratsvorsitzender Eberhard v. Kuenheim
Vorstand Bernd Pischetsrieder Vorsitzender, Volker Doppelfeld, Joachim Milberg, Helmut Niederhofer, Wolfgang Reitzle, Horst Teltschik
Sitz und Registergericht München HRB 42 243

angegeben. Trotzdem handelt es sich hier um eine gelungene Aktion, um den Dialog mit dem (potentiellen) Kunden, hier sogar mit dem Partner zu nutzen, um ihn stärker an das Unternehmen zu binden. Zudem hat *BMW* mit dem Monat Juni, dem Monat, in dem der neue *Mercedes E*, also das unmittelbare Konkurrenzprodukt präsentiert wurde, genau den richtigen Zeitpunkt gewählt. Der richtige Zeitpunkt beeinflußt nach einer Untersuchung von *American Express* die Responsequote eines Mailings nämlich zu 20 Prozent, ebenso wie die

PRESSE INFOR-MATION

Die BMW 5er-Reihe: vom Original zum Meisterstück in der oberen Mittelklasse

Eine im Gebrauchsnutzen merklich gewachsene Karosserie in neuem Outfit; eine Palette moderner Leichtmetall-Motoren; ein Fahrwerk aus Aluminium; Fahrleistungen, Fahreigenschaften und Verbrauchswerte vom Feinsten – das ist die neue 5er-Reihe von BMW in Schlagworten. Wie sich das anfühlt, ist nicht zu beschreiben. Es sei denn mit der sprichwörtlichen „Freude am Fahren".

Die IAA in Frankfurt (14. bis 24. September 1995) erlebt die Weltpremiere für die vierte Generation des 5er BMW. Diese Limousine der oberen Mittelklasse ist unverkennbar ein völlig neues Automobil und dennoch auf den ersten Blick der unmittelbare Nachfolger. Noch im Dezember werden die Sechszylinder-Modelle 523i und 528i bei den BMW Händlern stehen, der dieselflinke 525tds und der 520i folgen bis März 1996. Damit wird die neue 5er-Reihe als Kern der BMW Palette zwischen der kompakten 3er- und der luxuriösen 7er-Reihe bereits innerhalb von vier Monaten nach der Markteinführung in einem weiten Angebotsspektrum für die Kunden bereitstehen.

Die Idee von der mittelgroßen, viertürigen Limousine, die sich im Design, in der Motorisierung und in der Fahrwerksauslegung dem sportlichen Anspruch verpflichtet, stammt von BMW. Ältestes Beispiel ist der BMW 1500, jüngstes die neue, vierte Generation der 5er-Reihe. Der Charakter ist geblieben. Doch so nahe sich diese beiden Automobile in ihrer Philosophie sind, so groß war dennoch der Spielraum der Ingenieure: Über die Jahre konnten sie die Kerneigenschaften wie sportliche Eleganz, Dynamik und Sicherheit in all ihren Facetten immer wieder verfeinern und in eine neue Balance bringen. Schließlich galt es, den Zielkonflikt zu lösen, der darin bestand, diese

1

ANTWORT

03876328/00247

Helmut Leismann OHG
Elversbergerstr. 42-44

66386 St Ingbert

Ja,

☐ ich bitte um nähere Informationen über die Executive-Ausstattung der aktuellen 5er-Reihe von meinem BMW Partner.

Mein bevorzugter BMW Partner ist: ______________________
Name

in: ______________________
Ort

☐ bitte informieren Sie mich weiterhin exklusiv über die neue BMW 5er Generation.

Bitte wählen Sie unter den drei Antwortmöglichkeiten:

- Rufen Sie uns direkt an unter der kostenlosen Servicenummer:
  0130 / 33 35 (Werktags von 9.00 bis 17.00 Uhr).
- Faxen Sie uns unter: **089 / 470 81 62 / -63**
- Schicken Sie uns Ihre Antwort in dem beigelegten **Rückumschlag**.

Porto bezahlt BMW für Sie

Antwort

BMW AG
Kundeninformation

80788 München

richtige Information. Aber allein auf die Auswahl des richtigen Segmentes fallen 50 Prozent, während die Kreation nur mit zehn Prozent zu Buche schlägt.[19] Letztendlich ist der Erfolg eines Mailings also nur so gut wie die Adressen, die angeschrieben werden oder aber allgemeiner: ein Mailing ist immer nur so gut wie die Daten, die in der unternehmenseigenen Datenbank aufgenommen, gepflegt und genutzt werden. Dies zeigt auch der Erfolg, den *TUI* mit Mailings hat: Rund drei Millionen Urlauber sind samt Buchungshistorie 1996 in der *TUI*-Datenbank erfaßt. Jedes Jahr werden im Rahmen eines Direkt-Mailing-Programms rund 30 Mailings zu unterschiedlichen Themen versandt. Höhepunkte sind freilich Winter- und Sommer-Saisonstart, ergänzt durch spezielle Zielgruppen- und Zielgebiete-Mailings. 2,9 Prozent der Umworbenen buchen, in Spitzen steigt dieser Wert schon mal auf 4,4 Prozent. Daß dies bare Münze für die *TUI* ist, zeigen die realisierten Umsätze. Denn hinter jeder Buchung stehen durchschnittlich 2,3 Teilnehmer mit einem Umsatz von rund 3450 Mark. Eine Mailing-Auflage von 100.000 Adressen erzielt damit einen Umsatz von rund zehn Millionen Mark. Die Kundendaten dienen bei *TUI* jedoch nicht nur der Bindung von (potentiellen) Kunden. Sie sind quasi auch Filter bei der Gewinnung (potentieller) Kunden: Mit diversen Optimierungsprogrammen erreicht TUI nämlich einen sechs- bis zehnfach größeren Erfolg als mit nicht-qualifizierten Adressen.[20]

Wie schon in anderem Zusammenhang erwähnt, hat die *Commerzbank* in Frankfurt den Markt der Kapitalanleger für sich neu entdeckt. In einer Mailingaktion warb sie für ihren Geldmarktfonds *Comega*. Rund 600.000 zahlungskräftige *Commerzbank*-Kunden, die nach Einschätzung der Banker die 20.000 DM Mindesteinlage problemlos aufbringen konnten (die man also nach ihrem verfügbaren Einkommen segmentierte), wurden dafür aus den Kundendateien der Filialen selektiert und persönlich angeschrieben. »Das Mailing traf ins Schwarze«, wie Claudia Tödtmann und Ulf J. Froitzheim in einem Artikel in der *WirtschaftsWoche* feststellen: »Rund 3,5 Milliarden Mark flossen innerhalb von drei Wochen von den Stammkunden in den Fonds.«[21] Leider behandeln die Unternehmen die Ergebnisse ihrer Mailingaktivitäten in der Regel so, als würde es sich um das *Coca-Cola*-Rezept der gleichnamigen Firma aus Atlanta, USA handeln: Nach der Höhe der Responsequoten wird oft gefragt, jedoch nur selten wird auch geantwortet.

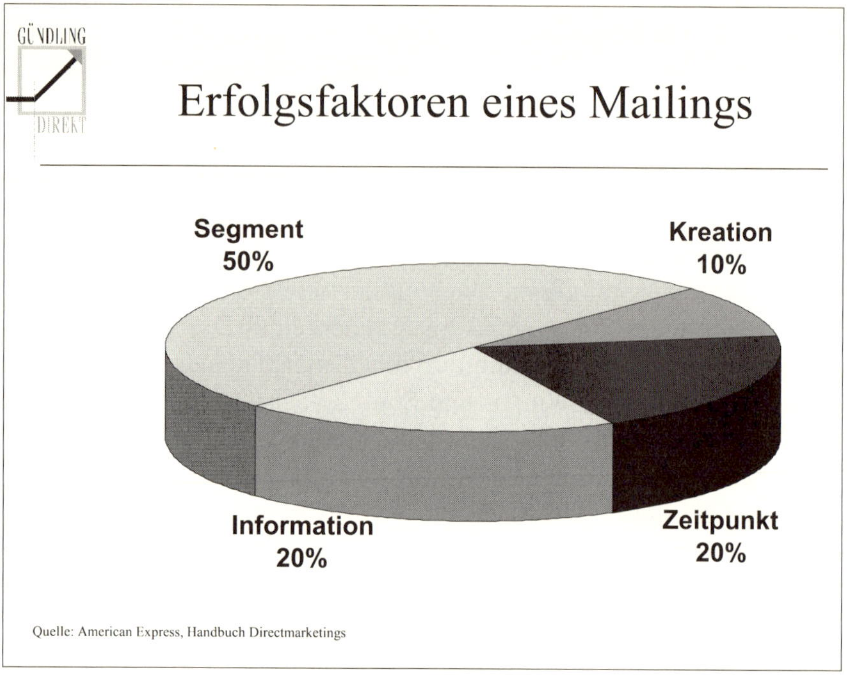

Abb. 9.6

Wenn wir bei der Aktion der *Commerzbank* davon ausgehen, daß von den (potentiellen) Kunden im Durchschnitt 50.000 DM in den Geldmarktfonds investiert wurden, dann hätten sich ca. 70.000 (potentielle) Kunden an diesem beteiligt, was wiederum einer Rücklaufquote von ca. 11,7 Prozent entsprechen würde. Ein zweifelsohne bombastisches Ergebnis, erst recht wenn man bedenkt, um welche Summen es hier geht. Individuelles Partnerschaftsmarketing per Mailing eben. Mit der gleichen Aktion hat die *Commerzbank* dann noch einmal über vier Milliarden Mark bei Kunden anderer Konkurrenzbanken für den *Comega*-Geldfonds einsammeln können, indem sie noch einmal über 600.000 Mailings an angemietete, selektierte Adressen zur Gewinnung von (potentiellen) Kunden versandt hat. »Die Rücklaufquote ist mit 2,8 Prozent sensationell hoch und wird noch steigen«[22], wird Patrick Diemer, Leiter der Abteilung Privatkunden, in dem Artikel der *WirtschaftsWoche* zitiert.

Wie bei allen Dialoginstrumenten kann auch bei Mailings der Erfolg sofort gemessen werden. Zudem haben Mailings den großen Vorteil, daß sie mit alternativen und sehr unterschiedlichen Responsemöglichkeiten ausgestattet werden können. Das Feld reicht hier von der Anforderung zusätzlicher Informationen bis zur direkten Bestellung per Brief, Fax, Telefon oder Datenautobahn. Die Höhe des Response wird auf jeden Fall durch die Auswahl des richtigen Responseelementes beeinflußt: Im Business-to-business-Geschäft bevorzugen zum Beispiel 62 Prozent aller Führungskräfte die Faxantwort, 25 Prozent greifen lieber zum Telefonhörer und nur 6 Prozent nutzen noch die Postkarte.[23] Sollten Sie bei einer Mailingaktion an Führungskräfte also vor der Alternative Antwortkarte oder Faxantwort stehen, greifen Sie lieber zu letzterem. Grundsätzlich gilt, dem (potentiellen) Kunden die Antwort so einfach wie möglich zu machen. Das heißt: schriftliche Responseelemente sollten schon personalisiert sein, die Briefmarke nur »falls zur Hand« aufgeklebt werden müssen usw. Zudem sollten die Responseelemente dazu beitragen, daß der (potentielle) Kunde dazu motiviert wird, dem Unternehmen mindestens eine neue Information über seine individuellen Bedürfnisse oder persönlichen Rahmenbedingungen gibt. Während im ersten Mailing zum Beispiel der Familienstand abgefragt wird, können im zweiten das Geburtsdatum, im dritten die Hobbys usw. erfragt werden. Diese neuen Informationen können dann in einem Kundenkonto der Datenbank gespeichert und für weitere Dialogmaßnahmen im Rahmen des unternehmensspezifischen Gesamtmodells »Individuelles Partnerschaftsmarketing« genutzt werden.

Aufgrund ihrer persönlichen Ansprache, der Möglichkeit auf die individuellen Bedürfnisse des (potentiellen) Kunden einzugehen, sind Mailings gleichermaßen ein hervorragendes Instrument zur Gewinnung von (potentiellen) Kunden wie auch zur Festigung der Partnerschaft. Beim Verfassen, dem Layout der Mailings, kommt es weniger darauf an, wie ein Künstler zu agieren; vielmehr sollte hierbei immer berücksichtigt werden, daß ein Mailing nichts anderes ist als ein schriftlicher Verkäufer. Wenn man jetzt noch bedenkt, daß der Erfolg eines Mailings nur zu 10 Prozent von der Kreation abhängt, so gehört jedes Unternehmen bestraft, welches nicht regelmäßig mit seinen (potentiellen) Kunden einen Dialog in Form von Mailings führt. Sie brauchen keinen Layouter und keinen Texter. Was Sie brauchen sind die Adressen aus

Ihrer Datenbank, das richtige Angebot zum richtigen Zeitpunkt, einen PC mit einem Textverarbeitungsprogramm, einen Duden und einige Kommata, die Sie an die richtige Stelle setzen sollten. Und selbst, wenn Sie mal ein Komma vergessen, wird Ihnen Ihr (potentieller) Kunde dies nachsehen, wenn Sie ihm mit Ihrem Mailing geholfen haben, seine individuellen Bedürfnisse zu befriedigen.

Fazit: Mailings sind nichts anderes als ein schriftliches Verkaufsgespräch ohne den Menschen »Verkäufer«. Sie sind als interaktives Dialoginstrument hervorragend geeignet, den einzelnen (potentiellen) Kunden und seine individuellen Bedürfnisse anzusprechen. Ein Zuviel an Mailings kann es nicht geben, nur ein Zuwenig an die (potentiellen) Kunden interessierenden.

Die individuellsten interaktiven Dialoginstrumente: Der Verkäufer, der Außendienstmitarbeiter, der Direktvertreiber

Maximale Kundenorientierung verlangt, wie schon mehrmals dargestellt, eine individuelle Marktbearbeitung. Eine Marktbearbeitung, wie sie optimal in der Beziehung von Mensch zu Mensch, von Partner zu Partner, zum Ausdruck kommt. Das beste Instrument einer individuellen Marktbearbeitung ist daher der Mensch in der Rolle des Verkäufers. Er kann direkt auf die Wünsche und individuellen Bedürfnisse des (potentiellen) Kunden eingehen, er kann ihm direkt seine individuelle Problemlösung aufzeigen und erklären, er kann direkt mit ihm kommunizieren, er ist eben **der** Partner des (potentiellen) Kunden. Wir wollen uns deshalb im folgenden etwas ausführlicher mit dem Verkäufer als interaktivem Dialoginstrument eines unternehmensspezifischen Konzepts »Individuelles Partnerschaftsmarketing« beschäftigen. Hierbei werden wir uns einer unkonventionellen Vorgehensweise bedienen: Im ersten Teil steht der Verkäufer im Handel im Mittelpunkt, im letzten Teil der Verkäufer im Direktvertrieb. Während im Handel in der Regel der (potentielle) Kunde zum Verkäufer kommt, geht der Direktvertriebsverkäufer zu seinen (potentiellen) Kunden. Sozusagen als Brücke zwischen beiden werden wir im mittleren Teil den Außendienstmitarbeiter von Vertriebsorganisationen im allgemeinen näher betrachten.

Der Verkäufer im Handel

Eine den Anforderungen der Maximalen Kundenorientierung adäquate Ansprache des (potentiellen) Kunden garantiert dem Unternehmen eine höhere Aufmerksamkeit für seine angebotenen individuellen Problemlösungen. Gleichzeitig ermöglicht die sich weiterentwickelnde Medien- und Informationsgesellschaft dem Verbraucher, diejenigen individuellen Problemlösungen, die sein Interesse gefunden haben, mit anderen zu vergleichen und eine Kaufentscheidung nach seinen individuellen Wünschen und Bedürfnissen zu treffen. Generalangebote an alle finden bei dem (potentiellen) Kunden keinen Zuspruch. Wenn sich ein Außendienstmitarbeiter, der viel in seinem Auto unterwegs ist, ein Autoradio mit RDS kauft, dann möchte er hiermit in der Regel sein Informationsbedürfnis nach aktuellen Verkehrsnachrichten befriedigen, um aufgrund dieser Informationen wiederum Verkehrsstaus und Verkehrsbehinderungen zu umgehen, um seine Kundentermine pünktlich wahrzunehmen ... Einem solchen Kunden würde der gute Verkäufer sein Radio nicht mit allen denkbaren Vorzügen anpreisen, sondern ein guter Verkäufer würde eben nur die Funktionen darstellen und erklären, die das individuelle Bedürfnis dieses Außendienstmitarbeiters tatsächlich befriedigen. Aufgrund der Komplexität vieler angebotener individueller Problemlösungen braucht der (potentielle) Kunde also bei der Auswahl, die er trifft, Entscheidungshilfen. Er will geführt werden, geführt entsprechend seiner individuellen Bedürfnisse und seiner individuellen Rahmenbedingungen bzw. Sekundärmerkmale.

Insbesondere im Einzelhandel spielt die Beziehung »Unternehmen – (potentieller) Kunde« bzw. »Partner« eine wichtige Rolle. Ist es doch gerade diese Beziehung, die den Unterschied zwischen einem Discounter und einem Fachgeschäft, zwischen einem Kaufhaus und einem Verbrauchermarkt auf der grünen Wiese ausmachen sollte. Wie die Ergebnisse des deutschen Kundenbarometers jedoch zeigen, schneiden

Vertriebsformen mit einem hohen Selbstbedienungsgrad deutlich besser ab als die beratungsintensiveren Typen der Kauf- und Warenhäuser. Während die weniger beratungsintensiven Vertriebsformen die Erwartungen ihrer (potentiellen) Kunden zu erfüllen scheinen, klafft zwischen dem individuellen Bedürfnis des (potentiellen) Kunden und der angebotenen individuellen Problemlösung der beratungsintensiveren Vertriebsformen offensichtlich eine große Lücke. Dieses gilt für Restaurants und Bars, für den Fachhandel und Kaufhäuser, für Büromöbel- wie auch für Delikatessengeschäfte. Tagtäglich erleben es die (potentiellen) Kunden, wenn sie eines dieser Geschäfte betreten: Man fühlt sich als wäre man überhaupt nicht da. Der Verkäufer räumt lustig seine Ware weiter ein, dem (potentiellen) Kunden bleibt nichts weiter übrig, als dazustehen und fassungslos zu staunen.

Es gibt zahlreiche Untersuchungen, die die Unzufriedenheit des (potentiellen) Kunden mit den beratungsintensiven Vertriebsformen, mit den Verkäufern, immer wieder bestätigen. So kann keine Partnerschaft aufgebaut werden. So können keine (potentiellen) Kunden, mit denen das Unternehmen eine dauerhafte Kundenbeziehung, eine dauerhafte Partnerschaft pflegen kann, gewonnen werden. Da geben die Kaufhäuser und Fachgeschäfte Millionen von DM für Werbung aus, sei es in der Zeitung oder im Fernsehen, nur mit dem Ziel, den (potentiellen) Kunden zu motivieren, ihren Laden zu betreten und dann betritt der (potentielle) Kunde den Laden, droht mit Auftrag – und nichts passiert.

Wenn es den sogenannten unberechenbaren Verbraucher überhaupt gibt, dann ist der Handel selbst an ihm schuld, weil er nämlich austauschbar geworden ist, wie der Werbepsychologe Hans Georg Häusel feststellt. Da die Sortimente austauschbar sind, die Preise ähnlich, die Verkaufsräume gleichförmig, stellt Häusel die berechtigte Frage: Wo liegt hier eigentlich die Chance zur Profilierung? Oder anders gefragt: Was motiviert einen (potentiellen) Kunden zum Kauf? »Wir unterscheiden hier zwischen ›Was‹ (man macht) und ›Wie‹ (man es macht). Typische ›Was‹-Faktoren sind z.B.: der Kundensuchlogik entsprechende Warenpräsentation und Service. So wichtig diese Bemühungen sind, sie haben einen Nachteil: Sie können schnell kopiert werden. Den entscheidenden Wettbewerbsvorsprung sichert das ›Wie‹. Nämlich wie der Kunde behandelt wird, wie er beraten und bedient wird. ... Freundlichkeit des Personals ist neben Preis und Warenangebot für den Kunden heute das wichtigste Kriterium bei der Auswahl eines Geschäfts. Wer einkauft, spürt täglich, wie groß das Nachhol- und Profilierungspotential hierzulande noch ist.«[24] Eine internationale Studie zur Servicequalität in 13 Warenhäusern aus neun Ländern kommt zu einem ähnlichen Ergebnis: Aus Sicht der (potentiellen) Kunden ist der kritische Punkt der Kontakt zum Verkaufspersonal: Zwar sind die (potentiellen) Kunden mit der Fachkompetenz der Verkäuferinnen und der Verkäufer noch einigermaßen zufrieden, wenn sich denn mal einer um sie kümmert, mit der Verfügbarkeit des Personals und dem Interesse, welches dieses dem Kunden entgegenbringt, jedoch bei weitem nicht.[25] Und die größten Frustrationen erleben die (potentiellen) Kunden immer zur selben Zeit – sei es in der Mittagszeit, wo viele Berufstätige die Zeit haben, ihre Einkäufe zu erledigen, oder sei es nach Feierabend ab 17.00 bzw. 19.00 Uhr, wenn sich das Verkaufspersonal auf den eigenen Feierabend einstellt. Maximale Kundenorientierung erfordert, daß sich die Unternehmen auf ihre (potentiellen) Kunden und auf deren Rhythmus einstellen – und nicht umgekehrt. Den Rhythmus der (potentiellen) Kunden, ihre individuellen Bedürfnisse und Erwartungen kann der Handel schon heute kontinuierlich feststellen, wenn er eine Datenbank als Voraussetzung für ein Individuelles Partnerschaftsmarketing bereithält.

In allen Branchen scheint zwischen den Erwartungen des (potentiellen) Kunden an den Verkäufer und der individuellen Problemlösungskompetenz durch den Verkäufer eine große Kluft zu bestehen. Selbst Friseure scheinen ihre an sich gut akzeptierte Rolle als Fachmann und Berater bei ihren (potentiellen) Kundinnen nicht zu nutzen. In einer Untersuchung konnte festgestellt werden, daß nur 5% der befragten Frauen ihre Haarpflegeprodukte regelmäßig direkt im Friseursalon kaufen.[26] Dabei ist es doch eigentlich so einfach für die Friseure. Wenn sie ein Problem bei ihren (potentiellen) Kunden festgestellt haben, brauchen sie doch nur die entsprechende individuelle Problemlösung, die sie während der »Behandlung« einsetzen, zum Kauf empfehlen – einmal während der Behandlung und dann noch einmal beim Bezahlen. *Marlies Möller*, fraglos mehr als nur ein Friseurgeschäft, nicht unweit vom Rothenbaum in Hamburg angesiedelt, hat sogar eine eigene Haarpflegeserie und noch mehr entwickelt und ihre Mitarbeiter – von

Hause aus Friseurinnen und Friseure – zu echten beratenden Verkäufern geschult. Sicher muß der Verkäufer als interaktives Dialoginstrument von den meisten Unternehmen jedoch neu entdeckt werden. Bei Edgar Rosenberger, Geschäftsführer der Textilgeschäfte *Ipuri,* will der Kunde nicht König sein, sondern er will kompetente Antworten: »In den neunziger Jahren haben wir es mit Kunden mit gewandelten Selbstverständnis zu tun. Er geht dahin, wo er weiß: Die sind genau wie ich.«[27] Mit »die« meint Rosenberger seine Verkäufer: »Junge, intelligente Verkäufer. Viele Design- und Textilfachschüler arbeiten als Verkäufer. Ganz wichtig: *Ipuri* setzt auf langfristige Kundenbeziehungen. ... Flexible Arbeitszeiten im Verkauf berücksichtigen die Wünsche der Mitarbeiter und passen sich der Kundenfrequenz an.«[28] Mit 27 Mitarbeitern machte Rosenberger übrigens 1994 einen Umsatz von über 14 Millionen Mark. Noch einen Schritt weiter geht Fançois *Loeb,* Eigentümer des gleichnamigen Kaufhauses in der Schweiz, das im Geschäftsjahr 1993/94 immerhin eine Umsatzrendite von fünf Prozent erwirtschaftete, ein ausgezeichnetes Ergebnis in der nicht gerade ertragreichen Kaufhausbranche. »Wir stärken ... die Position des Verkäufers ganz bewußt. Unsere Kunden gehen nicht einfach zu *Loeb,* sondern zu Frau Müller bei *Loeb.*«[29] Der Verkäufer ist bei *Loeb* ein interaktives Dialoginstrument innerhalb eines Gesamtkonzepts ›Individuelles Partnerschaftsmarketing‹.

Die Aufgaben eines Verkäufers können nicht primär darin liegen, Regale aufzufüllen oder den Tresen zu reinigen. Sie liegen in erster Linie darin, entsprechend der individuellen Bedürfnisse des (potentiellen) Kunden, individuelle Problemlösungen zu erarbeiten und anzubieten. Dies erfordert auch vom Verkäufer ein neues Informationsmanagement: Er muß alle Informationen, die er über einen (potentiellen) Kunden gewinnen kann, in einer Datenbank speichern können. Spätestens wenn der (potentielle) Kunde mit seiner Kundenkarte oder Kreditkarte bezahlt, wird er mit seinem Namen angesprochen. Der (potentielle) Kunde wird aus einer anonymen Masse herausgehoben. Im Bekleidungsgeschäft muß der Verkäufer nach dem ersten Besuch des (potentiellen) Kunden seine Konfektionsgröße und seinen Geschmack kennen. Im Musikgeschäft weiß der Verkäufer, welche Musikrichtung der (potentielle) Kunden präferiert und welche Musikanlage er zuhause hat. Die Wurstverkäuferin kennt die Lieblingssorten ihres (potentiellen)

Kunden und weiß auch, ob er diese lieber dick oder dünn geschnitten haben möchte. Produktneuheiten und neue Kollektionen können von dem Verkäufer durch einen Anruf dem (potentiellen) Kunden bekannt gemacht werden.

Niemand sonst als ein Verkäufer hat bessere Möglichkeiten, individuell auf die Bedürfnisse der (potentiellen) Kunden einzugehen. Voraussetzung hierfür ist aber, daß der Verkäufer seine Aufgabe auch erfüllen kann und daß er dazu ausgebildet ist. Egal ob bei *Marlies Möller*, bei *Loeb* oder *Ipuri*, die Kompetenz der Verkäufer wird durch regelmäßige Trainings sichergestellt. Der Geschäftsführer Schultz von *Starbucks* – Sie können sich an den ehemaligen Kaffeeröster aus Seattle erinnern – hat hierzu folgende Devise entwickelt: »Wenn man einen Wolkenkratzer aufbauen will, dann muß man zuerst ein solides Fundament legen, das ein solches Gebäude tragen kann. Wir sind bereit, solange Verluste hinzunehmen, bis dieser Prozeß abgeschlossen ist.«[30] Hierdurch wird sichergestellt, daß das Personal für die einzelnen *Starbucks*-Läden zum einen sorgfältig ausgewählt und zum weiteren intensiv im Vorfeld geschult wird.

Um den Qualifikationsbedarf bei Verkäufern der *BMW*-Handelsorganisation festzustellen, hat das *BMW*-Trainingszentrum in München in Zusammenarbeit mit der Hamburger Managementberatung *Hintzberger + Partner* in den Jahren 1992 und 1993 eine umfangreiche Studie durchgeführt, die im *Harvard Business manager* veröffentlicht wurde. Einige Ergebnisse dieser Studie sind sicher repräsentativ für alle Branchen: »Positive Kundenbilder erleichtern die Interaktion. Erfolgreichere Verkäufer haben ein hochsignifikant positiveres Bild von ihren Kunden als die Vergleichsgruppe«[31] oder anders ausgedrückt: Den Sieger erkennt man bereits am Start. Erfolgreichere Verkäufer haben zu ihren (potentiellen) Kunden eine positivere Einstellung als weniger erfolgreiche Verkäufer. Dieses Ergebnis spiegelt, diesmal aus Verkäufersicht, die Empfindungen vieler (potentiellen) Kunden wieder, wenn sie ein Geschäft betreten – sie haben dann einfach das Gefühl, nur zu stören. Die Studie hat zudem bestätigt, daß das Selbstbild und die Anforderungen an einen guten Verkäufer weit auseinanderklaffen: »Die entsprechenden dialogischen Kernkompetenzen wie aktives Zuhören, sorgfältige Aufmerksamkeiten für Kundenäußerungen sowie flexibles Aufnehmen von Ausstattungswünschen erwiesen sich – gerade auch bei erfahreneren Verkäufern – als defizitär: Diese neigten dazu, ihr Gegenüber durch Ketten von Fragen, die sie selbst sehr stark strukturierten, beinahe zu ›verhören‹ oder mit dem Vortrag allzu vieler Informationen zu ›überfluten‹, anstatt geduldig die individuelle Situation des Interessenten und seinen spezifischen Bedarf zu erkunden. In Verhandlungssituationen überwog taktisches, auf den eigenen unmittelbaren Vorteil bedachtes Vorgehen, weniger eine auf strategische Verständigung mit dem Kunden zielende Haltung, das Problem gemeinsam zu lösen.«[32] Gerade die Kompetenzen, die einen Verkäufer als das geeignetste interaktive Dialoginstrument erscheinen lassen, scheinen in der harten Wirklichkeit nicht zum Zuge zu kommen. Wenn der Verkäufer diese Rolle wirklich einnehmen soll, muß er auch entsprechend darauf vorbereitet und trainiert werden. Dies wiederum liegt in der Verantwortung der Führungskräfte. Daß diese sich jedoch in der Ausübung ihrer Coachingfunktion oftmals gewaltig überschätzen, ist nicht erst seit dem viel beachteten Artikel »Die Fetzen fliegen« aus der *WirtschaftsWoche*[33] bekannt: Was das Maß betrifft, in dem sich die Verkäufer durch ihre Führungskräfte unterstützt fühlen, werten sie hochsignifikant negativer, als die Führungskräfte selbst ihr eigenes Verhalten einschätzen. Während der überwiegende Teil der Führungskräfte (zum Beispiel) meint, ihre Verkäufer bei der Vor- und Nachbereitung von Fortbildungsmaßnahmen aktiv zu unterstützen, wird diese Hilfestellung von den Verkäufern deutlich geringer eingeschätzt.

Die Wirksamkeit des Verkäufers als interaktivem Dialoginstrument innerhalb eines Gesamtkonzepts »Individuelles Partnerschaftsmarketing« ist also von vielen Variablen abhängig, die im Verantwortungsbereich des Unternehmens liegen. Insbesondere gilt es, den Verkäufer regelmäßig und konstant für seine Aufgabe fit zu machen. Genauso wie die Führungskräfte auch. Voraussetzung hierfür ist natürlich, daß der Verkäufer die richtige Einstellung mitbringt, daß er sich auf seinen (potentiellen) Kunden freut und daß ihm sein Beruf Spaß macht. Den Verkäufer als Verkäufer zu »installieren«, reicht bei weitem nicht aus. Hierdurch wird ein Unternehmen noch lange nicht den Weg zur Maximalen Kundenorientierung finden. Die ständig steigenden Umsätze des Modehauses *Garhammer* von 21 Millionen Mark im Jahre 1981 auf 46 Millionen Mark im Jahre 1994 liegen unter anderem darin begründet, daß für die 150 Mitarbeiter jede Woche Schulungen im Hause stattfinden, die von 25 Gruppentrainern unter Anleitung des hauptberuflichen Weiterbildungsreferenten durchgeführt werden.[34] Und auch eines der entscheidenden Erfolgsgeheimnisse der Parfümeriekette *Douglas* ist seit langem bekannt: Die Verkäuferinnen werden ebenfalls jede Woche geschult.

Fazit: Der Verkäufer ist das erfolgreichste interaktive Dialoginstrument innerhalb eines unternehmensspezifischen Marketingkonzepts »Individuelles Partnerschaftsmarketing«, vorausgesetzt er wurde für seine Aufgabe fit gemacht.

Vom Außendienstmitarbeiter zum Kundenmanager

Viele Unternehmen setzen im Rahmen ihrer Marktbearbeitung einen eigenen Verkaufsaußendienst ein. Der Blumengroßhändler mit zwei Gärtnern, die monatlich die (potentiellen) Kunden mit ihren rollenden Blumenshops besuchen, genauso wie der Markenartikler, der hunderte von Außendienstmitarbeiter hat, die den letzten Absatzmittler, den Handel besuchen. Die Aufgabenstellungen dieser Außendienstmitarbeiter sind recht unterschiedlich und haben sich im Zeitablauf sehr stark gewandelt. Während früher zum Beispiel ein Außendienstmitarbeiter eines klassischen Markenartiklers die Waren bei dem Lebensmitteleinzelhändler tatsächlich verkauft hat, kümmert er sich heute meistens nur noch um die Regalpflege, da der Verkauf über die Einkaufszentrale abgewickelt wird. Unabhängig jedoch von seiner Aufgabenstellung, also unabhängig davon, ob der Außendienstmitarbeiter im Verkauf aktiv ist oder nur Regalpflege betreibt, erfüllt er doch eine zentrale Funktion innerhalb der Marktbearbeitung der Unternehmen. Entscheidend ist nämlich, daß er unmittelbaren, ungefilterten Kontakt zu dem (potentiellen) Kunden hat und seine Bedürfnisse und Rahmenbedingungen vor Ort kennenlernt. Diese wichtigen Informationen gilt es dann selbstverständlich wieder in einer Datenbank zu speichern.

Doch der entscheidende Faktor, damit das Instrument »Außendienst« auch innerhalb des Gesamtkonzepts »Individuelles Partnerschaftsmarketing« wirkt, ist die Zeit. Und zwar die Zeit, die der Außendienstmitarbeiter tatsächlich bei seinen (potentiellen) Kunden verbringt.

Der Unternehmensberater für *Marketing-Vertrieb-Controlling* Axel Horn[35] hat aufgrund eigener Analysen von rund 100 Unternehmen im Produktionsverbindungs-Handel ermittelt, daß der Außendienstmitarbeiter nur 26 Prozent seiner Zeit bei seinen (potentiellen) Kunden verbringt. Die restliche Zeit ist er mit Administrationsaufgaben, also dem Ausfüllen von Besuchsberichten, der Auftragsabwicklung, der Angebotsverfolgung usw. beschäftigt bzw. verbringt er auf der Fahrt zu seinem (potentiellen) Kunden. Andere Untersuchungen in anderen Branchen bestätigen die Erfahrungen Horns. Die Möglichkeiten des Außendienstmitarbeiters, eine Partnerschaft zu seinen (potentiellen) Kunden aufzubauen, sind also sehr begrenzt.

Hinzu kommt im Außendienst noch ein anderes Phänomen. Während im Innendienst in den meisten Unternehmen alles reglementiert

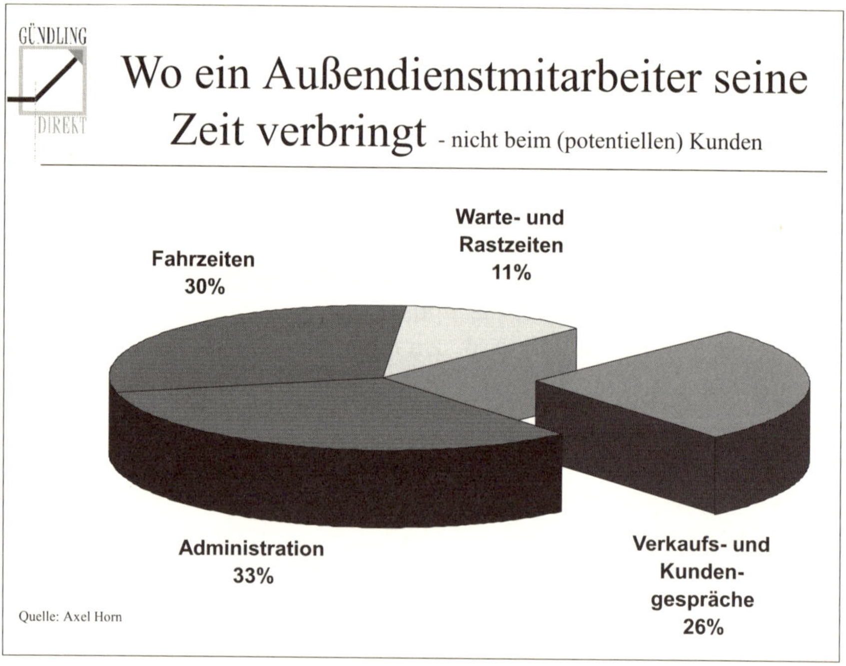

Abb. 9.6

ist, die Genehmigung der Genehmigung wieder einer Genehmigung bedarf, die Aufgaben der einzelnen Mitarbeiter über Stellenbeschreibungen sehr oft bis ins kleinste definiert sind, genießt der Außendienstmitarbeiter oftmals eine ungeahnte Freiheit. Wenn es zu seinen Aufgaben gehört, aktiv zu verkaufen, ist das einzige, was zählt, sein Umsatz. Wo, bei welchen (potentiellen) Kunden er ihn macht, interessiert seine Vorgesetzten dann weniger. Viele Vertriebsführungskräfte wissen gar nicht, mit welchen (potentiellen) Kunden ihre Außendienstmitarbeiter erfolgreich zusammenarbeiten und welche sie gar nicht erst besuchen. Die Besuchsplanung obliegt nämlich oft dem Außendienstmitarbeiter selbst und der entscheidet nach Gutdünken oder ganz persönlichen Interessen. Als interaktives Dialoginstrument eines unternehmensspezifischen Konzepts des Individuellen Partnerschaftsmarketing muß der Außendienstmitarbeiter natürlich in das Gesamtkonzept integriert werden. Hierzu müssen die einzelnen Bausteine einer erfolgreichen Außendienstorganisation – das Vertriebsinformationssystem und das Computer Aided Selling-System – zu einer zentralen Vertriebssteuerung zusammengeführt und diese wiederum in die zentrale Datenbank des Unternehmens integriert werden. Ein Beispiel: »Als der Absatz der Gesamtbranche im Jahr 1993 stagnierte, war der *Jägermeister*-Umsatz noch um 3,8 Prozent auf 367 Millionen Mark gestiegen. Dahinter steckt penible Kleinarbeit, die wiederum eine zentrale Vertriebssteuerung erfordert. Der jährliche Tourenplan, die Planung der Besuchszeiten und -intervalle, werden aus Wolfenbüttel vorgegeben: In der gemischten *Jägermeister*-Vertriebsorganisation gelten die Vertriebsanweisungen neben den eigenen Verkäufern auch für die Handelsvertreter. Die Folgen für den Außendienst: Effiziente Kundenbetreuung: Der Verkäufer kann Touren nicht nach Lust und Laune zusammenstellen. ... Jeder Kunde weiß: *Jägermeister* kommt regelmäßig, keiner wird vergessen.«[36]

Individuelles Partnerschaftsmarketing erfordert also auch, daß die Aufgabenstellung des Außendienstmitarbeiters bezogen auf den (potentiellen) Kunden genau formuliert und die Umsetzung in der Praxis natürlich auch kontrolliert wird. In der Funktion des Partners des (potentiellen) Kunden hat der Außendienstmitarbeiter die Aufgabe, die individuellen Bedürfnisse der (potentiellen) Kunden zu identifizieren und ihm seine individuelle Problemlösung anzubieten. Er muß Entwicklungen aufspüren und er muß, das ist ganz entscheidend, diese gewonnenen Informationen an die Zentrale weitergeben, damit sie in der Datenbank weiterverarbeitet werden können. So verstanden entwickelt sich der Außendienstmitarbeiter im Gesamtkonzept »Individuelles Partnerschaftsmarketing« zum Kundenmanager. Die hierzu notwendigen Technologien in Form von Notebooks usw. und die notwendige Software stehen den Unternehmen schon seit Jahren zur Verfügung. Mit Hilfe der CAS-Software C-VIS der *Axel Weiss DV-Projektmangement & Consulting* werden z.B. folgende Ziele erreicht:

- Die Planung der Aktivitäten der Kundenmanager erfolgt nicht nach dem Prinzip Zufall oder willkürlich, sondern auf der Basis wöchentlicher Ist/Soll-Vergleiche.
- Alle notwendigen und beschaffbaren Informationen über den Markt und die (potentiellen) Kunden können schnell und zielgerichtet selektiert und eingesetzt werden.
- Der Wissensstand über den (potentiellen) Kunden wird kontinuierlich optimiert und aktualisiert.
- Die Kommunikation und Information im Unternehmen wird schneller und effizienter gestaltet.
- Leerzeiten, also Fahrt- und Bürozeiten der Kundenmanager, werden durch die Vertriebssteuerung minimiert.

In der Marktbearbeitung kann manchmal weniger durchaus mehr bedeuten, wenn dies eine Konzentration der Fähigkeiten und Problemlösungskompetenz des Unternehmens bewirkt. Die Firma *3M* hat innerhalb von neun Jahren die Anzahl ihrer Schlüsselkunden von 2600 Bürofachhändlern auf 1200 mehr als halbiert und konnte damit ihren Umsatz um 40 Prozent steigern. Mit entscheidend hierfür war eine Neuausrichtung des interaktiven Dialoginstruments Außendienst: »Um die wichtigen Kunden an sich zu binden, erhöhte *3M* den Anteil der Hochschulabsolventen unter den Außendienstmitarbeitern von null auf jetzt 40 Prozent. Der Grund: *3M* will keine Berater, die wie Klinkenputzer auftreten; sie sollen dem Kunden helfen, Probleme zu lösen – und dann die Produkte dazu liefern.«[37] Auch für den Finanzdienstleister *MLP*, immerhin viermal in Folge »Unternehmen des Jahres« der Zeitschrift *Capital* geworden, hat die lebensbegleitende Beratung des Kunden Priorität, was zur Folge hat, daß sich ein Verkäufer, der einen Kundenstamm von 300 bis 400 Kunden aufgebaut hat, danach ausschließlich um die Pflege seines Bestandes kümmert.[38] Eine Außendienstorganisation kann innerhalb einer individuellen Marktbearbeitung nicht selbständig arbeiten, sondern muß in das Gesamtkonzept integriert werden. Wenn dies sichergestellt ist, dann hat der *Jägermeister*-Vertriebsvorstand Walter Sandvoss sicher recht mit der Aussage: »Jede Marke ist nur so stark, wie die Verkaufsorganisation hinter ihr.«[39]

Fazit: Wenn ein Unternehmen sich entscheidet, in Zukunft seine Kundenorientierung zu maximieren, muß es auch den Außendienst in das unternehmensspezifische Gesamtkonzept »Individuelles Partnerschaftsmarketing« integrieren. Die Aufgabenstellung der Kundenmanager muß eindeutig definiert werden. Insbesondere gilt es, ein funktionierendes Informationsmanagement zu leben, welches sicherstellt, daß alle relevanten Informationen in die zentrale Datenbank des Unternehmens einfließen.

Der Direktvertrieb – das interaktive Dialoginstrument von morgen?

Obwohl im Durchschnitt heute schon jeder zweite Haushalt in der Bundesrepublik mindestens einmal im Jahr über den Direktvertrieb kauft, fast jeder Handwerksbetrieb in Deutschland mehrmals jährlich bei einem Außendienstmitarbeiter der Firmen *Würth*, *Berner*, *BTI* oder *FRIWEG* seine Werkzeuge und Verbrauchsmaterialien erwirbt, *BMW* und *Mercedes Benz* den Gewerbetreibenden in ihren Unternehmen besuchen, um ihnen ihre Autos zu verkaufen ... wird dieser Vertriebsweg als Vertriebsform von den meisten Menschen gar nicht wahrgenommen. Gerade die zunehmende Individualisierung ist es jedoch, die viele Fachleute zu der Vermutung führt, daß der Direktvertrieb als Vertriebsform in Zukunft weiter an Bedeutung gewinnen wird. Neben den gesellschaftlichen lassen auch die wirtschaftlichen Rahmenbedingungen und deren Weiterentwicklung den Direktvertrieb als eine der zukunftsträchtigsten Vertriebsformen überhaupt erscheinen. Auf jeden Fall ist der Direktvertrieb für nahezu jedes Unternehmen ein sinnvoller, alternativer Vertriebsweg, über den es nachzudenken gilt. Es ist ein interaktives Dialoginstrument, mit dem die Unternehmen kontinuierlich die individuellen Bedürfnisse ihrer (potentiellen) Kunden feststellen und mit dem sie eine dauernde Kommunikation führen können. Aufgrund der Personalisierung des Partners »Unternehmen« durch den Außendienstmitarbeiter ist es für die Unternehmen zudem »einfacher«, neue Partnerschaften zu begründen und bestehende zu festigen. Im Unterschied zum Multi-level-Marketing, bzw. dem Strukturvertrieb kann das Unternehmen zudem aufgrund der Organisation des Vertriebes weitestgehend sicherstellen, daß auch die notwendigen Rahmenbedingungen des unternehmensspezifischen Gesamtkonzepts »Individuelles Partnerschaftsmarketing« in der Praxis tatsächlich verwirklicht werden.

Der Erfolg oder Mißerfolg eines Direktvertriebes als interaktives Dialoginstrument hängt von den im magischen Dreieck dargestellten Erfolgsfaktoren ab (s. Abb. 9.7).

Die großen und erfolgreichen Direktvertriebsfirmen bieten in der Regel Problemlösungen an, die exklusiv über den Außendienstmitarbeiter bezogen werden können. Dies gilt für den *Kobold*-Staubsauger von *Vorwerk* genauso, wie für die Tiefkühlkost von *Eismann* oder den *SHSS*-Bohrer von *FRIWEG*. Aus der Sicht des Außendienstmitarbeiters ist diese Exklusivität sogar ein Muß: Sie stellt sicher, daß der durch den Außendienstmitarbeiter geleistete Beratungsaufwand nicht unnötig verpufft, da der (potentielle) Kunde die angebotene individuelle Problemlösung zu dem angebotenen Preis ausschließlich bei dem Außendienstmitarbeiter erwerben kann und er so keine Möglichkeit hat, nach einem preiswerteren (Sonder)-Angebot Ausschau zu halten. Das Unternehmen wird auf diese Weise »gezwungen«, individuelle Problemlösungen zu entwickeln, die einmalig sind, die die individuellen Bedürfnisse des (potentiellen) Kunden auch tatsächlich befriedigen.

Wie wir schon im Kapitel über die Verkäufer aufgezeigt haben, bietet gerade das persönliche Verkaufsgespräch die Chance, gemeinsam mit dem (potentiellen) Kunden, entsprechend seiner individuellen Bedürfnisse, eine individuelle Problemlösung zu erarbeiten. Natürlich liegt hierin auch eine Gefahr, wenn der Außendienstmitarbeiter nicht entsprechend seiner Aufgabe ausgebildet ist. Dies ist ebenfalls im genannten Kapitel schon behandelt worden.

Abb. 9.7

Auch wenn einige der großen Direktvertriebsfirmen heute noch ohne Adreßbasis arbeiten, so stellt diese, wie auch die Segmentierung, doch einen entscheidenden Erfolgsfaktor dar. Die Firma *Vorwerk* z.B. arbeitet mit einer »gemischten« Vertriebsstrategie: So gibt es mehrere große, im Markt selbständig agierende Vertriebseinheiten: Erwähnt sei zunächst einmal die bekannteste und größte Organisation, mit der der Erfolg von *Vorwerk* begann, die Bodenpflege, die in der Hauptsache Staubsauger und hierfür notwendige Accessoires vertreibt. Die Außendienstmitarbeiter dieser Organisation arbeiten im sogenannten freien Entrée, also ohne Adresse und ohne Vorankündigung beim Endverbraucher. Die *Thermomix*-Organisation ist eine weitestgehend nebenberufliche Frauenorganisation, die insbesondere über Heimvorführung vor interessierten Frauen ein besonderes »Kochgerät« vertreibt; nach dem Motto: »Es gibt viele Gründe, den *Thermomix* zu besitzen – die Gesundheit ist der wichtigste«. Die Damen gewinnen ihre (potentiellen)

Kunden vorwiegend aus dem eigenen Netzwerk, dem Verwandten-, Bekannten- und Freundeskreis und erhalten dann durch Empfehlungen Zugang zu neuen Netzwerken. Mit einer dritten Vertriebsorganisation wiederum ist *Vorwerk* auch im Markt der Einbauküchen erfolgreich. Diese Vertriebsorganisation arbeitet primär auf der Grundlage von Adressen, die von Außendienstmitarbeitern, z.B. denen der Bodenpflege, während der Verkaufsgespräche gewonnen werden. Wenn ein Außendienstmitarbeiter der Bodenpflege in seinem Beratungsgespräch feststellt, daß der (potentielle) Kunden eine neue Küche anschaffen möchte, empfiehlt er diesem gleich eine Beratung durch den entsprechenden Fachmann. Beim »kalten« Vertrieb der Staubsauger hilft *Vorwerk* der in vielen Jahrzehnten erarbeitete Markenname, der beim Verbraucher zum einen für das Produkt, zum anderen aber auch für die Akzeptanz des Vertriebsweges von *Vorwerk*-Produkten steht. Eine individuelle Problemlösung eben.

Infolge der gesellschaftlichen Entwicklungen sind insbesondere bei neu aufzubauenden Direktvertrieben jedoch neue Wege zum (potentiellen) Kunden notwendig. Während sich früher der Außendienstmitarbeiter bei entsprechendem Fleiß über das sogenannte freie Entrée seine Verkaufsgespräche selbst erarbeiten konnte, scheint diese Entrée-Form heute und in Zukunft in eine Sackgasse zu führen. Aufgrund der Berufstätigkeit aller Familienmitglieder, der steigenden Anzahl von Single-Haushalten, der Zunahme von Ängsten vor Haustürkriminalität und der weiteren sozial-gesellschaftlichen Entwicklungen – Stichwort »Cocooning« – bleiben immer mehr Türen beim freien Entrée verschlossen. Dieser Weg zum Kunden verlangt vom Außendienstmitarbeiter zudem ein extrem hohes Maß an Frustrationsverarbeitungskapazität; eine Anforderung, die viele Menschen leider nicht mitbringen. Insbesondere neu aufzubauende, aber auch viele bestehende Direktvertriebsfirmen sehen sich deshalb heute vor der großen Herausforderung, ihren Außendienstmitarbeitern qualifiziertes Adreßmaterial zur Verfügung stellen zu müssen, um ihnen überhaupt die Möglichkeit zur Durchführung eines Verkaufsgespräches geben zu können. Der Vorteil einer Adresse besteht darin, daß der Außendienstmitarbeiter beim Entrée die Möglichkeit hat, auf den »Hintergrund« der Adresse Bezug zu nehmen und so, abhängig von der Qualität der Adresse, mögliche Ängste und Einwände beim (potentiellen) Kunden gegenüber einem

Beratungs- und Verkaufsgespräch in den eigenen vier Wänden abzubauen.

Die Beschaffung dieses qualifizierten Adreßmaterials wird von den Unternehmen auf höchst unterschiedliche Weise gelöst. Der effektivste und erfolgreichste Weg einen Direktvertrieb neu aufzubauen, liegt natürlich in der Nutzung der schon vorhandenen Kundenadressen. Die *Bertelsmann Lexikothek*, ein Direktvertrieb für mehrbändige Nachschlagewerke, hat ihren großen Durchbruch im Markt in den 70er Jahren geschafft, als man begann, die Mitglieder der *Bertelsmann Buchclubs* zu besuchen. Das Erfolgsgeheimnis liegt hier also in der Nutzung einer vorhandenen Kundenbeziehung eines zweiten Unternehmens. In einem weiteren Vertriebssegment werden heute die *Felicitas-* und *Bambino*-Familienadressen bearbeitet. Beide Organisationen wenden sich mit speziellen Angeboten in Form von kostenlosen Proben hauptsächlich an junge Mütter oder Jungverheiratete (*Felicitas*). In den Paketen ist die *Bertelsmann Lexikothek* mit einem kostenlosen Buchgeschenk vertreten. Einen ganz anderen Weg beschreitet der unmittelbare Konkurrent von *Bertelsmann Lexikothek*, nämlich *Brockhaus*, mit seinen verschiedenen Vertriebsfirmen. Mit Hilfe ganzseitiger Anzeigen in großen Publikumszeitschriften, wie z.B. *Stern* oder *Focus*, wirbt *Brockhaus* für seine Enzyklopädie und gibt durch einen Infocoupon dem Interessierten die Möglichkeit, weitere Informationen anzufordern. Die so gewonnenen Adressen werden dann im Direktvertrieb weiter bearbeitet. *Brockhaus* kann diesen Weg nur deshalb erfolgreich gehen, weil der Name *Brockhaus* als Synonym für Nachschlagewerke im deutschen Markt gilt und aufgrund dieser Bekanntheit ein entsprechend hoher Rücklauf erfolgt. Ein bereits vorhandener Markenname, der beim Neuaufbau einer Direktvertriebsorganisation genutzt werden kann, stellt somit einen weiteren, entscheidenden Erfolgsfaktor dar.

Aber auch ohne Markenname können erfolgreich Adressen gewonnen werden. Die *Bertelsmann Lexikothek* z.B. arbeitet in einem dritten Vertriebssegment mit Steckkarten, die in deutschen Briefkästen teilweise segmentbezogen verteilt werden. Wir haben hierüber schon an anderer Stelle berichtet.[40] Übrigens werden die ausgesetzten Preise tatsächlich verlost. Über die Verlosungen selbst wird dann in der Tagespresse berichtet. *Bertelsmann* konnte sich so einen relativ hohen Grad an Glaubwürdigkeit erarbeiten. Diese Form der Adreßgewinnung ist insbesondere in den fünf neuen Bundesländern erfolgreich. Die *Britannica,* eine dritte, wesentlich kleinere Direktvertriebsorganisation für mehrbändige Nachschlagewerke, akquiriert ihre Adressen auf Fach- und Verbrauchermessen mit Hilfe eines Gewinnspiels. Ebenso wie *Brockhaus* wird auch *Britannica* bei dieser Vorgehensweise durch ihren Markennamen unterstützt.

Gerade bei der Adreßbeschaffung nimmt die Datenbank der Unternehmen eine Schlüsselrolle ein. Zum einen hat das Unternehmen die Möglichkeit, seine Segmente aufgrund bestimmter Kundenprofile zu ermitteln, zum anderen können über mehrstufige Qualifizierungsmaßnahmen, bei denen die verschiedenen Dialoginstrumente aufeinander abgestimmt eingesetzt werden, Adressen qualifiziert werden, das heißt es werden die (potentiellen) Kunden identifiziert, deren individuelle Bedürfnisse mit den von dem Unternehmen angebotenen individuellen Problemlösungen am besten befriedigt werden können. Zweifelsohne haben heute viele Direktvertriebsfirmen gerade bei der Adreßgewinnung und Adreßqualifizierung noch große Reserven; dies liegt insbesondere an der fehlenden Abstimmung der eingesetzten Dialoginstrumente. Mit dem ersten Verkauf eröffnet sich für jedes Unternehmen im Direktvertrieb eine weitere höchst effiziente Form der Adreßgewinnung: die Empfehlung. Um diese Form der Adreßgewinnung richtig zu nutzen, muß die Empfehlung von vornherein in ein Gesamtkonzept »Individuelles Partnerschaftsmarketing« integriert sein.

Der dritte Erfolgsfaktor einer exzellenten Direktvertriebsorganisation ist der Außendienstmitarbeiter selbst – er ist der zweitwichtigste Kunde im Direktvertrieb. Dies liegt daran, daß der Außendienstmitarbeiter insofern eine Schlüsselfunktion einnimmt, als das Unternehmen über ihn die wichtigsten Informationen einer individuellen Marktbearbeitung erhält und er in der Regel **der** Absatzmittler für das Unternehmen ist. Dieser Erfolgsfaktor ist dem Vertriebsweg immanent. In der Regel sind die Außendienstmitarbeiter im Status eines Handelsvertreters tätig und werden ausschließlich auf Provisionsbasis, also nach dem Leistungsprinzip bezahlt. Oder die Außendienstmitarbeiter sind als Kommissionäre für das Unternehmen tätig. Dies hat für die Unternehmen den Vorteil, daß die Fixkosten gering gehalten werden. Jedoch ist hierbei zu beachten, daß aufgrund der fehlenden Absicherung der Außendienstmitarbeiter jeden Monat wieder bei Null beginnt und sich schnell ein entsprechender Erfolgsdruck aufbauen kann. Diesen Umstand kann man abfedern, indem die Provision bei Handelsvertretern aus zwei Teilen besteht: einer Direktprovision und einer rollierenden Prämie, die sich aufgrund der kumulierten Verkäufe, etwa der letzten drei Monate, errechnet. Wenn der Außendienstmitarbeiter in den ersten beiden Monaten einen bestimmten Minimum-Umsatz erwirtschaftet hat, erhält er dann im dritten Monat unabhängig von seinen aktuellen Verkäufen einen entsprechenden Basisbonus. Der neue Monat fängt nicht mehr bei Null an. Im übrigen sollte das Bezahlungssystem maximal zwei strategische Unternehmenszielsetzungen beinhalten, da zu viele Komponenten im Bezahlungssystem ihre Wirkung in der Praxis verlieren. Dies gilt auch für die Bezahlung der Führungskräfte.

Häufig unterschätzt wird der Erfolgsfaktor »Ausbildung der Außendienstmitarbeiter«. Hier hat jedoch der Arbeitskreis *Gut beraten – Zuhause gekauft* in den letzten Jahren eine hervorragende Entwicklungsarbeit geleistet, da von den Mitgliedsfirmen bestimmte Ausbildungsstandards erarbeitet wurden. In den hauptberuflichen Direktvertrieben erhält der neue Außendienstmitarbeiter zunächst eine mindestens einwöchige Grundausbildung und hierauf aufbauend nahezu wöchentlich weitere Trainings. Das vom Außendienstmitarbeiter erworbene Wissen wird in Tests überprüft und durch die Verleihung bestimmter Titel und Urkunden legitimiert. Neben dem optimalen Bezahlungssystem des Außendienstes als Ergebnis der Marktbearbeitungsstrategie sowie einem in der Praxis gelebten Ausbildungskonzept, hängt der Erfolg exzellenter Direktvertriebsunternehmen von der Qualität ihres Betreuungskonzeptes und der Außendienstmitarbeiter-Gewinnung ab. Einen besonderen Stellenwert nehmen zusätzlich noch Incentive-Aktionen ein, auf die an dieser Stelle jedoch nicht weiter eingegangen werden soll.

Die *Dresdner Bank* hat mit der *Dresdner Vermögensgesellschaft mbH* den Schritt in den Direktvertrieb gewagt und gewonnen, wie der folgende Auszug aus der Zeitschrift *Sales Profi* zeigt: »Vermögensberater einer Bank, die nach Schalterschluß erreichbar sind – trotz Allfinanzidee normalerweise Fehlanzeige. Anders bei der *Dresdner Vermögensberatungsgesellschaft mbH*: Die schickt, Sie lesen richtig, ihren Außendienstler auch schon mal nach Einbruch der Dunkelheit los, wenn ein Apotheker die Mußestunde seines Nachtdienstes zum Anlagegespräch nutzen möchte. ... ›Wir möchten für den Kunden da sein, wann und wo er es will‹, meint Wolfram Eckardt, Geschäftsführer der *Dresdner Vermögensberatungsgesellschaft*, im *Sales Profi*-Gespräch. ... Ganz wichtig: 80 Prozent der heute von der separaten Organisation betreuten Anlagekunden und -interessenten sind Neukunden, nur 20 Prozent sind angestammte Bankkunden. Eine echte Pioniertat also in einer Branche, die bis dato entweder am klassischen Vertriebsweg der Filialen klebt oder sich bei großen Vertriebsorganisationen einkauft. Über 200 Außendienstler schwärmen zur Zeit aus, pro Jahr sollen 50 Verkäufer dazukommen, die mit der Lupe ausgesucht werden. Eckardt: ›Wir stellen nur Profis ein.‹ Ohne Ausbildung bei einer Bank, Versicherung oder Bausparkasse, dazu zwei bis drei Jahre Erfahrung im Kundenkontakt, geht nichts. ... Im Wachstumsmarkt Allfinanz besteht nur, wer topausgebildete Verkäufer hat. So rangieren die Kosten für Schulung bei der *Dresdner Vermögensberatung* weit vor den Investitionen für den Marktzugang und die EDV. Im ersten Jahr absolviert jeder Berater allein 27 Tage Verkaufsschulung. Nicht Überflieger sind gefragt, sondern Verkaufspersönlichkeiten, die von der Fachkompetenz bis zum Outfit zur gehobenen Kundschaft passen. Aversionen gegen den ›lästigen Haustür-Vertreter‹ will man vermeiden. Der Außendienstler der *Dresdner Vermögensberatung* braucht sich mit Kalt-Akquise erst gar nicht herumzuschlagen. Kundenkontakte, Termine, Routenpläne liefert ein, so Eckardt, ›perfektes‹ Direkt-Mail- und Telemarketing. Rund zwei Millionen potentielle Kunden umfaßt die angepeilte Zielgruppe der Vermögenden, 90 Prozent davon sind in einer Datenbank erfaßt.«[41]

Der Direktvertrieb kann heute und in Zukunft für viele Unternehmen als interaktives Dialoginstrument im Mittelpunkt des unternehmensspezifischen Gesamtkonzepts »Individuelles Partnerschaftsmarketing« stehen. Neben den eben beschriebenen Vorteilen dieses Dialoginstruments hat der Direktvertrieb noch einen weiteren: Er übernimmt die Funktion einer kontinuierlich aktiven Marktforschung. In jedem Gespräch des Außendienstmitarbeiters mit dem (potentiellen) Kunden erfährt das Unternehmen etwas über dessen individuelle Bedürfnisse und inwieweit die angebotenen individuellen Problemlösungen auch wirklich als solche im Markt akzeptiert werden. Schneller als jedes andere kann ein Unternehmen, das im Direktvertrieb tätig ist, auf die Anforderungen des Marktes reagieren. Zudem kann das Unternehmen sich eine Datenbank einrichten, die im Laufe der Zeit eine Ausweitung des Geschäftes auf weitere Märkte zuläßt, vorausgesetzt es lassen sich hier neue individuelle Bedürfnisse identifizieren.

Der Direktvertrieb wird in den nächsten Jahren in Deutschland zweifelsohne an Bedeutung gewinnen. Viele bestehende oder neu zu gründende Unternehmen werden ihren Erfolg über den direkten Weg zum (potentiellen) Kunden sicherstellen. Der Direktvertrieb wird aber auch durch kreative Ideen neue Formen erfahren. Die amerikanische Firma *Bose* z.B. vertreibt seit 1995 einen exklusiven und ob seines Klanges und seiner leichten Bedienbarkeit hochwertigen »Radiowekker« ausschließlich über eine Sonderform des Direktvertriebes. Über Anzeigen in publikumsstarken Zeitungen und Zeitschriften, die als Responseelement einen Adreßcoupon bzw. eine Telefonnummer enthalten, gewinnt *Bose* die Adressen von potentiellen Interessenten, die dann zweistufig bearbeitet werden: Zunächst über Telefonmarketing und dann mit einer Einladung zur Produktdemonstration in ein Hotel. Der Verkauf findet hier zwar nicht in den heimischen vier Wänden des Interessenten statt, aber doch direkt, das heißt unter Umgehung von weiteren Absatzmittlern.

Nicht zuletzt haben die hervorragende Arbeit des Arbeitskreises *Gut beraten – Zuhause gekauft* und seiner Mitgliedsfirmen den Grundstein dafür gelegt, daß der Direktvertrieb in Deutschland seinen exotischen Schleier verloren hat und vom Verbraucher zusehends als seriöse Vertriebsform verstanden und geachtet wird. Für viele Unternehmen bietet dieses interaktive Dialoginstrument noch viele bislang ungenützte Chancen und Möglichkeiten: Es gibt kaum eine Problemlösung, mit der man seinen Markt über den Direktvertrieb nicht erfolgreich erobern kann. Dabei spielt es keine Rolle, ob es sich um Lebens- oder Genußmittel wie Wein und Champagner, Fahrräder, Mofas ... oder Autos, Bücher, PCs, Luxusverbrauchsgüter oder Artikel des täglichen Bedarfs handelt. Der Direktvertrieb mit seiner individuellen Beratungskompetenz wird von den (potentiellen) Kunden als Teil der individuellen Problemlösung empfunden und ist daher dazu geeignet, sich von potentiellen Wettbewerbern zu differenzieren. Dies gilt gleichermaßen für das Privatkunden- und das Business-to-business-Geschäft, z.B. beim Vertrieb von Büromöbeln oder Bürotechnik.

Selbstverständlich muß der Direktvertrieb nicht im Mittelpunkt einer individuellen Marktbearbeitungsstrategie stehen, sondern kann als interaktives Dialoginstrument des Gesamtkonzepts ›Individuelles Partnerschaftsmarketing‹ auch eine ergänzende Funktion einnehmen. Warum soll der Autoverkäufer z.B. warten, bis der Kunde ihn in seinem Geschäft besucht? Ebenso gut kann er den Kunden zu Hause in seiner heimischen Wohnung besuchen und entsprechend beraten. Wußten Sie zum Beispiel, wie *Quelle*, das größte europäische Versandhaus seine Küchen vertreibt? »Verkauf beim *Quelle*-Küchenvertrieb: ... Ein Kunde signalisiert Interesse an einem Beratungsbesuch. Der Innendienst vereinbart einen Termin, sammelt diese über den Tag und macht die Besuchsplanung, die per ISDN an die Außendienstler geht. Vor Ort entwirft der Verkäufer zusammen mit dem Kunden am Notebook mit Hilfe einer speziellen Konstruktions-Software die Einbauküche. Den Einbau druckt er vor Ort aus und läßt ihn den Kunden unterschreiben. Die Daten schickt er abends per ISDN ins Vertriebsbüro und erhält im Gegenzug seine nächste detaillierte Termin- und Tourenplanung für den Folgetag. Der Auftrag selbst mit Originalunterschrift geht per Post zum Innendienst, der ihn in das System einscannt und komplett die nach dem Auftrag anfallende Abwicklung übernimmt. Heißt: Die Mitarbeiter im Innendienst bearbeiten alle Nachfragen, Nachbestellungen, Plausibilitätsprüfungen und Reklamationen. Und zwar nach dem Prinzip: Jeder macht das, was gerade reinkommt. Spezialisten für einzelne Tätigkeiten gibt es keine mehr. Mit einer Ausnahme. ... Die Küchenberater von *Quelle* haben nur noch eine Aufgabe: draußen aktiv Verkaufen. Ergebnis: Über 90 Prozent Abschlüsse schon nach dem ersten Kundenbesuch.«[42]

Exkurs: Die individuelle Beratung eines Verkäufers durch eine zweite Beratung absichern

In einer Welt der Bits und Bytes, in einer Welt von täglich neu auf den Markt kommenden individuellen Problemlösungen, in einer Welt der Maximalen Kundenorientierung, in deren Mittelpunkt der (potentielle) Kunde und seine individuellen Bedürfnisse stehen, erhält die Beratung einen ganz neuen Stellenwert. Es wurde schon dargestellt, welche Reserven insbesondere der scheinbar beratungsintensive Einzelhandel noch hat, und welche Anforderungen ein Verkäufer, sei es im Handel, im Außendienst oder im Direktvertrieb, erfüllen muß.

Genauso gibt es aber auch viele Unternehmen, die erkannt haben, wie sie durch eine individuelle Beratung des (potentiellen) Kunden Partnerschaften mit (potentiellen) Kunden aufbauen und festigen können. Diese Reserven können heute insbesondere mit Hilfe der Computertechnologie genutzt werden. So scheinen auch einige – leider noch nicht alle – *Volkswagen/Audi* -Partner, die für die *V.A.G. Bank* als Vermittler auftreten, diese Chancen erkannt zu haben.[43] Sie verfügen über das System *Alf-Auto, Leasing, Finanzierung* und sind online über *T-online* – früher *BTX* – mit der Automobilbank verbunden. In Minutenschnelle, während der (potentielle) Kunde sich sein neues Auto aussucht oder schon von der ersten Fahrt träumt, wird über individuell vereinbarte Kredit- oder Leasingverträge entschieden. Innerhalb weit gestreckter Rahmenbedingungen kann der Autoverkäufer bei variablen Anzahlungen und Laufzeiten dem (potentiellen) Kunden budgetgerechte Monatsraten anbieten, optimieren, Alternativen ermitteln und entscheiden. Die Finanzdienstleistung ist hier als absatzfördernde Funktion voll in das Absatzmarketing integriert.

Und auch *BMW* setzt mittlerweile auf High-Tech im Verkaufsgespräch, um eine Beratung entsprechend der individuellen Bedürfnisse des (potentiellen) Kunden sicherzustellen: Das neue Auto entsteht nämlich heute zusammen mit dem (potentiellen) Kunden am Bildschirm – gemeinsam wird eine individuelle Problemlösung erarbeitet. Das Herzstück dieses multimedialen Systems ist der sogenannte Automobilassistent: Während der Verkäufer zusammen mit dem (potentiellen) Kunden dessen individuelle Problemlösung entwickelt, übernimmt der Rechner die Plausibilitätsprüfung der individuellen Konfiguration – zu einem Cabrio paßt eben nun mal kein Schiebedach – und ermittelt den Preis. Und wenn dieser Preis nicht in das Budget des (potentiellen) Kunden paßt, kann die individuelle Problemlösung sofort angepaßt werden. Ähnlich wie bei *VW* ermittelt der Finanz-Assistent bei Bedarf Leasing- oder Kreditangebote. Die Verträge können noch während des Gesprächs gestaltet und ausgedruckt werden.[44] Auch *Porsche* stattet seit April 1995 seine Verkäufer mit einem Notebook mit CD-ROM aus, »auf dem neben dem gesamten Produktprogramm, einer Software zur Berechnung von Leasing und Finanzierung auch Zubehör-, Ersatzteil- und Kundendaten gespeichert sind.[45] *Okal* hingegen baut auf elektronische Handbücher.[46] Die Verkäufer können damit gemeinsam mit dem potentiellen Kunden Alternativen durchspielen – mit Gäste-WC oder ohne, mit einem 20 oder 30 qm großen Schlafzimmer, mit ausgebautem Dachstuhl oder vollunterkellert, egal: Der Fertighausplan kann kalkuliert, ausgedruckt und dem (potentiellen) Kunden ausgehändigt werden. Der Traum kann beginnen, und zusätzlich hat der (potentielle) Kunde noch etwas in der Hand, das seine emotionale Instabilität bei jedem Blick darauf verlängert oder sogar noch intensiviert. Zusätzlich beugen diese elektronischen Handbücher menschlichen Schwächen einiger Verkäufer vor, denn die nicht manipulierbaren Preise machen die Gespräche «ehrlicher» – man könnte auch sagen, daß praktisch ein zweiter Berater mit im Bunde ist.

Den durch einige schwarze Schafe der Branche immer wieder verursachten negativen Berichten über die Finanzdienstleister können seriös arbeitende Unternehmen durch eine fachgerechte, computerunterstützte Beratung entgegentreten. Zukünftige Bauherren lassen sich heute nicht mehr mit der Formel: Zinssatz+1% für Tilgung = Jahresbelastung abspeisen. Sie erwarten eine aussagefähige Übersicht und verschiedene Vergleichsrechnungen, in denen das Mixed der unterschiedlichen Finanzierungsbausteine sowie alle steuerlichen Auswirkungen in der Finanzierungsstruktur enthalten sind. Der Kollege Computer fungiert hier ebenfalls als zweiter Berater.[47] *Siemens-Halbleitertechnik* setzt die CD-ROM seit 1992 in der Produktdemonstration ein. Zum einen konnte das Unternehmen hierdurch nicht nur mehr als 130 Tonnen Papier und die entsprechenden Portokosten sparen, sondern ihrem (potentiellen) Kunden auch einen zusätzlichen Service im Vergleich zu der gedruckten Ausgabe bieten, weil dieser nun alle vier Monate ein Update erhält, statt nur einmal im Jahr. Und der (potentielle) Kunde wird nicht nur aktueller informiert; aufgrund der Netzwerkfähigkeit der Silberscheiben haben in der Regel mehrere Mitarbeiter des (potentiellen) Kunden Zugriff auf die notwendigen Informationen.[48]

Fazit: Die Einsatzmöglichkeiten der modernen Computertechnologie sind so vielfältig, daß wir heute erst am Anfang zahlreicher revolutionärer Entwicklungen stehen. Doch eines ist gewiß, der Verkäufer, egal ob im Handel, im Außendienst als Kundenmanager oder im Direktvertrieb, wird immer eine Schlüsselstellung in vielen unternehmensspezifischen Gesamtmodellen eines Individuellen Partnerschaftsmarketing einnehmen. Die Computertechnologie wird aber entscheidend dazu beitragen, die menschlichen Schwächen des Verkäufers zu korrigieren bzw. sogar in Stärken zu verwandeln.

Das Telefonmarketing …

… wenn das Unternehmen mit dem (potentiellen) Kunden den Kontakt aufnehmen möchte

Stellen Sie sich einmal folgendes vor: Tagtäglich fahren in Deutschland Hunderttausende von Autos über rote Ampeln und kein Fahrer erhält eine Verwarnung oder gar Punkte in Flensburg. Eigentlich unvorstellbar und doch in einem anderen Feld unseres Rechtssystems Tagesgeschäft – nämlich im Telefonmarketing. Jeden Tag melden sich Hunderttausende von Telefonverkäufern bei Privathaushalten, um ihre Angebote feil zu bieten und Hunderttausende von Außendienstmitarbeitern bemühen sich telefonisch um einen Termin. Damit verletzen diese Menschen tagtäglich geltendes Recht. Nach einem Urteil des Bundesgerichtshofes vom 8. Juni 1989 ist Telefonmarketing gegenüber Privatpersonen nämlich nur dann zulässig, wenn der Angerufene zuvor ausdrücklich oder stillschweigend sein Einverständnis erklärt hat, zu Werbezwecken angerufen zu werden.[49] Im Business-to-business-Bereich ist Telefonmarketing zur Anwerbung (potentieller) Kunden dann zulässig, wenn es sich um Waren oder Leistungen für den Geschäftszweck oder den betrieblichen Bedarf handelt. Der Anruf eines Finanzmaklers, der dem Metzgermeister ein Warentermingeschäft über Kaffeebohnen mit einer Rendite von 45 Prozent verkaufen möchte, gehört hier sicherlich nicht dazu.

Zweifelsohne ist das Telefon als interaktives Dialoginstrument für jedes Unternehmen eine sehr interessante Möglichkeit, den Kontakt zu seinem (potentiellen) Kunden aufzunehmen bzw. den Dialog fortzusetzen. Der Telefonverkäufer kann direkt auf die individuellen Bedürfnisse seines (potentiellen) Kunden eingehen, und er kann viele Informationen für die Datenbank sammeln. Zudem ist es dem Verkäufer möglich, wesentlich mehr (potentielle) Kunden am Tag zu erreichen als im persönlichen Verkauf, und er kann vor allen Dingen schneller reagieren. An dieser Stelle soll beispielhaft, jedoch nur kurz, auf das in Verlagen weitverbreitete Akquisitionsinstrument Telefonmarketing eingegangen werden. Sicherlich sind auch Sie schon in diversen Medien auf das Angebot einer Zeitung gestoßen, diese einmal 14 Tage probezulesen. Wir haben das Angebot angenommen und unser Probeabonnement unter der angegebenen Nummer bestellt. Nach vier Wochen wurde uns die Probe endlich zugestellt und dann geschah acht Wochen nichts. Eigentlich wollten wir die Zeitung nach Ablauf der 14 Tage abonnieren, aber wir wußten nicht wo. Dann 6 Wochen nach Ablauf der Probe, wir hatten die Zeitung fast schon vergessen und übrigens auch nicht erklärt, daß wir damit einverstanden sind, angerufen zu werden, ein Anruf, der besagten Zeitung. Wir wurden gefragt, ob die Zustellung denn funktioniert habe, und ob wir die Zeitung weiterlesen möchten. Wir antworteten nicht sofort mit ja, aber auch nicht mit nein, weil wir einfach die verkäuferische Qualität des Anrufers testen wollten. Ehe wir uns versahen, verabschiedete sich der Anrufer von uns, und wir, die wir die Absicht hatten zu bestellen, hatten keine Möglichkeit mehr, es zu tun. Abgesehen von der verkäuferischen Schwäche des Verlagsmitarbeiters, hätte der Verlag dieses Telefonat zur Gewinnung weiterer Informationen über uns, den (potentiellen) Kunden, nutzen können, um dann in einem zweiten Schritt den Kunden gezielt gemäß dessen Bedürfnissen ansprechen zu können. Aber nichts von alldem geschah. Minimale Kundenorientierung eben.

Wir möchten Ihnen nun noch einige Tips und Hinweise geben, wie Sie sich das Einverständnis Ihrer (potentiellen) Kunden einholen können. Ob diese Beispiele in Ihrem speziellen Fall dann auch einer Überprüfung durch die Juristen standhalten, müssen Sie im Einzelfall durch die entsprechenden Fachleute überprüfen lassen.

Die Zeitschrift *Bunte* läßt sich, wie viele andere Zeitungen und Zeitschriften auch, ihr ausdrückliches Einverständnis schon beim Abschluß eines Probeabonnenments geben: »Ich bin damit einverstanden, daß Sie mir telefonisch oder per Fax interessante Angebote unterbreiten«. Der Probeabonnent kann im vorgefertigten Feld sein Kreuzchen machen.

Porsche wiederum hat in seinem Fragebogen, der an alle Interessenten verschickt wird, folgendes eingedruckt: »Bitte setzen Sie sich unter folgender Telefon- oder Faxnummer mit mir in Verbindung«. Das heißt, der Interessent kann sowohl seine geschäftlichen als auch privaten Telefon- und Faxnummern angeben – oder auch nicht. Grundsätzlich kann an dieser Stelle nur empfohlen werden, sich vor dem ersten Anruf schriftlich das Einverständnis des (potentiellen) Kunden zu holen. Achten Sie deshalb darauf, daß ein solcher Passus in jedem Ihrer Dialoginstrumente für den Erstkontakt enthalten ist. Übrigens gilt dies nicht, wenn Sie Ihren (potentiellen) Kunden zum Beispiel in Ihr Geschäft einladen möchten, um sich die neueste Kollektion anzuschauen. Aber auch dann empfehlen wir Ihnen, sich vorher das Einverständnis des Kunden zu holen, es macht doch einen guten Eindruck, wenn Sie Ihrem (potentiellen) Kunden mitteilen, daß Sie mit ihm in Kontakt bleiben möchten. Wie die beiden Beispiele zeigen, hat das Telefonmarketing insbesondere im Rahmen einer Nachbearbeitung von Kundenanfragen einen herausragenden Stellenwert.

Andererseits bietet das Telefon natürlich heute noch viele bislang ungenutzte Möglichkeiten, die Informationen in der Datenbank des Unternehmens zu aktualisieren. So kann ein Unternehmen mit Hilfe des Telefons sehr schnell viele seiner (potentiellen) Kunden zu ihren Bedürfnissen oder aber ganz allgemein nach ihrer Zufriedenheit mit der erworbenen Problemlösung befragen. Genauso kann das Unternehmen feststellen, warum ein (potentieller) Kunde eine angebotene individuelle Problemlösung nicht gekauft hat. Innerhalb kürzester Zeit kann sich das Unternehmen so die Informationsbasis verschaffen, die es benötigt, um weitere Entscheidungen in der individuellen Marktbearbeitung zu treffen. Desweiteren kann das Telefonmarketing bei der Feinsegmentierung bestimmter Märkte Hilfestellung leisten. Das heißt, das Unternehmen kennt die Bedürfnisse seiner (potentiellen) Kunden zwar im Groben, kann diese aber noch keinem spezifischen Segment zuordnen. Wenn beispielsweise ein Pharmaunternehmen seine Produktlinie im Bereich der Herrenkosmetik erweitern möchte, kann es

TELEFONKARTE 6 DM
Testen
TEL BESTLSEV
0130 4767
Sie
Bunte.
BUNTE
Endlich!
Haut
Ohne Allergien
Ja, ich will BUNTE in Ruhe richtig kennenlernen und bestelle 5 Hefte für nur 9,90 DM im Miniabo. Als Dankeschön erhalte ich
die Mini-Datenbank (1149)
die BUNTE-Telefonkarte (704)
Das Dankeschön kann ich in jedem Fall behalten. Habe ich danach kein Interesse an einem Abo, informiere ich Sie spätestens 2 Wochen vor Ablauf des Miniabos. Sollten Sie nichts von mir hören, erhalte ich BUNTE wöchentlich (Berechnung viermonatlich 68 DM. Das Abo kann ich nach Ablauf eines Jahres jederzeit wieder kündigen.
Vorname/Name
Straße/Haus-Nr.
PLZ/Wohnort
Geb.-Datum
Telefon
Fax
Ich bin damit einverstanden, daß Sie mir telefonisch oder per Fax interessante Angebote unterbreiten.
Datum/Unterschrift
Widerrufsgarantie: Die Bestellung kann ich innerhalb von 10 Tagen nach Bestelldatum (rechtzeitige Absendung genügt) bei BUNTE-Verlag, Postfach 290, 77649 Offenburg, widerrufen.
Datum/Unterschrift
612259M
Lernen Sie BUNTE im günstigen Miniabo kennen: Sie erhalten 5 Hefte für nur 9,90 DM. Als Dankeschön für Ihre Bestellung erhalten Sie die praktische Mini-Datenbank oder die exklusive Telefonkarte. Sie bekommen BUNTE dann frei Haus - bequemer geht es nicht. Coupon einfach ausschneiden und einschicken. Bestellen Sie gebührenfrei unter Tel.: 0130/4767. Oder per Fax: 0781/846960.
Widerrufsrecht: Die Bestellung kann innerhalb von 10 Tagen nach Bestelldatum (rechtzeitige Absendung genügt) durch eine kurze Mitteilung an BUNTE-Verlag, Abo-Service, Postfach 290, 77649 Offenburg, widerrufen werden. Das Dankeschön dürfen Sie auch dann behalten.
BUNTE
DAS IST JA INTERESSANT.

mittels Telefonmarketing sehr schnell bei 1.000 und mehr (potentiellen) Kunden nachfragen, welche Problemlösung sie bisher und warum einsetzen, und welche Verbesserungswünsche sie in dieser Produktgruppe hätten. Die hierüber gewonnenen Informationen versetzen das Pharmaunternehmen dann in die Lage, seine individuellen Problemlösungen mit der richtigen individuellen Marktbearbeitungsstrategie an das richtige bedürfnisgleiche Segment zu veräußern.

Ein weiterer großer Vorteil des Telefons liegt in dem enormen Einsparungspotential gegenüber einem Außendienstkontakt bei C-Kunden. Liegen die Kosten für einen normalen Außendienstbesuch im Pharmabereich z.B. zwischen DM 150.- und DM 250.-, so ist eine ähnliche Leistung über das Telefon schon für DM 15.- bis DM 25.-, also 10 Prozent zu haben. Auch in anderen Branchen sind mit dem Telefon Einsparungen von rund 80 Prozent zu erzielen.[50]

Fazit: Das Telefonmarketing als interaktives Dialoginstrument stellt nicht nur einen kostengünstigen individuellen Weg zum Verkauf von Problemlösungen dar, sondern es bietet auch die Möglichkeit, die Informationsbasis eines Unternehmens zu vertretbaren Kosten zu verbessern. Leider wird diese Möglichkeit oftmals noch nicht genutzt.

... wenn der (potentielle) Kunde Kontakt mit dem Unternehmen aufnehmen möchte

Die Pizza, die Überweisung, die Versicherung, der PC oder die Lebensmittel – fast alles kann heute per Telefon bestellt werden. Für den (potentiellen) Kunden ist der Griff zum Hörer inzwischen so selbstverständlich geworden wie die morgendliche Reinigung der Zähne. Leider noch nicht für viele Unternehmen, wie wir selbst immer wieder feststellen müssen. Machen Sie für sich die Probe auf's Exempel. Wählen Sie irgendeine Service-Telefonnummer und warten Sie, was geschieht. Oder noch besser: Rufen Sie doch einmal in Ihrer eigenen Firma an. Erschrecken Sie bitte nicht.

Dabei ist die Telefonkommunikation eines der effektivsten Instrumente im modernen Dialogmarketing. Unter einer Service-Telefonnummer kann das Unternehmen rund um die Uhr für seine (potentiellen) Kunden erreichbar sein, mögliche Probleme können ohne großen Schreibkram sofort gelöst, zusätzliche Informationen für die Datenbank gewonnen, Unzufriedenheit und Abwanderung (potentieller) Kunden vorgebeugt werden und vieles mehr. Doch leider sind die Service-Telefonnummern oft belegt, nur mit Aushilfskräften besetzt oder es nimmt schlichtweg keiner ab. Wir haben hierzu einen kleinen Test gemacht, den wir später noch ausführlich besprechen werden. Doch eines sei an dieser Stelle schon vorweggenommen: Von 25 Unternehmen haben wir nur 16 erreicht und von diesen 16 war achtmal ein Anrufbeantworter unser Gesprächspartner. Wie wichtig es auch im Business-to-business-Markt ist, daß unter der normalen Telefonnummer tatsächlich »jemand« erreichbar ist, zeigen Tests des Bürodienstleisters *EDV-Bürozentrum* München[51]: Viele Geschäftsleute sind dazu übergegangen, bei Abwesenheit den Anrufbeantworter oder die Mailbox anzustellen. Doch nur 16 Prozent der Anrufer sprechen Ihre Nachricht schon beim ersten Anruf verwertbar aufs Band. Unzählige mögliche Geschäfte gehen hierdurch verloren.

Dabei gibt es die technischen Möglichkeiten, 24 Stunden lang für seinen (potentiellen) Kunden telefonisch erreichbar zu sein, heute schon. Mit der Einrichtung eines sogenannten Call-Centers kann das Unternehmen 24 Stunden erreichbar sein, es vermeidet Besetztzeichen, zu lange Wartezeiten sowie permanente telefonische Weiterleitung des (potentiellen) Kunden. Das Herzstück eines Call-Centers ist eine intelligente Telefonanlage mit einer automatischen Anrufverteilung, die dafür sorgt, daß alle eingehenden Anrufe gleichermaßen auf die verfügbaren Mitarbeiter verteilt werden. Inzwischen gibt es externe Dienstleister auf dem Markt, die für kleinere und mittlere Unternehmen die Funktion eines Call-Centers übernehmen. Wie in vielen anderen Fällen, hilft die technologische Entwicklung in der Kommunikation den Unternehmen auch in diesem Fall: Sie versetzt sie in die Lage rund um die Uhr für ihre (potentiellen) Kunden da zu sein. Letztendlich ist ein Call-Center hinter einer Servicenummer ein ganz entscheidender Faktor einer individuellen Problemlösung. Dies zeigt auch die Telefon-Hotline für von *Siemens* produzierte Telefone und Anrufbeantworter: Immer weniger Käufer finden die Ruhe und Muße die Bedienungsanleitung der erworbenen Geräte durchzulesen – oder aber sie verstehen diese einfach nicht, was in der Mehrzahl der tagtäglich ca. 3.500 eingehenden Anrufe der Grund für den Griff zum Hörer sein dürfte. In 80 Prozent aller Anrufe können die Berater von *Siemens* das Problem des Käufers innerhalb von 3 bis 4 Minuten lösen, d.h. dann ist der Käufer in der Lage, sein erworbenes Gerät zu bedienen. Natürlich ist diese Telefon-Hotline ein guter Service. Besser wäre es natürlich, wenn *Siemens* die Geräte gleich so konstruieren würde, daß auch Otto Normal sofort damit arbeiten kann. Sie können sich noch an »plug and play« erinnern? Immerhin nutzt *Siemens* die eingehenden Anrufe, um kontinuierlich sein Angebot zu verbessern. Jeden Tag werden die Fehlerklassifizierungen von dem Call-Center-Leiter Jan Kloos an die zuständigen Mitarbeiter der Qualitätssicherung weitergegeben. Dort wiederum findet einmal wöchentlich eine ausführliche Analyse statt, aus der gegebenenfalls sofort Konsequenzen für die laufende Fertigung gezogen werden können. Einen echten Kundenservice als Faktor der individuellen Problemlösung bietet *Siemens* hingegen, wenn ein Defekt bei einem Gerät vorliegt. Innerhalb von 24 Stunden wird dieses über einen Paketdienst umgetauscht.[52]

Bedingung dafür, daß eine Service-Hotline tatsächlich vom (potentiellen) Kunden als echter Faktor einer individuellen Problemlösung empfunden wird, sind zwei Knockout-Kriterien: Die schnelle Erreichbarkeit und die Verbindung zum richtigen Sachverstand. Wenn dies nicht gegeben ist, also auch beim dritten Versuch die Service-Hotline besetzt ist, oder der zuständige Fachmann 3 Wochen in Urlaub und die Urlaubsvertretung krank ist, dann schlagen die Vorteile einer Service-Hotline schnell ins Gegenteil um. Beispiel *Porsche-Card*: Wenn alle Sachbearbeiterplätze, die die Servicenummer 0180/5333911 bedienen, besetzt sind, wird man an eine Überlaufstelle weitergereicht. Hier meldet sich dann eine männliche Stimme, die dem Anrufer erklärt, daß sie nicht weiterhelfen könne, alle Sachbearbeiterplätze wären besetzt, man solle es doch später noch einmal probieren. Die Krönung ist, das wird auch noch als Kundenservice verkauft – bei der teuersten kostenpflichtigen Servicenummer 0180 5. Dafür bezahlt man dann aber DM 170.- für eine *Porsche*-Card – jährlich.

Zumindest das Knockout-Kriterium Erreichbarkeit kann heutzutage mit der richtigen Technik sichergestellt werden. Wenn Sie zu den Kunden der Stockholmer Firma *Scandic Direct Banking* zählen würden, wüßten Sie, wie ein Unternehmen mit Hilfe der modernen Computertechnologie, einem automatisierten Dialog und einem Call-Center immer für seine (potentiellen) Kunden, seine Partner, erreichbar sein kann: »Jeder ... Anruf wird unmittelbar angenommen; nach Überprüfung von PIN- und Kundennummer lassen sich über ein interaktives Voice-Processing Kontostände abfragen, Transaktionen realisieren oder via Mailbox Nachrichten hinterlassen. Und sollte wirklich noch ein Wunsch offen bleiben, die Zuschaltung eines Live-Operators ist immer noch möglich.«[53] In Deutschland hingegen sind Call-Center, unabhängig davon, ob sie mit einem Sprachcomputer betrieben werden oder ob der Anrufer mit einem Menschen spricht, noch äußerst selten anzutreffen. Eine Untersuchung bei 200 Unternehmen von *Dataquest Europe* hat folgendes Bild ergeben: »Während vier Prozent der Unternehmen hierzulande über Call-Center-Installationen verfügen, kommunizieren in den USA bereits 40 Prozent der Organisationen mit ihren Kunden über einen professionellen Telefon-Service.«[54]

Beim Düsseldorfer Waschmittelhersteller *Henkel* nutzten 1995 fast 70.000 (potentielle) Kunden die Möglichkeit des telefonischen Dialoges, um Rat einzuholen oder aber dem Ärger Luft zu machen. Jede Meldung wird ausgewertet. Alle sechs Wochen sitzen Mitarbeiter der Telefonbetreuung und der Produktentwicklung zusammen. »Bei Produkten mit geringem Marktanteil werden wir schon bei zwei Beschwerden hellhörig«[55], erklärt der Entwickler Eric Sun. Call-Center tragen dem Bedürfnis der (potentiellen) Kunden nach einem schnellen unkomplizierten Dialog Rechnung. Der (potentielle) Kunde will sich heute nicht mehr erst an den PC oder die Schreibmaschine setzen, wenn er mit dem Unternehmen kommunizieren möchte. Er möchte auch nicht ein oder zwei Wochen auf eine Antwort warten, wenn er ein persönliches Anliegen hat. Zudem haben die Service-Telefonnummern, wenn sie denn für den (potentiellen) Kunden kostenlos sind, noch einen weiteren, ganz entscheidenden Vorteil für das Unternehmen: Sie können die Hemmschwelle des (potentiellen) Kunden, sich zu beschweren, senken. Sie können sich bestimmt noch daran erinnern: Nur fünf Prozent aller Kunden beschweren sich bei Unzufriedenheit wirklich, die anderen 19 von 20 Menschen behalten ihre Unzufriedenheit aber nicht für sich, sondern erzählen es zehn Mal und mehr in ihrem Netzwerk. Zudem ist die Gefahr sehr groß, daß diese (potentiellen) Kunden sich einen neuen Partner suchen. Mit Hilfe einer kostenlosen Service-Telefonnummer kann der eine oder andere Kunde bestimmt motiviert werden, sich ebenfalls zu beschweren; das Unternehmen kann hierbei nur gewinnen.

Mit dem richtigen Einsatz des Telefons als Instrument des Individuellen Partnerschaftsmarketing können sich viele Unternehmen entscheidende Wettbewerbsvorteile aufbauen. Es kann eingesetzt werden, um den Servicegrad durch erweiterte (zeitliche) und schnellere Verfügbarkeit zu erhöhen, eine kompetente Informationsverteilung im Pre- und After-Sales-Bereich sicherstellen, das Cross-Selling-Potential ausnutzen, oder schlichtweg zur Auftragsannahme und Vertriebsunterstützung. Das Telefon ist damit ein hervorragendes Instrument, um ein Produkt in eine Individuelle Problemlösung umzuwandeln.

Das Fax – ein schnelles und bequemes Dialoginstrument

Noch Mitte der 80er Jahre wunderte man sich in Deutschland darüber, daß man in Gütersloh ein Stück Papier in eine Maschine legen konnte und eine »Kopie« hiervon innerhalb von Sekunden in Luxemburg auf dem Schreibtisch lag. Heute ist das Fax so selbstverständlich geworden wie der Kugelschreiber. Gab es 1996 noch 4 Millionen Faxgeräte, so besagen Prognosen, daß sich ihre Anzahl bis 1999 auf 17 Millionen mehr als vervierfachen wird.[56] Ein neues Dialogpotential ist im Entstehen begriffen.

Das Fax kann sowohl als aktives wie auch als passives Dialoginstrument eingesetzt werden. Als passives Dialoginstrument wird es als Fax-Polling oder Fax on Demand bezeichnet. Der (potentielle) Kunde hat die Möglichkeit, mit seinem Faxgerät Informationen eines Unternehmens abzurufen. Es kann selbständig von einem Faxgerät, genauso aber auch über einen entsprechend ausgerüsteten PC, betrieben werden. Mittlerweile kann man so Messe-Informationen, Last-Minute-Angebote, Fragebögen, Produktübersichten, Programmangebote, Gebrauchsanleitungen, Preislisten und Nachrichten einholen. Der Vorteil für den (potentiellen) Kunden liegt darin, daß er rund um die Uhr schnell Informationen abrufen kann, die ihn wirklich interessieren. Nebeneffekt für das Unternehmen: Die Gebühr zahlt der Abrufende.[57] Die

Zeitschrift *Forbes* konnte innerhalb von vier Wochen auf diesem Wege über 40.000 Seiten auf die Reise schicken. Die *Wiso*-Redaktion bietet Ihren Zuschauern an, die dargebotenen Informationen noch einmal über Fax abzurufen, um sie anschließend in Ruhe studieren zu können. Als passives Dialoginstrument ist das Fax zudem ein geeignetes Responseelement: Der (potentielle) Kunde kann 24 Stunden lang seine Reaktion auslösen.

Als aktives Dialoginstrument unterliegt das Fax zunächst einmal einer rechtlichen Restriktion – zumindest bei der Gewinnung (potentieller) Kunden. Da nämlich mit dem Versand eines Faxes beim Empfänger Kosten entstehen, darf das Fax zur Gewinnung (potentieller) Kunden nur dann eingesetzt werden, wenn zuvor der Empfänger ausdrücklich sein Einverständnis hiermit erklärt hat. Andererseits hat das Fax den großen Vorteil, daß in kürzester Zeit eine Vielzahl (potentieller) Kunden erreicht werden können.

Wie ein Blumengroßhandel durch eine einfache Dienstleistung seine (potentiellen) Kunden besser an sich binden und zusätzliche Umsätze erwirtschaften kann, zeigt das Beispiel der *Sumser Pflanzenhandels GmbH* in Nimburg. Seit vielen Jahren bedient das Unternehmen Blumengeschäfte und Gärtnereien in Baden, der Schweiz und im Elsaß. Die neuesten Angebote werden durch Verkaufsfahrer monatlich den (potentiellen) Kunden vorgestellt. Obwohl der Blumengroßhandel als eine eher konservative Branche bekannt ist, suchte das Unternehmen nach neuen Wegen zum Kunden und nach neuen Wegen den Kunden weiter an das Unternehmen zu binden. Eine relativ einfache Aktivität hat zu einem beispielhaften Erfolg geführt: Das wöchentliche Faxangebot. Jeden Freitag werden die Kunden der *Gärtnerei Sumser* angefaxt. Sie erhalten zu den verschiedensten Ereignissen – Muttertag oder Ostern, Geranienmarkt oder Adventsausstellung – gezielte Angebote und Präsentationsvorschläge für ihr Blumengeschäft. Das Angebotsfax wird auf PC erstellt. Den Erfolg dieser Aktion beschreibt Hermann Sumser, einer der beiden Geschäftsführer, wie folgt: »Ihre Anregungen für unsere Faxaktion haben verblüffende Folgen. Wir werden wohl eine zweite Telefaxleitung anschaffen, damit sich die ersten eingehenden Bestellungen nicht mit den letzten Versendungen überschneiden. Denn wir wollen unseren Kunden kein Besetztzeichen bei unserer Faxnummer zumuten. Vor einigen Wochen hätten wir dies in unserer Branche nicht für möglich gehalten. Und wieder einmal führt ein solches Beispiel einem die Betriebsblindheit vor Augen, in die man doch nur allzu schnell und allzu leicht immer wieder verfällt.«

Die neuen Medien als Dialoginstrumente

Sie sind in aller Munde – die neuen Medien, also die Datenautobahnen *T-online, Internet, Compuserve* usw. Viele Experten sagen auch ihnen eine große Zukunft voraus. Der Grund hierfür: Die neuen Medien sind von ihrer Anlage her geeignet, den Handel, die Kommunikation zwischen Unternehmen und (potentiellen) Kunden, von Grund auf zu revolutionieren. Viele Restriktionen, viele Schranken im Wirtschaftsleben können fallen.

An erster Stelle sind hier die zeitlichen Restriktionen zu nennen: die neuen Medien sind 24 Stunden am Tag, 365 Tage im Jahr im Einsatz. Der (potentielle) Kunde kann nach seinen individuellen Bedürfnissen entscheiden, wann er welche Angebote in Anspruch nimmt. Dies hat schon heute dazu geführt, daß für bestehende Branchen und Märkte ganz neue Vertriebswege entstanden sind. Über *T-online* wurden zum Beispiel 1996 zwei Millionen Girokonten bei 1.200 Banken verwaltet.[58] Unabhängig von den banküblichen Öffnungszeiten kann der (potentielle) Kunde selbst entscheiden, wann er seine Überweisung durchführen, sein Geld anlegen oder nur seinen aktuellen Kontostand abrufen möchte. Zudem beginnen die Direktbanken auch das *Internet* zu nutzen. Die Kunden der *Bonner Direktbank* können z.B. seit 1996 weite Teile ihres Zahlungsverkehrs und die Kontoführung kostenlos über das *World Wide Web* abwickeln. Einige (selbsternannte) Experten glauben sogar, daß die Datenautobahnen als größte Shopping-Center der Welt den Handel revolutionieren werden. Sicher ist es richtig, daß der (potentielle) Kunde heute über *T-online in *my world#* durch eine virtuelle Einkaufsstadt bummeln kann, mit **Quelle#* bestellen kann, wenn er will, in **Kidt#* vom Teddy bis zum *Gameboy* alles für das Kind findet und in **Sony#* aktuell über Produktneuheiten, Trends und News natürlich mit Online-Bestellservice – informiert wird. Doch bringen die ersten Untersuchungen über das Einkaufsverhalten der Surfer im Datennetz eine gewisse Ernüchterung: Die University of Michigan hat in einer repräsentativen Umfrage von 3.631 *Internet*-Benutzern z.B. festgestellt, daß nur 19 Prozent aller Männer im *Internet* Software einkaufen.[59] Dies ist der absolute Spitzenwert über alle Märkte und Branchen hinweg. Aber nur 2 Prozent der Männer und Frauen, die im *Internet* surfen, haben hier schon einmal Kleidung eingekauft, und nur 8 Prozent haben sich über Kleidung informiert. Überhaupt brachte diese Untersuchung noch etwas wichtiges zutage: Das *Internet* dient seinen Benutzern in der Hauptsache als Informationsquelle, für beabsichtigte Einkäufe: Das Verhältnis von Information zu Einkauf liegt im besten Falle bei Software bei 3 zu 1, d.h. drei Benutzer informieren sich im *Internet*, einer kauft hierüber auch ausgesuchte Software ein. Im schlechtesten Falle, bei Konzert- und Theaterkarten liegt das Verhältnis bei 7 zu 1.

Das Homeshopping über die Datenautobahnen führt zu einem nächsten ganz entscheidenden Vorteil der Datenautobahnen: jeder Ort der Welt ist von jedem Ort der Welt erreichbar. Der (potentielle) Kunde muß nicht mehr physisch zum Unternehmen gehen – er kauft, bestellt am PC oder am Fernsehen. Das Angebot des Unternehmens bleibt nicht mehr auf die angestammte Region begrenzt. Auf einmal kann das Unternehmen mit seinem Angebot Millionen (potentieller) Kunden erreichen und bedienen. Der Winzer aus Eichstetten kann seine erlesenen Weine weltweit bis nach Sydney vertreiben, der Buxtehuder Gebrauchtwagenhändler seine Fahrzeuge deutschlandweit anbieten, oder das tapfere Schneiderlein aus Frammersbach kommt mit seinen Maßanzügen durchs *Internet*. Ein Beispiel dafür ist *Matthias Aull*: Zunächst brach der gelernte Schneider und Bekleidungstechniker mit der Tradition den (potentiellen) Kunden in seinem Betrieb zu empfangen, indem er 1992 damit begann, Manager und Geschäftsführer per Mailing seine Maß-Schneiderei ohne Zeitverlust zuhause oder im Büro des (potentiellen) Kunden anzubieten. Der Direktvertrieb *Matthias Aull* wurde geboren. »Der Tenor war, wir haben gezielt die Leute angeschrieben, daß sie sich viel Streß sparen können, wenn der Schneider ins Haus kommt, der Kunde braucht nicht einmal mehr vor die Tür seines Büros hinausgehen.«[60]

Als die *Telekom* dann zum Einstiegspreis von DM 500.- im halben Jahr den Online-Anschluß anbot, griff Aull zu: »Allein in den ersten zwei Monaten habe ich darüber sechs Aufträge erhalten, alle liefen mindestens über zwei Anzüge.«[61] 1996 erhielt er täglich zwei bis drei Anfragen bezüglich seiner Dienstleistung. Seit 1996 ist er außerdem im *Internet* vertreten: Auf über 40 Seiten erfährt der (potentielle) Kunde alles über die Vorgehensweise von *Aull*, sein Leistungsprogramm, und er kann einen Blick direkt in die *Aull*sche Werkstatt werfen.

Das Beispiel *Aull* zeigt, daß mit den Datenautobahnen auch vertriebliche Schranken überwunden werden können: Hersteller können ohne Umwege, unter Umgehung der bisherigen Vertriebsstufen direkt zu ihren (potentiellen) Kunden vordringen. Außerdem fallen die räumlichen Schranken: das Unternehmen braucht nicht neu zu bauen, wenn es seinen Showroom, seine Ausstellungshalle vergrößern möchte, sondern kann sein neues Angebot auf einer Hausmesse per Datenautobahn präsentieren. Die angebotene Ware muß dann nicht mehr physisch ausgestellt werden. Ganze Messen können über die Datenautobahnen abgewickelt werden: Seit März 1996 bietet die Münchener *Netfair GmbH* eine virtuelle Messe für den Bereich der Elektronikfertigung im *Internet* an. 120 Aussteller aus dem Medizin- und Labortechnikbereich sind auf einer virtuellen Medizinmesse ebenfalls im *Internet* vertreten.[62]

Ein weiterer ganz entscheidender Vorteil der Datenautobahnen liegt darin, daß das Verhalten der (potentiellen) Kunden transparent gemacht werden kann. Jeder Mausklick kann automatisch in einer Datenbank gespeichert werden und, was ganz entscheidend ist, der Dialog über die neuen Medien ermöglicht den Unternehmen eine direkte Verbindung zu seinen (potentiellen) Kunden. Hier heraus ergeben sich dann ganz unterschiedliche Nutzungsmöglichkeiten der Datenautobahnen für die Unternehmen: Die Automobilhersteller laden zur Besichtigung der neuesten Modelle ein und bieten dann gleich die Möglichkeit, Kataloge oder eine Probefahrt anzufordern. *Focus* bietet – wie im Heft – mit zahlreichen Bildern und Graphiken Lebenshilfe. Der Teppichbodenhersteller *Pegulan* die Möglichkeit einer interaktiven Produktauswahl. *Travel Overland*, Deutschlands ältestes Spezial-Reisebüro für Individualreisende, macht es dem Surfer schnell und einfach Preise zu vergleichen, Flüge online zu reservieren oder zu buchen und bietet dabei den Zugriff auf über 500.000 Flüge. Für die Einführung des neuen Modells *ES 300* hat *Toyota* in den USA einen Monat vor der Produktpremiere E-Mails an die registrierten *Lexus*fahrer geschickt. Wer einen gebrauchten Bagger sucht, begibt sich ins *Industry.net* und wer auf der Suche nach Möglichkeiten der Abfallwiederverwertung ist, besucht das *Global Recycling Network.*

Die Welt wird auf einmal ganz klein, Buxtehude liegt direkt neben Manhattan, Saarbrücken am Amazonas. Die Möglichkeiten, die die Datenautobahnen den Unternehmen geben, sind fast unbegrenzt. Sie alle in diesem Buch zu diskutieren würde den Rahmen bei weitem sprengen. Sie reichen von der Werbung über sogenannte Home-Pages, interaktive Bestellsysteme, Kundenservices – die *Deutsche Bank* gibt z.B. individuelle Anlagetips –, Beschwerde-Center oder Schwarze Bretter bis hin zur Erforschung der individuellen Bedürfnisse der (potentiellen) Kunden, so wie bei *Langnese,* die ihre (potentiellen) Kunden weltweit nach deren Geschmack fragt. Und trotzdem muß auch vor diesen unbegrenzten Möglichkeiten gewarnt werden. Das Dialoginstrument »Neue Medien« muß nämlich zum einen zum Unternehmen passen, zum anderen den (potentiellen) Kunden auch wirklich erreichen. Dabei muß berücksichtigt werden, daß es heute für die meisten (potentiellen) Kunden immer noch einfacher ist, mit anderen Instrumenten einen Dialog mit dem Unternehmen zu führen, als eben mit den Neuen Medien. Eine Telefonnummer ist schneller gewählt, ein Fax ist einfacher versandt, eine Responsekarte ist in der Regel für den Otto-Normalverbraucher schneller ausgefüllt und auf den Weg gebracht, als eine solche Bestellung per Datenautobahn aufgegeben. Um von seinem Computer eine Bestellung per *T-online* aufzugeben, muß dieser gegebenenfalls erst eingeschaltet, *T-online* angewählt, die Empfängeradresse eingeben werden usw. Die Kommunikation über diesen Weg ist für viele Menschen zu mühsam und zu umständlich. Die Neuen Medien sollten daher von den Unternehmen nur entsprechend der individuellen Situation ihrer Segmente eingesetzt oder als Ergänzung zu den anderen Dialoginstrumenten verstanden werden. Die *Allianz* Versicherung etwa bietet ihren (potentiellen) Kunden, die sich für eine in einer Anzeige beworbene individuelle Problemlösung interessieren, an, weitere Informationen über eine Servicetelefonnummer oder aber per *T-Online* unter der Seite *Allianz # abzurufen.

Mit Sicherheit gibt es Segmente und Branchen, in denen die neuen Medien heute schon das geeignetste Dialoginstrument überhaupt sind. Wenn der (potentielle) Kunde zum Beispiel mit dem Surfen auf den

Datenautobahnen vertraut ist und er tagtäglich darauf fährt, sollte das Unternehmen den Dialog mit seinem (potentiellen) Kunden auch auf diesem Wege führen. Dies dürfte heutzutage insbesondere für Unternehmen gelten, die entweder Problemlösungen aus dem Bereich EDV vertreiben oder aber insbesondere vom Alter her jüngere Segmente bedienen. Über das Beispiel der *Süddeutschen Zeitung*, die ihren jungen Lesern die Möglichkeit des Dialoges über PC und Modem bietet, haben wir schon berichtet.[63] Zudem dürften die Datenautobahnen das geeignete Kommunikationsinstrument im Business-to-business sein. Allerdings gibt es auch zahlreiche Segmente, die mit den Neuen Medien nicht erreicht werden können, wie eine Stern-Studie 1996 ans Tageslicht brachte:[64] Zwar ist bis Ende 1997 durchaus mit einer Zahl von immerhin acht Millionen Onlinern in Deutschland zu rechnen, allerdings ist dies noch eine Minderheit gegenüber den 29 Millionen Deutschen zwischen 14 und 64 Jahren, die sich zu den an Online Desinteressierten zählen.

Die neuen Medien, insbesondere das *Internet,* können aber auch als Kundenservices der entscheidende Faktor sein, der hilft ein Produkt in eine individuelle Problemlösung zu verwandeln. Das 121. Restaurant der *Kochlöffel* GmbH in Rheine zum Beispiel bietet seinen (potentiellen) Kunden Terminals zum *Internet*-Surfen an. Der Hintergrund: »Nicht jeder hat heute bereits zu Hause einen Computer mit *Internet*-Anschluß, aber jeder möchte es kennenlernen und sucht nach Gelegenheiten, das Internet zu nutzen.«[65] Mitten im Restaurant stehen den Gästen drei *Internet*-Terminals zur Verfügung. Für DM 5,– können sie eine halbe Stunde lang durch die Welt surfen. Anfängern werden die wichtigsten Grundbegriffe beigebracht. Bereits wenige Wochen nach Eröffnung war die Resonanz so groß, daß weitere *Kochlöffel* mit *Internet*-Terminals angekündigt wurden.

Fazit: Die neuen Medien sind dann als Dialoginstrumente geeignet, wenn der (potentielle) Kunde mit ihrem Umgang vertraut ist, oder aber er sich hierüber einen Mehrwert verschaffen kann.

Messen, Ausstellungen und Events – die Zwitter

Messen, Ausstellungen und Events nehmen wie schon dargestellt eine Sonderstellung ein: Sie können sowohl den Charakter eindimensionaler als aber auch interaktiver Dialoginstrumente haben. Genau betrachtet sind sie sogar keine Dialoginstrumente an sich, sondern Hebel, um die Wirksamkeit verschiedener Dialoginstrumente zu erhöhen. Auf Messen braucht der Verkäufer nicht zum (potentiellen) Kunden zu gehen, dieser schlendert am Stand vorbei. Gleichzeitig ist der Besuch einer Messe oder die Durchführung eines Events ein idealer Anknüpfungspunkt für das Unternehmen, den Dialog mit den (potentiellen) Kunden fortzuführen. Insofern dienen die folgenden Ausführungen auch dazu, einmal mehrere zusammenhängende Aspekte eines unternehmensspezifischen Konzepts »Individuelles Partnerschaftsmarketing« zu illustrieren.

Auch was die Messen betrifft sind die Goldgräberzeiten der 50er und 60er Jahre längst vorbei. Genügte es früher, sein Angebot auf den verschiedensten Fach- oder Verbrauchermessen zu präsentieren, um seine Produkte verteilen zu können, so müssen Messen heute professionell vorbereitet und geplant werden. Die Zielsetzung solcher Veranstaltungen leitet sich aus der Gesamtzielsetzung des Individuellen Partnerschaftsmarketing ab. Wir wollen hierauf, wie auf die Organisation solcher Veranstaltungen nicht weiter eingehen. Entscheidend für den Erfolg von Messen und Events ist eine segmentspezifische Ansprache. Da der (potentielle) Kunde heute nicht mehr einfach so hereinschaut, beginnt dies schon bei der Einladung. Hier ist immer ein mehrstufiges Vorgehen sinnvoll: Zunächst wird z.B. über ein Mailing das angepeilte Segment eingeladen. Selbstverständlich mit Responseelement. Hiermit kann der (potentielle) Kunde z.B. einen festen oder ungefähren Termin vereinbaren, die kostenlose Eintrittskarte oder Parkplatzreservierung bestellen oder aber Vorab-Informationen anfordern. Den Nichtreagierern wird dann ca. zwei Wochen nach Versand des Mailings ein Fax zugestellt. Zuletzt werden die wichtigsten (potentiellen) Kunden, die jetzt immer noch nicht reagiert haben, telefonisch kontaktiert und zur Messe eingeladen. Alleine durch diese Aktivitäten kann das Unternehmen schon viele wichtige Informationen für seine Datenbank erhalten.

Um den Messebesuch zu forcieren kann der richtige Einsatz von kleinen Geschenken von Vorteil sein. Sie wissen ja, Geschenke erhalten die Freundschaft. Unter dem Motto »Schnell und leicht montiert« verschickte ein Hersteller von Zäunen und Toranlagen z.B. ein Mailing auf dem ein Schraubendreher-Bit befestigt war. Beim Besuch des Messestandes erhielt der eingeladene dann »den kleinsten Werkzeugkasten der Welt im exklusiven Design.«[66] Der Bielefelder Reinigungsspezialist *Kränzle GmbH,* wiederum hat 1996 die Einladung zu seinem Event »Der große Preis« von den Vertretern persönlich überbringen lassen. Zielsetzung dieses Events war es, die Positionierung der Marke beim Absatzmittler zu verstärken und insbesondere deren Ausbildung zu verbessern. Der Hintergrund: Entscheidenden Erfolg am Absatz von Reinigungsgeräten haben aufgrund ihrer Beratungs- und Empfehlungskompetenz der Absatzmittler, der Händler und seine Verkäufer vor Ort. Die verschiedenen Hersteller versuchen hier durch Schulungen ihre Absatzchancen zu verbessern. Die verschiedenen Schulungen unterscheiden sich im wesentlichen nur durch den Hersteller. Um sich in diesem Umfeld eindeutig zu differenzieren hat die *Kränzle GmbH* 200 Händler und Verkäufer zu einem zweitägigen Event auf den Nürburgring eingeladen. Die Veranstaltung wurde bewußt am Wochenende durchgeführt, damit so die Teilnehmer keine Verkaufszeit opfern mußten. Um gleichzeitig die Motivation für die Teilnahme an einem Wochenende zu erhöhen, wurden für die Sieger verschiedener Wettbewerbe ein Lauf in original Formel-3 *Renault*-Rennwagen sowie ein Sicherheitsfahrtraining ausgelost. Zwei Tage lang wurden die Teilnehmer in Wettbewerben geschult. In Kehrmaschinen-Rennen, Zielschießen mit Hochdruckreinigern und Sandstrahlern lernten sie die besonderen Nutzenmöglichkeiten und Funktionen der *Kränzle* Problemlösungen kennen. Drei Monate nach der Veranstaltung erhielten die Teilnehmer ein Video des Großen Preises, um das Erlebte noch einmal zu verstärken.

Dieses Beispiel beschreibt gleichzeitig einige Faktoren, die während der jeweiligen Veranstaltung, sei es einer Messe, einer Ausstellung oder eines Events, von Bedeutung sind: Statt den (potentiellen) Kunden nur zu begrüßen, gilt es ihn und seine individuellen Bedürfnisse näher kennenzulernen. Statt Produkte zu demonstrieren, sollte der (potentielle) Kunde die Problemlösungen emotional erleben.

Leider wird der Erfolg von Messen heutzutage noch von viel zu vielen Unternehmen am Direktumsatz gemessen. Dabei bieten Messen, Ausstellungen und auch Events den Unternehmen die ideale Plattform überhaupt, um einen Dialog mit dem (potentiellen) Kunden zu beginnen oder fortzuführen. Will ein Unternehmen wirklich sicher gehen, daß der (potentielle) Kunde es nie vergißt, dann werden Kataloge nicht auf solchen Veranstaltungen verteilt, sondern gezielt versandt. Das versprochene Angebot erfolgt nicht irgendwann nach der Messe, sondern innerhalb von 24 Stunden. Nach einer Messe erhalten die Besucher ein kleines Dankeschön, z.B. einen Situationsbericht der Branche, der am letzten Messetag von der Messegesellschaft in der Regel jedem Messeaussteller zur Verfügung gestellt wird. Natürlich wird auch mit den Nicht-Messebesucher der Dialog weitergeführt. Schließlich gilt es zumindest, die Gründe für ihren Nicht-Besuch festzustellen, um die Ursachen hierfür in Zukunft zu vermeiden.

Fazit: Messen, Ausstellungen und Events sind die geeignetsten Dialoginstrumente überhaupt, um zahlreiche neue Informationen über den (potentiellen) Kunden zu gewinnen und den einmal begonnenen Dialog fortzuführen.

10 Tips, wie Sie Ihre klassischen Werbeinstrumente zu Dialoginstrumenten wandeln können

1. Geben Sie Ihrem (potentiellen) Kunden immer die Möglichkeit, einen Dialog mit Ihrem Unternehmen zu führen
2. Bieten Sie Ihren (potentiellen) Kunden nach Möglichkeit mindestens zwei Wege an, den Dialog mit Ihnen aufzunehmen, z.B. per Fax und Brief
3. Fragen Sie sich bei der Gestaltung Ihrer Dialoginstrumente immer: »Würde ein guter Verkäufer genauso argumentieren?«
4. Interaktive Dialoginstrumente müssen immer personalisiert werden
5. Berücksichtigen Sie bei dem zeitlichen Einsatz Ihrer Dialoginstrumente Ferien, Feiertage, regionale Ereignisse, wie z.B. Fasching usw.
6. Erschlagen Sie Ihre (potentiellen) Kunden nicht mit zu viel In-

formationen. Treffen Sie mit Ihrer Botschaft lieber wie ein Laser die individuellen Bedürfnisse. Hier ist weniger eindeutig mehr

7. Gestalten Sie den Dialog mit Ihren (potentiellen) Kunden ergänzend zu Ihren Verkäufern und Kundenmanagern. Dies stellt sicher, daß der Dialog auch dann noch aufrecht erhalten werden kann, wenn ein Mitarbeiter Ihr Unternehmen verläßt
8. Überlegen Sie einmal, welche Problemlösungen Sie direkt an den Endverbraucher vertreiben könnten
9. Betrachten Sie Messen und Ausstellungen nicht nur als Verkaufs-/Präsentationsveranstaltungen, sondern sehen Sie hier auch deren Wert als Dialoginstrumente
10. Verpassen Sie den Zug der neuen Medien nicht. Setzen Sie diese aber nur ergänzend zu Ihren anderen Dialoginstrumenten ein.

8. Das Muß aller Instrumente des Individuellen Partnerschaftsmarketing: Die Dialogfähigkeit

Jedes einzelne Instrument muß dem (potentiellen) Kunden die Möglichkeit geben, mit dem Unternehmen einen Dialog aufzunehmen, und umgekehrt muß das Unternehmen jede Gelegenheit nutzen, um einen Dialog mit dem (potentiellen) Kunden zu führen und Informationen für seine Datenbank zu gewinnen. Selbst die Instrumente des Massenmarketing können dann im Individuellen Partnerschaftsmarketing zum Einsatz kommen, wenn Sie dem (potentiellen) Kunden durch ein Responseelement die Möglichkeit geben, sich aus der anonymen Masse zu enttarnen. Die weitaus wichtigeren Instrumente des Individuellen Partnerschaftsmarketing sind zweifelsohne diejenigen, die eine individuelle Ansprache des (potentiellen) Kunden erlauben, also insbesondere der Verkäufer, das Mailing, das Telefonmarketing, das Fax, die neuen Medien, die Messen, die Events und die Kundenservices, sowie Kundenkarten und Kundenclubs. Letztendlich bestimmt die Dialogfähigkeit des Unternehmens seine Kompetenz, eine Partnerschaft mit seinen (potentiellen) Kunden aufzubauen.

Eine ausführliche Behandlung jedes einzelnen Dialoginstrumentes ist an dieser Stelle nicht möglich. Dies würde den Rahmen dieses Buches bei weitem sprengen. Sie können jedoch die entsprechenden Fragen zu den einzelnen Dialoginstrumenten direkt bei mir bestellen. Die Adresse finden Sie im Vorwort und auf der letzten Seite, wo wir schon ein Bestellformular für Sie vorbereitet haben. Selbstverständlich ist dieser Service für Sie kostenlos.

1. Bieten Sie einen Garantieschein für Ihre Problemlösung an, der von Ihrem (potentiellen) Kunden ausgefüllt werden muß?	☐ Ja ☐ Nein Chance ___
2. Nutzen Sie Ihre Messe- und Ausstellungsaktivitäten konsequent, um Adressen Ihrer (potentiellen) Kunden zu gewinnen?	☐ Ja ☐ Nein Chance ___
3. Setzen Sie Gewinnspiele ein, um Ihre (potentiellen) Kunden aus der anonymen Masse herauszuführen?	☐ Ja ☐ Nein Chance ___
4. Haben Sie in Ihren klassischen Werbeinstrumenten ein Response-Element eingebaut?	☐ Ja ☐ Nein Chance ___
5. Maximieren Sie den Erfolg Ihrer Anzeigen- und Beilagenaktivitäten durch einen Auflagensplit?	☐ Ja ☐ Nein Chance ___
6. Steigern Sie den Erfolg Ihrer Werbemittel mit Hilfe der Methode der Gabelung?	☐ Ja ☐ Nein Chance ___
7. Wird der (potentielle) Kunde in Ihren eindimensionalen Dialoginstrumenten zu einer Reaktion aufgerufen bzw. wird ihm diese überhaupt ermöglicht?	☐ Ja ☐ Nein Chance ___
8. Nutzen Sie die Möglichkeit, über den Videotext Ihrem (potentiellen) Kunden den Dialog mit Ihrem Unternehmen, zu dem er aufgrund eines Fernsehspots angeregt wurde, so einfach wie möglich zu machen?	☐ Ja ☐ Nein Chance ___
9. Offerieren Sie einen After-Sales-Service?	☐ Ja ☐ Nein Chance ___

10. Verkaufen Sie auf Kreditbasis, so daß Sie Ihrem (potentiellen) Kunden regelmäßig Rechnungen ausstellen? ☐ Ja ☐ Nein Chance ____
11. Legen Sie Ihren Rechnungen weitere Informationen bei? ☐ Ja ☐ Nein Chance ____
12. Haben Sie eine Nachkauf- bzw. Nachlieferungsfrist für Ihre Problemlösung? Garantieren Sie diese dem einzelnen Kunden schriftlich? ☐ Ja ☐ Nein Chance ____
13. Nutzen Sie folgende Gelegenheiten, um mit Ihren (potentiellen) Kunden einen Dialog zu führen?
14. … Geburtstage ☐ Ja ☐ Nein Chance ____
15. … Festtage wie Ostern, Weihnachten, Tag der deutschen Einheit usw.? ☐ Ja ☐ Nein Chance ____
16. … Angebot des Monats oder Quartals? ☐ Ja ☐ Nein Chance ____
17. … Sommer/Winter … Schlußverkäufe? ☐ Ja ☐ Nein Chance ____
18. … Schlagzeilen, die mit Ihren (potentiellen) Kunden in Zusammenhang stehen? ☐ Ja ☐ Nein Chance ____
19. … Artikel, Informationen, die Ihren (potentiellen) Kunden interessieren könnten? ☐ Ja ☐ Nein Chance ____
20. … allgemeine Empfehlungen? ☐ Ja ☐ Nein Chance ____
21. … Referenzen bekannter Persönlichkeiten? ☐ Ja ☐ Nein Chance ____
22. … Besonderheiten rund um Ihr Angebot? ☐ Ja ☐ Nein Chance ____
23. … Jubiläen? ☐ Ja ☐ Nein Chance ____
24. Führen Sie in Ihrem Unternehmen folgende Veranstaltungen durch?
25. … eine Kundenakademie? ☐ Ja ☐ Nein Chance ____

26. … Trainings und Seminare? ☐ Ja ☐ Nein
Chance ___
27. … Tag der offenen Tür? ☐ Ja ☐ Nein
Chance ___
28. … Fabrikbesichtigung? ☐ Ja ☐ Nein
Chance ___
29. … allgemeine Abendveranstaltungen? ☐ Ja ☐ Nein
Chance ___
30. … Sport- oder Kulturevents? ☐ Ja ☐ Nein
Chance ___
31. Nutzen Sie folgende Möglichkeiten, um Ihr Angebot reizvoll zu gestalten?
32. … Kauf auf Probe? ☐ Ja ☐ Nein
Chance ___
33. … keine oder geringe Zinsen? ☐ Ja ☐ Nein
Chance ___
34. … besondere Zahlungsmodalitäten? ☐ Ja ☐ Nein
Chance ___
35. … Gastgeschenk bei Bestellung? ☐ Ja ☐ Nein
Chance ___
36. … zeitlich begrenztes Angebot? ☐ Ja ☐ Nein
Chance ___
37. … Kaufen Sie jetzt – Bezahlen Sie morgen? ☐ Ja ☐ Nein
Chance ___
38. … Preise steigen … begrenztes Angebot zum alten Preis? ☐ Ja ☐ Nein
Chance ___
39. … Empfehlungen? ☐ Ja ☐ Nein
Chance ___
40. … Referenzen bekannter und kompetenter Persönlichkeiten? ☐ Ja ☐ Nein
Chance ___
41. Orderstarter sind Impulskaufartikel mit attraktivem Preis-Leistungsverhältnis. Setzen Sie diese in Ihren Dialoginstrumenten ein? ☐ Ja ☐ Nein
Chance ___
42. Freundschaftsangebote sind in der Regel Non-Profit-Artikel. Ihr (potentieller) Kunde erkennt, daß diese Ware oder Dienstleistung am

Markt üblicherweise wesentlich teurer ist. Setzen Sie solche Freundschaftsangebote in Ihren Dialoginstrumenten ein? ☐ Ja ☐ Nein Chance ___

43. Die schriftlichen Dialoginstrumente sind nichts anderes als ein Verkaufsgespräch ohne einen Verkäufer. Wie in einem Gespräch zwischen dem (potentiellen) Kunden und einem Verkäufer gilt es möglichst viele kleine »Ja's« zu sammeln, um letztendlich das große »Ja« zum Auftrag oder zum Respons zu erhalten. Werden folgende Fragen in Ihren Dialoginstrumenten beantwortet?
44. … bin ich gemeint? ☐ Ja ☐ Nein Chance ___
45. … betrifft mich das Angebot? ☐ Ja ☐ Nein Chance ___
46. … was habe ich davon? ☐ Ja ☐ Nein Chance ___
47. … werden meine individuellen Bedürfnisse angesprochen? ☐ Ja ☐ Nein Chance ___
48. … warum soll gerade ich diese Problemlösung nutzen? ☐ Ja ☐ Nein Chance ___
49. … warum gerade jetzt? ☐ Ja ☐ Nein Chance ___
50. … welche Sicherheiten habe ich? ☐ Ja ☐ Nein Chance ___
51. … was kostet es mich? ☐ Ja ☐ Nein Chance ___
52. … wer beweist mir die Aussagen? ☐ Ja ☐ Nein Chance ___
53. … soll ich jetzt reagieren? ☐ Ja ☐ Nein Chance ___
54. … wie kann ich jetzt reagieren? ☐ Ja ☐ Nein Chance ___
55. … muß ich etwas bezahlen? Wann? Wie? ☐ Ja ☐ Nein Chance ___

56.	... wie schnell wird geliefert, erhalte ich eine Antwort?	☐ Ja ☐ Nein Chance ___
57.	Kleine Geschenke erhalten die Freundschaft. Setzen Sie in Ihrer Gewinnung (potentieller) Kunden bzw. zur Stärkung der Partnerschaft kleine Geschenke ein?	☐ Ja ☐ Nein Chance ___
58.	Liefern Sie dem Interessenten in Ihren Dialoginstrumenten irgendeinen für ihn vorteilhaften Grund, jetzt zu reagieren?	☐ Ja ☐ Nein Chance ___
59.	Machen Sie es Ihrem (potentiellen) Kunden so einfach wie möglich, den Dialog mit Ihrem Unternehmen zu führen?	☐ Ja ☐ Nein Chance ___
60.	Kann der (potentielle) Kunde in Ihren Werbeinstrumenten erkennen, daß Sie auch wirklich einen Dialog mit Ihm führen wollen?	☐ Ja ☐ Nein Chance ___
61.	Haben Sie besondere Instrumente zur Festigung der Partnerschaft?	☐ Ja ☐ Nein Chance ___
62.	Geben Sie eine monatliche Hauszeitschrift heraus, in der Sie über aktuelle Markttrends berichten und Ihren (potentiellen) Kunden nützliche Informationen bieten?	☐ Ja ☐ Nein Chance ___
63.	Gibt es in Ihren Bestellformularen und schriftlichen Kommunikationsinstrumenten einen Zusatz, mit dem der (potentielle) Kunde Ihnen die rechtlichen Voraussetzungen zum Einsatz des Telefonmarketings schafft?	☐ Ja ☐ Nein Chance ___
64.	Werden Ihre Angebote systematisch verfolgt und in der Datenbank festgehalten?	☐ Ja ☐ Nein Chance ___
65.	Nutzen Sie alle denkbaren Vertriebswege für Ihr Unternehmen?	☐ Ja ☐ Nein Chance ___
66.	Nutzen Sie jeden Dialog mit Ihren (potentiellen) Kunden auch als Frühwarnsystem?	☐ Ja ☐ Nein Chance ___
67.	Testen Sie Ihre Dialoginstrumente in der Regel?	☐ Ja ☐ Nein Chance ___
68.	Setzen Sie bereits Dialoginstrumente ein?	☐ Ja ☐ Nein Chance ___

69. Verbringen Ihre Außendienstmitarbeiter Ihre Zeit beim richtigen Kunden? ☐ Ja ☐ Nein Chance ____

70. Haben Sie bei Ihren (potentiellen) Kunden bestimmte Besuchsintervalle? ☐ Ja ☐ Nein Chance ____

71. Wie können Sie Ihre klassischen Werbeinstrumente dazu nutzen, um Ihre Datenbank aufzubauen? Chance ____

____

____

____

____

72. Wie könnten Sie in Ihre klassischen Werbeinstrumente ein Response-Element einbauen? Chance ____

____

____

____

____

73. Wie könnten Sie mittels eines Gewinnspiels neue Adressen (potentieller) Kunden gewinnen? Welche zusätzlichen Informationen könnten Sie hierbei noch erfragen? Chance ____

____

____

____

____

74. Wie können Sie (potentielle) Kunden innerhalb einer öffentlichen Datenbank, z.B. IHK, oder bei Adreßverlagen für sich identifizieren? Chance ____

____

____

____

____

75. Wo könnten Sie bei Ihrer Problemlösung, z.B. Auslieferung, Verpackung u.ä. ein Angebot plazieren, mit dem Sie Adressen (potentieller) Kunden gewinnen können? Chance ____

____

76. Welche Möglichkeiten haben Sie, mit eindimensionalen Dialoginstrumenten Ihr Segment ganz gezielt anzusprechen? Chance ____

77. Wie könnten Sie wichtige Segmente aus Ihrer Datenbank identifizieren und eine individuell aufgemachte Mitteilung monatlich an jedes Segment versenden? Chance ____

78. Welche Veranstaltungen, Events könnten Sie für Ihre (potentiellen) Kunden organisieren? Welche Informationen könnten Sie hierbei gewinnen? Chance ____

79. Wie könnten Sie einen Newsletterdienst für Ihre (potentiellen) Kunden einrichten, der komprimiert auf zwei bis vier Seiten, Tips und Wissenswertes vermittelt? Welche Informationen, Sonderangebote oder Sonderaktivitäten könnten Sie in einen solchen Newsletter aufnehmen? Chance ____

80. In den 80er Jahren hat Joe Girard mehr als doppelt so viele PKW und LKW in den USA verkauft wie der zweitbeste Verkäufer. Über sein Erfolgsgeheimnis sagt Girard: »Ich verschicke jeden Monat 13.000 Karten ... der Kunde ist noch nicht aus der Tür, ... da erhält er schon ein Dankschreiben.« Peters und Waterman stellen hierzu fest, daß Joes Kunden ihn nie vergessen; er läßt das gar nicht zu. Das ganze Jahr bekommen Sie allmonatlich Post von ihm ... Wenn der Kunde zur Inspektion kommt, dann kämpft er regelrecht dafür, daß er den besten denkbaren Service bekommt. Was werden Sie in Zukunft tun, damit Ihre (potentiellen) Kunden Sie nicht vergessen werden? Chance ____

____

____

____

____

81. Wie könnten Sie die Partnerschaft mit Ihren Kunden festigen? Chance ____

____

____

____

____

82. Wie könnten Sie einen Club der Vielkäufer einrichten, um die Partnerschaft mit Ihren Kunden weiter auszubauen und weitere Informationen über diese zu gewinnen? Chance ____

____

____

____

____

83. Über welche alternativen Dialoginstrumente könnten Sie Ihre einzelnen Segmente am besten erreichen? Chance ____

84. Wie könnten Sie aufgrund Ihres After-Sales-Services zusätzliche Informationen für Ihre Datenbank gewinnen? Chance ___

85. Falls Sie Zubehör, Software, oder ähnliches in Ihrem Programm haben, welche Möglichkeiten haben Sie, diese über welche Dialoginstrumente Ihren (potentiellen) Kunden anzubieten? Chance ___

86. Welche individuellen Bedürfnisse könnten Sie mit welchen Dienstleistungen und Services in welchem Ihrer Segmente ansprechen? Chance ___

87. Welche Möglichkeiten offerieren Sie Ihrem (potentiellen) Kunden, den Dialog mit Ihrem Unternehmen aufzunehmen – egal zu welcher Zeit? Chance ___

88. Wie könnten Sie Ihren (potentiellen) Kunden mit Ihren eindimensionalen Dialoginstrumenten motivieren, in einen Dialog mit Ihrem Unternehmen zu treten? Chance ___

____

____

____

____

89. Wie können Sie in Zukunft Ihren (potentiellen) Kunden die Bestellung der Ware oder Dienstleistung erleichtern? Chance ___

____

____

____

____

90. Mit welchen Mitteln z.B. Orderstarter, Freundschaftsangeboten usw. könnten Sie den Response Ihrer Dialoginstrumente erhöhen? Chance ___

____

____

____

____

91. Wie können Sie Ihren (potentiellen) Kunden sofort zu einer Reaktion veranlassen, und damit die Phase der emotionalen Instabilität nutzen? Chance ___

____

____

____

____

92. Aus welchen Gründen sollte Ihr (potentieller) Kunde den Dialog mit Ihnen aufnehmen? Chance ___

____

____

____

____

93. Welchen Maßstab wollen Sie in Zukunft benutzen, um den Erfolg Ihrer Dialoginstrumente zu messen? Begründen Sie dies bitte kurz. Chance ____

____

____

____

____

94. Über welche Vertriebswege wollen Sie in Zukunft welches Ihrer Segmente ansprechen? Chance ____

____

____

____

____

95. Wie können Sie die Tourenplanung Ihrer Außendienstmitarbeiter optimieren? Chance ____

____

____

____

____

96. Mit welchen Maßnahmen könnten Sie die aktive Verkaufszeit Ihrer Außendienstmitarbeiter erhöhen? Chance ____

____

____

____

____

97. Wie könnten Sie durch eine gesonderte Markenartikel-Linie, die Sie über andere Kanäle als die bisherigen vertreiben, neue Segmente für Ihr Unternehmen öffnen? Chance ____

____

____

____

____

Anmerkungen

1 siehe Kapitel »Weg vom Massenmarketing hin zum Individuellen Partnerschaftsmarketing«
2 o.V.; in: Handelsblatt; 21.11.1994; Nr.224; S.17
3 Unter DR-Radio wird hier analog zum DRTV, Direct Response Television, die Radiowerbung verstanden, die dem Hörer die Möglichkeit des Response gibt
4 vgl. Jäger, Jörg E.; Flurbereinigung mit Folgen; in: W & V; Nr.27/95; S.114ff.
5 vgl. o.V.; in: Direkt Marketing; Juni 1995; S.7
6 vgl. Lehmeier, Markus/Hauser, Thomas; Direct Response Radio. Dialogorientierte Zielgruppenansprache via Hörfunk; in: Direktmarketing; Nr.6/96; Juni 1996; S.18ff.
7 Modes, Jürgen; in: Direkt Marketing; Juni 1995; S.16
8 Müller, Franz; in: o.V.; Erfolgsstory mit Telefon; W & V Background; Nr.13/96; S.67
9 siehe Kapitel »Vom Massenmarketing hin zum Individuellen Partnerschaftsmarketing«
10 vgl. o.V.; Tageszeitung ist die wichtigste Infoquelle für Urlaubspläne; in: HORIZONT; Nr.45/95; 10.11.1995; S.10
11 vgl. o.V.; Mediadaten für Prospekte; in: W & V; Nr.46/96; S.14
12 o.V.; in: W & V; Nr.22/1995; S.6
13 ebenda
14 vgl. o.V.; Direktmailing steigt weiter; in: W & V; Nr.14/96; S.18
15 Vögele, Siegfried; Dialogmethode: Das Verkaufsgespräch per Brief und Antwortkarte; 1990; S.30
16 ebenda; S.23
17 Schimmel-Schloo, Martina; in: Jahrbuch Direktmarketing '93; S.14
18 vgl. o.V.; in: W & V; 10.03.1995; Nr.10/1995; S.16
19 vgl. Dallmer, Heinz; Handbuch Direct Marketing; 1991; S.355
20 vgl. Müller, Bernhard; Run auf Urlauber; in: W & V Plus; Nr.9/96; S.138
21 vgl. Tödtmann, Claudia/ Froitzheim, Ulf J.; in: WirtschaftsWoche; 7.10.1994; Nr.41; 48. Jahrgang; S.117
22 ebenda
23 vgl. Hegel, Axel; Das Fax als Responseelement; in einem Interview der Zeitschrift Direktmarketing vom April 1996; Nr.4/96; S.32
24 Häusel, Hans-Georg; in: impulse; Nr.03/1995; S.77
25 vgl. o.V.; in: absatzwirtschaft. Zeitschrift für Marketing; Nr.10/1994; S.10
26 vgl. o.V.; in: Handelsblatt; 5.04.1995; Nr.68; S.23
27 Becker, Annegret; in: impulse; Nr.03/1995; S.74
28 ebenda
29 ebenda; S.76
30 Conrad, Gala; in: Handelsblatt; 3./4.03.1995; Nr.9; S. K 2

31 Zeutschel, Ulrich/ Hintzpeter, Reimer/ Patzelt, Bernhard; in: Harvard Business manager; I. Quartal 1995; 17. Jahrgang; S. 71
32 ebenda
33 vgl. Scherer, Hans-Peter; in: WirtschaftsWoche; 11.03.1994; Nr. 11/1994; S. 72
34 vgl. Becker, Annegret; in: impulse; Nr. 03/1995; S. 72
35 vgl. Hassmann, Volker; in: Sales Profi; Nr. 05/1995; S. 7
36 Hassmann, Volker; in: Sales Profi; Nr. 03/1995; S. 14
37 Enzweiler, Tasso; in: Capital; Nr. 03/1995; S. 63
38 vgl. o. V.; in: Sales Profi; Nr. 02/1995; S. 8
39 Hassmann, Volker; in: Sales Profi; Nr. 03/1995; S. 13
40 vgl. Kapitel 7
41 Hassmann, Volker; in: Sales Profi; Nr. 03/1995; S. 18
42 Knüttel, Annette Barbara; in: Sales Profi; Nr. 03/1995; S. 33
43 vgl. Zapf, Klaus R.; in: Handelsblatt; 11.10.1994; Nr. 196; S. B 6
44 Knüttel, Annette Barbara; in: Sales Profi; Nr. 02/1995; S. 35
45 Knüttel, Annette Barbara/Kutzschenbach, Claus von; in: Sales Profi; Nr. 05/1995; S. 10
46 vgl. o. V.; in: absatzwirtschaft. Zeitschrift für Marketing; Nr. 11/1994; S. 11
47 vgl. Fleischer, Klaus; in: Handelsblatt; 22.11.1994; Nr. 225; S. 42
48 vgl. Eckstein, Eckhard; in: W & V; Nr. 1–2/1995; S. 138
49 BGH; Urteil vom 8. Juni 1989 – I ZR 178/87; GRUR 1989; S. 753
50 vgl. Müller, Bernhard; Wenn der Kunde zweimal klingelt; in: W & V; Nr. 27/95; S. 124
51 vgl. o. V.; in: absatzwirtschaft. Zeitschrift für Marketing; Nr. 8/96; S. 28
52 vgl. Berg, Stefanie; Call-Center stärkt die Qualitätssicherung. Eine Hotline; die mehr als nur ein Marketing-Instrument ist; in: Direkt Marketing; September 1996; S. 40
53 Munkelt, Irmtrud; in: absatzwirtschaft. Zeitschrift für Marketing; Nr. 07/1995; S. 35
54 ebenda
55 Sun, Eric; zit. in: o. V.; Die besten Ideen liefert den Firmen noch immer König Kunde; in: Saarbrücker Zeitung vom 17.12. 1996; S. 3
56 vgl. DirektMarketing; Nr. 4; April 1996; S. 26
57 vgl. Hirsch, Susanne; in: Manager Seminare; II. Quartal 1995; Heft 19; S. 87
58 vgl. o. V.; Online-Medien werden für Direktbanken zum zentralen strategischen Feld; in: HORIZONT; 29. November 1996; 48/96; S. 76
59 vgl. Forster, Thomas; Die Fische beißen noch nicht an; in: W & V Extra 44/96; S. 23
60 Aull, Lisa; zit. in: Sperling, Peter; Matthias Aull. Kundenbedürfnisse hautnah vermaßt; in: Sales Profi; Nr. 7/95; S. 53
61 Aull, Matthias; zit. bei: Janzen, Uta; Bei Anruf Maß; in: Shop; Nr. 01 Januar 1996; S. 17
62 HORIZONT; 29. November 1996; 48/96
63 s. Kapitel 4

64 vgl. Forster, Thomas; Die Fische beißen noch nicht an; in: W & V Extra; Nr. 44/96; S. 20 ff.
65 o. V.; Kochlöffel goes online; in: Acquisa; Nr. 9/96; S. 22
66 Lehmeier, Markus/Hauser, Thomas; Der Messeauftritt lebt nicht vom Stand allein; in: DirektMarketing; September 1996; S. 7

Kapitel 10: Individuelles Partnerschaftsmarketing – ein ganzheitliches unternehmensspezifisches Konzept

Was der Flügelschlag eines Schmetterlings in Brasilien bewirken kann

Wenn man den Erfolgsschlüssel der Maximalen Kundenorientierung mit einem Wort beschreiben möchte, so kann dieses nur Individualität heißen: Es ist der einzelne (potentielle) Kunde, der im Mittelpunkt der unternehmerischen Aktivitäten stehen muß. Es sind seine individuellen Bedürfnisse, die befriedigt werden wollen und die letztendlich in einer dauernden Einzelfallentscheidung über den Erfolg oder Mißerfolg des Unternehmens richten. Es sind die angebotenen individuellen Problemlösungen, die der (potentielle) Kunde bewertet, über die er richtet. Die individuelle Problemlösung selbst wird von dem einzelnen Kunden als die Gesamtheit der unternehmerischen Aktivitäten empfunden. Insofern kann und will Individuelles Partnerschaftsmarketing keine einfache ›Wenn-dann-Verknüpfung‹ aufzeigen. Eine solche kann es in einer Welt der Individualität mit unzähligen Möglichkeiten nicht geben. Jedes Unternehmen muß daher in Abhängigkeit von seinen individuellen Rahmenbedingungen sein eigenes Konzept des Individuellen Partnerschaftsmarketing erarbeiten. Ein allgemeingültiges Vorbild, eine logische Handlungsanweisung, würde dem Sinn und Zweck des Individuellen Partnerschaftsmarketing widersprechen. Jedes Unternehmen kann aber aus der Analyse der eigenen Fehler oder der Fehler anderer Unternehmen lernen, und es kann von den eigenen Erfolgen oder den Erfolgen anderer Unternehmen profitieren, indem es sie modelliert, das heißt auf die (unternehmens)spezifische Situation überträgt.

Individuelles Partnerschaftsmarketing ist kein Stückwerk, das sich aus verschiedenen selbständigen Instrumenten zusammensetzt, sondern ein integriertes unternehmensspezifisches Konzept der Marktbearbeitung, in dem alle eingesetzten Instrumente aufeinander abgestimmt sein müssen. Ein Dialoginstrument für sich kann einen Erfolg von 1 bewirken. Zwei Dialoginstrumente, aufeinander abgestimmt, werden einen Erfolg von 3 erzielen. Wir haben schon einige Gesamtmodelle in diesem Buch diskutiert: Beispiele hierfür waren der Saarbrücker Herrenausstatter *Möller*, das Hamburger Textilhaus *Ipuri*, die Mineralölgesellschaft *DEA*, die Zeitschrift *Focus*, der Finanzdienstleister *MLP* und einige mehr. Im folgenden wollen wir anhand mehrerer Beispiele aufzeigen, wie wichtig es ist, die einzelnen Dialoginstrumente aufeinander abzustimmen. Am Ende dieses Kapitels entwickeln wir dann ein Gesamtmodell »Individuelles Partnerschaftsmarketing« anhand des Beispiels *Porsche Carrera II.*

Maximale Kundenorientierung lebt nicht von Zufällen. Sie ist ein Konzept, mit dem das Unternehmen die Möglichkeit hat, seine Zukunft zusammen mit dem (potentiellen) Kunden aktiv zu gestalten. Meistens sind es jedoch die Kleinigkeiten oder auch Hilmar Koppers »Peanuts«, die den Gesamterfolg in Frage stellen können. Ein Beispiel: Hätten Sie gedacht, daß der Flügelschlag eines Schmetterlings in Brasilien einen Tornado in Texas zum Ausbruch bringen kann? Der amerikanische Meteorologe Edward Lorenz hatte mit einem Computermodell zur Überwachung des Wetters gearbeitet. Irgendwann hatte er keine Lust mehr, endlose Zahlenreihen mit etlichen Stellen hinter dem Komma einzutippen, und dachte, es würde keinen großen Unterschied machen, wenn er die Zahlenreihen auf ein paar Dezimalstellen aufrunden würde. Doch wie erstaunt war Lorenz, als er feststellen mußte, daß er durch diese scheinbar unbedeutende Arbeitserleichterung die Weltwettervorhersage völlig aus der Bahn brachte. Eine winzige Veränderung – hier im Computermodell vergleichbar dem Flügelschlag eines Schmetterlings in Brasilien – kann an der »richtigen« Stelle enorme Folgen haben[1] und sogar einen Orkan in Florida auslösen.

Jedes Unternehmen, das seine Kundenorientierung maximieren möchte, muß diese Details berücksichtigen. Ansonsten sind alle Anstrengungen vergebens gewesen. So wie im richtigen Leben oder aber beim Flug ..., Sie erinnern sich noch an das Beispiel der Fluggesellschaft, die eine Sicherheitsgarantie von 90 Prozent gibt – genauso wichtig ist es, bei der Planung und Durchführung des unternehmensspezifischen Gesamtkonzepts »Individuelles Partnerschaftsmarketing« auf bestimmte Details zu achten. Um sich jedoch nicht in den Details zu verlieren, genügt es, wenn die Mitarbeiter des Unternehmens sich immer wieder fragen, ob das, was sie denken, planen und tun, dem entspricht, was der (potentielle) Kunde erwartet.

Just in time oder zu spät ist so gut wie gar nicht

Die Zeit wird in Zukunft mehr denn je zum Engpaßfaktor, im Business-to-business-Geschäft genauso wie im Endverbrauchermarkt. Diesen Mangel müssen die Unternehmen in Zukunft erkennen und ihn als Chance nutzen. Das bedeutet aber auch, daß die Zeit eine wichtige Rolle in einem unternehmensspezifischen Gesamtkonzept »Individuelles Partnerschaftsmarketing« spielen muß. Wie die Unternehmen heute mit der Zeit ihrer (potentiellen) Kunden umgehen, erleben wir tagtäglich: Einer unserer Kunden hatte uns gebeten, eine Anzeigenserie für ihn zu schalten. Da dies normalerweise nicht zu unserem Kerngeschäft gehört, bestellten wir zunächst einmal die Mediadaten und Anzeigenpreislisten von nach unserer Meinung geeigneten Anzeigenträgern. Die wichtigsten Zeitungen und Zeitschriften wurden also angeschrieben. Von 64 Anfragen erreichten uns 30 innerhalb von vier Arbeitstagen, weitere 20 innerhalb der nächsten 14 Tage und zwei nach fünf Wochen. Sie können sich vorstellen, daß nur 30 Alternativen für uns zur Debatte standen. Nachdem aufgrund der Mediadaten und des 1.000er Kontaktpreises zehn Zeitschriften in die engere Auswahl genommen wurden, wurde der Entwurf der Anzeige den ausgewählten Medien per Fax, mit der Bitte, ein genaues Angebot abzugeben, zugesandt. Noch am gleichen Tag konnte bei zwei Zeitschriften ein Auftrag vergeben werden. Noch drei Monate nach unserer Anfrage, erreichten uns Erstanrufe von Anzeigenverkäufern der angeschriebenen Zeitungen und Zeitschriften, die nachfragten, ob wir die Unterlagen denn erhalten hätten.

Immer wieder kommt es uns als (potentiellen) Kunden vor, nur zu stören, den ganz normalen, routinemäßigen Ablauf in einem Unternehmen zu behindern. Dabei wird von den Unternehmen eines der wichtigsten individuellen Bedürfnisse überhaupt, nämlich die Zeit, oder besser die fehlende Zeit, vernachlässigt. Zeit kann heute für viele Unternehmen und Menschen ein Wettbewerbsvorsprung sein. »Just in Time« hat die Diskussion um Lean-Organisation und Lean-Production hervorgebracht. Da erwarten die großen Industrieunternehmen von Ihren Lieferanten, daß sie sich so reorganisieren, daß sie nicht auf Lager produzieren, sondern eben so, wie der Kunde es wünscht. Aber welche Bedeutung messen diese Unternehmen dem Faktor »Zeit« bei Ihren eigenen (potentiellen) Kunden zu?

Es ist erschreckend, wie leichtsinnig selbst Profis aus der Direktmarketingbranche mit Ihren (potentiellen) Kunden umgehen. Das folgende Beispiel ist leider keine kleine Geschichte, sondern erlebter Kundenalltag bei einem der größeren Adreßbroker in Deutschland, der sich gleichzeitig auch noch rühmt, eine Mailingkampagne von der Kreation bis zur Auswertung komplett betreuen zu können.

> Der Anrufer: »Mein Name ist ... von der Firma Adreßbroker, Sie hatten um Rückruf gebeten.«
> Der Kunde überlegte eine Weile: »Das ist aber schon lange her.«
> Die Dame: »Ja? Ich habe hier nur einen Zettel liegen, daß sie auf unseren Anrufbeantworter gesprochen haben.«
> Der Kunde wieder: »Das ist aber schon sehr lange her.«
> Die Dame: »Dann hat sich das wohl erledigt. Auf Wiederhören.«

Was war passiert? Der (potentielle) Kunde wollte am 20. Februar 1995 um 15.00 Uhr Adressen bei dem Adreßverlag bestellen. Er, der (potentielle) Kunde, wollte also Geld ausgeben. Ein Anrufbeantworter meldete sich bei dem Unternehmen, es war Rosenmontag, und bekanntlich gehört Nord-Baden, wo das Unternehmen ansässig ist, zu den Hochburgen des Faschings. Der Kunde hat daher Verständnis gezeigt und um Rückruf gebeten. Und eben dieser Rückruf wurde gerade beschrieben. Übrigens: der Tag des Rückrufs war der 20. April 1995, also genau zwei Monate nach dem interessanten Gespräch mit dem Anrufbeantworter. Glauben Sie, daß der (potentielle) Kunde noch einmal bei diesem Adreßverlag ein Geschäft tätigen wird?

Im Zusammenhang mit der Frage, inwieweit die einzelnen Dialoginstrumente aufeinander abgestimmt sind, haben wir einen kleinen Test gemacht, der auch eine Aussage darüber zuläßt, wie die deutschen Unternehmen mit der Zeit ihrer (potentiellen) Kunden umgehen. Von 25 Bestellungen, die wir aufgrund einer telefonischen Responsemöglichkeit in verschiedenen Anzeigen aufgegeben haben, haben uns vier Zusendungen innerhalb von zwei Wochen erreicht.

Da werden Hunderttausende von Deutschen Mark für Kataloge, Mailings usw. zur Gewinnung (potentieller) Kunden ausgegeben, und diese haben keine Möglichkeit, ihr Geld auszugeben. Dieses Beispiel zeigt zwei wichtige Aspekte im Individuellen Partnerschaftsmarketing: Jedes Gesamtkonzept ist nur so gut, wie das schwächste Glied in seiner Kette. Und natürlich wieder der Aspekt des Engpaßfaktors »Zeit«. Ein (potentieller) Kunde wartet nicht, bis ein Unternehmen sich bemüßigt fühlt, sich seiner anzunehmen. Ein (potentieller) Kunde entscheidet und handelt, und dies anscheinend schneller, als einige Unternehmen überhaupt registrieren, daß sie von ihm leben – vom (potentiellen) Kunden.

Die Zeit spielt aber noch eine andere wichtige Rolle. Wenn es einem Unternehmen erst einmal gelungen ist, einen (potentiellen) Kunden für die angebotene individuelle Problemlösung zu interessieren, dann deshalb, weil der (potentielle) Kunde in eine Phase der emotionalen Instabilität »verfallen« ist. Das heißt der (potentielle) Kunde hat zumeist aufgrund eines Anstoßes von außen, z.B. aufgrund einer Anzeige oder eines Mailings, sein individuelles Bedürfnis wahrgenommen und die angebotene Leistung als mögliche individuelle Problemlösung erkannt. Doch wie lange hält eine solche Phase der emotionalen Instabilität an? Ewig, einen Tag, zwei Tage, eine Woche, zwei Wochen, einen Monat ... Dies ist von Markt zu Markt, von Mensch zu Mensch, von Situation zu Situation verschieden. Wie oft haben Sie sich schon einmal vorgenommen, etwas bestimmtes zu tun oder zu kaufen und haben dann, als Sie irgendwann einmal die Gelegenheit dazu hatten, es doch nicht mehr getan, doch nicht mehr gekauft. Die Pein, es nicht zu tun, war auf einmal kleiner und damit unbedeutender als die Freude, es doch zu tun. Sie haben die Phase der emotionalen Instabilität verlassen. Und genau aus diesem Grunde ist es wichtig, daß das Unternehmen schnellstmöglich – just in time – den Dialog mit dem (potentiellen) Kunden führt und seine Erwartungen befriedigt.

Fazit: Zeit ist heute ein knappes Gut. Die effiziente Nutzung dieses knappen Zeitbudgets zählt daher zu einem weit verbreiteten individuellen Bedürfnis, das durch die vom Unternehmen angebotene Problemlösung befriedigt werden muß. Maximale Kundenorientierung bedeutet daher: Bedürfnisbefriedigung just-in-time.

Wie manche Unternehmen den Dialog mit ihrem (potentiellen) Kunden führen ...

Viele Unternehmen nutzen ihre Dialoginstrumente, um die eigene Leistungsfähigkeit zu präsentieren. Da werden in der Kundenzeitschrift eines großen Automobilherstellers die eigenen Anstrengungen bei der Verwirklichung von Lean-Organisation-Maßnahmen beschrieben, ohne daß der (potentielle) Kunde erfährt, was ihm das bringen könnte, in Broschüren wird die Unternehmensgeschichte dargestellt und in Mailings auf das eigene fünfzehnjährige Jubiläum hingewiesen, ohne daß hiermit irgendein Vorteil für den Partner verbunden ist.

Der eigentliche Zweck der Dialoginstrumente wird in vielen Fällen verfremdet. Die individuellen Bedürfnisse des (potentiellen) Kunden werden in den Hintergrund gedrängt. Dabei brauchten die Unternehmen sich doch nur an der Vorgehensweise eines guten Verkäufers zu orientieren. Er arbeitet auf der Basis der alt bekannten Verdi-Formel *AIDA*: Attention – Interest – Desire – Action. Das heißt, daß ein guter Verkäufer zunächst eine gute Atmosphäre schafft und die Aufmerksamkeit seines (potentiellen) Kunden weckt. Er stellt bei seiner Angebotspräsentation nicht die Produkteigenschaften in den Vordergrund, sondern nennt maximal drei anwenderbezogene Problemlösungen, die die individuellen Bedürfnisse und Erwartungen des (potentiellen) Kunden befriedigen. Die Präsentation ist ausschließlich auf den (potentiellen) Kunden ausgerichtet. Sie enthält keine Allgemeinplätze, sondern trifft voll auf das Gegenüber. Selbstverständlich hat die AIDA-Formel, wenn auch in leicht abgewandelter Form, bei allen Dialoginstrumenten des Individuellen Partnerschaftsmarketing ihre Gültigkeit. Sie soll hier aber exemplarisch anhand der Situation der Angebotserstellung dargestellt werden. Hierbei geht es weniger um die Frage nach der Kreation und auch nicht um den Text. Vielmehr geht es auch hier nur darum, eine Minimalanforderung zu beschreiben, wie die dargebrachten Informationen aussehen sollten, was sie beinhalten sollten, um ihre Aufgabe, einen Dialog mit dem (potentiellen) Kunden zu führen, erfüllen zu können. Der erste Maßstab ist natürlich klar: Sie müssen sich an den Erwartungen des (potentiellen) Kunden orientieren – sie müssen Aufmerksamkeit und Interesse verursachen. Doch zunächst wieder ein konkretes Beispiel, wieder aus der oben schon genannten Anzeigen-

Autoport
Oettinger & Wilde GmbH

Autoport Oettinger & Wilde GmbH · Hegholt 61 · 22179 Hamburg

Herrn
Christian Gündling
Im Steil 6 A

58089 Hagen

SEAT-VERTRAGSHÄNDLER
REPARATURWERKSTATT FÜR PORSCHE
PORSCHE-GEBRAUCHTWAGEN
KUNDENDIENST · ERSATZTEILE · ZUBEHÖR
Hegholt 61 · 22179 Hamburg (Bramfeld)
Telefon (040) 641 60 89 Telefax (040) 641 84 29

Hamburg, den 06.06.95

Sehr geehrter Herr Gündling,

seit nunmehr **15 Jahren** leite ich unsere

Reparaturwerkstatt für Porsche.

Für das bisher entgegengebrachte Vertrauen bedanke ich mich sehr herzlich.

Aus gegebenem Anlaß möchte ich Sie heute darüber informieren, daß Sie uns unter der

Telefon-Nr.: (040) 641 60 89

erreichen können und ansonsten in

Hamburg (Bramfeld)

H e g h o l t 6 1

- hinter dem Otto-Versand -

Wir freuen uns auf Ihren Besuch.

Mit freundlichen Grüßen

AUTOPORT Oettinger & Wilde GmbH

- Rainer Wilde -

P.S.: Wir haben auch diverse werkstattgeprüfte Porsche-Gebrauchtfahrzeuge im Angebot. Falls Sie interessiert sind oder evtl. Ihr Fahrzeug veräußern möchten, erwarten wir gern Ihren Anruf.

Autoport
Oettinger & Wilde GmbH

Reparaturwerkstatt für Porsche
Porsche-Gebrauchtwagen

Hegholt 61

22179 Hamburg (Bramfeld)

Telefon: (040) 641 60 89

aktion: In der vierten Woche nach unserer Anfrage erreichte uns das Angebot der Zeitschrift *TopBusiness*, die es inzwischen auch nicht mehr gibt. Es war gerichtet an die Firma »Gündling Direkt«, »Herrn Christian Gründling«. Ein Fehler der nicht nur *TopBusiness* passiert, aber trotzdem unverzeihlich ist. In dem Anschreiben werden die wichtigsten Vorteile dieses Anzeigenträgers beschrieben:

> »...Die Leser von **TopBusiness** sind fast ausschließlich Unternehmer und Führungskräfte. Kein anderer Titel der meinungsbildenden Presse hat einen so hohen Anteil an Selbständigen und leitenden Angestellten unter seinen Lesern wie **TopBusiness** (Quelle LAE '94). Und kein anderer Titel hat einen so hohen Leseranteil in der wichtigen Zielgruppe der Groß- und Mittelbetriebe des verarbeitenden Gewerbes wie **TopBusiness**....«

Eines bleibt dem schnellen Leser in diesem Abschnitt haften – *TopBusiness*, denn dreimal wird der Titel genannt und dreimal ist er fett gedruckt. Doch warum? Was bringt es mir als Leser? Das Produkt wird hier selbstgefällig dargestellt – wie »Made in Germany«. Hierdurch kann weder die Aufmerksamkeit noch das Interesse des (potentiellen) Kunden geweckt werden. Für den (potentiellen) Kunden wäre es wichtig, die wichtigsten Argumente zur Befriedigung seiner Bedürfnisse schnell und einprägsam zu erfassen. Dann würde der Text z.B. wie folgt aussehen:

> »...Die Leser von TopBusiness sind fast ausschließlich **Unternehmer und Führungskräfte**. Kein anderer Titel der meinungsbildenden Presse hat einen so **hohen Anteil** an **Selbständigen** und **leitenden Angestellten** unter seinen Lesern wie bei TopBusiness (Quelle LAE '94). Und kein anderer Titel hat einen so hohen Leseranteil in der wichtigen Zielgruppe der **Groß- und Mittelbetriebe des verarbeitenden Gewerbes** wie TopBusiness....«

Der gleiche Text und doch eine andere Botschaft. Jetzt kann der potentielle Kunde schnell erfassen, inwieweit bei *TopBusiness* seine Erwartungen erfüllt werden. Nicht das Produkt steht im Vordergrund, sondern die (individuellen) Bedürfnisse des Lesers und die Problemlösungskompetenz der angebotenen Leistung.

Ein Angebot, welches keines ist – oder wie man von vornherein auf die Verliererstraße gerät – hat in der gleichen Aktion der Verlag *Heim und Werk* gezeigt. Folgender Brief erreichte uns zwei Wochen nach unserer Anfrage:

> »Sehr geehrter Herr Gündling,
> wir danken für Ihr Interesse an WIRTSCHAFTS ECHO und senden Ihnen gern ein Probeexemplar unserer Zeitschrift.
> Zur Zeit haben wir außer unserer Anzeigenpreisliste keine weiteren Media-Daten, die auf dem neuesten Stand wären. Unser Vertriebsgebiet ist in erster Linie in Nordrhein-Westfalen mit einer Auflage von ca. 110.000 Exemplaren. Wir würden uns freuen, wieder von Ihnen zu hören.
> Mit freundlichen Grüßen
> WIRTSCHAFTS ECHO-H&W Verlag.»

Das ist das Anschreiben. Gratulation. Mir ist die wirtschaftliche Situation des Verlages nicht bekannt, aber wenn der Verlag tatsächlich noch Geld verdienen sollte, dann ... Können Sie sich vorstellen, daß Sie ein Produkt oder eine Dienstleistung vertreiben und nicht wissen, an wen? Können Sie sich vorstellen, daß Sie eine Zeitschrift mit einer Auflage von über 100.000 Exemplaren herausgeben und sie wissen nicht, wer diese Zeitschrift kauft oder liest? Bedeutet *WIRTSCHAFTS ECHO* für mich als (potentiellen) Kunden, der ja nur sein Geld für eine Anzeige ausgeben will, daß der Leser dieser Zeitschrift der kleine Handwerker oder der Mittelstand allgemein ist? Oder richtet sich die Zeitschrift an angestellte Führungskräfte? Vielleicht ist es ja auch eine Zeitschrift für Kneipenbesitzer oder für Wirtschaftsbesucher? In Zeiten eines allgemein zugänglichen Wissens »wie man Mailings schreibt«, in Zeiten immenser EDV-technischer Möglichkeiten, sollte es jedem Unternehmen möglich sein, sein Angebot so zu formulieren, daß sich der (potentielle) Kunde, der mit Auftrag droht, nicht »veräppelt« fühlt. Die Krönung aber ist die Anzeigenpreisliste. 1.950 DM bis 10.000 DM verlangt der Verlag *Heim und Werk* für eine Anzeige. Dies erfährt der (potentielle) Kunde von einer Anzeigenpreisliste, die im Schnellverfahren kopiert wurde, die schwarze Kopierränder aufweist, in der der schwarze Untergrund des Verlagslogos weiß gepunktet ist, in der die Buchstaben der einzelnen Worte nur bruchstückhaft wiedergegeben sind. Er bedeutet dem Verlag *Heim und Werk* viel – der Kunde. Und dann finden wir noch das Logo *IVW* und keine Angabe über die tatsächliche Auflage. Nein danke – ich bin der Kunde, und ich entscheide.

Daß es in Deutschland aber auch anders geht, zeigt das Beispiel eines mittelständischen Unternehmens aus dem Schwarzwald: Aufgrund einer Beilage in einer Fachzeitschrift haben wir am 5.2.1995 den im folgenden abgebildeten Informationscoupon der Firma *Gustav Maier GmbH u. Co. KG* ausgefüllt und per Fax versandt.

Schon nach zwei Tagen erhielten wir Antwort in Form eines großen Paketes. Hierin enthalten waren acht verschiedene Ordner, DIN A 4 und DIN A 5, sowie neun verschiedene Angebotsmappen und diverse

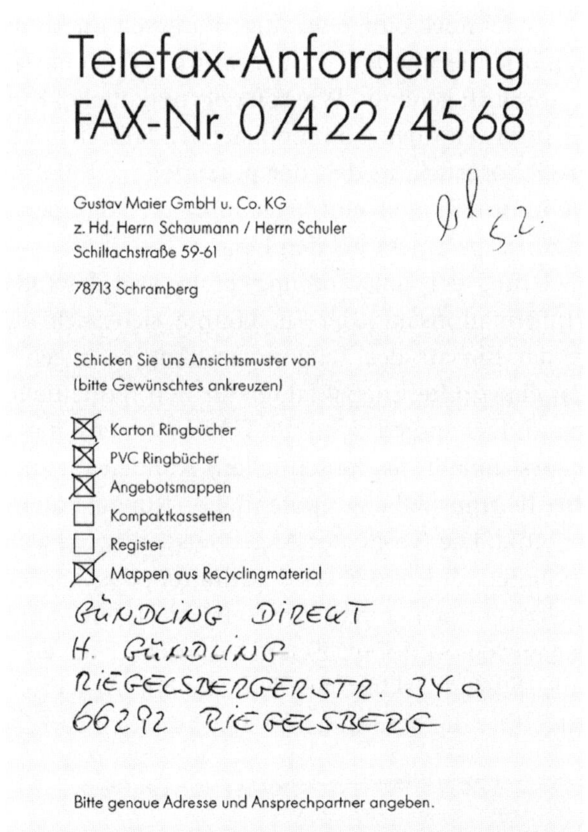

Telefax-Anforderung
FAX-Nr. 07422/4568

Gustav Maier GmbH u. Co. KG
z. Hd. Herrn Schaumann / Herrn Schuler
Schiltachstraße 59-61

78713 Schramberg

Schicken Sie uns Ansichtsmuster von
(bitte Gewünschtes ankreuzen)

- [x] Karton Ringbücher
- [x] PVC Ringbücher
- [x] Angebotsmappen
- [ ] Kompaktkassetten
- [ ] Register
- [x] Mappen aus Recyclingmaterial

GÜNDLING DIREKT
H. GÜNDLING
RIEGELSBERGERSTR. 34 a
66292 RIEGELSBERG

Bitte genaue Adresse und Ansprechpartner angeben.

Prospekte, genau so, wie wir es angefordert hatten. In dem beiliegenden Anschreiben wurde darauf hingewiesen,

> »...daß wir diese Mappen nicht als Standardartikel, sondern immer in Serienanfertigung herstellen. Somit können wir die Kundenwünsche weitestgehend berücksichtigen ... Bitte geben Sie uns anhand dieser Unterlagen an, welche Ausführung für den gedachten Zweck in Betracht kommt. Weiter erbitten wir die benötigte Stückzahl sowie den gewünschten Druck. Sofort nach Eingang Ihres Bescheides werden wir Ihnen dann ein ausführliches Angebot ausarbeiten ... «.

Nicht die Produkte stehen hier im Vordergrund, sondern die »Kundenwünsche«, und dies wird explizit geschrieben und verstärkt. Nicht ein Massenartikel wird beworben, sondern eine individuelle Problemlösung – genau nach den Wünschen des (potentiellen) Kunden. Die Erwartungen des (potentiellen) Kunden werden erfüllt. Und trotzdem zeigt dieses Beispiel noch einige wichtige Reserven im Sinne der Maximalen Kundenorientierung auf. Leider wurden nur eine Telefonnummer und die Anschrift genannt. Wie soll der (potentielle) Kunde z.B. die notwendigen Informationen kommunizieren? Hilfreich wäre hier ein personalisierter Vordruck, in den der potentielle Kunde nur noch die gewünschten Informationen eintragen muß und der per Fax an die Firma *Maier* zurückgeschickt werden kann.

Zur Verbesserung der Umwandlungsquote, also der Quote von Bestellern zu Informationsanforderern, könnte sicherlich auch bei der *Firma Maier* der Einsatz des Telefonmarketing beitragen. Wie schon dargestellt, ist der größte Engpaßfaktor für den (potentiellen) Kunden die Zeit oder, anders ausgedrückt, die Unternehmen müssen zunächst um die Aufmerksamkeit des (potentiellen) Kunden für ihre Angebote kämpfen, also darum, daß der (potentielle) Kunde ihnen etwas von seiner Zeit schenkt. Die Größe des Angebotes – hier ein ganzes Paket – kann viele (potentielle) Kunden dazu verführen, das Angebot zunächst auf den Stapel »wenn ich einmal Zeit habe« zu legen – und dann geht das Angebot meistens verloren. Eine telefonische Nachbearbeitung, in der genau die Fragen geklärt werden, die im Anschreiben gestellt wurden, könnte hier die Wandlungsquote wesentlich verbessern.

Exkurs: Sie haben bereits einen Preis gewonnen

Um den (potentiellen) Kunden zu einer Reaktion zu verleiten, setzen viele Unternehmen gerne Gewinnspiele, sogenannte early birds, Non-Profit-Artikel sowie Freundschaftsangebote in ihren Dialoginstrumenten ein. Beispiele hierfür können sein:

- unter den ersten 500 Einsendern verlosen wir ein Auto
- unter allen Einsendern verlosen wir zehn Autos
- Sie haben bereits einen Preis gewonnen
- Achtung: Wir haben nur noch knapp 1000 Exemplare auf Lager
- Wenn Sie innerhalb der nächsten 30 Tage bestellen, erhalten Sie zusätzlich kostenlos...
- Bestellen Sie bis zum 30.6. und Sie erhalten einen Rabatt von 25 Prozent

Zahlreiche Tests haben bewiesen, daß solche Verstärker durchaus geeignet sind, den Rücklauf einer Aktion um bis zu 25 Prozent und mehr zu erhöhen. Und trotzdem sind diese Verstärker im Sinne der Maximalen Kundenorientierung ganz unterschiedlich zu beurteilen.

Der zur *Metro*-Gruppe gehörende Bekleidungsdiscounter *Adler* mit 60 Filialen in Deutschland arbeitet sehr intensiv mit wertvollen Hauptgewinnen, die die Aufmerksamkeit der Kunden wecken und diese mit dem Versprechen von Geschenken in die Läden holen, also Kaufinteresse erzeugen sollen. Der Grund hierfür liegt darin begründet, daß *Adler* ermittelt hat, daß auf einen Werbebrief mit Gewinnspiel etwa fünf Prozent der angeschriebenen Stammkunden reagieren, auf ein Mailing ohne Gewinnchance dagegen nur vier Prozent – der Rücklauf mit Gewinnspiel also um 25 Prozentpunkte höher ist. *Adler* verlost deshalb fünf Reisen im Werte von 8.000 DM und verschenkt zusätzlich 20.000 Atlanten im Werte von je 3 DM. Da *Adler* aus rechtlichen Gründen vermeiden muß, daß mit den Geschenken ein psychologischer Kaufzwang verbunden ist, bietet die Firma ihren Kunden an, die Geschenke nach Hause zu schicken. Hieran hat *Adler* jedoch natürlich kein Interesse, deshalb werden in diesem Fall 6,20 Mark (»falls Marken zur Hand«) für Porto und Verpackung berechnet. »Der gewünschte Effekt tritt ein: Die Leute kommen lieber in den Laden. Nicht alle kaufen dann auch etwas ein. In jüngster Zeit holen immer mehr Leute nur ihr Geschenk ab.«[2]

Ob sich dieses Gewinnspiel für *Adler* jedoch tatsächlich kaufmännisch rechnet, ist eine andere Frage. Mit zusätzlichen Kosten von 100.000 DM für das Gewinnspiel werden bei einer Aussendung von 450.000 Mailings 4500 zusätzliche (potentielle) Kunden in die Filialen gelockt. Das heißt pro zusätzlichem (potentiellem) Kunden entstehen zusätzliche Werbekosten von 22,22 DM und im Durchschnitt pro »gelocktem« (potentiellen) Kunden Kosten von zusätzlich 4,44 DM. Diese Werte erhöhen sich jedoch entsprechend der folgenden Tabelle, wenn man verschiedene Wandlungsquoten von »Gewinnern«, die ihren Gewinn im *Adler*-Markt abholen, zum Kunden unterstellt:

tatsächliche Käufer in Prozent	**tatsächliche Käufer absolut**	**Kosten pro Käufer**
100%	22.500	DM 4,44
90%	20.250	DM 4,94
80%	18.000	DM 5,56
70%	15.750	DM 6,35
50%	11.250	DM 8,89

Die *Adler*-Leute werden schon genau wissen, wann sich aufgrund des durchschnittlichen Auftragswertes, des Deckungsbeitrages pro Auftrag und der erzielten Wandlungsquote von Gewinnspielteilnehmern in Kunden dieses zusätzliche Gewinnspiel rechnet.

Gewinnspiele können innerhalb eines Gesamtmodells »Individuelles Partnerschaftsmarketing« durchaus ein geeignetes Instrument sein, um den (potentiellen) Kunden zunächst einmal auf die angebotene individuelle Problemlösung aufmerksam zu machen. Gewiß gibt es immer noch eine hinreichend große Anzahl von Menschen, die sich durch solche Gewinnspiele animieren lassen, auch wenn sie eigentlich wissen, daß die Chance auf einen der Hauptpreise sehr gering ist. Doch eines ist sicher: Diese Spezies wird immer kleiner werden. Die Unternehmen werden langfristig nicht mit »Aussichten auf einen großen Gewinn«

ihre (potentiellen) Kunden aktivieren können, sondern nur mit individuellen Problemlösungen, die die individuellen Bedürfnisse der (potentiellen) Kunden befriedigen. Wenn der (potentielle) Kunde dann einmal diese individuelle Problemlösung kennengelernt hat, sollten Gewinnspiele deshalb die Ausnahme bleiben. Der ständige Einsatz von Gewinnspielen zeugt davon, daß das Unternehmen von seiner eigenen Problemlösungskompetenz nicht überzeugt ist und das merkt der (potentielle) Kunde irgendwann einmal. Insofern sollten Gewinnspiele sehr sparsam von den Unternehmen eingesetzt werden und wenn, dann immer mit dem Ziel, entweder den (potentiellen) Kunden aus der Anonymität zu führen oder aber um zusätzliche Informationen über sein persönliches Umfeld und seine individuellen Bedürfnisse zu erhalten. Diese Informationen können dann in der Datenbank gesammelt und für den Einsatz weiterer Dialoginstrumente genutzt werden.

Beschleuniger, die sogenannten early birds wie z.B.: »Dieses Angebot ist bis zum 30.6. befristet«, sind durchaus geeignete Instrumente, um die Phase der emotionalen Instabilität des (potentiellen) Kunden zu nutzen. Auch Freundschaftsangebote oder Non-Profit-Artikel haben durchaus ihren Platz im Individuellen Partnerschaftsmarketing. Mit jeder Bestellung des (potentiellen) Kunden wird zum einen der Dialog aufrecht erhalten, zum anderen erhält das Unternehmen wichtige zusätzliche Informationen über seinen (potentiellen) Kunden.

Die Goldader heißt Information – oder wer fragt, der führt

Maximale Kundenorientierung bedeutet, daß die Unternehmen ihren (potentiellen) Kunden entsprechend deren individuellen Bedürfnissen eine individuelle Problemlösung anbieten. Nur eine exakte Information über den einzelnen kann dies ermöglichen. Informationsmanagement wird daher in Zukunft zu einem ganz entscheidenden Wettbewerbsfaktor für die Unternehmen. Bei jedem Dialog mit dem einzelnen (potentiellen) Kunden gilt es, zusätzliche Informationen zu sammeln oder aber vorhandene Informationen zu aktualisieren. Die Arbeit mit eindimensionalen Dialoginstrumenten wiederum hat insbesondere die Aufgabe, den (potentiellen) Kunden aus der anonymen Masse zu führen und ihn dem Unternehmen bekannt zu machen. Die kundenbezogene Datenmenge, die dabei von den Unternehmen gespeichert werden muß, ist von dem unternehmensspezifischen Gesamtkonzept »Individuelles Partnerschaftsmarketing« abhängig. Sicher ist, daß es nicht genügt, nur den Namen und die Adresse zu speichern, dies kann immer nur ein Anfang sein. Ein Unternehmen muß die Informationen gewinnen, die es benötigt, um zum einen die individuellen Bedürfnisse seiner (potentiellen) Kunden festzustellen und zum anderen sicherzustellen, daß eine Partnerschaft auf der Basis eines Dialogmodelles durchgeführt werden kann. »In einfachen Worten ausgedrückt ist es das Ziel des Database-Marketing, computergesteuerte Informationen über das Kaufverhalten von Kunden zu nutzen, um diejenigen Kunden herauszufiltern, welche mit einer bestimmten Wahrscheinlichkeit ein bestimmtes Produkt kaufen werden.«[3] Die Informationen bilden den Zugang zur Goldader Maximale Kundenorientierung.

Die Informationen selbst können nur mit den verschiedenen Dialoginstrumenten gewonnen werden. Insofern sollte das Unternehmen es sich zur Aufgabe machen, mit jedem Einsatz eines Dialoginstrumentes zusätzliche oder aktuelle Informationen über seinen (potentiellen) Kunden zu gewinnen. Mit der *Telekom* macht man ja so seine Erfahrungen. Nicht nur an der Börse. Das wissen viele nicht erst, seitdem Gerd Müller-Geerbes mit seiner Sendung »Wie bitte« die *Telekom* ins Visier genommen hat. Zweimal haben wir versucht, Informationen über *ISDN* von der *Telekom* zu erhalten. Zweimal aufgrund von Anzeigen, einmal per Fax, einmal telefonisch. Das Resultat unserer Faxnachfrage: Wir bekamen unser Fax mit einem Stempelaufdruck zurückgeschickt. »Unser ISDN-Katalog ist bereits vergriffen«, so die kundenfreundliche Botschaft. Dies bedarf eigentlich keines Kommentars mehr. Interessant nur, daß die *Telekom* doch immerhin noch soviel Kundenservice bewies und einen Stempel erstellte. Man kann es auch so ausdrücken: Wie man mit einer Investition von 8 DM für einen Stempel seine (potentiellen) Kunden verprellt und Hundertausende von Mark für die Anzeigenkampagne in den Sand setzt.

Aber auch nach dieser ersten Negativerfahrung mit der *Telekom* bezüglich *ISDN* ließen wir uns nicht abschrecken. Schließlich hat die *Telekom* ein Monopol. Noch! Jetzt wollten wir es wissen. Wir wollten mehr wissen. In einer ganzseitigen Anzeige im *Handelsblatt* warb die

Telekom am 9.3.1995 für ihr Förderprogramm bezüglich des *ISDN*-Mehrgeräteanschlusses. »Mit *ISDN* sind sie ohne Umwege direkt erreichbar und sparen jetzt bis zu 700 DM« lautete die Headline. Die Vorteile des *ISDN* für den Anwender wurden sehr plakativ in Wort und Bild beschrieben. Es konnten weitere Informationen per Fax oder Telefon, jeweils über eine 0130er Nummer, angefordert werden. Also der zweite Versuch. Wir haben angerufen. Eine freundliche Stimme nahm unsere Adresse auf und stellte uns noch weitere Fragen:

- Möchten Sie *ISDN* privat oder beruflich nutzen?
- In welcher Branche sind Sie tätig?
- Wieviele Mitarbeiter haben Sie?
- Woher haben Sie unsere Telefonnummer?

Oh, dachten wir uns, muß die *Telekom* jetzt aber einen guten Marketing-Berater haben. Mit der letzten Frage soll bestimmt der Erfolg der einzelnen Anzeigen und Wege der Gewinnung (potentieller) Kunden festgestellt werden. Eine wahrhaftig richtige und notwendige Maßnahme. Der Erfolg der eingesetzten Dialoginstrumente wird jetzt meßbar. Viel wichtiger sind jedoch noch die ersten drei Fragen: Neben dem Namen und der Adresse erhält die *Telekom* weitere wichtige Informationen über ihren (potentiellen) Kunden und dessen individuellen Bedürfnisse. Diese einmal gewonnenen Informationen könnte die *Telekom* jetzt einsetzen, um einen individuellen Dialog mit ihrem (potentiellen) Kunden zu führen.

Schon zwei Tage nach unserem Telefonat erreichten uns die Informationen der *Telekom*. Kompliment. Eigentlich eine Selbstverständlichkeit, bei vielen Unternehmen jedoch eine Ausnahme. Schade nur, daß die Informationen an einen Privatmann und nicht an das Unternehmen gerichtet waren. Und schade nur, daß aus der »Riegelsbergerstr. 34a« die »Regelsberger STr.34« wurde. Na ja, sei's drum. Oder auch wieder nicht, denn schließlich gibt es heutzutage genügend Programme, die eine Adresse auf ihre Richtigkeit überprüfen können. Die Daten hierzu werden übrigens sehr oft von der *Telekom* zur Verfügung gestellt. Und schade, daß die *Telekom* ihre einmal gewonnenen Informationen nicht den individuellen Bedürfnissen ihres (potentiellen) Kunden entsprechend einsetzt. Denn aufgrund dieser Informationen hat die *Telekom* die Möglichkeit, ihrem (potentiellen) Kunden keine Allgemeinplätze zuzusenden, sondern ein weitestgehend individuelles Angebot. Tatsächlich bestanden die Informationen aus einem allgemein gehaltenen Anschreiben, einigen Kopien und dem Katalog an alle. In der heutigen Zeit ist es einfach ein Trugschluß, zu meinen, daß jede Information mehr, jeder Katalog mehr, jeder Prospekt mehr, den das Unternehmen dem (potentiellen) Kunden zuschickt, automatisch auch zu einem »Mehr« an Reaktion und Umsatz führt. Weniger ist manchmal mehr, und erst recht mehr Erfolg. Zudem ist in der heutigen Zeit der relationalen Datenbanken die Erstellung und Aussendung eines individuellen Angebotes kein Problem mehr.

Viele Unternehmen haben es sich zu eigen gemacht, ihre (potentiellen) Kunden aufgrund einer Nachfrage nach mehr Informationen geradezu mit Informationsbroschüren, Katalogen, Preislisten und Mustern zu überschütten. Große Briefumschläge mit Hunderten von Seiten gefüllt, ganze Pakete erreichen den (potentiellen) Neukunden. Aufgrund der Zeit als dem entscheidenden Engpaßfaktor, wandern diese Pakete dann nach einer kurzen Durchsicht auf den Stapel »wenn ich mal wieder Zeit habe«. Die gute Absicht des Unternehmens verläuft im Sande. Die Unternehmen können hier gegensteuern, indem sie den (potentiellen) Kunden wirklich nur solche Angebote unterbreiten, die seine momentanen Erwartungen und individuellen Bedürfnisse auch tatsächlich betreffen. Und diese individuellen Bedürfnisse des (potentiellen) Kunden können erfragt werden – nein besser, sie müssen erfragt werden, so wie es die *Telekom* gemacht hat.

Mehr denn je muß darauf geachtet werden, daß jede Aktivität seitens des (potentiellen) Kunden mit einem Informationsgewinn über dessen Erwartungen und Wünsche für das Unternehmen verbunden ist. Es gibt viele Möglichkeiten, diese Informationen zu gewinnen, wie z.B. die des Abdruckes einer Servicetelefonnummer auf jeder Packung, jedem Dialoginstrument, die Teilnahmekarte bei jeder Promotion, Verkaufsförderungsaktion und Messen, der Fragebogen, den der Außendienstmitarbeiter bei seinem Kundengespräch einsetzen kann und viele Möglichkeiten mehr. Kennen Sie die Telefonnummer 0180–3332929? Klein, viel zu klein aber dennoch ist diese Nummer aufgedruckt auf den *Coca-Cola-light*-Mehrwegflaschen.

Bei unzähligen Produkten und Dienstleistungen erhält der Käufer eine Garantie in den verschiedensten Formen. Diese Garantie wird in einer Garantieurkunde oder einem Garantieheft festgeschrieben, das heißt unmittelbar nach dem Kauf werden die entsprechenden Daten vermerkt. Was heißt Daten? Es wird vermerkt, wann und wo das Produkt oder die Dienstleistung gekauft wurde. Nicht festgehalten wird, von wem es gekauft wurde und warum. Hier bieten sich für viele Unternehmen ungeahnte Möglichkeiten, ihre (potentiellen) Kunden, deren Bedürfnisse und Erwartungen zu identifizieren und mit Hilfe des Individuellen Partnerschaftsmarketing diesen eine individuelle Problemlösung, die den individuellen Erwartungen entspricht, direkt, z.B. über ein Mailing, anzubieten. Hiermit schaffen sich die Unternehmen die Basis, um endlich alle Möglichkeiten eines funktionierenden Cross-Sellings auszuschöpfen. Der (potentielle) Kunde für *Louis Vuitton* ist bestimmt auch ein (potentieller) Kunde für *Rado*. Der (potentielle) Kunde von *Aigner* ist bestimmt auch ein (potentieller) Kunde für *Taittinger* usw.

Eine weitere Möglichkeit die Werbeeffizienz zu steigern, ist schlicht und einfach die Frage nach dem Namen, der Adresse und den Interessen des (potentiellen Kunden) mit der Begründung, dem Kunden in Zukunft solche konkreten Angebote machen zu können, die seinen Interessen, seinen Erwartungen und seinen individuellen Bedürfnissen entsprechen. Ein solcher Fragebogen ist schnell aufgebaut und kann problemlos – natürlich abhängig von der Datenmenge – über eine PC-gesteuerte Datenbank gehandelt werden, von jedem Unternehmen, egal ob Kleinbetrieb oder Konzern, in jedem Markt, egal ob Business-to-business- oder Endverbrauchermarkt.

Fazit: Jedes Dialoginstrument muß so ausgestaltet sein, daß es sowohl seine Funktion als Verkaufs- und Informationsinstrument erfüllt, als auch zur Gewinnung zusätzlicher oder aktuellerer Informationen über den (potentiellen) Kunden eingesetzt werden kann.

Mit Partnern neue Partnerschaften begründen

Das in Deutschland am stärksten vernachlässigte Instrument der Gewinnung (potentieller) Kunden ist das der Empfehlungen bzw. Freundschaftswerbungen. Und das, obwohl es nach einer Studie der *Yankelovich Partners Inc.* der beste Weg, um Menschen auf ein Produkt oder ein Unternehmen aufmerksam zu machen, ist. Der Rat von Freunden wird beim Kauf von 65% aller Befragten befolgt, während TV/Warenproben und Gutscheine bei nur 30% der Befragten Auslöser für den Kauf eines Produktes waren. Gutscheine und Warenproben sind als Kaufauslöser damit nur etwa halb so effektiv wie Empfehlungen.[4] Eine Studie über Gewohnheiten von *Internet*-Benutzern kommt zu einem ähnlichen Bild: 64 Prozent der Anwender finden über Mundpropaganda zu neuen Online-Inhalten, 31 Prozent vertrauen auf Meldungen der Printmedien und nur 10 Prozent suchen neue Inhalte, indem sie dem Link, also Hinweis, von einer Web-Seite zur anderen folgen.[5] Selbst im *Internet* wird mehr empfohlen als gesurft. Woher kommt es dann, daß das Instrument ›Empfehlungen‹ in Deutschland so sehr vernachlässigt wird?

Solange die Unternehmen den Markt als Ziel ihrer Aktivitäten betrachten und der sofortige Einmalkauf im Vordergrund steht, wird dieses Instrument keine Wirkung entfalten. Erst wenn die Unternehmen den (potentiellen) Kunden in den Mittelpunkt ihrer Aktivitäten stellen, ausgehend von seinen individuellen Bedürfnissen individuelle Problemlösungen anbieten und eine Partnerschaft mit dem (potentiellen) Kunden im Rahmen des unternehmensspezifischen Gesamtkonzepts »Individuelles Partnerschaftsmarketing« begründet wird, werden die Unternehmen auch über die Empfehlung neue Partnerschaften aufbauen können.

Weitere Marktstudien zum Thema Referenzpotential bestätigen die Studie der *Yankelovich Partners Inc.* und zeigen, daß in einzelnen Branchen 50 bis 70 Prozent aller Käufe auf Empfehlungen von Freunden und Bekannten zurückzuführen sind.[6] Doch bevor dieses Potential auch tatsächlich genutzt werden kann, muß das Unternehmen bei seinen (potentiellen) Kunden zunächst seine individuelle Problemlösungskompetenz in bezug auf die individuellen Bedürfnisse des einzelnen Partners unter Beweis gestellt haben. Ein ganzheitliches Beispiel der Maximalen Kundenorientierung, an dessen »Ende« die Gewinnung von Neukunden aus dem vorhandenen Partnerschaften steht, ist das Franchise-Unternehmen *Kiesinger-Training.* »Wir betreiben nicht Bodybuilding für den Körper als Schauobjekt. Bei uns wird trainiert, weil das die Gesundheit fördert«, beschreibt Wolfram Ehrling – ein Franchisenehmer, sein Angebot.[7] Er selbst lernte vor einigen Jahren das *Kiesinger-Training* kennen, weil er wieder gesund werden wollte (= individuelles Bedürfnis); im Studio in Kreuzlingen wollte der Leistungssportler seine Rückenprobleme loswerden, die verschiedene Ärzte vergeblich behandelt hatten – und schon nach vier Wochen und einigen Trainingsterminen war das Malheur beseitigt. »Das war kein Wunder, sondern konsequente Arbeit an den richtigen Muskelpartien«, beschreibt Ehrling, der schnell ein Fan von *Kiesinger-Training* wurde. Aufgrund dieser positiven Erfahrung hat Ehrling dann Ende 1988 einen Trainer-Vertrag unterschrieben und wurde einige Monate später stellvertretender Betriebsleiter. 1992 wurde er dann Franchisenehmer. Der Schritt in die unternehmerische Selbständigkeit fiel nicht schwer, weil Ehrling seine neue Firma in verschiedenen Funktionen als erfolgsträchtiges Gewerbe kennengelernt hatte. Innerhalb von drei Jahren konnte der Neu-Unternehmer die Zahl der Kunden um die Hälfte steigern: 1994 kamen 1200 Trainings-Abonnenten einmal die Woche ins Studio. Die Kunden schließen hierfür ein Jahresabonnement über etwa 500 DM ab. Aufgrund der Zufriedenheit seiner Kunden gewinnt Ehrling zwei Drittel seiner Neukunden auf Empfehlung, also aus dem Netzwerk seiner Partner »Kunden«. Dieses Netzwerk bringt ihm immerhin einen Jahresumsatz von ca. 400.000 DM – und das ohne Werbemaßnahmen.

Der Weg der Gewinnung neuer (potentieller) Kunden über Empfehlungen wird insbesondere in Direktvertrieben und in Unternehmen, die Mitgliedschaften oder Abonnements verkaufen, beschritten. Bei den Buchclubs heißt es »Freundschaftswerbung«, bei den Zeitungen und Zeitschriften »Leser werben Leser«, in Kundenclubs »Mitglieder werben Mitglieder«, in den Direktvertrieben häufig »Empfehlungsadresse«. Im Unterschied zu den Erfahrungen von Ehrling setzen diese Unternehmen, abgesehen von Ausnahmen, in der Regel Verstärker zur Gewinnung von Neukunden aus dem eigenen Netzwerk ein oder führen schlicht Sonderaktionen durch. Der Pay-TV-Sender *Premiere* nutzt jedes seiner Abonnentenmagazine zur Gewinnung neuer Abonnenten aus dem eigenen Kundenkreis. Neben ganzseitigen Anzeigen, in denen die verschiedensten Produkte vorgestellt werden, z.B. ein Mountain Bike bei einer Zuzahlung von 198 DM oder ein Komfort-Telefon mit

Anrufbeantworter, gibt es auch regelmäßig ein Prämien-Magazin, welches in das Abomagazin eingeheftet ist.

Die Buchclubs warten in ihren vierteljährlich erscheinenden Kundenmagazinen ebenfalls mit immer neuen Produkten auf, die über zwei Seiten dargestellt werden. Einer der größten Buchclubs in Europa gewinnt hierüber jährlich konstant über 150.000 neue Mitglieder. Na-

türlich kommt es bei solchen Aktivitäten auch vor, daß ein Kunde nach Ablauf der Mindestverpflichtungszeit kündigt, um auf dem Namen der Frau oder des Mannes eine neue Verpflichtung einzugehen, nur um eine Prämie zu erhalten. Diese (potentiellen) Kunden fordern hiermit ganz simpel das Recht ein, als »Stamm«kunde mindestens genauso begünstigt zu werden wie ein »Neu«kunde.

Der Weg der Gewinnung von (potentiellen) Kunden über einmal gewonnene Partnerschaften steht im Grunde genommen jedem Unternehmen offen. Je mehr es dem Unternehmen gelingt, seine Kundenorientierung zu maximieren, desto einfacher wird auch die Gewinnung (potentieller) Kunden für die Unternehmen und desto weniger muß das Unternehmen in die Gewinnung (potentieller) Kunden investieren. Wenn ein Kunde eine schlechte Erfahrung mindestens zehnmal weitererzählt, ist das eine Seite der Medaille; wenn dieser Kunde eine gute Erfahrung mit einem Unternehmen nur einmal weiter erzählt, die andere. Und genau diese Seite der Medaille gilt es für das Unternehmen zu nutzen. Das heißt das Unternehmen sollte sich jeder sich bietenden Möglichkeit bedienen, um Zugang zu den Freundes-, Bekannten- und Verwandtenkreisen, Kollegen und Mitarbeitern der einmal gewonnenen Partner zu gewinnen. Unternehmen, die aufgrund ihrer Marktbearbeitung schon immer von Adressen abhängig sind, z.B. Direktvertriebe und Strukturvertriebe, nutzen jede sich bietende Möglichkeit, um neue Adressen (potentieller) Kunden zu gewinnen. Noch während der Grundausbildung neuer Mitarbeiter werden diese beauftragt, sich eine Aufstellung derjenigen Menschen zu machen, denen sie die Produkte des Unternehmens anbieten könnten. Dem neuen Mitarbeiter wird hierbei jede erdenkliche Hilfestellung geleistet: Mit Hilfe von Formblättern wird er zum Ziel geführt, z.B.:

Welche Schulen habe ich bisher besucht?
Wen kenne ich aus der Grundschule?
Wen aus der Realschule? usw.
In welchen Vereinen war ich schon Mitglied?
Wen kenne ich aus dem Fußballverein? usw.
Welche Hobbys habe ich?
Mit wem teile ich das Hobby ›Briefmarkensammeln‹?
...

Diese Art und Weise der Adreßgewinnung ist natürlich noch kein Ausdruck einer Maximalen Kundenorientierung; sie wurde hier nur deshalb dargestellt, um zu zeigen, welche zahlreichen Möglichkeiten jedes Unternehmen hat, durch einen Anstoß von außen in neue Netzwerke aus den eigenen Partnerschaften »einzudringen«. Dieser Möglichkeiten bedienen sich heute noch viel zu wenige Unternehmen, dabei sind die Ansatzpunkte zahlreich: Das neue Mitglied des *Barbie*-Fanclubs erhält mit seinem Begrüßungspaket z.B. einen Briefumschlag mit der Aufschrift »Nur für Deine beste Freundin«. In diesem Briefumschlag sind dann Clubinformationen enthalten. In der Kundenzeitschrift *plus* der *Bertelsmann Lexikothek* gibt es eine »AKTION: MACH MIT!«. Hier wird der Leser aufgefordert, Freunden oder Bekannten eine kleine Freude zu machen und ihnen ein Probeexemplar von *plus* zukommen zu lassen. Zum Dank wird dann ein Überraschungspaket versprochen. Dem Softwarepaket *Quicken* liegt eine Abrufkarte bei: »Ja! *Quicken* wurde mir empfohlen. Auch ich will meine Finanzen schnell und einfach in den Griff kriegen...« Der Empfehlende erhält als Dankeschön ein Paket mit jeweils 50 Scheck- und 50 Überweisungsformularen.

Der Saarbrücker Friseur *TEAM rüdiger* gibt seinen (potentiellen) Kunden nach der Dauerwelle oder dem neuesten Kurzhaarschnitt, einen Gutschein mit: »Sie sind mit unserer Friseurleistung zufrieden und empfehlen uns an Ihre Freunde und Bekannte weiter. Wir sagen für dieses Kompliment ... DANKESCHÖN! Als kleine Anerkennung bekommen Sie von uns diesen Behandlungs-Gutschein im Wert von DM 10.-, den Sie jederzeit einlösen können.« In den ersten 6 Wochen konnte *TEAM rüdiger* über diese kleine Aktion immerhin 5 neue (potentielle) Kunden gewinnen. Bei sechs Dauerwellen im Jahr macht das immerhin einen Jahresumsatz von 6 mal DM 80.- mal 5 (potentielle) Kunden gleich DM 2.400.-. *1 & 1 Direkt*, die junge Gesellschaft zur Vermarktung von Informationstechnologien aus Montabaur, die *T-online* zu dem Markterfolg gemacht hat, der es heute ist, fordert in einem Mailing an seine (potentiellen) Kunden diese sogar auf: »Verschenken Sie Ihr Modem und empfehlen Sie *T-online* Ihrem besten Freund!« Als Dankeschön erhält der Empfehlende dann bei einer Zuzahlung von DM 111.- ein neues Power-Modem. Sehr geschickt hat *1 & 1* in dem Folder noch einmal die besten Argumente für *T-online* aufgeführt.

Montabaur, den 20.11.96

Sensationelles Angebot!

Sehr geehrter Herr Gündling,

wir möchten Ihnen als 1&1-Kunden
unterbreiten.

Sie können bei uns das neue Spitze
schreibe **nur 111,- DM erwerben.**
T-Online-Software, den **1&1-Btx-**
Kommunikationssoftware **„ballOO**

Was Sie dafür tun müssen? Ganz ei

Überzeugen Sie einen Freund oder
Dienst in Deutschland - und gewinr
regelmäßig nutzen, ist dies für Sie l
Bei erfolgreicher Vermittlung erhal
anstatt für 199,- DM **für nur 111,-**

Sie sind mit unserer Friseurleistung zufrieden und empfehlen uns an Ihre Freunde und Bekannte weiter. Wir sagen für dieses Kompliment...

DANKESCHÖN !

Als kleine Anerkennung bekommen Sie von uns diesen Behandlungs-Gutschein
im Wert von DM **10.–**, den Sie jederzeit einlösen können.

Bitte füllen Sie für Ihre Freunde/Bekannte den nächsten Abschnitt mit Name und Anschrift aus. Trennen diesen ab. Ihre Freunde/Bekannte bringen den Abschnitt beim ersten Besuch mit und Sie erhalten von uns bei Ihrem nächsten Haarpflegetermin den Wert von DM **10.-** gutgeschrieben.
Wir sagen Dankeschön und freuen uns auf Ihren nächsten Besuch.

Sie und Ihre Haare sollten uns kennenlernen. Einfach einmal vorbeisehen. Bitte bringen Sie diese Empfehlungskarte bei Ihrem Friseurbesuch mit.

Mein Name: ______________________

Straße: ______________________

PLZ/Ort: ______________________

Telefon: ______________________

Ich komme auf Empfehlung von:

Name: ______________________

Straße: ______________________

PLZ/Ort: ______________________

Telefon: ______________________

MANAGEMENT CENTRE EUROPE

The European Headquarters of the American Management Association International

WILL YOU PLEASE RETURN THIS TO THE RECEPTION DESK WHEN COMPLETED OR MAIL TO THE LISTING DEPARTMENT

Dear Mr Guudling,

For some time now we have been holding on our mailing list, the names of executives from your company who have attended meetings or have requested to be kept up-to-date regarding our activities. We put a great deal of effort into keeping this information as current and correct as possible. However, people and their positions change rapidly and we cannot make changes without some instruction.

We would be extremely grateful if you could help us in identifying any changes which should be made to the current list, which you will find attached.

1/ If to your knowledge a person is no longer with your organisation, please delete

2/ If there are any changes to titles or positions please delete the old one and give the new title or position.

3/ If the attached list does not include the names and exact titles of the persons in your organisation holding the equivalent positions listed below, please fill in their name and exact title :

- CHIEF EXECUTIVE OFFICER/PRESIDENT/MANAGING DIRECTOR/GENERAL MANAGER :

  Name : ______

  Position : ______

- FINANCE DIRECTOR :

  Name : ______

  Position : ______

- MARKETING DIRECTOR :

  Name : ______

  Position : ______

- PERSONNEL DIRECTOR :

  Name : ______

  Position : ______

P.T.O.

Rue Caroly 15 • 1040 Brussels, Belgium • Telephone (32 2) 5161911 • Telex 21917 61748 • Telefax (32 2) 5137108
NEW YORK • WASHINGTON, D.C. • CHICAGO • SAN FRANCISCO • LOS ANGELES • TORONTO • MEXICO CITY

4/ If there is one person in your organisation who has overall responsibility for management training and development, will you please give us his/her name and position :

Name : ______

Position : ______

5/ If there is anyone else in your organisation who you feel would be interested in receiving information concerning our activities, please give his/her name, exact title and full details :

Name : ______

Job title : ______

Area of responsibility : ______

Company name : ______

Address : ______

Postal code and city : ______

Country : ______

Thank you in advance for your assistance.

Wenn Sie einmal ein Seminar der *MANAGEMENT CENTRE EUROPE* besuchen, erhalten Sie mit Ihren Tagungsunterlagen den obenstehenden Bogen. *MANAGEMENT CENTRE EUROPE* bittet hierin die Seminarteilnehmer, Daten über andere (potentielle) Seminarteilnehmer aus dem eigenen Unternehmens zu ergänzen oder zu aktualisieren. Ausgeschiedene Mitarbeiter können aus einer beigelegten Liste gestrichen werden, die Namen verantwortlicher Führungskräfte der verschiedenen Abteilungen eines Unternehmens ergänzt werden und vieles mehr. *MANAGEMENT CENTRE EUROPE* aktualisiert so zusammen mit seinen (potentiellen) Kunden seine eigene Datenbank.

Doch eines muß an dieser Stelle noch einmal betont werden: Es gelingt nur denjenigen Unternehmen neue Partner über Empfehlungen zu gewinnen, die ihre Kundenorientierung tatsächlich maximieren. Dann kann, wie weiter oben aufgezeigt, die Empfehlung ein höchst profitabler Weg werden. In diesem Zusammenhang habe ich im Januar 1997 eine schöne Geschichte erlebt, die ich Ihnen nicht vorenthalten möchte: Bei der saarländischen Versicherung *Cosmos Direkt* hatte ich einen Antrag für eine Lebensversicherung gestellt. Die hierzu notwendigen Auskünfte meines Hausarztes waren mißverständlich. Ohne großen bürokratischen Aufwand hat der zuständige Abteilungsleiter »Risikoprüfung« Herr Mang in zwei Telefonaten mit mir die Angelegenheit geklärt. Im letzten Gespräch bedankte ich mich für den tollen Service. Die Antwort von Herrn Mang: »Es würde uns freuen, wenn Sie über ihre guten Erfahrungen sprechen würden.« Direkt und ohne Umschweife hat Herr Mang die Möglichkeit genutzt, mich, den (potentiellen) Kunden, als Werbeträger für die *Cosmos Direkt* einzusetzen. Toll!

Es gibt zahlreiche Möglichkeiten, seinen (potentiellen) Kunden zu motivieren, in seinen Netzwerken über seinen Partner »Unternehmen« zu erzählen, zu berichten oder diese gar neugierig auf das Unternehmen zu machen. Die Unternehmen müssen nur lernen, die sich ihnen bietenden Chancen auch zu nutzen.

Fazit: Die Gewinnung neuer Partner über bestehende Partnerschaften, ist nicht nur einer der effizientesten, sondern auch der kostengünstigsten Wege, neue (potentielle) Kunden zu gewinnen. Hat ein Unternehmen seine Kundenorientierung maximiert, wird dieses Instrument (fast) automatisch zum Selbstläufer.

Eine Anzeige und ihre Folgen

Können Sie sich noch an den *ThinkPad 701C/CS* erinnern, vielleicht doch besser bekannt unter seinem Arbeitstitel *Butterfly*? Eine ganze Seite widmete *IBM* der neuen »Notebook-Revolution« im *Handelsblatt* – vierfarbig, reine Anzeigenkosten in Höhe von mehreren Zehntausend Mark. In der Anzeige wurde das Notebook mit einem Schmetterling verglichen – eine gute Idee. Die einzigartigen Produktvorzüge wurden kurz und prägnant beschrieben. Die angebotene Problemlösung überzeugte. »Mehr Infos gibt's bei Ihrem *IBM*- Geschäftspartner oder bei *IBM Direkt*, Tel.: 01 30/85 33 55.« Perfekt. Es gibt tatsächlich einen Unterschied, dachte ich mir und wählte die Nummer. Es war nicht besetzt, schnell stellte sich eine höfliche Stimme vor und fragte mich, womit sie dienen könnte. »Mehr Infos« sollten es sein. Schnell war meine Adresse aufgenommen. Dies geschah am 3. April 1995. Am 11. Mai 1995 entschloß ich mich zum Kauf eines Notebooks, aber nicht bei *IBM*. Denn die versprochenen Informationen sind nie bei mir eingetroffen. Vielleicht ist dieser Fall nicht typisch für *IBM* – aber er ist passiert. Vielleicht war es nur der Fehler einer Aushilfskraft, und trotzdem ist das Resultat ein entgangener Sofortumsatz von 12.000 DM, ein Umsatz in Höhe mehrerer Zehntausend DM in Zukunft, die mein jetziger Problemlöser machen wird, solange er meine individuellen Bedürfnisse befriedigt. Das eindimensionale Dialoginstrument »Anzeige« hatte bei *IBM* sein Ziel erreicht: Ein (potentieller) Kunde wollte sich aus der Masse identifizieren. Trotzdem war *IBM* in diesem konkreten Fall nicht erfolgreich, weil das gegebene Versprechen, weitere Informationen zuzusenden, nicht erfolgt ist.

Das Institut *Barrois* in Merzig ist ebenfalls zu einem erschreckenden Ergebnis bei der telefonischen Bestellannahme gekommen: Bei 168 Versandhäusern blieb zunächst jeder dritte Versuch per Telefon zu bestellen, erfolglos. Und bei einer erheblichen Anzahl von Telefonaten wurden die (potentiellen) Kunden nur unzureichend betreut.[8] Wir haben daraufhin selbst einen kleinen Test durchgeführt. Eine Mitarbeiterin hat am Mittwoch, dem 21. Juni 1995 25 Telefonnummern von Unternehmen angerufen, die in ihren Anzeigen in verschiedenen Publikums- und Fachzeitschriften dem Leser angeboten haben, mehr Informationen anzufordern. Bewußt haben wir hierzu die Zeit zwischen

18.50 Uhr und 21.00 Uhr gewählt, da dies ein Zeitabschnitt ist, in dem sich ein durchschnittlicher Leser normalerweise mit einer solchen Anzeige beschäftigt – nämlich nach Feierabend. Wir haben zudem unterstellt, daß der Wunsch nach »mehr Informationen« im Zeitablauf kontinuierlich abnimmt. Das heißt, während die Anzeige gelesen wird, ist die emotionale Instabilität und damit die Handlungsbereitschaft für den (potentiellen) Kunden am größten. Man kann nicht erwarten, daß der (potentielle) Kunde bis zum nächsten Tag wartet, um zu den normalen Geschäftszeiten den Dialog mit dem Unternehmen aufzunehmen.

Von 25 Unternehmen, die in ihren Anzeigen damit werben, mehr Informationen über eine Servce-Telefonnummer anzufordern, waren in der oben genannten Zeit 16 erreichbar. Bei neun Unternehmen war entweder immer besetzt oder es nahm keiner ab – drei Versuche wurden durchgeführt – oder aber es antwortete ein Faxgerät, wie im Falle *Sony.* Von den 16 erreichten Unternehmen konnte nur mit acht ein richtiger Dialog geführt werden. Das heißt, am anderen Ende der Leitung war tatsächlich ein Gesprächspartner. In den anderen Fällen meldete sich ein Anrufbeantworter und es wurde höflich, aber doch bestimmt erklärt, daß man außerhalb der Geschäftszeit anruft. Achtmal also wurde dem (potentiellen) Kunden dargelegt, daß er einen Fehler gemacht hat. Wie kommt der bloß darauf, außerhalb der Geschäftszeiten anzurufen? Achtmal wurde ihm der Weg zu einem schlechten Gewissen geebnet. Fünfmal hatte meine Mitarbeiterin die Gelegenheit, unsere Telefonnummer oder unsere Adresse sowie unseren Wunsch auf Band zu sprechen. Dreimal wurde sie nur darauf verwiesen, daß sie außerhalb der Geschäftszeiten anrufe – nicht mehr. *Die Süddeutsche Zeitung* wollte das Probeabonnement, das sie in der Anzeige offeriert hat, nicht annehmen, *APPLE* »Früher Feierabend« haben, wie es in der Anzeige steht, und *Weru* nicht alle Fenstergrößen anbieten.

Diese drei Anzeigen haben die Unternehmen mehrere Zehntausend Mark gekostet. Sie haben sicher bei all denjenigen, die nicht außerhalb der Geschäftszeiten angerufen haben, in den zwei Sekunden, in denen der Durchschnittsleser die Informationen einer Anzeige aufnimmt, zu einem höheren Bekanntheitsgrad der angebotenen Produkte oder zu einem besseren Image der Unternehmen geführt ... Nur als ein (potentieller) Kunde damit gedroht hat, das gegebene Versprechen nach mehr Informationen einzulösen, haben die Unternehmen schlichtweg

Broadcast & Professional
SONY
Videokonferenz-System TriniCom 2000
Mit Videokonferenz können Sie fast alles machen. Nur bitte lassen Sie dieses alberne Winken!
Sicher, TriniCom 2000 von Sony ist auch fur freundliche Gesten gut. Vor allem aber fürs Geschäft. Denn dieses Videokonferenz-System stellt die ideale Ergänzung zu den herkömmlichen Formen der Kommunikation dar. Es kann die Effizienz eines Unternehmens deutlich steigern – und den Zeit- und Kostenaufwand für Reisen und Meetings drastisch senken.
Das souverän designte Gerät ist mobil und jederzeit überall einsatzbereit, wo es eine Steckdose und ISDN-Anbindung gibt. Damit macht es TriniCom 2000 möglich, beliebig weit voneinander entfernte Gesprächspartner bei Bedarf sofort zusammenzubringen. Einschließlich der Bildübertragung verschiedenster Dokumente, dreidimensionaler Gegenstände und Videos.
Dieses ganz neue Handling von Raum und Zeit zahlt sich in allen Branchen aus. Wie auch Sie und Ihre Kunden von TriniCom 2000 profitieren können, erfahren Sie mit dem kostenlosen Checkheft. Gelegenheit, diese vielseitige, neue Form der Kommunikation selbst zu erleben, bieten Ihnen unsere Sony Professional Partner und Sony Niederlassungen in Ihrer Nähe.
Man sieht sich!
Bitte wählen Sie zur Checkheft-Anforderung und/oder bei Interesse an einer individuellen Beratung die Telefon- und Fax-Nummer
0130 / 86 92 86
TriniCom 2000
Man sieht sich!

Was macht eigentlich ein Manager mit Apple und Microsoft?
Ein Manager, der früher nach Hause kommt, hat entweder ein schlechtes Gewissen oder einen Apple Power Macintosh® und Microsoft Office. Das sind 3 Programme in der optimierten PowerMac-Version: die Textverarbeitung Word 6.01, das Kalkulationsprogramm Excel 5.0 und das Präsentationsprogramm PowerPoint® 4.0.
Und alle sind plattformübergreifend bestens aufeinander abgestimmt. So können Sie problemlos Texte aus Word in PowerPoint einfügen oder Geschäftsgrafiken aus Excel in Word. Ganz egal, ob sie unter Windows™ oder auf einem Macintosh erstellt wurden. Mehr dazu beim Apple-Händler. Vorausgesetzt, Sie kommen rechtzeitig aus dem Büro. Wenn nicht, einfach 0130-86 10 11 anrufen.
Schönen Feierabend.
OFFICE
Früher Feierabend.
Microsoft
Apple

versagt. Die einzelnen Dialoginstrumente »Anzeige« und »Telefonservice« waren nicht oder zumindest unzureichend aufeinander abgestimmt.

Bei allen acht Unternehmen, die ihrem (potentiellen) Kunden einen persönlichen Dialog am Telefon gestatteten, wollte man wissen, in welcher Zeitschrift die Anruferin die Anzeige gesehen habe. Einige haben die Möglichkeit genutzt, neben dem Namen und der Adresse zusätzliche Informationen über ihren (potentiellen) Kunden zu gewinnen. *Opel* zum Beispiel fragte nach der derzeitigen gefahrenen Automarke und dem Baujahr. Die *Allianz*, die für ihren Mobil-Schutzbrief geworben hatte, erkundigte sich nach dem Alter des Interessenten und ob man bereits Kunde bei der *Allianz* sei. *Henkel*, die eine Anzeige geschaltet hatten, die dem Unternehmen zu einem positiveren Image in puncto Umwelt verhelfen sollte, wollte wissen, wie die Anruferin das Image der Firma *Henkel* und die Anzeigenkampagne bewerte. *Henkel* nutzt hier schon den ersten Kontakt mit dem (potentiellen) Kunden, um Chancen und Reserven für das Unternehmen zu identifizieren, und zwar aus der Sicht des Empfängers, nämlich des (potentiellen) Kunden. Zudem fragte *Henkel* nach dem Alter, und ob man aus beruflichen oder privaten Gründen anrufen würde. *Hyundai*, die für ihr S-Coupé geworben haben, boten auch zu anderen Modellen Informationen an, die von uns jedoch nicht gewünscht wurden.

Insgesamt vierzehnmal konnte das versprochene Informationsmaterial tatsächlich am 21. Juni 1995 bestellt werden – wie oben ausgeführt. Nach genau 13 Tagen haben vier Unternehmen ihr Versprechen auch tatsächlich eingelöst und die angeforderten Informationen zugesandt. Neben *Hyundai* waren dies die *Henkel KGaA*, *Braas Dachsysteme* und die *Allianz*. Die Informationen von *Hyundai* waren sehr umfangreich: Neben einem Anschreiben, in dem viel über die Geschichte des Unternehmens stand, lagen ein Prospekt des S-Coupé, Preise und Ausstattungen des gesamten Automobilprogrammes '95, zwei identische Übersichten über die Karosseriefarben für das *Hyundai*-PKM-Programm '95, ein Zubehör-Katalog, eine Preisliste ›Zubehör‹, beides jeweils für alle Modelle, ein Händlerverzeichnis und die Autozeitschrift *mot* vom 10. Dezember 1994 bei, die ein ausführliches Special über *Hyundai* enthielt. Das Anschreiben selbst war personalisiert und brachte zum Ausdruck, daß *Hyundai* sich »über Ihr Interesse an *Hyundai*-Fahrzeugen« freute. Neben der Unternehmensgeschichte wurde in dem Anschreiben auch noch auf das attraktive Fahrradprogramm und den Motorroller sowie auf die damit verbundenen Serviceleistungen verwiesen. Noch einmal zur Erinnerung: Wir hatten Informationen über das S-Coupé bestellt! Doch eines hat *Hyundai* vergessen. Außer dem allgemeinen Satz »Gerne wird einer unserer Vertragshändler mit Ihnen eine Probefahrt vereinbaren und Ihre detaillierten Fragen beantworten« finden wir keine weitere Aufforderung, den Dialog mit *Hyundai* fortzusetzen.

39

rung Braas Dachsteinwerke GmbH auch in den neuen Bundesländern vertreten sind, gewährleistet einen unmittelbaren Kontakt zur jeweiligen Baustelle und bietet Ihnen den Vorteil kurzer Wege und Lieferzeiten.

Wenn Sie besondere Fragen haben, die Ihr Dach betreffen oder spezielle Auskünfte über unsere Produkte wünschen, dann wenden Sie sich an eines unserer Verkaufsbüros in Ihrer Nähe. Die Anschriften finden Sie auf der Rückseite. Oder schicken Sie den vollständig ausgefüllten Infoscheck zurück. Wir senden Ihnen dann gerne weitere, gezielte Informationen über unser Produktprogramm.

Werke und Verkaufsbüros in allen Regionen Deutschlands sorgen für flächendeckenden Service

Mit Braas sind Sie überall an der richtigen Adresse. Denn die Markenprodukte von Braas werden an vielen verschiedenen Orten Deutschlands für die jeweiligen Regionen von erfahrenen und hochqualifizierten Mitarbeitern gefertigt.

Die regionale Verteilung unserer Werke und Verkaufsbüros, die unter der Firmie-

Braas Info-Scheck (bitte vollständig ausfüllen)

Bitte senden Sie mir weitere, kostenlose Informationen über Ihr Lieferprogramm.

☐ Braas Schieferit ☐ Braas Dachrinnen-Systeme ☐ Braas Wohnraum-Dachfenster

☐ Braas Dachbaustoffe – Verantwortung für die Umwelt

Ich plane bereits ein konkretes Bauvorhaben ☐ ja ☐ nein

es handelt sich um ☐ einen Neubau ☐ eine Renovierung

Der Beginn der Baumaßnahmen ist geplant in ...... Monaten

Für mein Dach ist ein Innenausbau vorgesehen ☐ ja ☐ nein

Bei der Ausführung meines Bauvorhabens hilft mir ein

☐ Dachdecker ☐ Architekt ☐ Bauträger Sonstige...

Meine Anschrift .... Name, Vorname

.... Straße, Haus-Nr.

.... PLZ/Ort .... Telefon

GD 1 S+L 100.000 8/94

Beratung und Service durch unsere Verkaufsbüros:

Braas Dachsysteme GmbH

Stemwarde
Birkenweg 44
21465 Reinbek
Telefon (0 40) 71 09 29-0
Telefax (0 40) 7 10 03 46

Rahmstorf
Goldbecker Straße 21
21649 Regesbostel
Telefon (0 41 65) 97 21-0
Telefax (0 41 65) 91 32

Oldenburg
Hundsmühler Straße 151
26131 Oldenburg
Telefon (04 41) 50 03-0
Telefax (04 41) 50 03 26

Rinteln
Braasstraße 1
31737 Rinteln
Telefon (0 57 51) 40 09-0
Telefax (0 57 51) 4 20 00

Borken
Waberner Straße 40
34582 Borken
Telefon (0 56 82) 8 09-0
Telefax (0 56 82) 8 09 35

Monheim – Ost und West
Baumberger Chaussee 101
40789 Monheim
Telefon (0 21 73) 9 67-0
Telefax (0 21 73) 96 71 52

Dülmen
Wierlings-Esch 31
48249 Dülmen
Telefon (0 25 94) 94 26-0
Telefax (0 25 94) 94 26 49

Neuwied
Matth.-Erzberger-Straße 32
56564 Neuwied
Telefon (0 26 31) 98 84-0
Telefax (0 26 31) 2 00 83

Heusenstamm
Rembrücker Straße 50
63150 Heusenstamm
Telefon (0 61 04) 9 37-0
Telefax (0 61 04) 93 73 31

Hockenheim
II. Industriestraße 1
68766 Hockenheim
Telefon (0 62 05) 20 01-0
Telefax (0 62 05) 20 01 40

Ludwigsburg
Oscar-Walcker-Straße 26 B
71636 Ludwigsburg
Telefon (0 71 41) 47 49-0
Telefax (0 71 41) 46 01 40

Ötigheim
Im Haidteiler
76470 Ötigheim
Telefon (0 72 22) 10 05-0
Telefax (0 72 22) 10 05 28

Altheim
89605 Altheim
Telefon (0 73 91) 50 06-0
Telefax (0 73 91) 50 06 49

Mainburg – Ost und Süd
Wolnzacher Straße 40
84048 Mainburg
Telefon (0 87 51) 77-0
Telefax (0 87 51) 7 71 39 = Ost
Telefax (0 87 51) 7 71 49 = Süd

Forchheim
Forchheimer Straße 38
91353 Hausen
Telefon (0 91 91) 3 20-0
Telefax (0 91 91) 3 20 20

Gosheim
Wemdinger Straße 35
86685 Huisheim
Telefon (0 90 92) 6 04-0
Telefax (0 90 92) 6 04 31

Braas Dachsteinwerke GmbH

Jatznick
Rothemühler Landstraße 36
17309 Jatznick
Telefon (03 97 41) 8 02 74 bis 78
Telefax (03 97 41) 8 02 19

Hoppegarten
Rudolf-Braas-Straße 1
15345 Hoppegarten (bei Müncheberg)
Telefon (03 34 32) 8 98 93, 8 94 71 bis 73
Telefax (03 34 32) 8 98 92

Heyrothsberge
Königsborner Straße 35
39175 Heyrothsberge
Telefon (03 92 92) 75 00, 21 26, 2 70 11 bis 13
Telefax (03 92 92) 21 34

Hirschfeld
Salzstraße
09629 Neukirchen
Telefon (03 52 42) 44 20
Telefax (03 52 42) 4 42 46

Voigtstedt
Edersleber Landstraße
06556 Voigtstedt
Telefon (0 34 66) 32 14 46 bis 49
Telefax (0 34 66) 22 20

BRAAS DACH SYSTEME

Braas Dachsysteme GmbH
Hauptverwaltung
Frankfurter Landstraße 2 - 4
61440 Oberursel
Telefon (0 61 71) 6 33-0
Telefax (0 61 71) 63 33 00
Telex 4 15 351

Braas Dachsteinwerke GmbH
Hauptverwaltung
Mühlweg 47
06114 Halle
Telefon (03 45) 2 40 12 u. 50 08 90
Telefax (03 45) 2 31 39 u. 5 00 89 25
Telex 3 18 286

Überreicht durch: ....

GD 1 S+L 100.000 8/94

Keine Telefonnummer, an die wir uns wenden sollen, keine Antwortkarte, mit der wir eine Probefahrt »bestellen« können – nichts. Wir wissen auch nicht, ob wir den Vertragshändler anrufen sollen, oder ob er uns anrufen wird. Dieses Beispiel zeigt, wie wichtig es für die Unternehmen ist, einen einmal begonnenen Dialog fortzusetzen und dieses dem (potentiellen) Kunden so einfach wie möglich zu machen.

Das Informationspaket der Firma *Braas Dachsysteme GmbH* bestand ebenfalls aus einem Anschreiben und einem Prospekt. Die Unterschriften des personalisierten Anschreibens sind so gut gedruckt, daß man meinen könnte, es wären Originalunterschriften. Auf der vorletzten Seite ist ein *Braas*-Info-Scheck abgedruckt.

Dieser dient dazu, »besondere Fragen..., die Ihr Dach betreffen (zu beantworten) oder spezielle Auskünfte über unsere Produkte« zu geben. Die verschiedenen Produktgruppen brauchen nur angekreuzt zu werden. Zudem möchte *Braas* gerne wissen, ob man bereits ein konkretes Bauvorhaben plant, ob es sich hierbei um einen Neubau oder eine Renovierung handelt, in wieviel Monaten der Beginn der Baumaßnahmen geplant ist und wer bei der Ausführung des Bauvorhabens behilflich ist. *Braas* erfährt so ganz genau, welches die individuellen Bedürfnisse und Rahmenbedingungen des einzelnen (potentiellen) Kunden sind; neben der Adresse erhält das Unternehmen zusätzliche Informationen für seine Datenbank. Jetzt kann *Braas* mit dem (potentiellen) Kunden einen individuellen Dialog führen und eine neue Partnerschaft begründen. Ein kleines Detail ist uns leider aufgefallen, welches so manchen Interessenten daran hindern könnte, den *Braas*-Info-Scheck abzusenden. Auf der Rückseite des starken Pappkartons ist nicht etwa die Adresse von *Braas* innerhalb eines Postkartenfeldes abgedruckt, sondern eine ganz normal beschriftete Seite mit allen Adressen der *Braas*-Verkaufsbüros zu finden. Dem Kunden wird es unnötig schwer gemacht, den Info-Scheck zu versenden.

Auch die *Allianz* will den Dialog mit dem einmal aus der Masse identifizierten (potentiellen) Kunden weiterführen. In dem Anschreiben wird auf den *Allianz*-Fachmann »ganz in unserer Nähe« verwiesen. Wir freuen uns schon auf seinen Anruf. Er wird sich doch wohl melden! Das Anschreiben ist nett aber kurz gehalten. Schade nur, daß es so allgemein ist, daß es die *Allianz* freut, daß »Sie sich für unsere Versicherungs-Produkte interessieren.« Haben wir gar nicht, wir wollten etwas über ein Versicherungsprodukt, nämlich die *AllianzMobil* erfahren. Hier bietet es sich für das Unternehmen an, in dem Anschreiben schon kurz die wichtigsten drei Vorzüge der Problemlösung zu nennen. Das Anschreiben ist übrigens nicht unterschrieben. Außerdem sei noch erwähnt, daß man grundsätzlich dem (potentiellen) Kunden mehrere Möglichkeiten der Dialogfortsetzung geben sollte.

Diese aktuellen Beispiele sollten aufzeigen, wie wichtig es ist, daß das

Unternehmen einen einmal begonnenen Dialog mit seinen potentiellen) Kunden auch tatsächlich fortsetzt. Hierzu ist es notwendig, dem (potentiellen) Kunden die Fortsetzung des Dialoges so einfach wie möglich zu machen. Andererseits zeigen einige dieser Beispiele aber auch, daß das eine oder andere Unternehmen begonnen hat, eine eigene Datenbank aufzubauen. Diese Investition in die Zukunft wird sich für die Unternehmen hundertprozentig bezahlt machen. Dies vermuteten wir 1995. Bis Ende Januar 1997 hat sich hingegen leider noch kein einziges Unternehmen wieder bei uns gemeldet. Der *Allianz*-Berater hat genauso wenig angerufen wie *Hyundai* uns zu einer Probefahrt eingeladen hat.

Drei besondere Erfahrungen in dem oben beschriebenen Feldtest seien noch kurz erwähnt. Auch das *Bundesministerium für Arbeit und Sozialwesen* hat zum Thema Pflegeversicherung eine Service-Telefonnummer, unter der man weitere Informationen anfordern kann, in ihrer Anzeige genannt. Da die Broschüre im Moment allerdings vergriffen ist, kann die Zusendung etwas dauern. Hoffentlich nicht zu lange. Auch die Firma *Braun* warb in ihrer Anzeige mit Informationen zum Nulltarif. Ein Anrufbeantworter meldet sich und erzählt fast genau das gleiche, was in der Anzeige steht. Der (potentielle) Kunde kann hier aber keine weiteren Informationen anfordern oder das angebotene Produkt gar bestellen, wir wurden noch nicht einmal nach unserer Adresse gefragt. Nicht alle Service-Telefonnummern sind also dazu gedacht, einen Dialog mit dem (potentiellen) Kunden zu führen. Bei der Firma *DUMONT* hätte man, statt in die Buchhandlung gehen zu müssen, das Buch ›Marketing mit Bildern‹ zu 98 DM unter der gebührenfreien Telefonnummer 0130–866677 (bei Lieferung gegen Rechnung und 10 Tage Rückgaberecht) bestellen können. Zu den Erfahrungen mit der Firma *DUMONT* schrieb mir meine Mitarbeiterin in ihren Testbericht: »Keiner nimmt ab! Schon wieder 98 DM verloren, schade!« Kunde droht mit Auftrag! Die technischen Möglichkeiten, rund um die Uhr für seinen (potentiellen) Kunden telefonisch erreichbar zu sein, gibt es heute, warum schöpft man sie nicht aus?

Wenn der Hersteller nicht weiß, was sein Händler will

Natürlich ist es eine Herausforderung für ein Unternehmen, ein spezifisches Konzept »Individuelles Partnerschaftsmarketing« zu entwickeln und auch tatsächlich zu leben, also insbesondere die einzelnen Dialoginstrumente aufeinander abzustimmen. Vor einer ungleich größeren Herausforderung stehen die Unternehmen dann, wenn mehrere disziplinarisch und rechtlich unabhängige Partner unter einem Dach »Individuelles Partnerschaftsmarketing« auftreten sollen, wie das zum Beispiel sehr oft in der Zusammenarbeit Hersteller – Händler der Fall ist. Doch zunächst wieder ein Beispiel: Im März 1995 suchte ich für mein Büro einen neuen Kopierer. Da fiel mir die Beilage der Firma *Sanyo* in einer Fachzeitschrift gerade recht in die Hände. »Zum Faxen und Kopieren bitte öffnen...« hieß der Slogan, und ich öffnete die Beilage. Verschiedene Modelle wurden beschrieben und die Werbebotschaft mit »Immer bestens beraten« abgeschlossen. Nachdem der Kundenservice und seine (selbstverständlichen) Leistungen wie »kompetente Beratung – fachgerechte Einweisung – zuverlässiger Kundendienst« beschrieben wurden, konnte ich weitere Informationen bestellen. »Ich will mehr« heißt die Rubrik, und ich wollte mehr wissen über zwei Kopierer – den Z 76 und den Z 96. »Die Modellbezeichnung habe ich einfach in das Feld eingetragen«, so wie es in der Beilage beschrieben stand. Am 6.3.1995 habe ich dann mein Fax an *Sanyo Büro-Electronic*, München, gesandt. Aus der breiten angesprochenen Masse meldet sich ein identifizierbarer (potentieller) Kunde.

Schon am 22.3.1995 – also 16 Tage oder zwei Wochenenden – nach meiner Faxanfrage schrieb mir dann ein Fachhändler, daß er mir das folgende Angebot, bezugnehmend auf meine Anfrage bei der Firma *Sanyo*, unterbreite. Und dann wurde es beschrieben, das Angebot, nämlich der Kopierer Sanyo SFT Z 76 mit allen technischen Daten und zwei Anschaffungsmöglichkeiten: Gerätekauf oder Gerätemiete. Bei der Gerätemiete wurde eine Kopieanzahl von 1.000 Stück monatlich als inklusive unterstellt. Woher wissen die dies, fragte ich mich. Ich brauche diesen Kopierer doch nur für 300 bis 700 Kopien im Monat. Also muß ich doch dann in der monatlichen Mietgebühr Kopien bezahlen, die ich gar nicht benötige, dachte ich mir. Jetzt suchte ich nach weiteren Informationen über den Z 96, denn für diesen Kopierer interessierte ich mich ja auch noch. Doch neben dem Angebot für den Z 76, dem Prospekt für den Z 76 und einer Darstellung der Leistungen des Fachhändlers waren keine weiteren Informationen enthalten. Keine Informationen über den Z 96. Danke, das war's, waren meine Gedanken, wenn dieser Fachhändler und/oder die Firma *Sanyo* meine Kundenwünsche auf diese Art und Weise ernst nehmen, was passiert dann erst, wenn ich mir dort einen Kopierer kaufe und die Serviceleistungen in Anspruch nehmen muß. Wird mein Wunsch nach Reparatur, Ersatzgerät dann auch so fahrlässig behandelt?

Doch das war's noch nicht. Denn jetzt kam die positive Überraschung – der Telefonanruf als dritte Stufe im Dialog. Im April rief mich eine freundliche Dame an und bot ihre Hilfe bei weiteren Fragen an. Auf meinen Hinweis, daß ich mit meinem ersten Fax – Sie wissen, dem von Anfang März – auch Informationen über den Kopierer Z 96 angefordert hatte, mußte ich mir anhören, daß der Fachhändler diesen nicht im normalen Programm habe und man mir deshalb auch keine weiteren Informationen zugeschickt hätte. Das reichte nun. Die Kopierer von *Sanyo* mögen schön und gut sein, eine ausgezeichnete Stellung im harten Wettbewerb besitzen – ich weiß es nicht – wir sind heute mit unserem *Develop* auf jeden Fall sehr zufrieden. Bleibt festzuhalten, daß *Sanyo* es gelungen war, einen (potentiellen) Kunden aus der anonymen Masse zu identifizieren und diesen zu einem Dialog mit dem Unternehmen zu bewegen; die weitere Betreuung des (potentiellen) Kunden wies jedoch zu viele Lücken und Mängel im Detail auf:

1. 16 Tage lagen zwischen der Anfrage und der Angebotserstellung – dieser Zeitraum ist viel zu lang. Schließlich gehört ein Kopierer heute so selbstverständlich als Muß zu einer Büroausstattung wie vor zwanzig Jahren noch das Blaupapier
2. Die Erwartungen des (potentiellen) Kunden wurden schon bei der Angebotserstellung nur zu 50 Prozent erfüllt
3. Der Hersteller *Sanyo* und sein Fachhändler scheinen unterschiedliche Interessen zu verfolgen – zumindest agierten sie beide in bezug auf den (potentiellen) Kunden nicht konform.

Gleich zweimal hat der (potentielle) Kunde hier »Nein« gesagt. »Nein« in einer Phase, in der kein Verkäufer da ist, um dieses »Nein« zu revidieren. *Sanyo* steht mit dem oben beschriebenen Problem nicht allein. Viele Firmen investieren Millionen und Abermillionen in Werbung, Marketing und Direktmarketing, nur um neue (potentielle) Kunden zu gewinnen, engagieren die angeblich beste und damit teuerste Werbeagentur, schalten Anzeigen zu 80.000 DM und mehr in *Spiegel, Stern, Focus* und anderen und vergessen dabei, etwas hundertprozentig zu organisieren, nämlich die Situation, die dann eintritt, wenn sich tatsächlich mal ein (potentieller) Kunde für die angebotenen Leistung interessiert, wenn tatsächlich einmal ein (potentieller) Kunde vermutet, in der angebotenen Leistung die individuelle Problemlösung zu sehen, die seine individuellen Bedürfnisse gut genug befriedigt, um Zeit, Aufmerksamkeit und Geld investieren zu wollen. An dieser Stelle darf sich ein Unternehmen keinen Fehler erlauben. Denn alle vorangegangenen Investitionen sind dann auf einmal Investitionen in eine Bauruine, die niemals fertiggebaut wird, weil der Architekt erst nach Errichtung des Dachstuhls festgestellt hat, daß der Baugrund diese Ruine gar nicht tragen würde.

Ein letztes Beispiel aus einem anderen Markt, einer anderen Branche, welches mit der Frage eingeleitet werden soll: Gibt es ein Paradies? Trotz Rezession und wirtschaftlicher Unsicherheit scheint es immer noch Märkte zu geben, in denen es genügend Adams gibt, die ohne große Verführung in den (sauren) Apfel beißen und Eva zur Freude gereichen. Der Büromöbelmarkt scheint ein solches Paradies, die Hersteller und Händler die Evas zu sein. Wieder einmal drohte ein (potentieller) Kunde mit Auftrag. Wieder einmal wollte ein (potentieller) Kunde sein Geld ausgeben und nur zwei von zehn Unternehmen wollten dieses Geld auch haben – so zumindest der Eindruck des Kunden. Ein komplettes Chefbüro sollte ausgestattet werden. Nicht im modischen Anthrazit, auch nicht im immer schönen Grau, nein, es sollte etwas mehr Farbe sein und halt etwas anderes, als in einem ›normalen‹ Büro. Also machte sich der Kunde auf den Weg und besuchte zehn verschiedene Büromöbelhändler. Viele Prospekte hat er bekommen, der (potentielle) Kunde. Viele Gespräche hat er geführt. Sechsmal wurden dem (potentiellen) Kunden Büromöbel gezeigt, viermal wurde er zunächst nach seinen Wünschen und Bedürfnissen befragt. Dreimal wurde der Dialog mit dem (potentiellen) Kunden telefonisch fortgesetzt und dann hatte er sich entschieden – für ein ganz besonderes Programm. Der kleine Händler um die Ecke, der wußte noch, wie man einen Kunden betreut. Alle offenen Fragen wurden umgehend von dem kleinen Händler geklärt. Doch dann tauchte noch ein Problem auf, nämlich die Farbe der Schränke. Ein Farbmuster fehlte. Kein Problem für den kleinen Händler vor Ort. Er veranlaßte sofort, daß ein Farbmuster »Anthrazit« dem (potentiellen) Kunden direkt vom Werk zugesandt wird. Und was kam dann. Ein kleines Paket ohne Anschreiben aber mit Lieferschein, gerichtet an die Firma »Grünbling«. Inhalt des Paketes: Ein Holzmuster »Polargrau«. Wenn diese Firma noch nicht einmal das Einmaleins einer kundenorientierten Angebotsverfolgung beherrscht, woher soll der Kunde dann das Vertrauen in eine ordentliche Abwicklung seiner Bestellung nehmen? Der potentielle Kunde entschied sich für ein Konkurrenzprodukt.

Doch wer trägt hierfür die Verantwortung, die Händler vor Ort oder die Hersteller, wie sie auch immer heißen mögen, ob *USM*, *Randers*, *König+Unrat*, *Vitra*, *Gesika*, *KGF*, oder oder oder. Es reicht heutzutage nicht mehr, nur qualitativ hochwertige Produkte herzustellen, das können fast alle. Ein unverwechselbares Design der Produkte ist ebenso ungenügend. Auch das können alle. Qualität des Produktes und einmaliges Design sind austauschbar. Entscheidend ist vielmehr, daß der Hersteller zusammen mit seinen Händlern ein unternehmensspezifisches Konzept »Individuelles Partnerschaftsmarketing« entwickelt und lebt. Im Falle der Handelsschiene muß dies ein Konzept sein, daß den Händler vor Ort unterstützt, in dem harten Verdrängungswettbewerb erfolgreich zu sein. *Toshiba* scheint ein solches Konzept entwickelt zu haben und es tatsächlich auch zu leben. In der Zeitschrift *boos* 02/95 wurden hierzu einige Beispiele dargestellt, wie *Toshiba* den »Fachhandel in die Lage versetzt, die sprichwörtliche Nasenlänge Vorsprung zu erzielen«:

- Schulung der Fachhändler und deren Mitarbeiter im technischen wie im verkäuferischen Bereich, z.B. Telefonmarketing oder Gesprächsführung
- das »Dealer Salesman Recruitment-Programm« unterstützt den Händler bei der Suche und Auswahl von Mitarbeitern
- die »Data Base Marketing« stellt dem Händler detaillierte Marktdaten über sein Verkaufsgebiet zur Verfügung und vieles mehr.

Der Händler vor Ort erhält so die Instrumente an die Hand, seinen (potentiellen) Kunden optimal zu betreuen und zu bedienen. So wie der (potentielle) Kunde es erwartet.

Was ein Uhrwerk mit dem Individuellen Partnerschaftsmarketing zu tun hat

Wie die vorangegangenen Beispiele zeigen, verlieren die einzelnen Instrumente des Individuellen Partnerschaftsmarketing sofort ihre Wirkung, wenn sie nicht aufeinander abgestimmt sind. Jedes einzelne Instrument ist nur so stark wie das schwächste Glied in seiner Kette. Insofern ist es dringend erforderlich, daß die einzelnen Dialoginstrumente wie die Zahnräder eines Uhrwerkes aufeinander abgestimmt sind. Ob eine Anzeige mit einer Servicetelefonnummer erfolgreich war oder nicht, läßt sich nur dann wirklich messen und beurteilen, wenn der (potentielle) Kunde auch tatsächlich die Möglichkeit hat, den Dialog mit dem Unternehmen aufzunehmen. Wenn ein Unternehmen den Schritt in die Maximale Kundenorientierung gehen will, ist es deshalb unabdingbar, sich zunächst einmal Gedanken über den Weg zu machen, also ein erstes unternehmensspezifisches Konzept »Individuelles Partnerschaftsmarketing« zu entwickeln. Wie wir mehrmals ausgeführt haben, lebt dieses Konzept von seiner kontinuierlichen Weiterentwicklung. Insofern ist es auch nicht notwendig und auch nicht sinnvoll, von heute auf morgen die gesamte Marktbearbeitung entsprechend der in diesem Buch aufgestellten Managementgrundsätze umzustellen. Dies würde letztendlich in ein Chaos führen.

Kurz gesagt, zunächst geht es für jedes Unternehmen darum, sich ein Bild von seiner Zukunft zu malen, das heißt zu planen, wie Maximale Kundenorientierung in seinem Unternehmen aussieht. Dieses Bild dient dann als Rahmen für die weiteren Handlungen, die eine kontinuierliche Verbesserung der Methoden und Abläufe im Umgang mit dem (potentiellen) Kunden zur Folge haben. Ein Unternehmen, welches seine Kundenorientierung maximieren will, sollte daher zunächst damit beginnen das schwächste Glied in seinem unternehmensspezifischen Konzept »Individuelles Partnerschaftsmarketing« zu optimieren. Natürlich muß schon die Umsetzung des Individuellen Partnerschaftsmarketing im kleinen wie ein Uhrwerk funktionieren. Der japanische Unternehmensberater *Minoru Tominaga* fordert, daß der Kaizen-Gedanke in jedes Unternehmen getragen werden müsse. Kaizen ist der Begriff für die kontinuierliche Verbesserung von Methoden und Abläufen. *Tominaga* vergleicht ein Unternehmen mit einem Körper: »Alle Abteilungen eines Unternehmens sind Gliedmaßen desselben Körpers. Es käme niemand auf die Idee, zu sagen ›ich wollte ja kommen, aber meine Beine nicht‹ oder ich wollte sie anrufen, aber meine Hand wollte das Telefon nicht anfassen‹. Solche Sätze kommen uns albern vor. Wenn aber Manager sagen ›ich wollte es liefern, aber der Einkauf spielte nicht mit‹ klingt es ganz normal und wird akzeptiert. Auch ein Unternehmen muß sich als ein Organismus verstehen, der als Ganzes einem Ziel dient.«[9]

Selbstverständlich haben die einzelnen Instrumente unterschiedliche Auswirkungen auf die gesamte Wirksamkeit des unternehmensspezifischen Konzepts »Individuelles Partnerschaftsmarketing«. Eine absolute Schlüsselfunktion nimmt hierbei die Datenbank ein, da diese von keinem anderen Instrument ersetzt werden kann. Nur mit Hilfe der Datenbank kann das Unternehmen kontinuierlich die individuellen Bedürfnisse seines Marktes entdecken und nur mit Hilfe der Datenbank kann es seine Märkt bestimmen, also die einzelnen Segmente definieren. Und dies wiederum ist Voraussetzung, um einen gezielten Dialog mit den (potentiellen) Kunden aufnehmen bzw. eine Partnerschaft entwickeln zu können. Grundvoraussetzung für die Maximale Kundenorientierung ist eine eigene Datenbank; ohne sie läuft gar nichts bzw. alles nur in Massen.

Die einzelnen Dialoginstrumente hingegen sind untereinander austauschbar. Statt den Kundenmanager auf Reisen zu schicken, kann das Unternehmen den Dialog mit seinen (potentiellen) Kunden durchaus auch über ein gutes Telefonmarketing führen. Statt mit einer Anzeige kann es mit einer Steckkarte (potentielle) Kunden gewinnen. Auch die Segmentierung nimmt einen besonderen Stellenwert im Individuellen Partnerschaftsmarketing ein: Sie schützt das Unternehmen vor der Versuchung in Massen zu denken und zu arbeiten und stellt sicher, daß die richtigen Botschaften die richtigen Empfänger erreichen. Aus dem Zusammenspiel der Datenbank und der Segmentierung ergibt sich dann wiederum zwangsläufig, daß das Unternehmen auch zum richtigen Zeitpunkt mit den richtigen Inhalten über die richtigen Instrumente den Dialog mit seinen (potentiellen) Kunden führt.

Welches Dialoginstrument zu welchem Zeitpunkt das richtige ist, kann ebenfalls nur unternehmensspezifisch entschieden werden. Entscheidend ist, daß es den Erwartungen des (potentiellen) Kunden entspricht. Bei Handwerkern oder Kindergärten bietet es sich zum Beispiel an, das Telefonmarketing nur sehr wohldosiert einzusetzen, da beide Gruppen diesem sehr skeptisch gegenüberstehen. Dies liegt zum einen darin begründet, daß sie mit weniger seriös arbeitenden Unternehmen negative Erfahrungen im Telefonmarketing gemacht haben – der eine oder andere Handwerker, der ein Paket Dübel am Telefon bestellt hat, hat eine Palette geliefert bekommen haben – zum anderen wollen beide Gruppen die verschiedenen angebotenen Problemlösungen gerne sehen und nach Möglichkeit selbst testen. Auch bei der Wahl der Dialoginstrumente entscheiden also letztendlich die individuellen Bedürfnisse des (potentiellen) Kunden. Doch sollten es die Unternehmen durchaus wagen, auch solche Dialoginstrumente in Zukunft einzusetzen, die für die angesprochene Branche heute vielleicht noch nicht typisch sind. In zehn Jahren werden Sie ihren *Daimler*, *BMW* oder *Porsche* nicht mehr im Showroom des Händlers kaufen, sondern bei sich zuhause. Sie werden nicht wissen, wo die Werkstatt für ihr Auto ist, und sich vielleicht noch darüber wundern, daß sie vor zehn Jahren noch um ein Ersatzauto während der Inspektion betteln mußten. Gerade die Autohersteller werden sehr schnell lernen, zu ihrem (potentiellen) Kunden zu gehen und nicht darauf zu warten, daß er irgendwann einmal bei ihnen vorbeikommt. Wenn Sie sich ein neues Wohnzimmer kaufen wollen, wird in zehn Jahren der Einrichter, nicht mehr der Möbelverkäufer, zu ihnen nach Hause kommen, ihr Wohnzimmer abfotographieren, diese Fotos in seinen Computer speisen und schon können sie die verschiedensten Möbelstücke in Ihrem neuen Wohnzimmer an jeder erdenklichen Stelle plazieren .

9. Individuelles Partnerschaftsmarketing ist ein ganzheitliches unternehmensspezifisches Konzept

Der Erfolgsschlüssel der Maximalen Kundenorientierung heißt Individualität. Eine einfache ›Wenn-dann-Verknüpfung‹ kann es im Individuellen Partnerschaftsmarketing nicht geben. Jedes Unternehmen muß daher in Abhängigkeit von seinen individuellen Rahmenbedingungen sein eigenes Konzept des Individuellen Partnerschaftsmarketing erarbeiten. Die einzelnen Instrumente dieses Konzepts müssen wie die Räder eines Uhrwerks aufeinander abgestimmt sein.

Ein Beispiel: Individuelles Partnerschaftsmarketing für den Porsche 911

Nachdem in den vorangegangenen Abschnitten die einzelnen Instrumente des Individuellen Partnerschaftsmarketing und deren Zusammenwirken ausführlich beschrieben wurde, möchte ich Ihnen nun anhand eines Beispieles ein unternehmensspezifisches Gesamtkonzept »Individuelles Partnerschaftsmarketing« vorstellen. Als Beispiel habe ich die Firma *Porsche* und ihren neuen 911 gewählt. Dies hat zwei Gründe: Zum einen hat dieses Buch mit einer Geschichte, die mit diesem Fahrzeug verbunden war, begonnen, zum anderen hat sich bei *Porsche* seit 1994 in puncto Kundenorientierung einiges getan – der (potentielle) Kunde scheint zusehends in den Mittelpunkt des Unternehmens zu rücken, ja es sieht sogar so aus, als ob *Porsche* als eines der ersten Unternehmen in Deutschland seine Kundenorientierung maximieren würde. Das im folgenden dargestellte Beispiel ist Praxis und Fiktion zugleich: Das heißt viele der genannten Einzelaspekte werden von *Porsche* tatsächlich heute schon gelebt, von einigen anderen kann es vermutet werden und weitere, die in diesem Beispiel genannt werden, würden das Gesamtkonzept noch weiter optimieren. Ich werde darauf verzichten darzustellen, welche Aspekte real und welche fiktiv sind. Sie können es selbst feststellen, indem Sie zum Beispiel einmal die Telefonnummer 01805–356 911 wählen; doch dazu später mehr.

Im Kapitel über die individuellen Bedürfnisse hatten wir uns schon ausführlicher mit dem *Porsche 911* beschäftigt. Diese Ausführungen sind die Grundlage für die weiteren Erläuterungen. Es ist allgemein bekannt, daß *Porsche* in den Jahren 1992 und 1993 seine Absatzziele nicht realisieren konnte und insbesondere bei dem Hauptprodukt *Porsche 911* gravierende Umsatzeinbußen hinnehmen mußte. So konnten die Schwaben im Geschäftsjahr 1993 nur noch 14.333 Sportwagen insgesamt verkaufen, das waren über 8.000 weniger als noch im Jahr zuvor. Die Hauptursachen wurden zum einen in einer verfehlten Modellpolitik und zum anderen aber in der allgemeinen wirtschaftlichen Situation gesucht, da in einer rezessiven Phase gerade der Absatz von Luxusgütern sinke. Im Geschäftsjahr 1994 hingegen konnte *Porsche* seinen Absatz wieder auf rund 18.200 Fahrzeuge steigern. Das wirtschaftliche Ergebnis wandelte sich von roten in schwarze Zahlen. Diesen Erfolg hat neben den gewaltigen Produktivitätssteigerungen zum einen die Markteinführung des neuen *Porsche 911* im Jahre 1994 möglich gemacht, zum anderen die Bündelung und Abstimmung einzelner Maßnahmen zur Marktbearbeitung zu einem Gesamtkonzept »Individuelles Partnerschaftsmarketing«.

Doch zunächst ein Blick zurück: Die letzte Werbekampagne 1991/92 für den **alten** *Porsche 911* konzentrierte sich inhaltlich auf ein damals und heute in der Gesellschaft nicht als vorbildlich und allgemein erstrebenswertes Motiv – die Geschwindigkeit. Zu allem Überfluß wurde dieser Inhalt über klassische Werbeinstrumente wie Anzeigen in auflagenstarken Publikationen (z.B.: *Stern*) transportiert. Neben den viel zu hohen Streuverlusten wurde hiermit ein negativ belegter Nerv der Zeit getroffen – eben das »hirnlose Rasen«. Es kann nicht verwundern, daß diese Kampagne (nicht zuletzt auch aufgrund des Vorwurfs der Kopie einer amerikanischen) in der breiten (Fach-)Öffentlichkeit zwar heiß diskutiert wurde, der gewünschte Absatzerfolg jedoch ausbleiben mußte. Interaktive Dialoginstrumente wie Mailings, die den (potentiellen) Kunden direkt ansprechen, wurden nur sporadisch eingesetzt, ein Verkäufer war schwer zu finden, wie ich in der Einleitung bereits dargestellt habe. Die einzelnen Händler vor Ort führten einige selbständige Maßnahmen zur Gewinnung (potentieller) Kunden durch. Eine Optimierung des Vertriebes bzw. eine Integration des Vertriebes im Sinne eines Gesamtmodells war jedoch nicht zu erkennen – die Marktbearbeitung folgte viel zu sehr Zufällen. Die einzelnen Instrumente der Marktbearbeitung waren nicht aufeinander abgestimmt.

Mit der Einführung des neuen Modells des 911 hat *Porsche* ein Gesamtkonzept »Individuelles Partnerschaftsmarketing« eingeführt, welches aus mehreren ineinandergreifenden Bausteinen besteht. Der erste Baustein ist die Telefon- **und** Faxnummer 0137–356 911. Nicht nur den eingefleischten *Porsche*-Fans wird aufgefallen sein, daß die ersten drei Ziffern, die Baureihe des Vorgängermodells beschreiben und die letzten drei Ziffern das aktuelle Modell. Dies ist nicht nur ein Gag, sondern hilft dem Interessenten, sich diese Telefon- und Faxnummer zu merken, weil über die beiden dreistelligen Ziffern in der rechten Gehirnhälfte ein Bild aufgebaut wird. Unter dieser Telefonnummer kann jeder *Porsche*-Interessent seinen individuellen Dialog mit *Porsche* aufnehmen. Sie ist in allen Anzeigen, Fernsehspots, Mailings, Salesfoldern, Werbemitteln, einfach in allen Instrumenten zu finden, mit denen sich *Porsche* an die (potentiellen) Kunden richtet. Diese gewinnt *Porsche* über vier zentrale Wege: Direkt über Mailings oder Visitenkartenboxen bei ausgewählten Veranstaltungen des ausgewählten Segments, zum Beispiel einem Ärztekongreß, oder indirekt über Anzeigen in Zeitschriften und Fernsehspots. Auch bei den letzten beiden Instrumenten steht die Servicenummer im Mittelpunkt – und zwar 24 Stunden lang.

Porsche nimmt den Dialog mit seinen (potentiellen) Kunden ernst. Innerhalb von zwei Tagen erhält der (potentielle) Kunde sein erstes Informationspaket, bestehend aus einem Anschreiben, einem Fragebogen und einem kleinen Buch im DIN A5 Format. Das Anschreiben ist voll personalisiert. Es richtet sich an einen einzelnen, ein Individuum und ist vom Vertriebsvorstand Hans Riedel unterschrieben. Die Unterschrift ist so hervorragend nachgedruckt worden, daß sie nur bei näherem Hinsehen als eben gedruckt identifiziert werden kann. Nur zwei Botschaften schreibt Riedel seinem (potentiellen) Kunden:

1. Botschaft:
»Um Ihnen die schönen Seiten von Porsche ein wenig näher zu bringen, haben wir dieser Aussendung eine Broschüre mit Ihrem Wunschmodell beigefügt: Lassen Sie sich faszinieren vom Porsche 911 Carrera – viel Freude bei der Lektüre.«

Abb. 10.1

Porsche lädt ein, sich mit den schönen Seiten zu beschäftigen und bietet von vornherein nicht irgendein Produkt an, sondern eine individuelle Problemlösung, »...mit Ihrem Wunschmodell«.

Die »schönen Seiten« sind nicht irgendein vierfarbiger Prospekt, sondern ein kleines Buch im DIN A5 Format. Die Alleinstellung des *Porsche 911* wird gleich auf den ersten Seiten transportiert: »Carrera Coupé, Carrera Cabriolet, Carrera 4 Coupé, Carrera 4 Cabriolet. Was sie bieten, gibt es bei anderen nicht einmal als Extra: 911% Faszination.« Aus dem Selbstbewußtsein heraus, für einen *Porsche 911* nicht erst ein individuelles Bedürfnis wecken zu müssen, werden auf den folgenden Seiten bei einem Streifzug durch die Geschichte des 911 und einer Einladung, »einmal eine kurvenreiche Landstraße oder eine einsame Paßstrecke in diesem Wagen (zu) durchfahren«, die individuellen Neuroassoziationen der (potentiellen) Kunden abgerufen.[10]

Gegenüber einem Prospekt erzielt *Porsche* mit dem kleinen Buch noch einen zusätzlichen Effekt: Während man einen Prospekt nach einem ersten Durchblättern leicht zur Seite legt, ist die Chance, daß ein Buch seinen Weg in den Bücherschrank findet, größer. Der (potentielle) Kunde hat jetzt die Möglichkeit, sich immer wieder in seinen Traum verführen zu lassen.

Ich will mehr erfahren.

Herrn
Jörg Gündling
Sattlerstr. 7
D-59348 Lüdinghausen

Falls meine oben angegebene Adresse nicht richtig ist, hier meine Korrektur:

Ich habe noch weitere Fahrzeuge in meinem Haushalt:

Marke Typ Baujahr Km-Stand
Marke Typ Baujahr Km-Stand
Marke Typ Baujahr Km-Stand

Bitte setzen Sie sich unter folgender Telefon- oder Faxnummer mit mir in Verbindung:

☐ geschäftlich, am besten von ___ bis ___ Uhr

Telefon Fax

☐ privat, am besten von ___ bis ___ Uhr

Telefon Fax

Damit ich künftig mehr über Porsche erfahre und Sie mich ganz individuell informieren können, gebe ich Ihnen gern zu folgenden Punkten Auskunft:

Ich fahre zur Zeit:

Marke Typ Baujahr Km-Stand

Ich habe das Fahrzeug gekauft als:

☐ Neuwagen ☐ Gebrauchtwagen

Von einem Fahrzeug erwarte ich viel.

Dies sind die drei wichtigsten Eigenschaften, die ein Auto meiner Meinung nach haben sollte:

☐ tolles Styling ☐ genug Performance
☐ hohen Komfort ☐ gute Straßenlage
☐ Sportlichkeit ☐ luxuriös
☐ Geräumigkeit ☐ geringer Benzinverbrauch

Ich bevorzuge folgendes Porsche Modell

☐ 911 ☐ 928 ☐ 968

Für wann planen Sie die Anschaffung eines Porsche?

Soll der Porsche Ihr jetziges Fahrzeug ersetzen?

☐ ja ☐ nein

2. Botschaft:
»Und noch etwas: Damit wir Sie auch künftig ebenso aktuell wie individuell über Porsche informieren können, nehmen Sie sich bitte ein paar Minuten Zeit, und füllen Sie den beigefügten Fragebogen aus. Wir freuen uns darauf, mit Ihnen in Kontakt zu bleiben.«

Von vornherein stellt *Porsche* hiermit klar, daß es nicht bei einem einmaligen Kontakt mit dem (potentiellen) Kunden bleiben soll, sondern daß man einen Dialog mit dem Kunden aufbauen möchte. Der Fragebogen selbst ist natürlich wieder personalisiert. Die Fragen dienen entweder dazu, die individuellen Bedürfnisse des (potentiellen) Kunden festzustellen, oder aber die Sekundärmerkmale. Gleichzeitig können

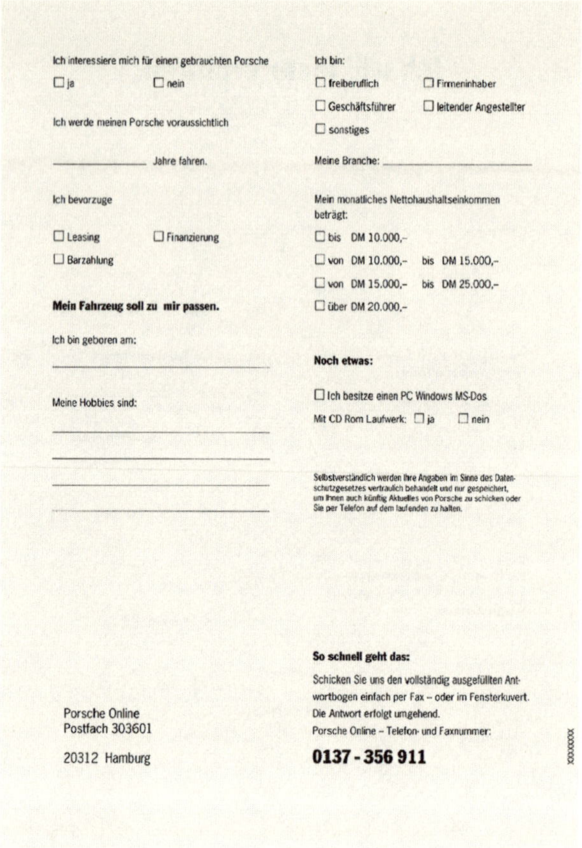

Ich interessiere mich für einen gebrauchten Porsche

☐ ja ☐ nein

Ich werde meinen Porsche voraussichtlich

__________ Jahre fahren.

Ich bevorzuge

☐ Leasing ☐ Finanzierung

☐ Barzahlung

Mein Fahrzeug soll zu mir passen.

Ich bin geboren am:

____

Meine Hobbies sind:

____

____

____

____

Ich bin:

☐ freiberuflich ☐ Firmeninhaber

☐ Geschäftsführer ☐ leitender Angestellter

☐ sonstiges

Meine Branche: __________

Mein monatliches Nettohaushaltseinkommen beträgt:

☐ bis DM 10.000,–

☐ von DM 10.000,– bis DM 15.000,–

☐ von DM 15.000,– bis DM 25.000,–

☐ über DM 20.000,–

Noch etwas:

☐ Ich besitze einen PC Windows MS-Dos

Mit CD Rom Laufwerk: ☐ ja ☐ nein

Selbstverständlich werden Ihre Angaben im Sinne des Datenschutzgesetzes vertraulich behandelt und nur gespeichert, um Ihnen auch künftig Aktuelles von Porsche zu schicken oder Sie per Telefon auf dem laufenden zu halten.

So schnell geht das:

Schicken Sie uns den vollständig ausgefüllten Antwortbogen einfach per Fax – oder im Fensterkuvert.
Die Antwort erfolgt umgehend.
Porsche Online – Telefon- und Faxnummer:

0137 - 356 911

Porsche Online
Postfach 303601

20312 Hamburg

aufgrund der gemachten Angaben die (potentiellen) Kunden entsprechend ihrer Kaufwahrscheinlichkeit von *Porsche* klassifiziert werden. Einem 28jährigen Diplom-Ingenieur im Angestelltenverhältnis, mit einem monatlichen Nettohaushaltseinkommen von »nur« bis zu 6.000 DM, der augenblicklich einen *Golf Diesel* fährt und sich für einen gebrauchten *Porsche* interessiert, der auf Finanzierungsbasis angeschafft werden soll, kann ein ganz gezieltes individuelles Angebot unterbreitet werden. Diesen zunächst in den Pool der Interessenten für einen neuen *Porsche 911* aufzunehmen, würde unnötige Streuverluste verursachen.

Die Informationen, die *Porsche* aufgrund dieses Fragebogens gewinnt, werden in einer Datenbank gespeichert und bilden die Grundlage für die neue Partnerschaft zwischen dem Unternehmen und dem

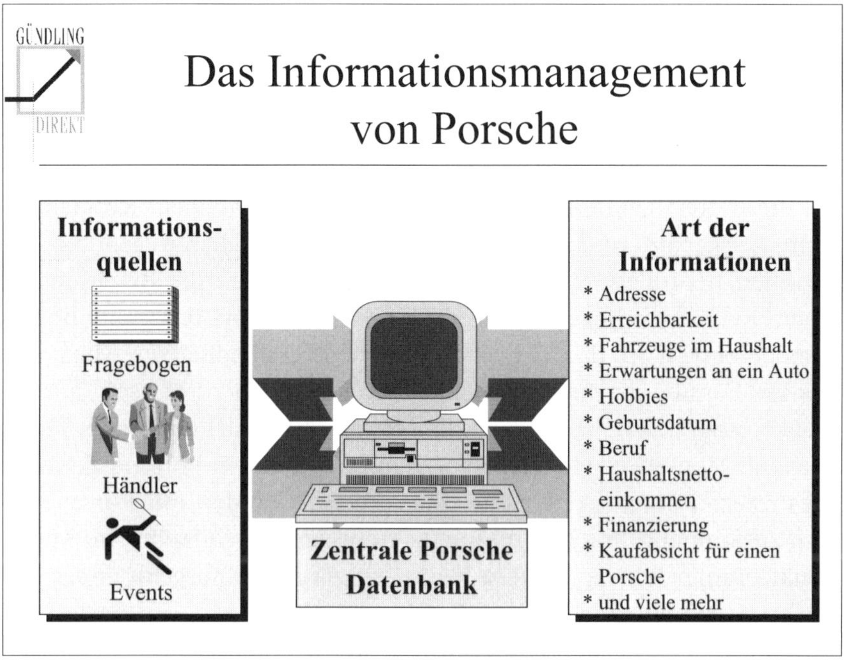

Abb. 10.2

einzelnen (potentiellen) Kunden. *Porsche* hat so die Möglichkeit, entsprechend der individuellen Bedürfnisse und der individuellen Rahmenbedingungen des (potentiellen) Kunden gezielt mit ihm zu kommunizieren und ihm ganz gezielte Angebote zu machen.

Ein weiterer Baustein in dem Konzept »Individuelles Partnerschaftsmarketing« ist das sogenannte Sales-Scoring. In diesem Sales-Scoring wird der einzelne (potentielle) Kunde aufgrund verschiedener soziodemographischer und psychographischer Kriterien qualifiziert. Zielsetzung ist, daß nur solche Interessentenadressen an einen der 80 Händler vor Ort weitergeleitet werden, »die ein einigermaßen realistisches Kundenpotential darstellen ... Man möchte durch diesen Datenabgleich vermeiden, daß die Händler Adressen von Leuten erhalten, die gerne mal einen *Porsche* zur Probe fahren möchten, aber keine (potentiellen) Kunden sind. Daraus würde letztendlich ein Mengen- und Kostenproblem entstehen.«[11]

Als nächster Schritt erfolgt die Kontaktaufnahme durch das zuständige *Porsche*-Zentrum. Neben der Einladung in das Zentrum oder dem Besuch eines *Porsche*-Verkaufsberaters zuhause beim (potentiellen) Kunden, einer Probefahrt..., kann die neu eingegangene Partnerschaft jetzt durch weitere regelmäßige individuelle Kommunikation, die sich auf die individuelle Situation des einzelnen (potentiellen) Kunden bezieht, ausgebaut und weiterentwickelt werden. Hierzu gehören die neuesten neutralen Testergebnisse ebenso wie auch die Einladung zu einem Event, welcher zum Beispiel eines der Hobbys des (potentiellen) Kunden betrifft. Zu diesen Events sind selbstverständlich nur Menschen aus der Familie der (potentiellen) *Porsche*-Kunden zugelassen. Für die Hobbyfotografen ließe sich zum Beispiel ein Fotokurs unter dem Motto »Schöne Menschen und 911% Faszination« in einem Porsche-Zentrum organisieren. Interessenten für einen *Porsche* werden mit Porschefahrern zusammengebracht, und immer steht der *Porsche* selbst im Mittelpunkt, immer wieder werden Neuroassoziationen ausgelöst oder verstärkt.

Wenn diese Events kreativ gestaltet werden, kann *Porsche* sie sogar kostendeckend durchführen, indem eine entsprechende Teilnahmegebühr erhoben wird. Gleichzeitig dienen diese Events selbstverständlich dazu, die Informationen in der Datenbank zu ergänzen oder zu aktualisieren. Durch diesen dauerhaften Dialog ist *Porsche* immer aktuell über die individuellen Bedürfnisse und die Sekundärmerkmale seiner (potentiellen) Kunden informiert. Individuelles Partnerschaftsmarketing bereitet Individuelles Partnerschaftsmarketing vor. Wenn *Porsche* mit seinem Fragebogen oder bei anderen Gelegenheiten der Kommunikation noch abfragen würde, welche Art von Auto der (potentielle) Kunde bevorzugen würde, also zum Beispiel Coupé, Limousine, geschlossen und offen, Geländewagen oder Cabriolet, Vierradantrieb usw., hätte *Porsche* bei der Markteinführung seines neuen Roadsters, des *Boxters*, 1996 die Möglichkeit gehabt, genau die (potentiellen) Kunden zu einer Probefahrt einzuladen, für die ein 911 vielleicht noch etwas zu teuer ist, die aber gleichzeitig gerne offen fahren, also ein Cabriolet bevorzugen würden. Außerdem stellt Porsche diesem Segment rechtzeitig zur Markteinführung potentieller Wettbewerbsfahrzeuge seinen Boxter vor.

Die Power, die in einer sich kontinuierlich weiterentwickelnden

Partnerschaft zwischen (potentiellem) Kunden und Unternehmen liegt, braucht an dieser Stelle nicht weiter beschrieben zu werden. Entscheidend ist, daß die gewonnenen Informationen in einer Datenbank festgehalten und auch im Interesse des (potentiellen) Kunden genutzt werden. Diese Informationen dienen letztendlich dazu, dem (potentiellen) Kunden immer das richtige Angebot zum richtigen Zeitpunkt machen zu können. Nehmen wir zum Beispiel einmal an, unser Diplom-Ingenieur wird zu einem solchen Event eingeladen. Bei dieser Gelegenheit erfährt der Händler, daß der Traum-Porsche bis zu DM 50.000.- kosten darf, ein Schiebedach haben sollte und entweder silber oder rot lackiert sein sollte. Sobald dem Händler ein entsprechendes Fahrzeug zur Inzahlungsnahme angeboten wird, kann dieser dem Diplom-Ingenieur dessen Traumauto anbieten.

Gleichzeitig hat *Porsche* die Möglichkeit, seine Segmente weiter und genauer zu definieren. Je mehr Daten und Informationen das Unternehmen in seiner zentralen Datenbank speichert, um so einfacher und gleichzeitig exakter lassen sich gemeinsame Merkmale bestimmter *Porsche*fahrer identifizieren. Aufgrund dieser Merkmale können dann (potentielle) Kunden, die ähnliche Merkmale aufweisen, individuell angeschrieben werden, um bei ihnen ebenfalls die Neuroassoziation für den *Porsche 911* auszulösen. Aufgrund des kontinuierlichen Dialoges von *Porsche* mit seinen (potentiellen) Kunden erfährt das Unternehmen natürlich auch die Gründe bzw. Sekundärmerkmale, die den Kauf eines *Porsche 911* verhindern können. Hierdurch hat das Unternehmen die Möglichkeit, mit geeigneten Maßnahmen entsprechend gegenzusteuern. Nehmen wir einfach mal an, einer der Gründe, der bei vielen (potentiellen) Kunden den Kauf verhindert, ist die Angst des Partners, ein *Porsche* sei als Sportwagen ein zu gefährliches Auto im Straßenverkehr. Hier könnte *Porsche* dann im Sinne einer Einwandvorwegnahme die herausragenden Sicherheitssysteme, zum Beispiel die rennerprobte Bremsanlage des *911*, kommunizieren. Mit Hilfe von Modulen können also die Sekundärmerkmale angesprochen werden. Voraussetzung hierfür ist natürlich, daß der Händler vor Ort keine eigene lokale Datenbank vorhält, sondern der gesamte Prozeß über eine zentrale Datenbank gesteuert wird.

Die Zeit zwischen dem Kauf eines *Porsche* und der tatsächlichen Fahrzeugübergabe nutzt *Porsche* zur weiteren Festigung der Partnerschaft: Kurz nach dem Kauf erhält der neugewonnene Kunde ein Glückwunschschreiben nach Hause geschickt. Einige Tage vor der Auslieferung des neuen Traumwagens versendet *Porsche* dann schon einmal die Bedienungsanleitung, damit sich der Käufer noch mehr auf die erste Fahrt in seinem *Porsche* freuen kann. Natürlich sorgt *Porsche* hierdurch auch für ein positives Image in dem Netzwerk des Käufers, denn dieser wird es sich in der Regel nicht nehmen lassen, über die individuelle Kundenbetreuung von *Porsche* in seinem Kollegen-, Bekannten- und Verwandtenkreis zu erzählen. Der (potentielle) Kunde kann zudem wählen, ob er seinen *Porsche* im Werk oder bei seinem Händler abholen oder ob er seinen Traumwagen lieber nach Hause geliefert bekommen möchte. Gerade im letzteren Fall hätte *Porsche* dann wieder die Möglichkeit, zusätzliche Informationen für seine Datenbank zu gewinnen.

Entscheidend ist für *Porsche*, daß die Partnerschaft sich gerade auch nach dem Kauf des ersten Fahrzeuges weiterentwickelt. Jeweils drei und zehn Tage nach der Auslieferung wird der junge *Porsche*fahrer dann von seinem Händler angerufen und nach seiner Zufriedenheit befragt. Neben den oben dargestellten Möglichkeiten setzt *Porsche* hierzu den Geburtstagsgruß für den Fahrer wie auch für das Auto selbst ein. In der offiziellen Kundenzeitschrift »Christophorus« wird nicht nur der Kauf bestätigt, sondern ebenfalls exklusive Events für den *Porsche*fahrer angeboten, sei es ein Golfturnier, ein Sicherheitstraining auf dem Nürburgring oder die freie Fahrt ohne Geschwindigkeitsbegrenzung auf dem Hockenheimring. Selbstverständlich gehört zu einer Inspektion auch die kostenlose Reinigung des Fahrzeuges. Alle diese Aktivitäten kann *Porsche* dann wieder nutzen, um die Informationen über seinen (potentiellen) Kunden zu ergänzen und zu aktualisieren. Durch den dauernden Dialog mit dem (potentiellen) Kunden kann *Porsche* die sich im Zeitablauf verändernden individuellen Bedürfnisse identifizieren und hierfür entsprechende, individuell wirkende Problemlösungen entwickeln. Die genaue Kenntnis über die Situation des (potentiellen) Kunden ermöglicht es dem Unternehmen zudem, ein bisher nicht genutztes Cross-Selling-Potential innerhalb des Gesamtkonzepts »Individuelles Partnerschaftsmarketing« zu nutzen. Sollte der Kunde zum Beispiel ein Kind haben, welches volljährig wird, kann der *Porsche*händler seinem (potentiellen) Kunden genau zum richtigen

Zeitpunkt gegebenenfalls das genau richtige Gebrauchtfahrzeug anbieten.

Einmal im Jahr liegt der Kundenzeitschrift eine CD-ROM bei. Einmal in den PC geschoben, kann der (potentielle) Kunde sich hiermit seinen neuen *Porsche* selbst zusammenstellen, den verschiedenen Modellen, die verschiedenen Innenausstattungen zuordnen. Er erfährt dann auch gleich, was dieses individuelle Model ihn kosten wird und wann es lieferfähig ist.

Daß bei *Porsche* heute der Kunde im Mittelpunkt zu stehen scheint, zeigt auch ein weiteres Instrument des Konzepts »Individuelles Partnerschaftsmarketing«, nämlich die *Porsche*-Card: Für einen Jahresbeitrag von 175 DM erhält der *Porsche*kunde eine *Eurocard*- und *Visa*-Kreditkarte mit Telefon-Pin-Chip. Entsprechend der individuellen Bedürfnisse vieler Porschefahrer ist mit der *Porsche*-Card auch eine Wartelistenpriorität bei der *Lufthansa* sowie der freie Eintritt in die »*Frequent Traveller Lounge*« unabhängig vom Meilenkonto enthalten. In der Zwischenzeit wird der *Porsche* innen und außen gereinigt. Diese und weitere zusätzliche Dienstleistungen der *Porsche*-Card eröffnen dem Unternehmen zahlreiche Möglichkeiten die Partnerschaft mit dem (potentiellen) Kunden zu pflegen und zu intensivieren. Soweit unsere Ausführungen in der ersten Auflage dieses Buches 1995.

Welche Erfolge konnte *Porsche* nun mit seinem unternehmensspezifischen Konzept »Individuelles Partnerschaftsmarketing« erzielen? 400.000 möglichen Interessenten wurde z.B. per Mailing ein Erlebnispaket angeboten. Dieses beinhaltete ein Buch, ein Video, eine Telefonkarte und ein Abo der Kundenzeitschrift »Christophorus«. 5.000 Pakete für knapp DM 100.- konnten verkauft werden. Die Aktion finanzierte sich selbst. Im Anschluß konnte *Porsche* noch über 90 Fahrzeuge verkaufen. Aufgrund der Anzeigen reagierten 1995/96 rund 20.000 Anrufer. Zirka 430 zusätzlich verkaufte Neuwagen und rund 990 zusätzlich verkaufte Gebrauchtwagen brachte dies ein. Und auch mit den *Porsche*-Accessoires wie Kleidern, Uhren, Brillen und Lederwaren werden inzwischen zweistellige Millionen-Umsätze abseits des Kerngeschäftes eingefahren. Zudem gewann *Porsche* verschiedene Preise für die beste Werbekampagne im Automobilbereich, Fabrik des Jahres, PR-Manager des Jahres und den Eddi für erfolgreiches Direktmarketing. [12] In nackten Zahlen: Während der schwäbische Autobauer 1992 noch einen Rekordverlust von 239 Millionen Mark einfuhr, konnte im Geschäftsjahr 1995/96 bei einem Umsatz von 2,8 Milliarden Mark, ein Gewinn von über 40 Millionen Mark erzielt werden. Dieses Ergebnis konnte durch zwei Erfolgsfaktoren realisiert werden: Zum einen die konsequente Modernisierung der Produktion nach japanischem Vorbild zusammen mit japanischen Beratern. Zum anderen eine Marktbearbeitung, die den Anforderungen des Marktes genüge leistet.

Doch: Ich hatte es eingangs erwähnt, das Beispiel *Porsche* ist Praxis und Vision zugleich. Leider klappt heute noch nicht alles so wie beschrieben. Von der Kundenkarte habe ich über die Zeitung gehört; das Kundenmagazin *Christophorus* erst aufgrund mehrmaliger Reklamationen erhalten. Zur Präsentation des neuen *Boxter* wurde ich nicht eingeladen. Aus der *Porsche*-Sonnen-Brille fallen die Gläser heraus. Leider konnte diese Ende 1996 nicht repariert werden, da der Hersteller inzwischen Pleite gemacht hat. Meine Frau fühlte sich wie der letzte..., als Sie das *Porsche*-Zentrum betrat. Zunächst wurde sie gar nicht beachtet, sie war mit einem *Golf* vorgefahren. Als sie einen Schlüsselanhänger für mich kaufte, hatte sie das Gefühl, der Verkäufer würde denken »Was will die denn damit?« Aus der 0137 ist inzwischen eine 0180 5 geworden. Mein *Porsche* ist bei der letzten Inspektion nicht entsprechend des Auftrages und Kostenvoranschlages repariert worden. Ob ich mit dieser Inspektion und Reparatur zufrieden war, wollte niemand wissen, obwohl diese über 11.000 Mark gekostet hat. Das versprochene Angebot für einen neuen 911, welches ich 1995 erbeten habe, habe ich trotz Erinnerung nie bekommen. Daß ich meinen Inspektionsintervall verlassen habe, hat auch niemanden interessiert. Inzwischen habe ich einen *BMW* gekauft und auch das hat noch niemand gemerkt.

Doch »Individuelles Partnerschaftsmarketing« ist ja ein Modell, das lebt und das sich kontinuierlich den Anforderungen des Marktes entsprechend weiterentwickelt.

Es ist wie der Baum der Erkenntnis: »Das Wachstum unseres Wissens bewegt sich von alten Problemen hin zu neuen und zwar durch Vermutungen und Widerlegungen«, wie Karl Popper es immer wieder formulierte. Entscheidend im Individuellen Partnerschaftsmarketing ist, daß das Unternehmen den (potentiellen) Kunden in den Mittelpunkt stellt; dann wird es seinen Weg in eine erfolgreiche Zukunft der Maximalen

Kundenorientierung gehen. *Porsche* befindet sich zumindest auf diesem Weg.

Das Beispiel *Porsche* zeigt, wie Unternehmen, die Zehntausende oder Hunderttausende von (potentiellen) Kunden haben, mit diesen eine individuelle Partnerschaft aufbauen können. Die Maximale Kundenorientierung eines Unternehmens lebt von einem Gesamtkonzept »Individuelles Partnerschaftsmarketing«. Jedes Unternehmen hat die Möglichkeit, ein solches Konzept für sich zu entwickeln. Gleichzeitig zeigt das Beispiel *Porsche* auch, wie ein Unternehmen den Weg vom Massenmarketing zum Individuellen Partnerschaftsmarketing gehen kann. Dies gilt gleichermaßen für einen Konzern, der Kernkraftwerke vertreibt, wie auch den Einzelhändler, der sich auf den Verkauf von Herrenmoden spezialisiert hat.

10 Tips, die Sie im Individuellen Partnerschaftsmarketing beherzigen sollten

1. Stimmen Sie alle Instrumente Ihres Konzepts »Individuelles Partnerschaftsmarketing« wie ein Uhrwerk hundertprozentig aufeinander ab
2. Bearbeiten Sie Dialoganfragen Ihrer (potentiellen) Kunden sofort
3. Gestalten Sie Ihre Dialoginstrumente immer nach der AIDA-Formel
4. Setzen Sie in Ihren Dialoginstrumenten early-birds und Freundschaftsangebote ein
5. Nutzen Sie jedes Dialoginstrument, um zusätzliche Informationen über Ihre (potentiellen) Kunden zu gewinnen
6. Nutzen Sie Ihre vorhandenen Informationen über Ihren (potentiellen) Kunden, um einen weitestgehend individuellen Dialog mit diesen führen zu können
7. Führen Sie mindestens zweimal im Jahr eine Aktion »Gewinnung (potentieller) Kunden« über Empfehlung durch. Wenn diese Aktionen Ihnen nicht den erhofften Erfolg bringen, wissen Sie, daß Ihr Unternehmen auf dem Weg zu Maximaler Kundenorientierung noch einige entscheidende Fehler macht
8. Beziehen Sie schon in der Planung Ihres unternehmensspezifischen

Konzepts »Individuelles Partnerschaftsmarketing« alle später Beteiligten und Betroffenen (z.B. Händler) mit ein

9. Stellen Sie sicher, daß Ihr (potentieller) Kunde auch tatsächlich einen Dialog mit Ihrem Unternehmen führen kann. So paradox es klingt: Ein Anrufbeantworter kann keinen Anruf beantworten
10. Visualisieren Sie Ihre Aktivitäten. Jedem Mitarbeiter Ihres Unternehmens müssen diese rechtzeitig bekannt sein

9. Abstimmung der Instrumente zu einem unternehmensspezifischen Gesamtkonzept

Der Erfolgsschlüssel der Maximalen Kundenorientierung heißt Individualität. Eine einfache ›Wenn-dann-Verknüpfung‹ kann es im Individuellen Partnerschaftsmarketing nicht geben. Jedes Unternehmen muß daher in Abhängigkeit seiner individuellen Rahmenbedingungen sein eigenes Konzept des Individuellen Partnerschaftsmarketing erarbeiten. Die einzelnen Instrumente dieses Konzepts müssen wie die Räder eines Uhrwerks aufeinander abgestimmt sein.

1. Können Ihre (potentiellen) Kunden Ihr Angebot über unterschiedliche Kanäle bestellen?	☐ Ja ☐ Nein Chance ____
2. Können Ihre (potentiellen) Kunden bei Ihnen auch telefonisch bestellen?	☐ Ja ☐ Nein Chance ____
3. Haben Sie eine 0130er Nummer, um bei Ihren (potentiellen) Kunden Schwellenängste abzubauen?	☐ Ja ☐ Nein Chance ____
4. Steht in Ihren Angeboten, Werbemitteln usw. Ihre Problemlösungskompetenz im Vordergrund?	☐ Ja ☐ Nein Chance ____
5. Entspricht Ihre Anschlußwerbung den Erwartungen Ihrer (potentiellen) Kunden?	☐ Ja ☐ Nein Chance ____
6. Nutzen Sie jeden Dialog mit Ihrem (potentiellen) Kunden, um zusätzliche oder neue Informationen für Ihre Datenbank zu erhalten?	☐ Ja ☐ Nein Chance ____
7. Sind alle Ihre Dialoginstrumente aufeinander abgestimmt?	☐ Ja ☐ Nein Chance ____

8. Überprüfen Sie regelmäßig was passiert, wenn ein (potentieller) Kunde die Möglichkeit zum Dialog nutzt, die Ihr Unternehmen ihm gibt? ☐ Ja ☐ Nein Chance ____

9. Haben Sie ein »Kunden werben Kunden«-System in Ihrem Unternehmen etabliert? ☐ Ja ☐ Nein Chance ____

10. Wie muß Ihre Anschlußwerbung aussehen, damit sie den Erwartungen Ihrer (potentiellen) Kunden entspricht? Chance ____

____

____

____

____

11. Wie können Sie bei Ihren (potentiellen) Kunden Schwellenängste abbauen? Chance ____

____

____

____

____

12. Wie stellen Sie sicher, daß Ihr (potentieller) Kunde nicht enttäuscht wird, wenn er den Dialog mit Ihrem Unternehmen aufnimmt? Chance ____

____

____

____

____

13. Wie können Sie sicherstellen, daß Sie bei jedem Dialog mit Ihren (potentiellen) Kunden neue oder aktualisierte Informationen für Ihre Datenbank erhalten? Chance ____

____

____

____

____

14. Erstellen Sie bitte für jedes Segment, welches Sie bearbeiten wollen, eine Rangliste der drei besten Dialoginstrumente. Chance ___

____

____

____

____

15. Die beste und gewinnträchtigste Quelle, um (potentielle) Kunden zu gewinnen, stellen Ihre eigenen Kunden dar. Im Gegensatz zur »kalten« Gewinnung (potentieller) Kunden kostet es sie nur wenig Zeit und Geld, die Leute von der Qualität Ihrer Leistungsfähigkeit zu überzeugen. Wie könnten Sie ein »Kunden werben Kunden«-System in Ihrem Unternehmen etablieren? Wie würde dieses aussehen? Chance ___

____

____

____

____

16. Wie könnten Sie mit einem Sammelbestellersystem neue Segmente erschließen? Chance ___

____

____

____

____

17. Wie stellen Sie in Zukunft sicher, daß jede Anfrage, Bestellung, ... Ihrer (potentiellen) Kunden innerhalb von 24 Stunden bearbeitet wird? Chance ___

____

____

____

____

Anmerkungen

1 vgl. O' Connor, Joseph/ Seymour, John; Neurolinguistisches Programmieren; 1994; S. 297
2 Jensen, Sören; in: manager magazin; Nr. 03/1995; 25. Jahrgang; S. 180
3 Winkler, Petra; in: Direkt Marketing; März 1995; S. 10
4 o. V.; in: INTERN; März/April 1994; Nr 130; S. 5
5 vgl. o. V.; in: absatzwirtschaft. Zeitschrift für Marketing; Nr. 10/96; S. 28
6 Schäffel, Marie; in: ManagerSeminare; II. Quartal 1995; Heft 19; S. 74
7 vgl. auch zum weiteren o. V.; in: Handelsblatt; 7./8.04.1995; Nr. 14; S. K 3
8 vgl. o.V; in: Direkt Marketing; Februar 1995; S. 44
9 Tominaga, Minoru; in: acquisa; Nr. 06/1995; S. 54
10 zu den Neuroassoziationen siehe Kapitel 3
11 Seitel, Karin; in: Direkt Marketing; Oktober 1994; S. 7
12 HORIZONT; 8. November 1996; S. 141

Kapitel 11: Die strategischen Erfolgsfaktoren der Maximalen Kundenorientierung

Der erste Schritt: Ein neues Denken

Maximale Kundenorientierung ist keine neue Wissenschaft, wie die zahlreichen Beispiele der vorherigen Kapitel zeigen, auch kein magisches Zauberwort. Es ist ein neuer Marketingansatz. Das traditionelle Marketing, das sich zu leicht und verführerisch auf die Faktoren: Marktforschung – Produktentwicklung – Preisfixierung – Werbung und Verkaufsförderung – Vertrieb reduzieren läßt, kann den Anforderungen der Zukunft nicht mehr genügen. Die Aufgabe, vor der die Unternehmen in Zukunft stehen, heißt Maximale Kundenorientierung. Und diese Aufgabe ist kein Stückwerk, sie kann auch nicht von heute auf morgen bewältigt werden; sie ist ein Prozeß, der im Unternehmen eine entscheidende Position einnehmen muß. Maximale Kundenorientierung ist für ein Unternehmen das, was das Wasser, die Luft, die Nahrung und die Wärme für den Menschen sind. Maximale Kundenorientierung ist derjenige Faktor, der einem Unternehmen die langfristige Daseinsberechtigung im Markt sichert indem der (potentielle) Kunde in den Unternehmensprozeß integriert wird.

Die meisten Unternehmen hingegen suchen ihr Heil in der Umsetzung einiger Aspekte der Maximalen Kundenorientierung und wundern sich dann, warum dies zu keiner Verbesserung der wirtschaftlichen Ergebnisse führt. Dabei ist Maximale Kundenorientierung mit dem Bau eines Fabrikgebäudes vergleichbar, das kontinuierlich weiter- und umgebaut wird. Während z.B. die Investitionen der Unternehmen in Fabrikgebäude gründlich und lange überlegt werden, neben den Investitionsplänen verschiedene Modelle der Finanzierung durchgerechnet und kalkuliert werden, die Architektenpläne bis ins kleinste aufgezeichnet und von den Statikern geprüft werden und dieses Fabrikgebäude als Investition in die Zukunft betrachtet wird, werden Investitionen in die Maximale Kundenorientierung meistens nur unter dem kurzfristigen Aspekt der Umsatzwirksamkeit geprüft – und anschließend ausgemustert.

Individuelle Kundenbedürfnisse zu entdecken, neue Problemlösungen auf den Markt zu bringen, Maßnahmen über ein Konzept des Individuellen Partnerschaftsmarketing zu entwickeln, gilt als eine Sache von Tagen oder Wochen, bestenfalls von Monaten. Die eingesetzten Mittel – Kapital, Ideen, Mitarbeiter, Zeit – werden nicht als Determinante, als Basis für die Maximale Kundenorientierung, und damit zur langfristigen Sicherung der Daseinsberechtigung des Unternehmens gesehen, sondern fast ausschließlich unter kurzfristigen Aspekten. Jeder Versuch, die Kundenorientierung kurzfristig durch einzelne nicht aufeinander abgestimmte Maßnahmen zu maximieren, ist jedoch von vornherein zum Scheitern verurteilt. Eine Oper ist auch keine Oper mehr, wenn erst der Tenor, dann die Sopranistin und zum Schluß das Orchester spielt. Erst durch das Zusammenspiel, durch die Abstimmung, wird ein Musikstück zu einer Oper. Maximale Kundenorientierung ist wie eine Oper ein ganzheitliches Konzept. Und sie wird erst dann den gewünschten Erfolg für die Unternehmen bringen, wenn sie ein neues Denken, ein neues Marketingdenken, entwickeln: weg von einem kurzfristig – scheinbar – wirksamen Aktionismus hin zu einer langfristigen Orientierung an den Unternehmenszielen und damit strategischen Bestimmung des Unternehmenszwecks. Maximale Kundenorientierung folgt damit den gleichen Prinzipien wie der Bau einer neuen Fabrik. Sie ist eine langfristige Investition, deren Kapitalrückfluß sich nicht im Handumdrehen einstellt, sondern genauso kontinuierlich, wie es dem Unternehmen gelingt, seine Kundenorientierung zu maximieren.

Maximale Kundenorientierung darf nicht verwechselt werden mit Lean-Management oder Lean-Organization. Wer sein Unternehmen nur »lean« macht, unterliegt viel zu sehr der Gefahr, aus einem kurzfristigen Kostendenken heraus, kurzfristig das Unternehmensergebnis zu maximieren – auf Kosten der Zukunft des Unternehmens. Lean macht schlank, aber lean muß nicht unbedingt den Weg in eine erfolgreiche Zukunft des Unternehmens vorbereiten. Seinen Markt der Zukunft wird ein Unternehmen so nicht finden, geschweige denn gestalten können. Unternehmerischer Erfolg in der Zukunft hängt vielmehr davon ab, wie schnell und effizient auf die Veränderung der Bedürfnisse der (potentiellen) Kunden eingegangen werden kann, inwieweit das Unternehmen diese individuellen Bedürfnisse mit individuellen Problemlösungen besser befriedigen kann als ein anderes Unternehmen und in welchem Grad es dem Unternehmen gelingt, seinen Markt mit Instrumenten des Individuellen Partnerschaftsmarketing zu identifizieren und zu gestalten. Maximale Kundenorientierung ist eine dauerhafte strategische Investition, eine Investition, die das Unternehmen leisten muß, will es auch in Zukunft erfolgreich im Wirtschaftsleben agieren. Sie ist eine dauerhafte Investition, mit der sich das Unternehmen den entscheidenden dauerhaften Wettbewerbsvorteil gegenüber potentiellen Konkurrenten verschaffen kann, eine Investition, mit der das Unternehmen hohe Marktbarrieren aufbauen kann, eben eine dauerhafte Investition in eine langfristige Zukunft – und das erfordert ein neues Denken in den Unternehmen und bei den verantwortlichen Managern.

Der zweite Schritt: Den Kunden in den Mittelpunkt stellen

Der erste Schritt, das neue Denken, beginnt damit, die »Ich- oder Wir«-bezogene Position zu verlassen und das »Du«, den Kunden, als Mittelpunkt aller unternehmerischen Aktivitäten zu begreifen. Können Sie sich noch erinnern »Wir sind auf Dich spezialisiert« lautet der Slogan des spanischen Erfolgskaufhauses *ECI*. »Was will der Kunde?« Diese einfache, banale und doch eigentlich so selbstverständliche Frage wird in deutschen Unternehmen noch viel zu wenig gestellt und ernst genommen. Reengeneering, Lean-Organisation und Lean-Management haben mit ihrer Ausrichtung auf die Innenprozesse des Unternehmens nur eine einseitige Wirkung, nämlich die, daß kurzfristig der wirtschaftliche Erfolg durch das Drehen an der Kostenschraube steigt – mit der Konsequenz, die Zukunft des Unternehmens auf's Spiel zu setzen. Wenn der Fachhandel sich in Krisenzeiten von seinem Verkaufspersonal trennt, braucht er sich nicht zu wundern, daß die Grenzen zum Discounter verschwimmen. Der (potentielle) Kunde und seine individuellen Bedürfnisse, z.B. nach kompetenter Beratung, werden nicht mehr ernst genommen – warum sollte der (potentielle) Kunde dann noch im meist teureren Fachgeschäft einkaufen?

Die wirtschaftliche Krise, die viele deutsche Unternehmen zu Beginn der 90er Jahre erreicht hat, ist insofern kein Ausdruck einer allgemeinen Weltwirtschaftskrise, sondern sie ist in vielen Fällen hausgemacht. Der Kunde hat sein Votum abgegeben; er hat die Unternehmen für ihre nach innen ausgerichtete Geschäftspolitik bestraft und fordert sein Recht ein, im Mittelpunkt des Geschehens zu stehen. Die Erfolgsgeschichte der *Umax*, eines taiwanesischen Hardwareherstellers, hingegen liegt zum einen sicher in den niedrigeren Produktionskosten begründet, zum anderen aber auch in einer anderen Einstellung zum (potentiellen) Kunden als sie die meisten deutschen Unternehmen haben: 1987 gegründet, wurde 1989 die erste Dollar-Million Umsatz erreicht, 1994 waren es 80 Millionen Dollar und 1995 130 Millionen Dollar. Die Erfolgsformel, die sich dahinter verbirgt, bringt der Präsident der *Umax* T.Y.Wu auf den Punkt: »Flexibilität, Schnelligkeit, Engagement. Wenn wir eine Nische sehen, sind wir sofort drin.« Von der Idee für neue individuelle Problemlösungen bis zur Marktreife vergehen im Schnitt nur ein- bis eineinhalb Jahre, während hierzulande 6,2 Jahre vergehen. Das ist gut, aber nicht der entscheidende Unterschied. Ausschlaggebend ist vielmehr, daß die wichtigste Frage bei *Umax*, bei jedem neuen Produkt lautet: »Was bringt es dem Kunden?«. Nur wenn diese Frage positiv beantwortet werden kann, wird die Produktidee auch tatsächlich weiterverfolgt und zur individuellen Problemlösung entwickelt. Der (potentielle) Kunde steht im Mittelpunkt, seine individuellen Bedürfnisse dienen als Entscheider, das ist der Unterschied zwischen einem Unternehmen mit Maximaler Kundenorientierung und einem nach kurzfristigem Erfolg strebendem Unternehmen.

Viele Unternehmer und Manager sprechen heute zwar von Kundenorientierung, sie denken und handeln jedoch produktorientiert. Den Kunden in den Mittelpunkt zu stellen, kommt einer Kulturrevolution gleich, denn das bedeutet Abschied von der Überzeugung zu nehmen, selbst zu wissen, was für den Kunden gut ist. Und diese Kulturrevolution beginnt nicht bei den Mitarbeitern – sie hat nur dann eine Chance im Unternehmen, wenn sie bei der Führung, das heißt dem Management beginnt. Übernimmt das Management eines Unternehmens nicht die Rolle des Anwalts für den Kunden, hat Maximale Kundenorientierung keine Chance, sich im Unternehmen durchzusetzen, im Unternehmen gelebt zu werden. Joseph Neckermann, Reinhold Würth, Fritz Wegner, Bill Gates, Hans Jürgen Knaur, Reinhard Mohn und viele mehr haben ihren Erfolg nur einer Tatsache zu verdanken, nämlich den (potentiellen) Kunden als den Entscheider zu akzeptieren. Der Zigarrenkönig Zino *Davidoff* hat auf die Frage nach seinem Erfolgsgeheimnis einmal gesagt: »Ich habe kein Marketing gemacht, ich habe immer nur meine Kunden geliebt«[1]. Die Fähigkeit eines Unternehmers oder eines Managers, sich in die Situation seiner (potentiellen) Kunden hinein zu versetzen, die Gabe, deren Welt der Gefühle nachzuempfinden, ist ein weit größeres Kapital als die theoretische Kenntnis des Leverage-Effektes oder aller wissenschaftlichen Definitionen. Dieser Instinkt, diese Gabe, ist die Voraussetzung, um die bisher selbständigen und nach innen gerichteten Einheiten des Unternehmens, wie Forschung und Entwicklung, Produktion und Distribution, Marketing und Logistik, zu einer Einheit zusammenzuführen, zu einer als individuell empfundenen Problemlösung, mit der die individuellen Bedürfnisse des (potentiellen) Kunden befriedigt werden können.

Sehr oft hingegen scheinen die Entscheider in deutschen Unternehmen davon auszugehen, daß es sich gar nicht lohne, die Kundenorientierung des Unternehmens zu maximieren, da sich das Angebot der eigenen Firma ohnehin kaum von dem der Wettbewerber unterscheide. Und dann hänge der wirtschaftliche Erfolg eben davon ab, wer das beste Marketing, die kreativste Werbekampagne mache. Eine selbsterfüllende Prophezeiung. Denn wenn alle das gleiche machen, bleiben Produkte Produkte, werden ähnlicher und immer austauschbarer, der finanzielle Kraftaufwand durch Marketing und Werbung doch noch »künstlich« eine Differenzierung zu bewirken, immer größer – gleichzeitig aber schrumpfen die Gewinne und der Prozeß beginnt aufs neue. Um dies zu vermeiden, müssen Unternehmer wie Topmanager, Assistenten ebenso wie das mittlere Management regelmäßig in die Rolle des (potentiellen) Kunden schlüpfen. Der Unternehmenserfolg ist keine Determinante – bestimmt durch die vom Controlling gelieferten Zahlen – sondern ausschließlich abhängig von der Entscheidung des (potentiellen) Kunden. Das Management muß daher als erstes lernen, die Rolle des (potentiellen) Kunden zu verstehen und ernst zu nehmen. Und das ist nur möglich, wenn die Entscheider zu den (potentiellen) Kunden gehen, sich vor Ort deren Probleme und individuelle Bedürfnisse anschauen und diese verstehen lernen. Wer ein Unternehmen nur aufgrund allgemeiner Marktdaten, der Ergebnisse der Marktforschung, der Absatzzahlen und der betriebswirtschaftlichen Kennziffern steuert, mag zwar ein guter Buchhalter sein, der Kapitän eines Schiffes ist er jedoch noch lange nicht. Und ein Kapitän eines Schiffes steuert sein Schiff nicht aus der 20. Vorstandsetage der Reederei, sondern ist mit an Bord des Schiffes. Auf See zu sein, bedeutet für die Entscheider eines Unternehmens, bei den Kunden zu sein. Nur auf diese Art und Weise kann im Unternehmen ein Pflänzchen »Maximale Kundenorientierung« gepflanzt und zum Wachsen gebracht werden.

Doch die Entscheider in den Unternehmen müssen noch eine weitere Qualität eines Kapitäns mitbringen. So wie der Kapitän laufend anhand der See- und Wetterkarten, unter Mithilfe des Radars und früher des Sextanten überprüft, ob sein Schiff noch auf dem richtigen Kurs liegt, genauso muß auch der Entscheider im Unternehmen seine eigenen Entscheidungen permanent in Frage stellen und überprüfen. Hierzu muß der Entscheider die Fähigkeit besitzen, sich von sich selbst zu lösen. Es bringt absolut nichts, wenn der Entscheider, ausgerüstet mit wenig Zeit und einer vorgefaßten Meinung, seine (potentiellen) Kunden besucht. Dies führt nur zu einer Bestätigung der bisher gemachten Erfahrungen, zu einer selbsterfüllenden Prophezeiung. Der Entscheider muß lernen, die Probleme und Wünsche des (potentiellen) Kunden ausfindig zu machen und sie ernst zu nehmen, auch wenn diese Probleme und Wünsche aus der Sicht des Entscheiders noch so klein und unbedeutend sein mögen. Doch seine Sicht entscheidet ja nicht, es ist die des (potentiellen) Kunden, die entscheidet.[2]

Nur auf die oben beschriebene Art und Weise können Slogans wie »Wir sind auf Dich spezialisiert«, »Was können wir für Sie tun?« oder »Der Kunde hat Anspruch auf uns« in einem Unternehmen auch tatsächlich gelebt werden. Nur so kann ein Unternehmen, können die Mitarbeiter eines Unternehmens auf die Maximale Kundenorientierung eingestimmt und ausgerichtet werden. Ein hilfreiches Mittel, um dieses den Mitarbeitern und den zu bearbeitenden Märkten zu kommunizieren, sind Unternehmensleitlinien oder Unternehmensgrundsätze, die zumeist in schriftlicher Form festgehalten werden und jedermann zugänglich sein sollten. Individuell auf die einzelne Unternehmenssituation übertragen, könnten die Managementgrundsätze zur Maximalen Kundenorientierung wichtige Bestandteile solcher Unternehmensleitsätze sein.

Der dritte Schritt: Das Unternehmen auf die Maximale Kundenorientierung ausrichten

Wenn der (potentielle) Kunde als der Entscheider über die Zukunft des Unternehmens von den vermeintlichen Entscheidern des Unternehmens akzeptiert worden ist, gilt es einen neuen Prozeß der Maximalen Kundenorientierung im Unternehmen in Gang zu setzen. Maximale Kundenorientierung kann nämlich nur dann von einem Unternehmen auch tatsächlich erreicht und dauerhaft gelebt werden, wenn alle Mitarbeiter auf das gleiche Ziel hinarbeiten: auf die Befriedigung der individuellen Bedürfnisse des (potentiellen) Kunden. Hierzu bietet es sich an, am Anfang der Neuausrichtung des Unternehmens eine Strategietagung oder eine Zukunftskonferenz durchzuführen. Zu ihr kommen die oberste Führungsebene und Repräsentanten aller weiteren Führungsebenen aus allen Bereichen des Unternehmens, aus dem Controlling wie aus dem Marketing, aus der Entwicklung wie aus der Produktion, aus der Kundensachbearbeitung (welch ein Begriff) wie aus dem Verkauf. Und zu ihr kommen Lieferanten und der letztendliche Entscheider – der (potentielle) Kunde. Es kommen Stammkunden genauso wie auch ehemalige Kunden und Menschen, die potentiell zwar Kunde sein könnten, tatsächlich aber Kunde bei einem Wettbewerber sind.

Nach der Darstellung der Ausgangssituation, die idealerweise ein kompetenter Dritter durchführt, werden die Teilnehmer der Strategietagung, aufgeteilt in mehrere Arbeitsgruppen von sieben bis maximal zehn Teilnehmern, aufgefordert, zu träumen. Nämlich einmal darüber zu träumen, wie das Unternehmen in zehn oder zwanzig Jahren aussieht, wie es am Markt agiert, welche individuellen Problemlösungen es vertreibt, wie es zusammen mit dem (potentiellen) Kunden individuelle Problemlösungen erarbeitet, wie die Mitarbeiter ausgebildet sind, wie die Mitarbeiter den Kunden in den Mittelpunkt ihrer täglichen Arbeit stellen. Es gibt nur eine einzige Rahmenbedingung für die Träume: die individuellen Bedürfnisse der (potentiellen) Kunden im Zeitablauf. Die Reise in die Zukunft hilft den Anwesenden, sich zunächst einmal von den Alltagsproblemen zu lösen und aus einer ganz anderen Sicht, nämlich der des (potentiellen) Kunden, das bisher Geleistete in Frage zu stellen.

Bei der Präsentation der Träume der einzelnen Arbeitsgruppen wird es zu einer ersten Überraschung kommen. Viele kleine Träume sind sich auffallend ähnlich, die Summe der vielen kleinen Träume gibt ein einheitliches Bild. Und dieses Bild gilt es dann in einer Vision festzuhalten. Dieses Bild muß emotional und rational gleichermaßen attraktiv sein. Eine Vision, die nur schön ist, wird dem harten Unternehmensalltag nicht standhalten können, und eine Vision, die nur rational ist – »Im Jahr 2000 werden wir 2000 Kunden haben«, na und – wird keine zusätzliche Energie im Unternehmen freisetzen. Worauf es bei der zu definierenden Vision letztendlich ankommt ist das, was die Chinesen in ihrem Schriftzeichen für das Wort »Kaiser« beschreiben: »Ein Kaiser ist ein Mensch, der mit dem Kopf bis zum Himmel reicht und mit den Beinen auf der Erde steht. Also jemand, der Ideen hat, sich die Visionen von ganz weit oben holt, aber mit beiden Beinen auf der Erde bleibt, nicht abhebt und Schritt für Schritt den Weg vom Heute zum Morgen geht.«[3] Eine so verstandene Vision im Rahmen der Maximalen Kundenorientierung muß natürlich den (potentiellen) Kunden und seine individuellen Bedürfnisse beinhalten. Sie sollte aus einem klaren Slogan und einer genaueren Erklärung bestehen.

Auf der Basis der gemeinsam definierten Vision werden dann auf der Strategietagung, wieder in Arbeitsgruppen, die weiteren Schritte erarbeitet, der Prozeß der Maximalen Kundenorientierung geplant. Zu ausgewählten Themen werden dann sogenannte Projektteams oder Qualitätszirkel eingerichtet, die sich zum einen immer mit ausgewählten Problemen beschäftigen, aber untereinander auch eng zusammenarbeiten. Grundsätzlich sollten die Aufgabenstellungen dieser Projektteams mit »W-Fragen« beginnen:

- Wie können wir sicherstellen, kontinuierlich die individuellen Bedürfnisse unserer (potentiellen) Kunden festzustellen und als Maßstab unserer Entscheidungen und unseres Tuns zu akzeptieren?
- Welche individuellen Problemlösungen wollen wir bis zum Jahre 2000 anbieten?
- Wer sind unsere (potentiellen) Kunden?
- Wie sieht unser Markt aus?
- Wie können wir durch Services und zusätzliche Dienstleistungen unsere einmal gewonnenen (potentiellen) Kunden besser als bisher an das Unternehmen binden?...

Die Teilnehmer der Projektteams sind wieder Repräsentanten aller Abteilungen und Führungsebenen, wie auch Lieferanten und (potentielle) Kunden.

Hierdurch wird ein Prozeß der Maximalen Kundenorientierung im Unternehmen in Gang gesetzt. Die wichtigsten Segmente und ihre individuellen Bedürfnisse werden identifiziert, die Erwartungen an die individuelle Problemlösung aus der Sicht des (potentiellen) Kunden diskutiert und auch umgesetzt. Damit wird bei den Mitarbeitern nicht nur die Vorstellung vom (potentiellen) Kunden als dem Mittelpunkt geweckt, sondern auch das Bewußtsein geschärft, fortschrittsfeindliche Gewohnheiten über Bord zu werfen. Damit dieser Prozeß auch wirklich sein Ziel der Maximalen Kundenorientierung erreicht, muß dieses Instrument einer ganzheitlichen Führung auch richtig verstanden und genutzt werden. Es bringt nichts, einen solchen Prozeß als Alibifunktion in Gang zu setzen, um die von vornherein vom Management oder dem Bereichsvorstand einsam getroffenen Entscheidungen, die meistens in reinen Kostenprogrammen münden, im nachhinein durch die Betroffenen legitimieren zu lassen. Es wäre auch ein Fehler, zu glauben, daß man diesen Prozeß alle zwei oder drei Jahre wiederholen kann. Spätestens beim dritten Mal nehmen ihn die Mitarbeiter nicht mehr ernst und durchschauen die Machenschaften und einseitigen Interessen der Entscheider. Und der (potentielle) Kunde steht wieder außen vor.

Der vierte Schritt: Das Marktmanagement

Maximale Kundenorientierung beschreibt den Prozeß, wie sich das Unternehmen seine langfristige Daseinsberechtigung im Markt erarbeiten kann. Doch allein mit dem Wissen um die Zusammenhänge oder mit der Bekanntgabe von wohlklingenden Bezeugungen, den (potentiellen) Kunden in den Mittelpunkt zu stellen, ist es noch nicht getan. Denn Maximale Kundenorientierung ist ein ganzheitlicher Ansatz. Er bringt erst dann das prognostizierte Wachstum für die Unternehmen und sichert die langfristige Daseinsberechtigung im Markt, wenn auch die Unternehmensorganisation und die Unternehmensführung in diesen Ansatz integriert werden. Insbesondere in Fragen der Unterneh-

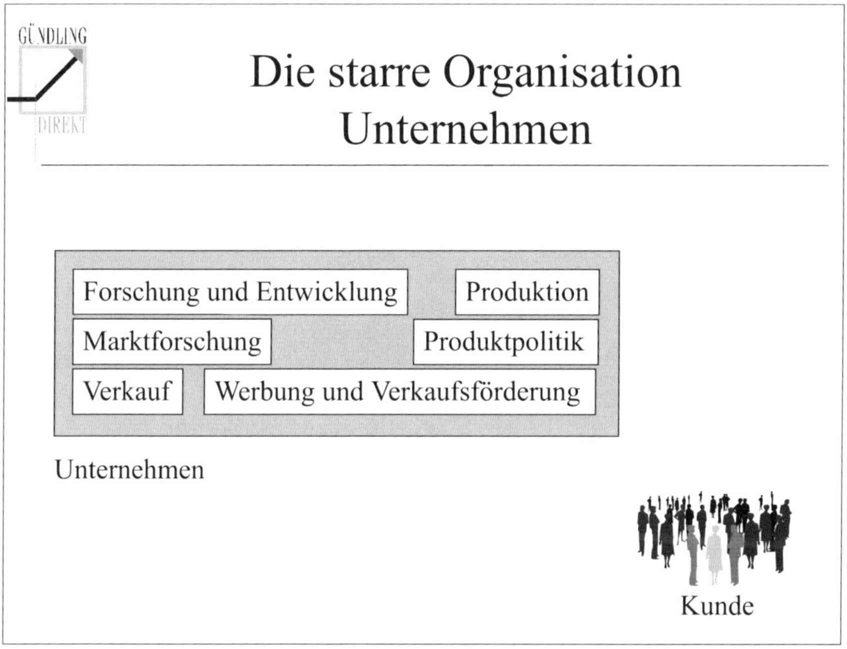

Abb. 11.1

mensorganisation stellt die Maximale Kundenorientierung besondere Herausforderungen an viele Unternehmen. Gilt es doch, eine Kehrtwende zu vollziehen von dem geschlossenen, nach innen gerichteten Unternehmen hin zum offenen, nach außen gerichteten, den (potentiellen) Kunden integrierenden System oder Teil des Netzwerkes. Das Unternehmen muß lernen, sich als natürliche Ordnung zu begreifen, und nicht als starre Organisation.

In der Praxis, der gelebten Unternehmensführung zeigt sich dann, ob das Unternehmen Maximale Kundenorientierung tatsächlich realisieren will oder nur Stückwerke davon als Alibifunktion in ihren Unternehmensalltag einbaut. Lean-Organisation, Lean-Management und Reengeneering haben insbesondere Anfang der 90er Jahre in vielen Unternehmen zu Reorganisationen geführt, die die Ablauforganisationen mit der Stoppuhr in der Hand effizienter gemacht haben. Dies spart Kosten, führt zu flachen Hierarchien, der Verlagerung von Entscheidungskompetenz, schnellerer Information usw. Doch muß dieser Prozeß nicht unbedingt auch ein Plus für den (potentiellen) Kunden nach sich ziehen. Der Markt, die Problemlösungskompetenz des Unternehmens, kann nur **zusammen mit** dem (potentiellen) Kunden erarbeitet werden und nicht – aus einer oft überheblichen Position – **für** den (potentiellen) Kunden.

Will ein Unternehmen seine Kundenorientierung maximieren, müssen das Unternehmen und alle seine Mitarbeiter verstehen, daß sie selbst Teil eines Marktes sind, in einem Markt arbeiten und diesen Markt aktiv gestalten können. Betrachtet man hingegen die Strukturen, die Organigramme vieler Unternehmen, so stellt man fest, daß diese nach Funktionen gegliedert sind. Da gibt es die Marketingabteilung, die Forschung und Entwicklung, das Controlling, die Buchhaltung, die Personalabteilung, die EDV usw... Der Markt spiegelt eine solche funktionale Gliederung nicht wider. Eine derartige Gliederung nach Funktionen, die von innen her und nicht aus den Markterfordernissen heraus bestimmt werden, führt dann zum Beispiel dazu, daß Produkte im Fokus stehen, daß ein Unternehmen mit Hilfe unzähliger Produktmanager letztendlich gleiche Märkte, wenn auch über unterschiedliche Produkte, bearbeitet. Maximale Kundenorientierung bedeutet jedoch, in Marktprozessen zu denken und zu arbeiten. Den Anfang machen diese Prozesse bei den individuellen Bedürfnissen der (potentiellen) Kunden. Nicht die Abteilung oder die Funktion stehen hierbei im Vordergrund, sondern inwieweit der einzelne Mitarbeiter durch seine Arbeitsleistung dazu beiträgt, die individuellen Kundenbedürfnisse zu befriedigen. Eine solche globale Ausrichtung des Unternehmens und seiner durch die Mitarbeiter erbrachten Leistungen auf die Anforderungen der Maximalen Kundenorientierung kann nur durch ein Marktmanagement erreicht werden.

Der entscheidende Unterschied des Marktmanagements im Vergleich zum Produktmanagement liegt darin, daß der Marktmanager verantwortlich für die Potentialausschöpfung eines gesamten Marktes bzw. Segmentes ist, während der Produktmanager verantwortlich für den Absatz eines Produktes oder einer Produktgruppe ist. Die *Bertelsmann AG* hat als eines der wenigen Unternehmen begonnen, ein solches Marktmanagement wenigstens ansatzweise aufzubauen. Beispiel Fachverlage: »Früher hat der klassische Fachverlag zugesehen, was ihm seine

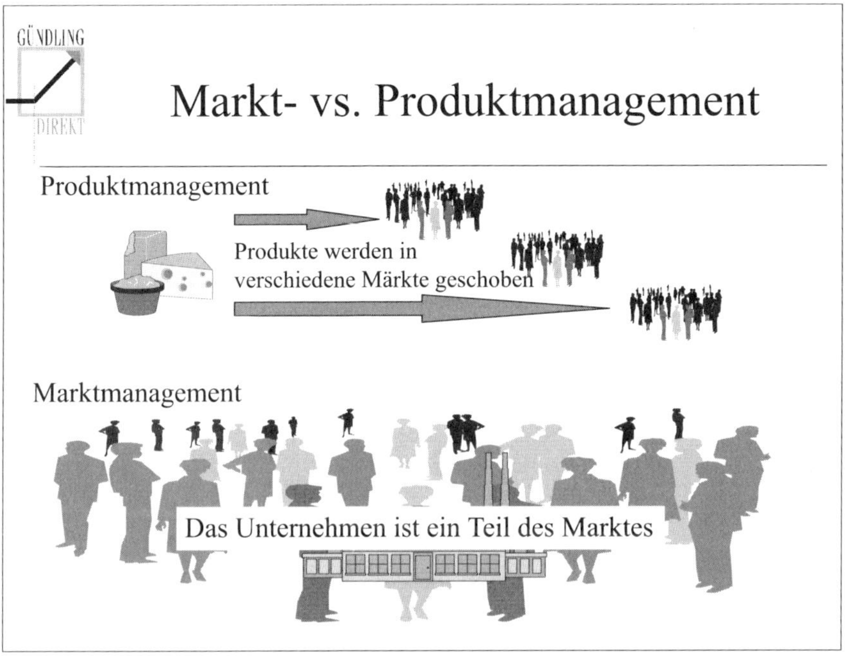

Abb. 11.2

Autoren lieferten und das an den Markt gebracht. Inzwischen ist man zunehmend bestrebt, Verlagsaktivitäten und -ressourcen auf Zielgruppen hin zu bündeln und weniger als früher in Mediengattungen, wie Zeitschriften, Büchern oder Kursen zu denken. Äußeres Zeichen des neuen Ansatzes ist bei *Bertelsmann* der ›Zielgruppenmanager‹, der für die Entwicklung und Vermarktung der Produkte für seine Zielgruppe verantwortlich ist, unabhängig davon, um welches Medium es sich dabei handelt.«[4]

Marktmanagement so verstanden, erfordert von den Unternehmen eine grundlegende Neuausrichtung ihrer Organisation. Es muß eine Organisation sein, die die Wertschöpfung des einzelnen, als dessen Beitrag zur Befriedigung der individuellen Bedürfnisse des (potentiellen) Kunden, als Maßstab der Arbeitsleistung betrachtet. Die funktionale Organisation des Unternehmens muß einer prozeßorientierten weichen. Die bisher selbständigen Abteilungen Forschung und Entwicklung, Vertrieb und Marketing werden dann in einem zentralen, für den (potentiellen) Kunden arbeitenden, Marktmanagement zusammengefaßt.

Erste Ansätze einer solchen Organisation wurden inzwischen unter den Stichwörtern ›Workflow-Management‹ und ›Fallmanagement‹ entwickelt: Im Workflow-Management werden die Geschäftsabläufe ereignisorientiert gesteuert, das heißt, daß jeder Mitarbeiter an seinem Arbeitsplatz automatisch sowie bedarfs- und zeitgerecht mit allen notwendigen Informationen versorgt ist.[5] Im Mittelpunkt des Workflow-Management steht also insbesondere die Information. Der Fallmanager hingegen zeichnet sich insbesondere dadurch aus, daß er den Arbeitsablauf in Form eines »geschlossenen Ringes« erledigt und steuert, indem Kunden eine individuelle Problemlösung komplett geliefert wird: »Er ist dort positioniert, wo der Kunde und verschiedene andere Fachbereiche oder Matrixdimensionen aufeinandertreffen ... er hat genügend Entscheidungsbefugnisse, um Kundenprobleme lösen zu können ... und er hat leichten Zugang zu Informationen von überall aus dem Unternehmen, und er benutzt die Datentechnik bei seinen Entscheidungen.«[6] Die *IBM Credit Cooperation* hat vor einigen Jahren ein solches Fallmanagement mit folgendem Erfolg eingeführt: » ... Fünf Abteilungen (waren) beteiligt, wenn Kunden beim Kauf eines Rechners auch einen Vorschlag zur Finanzierung wünschten. Und dann vergingen im Durchschnitt sieben Tage, obwohl Kunden wie Vertreter das Ergebnis dringend erwarteten. Heute dauert es im Mittel sechs Stunden, um einen solchen Vorschlag zu erstellen, denn den ganzen Geschäftsvorgang bearbeitet nun eine einzige Person von Anfang bis Ende. Verglichen mit dem Jahr 1985 erstellt das Unternehmen heute zehnmal so viele Finanzierungspläne, wobei in mehr als der Hälfte aller Fälle ein Computer eingesetzt wird. Außerdem beginnt *IBM* damit, solche Pläne in Echtzeit vor Ort beim Kunden zu erarbeiten, wodurch eine weitere Aufgabe in den Vorgang eingeschlossen ist – der Computerverkauf. Die Kundenbetreuer von *IBM* sind damit zu Vertretern von *IBM Credit* geworden.«[7] Während der Zweck der meisten Unternehmensorganisationen inzwischen der zu sein scheint, die internen Unternehmensabläufe zu kontrollieren und zu optimieren, sind Workflow- und Fallmanagement Organisationsformen, die ihren Ausgangspunkt bei den individuellen Bedürfnissen des (potentiellen) Kunden finden. Letztendlich sind es genau die nach innen gerichteten Unternehmensabläufe, die das Unternehmen erst kundenunfreundlich machen. Deshalb müssen die traditionellen Abteilungsgrenzen aufgelöst werden und alle betrieblichen Funktionen nur noch danach bewertet werden, welchen Beitrag sie zur Befriedigung der individuellen Kundenbedürfnisse leisten.

Wie schon erwähnt, hat die letzte Rezession viele Unternehmen dazu bewogen, ihre Organisationsstrukturen ›lean‹ zu machen. Ob sie damit einen Schritt in die richtige Richtung, das heißt zu mehr Kundenorientierung gemacht haben, darf jedoch bezweifelt werden. In einer nicht repräsentativen Untersuchung des *Kieler Instituts für Weltwirtschaft* auf der Grundlage von 110 persönlichen Interviews mit deutschen und amerikanischen Managern aus Großunternehmen sehen 57 Prozent der befragten deutschen Manager eine »Erhöhung der Flexibilität« als das wichtigste Ziel ihrer Umstrukturierung an. »Jeweils knapp die Hälfte will eine ›Verringerung der Managementkosten‹ und eine ›Beschleunigung der Entscheidungsfindung‹ erreichen. Nur 37 Prozent sehen ein ›verstärktes Eingehen auf Kundenwünsche beziehungsweise eine größere Kundennähe‹ als Hauptziel – im Gegensatz zu ihren nordamerikanischen Kollegen, die diesen Punkt mit über 55 Prozent mit weitem Abstand an die Spitze ihrer Wünsche setzen.«[8] Nicht die Bedürfnisse der (potentiellen) Kunden stehen im Mittelpunkt der Überlegungen deutscher Manager, sondern die kurzfristig wirksame Ergebnisverbesserung des Unternehmens. Nicht nur die Unternehmensorganisation selbst muß neu definiert werden, sondern auch die Zielsetzung, die mit ihr verbunden ist. Diese kann ihren Ausgangspunkt nur bei den (potentiellen) Kunden nehmen, um so auch von der Unternehmensorganisation her den Aufbau einer langfristigen Partnerschaft mit dem (potentiellen) Kunden zu ermöglichen. Nur so werden die Unternehmen in Zukunft ihre Kundenorientierung tatsächlich maximieren und ihre langfristige Daseinsberechtigung im Markt sichern können.

Der fünfte Schritt: Die Kundenzielplanung

Ausgehend von der erarbeiteten Vision gilt es für das Unternehmen im fünften Schritt, eine neue Unternehmensplanung, eine neue Unternehmenszielsetzung zu erarbeiten. Als marktwirtschaftlich orientierte Betriebe ist für die meisten Unternehmen die langfristige Gewinnmaximierung das oberste Ziel. Dies drückt sich in den einzelnen Unternehmen dann in absoluten Werten wie dem Betriebsergebnis aus, oder in relativen wie der Umsatzrentabilität. Allen diesen Zielen ist gemeinsam, daß sie monetär gemessen werden können. Neben diesen monetären Zielen werden aber auch noch weitere Interessen in den Unternehmen verfolgt. Diese reichen von dem Streben nach einer Marktanteilsvergrößerung, über die Verminderung der Umweltbelastung bis hin zur Sicherung der Arbeitsplätze. Genau betrachtet, ist das Erreichen all dieser Ziele jedoch nur von einem Faktor bzw. der Erfüllung eines übergeordneten Ziels abhängig: nämlich inwieweit es dem Unternehmen gelingt, seine Kundenorientierung zu maximieren. Das oberste Ziel eines Unternehmens ist es dann nicht, einfach in bestimmten Zeiträumen Geld zu verdienen, sondern vielmehr seine Märkte zu identifizieren, die individuellen Bedürfnisse der (potentiellen) Kunden kennenzulernen, individuelle Problemlösungen anzubieten und diese über ein Individuelles Partnerschaftsmarketing zu kommunizieren. Dann müssen selbstverständlich auch diese Aspekte in den Mittelpunkt der unternehmerischen Zielplanung rücken. Die finanzwirtschaftlichen Ziele – also Umsatz, Rentabilität, Betriebsergebnis usw. – sind dann aus dem (geplanten) Markterfolg ableitbar. Den (potentiellen) Kunden und seine individuellen Bedürfnisse in den Mittelpunkt aller unternehmerischen Aktivitäten zu stellen heißt, die Unternehmenszielplanung und das Berichtswesen, ausgehend von jedem einzelnen Markt, den das Unternehmen bearbeitet, zu planen, also eine Kundenzielplanung vorzunehmen, die für jedes Marktmanagement die Grundlage und der Maßstab ihrer Arbeit sein wird.

Das Hauptziel des Unternehmens sowie alle nachgeordneten Ziele müssen also ausgehend von den einzelnen Märkten definiert werden, z.B.:

- Wieviele der (potentiellen) Kunden werden in welchem Rhythmus welche der angebotenen individuellen Problemlösungen kaufen?
- Wieviele (potentielle) Kunden werden in welchem Zeitraum gewonnen?
- Welche individuellen Bedürfnisse sollen in welchem Zeitraum bei welchen (potentiellen) Kunden ... befriedigt werden?
- Welchen individuellen Kundenwert streben wir in welchem Zeitraum an? Wie hoch sollte die Kundenrentabilität sein?

Diese Zielplanung muß dann unmittelbar in das unternehmerische Berichtswesen Eingang finden. Sie muß sich wie ein roter Faden durch das Berichtswesen aller betrieblichen Prozesse ziehen. Ein so verstandenes Berichtswesen hilft nicht nur, die eigene Leistung im nachhinein zu messen, sondern ist auch ein Instrument, um die eigene Leistung zu beeinflussen. Wenn ein Unternehmen sich entschließt, seine Kundenorientierung zu maximieren und hiermit eine neue strategische Ausrichtung des Unternehmens verbunden ist, müssen eben auch diese neuen Maßstäbe, die Kundenzielplanung zur Stützung der neuen Strategie eingeführt werden. Während die finanzwirtschaftlichen Ziele und Meßgrößen also auf einer kurzfristigen Strategie basieren, die eine posthume Analyse erlauben, basiert die Kundenzielplanung auf einer langfristigen Strategie der Maximalen Kundenorientierung, die es dem Unternehmen erlauben wird, seine Zukunft erfolgreich zu gestalten.

Der sechste Schritt: Evolution statt Revolution

Die in vielen Unternehmen durchgeführten oder geplanten Veränderungen der Organisationsstrukturen scheitern sehr oft im Vorfeld schon daran, daß die Mitarbeiter vor vollendete Tatsachen gesetzt werden anstatt sie in den Prozeß der Veränderung zu integrieren. Dies hängt eng damit zusammen, daß »der unmittelbar erlebte Nutzen des status quo für die Mitarbeiter größer erscheint, als die Vorteile, die eine Veränderung mit sich brächte.«[9] Dies gilt um so mehr für organisatorische Veränderungen, die die nach innen gerichtete Organisation in eine den (potentiellen) Kunden integrierende verwandeln sollen. Eine nach innen gerichtete Organisation hat nämlich den großen Vorteil, daß sie durch zahlreiche Handlungsanweisungen und Organisationshandbücher den Mitarbeitern einen Rahmen und damit Sicherheit für ihr eigenes Tun gibt. Eine Organisation, die den (potentiellen) Kunden in den Mittelpunkt stellt, verlangt von den Mitarbeitern hingegen Flexibilität und gibt ihnen eine wesentlich größere Entscheidungskompetenz. Dies bringt zunächst einmal Unsicherheit mit sich. Diese Unsicherheit kann genommen werden, indem zum einen die Mitarbeiter in die Gestaltung der Organisationsveränderung aktiv einbezogen werden, wie es beispielsweise der *Volkswagen-Konzern* Mitte der 90er Jahre gemacht hat, und zum anderen, indem die Umsetzung der vereinbarten Maßnahmen Stück für Stück durchgeführt wird. Eine Reorganisation von heute auf morgen, die alle Strukturen innerhalb des Unternehmens mit einem Mal kappen würde, muß hingegen zwangsläufig in ein Chaos führen.

Die Reorganisation muß im Einklang mit der Unternehmenskultur stehen und diese gleichzeitig in Richtung auf mehr Kundenorientierung weiterentwickeln. Dies erfordert ein Umdenken von Unternehmensführung und Mitarbeitern in einem ganz sensiblen Bereich: Wenn Dr. Horst Kaltenbach bemerkt, daß » ... der Weg zur Kundenzufriedenheit ... über die Mitarbeiterzufriedenheit (führt)«[10], ist dies genauso richtig wie auch falsch. Kundenzufriedenheit kann über Mitarbeiterzufriedenheit erreicht werden, sie muß es aber nicht, wie die zahlreichen aktuellen Beispiele zeigen. Ein Mitarbeiter kann auch zufrieden sein, obwohl der (potentielle) Kunde es nicht ist. Dies liegt insbesondere darin begründet, daß die meisten Mitarbeiter von ihren (potentiellen) Kunden überhaupt kein Feedback bekommen, sie kennen sie nicht einmal. Der Weg zu einer kundenorientierten Organisation kann nur darüber führen, den (potentiellen) Kunden einzubeziehen und es den Mitarbeitern zu ermöglichen, einen unmittelbaren Kundenkontakt zu erfahren bzw. ein Kundenbewußtsein zu entwickeln. Diesen Weg ist zum Beispiel der Automobilzulieferer *Löhr & Bromkamp*, kurz *Löbro*, gegangen: »›Wir wollen unser System nicht Total Quality Management nennen, da hieraus der Schluß gezogen werden könnte, daß Qualität eine Sache der Manager sei«[11], erklärte Peter Kleinmann, Qualitätsdirektor bei *Löhr & Bromkamp* in einem Artikel im *Handelsblatt*. »Qualität bedeute für *Löbro* die vollständige Fokussierung aller Prozesse im Unternehmen auf den Kunden. Dieser Kunde müsse allerdings nicht identisch mit dem

Endverbraucher sein. Auch die einzelnen Abteilungen innerhalb des Unternehmens stünden in einem Kunden-Lieferanten-Verhältnis. Daher gelte:

1. Jeder Mitarbeiter hat einen Kunden
2. Jeder Mitarbeiter ist Lieferant
3. Jeder Mitarbeiter hat ein Produkt, für dessen Qualität er selber verantwortlich ist.

Erst wenn dieses Produkt den Erwartungen des Kunden entspricht, kann von Qualität gesprochen werden. Habe vor Jahren noch die Produktqualität als ausschlaggebender Faktor für diese Kundenzufriedenheit gegolten, entscheide heute zunehmend die Qualität des gesamten Unternehmens über seinen Erfolg. ... Daher sei es zwingend notwendig, ..., nicht nur für die direkt an der Wertschöpfung beteiligten Bereiche, sondern auch für die Verwaltung quantitative Bewertungszahlen zu entwickeln und zu verfolgen. Gesteuert werde dieser Prozeß bei *Löbro* durch die jährlich vorgegebenen Unternehmensziele. Diese Zielvorgaben würden mit jedem Mitarbeiter am Anfang des Jahres durchgesprochen. ... Auch die Aktivitäten zur Mitarbeiterqualifikation wurden erheblich gesteigert. Heute sei jeder Werker im Durchschnitt fünf Tage an Schulungsmaßnahmen beteiligt. 1989 habe dieser Wert noch 0,8 Tage betragen.»[12] *Löbro* hat einen ganz geschickten Weg gewählt, um von der Organisationsstruktur her die Grundlage zur Maximalen Kundenorientierung zu legen. Selbst der Mitarbeiter, der aufgrund seiner Aufgabenstellung in regelmäßigen Abständen nicht mit dem (potentiellen) Kunden in Kontakt sein kann, hat im übertragenen Sinne einen Kunden, nämlich den Kollegen, der wiederum von dessen eigener Arbeitsleistung abhängig ist.

Natürlich kann es in einem Unternehmen nur einen Kunden geben, den einen, der letztendlich alles bezahlt, auch die Gehälter der Angestellten und der Vorstände. Maximale Kundenorientierung in sich ist ein Prozeß, der mit einem Wertschöpfungsprozeß vergleichbar ist: Ausgehend von den individuellen Kundenbedürfnissen der (potentiellen) Kunden erarbeitet das Unternehmen eine individuelle Problemlösung und vertreibt diese nach Maßgabe eines Individuellen Partnerschaftsmarketing. So wie der (potentielle) Kunde, der am Anfang und am Ende dieses Wertschöfungsprozesses steht, genauso ist jeder Mitarbeiter, Zulieferer, jede Werbeagentur usw. an diesem Wertschöpfungsprozeß beteiligt. Das heißt, jedes Glied in dieser Kette erhöht den Wert der Vorleistung, die es gerade bearbeitet. Und alle verfolgen nur ein Ziel – dem (potentiellen) Kunden die gemeinsam erarbeitete individuelle Problemlösung zu verkaufen, seine individuellen Bedürfnisse zu befriedigen. Wie bei *Löbro* hat sich auch in einigen weiteren deutschen Unternehmen ein Bewußtsein entwickelt, die nachfolgenden Glieder in der Wertschöpfungskette, also nachfolgende Abteilungen oder Profit Center, als Kunden zu betrachten. Im ersten Moment spricht sehr viel für diese Betrachtungsweise. Sie kann das typische Insel-Bewußtsein der Mitarbeiter und einzelner Abteilungen dahingehend ändern, sich als ein Teil innerhalb eines Wertschöpfungssprozesses zu betrachten und die Wünsche und Erwartungen der nachfolgenden Abteilungen als Maßstab für das eigene Tun zu bewerten. Zweifelsohne fördert ein solches Bewußtsein die Kommunikation und das ganzheitliche Denken im Unternehmen. Wenn ein solches »Kundenbewußtsein« erst einmal Eingang in die Unternehmenskultur gefunden hat, ist der nächste Schritt, den wirklichen (potentiellen) Kunden auch als Kunden zu sehen, nicht mehr so schwer – aber er muß auf jeden Fall auch gegangen werden.

Das Beispiel *Löbro* zeigt, daß eine organisatorische Veränderung immer mit einer entsprechenden Schulung der Betroffenen, also der Mitarbeiter, einhergehen muß. Dies ist allen Unternehmen gemeinsam, die als positive Beispiele im Rahmen des Konzeptes »Maximale Kundenorientierung« in diesem Buch angeführt wurden. Sie bereiten ihre Mitarbeiter auf ihre neue Aufgabe vor, sie trainieren sie. Von 2.700 Mitarbeitern der Drogeriehandelsgruppe *dm* in Deutschland besuchten 1994 1.776 Trainings und Seminare.[13] Für die 150 Mitarbeiter des *Garhammer Modehauses* finden jede Woche Schulungen statt, die von 25 Gruppentrainern unter Anleitung eines hauptberuflichen Weiterbildungsreferenten durchgeführt werden. Im ersten Jahr seiner Tätigkeit für die *Dresdner Vermögensberatungsgesellschaft mbH* absolviert jeder Berater 27 Tage Verkaufsschulung. Bei durchschnittlich 220 Arbeitstagen im Jahr sind das mehr als 10 Prozent der potentiellen Verkaufszeit. Die Devise von Schultz, dem Geschäftsführer des *Starbucks* Kaffeerösters ist: »Wenn man einen Wolkenkratzer aufbauen will, dann muß man zuerst ein solides Fundament legen, das ein solches Gebäude tragen kann. Wir sind solange bereit Verluste hinzunehmen, bis dieser

Prozeß abgeschlossen ist.« [14] Das spanische Kaufhaus *ECI* war eines der ersten Beispiele für Maximale Kundenorientierung in diesem Buch und soll auch das letzte sein: »Sehr am Herzen liegt dem Unternehmensmanagement die innerbetriebliche Ausbildung und Motivation der Mitarbeiter. Im Studienzentrum Ramón Areces können Betriebsangehörige das Abitur nachholen oder auch ein juristisches beziehungsweise betriebswirtschaftliches Studium abschließen; außerdem gibt es ein hauseigenes Institut für berufliche Studien. Das *ECI* zahlt seinen Mitarbeitern Gehälter, die rund zehn Prozent über dem branchenüblichen Niveau liegen. Dafür fordert es uneingeschränkte Leistungsbereitschaft.«[15]

Der japanische Konzernchef Matsushita hat anläßlich einer Rede vor westlichen Industriellen folgendes über die Unterschiede zwischen japanischen und westlichen Unternehmen gesagt: »Wir werden gewinnen und der industrielle Westen wird verlieren. Nicht nur die westlichen Firmen sind nach dem Taylorischen gebaut, sondern auch eure Köpfe. Die Bosse besorgen das Denken und die Mitarbeiter schwingen die Werkzeuge. Für euch besteht Management darin, die Ideen aus den Köpfen der Manager in die Köpfe der Mitarbeiter zu bringen. Wir Japaner hingegen meinen, daß nur mit den kombinierten Denkideen aller Mitarbeiter sich ein Betrieb den Turbulenzen und Zwängen erfolgreich stellen kann. Tatsächlich hängt das Überleben vom Aktivieren des letzten Gramms von Intelligenz ab. Für uns besteht Management exakt in der Kunst, das intelligente Potential aller Mitarbeiter des Unternehmens zu mobilisieren und zusammenzubringen.« Exakter kann man die Situation in vielen deutschen Unternehmen kaum beschreiben. Es ist auch das Potential in den Köpfen der Mitarbeiter, welches die Unternehmen in Zukunft nutzen müssen, wenn sie ihre Kundenorientierung maximieren wollen. Dieses Potential ist größer als viele erwarten, denn viele Mitarbeiter würden kundenorientierter arbeiten, wenn es die Unternehmensorganisation zulassen würde und wenn sie auch tatsächlich auf ihre Aufgabe vorbereitet würden.

Das Ziel einer kundenorientierten Organisation wollen einige Manager zwar erreichen, doch sie schlagen dabei sehr oft den falschen Weg ein. Einen Weg, der innerhalb kürzester Zeit zum Ziel führen soll und dann meistens in einer Katastrophe endet oder aber wie es »die Reengineering-Gurus Hammer und Champy freimütig präsentieren: Rund

Zweidrittel aller Restrukturierungsmaßnahmen verlaufen mehr oder minder im Sande.«[16] Ein Unternehmen lebt von seinen Menschen. Menschen leben in der Gemeinschaft »Unternehmen«. Und bisher gibt es noch kein einziges positives Beispiel dafür, daß nach einer Revolution eine Gemeinschaft eine höhere Wohlfahrt für alle erfahren hat. Die Unternehmen müssen sich Zeit nehmen bei ihrer Reorganisation. Sie müssen ihre Mitarbeiter für die Idee, den (potentiellen) Kunden in den Mittelpunkt zu stellen, erst gewinnen und diese befähigen, die neuen Aufgaben Schritt für Schritt zu erfüllen.

Zum Schluß eine kleine Geschichte, die für alle eine Warnung sein sollte: Vor langer Zeit entdeckte ich bei einem meiner Kunden am schwarzen Brett eine kleine Geschichte, deren Herkunft ich leider nicht mehr exakt nachvollziehen kann[17], die ich Ihnen aber trotzdem nicht vorenthalten möchte.

> »Vor langer Zeit verabredete unser Team mit den Mitbewerbern, daß jedes Jahr ein Wettrudern mit einem Achter auf der Binnenalster ausgetragen werden sollte. Beide Mannschaften trainierten hart, um ihre Leistungsfähigkeit zu erreichen. Als der große Tag des Wettkampfes endlich da war, waren beide Mannschaften topfit – die Mitbewerber gewannen mit 1,5 Kilometer Vorsprung.
> Nach der Niederlage war unser Team niedergeschlagen und die Moral war auf dem Nullpunkt. Das obere Management entschied, daß der Grund für diese vernichtende Niederlage unbedingt herausgefunden werden mußte. Ein Projektteam wurde eingesetzt, um das Problem zu untersuchen und geeignete Maßnahmen zu empfehlen. Die Untersuchung ergab: Das Problem war, daß bei den Mitbewerbern acht Leute ruderten und ein Mann steuerte. In unserem Team ruderte ein Mann und acht Leute steuerten.
> Das obere Management engagierte sofort Unternehmensberater, um eine Studie über die Struktur unseres Teams anfertigen zu lassen. Nach Kosten in Millionenhöhe und einige Monaten später kamen die Berater zu dem Schluß: Das Verhältnis der Ruderer zu den Steuerern zeigt gewisse strukturiere Defizite. Um einer Niederlage gegen die Mitbewerber im nächsten Jahr vorzubeugen, wurde deshalb die Teamstruktur optimiert: Neben einem Steuerdirektor gab es jetzt zwei Obersteuerleute sowie drei Steuerleute und zwei Steuerassistenten. Ein Leistungsbewertungssystem wurde eingeführt, um den Mann, der das Boot rudern sollte, zu motivieren, sich noch mehr anzustrengen und zum Leistungsträger seiner Mannschaft zu werden. 'Wir müssen seine Aufgabenbereiche erweitern und ihm mehr Verantwortung geben' lautet

die Devise, was zum Einbau einer zusätzlichen Steueranlage für den Ruderer führte. Damit sollte es gelingen! – (Aus Sicherheitsgründen wurde diese Steueranlage jedoch vor dem Start ihrer Funktion beraubt.)
Beim nächsten Rennen gewannen die Mitbewerber mit drei Kilometer Vorsprung. Unser Team trennte sich vom Ruderer wegen mangelhafter Leistungen, verkaufte die Ruder, stoppte alle Investitionen in ein neues Produkt und die Entwicklung eines optimierten Bootes. Den Unternehmensberatern wurde eine lobende Anerkennung für ihre geleistete Arbeit ausgesprochen, das eingesparte Geld wurde an das obere Management ausgeschüttet. Dem weiteren Kampf mit den Mitbewerbern wurde wegen einer angeblichen Wettbewerbsverzerrung keine Beachtung mehr geschenkt.«

Der siebte Schritt: Die Wahrheit liegt in der Bezahlung

Auch wenn uns die verschiedensten Untersuchungen erklären wollen, daß das Geld seinen absoluten Stellenwert bei der Bewertung einer Tätigkeit für Arbeiter und Angestellte verloren hat, so gilt dies für Manager und Führungskräfte der Unternehmen sicherlich nicht. Nach wie vor bestimmen Tantiemen und Provisionen in Höhe von mehreren Zehntausend, sogar mehreren Hundertausend Mark per anno, viel zu oft die von diesen Managern getroffenen Entscheidungen. Dies kann zu kurzfristig hervorragenden Ergebnissen führen, für die langfristige Daseinsberechtigung des Unternehmens und die Verwirklichung der Maximalen Kundenorientierung jedoch schädlich sein.

Bei vielen Unternehmen werden zum Beispiel die Geschäftsführer und Bereichsvorstände hauptsächlich nach dem Betriebsergebnis bezahlt. Dies kann dazu führen, daß bestimmte Erfolgsfaktoren des Modells »Maximale Kundenorientierung« zwar gesehen, aber nicht umgesetzt werden. Wie oben dargestellt, ist es für jedes Unternehmen wichtig, mit seinen einmal gewonnenen Kunden eine langfristige Partnerschaft zu entwickeln, also deren Erwartungen und Bedürfnisse kontinuierlich zu erfüllen. Ebenso wichtig ist es aber auch, (potentielle) Kunden zu gewinnen, die das wirtschaftliche Potential des Unternehmens der Zukunft darstellen – einer Zukunft, die viele Manager, die ab einer gewissen hierarchischen Stufe aufgrund einer unternehmensinternen Richtlinie das Unternehmen mit 60 Jahren verlassen müssen, die sie aufgrund ihres Alters oder ihrer weiteren Karriere vielleicht gar nicht mehr erleben. Die *Bertelsmann AG* zum Beispiel hat eine solche altersbezogene Richtlinie.

Bei einer Bezahlung nach dem Betriebsergebnis sind diese Manager von ihrem Vergütungssystem her gesehen nur daran interessiert, das Betriebsergebnis über den Zeitraum ihrer voraussichtlichen Tätigkeit zu maximieren. Nach mir die Sintflut. Doch das Betriebsergebnis kann, wie jeder weiß, auch durch Veränderungen der Aktivierungsmethoden, durch die Auflösung von Rückstellungen usw., bei konstantem oder sogar rückläufigem Umsatz jedes Jahr wieder verbessert werden. Bei konstantem Umsatz kann dann heißen, daß das Budget der (potentiellen) »Stamm«kunden aus kurzfristigen Interessen, basierend auf der einmal aufgebauten Partnerschaft und dem Vertrauen, welches der (potentielle) Kunde dem Unternehmen entgegenbringt, in einer Form in Anspruch genommen wird, in der die Erwartungen und Bedürfnisse des Kunden enttäuscht werden und er … den Rest kann man sich wohl denken. Und es kann bedeuten, daß das Unternehmen die Gewinnung (potentieller) Kunden aus seinem Fokus verliert. Der Nachfolger eines solchen Geschäftsführers wird sich bedanken. Gleichzeitig können dann natürlich auch nicht die Kontrollmechanismen eines solchen Unternehmens so funktionieren, wie sie es eigentlich sollten – wenn der Maßstab für das zentrale Controlling das Betriebsergebnis ist.

Wie sollte aber das optimale Vergütungssystem für Manager der ersten und zweiten Reihe aussehen? Es muß selbstverständlich aus den Unternehmenzielen abgeleitet werden, und es muß sich bei Maximaler Kundenorientierung an langfristigen Kriterien orientieren und weniger an kurzfristigen. Verschiedene Modelle hierzu hat der Münsteraner Wirtschaftsprüfer Dr. Karl Niehues entwickelt: »Zumindest bei Führungskräften, die die Gesamtverantwortung für das Unternehmen tragen, dürfte eine ausgeprägtere Chancen- und Risikoorientierung der Vergütung sinnvoll sein. Wie bei jedem Privatunternehmer sollten sich ihre Fehlentscheidungen unmittelbar auf ihr Vermögen auswirken, um einen Anreiz für verantwortungsbewußtes Verhalten zu schaffen. … z.B. durch:…

- Einbehaltung der hälftigen Tantieme für drei oder fünf Jahre (Auszahlung mit Zinsbonus) und gegebenenfalls Verrechnung mit Nega-

tiv-Tantiemen (Verlustbeteiligung) in den Folgejahren, das heißt, Koppelung der Tantieme an den mittelfristigen Unternehmenserfolg;
- Zurückbehaltung der Tantieme beim Ausscheiden der Führungskräfte (außer beim Todesfall) und Verrechnung mit Negativ-Tantiemen der beiden Folgejahre, unter Umständen auch nachträgliche (dann aber geringere) Gewinnbeteiligung.

Insbesondere die Negativ-Tantieme stellt sicher, daß Führungskräfte nicht nur von kurzfristigen Gewinnsteigerungen profitieren und somit Mitnahmeeffekte erzielen. Auf diesem Weg werden sie auch bei langfristigen Fehlentscheidungen in die Pflicht genommen.»[18] Wenn das Management wirklich den Weg hin zu einer Maximalen Kundenorientierung seines Unternehmens gehen will und mit den eingeleiteten Maßnahmen nicht den Weg nach einer kurzfristig wirksamen Optimierung der Ergebnisse sucht, wird es einem solchen oder ähnlichen Vergütungssystem sicher zustimmen. Hieran läßt sich dann auch ablesen, ob ein Unternehmen wirklich an einer langfristigen Sicherung des Erfolges interessiert ist und ob es tatsächlich hinter dem Konzept «Maximale Kundenorientierung» steht. Insofern ist das Vergütungssystem durchaus geeignet, die Wahrheit ans Licht zu bringen.

10 Tips, wie Sie das Konzept der Maximalen Kundenorientierung in Ihrem Unternehmen umsetzen können

1. Definieren Sie das Ziel. Malen Sie zwei Bilder: Je eines wie Ihr Unternehmen in 2 und in 5 Jahren aussehen soll. Malen Sie nicht als Unternehmer, sondern mit dem Pinsel des (potentiellen) Kunden.
2. Analysieren Sie die Ist-Situation aus der early-bird-Perspektive
3. Erarbeiten Sie gemeinsam mit Ihren Mitarbeitern den Weg vom Ist zur Maximalen Kundenorientierung
4. Visualisieren Sie diesen Weg, das Ist und das Ziel
5. Erarbeiten Sie Kennziffern/Maßstäbe/Bewertungssysteme für die einzelnen Schritte zur Maximalen Kundenorientierung
6. Machen Sie regelmäßig – mindestens einmal monatlich – einen Soll/Ist-Vergleich

7. Kommunizieren Sie so oft wie möglich den aktuellen Stand Ihres Unternehmens auf dem Weg zur Maximalen Kundenorientierung
8. Erwarten Sie von Ihren Mitarbeitern nicht etwas bestimmtes tun zu können, ohne daß Sie sie vorher auch befähigt haben, dieses tun zu können
9. Bieten Sie Ihren Mitarbeitern eine erfolgsabhängige Bezahlung an. Der Maßstab hierfür sind die Kennziffern aus Tip 5. Die Philosophie: Gute Arbeit muß sich lohnen, schlechte Arbeit bestraft diesmal nicht der (potentielle) Kunde (außer in Ihrer eigenen Geldbörse), sondern das gesamte Unternehmen
10. Nehmen Sie selbst in Ihrem Unternehmen die Rolle des Moses ein. Sie sind es, der Ihr Volk (= Unternehmen) ins gelobte Land (= zur Maximalen Kundenorientierung) führt

Statt eines Schlußwortes:

Marktbearbeitung bei Maximaler Kundenorientierung heißt: In der Rolle des Verkäufers die Kundenorientierung maximieren

Das Gesamtkonzept »Maximale Kundenorientierung« ist die konsequente Weiterentwicklung des heutigen Marketing. Maximale Kundenorientierung ist eine Unternehmens- ebenso wie eine Marketingphilosophie. Sie stellt den Kunden in den Mittelpunkt der unternehmerischen Aktivitäten und stellt damit sicher, daß die unternehmerischen Ziele nicht nur heute sondern auch in Zukunft erreicht werden.

Der individuellste Weg zum (potentiellen) Kunden ist der über einen Verkäufer. Der Verkäufer spricht keine Masse an, sondern ein Individuum, und zwar mit Namen. Der Verkäufer versetzt sich im Optimalfall in die Rolle seines Gegenüber – dem (potentiellen) Kunden. Hierzu eine kleine Geschichte, zitiert aus dem Buch *Happy Selling* von Georg Bierbaum:

> »Vor einigen Jahren fand in einer Stadt irgendwo in den Vereinigten Staaten ein Bankett für Immobilienmakler statt. Im Laufe des Abends kündigte der Conférencier einen Mann aus dem Publikum an und sagte: ›Dieser Mann hat im letzten Jahr das zweifache des nationalen Durchschnittseinkommens für Immobilienmakler verdient.‹ Die Art und Weise, in der der Sprecher die Ankündigung machte, ließ vermuten, daß dies ein ziemlicher Erfolg sei. Daher reckten alle ihren Kopf etwas vor und hielten erstaunt nach dem Mann Ausschau. ›... und er ist vollkommen blind.‹ Es gab einen stürmischen Applaus. Als er sich wieder gelegt hatte, sagte der Sprecher: ›Ich bin sicher, daß sich viele von uns jetzt fragen, wie Sie es geschafft haben, ins obere Drittel der Rangliste unserer Spitzenverkäufer zu gelangen – mit diesem Handicap.‹ ›Einen Moment mal‹, erwiderte der blinde Mann. ›Ich habe kein Handicap. Im Gegenteil: Ich habe einen Vorteil gegenüber jedem anderen Verkäufer in dieser Gegend. Ich habe noch nie eines der Grundstücke oder Häuser gesehen, die ich verkauft habe. Also muß ich meine Abschlüsse durch DEREN Augen – DURCH DIE AUGEN MEINER KUNDEN machen. Das, wozu ich gezwungen bin, könnten sie alle tun, die sie Augen zum Sehen haben. – Sie würden Ihren Kunden

weitaus dienlicher sein und dabei auch noch selbst mehr Geld verdienen.‹ Einen Moment lang war es vollkommen ruhig in der Halle, während alle darüber nachdachten. Dann brach ganz spontan erneut Applaus aus für einen couragierten Mann, der seine Verkäufe blind durchführte – und noch dazu einen ›weisen Ratschlag‹ für uns alle bereit hielt.«[19]

»DURCH DIE AUGEN MEINER KUNDEN« sehen, heißt nichts anderes, als die individuellen Bedürfnisse des (potentiellen) Kunden und die individuelle Problemlösung in einem Dialog und einem Prozeß in Einklang zu bringen. Zweifelsohne ist eine Marktbearbeitung über einen guten Verkäufer in vielen Fällen auch die teuerste. Doch dies hindert die Unternehmen nicht daran, die Erfolgsfaktoren eines Verkäufers auch auf ihrem Weg zum Kunden anzuwenden. Das heißt: Im Rahmen einer Marktbearbeitung im Sinne Maximaler Kundenorientierung, müssen die Erfolgsfaktoren des guten Verkäufers auf alle anderen Instrumente übertragen werden.

10. In der Rolle des guten Verkäufers den Weg zum (potentiellen) Kunden finden

Um eine Marktbearbeitung, in deren Mittelpunkt der einzelne Kunde mit seinen persönlichen Bedürfnissen und Erwartungen steht, sicherzustellen, empfiehlt es sich, bei jeder Aktivität, die man plant, ausführt und überprüft, sich in die Rolle eines guten Verkäufers zu versetzen und sich zu fragen:

Würde ein guter Verkäufer genauso vorgehen?

Die Frage »Würde ein guter Verkäufer genauso vorgehen?« hilft den Unternehmen, sich zum einen auf ihr Geschäftsfeld zu konzentrieren. Zum anderen ist deren Beantwortung der ideale Prüfstand um festzustellen, inwieweit das Unternehmen seine Kundenorientierung maximiert. Im folgenden sollen daher abschließend die Erfolgsfaktoren eines guten Verkäufers dargestellt werden:

- Der erfolgreiche Verkäufer verkauft eine individuelle Problemlösung an ein (von ihm) vorher definiertes Segment.
- Ein guter Verkäufer nimmt jede Chance zum Verkauf wahr. Er hat eine exzellente Tourenplanung und nutzt seine Zeit beim Kunden zum Verkaufen. Nur über eine maximale Anzahl von Verkaufs-

gesprächen kann ein guter Verkäufer Geld verdienen; deshalb fokussiert er seine Tätigkeiten – er weiß unnötige Streuverluste zu vermeiden, d.h. er führt keine Verkaufsgespräche mit (potentiellen) Kunden, von denen er von vornherein weiß, daß er sie mit seinem Angebot nicht interessieren oder überzeugen kann.

- Ein guter Verkäufer betreut einen einmal als (potentiellen) Kunden identifizierten Menschen so, daß dieser sich als Stammkunde fühlt.
- Ein guter Verkäufer fesselt seinen Kunden, er erregt Aufmerksamkeit für das, was er verkaufen will. Er schafft eine positive, auf Vertrauen basierende Atmosphäre – Stichwort AIDA: Attention – Interest – Desire – Action. Der gute Verkäufer weckt zunächst die Aufmerksamkeit seines (potentiellen) Kunden. Er sorgt dafür, daß er durch nichts in seinem Verkaufsgespräch gestört wird. Er weckt das Interesse des (potentiellen) Kunden, ihm, dem Verkäufer zuzuhören, und er weckt das Interesse für sein Angebot. Dieses Interesse verstärkt der gute Verkäufer so sehr, daß in dem (potentiellen) Kunden der Wunsch entsteht, die angebotene individuelle Problemlösung zu besitzen. Im Idealfall wird der gute Verkäufer in kürzester Zeit sogar zum Vertrauten, zum »Freund« des (potentiellen) Kunden.
- Ein guter Verkäufer stellt vor Beginn des eigentlichen Verkaufsgespräches die individuellen Kaufmotive und die individuellen Bedürfnisse seines (potentiellen) Kunden fest. Er fragt seinen Kunden, er hört ihm zu. Er interessiert sich für die Probleme des (potentiellen) Kunden genauso wie für die Rahmenbedingungen, die einen Kauf verhindern könnten. Die so gewonnenen Informationen kann der gute Verkäufer dann in seiner Angebotspräsentation einbauen – eine Einwandvorwegnahme ist allemal besser als eine Einwandbehandlung.
- Ein guter Verkäufer stellt bei seiner Produktpräsentation nicht die Produkteigenschaften in den Vordergrund, sondern nennt maximal drei anwenderbezogene Problemlösungen, die die Bedürfnisse und Erwartungen des individuellen Kunden befriedigen. Die Präsentation ist ausschließlich auf den (potentiellen) Kunden ausgerichtet. Sie enthält keine Allgemeinplätze, sondern trifft voll auf

den Kunden. zu. Der (potentielle) Kunde wird entsprechend seiner individuellen Bedürfnisse beraten.

- Ein guter Verkäufer macht dem (potentiellen) Kunden den Kauf so einfach wie möglich: Er füllt den Kaufvertrag aus, klärt Finanzierungsfragen, kümmert sich um Behördengänge..
- Ein guter Verkäufer betreut seinen einmal gewonnenen Kunden ganz individuell – er hilft ihm einfach, unbürokratisch und sofort, falls der Kunde einmal ein Problem mit der erworbenen individuellen Problemlösung haben sollte. Auf jeden Fall sorgt ein guter Verkäufer dafür, daß sein Kunde ihn nie vergißt. Der Geburtstagsgruß ist dabei genauso selbstverständlich wie der Anruf und die Frage nach der Zufriedenheit nach der Lieferung der erworbenen Problemlösung. Der gute Verkäufer entwickelt eine dauerhafte Beziehung zu seinem Kunden – schließlich lebt er ja auch von ihm.
- Ein guter Verkäufer weiß, wie wichtig es für seinen (potentiellen) Kunden ist, immer für ihn da zu sein. Er nutzt daher die neuesten Möglichkeiten der Kommunikation. Auf einen Anruf auf dem Anrufbeantworter oder der Mailbox reagiert er sofort. Möglicher Beschwerden oder Zahlungsschwierigkeiten nimmt er sich sofort an – just in time.
- Ein guter Verkäufer achtet darauf, kontinuierlich genügend Kunden in seinem Bestand zu haben. Neukunden sucht er in aller Regelmäßigkeit. Er benutzt dabei sein eigenes Netzwerk, d.h. seinen vorhandenen Kundenstamm. Bei jedem Verkaufsgespräch fragt er nach Empfehlungen und nach Referenzen. Er fragt nach Veränderungen im persönlichen wie auch im beruflichen Umfeld seines Kunden.
- Ein guter Verkäufer vergißt nichts. Keine Information, und wenn sie im Augenblick der Gewinnung noch so unbedeutend erscheint, geht ihm verloren. Jedes Datum, jede Zahl, jedes Gespräch, ob erfolgreich oder nicht, wird festgehalten – früher in einer Kundenkartei, heute meistens in einer Datenbank.
- Ein guter Verkäufer vermittelt seinem Gegenüber immer, daß er für ihn wichtig, ja, einzigartig ist. Er macht seinen (potentiellen) Kunden zum Helden.

Es ist dieses Denken und Handeln, die Vorgehensweise eines guten Verkäufers, die jedem Unternehmen hilft, seine Kundenorientierung zu maximieren. Deshalb sollte der gute Verkäufer immer Vorbild für das Unternehmen sein. Er sucht sich seine (potentiellen) Kunden und bietet diesen entsprechend ihrer individuellen Bedürfnisse eine individuelle Problemlösung an. Vereinfacht ausgedrückt: Befriedigt eine Lebensversicherung bei dem einen Kunden das Bedürfnis nach finanzieller Unabhängigkeit im Alter, kann die gleiche Lebensversicherung bei einem anderen Kunden das Bedürfnis nach Absicherung im Unfall- oder Todesfall für die Familie befriedigen. Entscheidend ist die Wahrnehmung der individuellen Problemlösung durch den (potentiellen) Kunden. Der gute Verkäufer weiß dies. Und deshalb sollte der gute Verkäufer für die Unternehmen der Maßstab für die eigenen Aktivitäten sein. Die Unternehmen müssen ein Umdenken vollziehen. Weg vom Denken und Handeln in Massen, hin zu einer »Verkäuferorientierung«. Dies bedeutet, daß der einzelne (potentielle) Kunde mit seinen individuellen Bedürfnissen im Mittelpunkt der Marktbearbeitung stehen.

Maximale Kundenorientierung ist die Methode,
Individuelles Partnerschaftsmarketing der Weg!

Anmerkungen

1 o.V.; in: Sales Profi; Nr. 11/1994; S. 8
2 Die Rolle des Managements in der unmittelbaren Kommunikation mit dem (potentiellen) Kunden haben Gouillart, Farncis J.und Sturdivant, Frederick D. in dem Artikel »Topmanager müssen den Wünschen der Kunden selbst nachspüren« im Harvard Business manager; III. Quartal 1994; 16. Jahrgang; S. 34–41 ausführlich diskutiert
3 Kroy Dr., Walter; in: Jahrbuch Direktmarketing '93; S. 54
4 o.V.; in: Handelsblatt, 10.10.1994; Nr. 195; S. 15
5 Knüttel, Annette Barbara; in: Sales Profi; Nr. 03/1995; S. 33
6 Knüttel, Annette Barbara; in: Sales Profi; Nr. 03/1995; S. 82
7 Davenport, Thomas; Nohria, Nitin; in: Harvard Business manager; I. Quartal 1995; 17. Jahrgang; S. 81
8 Eschbach, Hans; in: Handelsblatt; 7./8.04.1995; Nr. 14; S. K 1
9 o.V.; in: Manager Seminare; II. Quartal 1995; Heft 19; S. 72
10 o.V.; in: Manager Seminare; II. Quartal 1995; Heft 19; S. 69

11 Winkelhage, Johannes; in: Handelsblatt; 25./26.11.1994; Nr. 46; S. K 2
12 ebenda
13 Becker, Annegret; in: impulse; Nr. 03/1995; S. 71
14 Conrad, Gala; in: Handelsblatt; 3./4.03.1995; Nr. 9; S. K 2
15 Herkel, Günter; in: HORIZONT; 4. November 1994; Nr. 44/1994; S. 38
16 o.V.; in: Manager Seminare; II. Quartal 1995; Heft 19; S. 69
17 Frei nach Prof.Dr.Ing. Westkämper, überarbeitet v. Tristan Herzig '93 ist in der Fußnote dieser kleinen Geschichte zu lesen.
18 Niehues Dr., Carl; in: Handelsblatt; 3./4.03.1995; Nr. 9; S. K 2
19 Bierbaum, Georg; Marwitz, Klaus; May, Horst: Happy Selling; 1990; S. 11/12

Literaturverzeichnis

Amelio, Gilbert, in: WirtschaftsWoche; Nr. 18, 25.04.96, S. 90

Andersson, Axel: Mailing der Superlative; in: Direkt Marketing; Januar/Februar 1995, S. 29–31

Bierbaum, Georg/ Marwitz, Klaus/ May, Horst: Happy Selling: Der geniale Verkäufer; Paderborn: Junfermann, 1990; ISBN 3–87387–021–5

Becker, Annegret: Mehr verkaufen, wenn andere Minus machen; in: impulse; Nr. 03/1995, S. 72–76

Berg, Stefanie: Call-Center stärkt die Qualitätssicherung. Eine Hotline, die mehr als nur ein Marketing-Instrument ist; in: Direktmarketing; September 1996, S. 40

BGH, Urteil vom 8. Juni 1989 – I ZR 178/87, GRUR 1989, S. 753

Berry, Leonard L. : Top Service. Im Dienst am Kunden; Stuttgart 1996, S. 42f.

Bird, Drayton: Praxis-Handbuch Direktmarketing; Landsberg/Lech: Verlag Moderne Industrie; 1990; ISBN 3–478–21190–5

Brändli, Dieter: Database-Marketing fordert grundlegende Umgestaltung des Unternehmensprozesses; in: Direkt Marketing; März 1995, S. 3

Conrad, Gala: Ein Botschafter der German Gründlichkeit; in: Handelsblatt; 10./11.03.1995; Nr. 10, S. K 2

dies.: Ein Hauch von Espresso-Lifestyle für die Amerikaner; in: Handelsblatt; 3./4.03.1995; Nr. 9, S. K 2

Dahlhoff, Dieter: Neuentdeckung des Instruments Werbung; in: HORIZONT; 16. Dezember 1994; Nr. 51/52/1994, S. 24

Dallmer, Heinz: Handbuch Direct Marketing; 6., völlig überarb. Aufl.; Wiesbaden: Gabler; 1991; ISBN 3–409–36700–4

Davenport, Thomas H./ Nohria, Nitrin: Der Geschäftsvorfall ganz in einer Hand – Case Management; in: Harvard Business manager; I. Quartal 1995; 17. Jahrgang, S. 81–90

Deutsch, Christian: Gute Kontakte; in: WirtschaftsWoche; Nr. 6/96; 01.01.96, S. 72

Dichter, Ernest: Neues Denken bringt neue Märkte: Analyse der unbewußten Faktoren, Umsetzung ins Marketing, Anregungen und Beispiele; Wien: Überreuter; 1991; ISBN 3–8000–3375–5

Diekhof, Rolf: Die Geburt einer Marke; in: W&V; Nr. 18/1995, S. 76

ders.: Produkte für Alte: Ein neuer Markt wird erobert; in: W&V; Nr. 20/1995, S. 6

Diehl-Wobbe, Elsbeth: Der Kunden-Manager auf Produktsuche; in: HORIZONT; 9. Juni 1995; Nr. 23/1995, S. 23

Diller, Hermann (Hrsg.): Vahlens Großes Marketing Lexikon; München: Deutscher Taschenbuch Verlag GmbH & Co. KG; 1994; ISBN 3-8006-1571-1

Eckstein, Eckhard; in: W&V; Nr. 1–2/1995, S. 138

Ehm, Peter: Lukrativer Deal mit heißen Daten; in: W&V; Nr. 14/1995, S. 128–137

Eich, Elke P.: »Werbung soll die Menschen zuerst unterhalten«; in: Handelsblatt; 12.04.1995; Nr. 73, S. 26

Eichmeier, Doris: Baldrian für digitale Euphoriker; in: W&V, Nr. 43/96, S. 79f.

Enzweiler, Tasso: Mit Lächeln zu mehr Erfolg; in: Capital; Nr. 03/1995, S. 58–63

Ernd, Wolfgang: Direktmarketing-Wertanalyse: Effizienzsteigerung durch Methode; in: Jahrbuch Direktmarketing '93; Max Schimmel Verlag, S. 138–144

Eschbach, Hans: Mitarbeiter entscheiden Wettbewerb; in: Handelsblatt; 7./8.04.1995; Nr. 14, S. K 1/K 2

Fleischer, Klaus: Forderungen an Baufinanzierungssoftware; in: Handelsblatt; 22.11.1994; Nr. 225, S. 42

Forster, Thomas: Die Fische beißen noch nicht an; in: W&V Extra; Nr. 44/96, S. 23

Gerken, Gerd: Die Trends für das Jahr 2000; Düsseldorf [u.a.]: ECON Verlag; 1989

Gershman, Michael: Vom Flop zum Renner: Kreative Strategien des Remarketing; Campus Verlag; 1993

Grapentin, Ralf: Elf Regeln für den Werbe-Erfolg; in: W&V; Nr. 42/1994, S. 202/203

Gloger, Axel: Der Weg zum »Hilton für Middle Manager«; in: Handelsblatt; 3./4.03.1995; Nr. 9, S. K 3

Gotta, Manfred, in aquisa; Nr. 09/94, S. 13

Gouillart, Francis J./ Sturdivant, Frederick D.: Topmanager müssen den Wünschen der Kunden selbst nachspüren; in: Harvard Business manager; III. Quartal 1994; 16. Jahrgang, S. 34–41

Grüne, Andreas, in: Direkt Marketing; Januar/Februar 1995, S. 14–17

Handy, Charles: Im Bauch der Organisation: 20 Einsichten für Manager und alle anderen, die etwas bewegen wollen; Frankfurt/Main, New York: Campus-Verlag; 1993; ISBN 3-593-34799-7

Hanser, Peter: Reif für die Kulturrevolution?; in: absatzwirtschaft; Nr. 05/1994, S. 71–76

ders.: »Jeder kann ein Harley-Fahrer sein«; in: absatzwirtschaft; Nr. 11/1994, S. 15–17

Hassmann, Volker: Knallhart zum Erfolg; in: Sales Profi; Nr. 03/1995, S. 13–15

ders.: Mutige Vertriebs-Vision; in: Sales Profi; Nr. 01/1995; 4. Jahrgang, S. 14

ders.: Sales Profis handverlesen; in: Sales Profi; Nr. 03/1995; 4. Jahrgang, S. 18

ders.: Verkaufsaktive Zeiten erhöhen; in: Sales Profi; Nr. 05/1995, S. 7

Häusel, Hans-Georg: »Herzlichkeit als Profilierungschance«; in: impulse; Nr. 03/1995, S. 77

Heckel, Hanspeter: Ältere Zielgruppen als Milliarden-Anleger; in: HORIZONT; 27. Januar 1995; Nr. 04/1995, S. 66

ders.: Reebok setzt auf frühe Markenbindung; in: HORIZONT; 21. Oktober 1994; Nr. 42/1994, S. 24

Hegel, Axel: Das Fax als Responseelement; in: Direktmarketing; April 1996, S. 32

Herkel, Günter: Unternehmen des Jahres: El Corte Ingles; in: HORIZONT; 4. November 1994; Nr. 44/1994, S. 38

Hirsch, Susanne: Qualität ist Kundenzufriedenheit; in: Manager Seminare; II. Quartal 1995; Heft 19, S. 80–87

Hofmann, Siegfried: Aufstieg des Software-Riesen hat gerade erst begonnen; in: Handelsblatt; 24.10.1994; Nr. 205, S. 17

Holland, Heinrich: Direktmarketing; München: Vahlen; 1992; ISBN 3-8006-1670-X

Höller, Jürgen: Beschwerde-Management: Wie Sie Nörgler zu Stammkunden machen; in: Sales Profi; Nr. 03/1995, S. 58–60

Homburg, Christian: Kundenorientiertes Qualitätsmanagement in den USA. Der Baldrige Award und die Botschaften der Sieger, WHU-Schriften, Vallendar o.J., S. 17

Homburg, Christian/ Rudolph, Bettina: Wie zufrieden sind Ihre Kunden tatsächlich?; in: Harvard Business manager; I. Quartal; 17. Jahrgang 1995, S. 43–50

Horx, Matthias: Trendbüro; 2. Aufl.; Düsseldorf [u.a.]: ECON Verlag; 1994; ISBN 3-430-14803-0

Hufschlag, Inge: Oldies but Goldies; in: Handelsblatt; 14.09.1994; Nr. 178, S. 24

Huldi, Dr. Christian: Strategisches Direktmarketing: Es wird Zeit, die große Bedeutung dieses Ansatzes zu erkennen; in: Direkt Marketing; Mai 1995, S. 6–11

Ickstadt, Christian: Kundenzufriedenheit sinkt deutlich; in: HORIZONT; 4. November; Nr. 44/1994, S. 9

Janzen, Uta: Bei Anruf Maß; in: Shop; 1. Januar 1996, S. 17

Jäger, Jörg E.: Flurbereinigung mit Folgen; in: W&V; Nr. 27/95, S. 14 ff.

Jensen, Sören: Die Preistreiber; in: manager magazin; Nr. 03/1995; 25. Jahrgang, S. 176–183

Joas, August, in: absatzwirtschaft; Nr. 12/95

Joffe, Josef: Die Zukunft gehört der Zeit; in: Süddeutsche Zeitung; 22. Mai 1995; Nr. 117, S. 4

ders., in: Süddeutsche Zeitung, Nr. 117/95; 22.06.95, S. 4

Karepin, Rolf: Neue TV-Sender nehmen verschmähte Zielgruppe ins Visier; in: HORIZONT; 27. Januar 1995; Nr. 04/1995, S. 70

Keigel, Christoph: Alte Denkmuster über Bord werfen?; in: Jahrbuch Direktmarketing '93; Max Schimmel Verlag, S. 23–26

Kiener, Sigmund: Der Konsument wird bequemer; in: HORIZONT; 4. November 1994; Nr. 44/1994, S. 108/109

Kieven, Hartmut W., in: HORIZONT; Nr. 42/96, 18.10.96, S. 17

Klimek, Lutz; in: absatzwirtschaft; Nr. 9, 1996, S. 42

Klusmann, Steffen: Brezeln mit Zimt und Zucker für die Amerikaner; in: Handelsblatt; 3.08.1994; Nr. 147, S. 16

Knüttel, Annette Barbara/ Kutzschenbach, Claus von: Turbo-Power auch im Vertrieb; in: Sales Profi; Nr. 05/1995, S. 10

Knüttel, Annette Barbara: Verkauf 2000 beim Quelle-Küchenvertrieb; in: Sales Profi; Nr. 03/1995, S. 32–38

dies.: Warum BMW jetzt noch besser verkauft; in: Sales Profi; Nr. 02/1995, S. 34–36

Kölzer, Brigitte: Kaum Unterschiede im Konsumverhalten; in: HORIZONT; 27. Januar 1995; Nr. 04/1995, S. 69

Krause, Matthias: Erfolgreicher Dialog durch visionäre Technologie; in: Jahrbuch Direktmarketing '93; Max Schimmel Verlag, S. 82/83

Kroeber-Riel, Werner: Konsumentenverhalten; 5., überarb. und ergänzte Auflage; München: Vahlen; 1992; ISBN 3-8006-1656-4

ders.: Strategie und Technik der Werbung: verhaltenswissenschaftliche Ansätze; 3. Aufl.; Stuttgart [u.a.]: Kohlhammer; 1991; ISBN 3-17-011636-3

Kroy, Dr. Walter: Der Weg auf neue Märkte; in: Jahrbuch Direktmarketing '93; Max Schimmel Verlag, S. 51–54

Lange, Hans-Jürgen: Gemeinsam zum optimalen Marketing-Mix; in: Jahrbuch Direktmarketing '93; Max Schimmel Verlag, S. 39–42

Lehmeier, Markus / Hauser, Thomas: Direct Response Radio. Dialogorientierte Zielgruppenansprache via Hörfunk; in: Direktmarketing; Juni 1996, S. 18ff.

dies.: Der Messeauftritt lebt nicht vom Stand allein; in: Direktmarketing; September 1996, S. 7

Leno, in: Focus; Nr. 46/1996, S. 262

Leo, Angelika: Neue Produkte: Massig Flops, wenig Tops; in: HORIZONT; 17.März 1995; Nr. 11/1995, S. 22

Leven, Dr. Wilfried: Megatrend Trend; in: HORIZONT; 7. April 1995; Nr. 14/1995, S. 16

Levermann, Thomas: Expertensystem zur Beurteilung von Werbestrategien, Deutscher Universitätsverlag: Wiesbaden; 1995, S. 8

Link, Jörg: Kundenbewertung – die Basis eines erfolgreichen Database-Marketing; in: Direkt Marketing; März 1995, S. 26–30

Löwenstern, Ludolf von: Never sell to a stranger; in: Direkt Marketing; April 1995, S. 22–27

Luber, Thomas: Mit vollem Risko; in: Capital; Nr. 03/1995, S. 67–73

Meiser, Ralf: Ein Distributionsweg, den der Kunde öffnet; in: absatzwirtschaft; Nr. 05/1995, S. 116–119

Meffert, Heribert: Marketing: Grundlagen der Absatzpolitik; mit Fallstudien /

Einführung und Relaunch des VW-Golf; 7., überarbeitete und erweiterte Auflage; Wiesbaden: Gabler; 1986; ISBN 3-409-69014-X

Meyer, Anton: Abschied vom Marketing-Mix- und Ressortdenken?; in: absatzwirtschaft; Nr. 09/1994, S. 94–98

Modes, Jürgen: Damit die Verbindung nicht abreißt...; in: Direkt Marketing; Juni 1995, S. 16

Mosch, Michael: Ein Trend liegt immer im Trend: Konsumenten können auch treu sein; in: Galleria; Nr. 02/1994, S. 18/19

ders.: Pleiten, Pech und Pannen. Enzyklopädie des Versagens; in: HORIZONT; Nr. 15/96, 12.04.1996, S. 60

Müller, Bernhard: Run auf Urlauber; in: W&V Plus; Nr. 9/96, S. 38

ders.: Wenn der Kunde zweimal klingelt; in: W&V, Nr. 27/95, S. 124

Müller; Frank-Michael: Kids legen ihr Geld oft auf die hohe Kante; in: HORIZONT; 16. September 1994; Nr. 37/1994, S. 139/139

Munkelt, Irmtrud: Marketing hat eine Stimme; in: absatzwirtschaft; Nr. 07/1995, S. 34–39

Mussey, Dagmar: Eine Kampagne für die reife Haut; in: Handelsblatt; 29.03.1995; Nr. 63, S. 24

Niehues, Dr. Karl: Negativ-Tantieme erzieht zur Verantwortung; in: Handelsblatt; 3./4.03.1995; Nr. 9, S. K 2

Nieschlag, Robert/ Dichtl, Erwin/ Hörschgen, Hans: Marketing; 15., überarb. und erw. Auflage; Berlin: Duncker und Humblot; 1988; ISBN 3-428-06532-8

Neidhart, Thilo: Die Seniorenwerbung braucht mutige Planer; in: HORIZONT; 20. Januar 1995; Nr. 03/1995, S. 37

Normann, Richard/ Ramírez, Rafael: Werte schaffen mit Kunden und Lieferanten; in: Harvard Business manager; I. Quartal 1994; 16. Jahrgang, S. 53–64

Obermeier, Birgit: Kundenbegeisterung. Ein Tutor für jeden Großkunden; in: Sales Profi, 5. Jahrgang, Nr. 11/96, S. 22f.

O'Connor, Joseph/ Seymour, John: Neurolinguistisches Programmieren: Gelungene Kommunikation und persönliche Entfaltung; 3. Aufl.; Freiburg im Breisgau: Verl. für Angewandte Kinesiologie; 1994; ISBN 3-924077-20-7

Opaschowski, Horst W.: Wie leben wir nach dem Jahr 2000?; B.A.T. Freizeit-Forschungsinstitut (Hrsg.); 2. ergänzte Aufl.; Hamburg; 1988

Osel, Werner: Fallbeispiel Magnum: Wie Langnese einen Markenartikel plant, einführt und pflegt; in: Markenartikel; Nr. 12/1994, S. 581–583

Otto-Rieke, Gerd: Freiflüge für Haustiere; in: TopBusiness; Nr. 03/1995, S. 120–123

o. V.: Amerikaner wollen keine Interaktion; in: W&V; Nr. 13/1995, S. 60

o. V.: Am Verbraucher vorbei; in: absatzwirtschaft; Nr. 10/96, S. 26

o. V.: Anfänger starten mit 100%; in: Handelsblatt; 02.02.1995; Nr. 24, S. 21

o. V.: Ärzte bekommen viel Post; in: W&V; 10.03.1995; Nr. 10/1995, S. 16

o. V.: Ärzte verschreiben nichts Neues; in: W&V; Nr. 09/1995, S. 4

o. V.: Auf Expansionskurs; in: Handelsblatt; 2.05.1995; Nr. 84, S. 13
o. V.: Aufgeschnappt; in: shop; Nr. 06/1995, S. 5
o. V.: Aufwendige Anzeigenserie: Der Erfolg wird kontrolliert; in: W&V; Nr. 22/1995, S. 6
o. V.: Automobilwerbung gefällt am besten; in: HORIZONT; 17. März 1995; Nr. 11/1995, S. 26
o. V.: Bankfiliale; in: Der Kontakter; 10. April 1995, Nr. 15, S. 20
o. V.: Baukastenmodell soll bei Kfz mehr Prämiengerechtigkeit bringen; in: Handelsblatt; 19.01.1995; Nr. 14, S. 23
o. V.: Bausparkasse zielt auf ältere Kunden; in: Handelsblatt; 7.02.1995; Nr. 27, S. 19
o. V.: Bei Anruf: Maßanzug; in: Sales Profi; Nr. 06/1995, S. 43
o. V.: Beim Wechsel der Haarfarbe wird blond bevorzugt; in: Handelsblatt; 5.04.1995; Nr. 68, S. 23
o. V.: »Bereit sein zu radikalem Wandel«; in: Handelsblatt; 2.11.1994; Nr. 212, S. 18
o. V.: Berliner Senioren wollen dynamische Hörfunkwelle; in: HORIZONT; Nr. 22/1995, S. 8
o. V.: Bertelsmann investiert in elektronische Kompetenz; in: Handelsblatt; 10. 10. 1994; Nr. 195, S. 15
o. V.: Best Western mit Mailingaktion; in: HORIZONT; 17. März 1995; Nr. 11/1995, S. 24
o. V.: Boom der strategischen Allianzen; in: HORIZONT; 3. März 1995; Nr. 09/1995, S. 17
o. V.: Büromöbel mit Rücknahmegarantie; in: Handelsblatt; 30.03.1995; Nr. 63, S. 17
o. V.: CD-Rom lockt jüngere Kundschaft; in: W & V; Nr. 17/1995, S. 18
o. V.: Christinen-Brunnen über Durchschnitt; in: Handelsblatt; 2.11.1994; Nr. 212, S. 19
o. V.: Commerzbank mit Direktbank; in: HORIZONT; 24. Februar 1995; Nr. 08/1995, S. 4
o. V.: Das Multi-Media-Zeitalter findet erst nach 2050 statt; in: Marketing Journal; Nr. 01/1995, S. 14
o. V.: Das Potential der Interaktiven; in: Der Kontakter; 10. April 1994; Nr. 15, S. 1–5
o. V.: Den Kundenkontakt optimal gestalten; in: ManagerSeminare; II. Quartal 1995; Heft 19, S. 90–95
o. V.: Der Königsweg zum Kunden; in: ManagerSeminare; II. Quartal 1995; Heft 19, S. 66–75
o. V.: Der Unternehmer der Zukunft bestimmt, was der Markt ist; in: absatzwirtschaft; Nr. 11/96, S. 9
o. V.: Der zweite Berater; in: absatzwirtschaft; Nr. 11/1994, S. 11

o. V.: Die besten Ideen liefert den Firmen immer noch König Kunde; in: Saarbrücker Zeitung; 17.12.1996, S. 3
o. V.: Die werbetreibende Wirtschaft hat die Zielgruppe von *TV Serien* offenbar noch nicht erkannt; in: text intern; 29. März 1995, S. 30
o. V.: Direktbank; in: Der Kontakter; 10. April 1995; Nr. 15, S. 8
o. V.: Direktmailing steigt weiter; in: W&V; Nr. 14/96, S. 18
o. V.: dm soll innovativer sein als der Wettbewerb; in: shop; Nr. 05/1995, S. 13
o. V: DRTV; in: Direkt Marketing; Juni 1995, S. 6–8
o. V.: Eine Chipkarte für die Medikamente; in: Handelsblatt; 21./22.10.1994; Nr. 204, S. 20
o. V.: Eine starke Performance; in: Sales Profi; Nr. 02/1995, S. 8
o. V.: Einkaufen, wann das Herz begehrt; in: shop; Nr. 03/1995, S. 18/19
o. V.: Einsatz an jedem Ort und bei jedem Wetter; in: Handelsblatt; 14.03.1995; Nr. 52, S. 26
o. V.: Erfolgsstory mit Telefon; in: W&V Background; Nr. 13/96, S. 67
o. V.: Eurocard für Golfer; in: W&V; Nr. 14/1995, S. 41
o. V.: Feine Fuffziger; in: Handelsblatt; 12.04.1995; Nr. 73, S. 26
o. V.: Filofax fürs Handgelenk; in: W&V; Nr. 19/1995, S. 75–77
o. V.: Gericht: Umsatzeinbußen durch Schockwerbung nicht belegt; in: Handelsblatt; 3.05.1995; Nr. 85, S. 23
o. V.: Gewinn deutlich verbessert; in: Handelsblatt; 19.10.1994; Nr. 202, S. 28
o. V.: Gewöhnliches außergewöhnlich gut machen; in: shop; Mai 1995, S. 12/13
o. V.: Herstellermarken geraten unter Druck; in: Handelsblatt; 10.10.1994; Nr. 195/ 1994, S. 12
o. V.: Hipp und Penaten gründen Kundenclub für Mütter; in: HORIZONT; Nr. 25/ 1995, S. 5
o. V.: Höhere Auflage bei CD-ROM-Katalog; in: Handelsblatt; 9.02.1995; Nr. 29, S. 20
o. V.: Innovationen ohne Markt; in: Handelsblatt; 7.03.1995; Nr. 47, S. 27
o. V.: »In ten years all Marketing will be Direct Marketing?«; in: Direkt Marketing; Mai 1995, S. 10
o. V.: Jetzt geht's los; in: W&V; Nr. 20/1995, S. 90
o. V.: Kamera folgt auf Schritt und Tritt; in: W&V; Nr. 20/1995, S. 23
o. V.: Kochlöffel goes online; in: aquisa; Nr. 09/96, S. 22
o. V.: Konzentration auf Kundenseite; in: Handelsblatt; 22.11.1994, S. 17
o. V.: Kundenbindung per Karte kommt auf Touren; in: W&V; 17. März 1995; Nr. 11/ 1995, S. 6
o. V.: Kundenzufriedenheit; in: absatzwirtschaft; Nr. 10/1994, S. 10
o. V.: Maßanzug für die Beine; in: W&V; Nr. 13/1995, S. 14
o. V.: Maß-Brille per Computer; in: shop; Nr. 05/1995, S. 4
o. V.: Maul halten, Zahlen; in: Der Spiegel; 27.06.1994; Nr. 26, S. 68–77
o. V.: Material ist wichtiger als Aussehen; in: W&V; Nr. 14/1994, S: 16
o. V.: Mediadaten für Prospekte; in: W&V; Nr. 46/96, S. 14
o. V.: Mit Handy produktiver; in: Sales Profi; Nr. 01/1995, S. 6

o.V.: Mit Lufthansa auf der Überholspur; in: Handelsblatt; 15.03.1995; Nr. 53, S. 15
o.V.: Mit Witz auf Ökologie gebaut; in: W&V; Nr. 11/1995, S. 84–87
o.V.: Möbel auf Rädern für Großstadt-Nomaden; in: W&V; Nr. 13/1995, S. 60
o.V.: Möbel oder Müll?; in: shop; Nr. 05/1995, S. 7
o.V.: Nur wer dient, kann verdienen; in: Handelsblatt; 24.05.1995; Nr. 100, S. 24
o.V.: Opinion-Leader; in: INTERN; März/April 1994; Nr. 130, S. 5
o.V.: Ökologie: Drei Typen; in: W&V; Nr. 42/1994, S. 184
o.V.: Online-Medien werden für Direktbanken zum zentralen strategischen Feld; in: HORIZONT; Nr. 48/96, S. 76
o.V., o.T.; in: absatzwirtschaft; Nr. 10/94, S. 10
o.V., o.T.; in: absatzwirtschaft; Nr. 11/94, S. 11
o.V., o.T.; in: absatzwirtschaft, Sondernummer, Oktober 1994, S. 11
o.V., o.T.; in: absatzwirtschaft; Nr. 12/94, S. 11
o.V., o.T.; in: absatzwirtschaft; Nr. 08/96, S. 28
o.V., o.T.; in: absatzwirtschaft; Nr. 10/96, S. 28
o.V., o.T.; in: absatzwirtschaft; Sondernummer; Oktober 1996, S. 34–41 und S. 45
o.V., o.T.; in: absatzwirtschaft; Nr. 11/96
o.V., o.T.; in: aquisa; Nr. 08/94, S. 14
o.V., o.T.; in: aquisa; Nr. 09/94, S. 10 und S. 12
o.V., o.T.; in: aquisa; Nr. 11/96, S. 81
o.V., o.T.; in: Der Kontakter; Nr. 15, 10.04.1995, S. 2, S. 4, S. 8 und S. 20
o.V., o.T.; in: Der Spiegel; Nr. 26, 27.06.1994, S. 68–77
o.V., o.T.; in: Die Zeit; 29. April 1994, S. 13
o.V., o.T.; in: Direkt Marketing; Oktober 1994, S. 7
o.V., o.T.; in: Direkt Marketing; Februar 1995, S. 44
o.V., o.T.; in: Direkt Marketing; Juni 1995, S. 7
o.V., o.T.; in: Direkt Marketing; April 1996, S. 26
o.V.; o.T.; in: Handelsblatt; Nr. 143, 27.07.1994, S. 23
o.V., o.T.; in: Handelsblatt; Nr. 202, 19.10.1994, S. 28
o.V., o.T.; in: Handelsblatt; Nr. 195, 10.10.1994, S. 15
o.V., o.T.; in: Handelsblatt; Nr. 212, 02.11.1994, S. 18 und S. 19
o.V., o.T.; in: Handelsblatt; Nr. 224, 21.11.1994, S. 17
o.V., o.T.; in: Handelsblatt; Nr. 225, 22.11.1994, S. 48
o.V., o.T.; in: Handelsblatt; Nr. 14, 19.01.1995, S. 23
o.V., o.T.; in: Handelsblatt; Nr. 24, 02.02.1995, S. 21 und S. 23
o.V., o.T.; in: Handelsblatt; Nr. 27, 07.1995, S. 19
o.V., o.T.; in: Handelsblatt; Nr. 29, 09.02.1995, S. 20
o.V., o.T.; in: Handelsblatt; Nr. 47, 07.03.1995, S. 27
o.V., o.T.; in: Handelsblatt; Nr. 52, 14.03.1995, S. 26
o.V., o.T.; in: Handelsblatt; Nr. 64, 30.03.1995, S. 17
o.V., o.T.; in: Handelsblatt; Nr. 68, 05.04 1995, S. 23
o.V., o.T.; in: Handelsblatt; Nr. 70, 07./08. 04 1995, S. K3
o.V., o.T.; in: Handelsblatt; Nr. 73, 12.04.1995, S. 26
o.V., o.T.; in: Handelsblatt; Nr. 86, 04.05.1995, S. 19

o. V., o. T.; in: Handelsblatt; Nr. 100, 24.05.1995, S. 24
o. V., o. T.; in: HORIZONT; Nr. 09/95, 03.03.1995, S. 17
o. V., o. T.; in: HORIZONT; Nr. 11/95, 17.03.1995, S. 26
o. V., o. T.; in: HORIZONT; Nr. 22/95, S. 8
o. V., o. T.; in: HORIZONT; Nr. 24/95, 16.06.95, S. 23
o. V., o. T.; in: HORIZONT; Nr. 25/95, S. 5
o. V., o. T.; in: HORIZONT; Nr. 44/95, 04.11.1995, S. 109
o. V., o. T.; in: HORIZONT; Nr. 48/96, 29.11.1996
o. V., o. T.; in: HORIZONT, 08.11.1996, S. 141
o. V., o. T.; in: INTERN; Nr. 130, März/April 1994, S. 5
o. V., o. T.; in: ManagerSeminare; II Quartal, 1995, Heft 19, S. 70
o. V., o. T.; in: Marketing Journal; Nr. 01/95, S. 14
o. V., o. T.; in: Saarbrücker Zeitung; Nr. 33, 08.02.1995, S. 12
o. V.; o. T.; in: Sales Profi; Nr. 11/94, S. 8
o. V., o. T.; in: Sales Profi; Nr. 01/95, S. 6
o. V., o. T.; in: Sales Profi; Nr. 02/95, S. 8 und S. 10
o. V., o. T.; in: Sales Profi; Nr. 06/95, S. 43
o. V., o. T.; in: shop; Nr. 03/95, S. 18/19
o. V., o. T.; in: shop; Nr. 05/95, S. 4 und S. 7
o. V., o. T.; in: shop; Nr. 06/95, S. 18
o. V., o. T.; in: text intern; 29. 03.1995, S. 30
o. V., o. T.; in: W&V; Nr. 42/94, S. 184
o. V., o. T.; in: W&V; Nr. 09/95, S. 4
o. V., o. T.; in: W&V; Nr. 10/95, S. 16
o. V., o. T.; in: W&V; Nr. 11/95, S. 6 , S. 8 und S. 84
o. V., o. T.; in: W&V; Nr. 13/95, S. 14 und S. 60
o. V., o. T.; in: W&V; Nr. 14/95, S. 16 und S. 41
o. V., o. T.; in: W&V; Nr. 17/95, S. 8 und S. 18
o. V., o. T.; in: W&V; Nr. 19/95, S. 75
o. V., o. T.; in: W&V; Nr. 20/95, S. 3, S. 23 und S. 90
o. V., o. T.; in: W&V; Nr. 22/95, S. 6
o. V., o. T.; in: W&V; Nr. 46/96, S. 88
o. V., o. T.; in: W&V; Nr. 48/96, S. 14
o. V.: Pudding zum Vernaschen; in: W&V; Nr. 47/1994, S. 29
o. V.: Ruhe für fünf Jahre; in: absatzwirtschaft; Nr. 12/1994, S. 11
o. V.: Sponsoren haben gutes Image; in: W&V; 17. März 1995; Nr. 11/1995, S. 8
o. V.: Tageszeitung ist die wichtigste Infoquelle für Urlaubspläne; in: HORIZONT; Nr. 45/95, 10.11.95, S. 10
o. V.: Telefonische Bestellannahmen im Test; in: Direkt Marketing; Februar 1995, S. 44
o. V.: Theorie und Praxis, in. W&V; Nr. 17/1995, S. 8
o. V.: Verkaufs-Profis als Marktforscher; in: Sales Profi; Nr. 02/1995, S. 9/10
o. V.: Viele Hürden bis zum Häuschen; in: Handelsblatt; 22.11.1994; Nr. 225, S. 48
o. V.: Vom Kunden zum Unternehmer; in: Handelsblatt; 7./8.04.1995; Nr. 14, S. K 3

o.V.: Vom Spartendenken zum Zielgruppendenken; in: acquisa; Nr. 08/1994, S. 13–15

o.V.: Was hat Marketing davon?; in: absatzwirtschaft; Sondernummer Oktober 1994, S. 11

o.V.: Wenn die Alterspyramide zum Pilz wird; in: Handelsblatt; 16. Juni 1995; Nr. 24/1995, S. 23

o.V.: Werbers Schreck; in: W&V; Nr. 17/1995, S. 8

o.V.: Werbung wie im Vollrausch; in: W&V; Nr. 20/1995, S. 3

o.V.: Wie NCR die Kassen zum Klingeln brachte; in: acquisa; Nr. 09/1994, S. 10–12

o.V.: Young Fashion auf der CD-ROM; in: Handelsblatt; 4.05.1995; Nr. 86, S. 19

Palan, Dietmar: Zweisprachige Bürotechnik als Export-Schlager; in: Handelsblatt; 1.08.1994; Nr. 145, S. 10

Peters, Thomas J./ Waterman Jr., Robert H.: Auf der Suche nach Spitzenleistungen: Was man von den bestgeführten US-Unternehmen lernen kann; 13. Auflage; Landsberg/Lech: Verlag Moderne Industrie; 1984; ISBN 3–478–32973–6

Rapp, Stan/ Collins, Tom: Die große Marketing-Wende; Landsberg/Lech: Verlag Moderne Industrie; 1991; ISBN 3–478–21080–1

dies.: MaxiMarketing; Hamburg, New York [u.a.]: McGraw, Hill; 1988; ISBN 3–89028–218–0

Schäffel, Marie: Der Trend: Kundenbindung statt Neukundengewinnung; in: ManagerSeminare; II. Quartal 1995; Heft 19, S. 74

Scherer, Hans-Peter: Die Fetzen fliegen; in: WirtschaftsWoche; 11.03.1994, S. 70–75

Schimmel-Schloo, Martina: Neue Technologien revolutionieren den Kunden-Dialog; in: Jahrbuch Direktmarketing '93; Max Schimmel Verlag, S. 11–14

Schmidt, Adeline: Mit Karten Kunden ködern; in: W&V; Nr. 18/1995, S. 152–154

Schnitzler, Lothar: Nicht das Beste; in: WirtschaftsWoche; 19.01.1995; Nr. 4, S. 60–67

ders.: Ausgefallene Wünsche. Die drohende Pleite des Brillen-Herstellers reizt Aufkäufer; in: WirtschaftsWoche; Nr. 11/96, 07.03.96, S. 64f.

Schönherr, Karlheinz: Nach oben geschraubt: Reinhold Würth, die Karriere eines Unternehmers; 2. Aufl.; Düsseldorf, Wien, New York: ECON Verl.; 1991; ISBN 3–430–18031–7

Schwarz, Friedhelm: In Freizeitbekleidung gibt es keinen Porsche; in: HORIZONT; 28. April 1995; Nr. 17/1995, S. 82

ders.: Überlegene Produkte als P&G-Philosophie; in: HORIZONT; 11. November 1994; Nr. 45/1994, S. 20

Seitel, Karin: Lifestyle mit Dialogangebot; in: Direkt Marketing; Oktober 1994, S. 6–9

Slywotzky, Adrian J./ Shapiro, Benson P.: Neues Marketingdenken: Der loyale Kunde zählt, nicht die schnelle Mark; in: Harvard Business manager; 16. Jahrgang 1994; II. Quartal, S. 85–94

Sperling, Peter: Matthias Aull. Kundenbedürfnisse hautnah vermaßt; in: Sales Profi; Nr. 07/95, S. 53

Stippel, Peter: Wie stark ist Boss; in: absatzwirtschaft; Nr. 04/1994, S. 14–17

Telgheder, Maike: Das Reengineering ist »Marketing pur«; in: HORIZONT; 4. November 1994; Nr. 44/1994, S. 20/21

Tietz, Bruno: Marketing; 2. Aufl.; Düsseldorf: Werner; 1989; ISBN 3-8041-3570-6

Tödtmann, Claudia/ Froitzheim, Ulf J.: Sehr persönlich; in: WirtschaftsWoche; 7.10.1994; Nr. 41; 48. Jahrgang, S. 102–118

Tominaga, Minoru: Mit kleinen Schritten zum großen Erfolg; in: acquisa; Nr. 06/1995, S. 53–55

Töpfer, Armin; in: Sales Profi, 4.Jahrgang, Oktober 1995, S. 6

Turi, Peter; in: HORIZONT; Nr. 11/95, 17. 03.95, S. 70

Ullmann, Wolfram: Faszination und Lebensfreude als Club-Konzept; in: Jahrbuch Direktmarketing '93; Max Schimmel Verlag, S. 115–117

Vögele, Siegfried: Dialogmethode: das Verkaufsgespräch per Brief und Antwortkarte; 5., durchges. Aufl.; Landsberg/Lech: Verlag Moderne Industrie; 1990; ISBN 3-478-21306-3

Ward, Timothy: Flexibles und transparentes Produkt für alle Lebensphasen; in: Handelsblatt; 9.03.1995; Nr. 49, S. B 11

Weber, Dieter: Wer hat Angst vor grauen Haaren?; in: W&V; Nr. 36/1994, S. 60–66

Weissman, Arnold: Marketing-Strategie: 10 Stufen zum Erfolg; Landsberg/Lech: Verlag Moderne Industrie; 1990; ISBN 3-478-21980-9

Werb, Andreas: Verwirrende Technologie; in: W&V; 10.03.1995; Nr. 10/1995, S. 8

Wiencke, Wolfgang/ Koke, Dorothee: Cards & Clubs: Der Kundenclub als Dialogmarketing-Instrument; Düsseldorf, Wien, New York, Moskau: ECON Verlag;, ISBN 3-430-19648-5

Winkelhage, Johannes: Alle Prozesse werden auf den Kunden fokussiert; in: Handelsblatt; 25./26.11.1994; Nr. 46, S. K 2

Winkler, Petra: Das Marketingdenken der Zukunft; in: Direkt Marketing; März 1995, S. 10/11

dies.: Kundenzufriedenheit muß sich rechnen!; in: Direkt Marketing; Januar/Februar 1995, S. 6–10

Young, Jeffrey S.: Steve Jobs – der Henry Ford der Computerindustrie, 1. Umschlagseite, GFA-Systemtechnik: Düsseldorf 1989

Zapf, Klaus R.: Kreditanträge werden elektronisch in wenigen Minuten freigegeben; in: Handelsblatt; 11.10.1994; Nr. 196, S. B 6

Zeutschel, Ulrich/ Hintzpeter, Reimer/ Patzelt, Bernhard: BMW: »Jetzt wird auch der Verkauf super gemacht; in: Harvard Business manager; I. Quartal 1995; 17. Jahrgang, S. 65–74

Firmenregister

Gratis-Info-Scheck

Jeder Käufer dieses Buches hat die Möglichkeit, folgende Unterlagen kostenlos bei mir zu bestellen:

Das Kundenorientierungsprofil zu folgenden Themen:

- ☐ Teil 1 bis 9 aus diesem Buch
- ☐ Die eindimensionalen Dialoginstrumente
- ☐ Verkäufer, Kundenmanager und Direktvertrieb
- ☐ Mailing

☐ Die Schaubilder in DIN A4-Format
☐ Das aktuelle Seminarprogramm
☐ Angebot über einen Vortrag von C. Gündling zu folgendem Thema:

____

____

Meine Anschrift:
Vor- und Zuname: ____________ in Firma: ____________
Abteilung: ____________ Position: ____________
PLZ und Ort: ____________ Tel. f. evtl. Rückfragen: ____________
Fax: ____________

Senden Sie Ihren Gratis-Info-Scheck bitte an:
Gündling Direkt, Christian Gündling, Schloß Falkenhorst,
66271 Kleinblittersdorf, Telefon: 06805-22888, Fax: 06805-22881,
E-mail: guendling.direkt@t-online.de

Und das wichtigste zum Schluß:
Sollten Sie irgendwelche Fragen, Hinweise, Tips oder Anregungen haben, seien es positive oder negative, würde ich mich freuen, wenn Sie den Dialog mit mir aufnehmen. Gerne bin ich Ihnen auch auf dem Weg zur Maximalen Kundenorientierung behilflich.

____

____

____

Senden Sie Ihre aktuellen Informationen bitte auch an:

Vor- und Zuname: ____________ in Firma: ____________
Abteilung: ____________ Position: ____________
PLZ und Ort: ____________ Tel.: ____________
Fax: ____________
Sie können mich gerne namentlich nennen: ☐ ja ☐ nein